VERBRECHER UND ANDERE DEUTSCHE

AF222162

Die Bundeskanzler-Willy-Brandt-Stiftung wurde im Jahre 1994 vom Deutschen Bundestag als bundesunmittelbare Stiftung des öffentlichen Rechts mit Sitz in Berlin errichtet. Sie hat die Aufgabe, das Andenken an Willy Brandt und seinen Einsatz für Frieden, Freiheit und Einheit des deutschen Volkes sowie die Versöhnung und Verständigung unter den Völkern zu wahren. Ergänzend zur zehnbändigen »Berliner Ausgabe« werden in der Reihe »Willy-Brandt-Dokumente« bedeutende Schriften Brandts, die vergriffen sind, neu herausgegeben sowie weitere Manuskripte und Briefe zu wichtigen Einzelthemen seines politischen Lebens veröffentlicht.

WILLY BRANDT

Verbrecher und andere Deutsche

Ein Bericht aus Deutschland 1946

BEARBEITET VON EINHART LORENZ

WILLY-BRANDT-DOKUMENTE

Bibliografische Information der Deutschen Nationalbibliothek

Die Deutsche Nationalbibliothek verzeichnet diese Publikation in der
Deutschen Nationalbibliografie; detaillierte bibliografische Daten
sind im Internet über *http://dnb.dnb.de* abrufbar.

ISBN 978-3-8012-0380-1

3. Auflage 2018

© 2007 der deutschsprachigen Ausgabe Verlag J.H.W. Dietz Nachf. GmbH
Dreizehnmorgenweg 24, 53175 Bonn
Tel. 0228/18 48 770 / info@dietz-verlag.de
© für alle übrigen Sprachen Bundeskanzler-Willy-Brandt-Stiftung Berlin
Lektorat: Alexander Behrens
Umschlag und Layoutkonzept: Groothuis & Consorten | Anjte Haack – Lichten, Hamburg
Satz: Jens Marquardt, Bonn
Druck und Verarbeitung: Bookpress, Olsztyn
Alle Rechte vorbehalten
Printed in Poland

INHALT

EINLEITUNG

> *»Ich nannte es ›Forbrytere og andre tyskere‹:*
> *Verbrecher und andere Deutsche, im Sinne einer Gegenüberstellung*
> *von Verbrechertum und dem anderen Deutschland.«*

Im Juni 1946 erschien in Oslo ein Buch des 32-jährigen deutsch-norwegischen Journalisten Willy Brandt, der sich während des Krieges einen Namen als der produktivste Autor des norwegischen Widerstandes gemacht hatte.[1] Das Buch trug den Titel *Forbrytere og andre tyskere* – auf Deutsch: »Verbrecher und andere Deutsche«. Im August des gleichen Jahres folgte in Stockholm eine schwedische Ausgabe unter dem Titel *Förbrytare och andra tyskar*. In beiden Fällen wurde der Text in einem renommierten Verlag veröffentlicht. »Verbrecher und andere Deutsche« ist nie in einer deutschen Übersetzung erschienen,[2] aber in Deutschland oft genannt und vor allem wegen des Titels in politischen Kampagnen gegen Willy Brandt missbraucht worden.

Um das Buch und seinen Titel spinnen sich zahlreiche Mythen. Gegner Brandts behaupteten, er habe ein Buch mit dem Titel »Deutsche und andere Verbrecher« geschrieben. Sie nutzten die Unkenntnis über den Inhalt und die Verwirrung um den Titel dazu, ihn als Anhänger der These von einer Kollektivschuld aller Deutschen für die Verbrechen des Nationalsozialismus hinzustellen und als Menschen zu brandmarken, der die Mehrheit des deutschen Volkes diffamierte und dies nun verbergen wollte. Willy Brandt erwähnte das Buch in den von Leo Lania 1960 aufgezeichneten Erinnerungen »Mein Weg nach Berlin« nur sehr beiläufig und mit einer unzutreffenden Titelübersetzung – »Die Verbrecher und die

---

1 Siehe dazu *Brandt, Willy:* Zwei Vaterländer. Deutsch-Norweger im schwedischen Exil – Rückkehr nach Deutschland 1940-1947, Bonn 2000, S. 22 (Berliner Ausgabe, Bd. 2). – Brandt hatte während des Krieges 12 Bücher und Artikelsammlungen über den Krieg in Norwegen und den Freiheitskampf der Norweger geschrieben bzw. redigiert, in der Redaktion der Zeitschrift »Håndslag« gearbeitet und über das schwedisch-norwegische Pressebüro 70 schwedische Tageszeitungen mit Nachrichten über Norwegen beliefert. Vgl. dazu ebda., S. 21 und 372.

2 Auszüge erschienen 1966 in *Brandt, Willy:* Draußen. Schriften während der Emigration. Hrsg. von *Günter Struve*, München 1966, S. 56-61, 121-122, 129-132, 164, 166-174, im Folgenden zitiert als *Brandt 1966*.

anderen Deutschen«.[3] Gegenüber der Illustrierten »Quick« erklärte er wenig später in einem Interview: »Richtig übersetzt heißt dieses Buch eigentlich: ›Verbrecher und das andere Deutschland‹«.[4] In »Links und frei« erfolgte eine Präzisierung des Buchtitels, den alle, die Brandt offenen Sinnes begegneten, schon lange nicht missverstanden hatten: »Ich nannte es ›Forbrytere og andre tyskere‹: Verbrecher und andere Deutsche, im Sinne einer Gegenüberstellung von Verbrechertum, wie es im großen Nürnberger Prozeß zur Rechenschaft gezogen wurde, und dem anderen Deutschland, das sich leider nicht hatte durchsetzen können und dem auch von den Siegermächten nicht viel Beachtung geschenkt wurde.«[5] In den »Erinnerungen« von 1989 heißt es schließlich: »Der Titel – ›Verbrecher und die anderen Deutschen‹ – hat schreckliche Verwirrung gestiftet. Es war der Titel eines Buches, das die Mehrheit der Deutschen gegen die Minderheit der Verbrecher in Schutz nahm.«[6]

Wovon handelt dieses Buch, das jetzt, über 60 Jahre nach seiner ersten Veröffentlichung, in Deutschland erscheint – und für wen und in welchem Kontext entstand es?

»Verbrecher und andere Deutsche« –
ein Plädoyer für die »anderen Deutschen«

Das Buch »Verbrecher und andere Deutsche« wurde in wenigen Monaten unter dem Eindruck des überwältigenden Materials geschrieben, das während des Nürnberger Prozesses gegen Teile der NS-Führung, so unter anderem Hans Frank, Walther Funk, Hermann Göring, Rudolf Heß, Ernst Kaltenbrunner, Wilhelm Keitel, Joachim von Ribbentrop, Alfred Rosenberg, Baldur von Schirach, Albert Speer und Julius Streicher, vorgelegt wurde. Das Buch war jedoch mehr als ein Prozessbericht, denn mit dem eigentlichen Prozess in Nürnberg beschäftigen sich nur zwei Kapitel (Kapitel II und III). Dieser Teil des Buches spiegelt Brandts Schock über die Verbrechen wider, die während des Zweiten Weltkriegs von deutscher Seite begangen und nun durch schriftliches Material und Zeugenaussagen dokumentiert wurden, zum Beispiel die Untaten der

---

3 *Brandt, Willy:* Mein Weg nach Berlin, aufgezeichnet von *Leo Lania*, München 1960, S. 202.
4 *Quick*, Nr. 1/1961 (Januar), S. 19.
5 *Brandt, Willy:* Links und frei. Mein Weg 1930-1950, Hamburg 1982, S. 407.
6 *Brandt, Willy:* Erinnerungen, Frankfurt-Zürich 1989, S. 145.

Einsatzgruppen und der Wehrmacht, die Judenmorde (deren gesamter Umfang in Nürnberg noch nicht deutlich wurde) und die medizinischen Experimente in Vernichtungs- und Konzentrationslagern.

Weit über die Hälfte des Buches, die Kapitel IV bis VII, handelt von der aktuellen Lage in Deutschland im Winter 1945/46: von der Besatzungspolitik, der Entnazifizierung und dem demokratischen Potential, den Lebensverhältnissen, der Situation der Jugend, dem Flüchtlingselend, Fragen der neuen deutschen Grenzen, der Not, aber auch der Kreativität der Menschen, dem wirtschaftlichen Wiederaufbau, dem Wiedererwachen politischer Parteien, den ersten Wahlen, Deutschlands zukünftiger politischen Gestaltung und Aussichten sowie Deutschlands Platz in Europa nach dem Kriege.

Von größter Bedeutung jedoch ist das erste Kapitel des Buches, das sich gegen stereotype Vorstellungen von »den Deutschen« wendet, die Frage von Schuld und Verantwortung diskutiert sowie ein Plädoyer für die »anderen Deutschen« und das »andere Deutschland« darstellt, dessen Existenz Brandt während der gesamten Exiljahre unterstrichen hatte.[7] Er stellte die Mitverantwortung des deutschen Volkes für das Geschehene heraus, distanzierte sich aber von der These einer Kollektivschuld der Deutschen. Es war Brandts Absicht, seinen skandinavischen Lesern, an die sich ja sein Buch richtete, den Unterschied zwischen dem Deutschland Hitlers und dem der Nazigegner zu verdeutlichen. Mit einem starken Fokus auf dem deutschen Widerstand und dessen Opfern, mit der Kritik am Fehlen eines deutschen Anklägers beim Prozess und dem Hinweis darauf, dass der amerikanische Chefankläger seine Hochachtung vor dem deutschen Volk zum Ausdruck gebracht hatte, enthielt das Buch gleich zu Beginn eine klare Botschaft gegen stereotype Behauptungen über die Deutschen als eine einheitliche Masse von Tätern. Zwar wurde der »deutsche Name [...] mit Blut besudelt«, doch waren keineswegs alle Deutschen »Verbrecher«. Sie wurden »nicht als SS-Männer geboren«, sondern waren Menschen und durch gesellschaftliche Verhältnisse geformt. Die Deutschen seien, erklärte er weiter, unter bestimmten Umständen sowohl Werkzeug als auch Opfer des Nationalsozialismus geworden.[8] Jedes Gerede von einer »deutschen Gefahr« erschwere nur das Verständnis von Realitäten und Zusammenhängen.[9]

---

7 Siehe dazu *Brandt, Willy:* Hitler ist nicht Deutschland. Jugend in Lübeck – Exil in Norwegen 1928-1940, Bonn 2002 (Berliner Ausgabe, Bd. 1).
8 Siehe S. 37 f. in diesem Band.
9 Siehe S. 43 in diesem Band.

Das Bild vom deutschen Widerstand, das er vermittelte, war nicht undifferenziert. Zwar »gab [es] keine deutsche Widerstandsbewegung, die mit der verglichen werden kann, die sich während des Krieges in den besetzten Ländern erhob«,[10] auch gab es unter den Männern des 20. Juli nichtdemokratische Gegner Hitlers,[11] aber Brandt hatte seinen Lesern im ersten Kapitel des Buches deutlich erklärt, dass »die Todesurteile gegen *Tausende* von deutschen Nazigegnern, die Inhaftierungen von *Hunderttausenden* von deutschen Arbeitern und Intellektuellen in Gefängnissen, Zuchthäusern und Konzentrationslagern [...] ein hinreichender Beweis gegen die törichte Behauptung sein [sollten], alle Deutschen seien Nazis gewesen.«[12]

Dass es in Nürnberg nicht um eine Anklage gegen das deutsche Volk ging, machte er auch seinen deutschen politischen Freunden klar. Ende November teilte er ihnen seine ersten Eindrücke mit: »Hier in Nürnberg wird jetzt beim Kriegsverbrecherprozess ein anschaulicher Unterricht darüber erteilt, was die Nazis alles im Namen des deutschen Volkes an andern Völkern verbrochen haben. Es werden kolossale Mengen unglaublichen interessanten Materials über die Vorgeschichte und die Hitlerei selbst unterbreitet. [...] Hier in Nürnberg wird nicht das deutsche Volk angeklagt. Im Gegenteil, die Anklage hat einen großen Teil ihrer Mühe darauf verwendet, auch die Verbrechen der Nazis gegenüber dem deutschen Volk aufzuzeigen. Das ist erfreulich, wenngleich es falsch wäre, daraus nun zu folgern, dass sich das deutsche Volk in derselben Lage gegenüber den Naziführern befunden habe wie die andern Völker.«[13]

Die Existenz dieser »anderen Deutschen« und eines »anderen Deutschlands« als dem der Nationalsozialisten war im Verlauf des Krieges vom Ausland und selbst von einem Teil der deutschen Emigration immer stärker bestritten worden. Hauptexponent dieser Tendenz war der britische Diplomat und Politiker Lord Vansittart, der zahlreiche Anhänger fand. Die »Vansittartisten« bestritten zwar, Anhänger einer »Rassenlehre« zu sein, arbeiteten jedoch mit Begriffen wie »Volkscharakter« und »Volksseele« und konstruierten damit ein Bild von unveränderlichen, angeborenen negativen Charakterzügen »der Deutschen«. Sie betrachteten es – so Brandt in dem Buch – »als ihre größte Aufgabe [...], den ›Mythos vom

---

10 Siehe S. 141 in diesem Band.
11 Siehe S. 156 in diesem Band.
12 Siehe S. 54 in diesem Band.
13 Brief Willy Brandts an Liebe Freunde, Ende November 1945, in: ARBARK, Nils Langhelles arkiv, Box 4.

Willy Brandt Anfang August 1945 in Oslo.

anderen Deutschland‹ zu erledigen« und »richteten [...] ihr Hauptgeschütz gern gegen den *linken* deutschen Flügel« und selbst gegen deutsche Emigranten. Extreme Vertreter dieser Richtung waren der Auffassung, »ein guter Deutscher ist ein toter Deutscher«.[14]

Der »Vansittartismus« hatte auch unter Norwegern Anhänger gefunden. Zu den international bekanntesten zählten die auch in Deutschland viel gelesene Literaturnobelpreisträgerin Sigrid Undset und der ehemalige Parlamentspräsident und konservative Politiker Carl Joachim Hambro.[15]

14 Vgl. dazu Brandts Präsentation des »Vansittartismus« in diesem Band, S. 43 ff.
15 In den norwegischen Exilkreisen in London waren vansittartistische Anschauungen verbreitet. Hambro hatte 1943 in England und Schweden ein Buch mit dem Titel »How to win the peace« (London 1943) bzw. »Hur freden vinnes« (Stockholm 1943) publiziert. 1945 erschien in Oslo in seiner Übersetzung Vansittarts Buch »Lessons of my life« unter dem Titel »Mitt livs lærdommer«. Siehe generell zum Vansittartismus die nach wie vor lesenswerte Arbeit von *Goldman, Aaron*: Germans and Nazis: The Controversy over »Vansittartism« in Britain during the Second World War, in: Journal of Contemporary History 14 (1979), S. 155-191.

Undset hatte in ihrem Buch *Tilbake til fremtiden*[16] und in verschiedenen Artikeln[17] postuliert, dass nationalsozialistisches Gedankengut nichts Neues für »die Deutschen« darstelle, sondern dass es »schon seit undenklichen Zeiten psychologische Charakterzüge des deutschen Volkes [gab], die der Nationalsozialismus wieder ans Tageslicht« gebracht hatte. Die Deutschen, seit diesen »undenklichen Zeiten« in »dunklen, morastigen Wäldern und an sumpfigen Flußufern« lebend, hätten sich, um zu überleben, zur Masse zusammengetan und eine Hordenmentalität entwickelt, nämlich »die Grausamkeit«. Sie wurden so bei Undset zur Antithese ihrer Nachbarvölker, die »immer das Gefühl [hatten], daß die deutschen Begriffe von Ehre nicht sehr hoch entwickelt seien; daß die Deutschen unsere Auffassung von Aufrichtigkeit, von persönlicher Verantwortung anderen gegenüber, von Wahrheitsliebe, Bescheidenheit, Zurückhaltung und Selbstbeherrschung, kurz, alle unsere Ideale der menschlichen Lebensführung nicht zu teilen schienen. Die Deutschen hatten stets ihre eigenen mit Tod und Vernichtung verbundenen Ehrbegriffe.«[18]

Zur Entstehungsgeschichte des Buches

Willy Brandt war am 8. November 1945, ein halbes Jahr nach der deutschen Kapitulation, als Korrespondent der Osloer Zeitung »Arbeiderbladet« sowie anderer Zeitungen der Arbeiterpresse nach Deutschland geflogen und blieb dort, abgesehen von kurzen Unterbrechungen, bis Anfang März 1946. Die Reise führte ihn zunächst nach Bremen, von dort weiter nach Lübeck, wo er seine Mutter besuchte, und schließlich nach Nürnberg, wo am 14. November die vorbereitenden Verhandlungen des Internationalen Militärgerichtshofes für einen Prozess gegen die Hauptkriegsverbrecher des »Dritten Reiches«, derer die Alliierten habhaft wurden, begannen. Sechs Tage später wurde die Anklageschrift verlesen, danach eröffnete der amerikanische Hauptanklagevertreter Robert H. Jackson mit seinen Darlegungen die eigentlichen Verhandlungen.

Brandts Tätigkeit als Korrespondent stieß schnell auf Grenzen. Seinem Auftraggeber musste er zu Prozessbeginn mitteilen, dass die Arbeitsbedin-

---

16 Erste deutsche Ausgabe unter dem Titel »Wieder in die Zukunft«, Zürich 1944.
17 »Oppdragelsen av tyskerne«, in: *Norsk Tidend* (London), Januar 1945; »Die Umerziehung der Deutschen«, in: *Neue Zeitung* vom 25. Oktober 1945. Siehe dazu auch Karl Jaspers' Reaktion in *Neue Zeitung* vom 4. November 1945.
18 *Undset, Sigrid*: Wieder in die Zukunft, Zürich 1944, S. 177.

gungen für Korrespondenten schlecht waren. So erwies es sich beispielsweise als unmöglich, von Nürnberg nach Oslo zu telefonieren. Teure Telegramme konnten nur über London oder Kopenhagen geschickt werden, wobei es in Kopenhagen eines Mittelsmannes bedurfte. Außer kurzen Telegrammen wollte er deshalb seine Artikel, die den langen Weg über London nehmen mussten, so gestalten, dass sie bei der Ankunft nicht an Aktualität verloren hatten.[19] Eine Woche später hieß es: »Es ist rasend interessant hier«, aber auch, dass er sich sehr isoliert fühle, da er nicht wusste, ob seine Artikel in Oslo ankommen und veröffentlicht werden.[20] Unter diesen erschwerten Umständen überrascht es nicht, dass es im »Arbeiderbladet« aus dieser Zeit nur wenige signierte Artikel Brandts gibt.[21]

Er musste also seine Eindrücke über die Lage in Deutschland durch andere Kanäle vermitteln. Dies geschah in Form von längeren Briefen an politische Freunde,[22] Vorträgen nach der Rückkehr aus Deutschland, Zeitschriftenartikeln,[23] Broschüren,[24] einer kleineren Übersicht[25] und schließlich und vor allem durch das Buch »Verbrecher und andere Deutsche«.

Nur über den Verlauf des Prozesses zu berichten, war nicht genug für Brandt. Er wollte mehr wissen und vermitteln. Bereits am ersten Prozesstag äußerte er in einem Brief an seinen Auftraggeber, den »Arbeiderbladet«-Redakteur Olaf Solumsmoen, den Wunsch, »zwischendurch einige

19 Brief Brandts an Solumsmoen, 20. November 1945, in: AdsD, WBA, A 5, Allgemeine Korrespondenz 1945.
20 Brief Brandts an Solumsmoen, 27. November 1945, in: ebd.
21 »Fra Nürnberg-prosessens første dag« (*Arbeiderbladet* vom 21. November 1945), »Dramatiske episoder under Nürnberg-prosessen i går« (*Arbeiderbladet* vom 22. November 1945), »Et blad av forhistorien til krigen. Den amerikanske aktor fremla i Nürnberg i går nye og ukjente dokumenter som avslører Hitlers planer« (*Arbeiderbladet* vom 24. November 1945), »Nye viktige avsløringer kan ventes i Nürnberg« (*Arbeiderbladet* vom 25. November 1945), »Revy over Nürnberg-forbryterne« (*Arbeiderbladet* vom 5. Dezember 1945) (Nachdruck in: Der Nürnberger Lernprozeß. Von Kriegsverbrechern und Starreportern. Zusammengestellt und eingeleitet von *Steffen Radlmaier*, Frankfurt 2001, S. 129-133), »Nürnberg-prosessen vil vare 4 måneder« (*Arbeiderbladet* vom 7. Dezember 1945).
22 Die Krise der deutschen Arbeiterbewegung, in: Berliner Ausgabe, Bd. 2, S. 265-295; Brief Willy Brandts an Liebe Freunde, Ende November 1945, in: ARBARK, Nils Langhelles arkiv, Box 4.
23 Brief aus Nürnberg, in: *Sozialistische Tribüne*, Nr. 12, 1945.
24 *Brandt, Willy:* Norden i Nürnberg, Stockholm 1946, siehe auch *Brandt, Willy:* Quisling-prosessen, Stockholm 1945.
25 *Brandt, Willy:* Nürnberg – Norge – dommen, Oslo 1946.

Reisen in die Bezirke zu unternehmen«.[26] Da er nur beim Internationalen Militärgerichtshof akkreditiert war und deshalb nicht ohne weiteres Nürnberg verlassen konnte, ließ sich der Plan zwar nicht unmittelbar verwirklichen, doch gelang es ihm später, mehrere Reisen durchzuführen. So entstand mit »Verbrecher und andere Deutsche« ein einmaliges Dokument, denn kein anderer Nachkriegspolitiker erlebte den Nürnberger Prozess und die Erbärmlichkeit der Nazieliten so nahe wie Brandt. Und von keinem anderen bedeutenden deutschen Nachkriegspolitiker liegt eine so umfassende Studie über die Verhältnisse in dieser Zeit vor.

Der norwegische Kontext des Buches

Willy Brandts Buch war in erster Linie für ein norwegisches Publikum gedacht und muss deshalb in diesem Kontext verstanden werden. Nach 1945 in Norwegen ein Plädoyer für die »anderen Deutschen« zu schreiben, war kein einfaches Unterfangen. Norwegen war erst 1905 nach der Loslösung von Schweden als selbstständiger Staat wiedererstanden, und die Norweger hatten seit Generationen keinen Krieg erlebt. Deshalb hinterließen der deutsche Überfall und die nachfolgenden fünf Okkupationsjahre tiefe Wunden. Anders als viele Soldaten der Wehrmacht erlebten die Norweger und Norwegerinnen den Krieg nicht als Idylle. Die Bevölkerung hatte nicht nur Vidkun Quislings Kollaborationsregime am eigenen Leib erfahren müssen, sondern auch Deportationen, Ausnahmezustand, willkürliche Geiselnahmen und Erschießungen durch eine brutale Besatzungsmacht. Große Teile Nord-Norwegens lagen im Winter 1944/45 durch die Anwendung der Taktik der verbrannten Erde seitens der Wehrmacht in Schutt und Asche. Die Nation war im Begriff, sich als homogene nationale Gemeinschaft neu zu konstituieren. Dies geschah einerseits durch die Ahndung und Stigmatisierung »unnationalen Verhaltens«, andererseits durch eine deutliche Abgrenzung von »den Deutschen«. Die kulturelle Leitfunktion, die Deutschland vor Kriegsausbruch für viele Norwegerinnen und Norweger gehabt hatte, war völlig verloren gegangen.

Undsets negative Bilder vom unveränderbaren aggressiven deutschen Nationalcharakter wurden sicher nicht von der großen Mehrheit der Bevölkerung geteilt, aber der Satz, dass ein guter Deutscher nur ein toter Deutscher sei, galt für viele Norweger. Auch Willy Brandt wurde mit

26 Brief Brandts an Solumsmoen, 20. November 1945, in: AdsD, WBA, A 5, Allgemeine Korrespondenz 1945.

ihm konfrontiert.[27] Die negativen Gefühle überwogen. Wir wissen wenig über die Einstellungen gegenüber Deutschen im Mai 1945 und im Sommer 1946, als Brandts Buch erschien. Nach einer Umfrage vom Februar 1947 hatten 44 Prozent »unfreundliche« und 24 Prozent »gleichgültige« Gefühle, während 21 Prozent der Befragten »freundliche Gefühle« hegten. Als wichtigste Gründe für die »freundlichen Gefühle« wurde von 35 Prozent genannt, dass die Bevölkerung ohne Schuld sei, während 30 Prozent »Mitleid« als Motiv nannten. Die »unfreundlichen Gefühle« wurden von 28 Prozent mit Erfahrungen der Okkupation begründet und von rund 15 Prozent mit »deutscher Mentalität«, »Herrenvolkmentalität«, »preußischem Geist« und Ähnlichem.[28] Viele bezweifelten, dass es möglich sei, aus Deutschen gute Demokraten zu machen.[29] Als 1947 norwegische Soldaten in der Deutschland-Brigade als Besatzungssoldaten Dienst leisten sollten, ging man davon aus, dass die Deutschen durch den Faschismus geistig und moralisch schwer geschädigt waren. Falls sie Gelegenheit erhielten, eine Gesellschaft nach eigenen Vorstellungen aufzubauen, wären sie eine Gefahr für den Weltfrieden.[30]

Innenpolitisch standen in Norwegen die Probleme des eigenen Wiederaufbaus im Mittelpunkt des öffentlichen Interesses. Die Bevölkerung wollte vorwärts blicken, nicht rückwärts. Man wollte den Krieg und die Deutschen zwar nicht vergessen, aber doch hinter sich bringen. In den spärlichen außenpolitischen Debatten, die nach der Befreiung geführt

27 Als Willy Brandt im Oktober 1945 in Bergen einen Vortrag über das »Problem Deutschland« hielt, wurde ihm in der anschließenden Diskussion entgegengehalten, dass nur ein toter Deutscher ein guter Deutscher sei. Dies führte zu heftigen Protesten anderer Zuhörer, die sich in einer Resolution scharf von diesem Standpunkt distanzierten. Siehe dazu den Bericht über die Veranstaltung in *Dagen* [Bergen] vom 27. Oktober 1945.

28 Siehe dazu *Alstad, Bjørn* (red.): Norske meninger, Bd. 1: Norge, nordmenn og verden, Oslo 1969, S. 88. Von Interesse sind die Vergleichszahlen für das ebenfalls besetzte Dänemark (32% – 21% – 40%), aber auch beispielsweise die USA, England und Frankreich, wobei die Zahlen allerdings nicht unmittelbar vergleichbar sind, da hier die Antwortkategorie »gleichgültig« fehlt. Nach einer Umfrage vom Mai 1946 traten 88% der Befragten für eine Kontrolle Deutschlands ein, während sich nur 7% für eine deutsche Selbständigkeit aussprachen (ebd., S. 86).

29 *Lundestad, Geir:* Norske holdninger overfor Vest-Tyskland 1947-1951, hovedoppgave i historie, Universitetet Oslo 1970, S. 11, in Auszügen unter dem Titel Norske holdninger overfor Vest-Tyskland 1947-1951 (utdrag), in: Etterkrigshistorie II. Et alliert Norge. Emner fra norsk historie etter 1945, Oslo-Bergen-Tromsø 1971, S. 121 ff. – Siehe z. B. einen Brief Nyggardsvold an Tranmæl, 24. August 1942, zit. bei *Lie, Haakon:* Martin Tranmæl – Veiviseren, Oslo 1991, S. 360.

30 Til Tyskland for freden, utgitt av Forsvarsdepartementet, Oslo 1947, S. 6.

wurden, war Deutschland kein Thema. Das außenpolitische Interesse des norwegischen Parlamentes, des *Stortings*, und der Presse konzentrierte sich auf den Kampf gegen Franco-Spanien. Norwegisch-deutsche Beziehungen setzen, wie Arbeiten norwegischer Historiker zeigen, erst mit dem Jahre 1947 ein, als Außenminister Halvard Lange in einem Memorandum zur Politik der Alliierten eigene deutschlandpolitische Positionen formulierte und die norwegische Deutschland-Brigade ihre Tätigkeit in der Britischen Besatzungszone aufnahm.[31] Es gab viele Gründe für das geringe Interesse an der Außenpolitik. Einerseits war den alten »isolationistischen Tendenzen« Norwegens nach dem Krieg keineswegs der Boden entzogen,[32] andererseits hoffte man in Norwegen ebenso wie in anderen Ländern, dass die Anti-Hitler-Koalition weiterleben würde. Norwegen verfolgte deshalb eine »Politik des Brückenbaus«,[33] die den Ausgleich zwischen den Westmächten USA und Großbritannien sowie der Sowjetunion zum Ziel hatte, die sich wegen ihres Kriegseinsatzes und der Befreiung der Region Ost-Finnmark großer Sympathien erfreute. Hinzu kam, dass Norwegens Möglichkeiten, die Deutschland-Politik der Alliierten und deren Politik in den vier Okkupationszonen zu beeinflussen, minimal waren.

Wie Norweger »die Deutschen« sahen, wird in dem Bericht des Journalisten Per Monsen über den Parteitag der SPD in den Westzonen im Mai 1946 deutlich.[34] Laut Monsen, der 1948 Brandts Nachfolger als Presseattaché in Berlin werden sollte, waren »die Deutschen« »nicht in der Lage zu verstehen, wie der Krieg die Welt verändert hat und welch unmenschliche Leiden Hitler anderen Völkern zugefügt hat«. Dieses fehlende Verständnis fand er »selbst bei überzeugten Antinazisten«. Die Deutschen sahen auch nicht ein, »dass das Wort deutsch ausreichte, um

---

31 Siehe dazu *Lundestad* 1970 und *Hermannsen, Hans Petter:* Fra krigstilstand til allianse. Norge, Vest-Tyskland og sikkerhetspolitikken 1947-1955, Oslo 1980; ferner zur Deutschland-Brigade *Borchgrevink, Nils*: Den norske brigade i Tyskland 1947-1953, Oslo 1968, *Tamnes, Rolf*: Kamp mot russerne på tysk jord? Tysklandsbrigaden og den kalde krigen 1947-1953, FHFS [Forsvarshistorisk forskningssenter] notat 2/1985, Oslo 1985.
32 *Lundestad* 1970, S. 8.
33 Siehe dazu *Sverdrup, Jakob:* Inn i storpolitikken 1940-1949, Oslo 1996, S. 199 ff. (Norsk utenrikspolitikks historie, Bd. 4) und *Eriksen, Knut E.* und *Helge Ø. Pharo:* Norsk sikkerhetspolitikk som etterkrigshistorisk forskningsfelt, Bergen 1992.
34 Mit dem Hinweis darauf, dass »viele unserer Besten [...] gefallen [sind] oder in den deutschen Konzentrationslagern zugrunde gerichtet« wurden, sah sich die Partei »unter den gegenwärtigen Umständen nicht imstande, einen Vertreter [...] zu entsenden«. Protokoll der Verhandlungen des Parteitages der SPD vom 9. bis 11. 5. 1946, Hamburg 1947, S. 20 f.

weißglühenden Hass bei einem Tschechen, einem Norweger oder einem Ukrainer zu erzeugen.« Allgemein hatte Monsen den Eindruck, dass »die Erbschaft der Vergangenheit und das Elend [...] eine gefährliche Immunität gegen demokratische Einwirkung« erzeugten. Die einzigen, die nach seinem Eindruck Deutschlands Lage begriffen, waren die Emigranten, aber denen verweigerten die alliierten Behörden die Rückkehr.[35]

Noch 1948 schrieb ein bekannter norwegischer Journalist nach einer Reise durch Deutschland: »Es ist natürlich, dass man einen gewissen Widerwillen dagegen spürt, sich mit den Problemen Deutschlands und der Deutschen zu beschäftigen, mit dem Naziregime, der Okkupation, und zu der ganzen Hitler-deutschen Schweinerei haben wir noch nicht genug Abstand gewonnen, um uns ganz leidenschaftslos mit dem Problem Deutschland beschäftigen zu können.«[36] Kurt Schumacher war in den Augen vieler Norweger ein Nationalist, der die Glaubwürdigkeit einer deutschen Nachkriegsdemokratie auf eine harte Probe stellte. Seine Husumer Rede vom Juli 1946 gegen die »Speckdänen deutschen Geblütes« rief auch in Norwegen Irritation hervor. Auch 1947 gab es erhebliche Vorbehalte gegen ihn, in Kreisen der Arbeiterpartei wurde er als »Primadonna« und »Hysteriker« bezeichnet.[37] Für die Kommunisten war er »Deutschlands neuer Goebbels«.[38] Allerdings gab es »viele aktive Mitglieder der Widerstandsbewegung und [...] jene, die aus den Konzentrationslagern zurückkehrten«, die »dennoch relativ gemäßigt und nuanciert« über das »deutsche Problem« nachdachten. Sie hatten, schrieb Brandt 1948 in seinem in Hamburg erschienenen Buch »Norwegens Freiheitskampf«,

---

35 *Arbeiderbladet* vom 25. Mai 1946. Monsens Eindrücke standen im Kontrast zu dem positiven Bild des SPD-Parteitages, das Willy Brandt durch »Arbeiderbladet« vermittelte. In einem Artikel auf der Titelseite wurde Schumachers Abrechnung mit der Vergangenheit – und mit der Politik der Alliierten – ausführlich referiert: Brandt unterstrich gleichzeitig stark, dass Schumachers Rede »national, aber nicht nationalistisch« war (*Arbeiderbladet* vom 20. Mai 1946). – Monsen, Schwiegersohn von Außenminister Halvard Lange, war 1937 zusammen mit Brandt nach Spanien gereist.

36 *Skar, Alfred:* Inntrykk fra Tyskland i dag, in: *Fri Fagbevegelse*, 2, 1948, S. 46.

37 Noen inntrykk fra SPDs kongress [Parteitag 1947] [von] J[ohn] S[annes], in: ARBARK, DNAs arkiv, boks 12.

38 *Friheten* vom 24. November 1947. – Charakterisierungen dieser Art gab es nicht nur in der KP-Presse, sondern auch im liberalen *Dagbladet* vom 22. November 1947, das seinen Lesern Schumacher als den »kommenden Hitler« vorstellte. In Schweden wurden ebenfalls Ähnlichkeiten zwischen Schumacher und Hitler angedeutet. Vgl. dazu *Misgeld, Klaus:* Sozialdemokratie und Außenpolitik in Schweden. Sozialistische Internationale, Europapolitik und Deutschlandfrage 1945-1955, Frankfurt/New York 1984, S. 89.

das »nazistische Deutschland von seiner schlimmsten Seite kennengelernt«, waren jedoch »vielfach geneigt, einem neuen freiheitlichen und friedlichen Deutschland nicht jede Chance abzuerkennen und sich von jenem Chauvinismus fernzuhalten, der mit dem Nazismus verwandt und mit den demokratischen Friedenszielen unvereinbar war.«[39] Für diese Kreise war Willy Brandt, wie der SPD-Emigrant Paul Bromme im Sommer 1945 in Oslo erfuhr, ein »großer Aktivposten«.[40]

Bromme, der vor der Okkupation als Emigrant in Norwegen gelebt hatte, wurden die weitverbreiteten negativen Eindrücke in der norwegischen Bevölkerung oft bestätigt, so bei seinen Gesprächen mit führenden Politikern der regierenden Norwegischen Arbeiterpartei (DNA), dem Parteisekretär Haakon Lie, dem Chefredakteur des »Arbeiderbladet« Martin Tranmæl und Per Monsen im Juli 1946.[41] Er erfuhr auch, dass sich die Menschen nicht für Deutschland und dessen Zukunft interessierten, die DNA aber sehr wohl »das deutsche Problem als ein zentrales für Europa« betrachtete. Trotz des Desinteresses der Bevölkerung stünde – wie Haakon Lie unterstrich – die DNA »positiv« zur SPD. Monsen versicherte Bromme, dass die führenden DNA-Politiker trotz ihrer Jahre in deutschen Konzentrationslagern »frei von nationalen Ressentiments« wären und diese vorurteilsfreie Einstellung auch auf wirtschaftlichen Interessen basiere.

Zur Rezeption des Buches in Norwegen

Angesichts des Klimas, das 1946 in Norwegen herrschte, wurde Brandts Buch überraschend positiv aufgenommen, wenngleich es auch kritische Rezensenten gab, die Skepsis gegenüber dem Buch als Ganzem und der These von »den anderen Deutschen« zum Ausdruck brachten[42] und Brandts Empathie mit der Bevölkerung in Deutschland nicht teilten. Nach

---

39 *Brandt, Willy:* Norwegens Freiheitskampf 1940-1945, Hamburg 1948, S. 134.
40 Brief Brommes an Heine, 27. Juli 1946, in: AdsD, Nachlass Schumacher, Mappe 64.
41 Siehe dazu und zum Folgenden: ebd. Bromme traf Brandt in Oslo, nahm aber nicht dessen Informationen oder Dienste für seine Gespräche mit den DNA-Politikern in Anspruch, um sich so einen selbständigen Eindruck schaffen zu können.
42 Die einzige auf Deutsch zu diesem Thema vorliegende kleine Studie von *Levsen, Dirk* und *Pryser, Tore:* Zur Perzeption des deutschen Widerstands in Norwegen, in: *Ueberschär, Gerd R.* (Hg.): Der deutsche Widerstand gegen Hitler. Wahrnehmung und Wertung in Europa und den USA, Darmstadt 2002, S. 94, vermittelt ein irreführendes Bild, wenn es heißt: »In der bürgerlichen und sozialdemokratischen Presse waren die Reaktionen durchweg positiv.«

anfänglich neutralen Kurzrezensionen, die sich auf Inhaltsreferate beschränkten, zeigte sich, dass die Mehrheit der Rezensenten Brandts Anliegen erkannte, das vansittartistische Bild zu revidieren, die Existenz eines »anderen Deutschlands« nachzuweisen sowie Verständnis für die Probleme der Menschen zu erwecken. Viele waren von seinen Kenntnissen und seiner objektiven Darstellung beeindruckt.[43] Die in Lillehammer erscheinende Zeitung »Dagningen« war der Ansicht, dass alle norwegischen Soldaten, die nach Deutschland geschickt werden, ein Exemplar des Buches erhalten sollten. Der Rezensent war vom Thema »mitgerissen« und betonte, dass er das Buch geradezu verschlungen habe.[44] Die konservative Osloer »Morgenposten« stellte fest, dass das Buch einen »großen Mangel« beseitige und es von »allen politisch wachen Menschen« gelesen werden sollte, denn das, was heute in Deutschland geschehe, würde Europas Entwicklung für viele Jahre beeinflussen.[45] In der christlichen Zeitung »Vårt Land« hieß es, dass alle, die sich für die brennendsten politischen Fragen im heutigen Europa interessieren, kein besseres Buch als das Brandts lesen könnten.[46] Im »Arbeiderbladet« der regierenden Arbeiterpartei rühmte Nicolay Stang Brandts Sachkenntnisse und unterstrich, dass Brandt zu Recht den Einsatz und die Opfer der »anderen Deutschen« würdigte und damit ein anderes Bild zeichnet als das der Vansittartisten und deren Versuch, die »Mythe von dem anderen Deutschland‹ auszurotten, [...] die sich in der Besatzungspolitik geltend macht.« Brandt, hieß es weiter, unternehme keinen Versuch, das deutsche Volk aus der Verantwortung für das Hitler-Regime zu entlassen, aber es gehe ihm »um Verantwortung, nicht um Schuld.«[47]

Brandts Kritik am Vansittartismus wurde auch von mehreren anderen Zeitungen hervorgehoben. »Sørlandet«, eine sozialdemokratische Regionalzeitung, in der Brandt vor dem Kriege öfter publiziert hatte, unterstrich, dass »die Deutschen« keine prädestinierte »Verbrechernation« seien.[48] »Døla Blad« bemerkte, Brandt habe die Ansichten Vansittarts

---

43 U. a.: *Dagningen* vom 12. Juli 1946, *Morgenposten* vom 27. Juli 1946, *Hamar Stiftstidende* vom 1. August 1946, *Arbeiderbladet* vom 9. August 1946, *Farmand* vom 17. August 1946, *Sørlandet* vom 21. September 1946, *Døla Blad* vom 15. Oktober 1946, *Christianssands Tidende* vom 26. Oktober 1946, *Nationen* vom 13. Januar 1947, *Vårt Land* vom 18. Februar 1947, *Nordmann Forbundet*, Heft 10/1946.
44 *Dagningen* vom 12. Juli 1946: Olav Næss: »Tyskland etter krigen«.
45 *Morgenposten* vom 27. Juli 1946: K. Krogvik: »Tyskland etter freden«.
46 *Vårt Land* vom 18. Februar 1947: Reidar Myhre: »Det tyske problem«.
47 *Arbeiderbladet* vom 9. August 1946: Nicolay Stang: »Generaloppgjør over Tyskland«.
48 *Sørlandet* vom 21. September 1946: J. M.: »Forbrytere og andre tyskere«.

»zu Recht als nazistischen Rassismus mit umgekehrten Vorzeichen charakterisiert«,[49] und das Wirtschaftsblatt »Farmand« meinte, Brandt wolle mit dem »Tendenztitel« seines Buches »Verständnis dafür schaffen [...], dass es andere Deutsche gibt als diejenigen, die die Welt in den letzten 10 Jahren erlebt hat«.[50]

Die zu diesem Zeitpunkt noch viel gelesene und respektierte Tageszeitung der Kommunistischen Partei Norwegens »Friheten« griff dagegen Brandt scharf an. Über die Hälfte der Rezension, die unter dem deutschen Titel »Dreimal verflucht« erschien, bestand aus persönlichen Anfeindungen. Der Rezensent, Just Lippe, wiederholte Beschuldigungen der Kommunisten aus den Kriegsjahren.[51] So behauptete er, Brandt sei »fast im Trotzkismus beheimatet« und habe »geschäftig« gegen die kommunistische Bewegung gearbeitet.[52] Lippe fühlte einen direkten Widerwillen gegen das Buch, empfand es als einen »totalen Mangel an Takt und Bescheidenheit«, entrüstete sich darüber, dass Brandt als *der* Historiker des deutsch besetzten Norwegens galt und ausgerechnet *er* als Korrespondent des »Arbeiderbladet« nach Deutschland geschickt worden war. Für Lippe handelte es sich bei dem Buch um eine Art »Mitleidkampagne«, ein »Kunstwerk an Vorsicht« und »aufdringlicher ›Humanität‹«. Selbst als Übersicht über den Nürnberger Prozess sei es keineswegs beeindruckend. Brandt wurde vorgeworfen, die akute nazistische Gefahr, die in Deutschland bestünde, zu verharmlosen. Aus dem Subtext der Rezension wird deutlich, dass der Nationalsozialismus aus einer deutschen Mentalität zu erklären wäre und dass die Deutschen nun die Strafe bekämen, die sie verdienten.

Einwände ähnlicher Art kamen auch von konservativer Seite, die Carl Joachim Hambros Auffassungen spiegelten. »Morgenavisen« in Bergen konstatierte, dass Brandts Versuch, die Existenz »anderer Deutscher« nachzuweisen, wenig gelungen sei und seiner Kritik am Vansittartismus jede Logik fehle.[53] Dass Brandt von einer Mitverantwortung des Auslandes schrieb, das Hitler vor dem Kriegsausbruch toleriert und unterstützt habe, wurde als Ausdruck einer deutschen Mentalität gesehen, von der sich demokratisch gesinnte Länder distanzierten. Zwei ebenfalls den Konservativen nahestehende Zeitungen meinten, es müsse »ein für alle mal fest-

---

49 *Døla Blad* vom 15. Oktober 1946: Johan Hovstad: »Tyskland og framtida«.
50 *Farmand* vom 17. August 1946: K. V.: »Tyskland I dag«.
51 Siehe dazu Berliner Ausgabe, Bd. 2, S. 22, 105 ff.
52 *Friheten* vom 18. September 1946: Just Lippe: »Dreimal verflucht«.
53 *Morgenavisen* vom 23. Juli 1946: N.-H. K.: »Det tyske problem«.

gestellt werden, dass die Deutschen und nur sie alleine die Verantwortung tragen.«[54] Eine in Stavanger erscheinende Zeitung, »Rogaland«, die politisch der Bauernpartei zuzurechnen ist, war skeptisch gegenüber Brandts Unterscheidung von Nazisten und Antinazisten und stellte fest, dass Nationen, welche die deutsche Besetzung erlebt hatten, kaum einer so klaren Trennung zustimmen würden. Mit den »menschlichen Eigenschaften der deutschen Nation« wäre es nämlich nicht weit her.[55] In »Morgenposten« hieß es, dass es Generationen dauern würde, ehe die Deutschen aus der alliierten Kontrolle »politisch entlassen« werden könnten.[56]

Zur Rezeption des Buches in Schweden

Am Kriegsende war Deutschland in Schweden, wo es »für einen großen Teil des Bürgertums bis in die vierziger Jahre hinein ein Vorbild« gewesen war,[57] ebenfalls in Verruf geraten. Wenngleich es bei Ausbruch des Weltkriegs und noch mehr nach den Deportationen der Juden aus Norwegen zu einem Stimmungsumschwung kam, gab es in Teilen des Bürgertums und des Militärs große Sympathien für den Nachbarn im Süden. Die Zusammenarbeit zwischen der schwedischen und der deutschen Polizei wurde bis in die Kriegsjahre hinein weitergeführt, als gäbe es keinen Nationalsozialismus im »Dritten Reich«. Nach Ausbruch des Zweiten Weltkrieges verfolgte die Regierung, die im Dezember 1939 zu einem Allparteienkabinett erweitert wurde, eine Politik, deren Ziel es war, sich aus dem Krieg herauszuhalten und die Unabhängigkeit des Landes zu bewahren. Die traditionelle Neutralität wurde im weiteren Verlauf der jeweiligen Kriegslage angepasst.[58] Die Pressefreiheit wurde eingeschränkt und deutschsprachige Emigranten zum Teil willkürlich interniert. Deutsche Truppentransporte zwischen dem besetzten Norwegen und Deutschland durften dagegen trotz der offiziell proklamierten Neutralität zwischen Juli 1940 und Ende August 1943 durch Schweden fahren. Auch lieferte das

54 *Buskerud Blad* vom 25. Juli 1946, *Drammens Tidende* vom 25. Juli 1946.
55 *Rogaland* vom 19. September 1946: B.: »Tyskland i dag«; *Østlandets Blad* vom 23. September 1946: Heb: »Tyskland i dag«.
56 *Morgenposten* vom 27. Juli 1946: K. Krogvig: »Tyskland etter freden«.
57 *Müssener, Helmut:* Exil in Schweden. Politische und kulturelle Emigration nach 1933, München 1974, S. 56.
58 Siehe dazu und zum Folgenden: Sweden's relations with Nazism, Nazi Germany and the Holocaust. A survey of research, Editors *Stig Ekman* and *Klas Åmark*, Stockholm 2003.

Land kriegswichtiges Material wie Erz und Kugellager. Auf der anderen Seite blieb Schweden trotz des erheblichen deutschen Drucks, dem es bis zur Kriegswende nachgab, von einer Okkupation wie in Norwegen verschont und war so in der Lage, Flüchtlingen aus Norwegen und Dänemark Schutz zu gewähren sowie dänische und norwegische Polizeiverbände für die Nachkriegszeit auszubilden.

1945 musste Schweden sich nicht im gleichen Maße neu erschaffen wie die junge Nation Norwegen, aber es war genötigt, seine »Neutralität« zu begründen und seinen Platz in der internationalen Staatengemeinschaft zu finden. Im Ostseeraum war die Sowjetunion zur dominierenden Macht geworden, zu der gutnachbarschaftliche Beziehungen aufgebaut wurden, da die Siegermächte nicht unterschiedlich behandelt werden konnten. Zur Besserung des internationalen Renommees nahm Schweden vor und nach Kriegsende über 30 000 Überlebende aus Konzentrationslagern auf und profilierte sich als humanitäre Nation. Ab 1946 begann ein umfassendes Programm zur Speisung deutscher Kinder, das im Laufe der kommenden Jahre auch auf andere Gebiete und auf andere Gruppen erweitert wurde. Die schwedische Sozialdemokratie nahm die Verbindungen mit der SPD früh wieder auf und war bei deren Parteitag 1946 repräsentiert. Die Rezeption des Brandtschen Buches ging also in einem anderen Kontext als in Norwegen vonstatten.

Von der schwedischen Presse wurde es im Großen und Ganzen positiv aufgenommen und wegen seiner Gründlichkeit und Sachkompetenz gelobt. So stellte Bo Enander, der während des Krieges einer der schärfsten Kritiker des Nationalsozialismus gewesen war, in der liberalen Stockholmer Zeitung »Expressen« anerkennend fest, dass es sich bei dem Buch des »auch im Norden hochgeschätzten deutsch-norwegischen Autors« um eine Arbeit handelte, die »durch ihre Vielseitigkeit, ihre strenge Sachlichkeit und ihre nüchterne Objektivität imponiert«.[59] »Sundsvalls Tidning« lobte das Buch Brandts, »eines Mannes mit gutem Herzen und kluger Urteilskraft«, als »wertfrei und sachlich«,[60] das Stockholmer »Aftonbladet« bezeichnete es als »objektiven und ausbalancierten Bericht« und empfahl es »als Mittel gegen die propagandistische Vergiftung während der Kriegsjahre«.[61] Für »Oskarshamns Tidningen« handelte es sich um das beste bisher auf Schwedisch erschienene Buch über den Nürnberger Prozess,[62]

59 *Expressen* vom 18. August 1946: Bo Enander: »Forbrytare och andra tyskar«.
60 *Sundsvalls Tidning* vom 1. September 1946: Erik Lindén: »Tyskland och framtiden«.
61 *Aftonbladet* vom 16. September 1946: G. M.: »Tysk elände«.
62 *Oskarshamns Tidningen* vom 23. Oktober 1946: S-s.: »Tyskland i dag og i morgon«.

und die Zeitschrift des Konservativen Studentenverbandes riet, dass man nicht unterlassen sollte, sich mit Brandts Gedanken über Deutschland und dessen politische, soziale und wirtschaftliche Perspektiven vertraut zu machen.[63] »Norrländska Socialdemokraten« kam mit folgender Empfehlung: »Für jeden politisch Interessierten ist Brandts Arbeit ein wertvoller Wegweiser für ein Studium des Deutschlands der Niederlage.«[64] Sozialdemokratische Zeitungen wie »Dala Demokraten« empfahlen das Buch als »außerordentlich interessant«[65] oder – wie »Värmlands Folkblad« – als »von großem Interesse für alle politisch Interessierten [...], und das müssen wir heute alle sein.«[66] In anderen Zeitungen wurde unterstrichen, dass Brandt gegen den Vansittartismus »polemisierte«, aber auch von der Mitverantwortung aller erwachsenen Deutschen für das Hitler-Regime schrieb[67] und dafür plädierte, dass Verantwortung nicht gleichbedeutend mit Schuld sei.[68] Andere Zeitungen hoben hervor, er sei der Ansicht, »dass es tief in der Brust der Deutschen ein menschliches Rechtsgefühl, Gefühle für Gerechtigkeit und Barmherzigkeit gibt«,[69] dass er nicht die Deutschen im Allgemeinen als Kriegsverbrecher abstemple[70] sowie eine klare Trennung zwischen dem Deutschland der Nazisten und Junker und »den übrigen Teilen von Deutschlands Bevölkerung« vornehme.[71] Die Zeitung der KP Schwedens, »Ny Dag«, lobte Brandts »große Sachlichkeit« und Kenntnisse, auch wenn man nicht mit ihm »in all seinen Einschätzungen übereinstimmen kann«.[72]

Es fehlte allerdings auch nicht an kritischen Einwänden in Zeitungen sehr unterschiedlicher Observanz. Kaj Björk kam in der sozialdemokratischen Zeitschrift »Tiden« zu dem Ergebnis, dass Brandt sowohl Russen wie deutsche Kommunisten »behutsam« charakterisierte und sein »Feingefühl und sein Streben nach Objektivität« bei der Behandlung des Vereinigungsprozesses von KPD und SPD »zu weit gehen«.[73] Im Gegensatz zu anderen Rezensenten empfand Björk, der auch internationaler Sekre-

63 *Svensk Linje*, Nr. 4/1946: »Tysk«.
64 *Norrländska Socialdemokraten* vom 2. Oktober 1946: »Förbrytare och andra tyskar«.
65 *Dala Demokraten* vom 18. Oktober 1946: Arv. H-g.: »De tyska förbrytarna«.
66 *Värmlands Folkblad* vom 11. September 1946.
67 *Expressen* vom 18. August 1946, ähnlich auch *Göteborgs Handelstidning* vom 23. Dezember 1946: Jc: »Tysklands skuld«. Vgl. auch *Tiden*, Nr. 1/1947.
68 *Dagen* [Stockholm] vom 5. November 1946: Lennart Thanner: »Det tyska problemet«.
69 *Vestmanlands Läns Tidning* vom 31. August 1946: Rustikk: »Förbrytare och andra tyskar«.
70 *Västgöta Korrespondenten* vom 16. September 1946: »Problemet Tyskland«.
71 *Stockholms Tidningen*, September 1946: Christer Jäderlund: »Ansvaret för Tyskland«.
72 *Ny Dag* vom 4. November 1946: K. T.: »Hur skall det gå med Tyskland?«
73 *Tiden*, Nr. 1/1947.

tär der schwedischen Sozialdemokratie war, Brandts Buch keineswegs als tiefschürfende Analyse. Es enthielte »vernünftige Gesichtspunkte«, sei aber »in keiner Weise sensationell«. Außerdem sei es bereits zum Zeitpunkt des Erscheinens etwas veraltet gewesen, doch hätten Teile seiner Zusammenfassungen, zum Beispiel über den Nürnberger Prozess, bleibenden Wert. »Lunds Dagblad« bestätigte, dass es sich um eine gründliche und gewissenhafte Arbeit handele, aber »wie immer, wenn es W. Brandt betrifft, kein glänzendes Buch« sei.[74] Die kommunistische Zeitung »Folkviljan« kritisierte an Brandts Objektivität, dass er sich nicht immer ganz gegen »antisowjetische Suggestionen« zur Wehr gesetzt habe,[75] während »Sydsvenska Dagbladet« zwar reichhaltiges Material für Diskussionen über das deutsche Problem fand, aber keine »bedeutenden neuen Gesichtspunkte«.[76] »Dagens Nyheter« hatte viel Positives über Brandts Buch zu sagen, fand es jedoch in mehreren Punkten diffus und wünschte sich klarere Problemstellungen.[77]

Den Rezeptionen in beiden Ländern war gemeinsam, dass Brandts Unterscheidung zwischen den Verbrechern und den anderen Deutschen ebenso verstanden wurde wie seine Distinktion zwischen kollektiver Schuld und kollektiver Verantwortung. Diesen Differenzierungen konnte man zustimmen oder sie ablehnen. Stellvertretend für die Zustimmungen darf die Charakterisierung im liberalen »Sydsvenska Dagbladet« genannt werden, das feststellte: Brandt »will mithelfen, unsere Vorstellungen [...] von den gehässigen Übertreibungen der Kriegszeit und propagandistischen Vereinfachungen zu säubern.«[78] Abgelehnt wurde Brandts Unterscheidung in Norwegen von einigen konservativen Zeitungen und dem Zentralorgan der KP, die expressis verbis an der Kollektivschuldthese beziehungsweise bestimmten deutschen Charaktereigenschaften festhielten oder diese im Subtext zum Ausdruck kommen ließen. In Schweden befanden sich die Anhänger der Kollektivschuldthese dagegen ausschließlich im rechten Spektrum.[79]

Einen Unterschied finden wir in der Frage des Buchtitels, wenngleich es sich hier um kein zentrales Thema handelte. Während in Norwegen manche Kritiker sagten, ein adäquaterer Titel wäre »Deutsche und andere

---

74 *Lunds Dagblad* vom 9. Oktober 1946: E. Sandtorp: »Från det slagna Tyskland«.
75 *Folkviljan*, Nr. 39/1946: G. G.: »Tysklandsbok«.
76 *Sydsvenska Dagbladet* vom 2. September 1946: Sven Berger: »Två böcker om tyskarna«.
77 *Dagens Nyheter* vom 14. September 1946: Ulf Brandell: »Cicerone genom kaos«.
78 *Sydsvenska Dagbladet* vom 2. September 1946: Sven Berger: »Två böcker om tyskarna«.
79 *Lindner, Rolf:* Den svenska Tysklands-hjälpen 1945-1954, Stockholm 1988, S. 32.

Verbrecher« gewesen[80] und damit bemängelten, dass Brandt mit seinem Titel zwischen Verbrechern und anderen Deutschen *unterschied*, rief der Titel in Schweden unterschiedliche Reaktionen hervor. Die in Kungsbacka erscheinende Zeitung »Nordhalland« begründete ihre Kritik an der Wahl des Titels damit, dass es nicht darum ginge, die Schuld der Deutschen zu analysieren, denn diese sei schon längst festgestellt.[81] Die Zeitung der religiösen Pfingstbewegung, »Dagen«, fürchtete, der Titel könne in mehrerer Hinsicht »abschreckend« sein und potentielle Leser von diesem »außerordentlich lesenswerten« Buch abhalten.[82] Die Stockholmer Zeitung »Dagsposten« kommentiert den »schönen Titel« als »Beweis für das Fortleben des infernalischen bösen Geistes [...], der in vieler Hinsicht seit langem in unserem Lande herrscht« und der nach Ansicht der Zeitung aussagt, dass Verbrecher mit Deutschen identisch seien, »d. h., wenn die Rede von einem Verbrecher ist, so muss vorausgesetzt werden, dass er deutsch ist. Verbrecher anderer Nationalität scheint es nicht zu geben.«[83]

Brandt selbst schien mit dem Gros der skandinavischen Beurteilungen und der Wirkung des Buches zufrieden gewesen zu sein. Anfang Juli schrieb er darüber an Fritz Heine in Schumachers SPD-Büro in Hannover: »Mein in Stockholm und hier erschienenes Buch hat ein starkes Echo ausgelöst und wird, wie ich glaube, zur positiven Beeinflussung der in Frage kommenden Schichten beitragen.«[84]

Verbrecher und andere Deutsche in den Verleumdungskampagnen gegen Willy Brandt

Als Willy Brandts politische Karriere in Berlin begann und sich das politische Klima in der Bundesrepublik so weit geändert hatte, dass Emigration und Arbeit gegen den Nationalsozialismus zum Makel wurden, begannen rechtsradikale, konservative und auch bestimmte sozialdemokratische Kreise, sich für Brandts Buch zu interessieren.

Die erste Welle der Schmutzkampagnen gegen Brandt kam 1952 aus der Berliner SPD, als deren Landesvorsitzender Franz Neumann Brandts Emigration, seinen angenommenen Namen und die norwegische Staats-

---

80 *Buskerud Blad* vom 25. Juli 1946, *Drammens Tidende* vom 25. Juli 1946.
81 *Nordhalland* vom 16. Oktober 1946.
82 *Dagen* [Stockholm] vom 5. November 1946.
83 *Dagsposten* vom 5. September 1946: R. T.: »Förbrytare och andra tyskar«.
84 Brief Brandts an Fritz Heine, 5. Juli 1946, in: AdsD, WBA, A 5, Allgemeine Korrespondenz 1946.

bürgerschaft dazu benutzte, ihn für ungeeignet zu leitenden Positionen in der Berliner Partei zu erklären.[85] 1957 erfolgte ein neuer Vorstoß Neumanns, als die Berliner Zeitung »Montags-Echo« neue Gerüchte über Brandts Herkunft und Emigrationsjahre in die Welt setzte.[86] Die Angriffe auf Brandt verstärkten sich, nachdem er 1961 Kanzlerkandidat der SPD wurde. Nun waren es vor allem das konservative und das rechtsradikale Lager, die sich mit Brandts Herkunft und Exil beschäftigten und ihn in zahlreichen Broschüren, Pamphleten, Artikeln, Reden und vermittels Flüsterpropaganda verunglimpften oder die Emigration in ein negatives Licht zu setzen versuchten.

Die Geschichte dieser Verunglimpfungen, die dem internationalen Ansehen der Bundesrepublik großen Schaden zugefügt haben, ist von seinen Biographen und in Einzelstudien eingehend behandelt worden.[87] Charakteristisch für die Kampagnen war, dass Äußerungen und Handlungen Brandts während der Exiljahre aus ihrem historischen Kontext gerissen und verdreht wurden. In diesem Zusammenhang gerieten auch Bücher wie *Guerillakrig* und *Forbrytere og andre tyskere* ins Schussfeld und Brandt wurde unterstellt, eine Art Handbuch zum Partisanenkampf gegen seine eigenen Landsleute sowie ein Buch mit dem Titel »Deutsche und andere Verbrecher« geschrieben zu haben.[88] In der Atmosphäre des Kalten Krieges kam es zu keiner grundsätzlichen Aufarbeitung des Nationalsozialismus und seiner Verbrechen. Emigration konnte als Verrat an der eigenen Nation hingestellt werden. Die SPD und ihre Emigranten hatten dem wenig entgegenzusetzen und trugen dazu bei, ihr Exil in einer

---

85 Vgl. dazu *Merseburger, Peter*: Willy Brandt 1913-1992. Visionär und Realist, Stuttgart-München 2002, S. 307. – Zu Brandts Reaktion auf die Angriffe siehe *Brandt, Willy*: Berlin bleibt frei. Politik in und für Berlin 1947-1966, Bonn 2004 (Berliner Ausgabe. Bd. 3), S. 163 ff.

86 Vgl. *Merseburger* 2002, S. 340 f., Berliner Ausgabe, Bd. 3, S. 204 ff., 217 f.

87 Siehe dazu z. B. den Überblick über verschiedene Phasen und Formen bei *Prittie, Terence*: Willy Brandt. Biographie, Frankfurt 1973, S. 265 ff., *Lehmann, Hans Georg*: In Acht und Bann. Politische Emigration, NS-Ausbürgerung und Wiedergutmachung am Beispiel Willy Brandts, München 1976, S. 248 f., 253 ff., 268 ff., sowie mit Beispielen aus internationalen Zeitungen *Gardill, Kerstin*: Vom Regierenden Bürgermeister zum Kanzlerkandidaten. Willy Brandt in der öffentlichen Wahrnehmung von 1957 bis 1961, Berlin 2004, S. 28 ff. und 85 ff., ferner *Merseburger* 2002, S. 306 ff., 340 f., 409 ff. Siehe auch Berliner Ausgabe. Bd. 3, S. 38 f., 66 f., 76 f., 163 ff., und kurz *Brandt, Willy*: Auf dem Weg nach vorn. Willy Brandt und die SPD 1947-1972, Bonn 2000 (Berliner Ausgabe, Bd. 4), S. 43 f.

88 Siehe dazu u. a. *Mantzke, Martin*: Emigration und Emigranten als Politikum in der Bundesrepublik der sechziger Jahre, in: Exil. Forschung – Erkenntnisse – Ergebnisse, Nr. 1, 1983, S. 27, mit Hinweis auf *Die Zeit* vom 29. Oktober 1965.

Art anpassender Lebensbegradigung zu verschleiern.[89] So konnte auch *Forbrytere og andre tyskere*, das 1946 eindeutig als Argumentationsschrift *für* das andere Deutschland und als Zurückweisung der Kollektivschuldthese geschrieben und in Skandinavien auch so verstanden wurde, in sein Gegenteil verkehrt und als Anklageschrift gegen »die Deutschen« präsentiert werden. Das geschah in der Gewissheit, dass das Buch dem deutschen Publikum nicht zugänglich war.[90]

Brandts unterschiedliche Angaben des Buchtitels wurden bald ausgenutzt, um Zweifel an seiner Glaubwürdigkeit zu säen. Dem rechtsradikalen Blatt »Reichsruf« fiel es nicht schwer nachzuweisen, dass der Titel in korrekter Übersetzung »Verbrecher und andere Deutsche« lautet. Daraus wurde dann die These von Brandts »Kollektiv-Diffamierung der Mehrheit des deutschen Volkes« entwickelt. Ein anonymer Autor konnte, nachdem er das Buch »sorgfältig, Wort für Wort, studiert [hatte], wenn es uns auch starke Überwindung kostete«, zwar nicht bestreiten, dass »Frahm-Brandt [...] tatsächlich gegen die Kollektiv-Schuld-These geschrieben [hat]«, doch behauptete er dann aber, Brandt habe geschrieben, »dass nur 99 Prozent des deutschen Volkes schuldig – oder wie er unklar unterscheidet – verantwortlich sind.«[91] Brandts Distinktion zwischen Schuld und Verantwortung, die ein tragendes Element in seiner Argumentation bildete, wurde bewusst falsch interpretiert. In den folgenden Artikeln wurde nicht nur Brandt angegriffen, sondern die Legitimität des Nürnberger Prozesses bestritten, wobei die deutschen Übergriffe und Verbrechen während des Zweiten Weltkriegs relativiert und mit Handlungen der Alliierten nach 1945 gleichgestellt wurden.

Rechtsradikale Angriffe gegen Brandt waren nichts Neues. Ernster zu nehmen war, dass *Forbrytere og andre tyskere* Ende Februar 1961 auch von seriöseren Zeitungen angegriffen wurde. Die in Köln erscheinende »Deutsche Zeitung« schrieb ebenfalls von »einem etwas unklaren Unter-

---

89 Auch Willy Brandt hielt es lange für angebracht, seine Exiljahre in der Öffentlichkeit nur sehr lückenhaft darzustellen. Vgl. dazu *Lorenz, Einhart:* Willy Brandt im Spiegel seiner Erinnerungen und seiner Biografen, in: Exilforschung. Ein internationales Jahrbuch, Bd. 23, München 2005, S. 58 ff.

90 Noch 1989 konnte man in *Siegerist, Joachim:* Willy Brandt – das Ende einer Legende, Hamburg-Bremen 1989, S. 154 ff., von angeblichen Schwierigkeiten des Autors bei der Beschaffung eines Exemplars lesen, das dann nicht einmal in Oslo erhältlich gewesen sein soll, aber schließlich zum Preise von 3000 DM erworben werden konnte. Zu diesem Zeitpunkt lag der Antiquariatspreis bei ca. 45 DM, bei den in Oslo zahlreichen Flohmärkten von Schulen und Musikcorps zwischen 3 und 10 DM.

91 *Reichsruf* vom 25. Februar 1961: »Frahm-Brandt gegen Deutschland«.

schied zwischen Verantwortung und Schuld« und stellte den Text dann durch einen anonym bleibenden »Skandinavier« ihren Lesern in einer sehr einseitigen Version vor.[92]

Brandt hat versucht, sich mit Hilfe von einstweiligen Verfügungen und Strafanzeigen gegen die Kampagnen zu wehren. So kam es in den Jahren 1955 bis 1966 zu 80 Verfahren, doch konnten die gewonnenen Prozesse nicht die negative Wirkung von Verleumdungen, Gerüchten und einseitigen Darstellungen seiner früheren Äußerungen rückgängig machen.

Die Auszüge aus *Forbrytere og andre tyskere*, die 1966 auf Deutsch erschienen, beendeten die Spekulationen über den Text nicht. 1986 bemühte sich eine rechtsextreme Vereinigung namens »Die Deutschen Konservativen« noch einmal, eine Schmutzkampagne gegen Brandt zu initiieren.[93] Im Zuge dieser Bemühungen erschien 1989 eine willkürlich redigierte und mit polemischen Kommentaren durchsetzte Version des »Skandal-Buchs Willy Brandts«.[94]

»Verbrecher und andere Deutsche« – heute gelesen

Mit dem nun von der Bundeskanzler-Willy-Brandt-Stiftung herausgegebenen Band liegt zum ersten Mal eine vollständige und wissenschaftlich erschlossene Ausgabe des Buches vor. Es kann heute unter verschiedenen Gesichtspunkten gelesen werden. Es gibt die Eindrücke eines jungen Politikers wieder, der über zwölf Jahre in Skandinavien gelebt hatte, von der dortigen demokratischen politischen Kultur geprägt wurde und nun in ein Land zurückkehrte, das in Trümmern lag. Dort traf er Menschen, die von den 12 Jahren des »Tausendjährigen Reiches« und dessen Zusammenbruch geprägt waren. Sein Bild war von Pessimismus und Optimismus geprägt. Er, der lange auf eine Erhebung gegen das Regime gehofft hatte,[95] musste nun feststellen, dass das andere Deutschland zu schwach gewesen war, um sich gegen die Nazis aufzulehnen, und dass es der »Geburtshilfe der Alliierten« bedurfte.[96] Er wusste, dass er von Zuschauern, Mitläufern, Profiteuren und Anhängern des Nationalsozialismus

92 *Deutsche Zeitung* vom 24. Februar 1961: »Verbrecher und andere Deutsche«. Deutschland aus der norwegischen Sicht von 1946. Über ein Buch von Willy Brandt.
93 *Der Spiegel*, Nr. 50 vom 8. Dezember 1986, S. 116 ff.
94 Verbrecher und andere Deutsche. Das Skandal-Buch Willy Brandts. Kommentiert von *Joachim Siegerist*, Hamburg-Bremen 1989.
95 Vgl. dazu z. B. Berliner Ausgabe, Bd. 2, S. 158 ff., 170 ff., 178.
96 Siehe S. 167 in diesem Band.

umgeben war, verfiel deshalb aber nicht der Kollektivschuldthese, sondern warnte vor Generalisierung. Brandt setzte seine Hoffnungen auf die Jugendlichen, von denen zwar viele durch die Einflussnahme der Nationalsozialisten »ernsten Schaden« erlitten hatten, die aber weder »Banditen« waren noch ohne weiteres verurteilt werden dürften.[97] Er sah das Elend der einfachen Menschen, wie sie hausten und hungerten und versuchten, sich eine Existenz aufzubauen. Unter diesem Gesichtspunkt vermittelt das Buch eine Momentaufnahme von der Lage in Deutschland im Winter 1945/46, so wie Willy Brandt sie erlebte. Es ist aber noch mehr. Bei aller Objektivität, um die Brandt sich bemühte, spiegelt das Buch auch seine Lernprozesse während des Aufenthalts in Deutschland wider.

Seine Bemerkungen über die Lebenslage der Bevölkerung und den wirtschaftlichen Wiederaufbau mögen das Bild in einzelnen Punkten verschönern, während jene über die Gefahr von nazistischen Widerstandsgruppen übertrieben waren. Doch ist sein Blick ein europäischer. Er hielt an seiner internationalen Perspektive fest, erinnerte an den Zusammenhang von Ursache und Wirkung sowie an die Leiden, die den Menschen in deutsch okkupierten Ländern zugefügt worden waren. Er wusste, wenn auch noch nicht den gesamten Umfang überschauend, welches Leid Deutschland über die Staaten und ihre Bevölkerungen gebracht hatte, die fünf Jahre deutscher Besatzung erdulden mussten. Mit unseren heutigen Erkenntnissen wissen wir, dass die Verbrechen der Wehrmacht und der Einsatzgruppen weit umfassender waren, als es im Prozess aufgedeckt werden konnte. Die Dimensionen von Vernichtungslagern wie Bełżec, Chełmno und Sobibór waren in Nürnberg noch unbekannt. Wir wissen heute auch mehr über die Beteiligung akademischer Eliten an der Planung und Durchführung der Shoah auf den unterschiedlichsten Ebenen.

Manches klingt aus heutiger Sicht naiv. Aber viele der Gesichtspunkte, die Brandt 1946 äußerte, gehörten zum Gedankengut der unmittelbaren Nachkriegszeit und müssen deshalb in diesem Kontext verstanden werden. Brandts Zuversicht, dass die Anti-Hitler-Koalition weiterbestehen würde, teilten damals viele. Und viele glaubten, dass es in der Sowjetunion auf Grund des Krieges zu einem inneren Wandlungsprozess kommen würde und dass die kommunistischen Parteien durch ihren Widerstandskampf »nationaler« und unabhängiger geworden seien.

Der Wunsch, dass sich Arbeiterparteien vereinigten, lebte nicht nur in Deutschland. In zahlreichen europäischen Ländern kam es zu Verhandlungen über einen Zusammenschluss – in Norwegen bereits unmittelbar

---

97 Siehe z. B. S. 195 in diesem Band.

nach der Befreiung.[98] Brandt war von der Hoffnung einer breiten demokratisch-sozialistischen Arbeiterpartei beseelt. Auf Grund von Material, das er in Nürnberg gesehen hatte, sprach noch eine weitere Erkenntnis für einen Prozess der Vereinigung, nämlich dass die »Zersplitterung der anti-nazistischen Kräfte <u>entscheidend</u> zum Sieg Hitlers beigetragen habe.«[99] Das Bild, das er in *Forbrytere og andre tyskere* von der Entstehungsgeschichte der SED in Berlin und der Sowjetischen Besatzungszone für sein skandinavisches Publikum zeichnet, spiegelt den Umstand wider, dass die Vorgänge zum Zeitpunkt der Niederschrift noch nicht in allen Einzelheiten bekannt waren.[100] Seine Darstellung ist deshalb ausführlicher und beschreibender als in seinem 29-seitigen Manuskript über die Krise der deutschen Arbeiterbewegung, das er im März 1946 in Stockholm für politische Freunde und Weggefährten ausarbeitete.[101] Noch kritischer war er in einem Brief an einen seiner Mentoren der Exiljahre, Jacob Walcher. Auf der Grundlage von »allerlei neue[m] Material« schrieb er Ende April 1946, dass die SPD-KPD-Vereinigung »mit undemokratischen Mitteln und teilweise sogar mit gewalttätigen Methoden« durchgeführt wurde und es sich bei der SED »um etwas ganz anderes handelt, als was wir als Ergebnis unserer Einheitspolitik erstrebten«.[102]

Gegenüber den Besatzungsmächten trat Brandt für selbständige deutsche Positionen ein und wies eine Zerstückelung Deutschlands ab.[103] Eine Zusammenarbeit mit den Alliierten »bedeutet nicht dasselbe wie Prinzipienlosigkeit, Selbsterniedrigung, Kriechertum. Menschen, denen es damit ernst ist, ein Deutschland aufzubauen, das nach innen frei und

---

98 Die Verhandlungen strandeten im August 1945, doch kam es bis 1947 zu weiteren, wenn auch vergeblichen Initiativen. Willy Brandt wurde 1945 indirekt an der Vereinigungsdebatte beteiligt. Er schrieb anonym im Auftrag der Norwegischen Arbeiterpartei die Broschüre Kjensgjerninger om kommunistenes politikk [Tatsachen über die Politik der Kommunisten], o. O., o. J. [Oslo 1945], die eine scharfe Kritik an der Kriegspolitik der KP Norwegens und an ihrem Auftreten in den Vereinigungsverhandlungen enthält. Kurze Auszüge aus der Broschüre wurden in *Brandt* 1966 veröffentlicht.

99 Brief Brandts an August und Irmgard Enderle, 9. Februar 1946, in: AdsD, WBA, A 5, Allgemeine Korrespondenz 1946.

100 Vgl. dazu Die Krise der deutschen Arbeiterbewegung, in: Berliner Ausgabe, Bd. 2, S. 286 f.

101 Die Krise der deutschen Arbeiterbewegung, in: Berliner Ausgabe, Bd. 2, S. 265-295.

102 Brief Brandts an Walcher, 30. April 1946, in: AdsD, WBA, A 5, Allgemeine Korrespondenz 1946, Nachdruck in Berliner Ausgabe, Bd. 2, S. 300-304, Zitat auf S. 301.

103 Vgl. dazu S. 58 in diesem Band.

nach außen friedlich ist, dürften sich nicht mit einer Lakaienrolle abfinden« und »für eine bedingungslose Anpassung eintreten.«[104] Im Vergleich zu der Begeisterung für die Rote Armee und die Sowjetunion, die in Norwegen anzutreffen war,[105] erscheinen seine Bemerkungen relativ kritisch. Kommunistische Kritiker griffen ihn an, weil er über Übergriffe der Roten Armee und Vergewaltigungen schrieb,[106] während ihm in Schweden von einem prominenten Sozialdemokraten vorgeworfen wurde, zu naiv zu sein.[107] Plünderungen amerikanischer Soldaten und die harte Besatzungspolitik in der Französischen Besatzungszone wurden von Brandt nicht bagatellisiert, doch machte er den Unterschied zwischen der alliierten Besatzungspolitik und derjenigen der Wehrmacht während des Krieges deutlich.[108]

»Heilige Grenzen« existierten für ihn nicht, und gewisse Grenzregulierungen hatte er schon während des Krieges akzeptiert. Der Kriegsverlauf und das Ausbleiben eines sichtbaren Widerstandes in Deutschland hatten jedoch eine neue Situation geschaffen. Es waren »Hitler – und zu einem großen Teil bereits Kräfte vor ihm – [...] die] eine Reaktion ausgelöst [haben], die in Grenzverschiebungen und Volksumsiedlungen mündete.« Aber es gab Grenzen auch für Grenzen, und deshalb seien auch diejenigen, die für eine vertrauensvolle Zusammenarbeit mit den Nachbarstaaten eintraten, nicht verpflichtet, sich passiv gegenüber separatischen Tendenzen zu verhalten. »Volksumsiedlungen« waren für ihn in gewissem Umfang akzeptabel, doch musste er in größere Zusammenhänge eingeordnet werden.[109] Er verurteilte die inhumane Verfolgung und Ver-

104 Vgl. dazu S. 342 in diesem Band. Es ist durchaus denkbar, dass Brandts Freund, der norwegische Außenminister Halvard Lange, diesen Gedanken aufgriff, als er im Juli 1946 während einer Konferenz des Koordinationskomitees der nordischen Arbeiterbewegungen unterstrich, dass die deutsche SPD »moralischer Kalorien« für den demokratischen Aufbau bedürfe und – durch die Unterstützung durch die nordischen Bruderparteien – Autorität gegenüber den Westalliierten erhalten könne. Vgl. dazu Samråd i kristid. Protokoll från den Nordiska arbetarrörelsens samarbetskommitté 1932-1946. Utgivna genom *Krister Wahlbäck* och *Kersti Blidberg*, Stockholm 1986, S. 340.

105 *Bentsen, Geir*: En tid for begeistring – Nordmenn og Sovjetunionen i 1945, in: Arbeiderhistorie 2002. Årbok for Arbeiderbevegelsens Arkiv og Bibliotek, Oslo 2002, S. 121 ff.

106 *Friheten* vom 18. September 1946.

107 *Tiden*, Nr. 1/1947.

108 Vgl. dazu S. 203 in diesem Band.

109 Vgl. dazu S. 345 in diesem Band. Siehe zu früheren Stellungnahmen Brandts zu diesen Fragen auch Berliner Ausgabe, Bd. 2, S. 175 ff., 231 f.

treibung aus der Tschechoslowakei, aus den Gebieten östlich von Oder und Neiße sowie aus Ungarn.[110]

In einer längeren Perspektive sind wohl die Betrachtungen Brandts über Deutschlands zukünftigen Platz in Europa von größtem Interesse. Hier zeichnen sich Konturen des Außenpolitikers Willy Brandt ab, der in seinen Exiljahren gelernt hatte, Deutschland auch von außen zu sehen und die Reaktion des Auslands zu berücksichtigen. Deutschland nach dem Krieg und seine Probleme, einschließlich der Grenzfragen und Restitutionslieferungen, konnten nicht länger auf isolierter nationalstaatlicher Grundlage gesehen werden, sondern mussten »in einen größeren europäischen und internationalen Zusammenhang eingeordnet werden.«[111] Die Reparationsleistungen, die von deutscher Seite zu leisten waren, seien zwar hart, müssten aber im Verhältnis zu den Schäden und der Ausplünderung gesehen werden, die während des Krieges stattgefunden hatten. Er betonte die großen Verluste, die die Sowjetunion erlitten hatte, und hielt Polens Anspruch auf einen Zugang zur Ostsee für legitim.[112] Die deutschen Demokraten müssten für die Einheit des Landes arbeiten, die Sicherheitsinteressen und Erfahrungen ihrer Nachbarn berücksichtigen und nicht auf Gegensätze zwischen den Alliierten spekulieren. Eine vertrauensvolle Zusammenarbeit mit der Sowjetunion bedeute jedoch keine einseitige Orientierung nach Osten. Ein Wiederaufbau Deutschlands müsse in Abstimmung und Zusammenarbeit mit dem Osten wie dem Westen geschehen.[113]

Das »Problem Deutschland« konnte seiner Ansicht nach weder von den Deutschen alleine noch von den Besatzungsmächten gelöst werden. Ende November 1945, drei Monate vor Abschluss des Buchmanuskriptes, teilte er seinen politischen Freunden mit, er habe unter den beim Prozess anwesenden ausländischen Journalisten bereits einen Sinneswandel feststellen können: »In den früher deutsch-besetzten Ländern beginnt man trotz allen Hasses zu verstehen, dass man irgendwie mit den Deutschen zusammenleben muss, nachdem man sich nicht entschließen konnte, sie alle totzuschlagen, und dass für ein solches Zusammenleben eine Stärkung der demokratischen Kräfte die beste Gewähr ist.«[114]

---

110 Vgl. dazu S. 242 ff., 246 ff. in diesem Band.
111 Siehe S. 346 in diesem Band.
112 Siehe S. 344 f. in diesem Band.
113 Siehe S. 344 in diesem Band.
114 Brief Willy Brandts an Liebe Freunde, Ende November 1945, in: ARBARK, Nils Langhelles arkiv, Box 4.

Willy Brandt war davon überzeugt, dass es in Deutschland genügend Kräfte gab, die dem Land eine friedliche und demokratische Zukunft sichern könnten, und wandte sich deshalb gegen eine langanhaltende Besatzungszeit. Nach den Germanisierungsversuchen der Nationalsozialisten bestand Brandts Perspektive am Ende seines Buches darin, dass Deutschland europäisiert werden müsse: »Das Problem Deutschlands und Europas kann nur dadurch gelöst werden, dass man West, Ost – und das, was in der Mitte liegt – vereint. Es kann nur auf der Grundlage von Freiheit und der Demokratie gelöst werden.«[115]

Zur Übersetzung

Ein deutsches Originalmanuskript von Willy Brandts Buch liegt nicht vor. Die norwegische Erstausgabe enthält keinen Hinweis auf einen Übersetzer, und angesichts dessen, dass Brandt bereits in Deutschland an dem Manuskript arbeitete und der Zeitabstand zwischen seiner Rückkehr aus Deutschland und dem Erscheinen des Buches kurz war, kann man davon ausgehen, dass das Manuskript auf Norwegisch verfasst und im Verlag lediglich sprachlich überarbeitet wurde.

Ausgangspunkt für die vorliegende Ausgabe ist eine Übersetzung von Dietrich Lutze aus den Jahren 1966 und 1972.[116] Sie ist vom Bearbeiter dieses Bandes durchgesehen, ergänzt, mit ausführlichen Anmerkungen versehen sowie mit deutschen Manuskripten Brandts verglichen worden, wobei dann in einigen Fällen deren Wortwahl übernommen wurde. Darüber hinaus haben Alexander Behrens und Heiko Uecker Lutzes Übersetzung sprachlich bearbeitet. Es ist eine Binsenweisheit, dass jede Übersetzung zugleich eine Interpretation ist.[117] Dies wird unter anderem bei Brandts Übersetzung von Originalzitaten deutlich. Sie sind, soweit dies möglich war, verifiziert. Brandts Abweichungen und notwendige Korrekturen werden vermerkt. Unklarheiten sprachlicher Art sind anhand der

---

115 Siehe S. 347 in diesem Band.

116 1966 übersetzte Lutze zunächst die Kapitel I bis IV sowie von Kapitel VII das 5. (letzte) Unterkapitel. 1972 folgten die Kapitel V und VI sowie der Rest des Kapitels VII. Lutzes Übersetzungen befinden sich im Willy-Brandt-Archiv im Archiv der sozialen Demokratie in Bonn.

117 Ein Beispiel dafür ist der von Brandt häufig benutzte Ausdruck *myndighet*, der u. a. mit Behörde, Obrigkeit, Autorität, Amts-, Verfügungs- oder Befehlsgewalt übersetzt werden kann, ein weiteres *folk*, das das Volk als Nation, aber auch das Volk als die Leute oder die Menschen bedeuten kann.

schwedischen Ausgabe soweit wie möglich geklärt worden – in der Annahme, dass sie dem schwedischen Übersetzer, Olov Janson, ebenfalls aufgefallen sind und er dazu Brandt konsultiert hat. Auch darauf wird in den Anmerkungen hingewiesen.

Danksagung

Für wertvolle umfassende Kommentare danke ich vor allem Bernd Rother. Mein Dank für Unterstützung, inhaltliche Diskussionen, Recherchen, Informationen und praktische Hilfe geht an Vivi Aaslund, Ingjerd Veiden Brakstad, Jamal Chlosta, Izabela A. Dahl, Florian Greiner, Matthias Hannemann, Astrid Lorenz, Lutz Mäke, Harry Scholz, Johannes Tuchel und Sylvia Wilbrecht, ferner an die Archive der Verlage H. Aschehoug & Co (W. Nygaard) Oslo und Albert Bonniers Förlag Stockholm, das Archiv der Münchner Arbeiterbewegung, das Stadtarchiv Königswinter und den Weser-Kurier Bremen. Schließlich danke ich Heiko Uecker sowie Alexander Behrens vom Verlag J.H.W. Dietz für die redaktionelle Betreuung dieses Bandes.

VORWORT

Es war an einem Novemberabend auf Fabers Schloss in Stein, dem internationalen Pressecamp bei Nürnberg. Ein polnischer Korrespondent verblüffte einige von uns mit schwärmerischen Schilderungen, wie unbeschreiblich schön die Ruinen von Warschau seien.

Ich gebe zu, dass ich Ruinen nicht schätze, jedenfalls nicht solche, die weniger als einige Hundert Jahre alt sind. Es machte mich nicht froh, meine Geburtsstadt Lübeck mit all den Trümmerhaufen und zerstörten Kirchtürmen zu sehen. Dagegen erfüllt es mich jedes Mal mit Freude, wenn ich daran denke, dass Oslo – die Stadt, in der ich meine besten und wichtigsten Jahre erlebt habe – dem Schicksal entgangen ist, völlig zerbombt zu werden. Die Abneigung gegen Trümmerhaufen ist eine Erklärung dafür, dass in diesem Buch darüber nicht viel steht.

Das Buch liefert Tatsachen und Betrachtungen über Deutschland und die Deutschen. Das Manuskript entstand in Nürnberg und auf Reisen durch Deutschland. Ich habe eine Zusammenfassung des Anklagematerials gegen die großen Kriegsverbrecher mit hineingenommen. Es handelt sich nicht um einen Prozessbericht – das Verfahren ist ja noch nicht abgeschlossen.

Im Übrigen habe ich versucht, die Beseitigung der Ruinen – jener auf den Straßen und jener in den Hirnen – zu schildern. Nichts davon kann weggesprengt werden. Sie müssen weggeräumt werden, um neuem Leben Platz zu machen.

Ich habe keine Nachschlagewerke benutzen können und das statistische Material, das heute zur Verfügung steht, ist sehr unvollständig. Dies führt dazu, dass die Dokumentation in mehreren Punkten weniger ausführlich ist, als sie sein sollte. Die Darstellung basiert auf Dingen, die ich selbst gesehen habe, und auf Berichten, von denen ich annehmen kann, dass sie korrekt sind.

Die Entwicklung bleibt nicht stehen. Das, was entsteht, wächst jedoch aus dem hervor, was war. Das Buch gibt eine Übersicht über das deutsche Problem, wie es sich mir in den soeben verflossenen Wintermonaten dargestellt hat.

Oslo, im März 1946   *W. B.*

I. EIN GROSSES PROBLEM

Herrenvolk oder Verbrecherbande?[1]

Auf die bedingungslose Kapitulation Deutschlands folgte seine totale Besetzung. Die Wehrmacht war zerschlagen, und ihre Reste wurden entwaffnet. Die Naziorganisationen hatten sich aufgelöst – Hitler hatte Göring und Himmler ausgeschlossen, bevor er sich das Leben nahm. Nachdem der tragikomische Epilog in Flensburg abgewickelt war, gab es keine deutsche Regierung mehr. Der deutsche Staat hatte aufgehört zu bestehen. Die Verwaltung, die Verkehrsverbindungen und das Versorgungswesen waren in Stücke geschlagen. Die Naziführer hinterließen Trümmerhaufen, ein bankrottes Wirtschaftsleben, entwurzelte und apathische Menschen. Der Zusammenbruch war wirklich »einmalig«, ohne Gegenstück in der modernen Geschichte. Die alliierten Siegermächte mussten die Konkursmasse übernehmen. Am schlimmsten wäre es für Deutschland gewesen, wenn sie dies unterlassen hätten. Dann wäre es zu einem Kampf aller gegen alle gekommen. Die Auflösung hätte ihre äußerste Konsequenz erreicht.

Die Besetzung erfüllte zunächst die Aufgabe, einen Pestherd zu isolieren. Damit war das Problem jedoch nicht gelöst. In den von den Alliierten besetzten Gebieten mitten in Europa wohnten weiterhin über 60 Millionen Deutsche. Gestern »Herrenvolk«, heute Bettlervolk.

Hitler – und andere vor ihm – hatten versucht, den Deutschen einzureden, dass sie berufen seien, die Herren Europas und der Welt zu sein. Er schaffte es, die größte und gefährlichste Verbrecherbande der Geschichte zu rekrutieren. Als er verschwand, waren die Herrenvolkanwärter Gefangene, Bettler oder – im besten Fall – Bewohner eines großen Armenhauses geworden.

Die Behauptungen des Nazismus sind ad absurdum geführt worden. Die wahnwitzigen Ambitionen endeten mit einem gewaltigen Fall. Die, die auszogen, die Welt zu erobern, führten ihr eigenes Land und Volk in eine Krise, bei der es um die nationale Existenz selbst geht. Der deutsche Name wurde mit Blut besudelt. Er hat einen Leichengeruch und lässt an

---

1   Das gesamte Kapitel »Herrenvolk oder Verbrecherbande?« wurde in *Brandt* 1966, S. 166 ff., veröffentlicht.

Plünderungen, Misshandlungen und Betrug denken. Die einzigartige Herausforderung hat starke Reaktionen ausgelöst. Die Deutschen werden die Wirkungen noch lange, nachdem der letzte Naziführer seine gerechte Strafe bekommen hat, spüren. Der Traum vom Herrenvolk wird nicht noch einmal geträumt werden. Deutschland ist weder der »Nabel der Welt« noch das »Herz Europas«. Die Deutschen haben bis auf weiteres in der internationalen Politik nichts zu sagen. Die, die sie bestimmen, tun jedoch klug daran, vor einer zu großen Vereinfachung auf der Hut zu sein. Es war Wahnsinn, die Deutschen dazu aufzuhetzen, die Rolle der Herren der Welt spielen zu sollen. Sie marschierten – so lange, bis sie ihr eigenes Land verloren hatten. Das braucht jedoch nicht zu bedeuten, dass sie alle – und ein für allemal – Verbrecher sind.

Die Wirklichkeit ist erheblich komplizierter und nuancierter, als die Nazis und andere Rassenpolitiker sie haben wollen. Der Nazismus hat mit teuflischer Planmäßigkeit die niedrigsten Instinkte und kriminellsten Eigenschaften hervorgeholt. Der Hitlerismus ist eine wohlorganisierte Gangsterherrschaft im Weltmaßstab gewesen. Die Gangster entwickelten eine bisher einzigartige Fähigkeit, die Macht der Organisation, der Propaganda und des Terrors auszunutzen. Sie organisierten den Abschaum der Gesellschaft und produzierten Menschenschlächter am laufenden Band. Und sie taten alles, sich so viel Mitschuldige wie möglich zu schaffen. Das ist aber nicht dasselbe, als wären die Deutschen dazu prädestiniert, eine Nation von Verbrechern zu sein. Sie sind auf vielerlei Weise ein unreifes Volk. Sie werden aber nicht als SS-Männer geboren. Ihre Kinder sind ungefähr so wie die Kinder in anderen Ländern, wenn sie auf die Welt kommen. Wenn sie aufwachsen, werden sie nach den gesellschaftlichen Verhältnissen und der damit verbundenen Erziehung geformt. Sie gleiten in eine Gemeinschaft hinein, die durch soziale und historische Faktoren bestimmt ist. Ein geschichtliches Erbe kann eine ernste Belastung sein. Sie kann aber überwunden werden. Soziale Verhältnisse lassen sich ändern. Auch unter gegebenen gesellschaftlichen Bedingungen ist es nicht so einfach, dass nur ein einziger Weg beschritten werden kann. Nicht nur der Art und Weise von Individuen, sich zu geben und zu leben, kann man eine neue Richtung verleihen, sondern auch der eines ganzen Volkes. Ideale können geändert werden.

Es wäre entsetzlich, aber einfach, wenn die Deutschen als solche Verbrecher wären. So einfach ist es nicht, und auch nicht so entsetzlich. Besondere Umstände haben sie zu Werkzeugen – und Opfern – des Nazismus werden lassen. Sie haben allerdings auch einen anderen »Background« als gewöhnliche Menschen, im Guten wie im Bösen. Sie waren als fleißig

Die Naziführer hinterließen Trümmerhaufen.

und gewissenhaft, recht gewissenhaft, bekannt. Fleiß und Gewissenhaftigkeit sind an und für sich keine schlechten Eigenschaften. Es kommt nur darauf an, wofür man arbeitet und wem gegenüber man sich verpflichtet fühlt. Die Fähigkeiten, die dem deutschen Handwerk und der deutschen Technik – früher auch der deutschen Organisation – in der Welt einen guten Namen verschafft haben, konnten auf Irrwege geführt werden. Verschwunden sind sie nicht. Die Deutschen sind nicht so stark zerstört, als dass sie sich nicht wieder hocharbeiten könnten, sofern ihnen dies erlaubt wird, sofern soziale Sicherungen gegen nationalistische Rückfälle geschaffen werden und sofern es gelingt, eine einigermaßen stabile demokratische Führung zu schaffen.

Den Deutschen geht es nach dem zweiten Weltkrieg nicht gerade gut. Viele von ihnen klagen über ein Schicksal, das ihrer Ansicht nach unverdient ist. Noch sind sich wenige von ihnen über die große Chance im Klaren, die sie erhalten haben. Sie können nicht mit dem weiterleben, was gewesen ist. Mit Stückwerk kommen sie nicht weiter. Was sie tun müssen, ist, ein völlig neues nationales und gesellschaftliches Dasein aufzubauen, wieder ganz von vorne anzufangen. Das ist ihre große Chance. Der Weg, den sie gehen müssen, ist noch nicht klar. Die Besetzung dauert kaum bis in alle Ewigkeit. Die Trümmerhaufen der zerbombten Häuser und Fabriken werden nach und nach abgeräumt werden. Erheblich schwieriger wird es sein, die Gehirne vom ideologischen Schutt zu säubern. Die Schwierigkeiten dürfen aber nicht das Wesentliche verdecken. Deutschland hat, gerade als eine gründlich besiegte Nation, neue Möglichkeiten erhalten. Machtkämpfe und Konkurrenz wie früher kommen nicht mehr in Frage. Wie es mit den Deutschen auch immer stehen mag – sie sind auf jeden Fall nicht berufen, andere Völker zu regieren. Sie haben genug damit zu tun, sich selbst zu regieren. Doch gerade weil sie darum herumkommen, sich mit Militarismus und anderen »Verpflichtungen«, die zu einer Großmacht gehören, herumzuschlagen, haben die Deutschen beide Hände für den Aufbau frei, und dafür, sich in die friedliche Zusammenarbeit zwischen den Nationen einzubringen. Gerade weil der militärische Zwang fortfällt, ist es möglich, dass sie zu einer echten Einheit zusammenwachsen. Eine Gemeinschaft in Not ist nicht der schlechteste Nährboden für einen neuen Patriotismus. Vielleicht hat sogar die deutsche Kultur hier noch eine Aufgabe zu erfüllen. Ich bin mir darüber im Klaren, dass das so kurze Zeit nach Majdanek, [Bergen-]Belsen und Auschwitz eine kühne Hoffnung ist.

Ich habe mich davon überzeugt, dass Deutschland trotz allem, was geschehen ist, über Kräfte verfügt, die dem Lande eine friedliche und demokratische Zukunft sichern können. Es hängt nicht nur von deutschen Faktoren ab, ob diese Kräfte die Oberhand gewinnen. Die Hauptlinie der geschichtlichen Entwicklung wird noch oftmals von widerstreitenden Tendenzen durchkreuzt werden. Der endgültige Ausgang mag in den Sternen stehen, in diesem Buch steht er jedenfalls nicht.

Nicht alle Deutschen gehören zu der Verbrecherbande, der »Deutsche« als solcher ist kein Verbrecher. Ich meine aber gleichzeitig, dass der deutsche Wiederaufbau niemals ein Neuaufbau wird, wenn man den Weg der Verantwortung und schonungslosen Aufrichtigkeit verlässt. Der Neuaufbau kann nicht mit Wunschdenken und Lügen beginnen. Und es wäre eine Lüge zu behaupten, dass den nazistischen Tätern und Folterknechten nicht von einem sehr großen Teil des Volkes der Rücken gestärkt worden wäre. Es würde der Wahrheit widersprechen, wenn jemand zu leugnen versuchte, dass ein zwölf Jahre währendes nazistisches Propagandamonopol starke Spuren im Bewusstsein der Deutschen hinterlassen hat. Es wäre Wunschdenken zu behaupten, eine bestimmte Gruppe oder eine Klasse sei gegen das nazistische Gift immun gewesen. Es ist wahr, dass die Kirchen ein gewisses Maß an Unabhängigkeit und Widerstand gegen die Totalitätsforderung an den Tag legten. Es gab jedoch außerordentlich viele Pfarrer, die die Angriffskriege und die Hakenkreuzfahnen segneten. Es ist wahr, dass die Arbeiter immuner als andere Schichten waren. Der Nazismus gewann aber auch Anhänger und opportunistische Mitläufer unter den Vertretern der Arbeiterbewegung. Mehr als einer, bei dem man beinahe geschworen hätte, dass er immun bleiben würde, ging einen Kompromiss mit seinem Gewissen ein und besorgte sich in den Jahren 1940-1942 ein nazistisches Mitgliedsbuch. Und es gab viele, die mehr wussten, als sie heute zugeben wollen. Ich bin mir nicht sicher, ob sie mit ihrem Wissen viel hätten ausrichten können. Aber in einer Existenzkrise wie derjenigen, die die Deutschen jetzt durchmachen, werden vor allem Wahrhaftigkeit und Verantwortung verlangt.

Die Zeit nach verlorenen Kriegen ist früher eine Wachstumszeit deutscher Kultur gewesen. Die Jahre nach dem Ersten Weltkrieg bilden keine Ausnahme von dieser Regel. Die Niederlage rief sowohl fortschrittliche als auch reaktionäre Kräfte auf den Plan. Der Fehler bestand darin, dass die Reaktion bei der Niederlage allzu billig davonkam. Man kann indes auf andere Parallelen verweisen. Die imposante Arbeit des »Roten Wiens« wurde in einem kaum lebensfähigen Land ausgeführt, das wirtschaftlich am Boden lag. Die Russen bauten nach der Niederlage von 1917 und trotz Bürgerkrieg, Intervention und Hungersnot einen völlig neuen Staat auf. Norwegen war nie größer als zu dem Zeitpunkt, wo seine kämpfende Demokratie die Rechtsansprüche, die Freiheit und das Gewissen gegen die deutsche Besatzungsmacht behauptete. Gleich nach Dünkirchen wehte ein sehr frischer Wind durch das britische Staatsgebäude. Diejenigen, deren nationale Existenz vom Untergang bedroht zu sein scheint, sind nicht immer nur zu bedauern.

Das deutsche Problem ist nicht nur ein deutsches

Die Frage der sogenannten Kollektivschuld beschäftigt die Deutschen in starkem Maße. Die allermeisten lehnen sie ab. Ich finde es einleuchtend, dass deutsche Antinazisten sich nicht für Verbrechen schuldig erklären wollen, die sie nicht begangen haben. Ich finde es auch verständlich, dass jemand sich verteidigt, indem er angreift – verständlich, aber nicht besonders klug. Der Versuch, die Schuld auf das Ausland abzuwälzen, kann der Keim einer neuen nationalistischen Verdrehung der tatsächlichen Verhältnisse sein. Ich habe gehört, wie ehrenwerte Leute, die in Gefängnissen und Konzentrationslagern gesessen haben, der These von der Kollektivschuld damit begegneten, dass sie ausländische Regierungen fragten, warum sie Hitler diplomatisch anerkannt und ihm gestattet hätten, einen Vertrag nach dem anderen zu brechen. Sie übersprangen ein sehr wichtiges Glied der Argumentation: Wie und warum kamen die Nazis an die Macht, warum fanden sie bei den Deutschen so großen Anklang, warum war der Widerstand so schwach? Das sind Fragen, die ehrliche Antworten verlangen.

Im Übrigen haben die deutschen Sprecher natürlich recht, wenn sie behaupten, dass das, womit man zu tun hatte und hat, kein isoliertes deutsches, sondern auch ein europäisches und internationales Phänomen ist. Die Verantwortung lässt sich nicht auf Deutschland begrenzen. Die Auswirkungen haben bei Gott nicht nur die Deutschen betroffen. Nach dem Kriege gibt es noch 70 Millionen von ihnen. So oder so müssen sie in den Weltzusammenhang eingefügt werden.

Als der Krieg zu Ende ging, gab es sehr unterschiedliche Auffassungen darüber, wie diese Aufgabe gelöst werden könnte. Manche wollten den Deutschen eine »gerechte« Strafe und einen »gerechten« Frieden geben. Das war jedoch ein wenig geeigneter Ausgangspunkt. Nach allem, was die überfallenen und unterdrückten Völker durchgemacht hatten, war es verständlich, dass viele eine »gerechte« Vergeltung verlangten. Es gab aber auch welche, die einsahen, dass der Bannkreis der Vergeltung gebrochen werden müsse. Die Angelegenheit stellte sich den Opfern des Naziterrors in den früher von den Deutschen besetzten Ländern, die nun ihre Entschädigungs- und Sicherheitsforderungen formulierten, notwendigerweise etwas anders dar als den deutschen Antinazisten, die am meisten von ihrem inneren Wiederaufbau- und Sicherheitsproblem in Anspruch genommen waren.

Es gibt einen Ausgangspunkt, der im Ergebnis fruchtbarer ist als alles Philosophieren über die Frage, was »gerecht« wäre. Man muss fragen, was *vernünftig* ist. Die Politik Deutschland gegenüber muss von dem bestimmt werden, was mit Rücksicht auf den Wiederaufbau Europas und mit Rücksicht auf die internationale Zusammenarbeit vernünftig ist. Für die, die es wünschen, will ich gern hinzufügen: *unabhängig* davon, ob ein größerer oder kleinerer Teil des deutschen Volkes anfänglich die Forderungen, die sich aus den Interessen eines europäischen Wiederaufbaus ergeben, begreift oder billigt.

Niemand kann ein Interesse daran haben, dass Deutschland zu einem Zentrum wirtschaftlicher Not, eines Bandenwesens und anderer gefährlicher Krankheitserreger wird. Es ist selbstverständlich notwendig, dass das Gebiet befriedet und der Krankheitserreger entfernt wird. Die alliierte Besatzungspolitik wird dafür sorgen, dass dies geschieht. Eine dauerhafte Lösung ist die Besetzung aber nicht angesichts der Belastung, die sie nicht nur für die Besetzten, sondern auch für die Besatzer und für das Verhältnis der verschiedenen Besatzungsmächte untereinander darstellt – ganz abgesehen davon, was im Interesse der Deutschen liegen könnte. Jedenfalls ist es selbstverständlich, dass die Alliierten – die Völker überall in der Welt – daran interessiert sind, Deutschland zu kurieren, damit es auf eigenen Beinen stehen kann, ohne für andere zu einer Last oder Bedrohung zu werden. Nach allem, was ich in den letzten Monaten gesehen und gehört habe, weiß ich, die Deutschen wollen arbeiten. Müsste es nicht im gemeinsamen Interesse liegen, dass sie ihr Wirtschaftsleben innerhalb vernünftiger Sicherheitsgrenzen wieder aufbauen, damit die Bevölkerung sich ernähren, zum europäischen Wiederaufbau beitragen und am internationalen Warenaustausch teilnehmen kann?

Manche werden einwenden: Das bringt die Gefahr mit sich, dass Deutschland sich wieder zur herrschenden Macht auf dem Kontinent aufschwingen könnte, dann vielleicht als eine neue Drohung gegen die Nachbarländer und den Frieden. Diese Gefahr aber können die Alliierten abwenden, ohne die Deutschen unter dauernder Besetzung zu halten und sie unbilligen wirtschaftlichen Einschränkungen auszusetzen. Die Alliierten müssen nur zusammenhalten. Das genügt, um den Frieden zu sichern.

Die deutsche Gefahr ist eine schreckliche Realität gewesen. Die Gefahr wurde abgewendet. Unter den neuen Bedingungen kann Deutschland sich wirtschaftlich, politisch und moralisch wieder aufrichten, nicht aber militärisch. Jetzt ist die »deutsche Gefahr« dabei, zu einem der Schlagworte zu werden, die das Verständnis von Realitäten und Zusammenhängen erschweren. Ich hoffe, es gelingt, ein in gutem Sinne pazifistisches Deutschland zu schaffen. Aber unabhängig davon, wie die Entwicklung in Deutschland sich gestalten wird – die Alliierten haben die deutsche Wehrmacht geschlagen, sie haben ihre Waffen vernichtet und die Rüstungsbetriebe beschlagnahmt. Sie können sich keinen besseren Ausgangspunkt wünschen, um die Wiederbelebung eines deutschen Militarismus zu verhindern.

Die alliierten Mächte haben alle Trümpfe in der Hand. Sie können sich auch Garantien dafür verschaffen, dass die Grundlage, die jetzt gelegt wird, die Grundlage eines deutschen Rechtsstaates und einer deutschen Volksregierung ist. Ich glaube nicht – wie Lord Vansittart –, dass ein Volk mit Hilfe äußerer Mächte umgeschult werden und man ihm

»beibringen kann, glücklich zu werden«. Ich glaube – trotz allem, was geschehen ist – an die moralischen, aufbauenden Kräfte einer deutschen Minderheit, die allmählich eine stabile Mehrheit werden und dem ganzen Gemeinwesen ihr Gepräge geben könnte. Vieles liegt in den Händen der Besatzungsbehörden. Doch die neue – und wie ich hoffe – demokratische und friedliche Existenz Deutschlands muss von inneren Kräften gestaltet werden.[2]

In Deutschland stand eine große Revolution auf der Tagesordnung. Der Auftakt gestaltete sich jedoch ganz anders als in den historischen Revolutionsmustern. Unter Besatzungsverhältnissen ist für eine Volkserhebung kein Platz. Die Besatzungstruppen repräsentieren verschiedene gesellschaftliche Verhältnisse und Interessen. Nichtsdestoweniger wurde im Mai 1945 in der deutschen Gesellschaft ein tiefgreifender Wandlungsprozess eingeleitet. Die Grenzen dieses Umwandlungsprozesses werden bis auf weiteres in wesentlichem Maße durch äußere Machtverhältnisse bestimmt. Indessen müssen nicht nur alliierte Erlasse, sondern auch – und vor allem – deutsche Kräfte diesem Rahmen einen Inhalt geben. Wir haben es nicht mit einem isolierten deutschen Problem zu tun.

Das Problem Deutschland kann nicht von den Deutschen allein gelöst werden, aber auch nicht nur von den Besatzungsmächten. Die Deutschen, die sich am Aufbau eines neuen Gemeinwesens beteiligen wollen, haben ihre Grenzen erkennen müssen. Sie mussten eine neue – sehr bescheidene Rolle – Deutschlands in der internationalen Politik akzeptieren. Doch auch die Alliierten konnten nicht umhin, sich zu einer Abgrenzung ihrer Aufgaben und Beiträge bereitzufinden. Für sie ging es dabei um die Frage, welche Kräfte und welche Politik sie unterstützen sollten. Es war ihnen nicht damit gedient, sich an die Ratschläge derer zu halten, die die Deutschen lediglich für eine formlose Masse hielten. Man musste sich zu einer nuancierteren Wertung und Handlungsweise entschließen. Diese Auffassung war übrigens zu Kriegsbeginn vorherrschend.

Die Proklamationen der Alliierten im Jahre 1939 liefen auf das Ziel hinaus, den Nazismus zu zerschmettern, nicht, das deutsche Volk zu vernichten. Es gab andere Auffassungen. Dominierend – sowohl in der allgemeinen Debatte als auch in den offiziellen Erklärungen – war jedoch die Einstellung, dass man zwischen Nazis und anderen Deutschen unterscheiden müsse und dass einem demokratischen Deutschland ein Platz in der neuen Friedensordnung zugesichert werden sollte. Doch noch hatte

---

2 Dieser Absatz wurde – mit Ausnahme der beiden ersten Sätze – in *Brandt* 1966, S. 164, veröffentlicht.

der Krieg nicht ernstlich begonnen. Noch herrschten verhängnisvolle Illusionen vor. Wenige waren sich klar über die fürchterliche Macht hinter der Hitlerschen Kriegsmaschinerie und die entsetzliche Effizienz des Himmlerschen Terrorapparates. Manche glaubten im Ernst, eine deutsche Revolution auslösen zu können, indem sie einige Packen Flugblätter abwerfen.

Die Haltung den Deutschen gegenüber war zunächst sehr gemäßigt. Man konnte sich aber von vornherein ausrechnen, dass sich diese Stimmung nach und nach verändern würde. Die nazistische Kriegführung gegen die Zivilbevölkerung und der Terror in den besetzten Ländern schufen einen Nährboden für soliden Hass. Immer mehr betrachteten Nazis und Deutsche als ein und dasselbe, und immer häufiger hörte man die Forderung, dieser Krieg müsse nicht mit einem Versailles, sondern mit einem Karthago enden. Die ursprüngliche Differenzierung und Zielsetzung ging jedoch nicht völlig verloren. Die demokratische Debatte über die Friedensziele hörte nicht auf.

Die Führer der alliierten Nationen unterstrichen immer wieder, dass sich der Krieg gegen das nazistische System und den deutschen Militarismus richte. Diese Linie wurde auch in der Atlantik-Charta deutlich. Sie zielte darauf ab, Deutschland zu entwaffnen, aber nicht einem wirtschaftlichen Ruin auszusetzen. Churchill unterstrich, dass England gegen die Tyrannei Krieg führe. Roosevelt versicherte der Bevölkerung in den Achsenländern, sie hätte nichts zu befürchten. Stalin äußerte sich im Februar und November 1942 besonders deutlich. Er bezeichnete es unter anderem als Idiotie, das deutsche Volk auszurotten und Deutschland als Staat vernichten zu wollen. Er wies auf die geschichtliche Erfahrung hin und stellte fest, »Männer wie Hitler kommen und gehen, aber das deutsche Volk, der deutsche Staat besteht«.

Diese Töne waren während des weiteren Kriegsverlaufs zusehends im Verschwinden begriffen. Den Hauptgrund stellten natürlich die grenzenlosen Verbrechen dar, deren sich das nazistische Deutschland schuldig machte. Das rief gegenüber allem, was deutsch war, starke Reaktionen hervor. Es gab jedoch noch andere Ursachen. Eine von ihnen bestand in dem Bedürfnis der Kriegspropaganda nach Vereinfachung. Der Krieg musste gewonnen werden. Die Deutschen sollten außer Gefecht gesetzt werden. Da kam es auf Begründungen nicht so genau an. In den angelsächsischen Ländern griff der vulgäre »Vansittartismus« um sich. In der Sowjetunion betrieb Ilja Ehrenburg eine Agitation, die chemisch rein von den Anschauungen war, die Stalin zu erkennen gegeben hatte. Deutschland erntete einen Teil des Rassenhasses, den die Nazis gesät hatten.

Ein anderer Faktor bestand darin, dass es in den alliierten Staaten überall Leute gab, die an einer antideutschen Haltung als Element zur Vorbereitung einer reaktionären Nachkriegspolitik interessiert waren. Es handelte sich um Kräfte, die am liebsten so früh wie möglich von der antinazistischen Zielsetzung des Krieges wegkommen wollten. Eine derartige Zielsetzung hob darauf ab, die gesellschaftlichen und zwischenstaatlichen Wurzeln des Faschismus und Nazismus auszureißen. Das brachte die Gefahr bedeutender sozialer Verschiebungen mit sich. Sprecher privilegierter Gruppen agitierten für eine möglichst isolierte antideutsche Lösung, wovon sie sich erhofften, der Krieg werde wie eine Auseinandersetzung »in alten Zeiten« enden. Diese Tatsache wurde dadurch etwas verschleiert, dass Leute, die auf nationaler Ebene für eine fortschrittliche und demokratische Politik eintraten, auf internationaler Ebene reaktionären Tendenzen unterlagen.

Noch wichtiger ist jedoch die Tatsache, dass die deutsche Frage zunehmend zu einem Hauptelement im Tauziehen zwischen den wichtigsten Teilnehmern der antinazistischen Koalition wurde. Das wurde immer offenbarer, je mehr man sich dem Kriegsende näherte. Die prinzipielle Einigkeit, die die alliierten Großmächte früher erzielt hatten, wog nicht immer so schrecklich schwer. Man fragte nicht immer danach, was mit Rücksicht auf gemeinsame Interessen am rationellsten sei. In dem labilen Zustand, der zwischen den alliierten Großmächten vorzuherrschen begann, wurde die Deutschlandpolitik der einzelnen Partner in großem Umfang von dem bestimmt, was nach Meinung ihrer Regierungen eigenen Interessen förderlich sein konnte.

Die Führer der Großmächte formulierten jedoch auf der Konferenz von Potsdam im August 1945 gewisse gemeinsame Richtlinien ihrer Politik. Sie wiederholten die Versicherung, dass Deutschland nicht zerstört werden sollte. Es sollten im Gegenteil Bedingungen geschaffen werden, damit es in den Kreis der zivilisierten Nationen zurückkehren kann. Die praktischen Maßnahmen, über die man sich einigte, setzten eine aktive Zusammenarbeit mit antinazistischen, demokratischen Deutschen sowie ihre Unterstützung voraus. Man ging also davon aus, dass es sie gab.

Die unangemessene These, alle Deutschen seien Nazis, lag der Politik der Alliierten nicht zugrunde. Sie hat jedoch während des Krieges zunehmend an Einfluss gewonnen und spielte auch nach dem Waffenstillstand bei der Beurteilung und Behandlung des deutschen Problems eine recht große Rolle.

Töten oder heilen?

Nach dem Sieg standen die alliierten Großmächte vor der Frage, »either to kill them or cure them«, wie ein englischer Korrespondent es ausgedrückt hat. Grundsätzlich entschloss man sich für eine Heilung. Man distanzierte sich dabei von der extremen Einstellung, dass die Deutschen auf Grund rassischer – angeborener und daher, im Ganzen gesehen, unveränderlicher – Eigenschaften Nazis geworden seien. »Ein Deutscher ist ein Deutscher«.

Ich möchte hier absehen von allzu eingängigen Übertreibungen und Vereinfachungen, die sich unter dem direkten Eindruck der nazistischen Grausamkeiten und der deutschen Uniformität einstellten. Worum es hier geht, ist eine scheinbar nüchterne – einige sagen sogar »wissenschaftliche« – Auffassung, die in Wirklichkeit nichts anderes ist als der Rassenunsinn der Nazisten mit vertauschten Rollen. Die ganz »Konsequenten« traten dafür ein, die Deutschen auszurotten.

So weit wollten viele nicht gehen. Es gibt auch nicht so viele, die weiterhin Rassisten sein wollen. Es ist nichtsdestoweniger eine Tatsache, dass man in den Anschauungen, die während des Krieges die gemeinsame Bezeichnung »Vansittartismus« erhielten, eine Menge rassenbasierte Vorurteile findet. Lord Vansittart meldete früh Vorbehalte an. Er erklärte ausdrücklich, dass er seinerseits kein Anhänger irgendeiner Rassenlehre sei. Er operierte jedoch mit Wörtern wie »Volkscharakter«, »Volksseele« und anderen unklaren Begriffen, als ob es feste Kategorien wären. Er versuchte sich auch in einer recht seltsamen Geschichtsauslegung. Von der Schlacht im Teutoburger Walde mit Hermann dem Cherusker, »dem ersten deutschen Nationalhelden, der sich als Verräter einen Namen gemacht hat«, führt laut Vansittart eine »klare Linie« über Karl den Großen, Friedrich Barbarossa, die Hanse, Friedrich den Großen und Bismarck zu einem neuen Hermann hin. Was bewiesen werden sollte, war, dass die Deutschen – oder wie man wohl eigentlich sagen müsste, die Germanen, in dem Maße, wie sie zu dem deutschen Volkskonglomerat beitrugen – ihre ganze Geschichte hindurch andere überfallen und Recht gebrochen haben. Sie seien immer grausam gewesen. Sie seien von Natur aus schlecht.

Die seriöseren Anhänger der vansittartistischen Geschichtsauslegung haben sich mit einem kürzeren Zeitabschnitt begnügt. Man weist darauf hin, dass Preußen-Deutschland seit 1860 in fünf Angriffskriege verwickelt gewesen ist und die Herrenvolkideologie ebenso wie die Angriffsmentalität tief sitzen. Doch anstatt geschichtliche und soziale Analysen auszuführen, die zeigen, wie *verschiedene* Tendenzen in Deutschland und anderen Ländern einander gegenüberstanden und warum aggressive nationalistische Tendenzen die Oberhand bekamen, wird das ganze Problem oft bis zur Karikatur vereinfacht.

Die Vansittartisten haben es als ihre größte Aufgabe betrachtet, den »Mythos vom anderen Deutschland« zu erledigen. Von den »angeblichen« deutschen Demokraten hieß es, dass sie ebenso schlimm seien wie alle anderen. Die Sozialdemokraten wurden als »die Nazis des Ersten Weltkrieges« dargestellt. Von der Weimarer Republik wollte man sich nur der destruktiven Elemente und der Kräfte erinnern, die die ganze Zeit damit beschäftigt waren wiederaufzurüsten. Deutsche Dichter und Philosophen wurden so zitiert, dass sie sämtlich als Protonazis dastanden und – als Kriegsverbrecher.

Die Vansittartisten wollten nicht gelten lassen, nicht einmal als Arbeitshypothese, dass es zwei Deutschlands gab. Für sie gab es kein »anderes« Deutschland. Um ihrer These Geltung zu verschaffen, richteten sie ihr Hauptgeschütz gern gegen den *linken* deutschen Flügel. Die Arbeiterbewegung erhielt die Hauptschuld am Hitlerismus zugewiesen. Deutsche Flüchtlinge wurden nicht nur verdächtigt – 1940 gab es sogar manche, die sie für den Zusammenbruch in Frankreich verantwortlich machten. Man warf *ihnen* vor, dass sie falsche Angaben über die Stärke Deutschlands gemacht hätten. Was man vergaß, war, wie antinazistische Flüchtlinge trotz Ausweisungsdrohungen und polizeilicher Schikanen versucht hatten, Freunden und Genossen draußen begreiflich zu machen, dass es etwas gab, das Konzentrationslager und Judenverfolgungen hieß – und dass Hitler Krieg bedeutete.

Man hatte es mit einer systematischen und energischen Kampagne zu tun, die verhindern wollte, dass deutsche demokratische Kräfte nach Hitlers Niederlage einen einigermaßen günstigen Start erhielten. Der frühere Stortingspräsident Hambro behauptete in einem Buch über Nachkriegsprobleme, dass die Regierung Hitlers in Deutschland repräsentativer gewesen sei als die Regierung irgendeines anderen Landes.[3] Leopold Schwarzschild schloss die Behandlung der politischen Entwicklung der Zwischenkriegsperiode ab, indem er behauptete, alle demokratischen Experimente in Deutschland seien zum Scheitern verurteilt.[4] Besonders stark waren die Warnungen vor einem eventuell *sozialistischen* Deutschland. In dieser Beziehung lagen Sinn und Zweck der antideutschen Haltung klar zutage.

---

3   Gemeint ist *Hambro* 1943, schwedische Ausgabe: »Hur freden vines«, Stockholm 1943.
4   Gemeint ist *Schwarzschild, Leopold:* World in Trance, London 1943.

Vansittart war jedoch bereit zuzugeben, dass es ganze 25 Prozent »gute« Deutsche geben könnte. Sie hatten nur den Fehler, unfähig zu sein. Die extremen Schüler der Schule des Lords sagten ganz einfach: Ein guter Deutscher ist ein toter Deutscher.

Ich habe bereits auf die Vereinfachung des Problems durch die Kriegspropaganda hingewiesen. Diese Vereinfachung ließ sich vielleicht nicht vermeiden. Es war aber ein zweischneidiges Schwert, das da geschmiedet wurde. Ich bin nicht so naiv zu glauben, dass alliierte Propaganda Hitler hätte stürzen können. Ich weiß jedoch, dass der vulgäre Vansittartismus Goebbels Wasser auf die Mühle geleitet hat. Die Schilderungen dessen, was die Alliierten angeblich mit dem deutschen Volk zu tun gedachten, und nicht zuletzt der dauernde Hinweis, auch die Opposition werde keine Chance erhalten, trug dazu bei, die Deutschen zusammenzuschweißen. Goebbels war ein Erzschurke, aber dumm war er nicht. Er wiederholte immer wieder, dass alle Deutschen im selben Boot säßen.

Natürlich fälschte Goebbels auch die Äußerungen Vansittarts. Tatsächlich war Vansittart nämlich recht gemäßigt, als er die Folgerungen aus seiner Auffassung zog. Er machte geltend, dass die Deutschen Brot erhalten sollten, aber keine Waffen, »volle Kornspeicher und leere Waffendepots«. Dieses Rezept widersprach nicht der Atlantik-Charta; nicht einmal die Vertreter des »anderen« Deutschland konnten dagegen etwas einwenden. Sie waren wohl in ebenso starkem Maße wie Vansittart daran interessiert, dass der Militarismus zerschlagen und die Demokratisierung nicht durch eine Hungersnot erstickt wurde. Gleichzeitig traten sie auf einer Reihe von Gebieten für eine weit radikalere Lösung ein, als die »Vansittartisten« meist durchführen wollten. Es war nämlich ein Missverständnis zu glauben, der »Vansittartismus« bedeute eine besonders radikale Abrechnung mit den Nazis und ihren Helfern.

Ich habe nie eine Begeisterung für Todesurteile aufbringen können. Doch so, wie die Welt, in der wir lebten, nun einmal war, rechnete ich damit, dass es notwendig sein werde, eine ziemlich große Anzahl wertloser nazistischer Leben auszulöschen. Gleichzeitig gab ich der Auffassung Ausdruck, dass den »Vansittartisten« die Hände zittern werden, wenn man die Urteile, nicht nur gegen die Naziführer und Gestapohenker, sondern auch gegen ihre Helfer unter den Generälen und Generaldirektoren, vollstrecken sollte. So ist es auch gewesen.

Der gewöhnliche Vansittartismus war nicht auf Leichen aus. Sein eigentliches Programm bestand in Entmündigung und Demütigung. Deutschland sollte auf lange Zeit besetzt gehalten und einer dauernden internationalen Polizeibewachung unterstellt werden. Unter fremdem

Kommando sollten die Deutschen zu Demokraten und Friedensfreunden erzogen werden. Sie sollten zwangsweise dazu erzogen werden, »glücklich zu werden«. In diesem Zusammenhang ist es von geringem Interesse, auf alle Einzelvorschläge einzugehen, die im Laufe der Jahre unterbreitet wurden. Etwas, das ständig wiederkehrte, war der Vorschlag, Deutschland in kleine Staaten aufzuteilen. Im Übrigen wurde das Hauptgewicht auf Maßnahmen gelegt, die sein Wirtschaftspotential schwächen sollten. Diese bezeichnete man gern als wirtschaftliche Entwaffnung. Oft war jedoch das, was vorgeschlagen wurde, Ausfluss einer reinen und unverfälschten wirtschaftlichen Interessenpolitik.

Vielen Vertretern der vansittartistischen Schule war weniger an einer ernsthaften Abrechnung mit Nazis und Militaristen gelegen als an Vorschlägen, die darauf abzielten, die Existenzgrundlage Deutschlands nach Hitler einzuengen. Die Umschulungsprojekte waren oft recht phantastisch. Es hieß, man beabsichtige, ein »kleineres, schwächeres und gutartiges Deutschland« zu schaffen. In Wirklichkeit aber erschwerte die vansittartistische Propaganda die Lösung des deutschen Problems.[5] Ich bin fest davon überzeugt, dass diese Propaganda und der Einfluss, den sie während des Krieges auf die Politik der Alliierten erhielt, *nicht* dazu beigetragen hat, den Krieg um eine Minute zu verkürzen. Das Gegenteil dürfte der Fall gewesen sein. Die Deutschen wurden zusammengeschweißt. Die Opposition wurde nicht ermuntert. Die Handlungsfreiheit der alliierten Staatsmänner verengte sich durch die Psychose, die entstand. Sie wagten es nicht, sich in der politischen Kriegführung auf kühne Versuche einzulassen. Es wurde kein wirklicher Kontakt zwischen den Alliierten und der deutschen antinazistischen Opposition hergestellt, die – wie schwach sie auch immer gewesen sein mag, als Hitler seine größten Siege errang – eine gewisse Bedeutung hatte. Niemand kann behaupten, dass eine Kooperation große Ergebnisse gezeigt hätte. Es wäre aber einen Versuch wert gewesen.

Die alliierte Politik während des Krieges war nie durch extrem »vansittartistische« Betrachtungsweisen geprägt. Sie gründete sich aber auch nicht auf die Auffassungen der Gegenseite. *Die* ging davon aus, dass es zwei Deutschlands oder jedenfalls zwei Arten von Deutschen gebe, die nicht alle Nazis waren, und dass gerade diese Differenzierung der Hauptschlüssel bei der politischen Kriegführung gegen das Dritte Reich und der späteren Lösung des deutschen Problems sein müsse.

---

5   Der nachfolgende Teil dieses Absatzes wurde in *Brandt* 1966, S. 164, veröffentlicht.

Niemand, der die Entwicklung ernsthaft untersucht, wird leugnen können, dass es besonders viele dunkle Flecken in der deutschen Geschichte gibt und dass man bei einer Erklärung der Hitlerherrschaft mit Gestapo, Angriffskriegen und allen ihren Folgen diesen Hintergrund schwerlich übersehen kann. Aber – wie Harold Laski sagt – die menschliche Natur wird durch ihre Umgebung geschaffen und passt sich ihr an. »Wollen wir sie ändern, müssen wir die geschichtliche Umgebung ändern«.[6]

Um eine einigermaßen erschöpfende Erklärung dafür zu geben, dass Deutschland trotz der wirtschaftlichen Entwicklung und trotz bedeutender Leistungen auf technischem und kulturellem Gebiet weiterhin ein rückständiges Land war, müsste man bis zum Bauernkrieg im 16. Jahrhundert zurückgehen. Der Bauernkrieg und der Dreißigjährige Krieg im 17. Jahrhundert bedeuteten einen derartigen Blutverlust und eine derartige Stagnation, dass Deutschland in Rückstand geriet, sowohl in Bezug auf die nationale Einigung als auch auf das Heranwachsen der bürgerlichen Demokratie. Deutschland war ein in vieler Hinsicht rückständiges Land, als es in die moderne imperialistische Wirtschaft und Politik hineingezogen wurde. Die nationale Einigung wurde spät erreicht und schließlich von dem deutschen Staat durchgesetzt, der auf Grund militärischer Macht dominierend geworden war, nämlich Preußen. Das Bürgertum brachte es nicht fertig, weder 1848 noch später, eine demokratische Revolution durchzuführen. Das Großkapital wuchs mit dem noch vorhandenen Feudalismus zusammen. Die Arbeiterbewegung wurde früher und ausgeprägter als in den meisten Ländern zum eigentlichen Gegenpol der Reaktion. Sie stand nicht ganz allein. Es gab liberale, demokratische Kräfte, und es gab ein humanistisches Geistesleben. Die große Masse des Bauernstandes und des Mittelstandes in den Städten – darunter auch der größte Teil der Intellektuellen – segelte jedoch im Kielwasser der Reaktion. Es kam zu einer gesellschaftlichen Polarisierung, die vor und nach dem ersten Weltkrieg die demokratische Entwicklung behinderte und die Machtübernahme durch den Nazismus im Jahre 1933 ermöglichte. Das Postulat von den »beiden Deutschlands« ist nicht aus der Luft gegriffen. Es gab sie im alten Kaiserreich genauso wie in der Weimarer Republik.

Die Einigung Deutschlands im Jahre 1871 wurde »von oben« durchgeführt. Preußen drückte dem Deutschen Reich seinen Stempel auf. Die militärischen Traditionen und das »Untertanentum« der Kleinstaaterei

---

6   Zitat nicht nachweisbar.

waren glänzende Bedingungen für ein totalitäres Regime. Es gab einen reichen Nährboden für überspitzten Nationalismus, Autoritätsanbetung und Rassenmystizismus. Man darf sich jedoch nicht durch das ideologische Diebesgut der Nazis irreführen lassen. Darstellungen, die die naturnotwendige Entwicklung des Nazismus mit Hilfe aller möglichen Zitate aus deutschen Dichtern und Philosophen nachzuweisen suchen, können bestechend wirken. Sie sind nicht immer gleich gut fundiert. Man kann sie oft durch ähnliche Zitate widerlegen, die man bei Autoren anderer Länder findet, in denen die Entwicklung ganz anders verlaufen ist. Man ist auch oft geneigt zu vergessen, dass die ideologischen Wurzeln des Faschismus nicht *nur* auf deutschem Boden zu finden sind.

Im deutschen Kaiserreich kämpften zwei Hauptelemente miteinander. Der Kampf ging in der Weimarer Republik weiter. Es ist hinreichend bekannt, dass die fortschrittlichen demokratischen Kräfte in den Jahren von 1918 bis 1919 nicht genug Kraft, Entschlossenheit und Einigkeit mobilisierten, um die Reaktion auszuschalten. Dafür hat die ganze Welt bezahlen müssen. Es ist dennoch verkehrt, die Tatsache außer Betracht zu lassen, dass in der Weimarer Zeit – in den Jahren bis 1930 – eine ganze Reihe von Fortschritten erzielt wurde. Die Beurteilung der Entstehung des Nazismus bleibt in der Luft hängen, wenn man sie nicht im Zusammenhang mit der großen Wirtschaftskrise sieht. *Sie* war es, die den Rahmen der Republik sprengte. *Sie* war es, die zur Machtübernahme durch den Nazismus führte. Erst bei den Septemberwahlen im Jahre 1930 kam es zum großen Durchbruch der Hitlerpartei. Und als es Ende 1932 so aussah, als ebbe die Krise ab, erlitt die Nazibewegung einen ersten Misserfolg. Die Stimmenzahl ging bei den Novemberwahlen dieses Jahres zurück, und im Dezember entstand in der obersten Führung der Nazipartei ein ernster Konflikt. Doch gerade jetzt schritt die alte Reaktion zum Angriff. Gerade jetzt gelang es Papen, die Junker und die Stahlkönige hinter der Forderung zu sammeln, Hindenburg solle Hitler die Macht übergeben. Die Antinazisten erleichterten besonders dieses Spiel durch ihre Uneinigkeit, ihren Mangel an politischer Phantasie und konstruktiven Vorschlägen zu einer Lösung der Krise. Etwas anderes ist es, dass viele, die gehofft hatten, den Nazismus *ausnutzen* zu können, recht unangenehme Überraschungen erleben mussten.

Es lohnt nicht, mit Rassenfanatikern zu diskutieren. Die »gemäßigten« Vansittartisten befanden sich auch auf einem völlig falschen Kurs. Sie rissen den Nazismus aus seinem sozialen und internationalen Zusammenhang heraus. Das, womit wir zu tun gehabt haben, war eine Weltwirtschaftskrise und eine universelle Krise der Demokratie. Der Faschismus war ein Produkt der Krise. Das bedeutet nicht, dass der Faschismus unbedingt zur Macht kommen musste. Den Nährboden gab es jedoch überall, wo die Krise hauste. Die nazistische Variante des Faschismus nahm die barbarischsten Formen an, aber der Faschismus war kein isoliertes deutsches Phänomen. Sadismus und Massenmord sind keine deutschen Rasseneigenschaften, sondern Früchte einer politischen Gangsterherrschaft, die Sadisten freien Lauf lässt und einige zu wilden Tieren in Menschengestalt herausbildet.

Faschistische Bewegungen sind in vielen Ländern entstanden. Niemand kann leugnen, dass die nazistische Variante die gefährlichste war. Was bestritten wird, ist jedoch, dass sie auf einen unveränderlichen deutschen Nationalcharakter zurückgeht. Dagegen ist es vollkommen unzweifelhaft, dass der deutsche Faschismus sein »nationales« Sondergepräge durch die starke militaristische Tradition und die schwache Verankerung der Demokratie im Unterricht, in der öffentlichen Verwaltung und sonst im Staatswesen erhalten hat. Dies ist die eine Seite der Angelegenheit. Die andere besteht in der Führungstechnik des Faschismus, die ihre Formen aus dem hochindustriellen und durchbürokratisierten deutschen Gemeinwesen bezog. Das hat dem Nazismus seine unheimliche Effektivität verliehen.

Es ist nicht wahr, wie behauptet wurde, dass die »guten« Deutschen niemals etwas wagten und sie wie weggeblasen waren, als Hitler an die Macht kam. Man vergisst gern, dass Tausende von deutschen Arbeitern und Demokraten zwischen 1918 und 1923 ihr Leben im Kampf gegen die Reaktion verloren haben und Hunderte von ihnen bei Zusammenstößen mit den SA-Banden schon vor der Machtübernahme durch die Nazis gefallen sind. Bereits die Wahlen im März 1933 wurden unter Terror durchgeführt. Die Nazis erhielten dennoch keine klare Mehrheit. Die Hälfte der deutschen Wähler stimmte *gegen* Hitler. Auch die Sichtweise, *alle* anderen wären für Konzentrationslager und Krieg eingetreten, ist eine allzu kühne Vereinfachung. Eine ganze Menge glaubte, für Arbeit zu stimmen.

Andererseits ist bekannt, dass sich viele von denen, die im März 1933 gegen Hitler waren, zu einem späteren Zeitpunkt »überzeugen« ließen. Die Beseitigung der Arbeitslosigkeit war ein Trumpf in der Hand der Nazis. Die großen – und wohlbemerkt unblutigen – Erfolge auf außenpolitischem Gebiet waren ein anderer Trumpf. Das nationale Moment, das die größte Kraftquelle der Widerstandsbewegungen in den von den Deutschen besetzten Ländern war, wirkte in Deutschland in entgegengesetzter Richtung. Hitler hatte der deutschen Demokratie gegenüber ein leichtes Spiel. Doch auf außenpolitischem Gebiet war es für ihn ebenso leicht. Er erhielt *mehr* als das, worum die Republik vergeblich gebeten hatte und das zu ihrer Rettung hätte beitragen können. Es war nicht leicht, in den Jahren nach 1933 Antinazist zu sein, von den Terrorbanden der Gestapo gejagt, von den Opportunisten im Stich gelassen, oftmals auch – wenngleich in milderen Formen – von der Polizei der Demokratien verfolgt.

Es gibt mildernde Umstände. Die Todesurteile gegen *Tausende* von deutschen Nazigegnern, die Inhaftierung von *Hunderttausenden* deutscher Arbeiter und Intellektueller in Gefängnissen, Zuchthäusern und Konzentrationslagern sollte ein hinreichender Beweis gegen die törichte Behauptung sein, alle Deutschen seien Nazis gewesen. Dachau, Oranienburg und Buchenwald wurden – mit Recht – im Jahre 1945 weithin in der Öffentlichkeit bekannt. Sie bestanden jedoch bereits vor dem Kriege. Es waren deutsche Nazigegner, die dort einsaßen. Es ist auch nicht richtig, wenn einzelne behaupten, es hätte keinen inneren Widerstand gegeben, in Deutschland wäre in den Jahren von 1933 bis 1939 und auch im Krieg keine illegale Arbeit betrieben worden. Auf dieses Thema kommen wir in einem späteren Abschnitt zurück.

Allerdings muss gesagt werden, dass der Widerstand, der 1933 – besonders in dieser Zeit – und später gegen Hitler geleistet wurde, allzu schwach war. Zu vielen von denen, die mit den Nazis uneinig waren, fehlte es an »Zivilcourage«, was man zu Recht betont hat. Zu viele waren allzu bereit, sich von der nationalsozialistischen Woge mitreißen zu lassen und sich durch die Versprechungen von den Früchten eines Sieges korrumpieren zu lassen.

Doch ganz so einhellig, wie Goebbels einerseits und die Vansittartisten andererseits es haben wollten, waren die Deutschen nicht.

Schuld und Verantwortung

Die Auffassung, das »andere« Deutschland habe nur kapituliert und sei vom Nazismus geschluckt worden, ist nicht richtig. Es bleibt aber die Tatsache bestehen, dass die Außenwelt eine geschlossene deutsche Front sah. Sie sah nicht viele Anzeichen für eine aktive deutsche Opposition. Das, was es gab, drang gewöhnlich nicht bis zur ausländischen Presse durch, und das, was dorthin gelangte, wurde vielleicht nicht geglaubt. Die Welt sah nur den nazistischen Polypen und seine zahlreichen Arme. Die Behauptung, dass es dennoch ein »anderes« Deutschland gebe, musste auf viele wie ein großer Mythos wirken.

Es gibt für all dies eine Erklärung. Es bleibt aber eine Tatsache, dass die Deutschen bis zu »the bitter end« marschiert sind. Eine innere Erhebung erfolgte nicht. Der Nazismus wurde durch die Armeen der alliierten Nationen zerschlagen. Selbst beim Zusammenbruch sah man kein anderes Deutschland als aktuell-politische Realität – wenn ich auch bereits an diesem Punkt hinzufügen möchte, dass das, was es gab, zunächst von alliierter Seite nicht unterstützt wurde. Die Deutschen marschierten nicht nur unter nazistischen Fahnen vorwärts, sie flohen auch unter nazistischem Kommando zurück. Man kann sagen, dass es so, wie sich das Ganze entwickelt hat, gar nicht anders sein konnte. Man kann Untersuchungen durchführen, die zeigen, wie gewisse Tendenzen der alliierten Politik zu dieser Verzweiflung und selbstmörderischen Politik beigetragen haben. Und man kann auf eine spätere objektive Darstellung hoffen, die zeigen wird, dass die deutschen Widerstandskräfte stärker gewesen sind, als die meisten Leute wahrhaben wollen. Dadurch werden jedoch die enormen Verbrechen, die – von Deutschen und im Namen Deutschlands – gegen andere Völker begangen wurden, nicht geringer. Die Tatsache bleibt bestehen, dass der Hass von Millionen Gepeinigter und Krüppel, Witwen und elternloser Kinder sich gegen alles richtet, was deutsch ist.

Es ist völlig einleuchtend, dass die Deutschen sich mit dieser Reaktion abfinden müssen. Trotz allem herrschte im Jahre 1932 in Deutschland eine Art von Demokratie. Kein erwachsener Deutscher kann sich seinem Anteil an der *Mitverantwortung* für das, was damals geschehen ist, entziehen. Das gilt nicht nur für die, die sich Hitler angeschlossen hatten, sondern auch für die, die nicht die Kraft aufbrachten, stärkeren Widerstand zu leisten. Wie sollen anständige Verhältnisse zwischen den Staaten entstehen können, wenn die Völker sich ihrer Verantwortung und ihren Verpflichtungen entziehen? Wir waren dabei, ins Mittelalter, nein, in die Barbarei zurückgeworfen zu werden. Der Kampf ging um die Grundlage unserer Zivilisation, er ging um die Frage: Dschungel oder Rechtsstaat. Wir können nicht zu den Zeiten zurückkehren, wo ein Volk von Bauern und Analphabeten nicht wegen der Sünden der Herrscher getadelt werden konnte. Wo eine demokratische Ausgangslage besteht, muss es notwendigerweise eine gewisse Verantwortung aller für die Staatsführung geben.

Die Deutschen müssen diese Verantwortung tragen. Verantwortung ist jedoch nicht dasselbe wie *Schuld*. Diejenigen, die sich nicht schuldig fühlen und an den nazistischen Verbrechen nicht schuld sind, können – wenn sie in diesem Volk weiterarbeiten und es besser machen sollen – sich gleichwohl nicht den Konsequenzen einer Politik entziehen, der sich ein allzu großer Teil desselben Volkes bereitwillig angeschlossen hatte. Sie können sich auch nicht außerhalb der Verantwortungs- und Notgemeinschaft stellen. Wenn sie es mit ihrer Reform- und Erzieherarbeit aufrichtig meinen, tun sie gut daran, keinen Versuch zu machen, etwas von dem Unrecht, das anderen Völkern zugefügt worden ist, zu bagatellisieren. Sie sollten sich davor hüten, von der Verantwortung des Auslands zu sprechen, bevor sie ihren eigenen Landsleuten die ganze und volle Wahrheit gesagt haben. Sie müssen es unterlassen, zu einem Zeitpunkt, da die Leichen der Ermordeten gerade unter der Erde sind, an das Mitleid zu appellieren.[7]

Die Tatsache der Verantwortung muss jedoch differenziert werden und an den richtigen Stellen geltend gemacht werden. Und die Schuldfrage muss gegenüber verbrecherischen Individuen und ihren kriminellen Gruppen und Organisationen erhoben werden.

Wenn man festgestellt und klargemacht hat, dass man die Deutschen nicht von etwas freisprechen will, woran sie beteiligt gewesen sind, hat man auch das Recht, darauf hinzuweisen, dass die Verantwortung nicht auf Deutschland und das deutsche Volk beschränkt werden kann. Die deutsche Demokratie – die in Wirklichkeit nur fünf ruhige Jahre, von 1924/25 bis 1929/30, zur Verfügung hatte – ging auf Grund ihrer Entzweiung, ihrer Nachgiebigkeit und ihrer Unfähigkeit Bankrott. Aber geschah von 1933 bis 1939 in internationalem Maßstab nicht genau dasselbe? Die Deutschen müssen ihre Verantwortung tragen. Es dient jedoch keinem vernünftigen Zweck, sie zu »Prügelknaben« für Verhältnisse zu machen, auf die sie keinen Einfluss hatten.

Die Nazis – in Deutschland und anderen Ländern – sind *schuldig*. Nürnberg hat einen Schuldkomplex aufgerollt, der die wildeste Phantasie übersteigt. Schuldig sind nicht nur die Parteiführer und Gestapo-Terroristen, sondern auch die Gruppen von Junkern, Großindustriellen, Generälen, Bürokraten und Professoren, die daran beteiligt waren, Terror und Krieg zu entfesseln. Diese Gruppen müssen ausgeschaltet werden, ihnen muss ihr gesellschaftlicher Einfluss genommen werden, wenn die Hoffnung bestehen soll, einen deutschen Rechtsstaat, eine solide antinazistische Volksregierung aufzubauen.

Die Nazigegner – die wirklichen, demokratischen Nazigegner, nicht die Desperados des Antinazismus und die späten Opportunisten – sind nicht schuldig. Sie können sich jedoch nicht der Mitverantwortung dafür ent-

---

7 Dieser und die folgenden sechs Absätze wurden in *Brandt* 1966, S. 129 ff., in einer leicht abweichenden Übersetzung veröffentlicht.

ziehen, dass Hitler an die Macht kam. Sie können sich auch nicht um die Folgen der nazistischen Mordpolitik herumdrücken. Sie müssen sich klar darüber sein, dass ihr Wirken noch lange mit misstrauischen Blicken verfolgt wird. Sie können nicht erwarten, Blankovollmachten zu erhalten. Vertrauen kann man nicht erzwingen. Es muss erworben werden, nicht durch Worte, sondern durch Taten, durch Übereinstimmung zwischen Worten und Taten. Die deutschen Demokraten müssen auf der anderen Seite erwarten können, dass man ihnen nicht jede *Chance* versagt.

Zwischen Nazis und Nazigegnern steht die große Masse der mehr oder weniger Indifferenten. Ihre Verantwortung ist groß. Es hat aber keinen Sinn, ihnen eine übermäßige Schuld aufzuladen. Ein Schuldgefühl, das man von außen aufzuzwingen sucht, ist nicht der glücklichste Start für eine Umerziehung. Dagegen ist kein Grund dafür vorhanden, sie nicht hören zu lassen – so lange, bis sie es erkennen –, welche Verantwortung sie sich gerade durch ihre Gleichgültigkeit und Untertänigkeit zugezogen haben. Ich bin nicht davon überzeugt, dass man dies am besten durch Strafmaßnahmen erreicht, die zur Selbstverteidigung herausfordern und vielleicht auch neuen Hass erzeugen. Ich finde aber ganz und gar nicht, dass es jemand erspart bleiben sollte, die Filme aus Buchenwald und [Bergen-]Belsen zu sehen. Nicht, um sie zum Eingeständnis zu bringen, dass das etwas ist, was sie persönlich getan haben, sondern um rücksichtslos zu enthüllen, was sie mit ermöglicht haben. Es darf ihnen nicht gestattet werden, alles, was geschehen ist, als eine Art Naturkatastrophe zu betrachten. Die Darstellung der geschichtlichen Verantwortung muss in die Forderung nach größerem Verantwortungsgefühl für die Zukunft münden. Gleichzeitig habe ich das sichere Gefühl, dass der wichtigste Teil der Arbeit durch Anschauungsunterricht getan wird. Deutschland hat erfahren müssen, dass Kriege sich nicht lohnen. Die Menschen haben gesehen, wohin der Nazismus geführt hat. Sie haben gesehen, wie der Rassenhass auf die Spitze getrieben worden ist. Nun kommt es zunächst darauf an, neuerworbene Erkenntnisse nicht dadurch verloren gehen zu lassen, dass die Bevölkerung in nationaler und sozialer Verzweiflung landet. Produktive Arbeit ist der beste Arzt und Lehrmeister. Und erprobte antinazistische Deutsche sind am besten geeignet, die »Züchtigung« vorzunehmen. Die wichtigste Konsequenz einer nuancierten demokratischen Auffassung muss sein, den Freunden der Demokratie Unterstützung gegenüber den Feinden der Demokratie zuteilwerden zu lassen.

Die Zerstückelung Deutschlands wäre ein schlechtes Geschenk an die deutschen Nazigegner. Sie widerspräche vernünftigen wirtschaftlichen Erwägungen, und es bestünde die Gefahr, dass positive Kräfte noch einmal durch einen Kampf für die nationale Einheit absorbiert werden, der mehr oder weniger im Untergrund stattfände. Die Sicherheit, die andere Völker fordern, kann in völlig befriedigender Weise durch eine Kontrolle Deutschlands erreicht werden. Die Entwaffnung und die entschlossenste Unterdrückung jedes nazistischen und militaristischen Versuchs einer Wiederherstellung der alten Verhältnisse liegen nicht nur im Interesse der alliierten Nationen, sondern auch in dem der deutschen Demokratie.

Die Hauptfrage ist jedoch, was mit der internationalen Kontrolle über Deutschland bezweckt wird. Sie soll wohl Wiederholungen verhindern. Sie soll den Frieden sichern und dafür sorgen, dass Deutschland seinen Beitrag zum europäischen Wiederaufbau leistet. Dagegen darf sie der gesellschaftlichen Neugestaltung, die die Schuldigen ausschließt und den anderen die Möglichkeit gibt zu zeigen, dass sie mit allem, was Deutschland schändete, gebrochen haben, keine Hindernisse in den Weg legen.

Die alliierten Nationen haben gute Trümpfe in der Hand. Ihre Interessen können einer ernsthaften Demokratisierung des deutschen Staatswesens nicht hinderlich sein, einer Entwicklung, die dazu führt, dass es nicht mehr zwei Deutschland gibt, sondern nur eines, nämlich eines, das friedlich und demokratisch ist. Dies geht nur, wenn die Deutschen Gelegenheit erhalten, sich zu ernähren und am internationalen Warenaustausch teilzunehmen.

Es ist viel von einer »Offensive des Mitleids« gesprochen worden. Ich glaube, dass alle halbnazistischen Versuche in dieser Richtung zum Scheitern verurteilt sind. Dazu ist das Maß der Leiden, die die Welt hat erdulden müssen, zu groß. Es ist jedoch kein Appell an politische Klageweiber, wenn man die Hoffnung ausspricht, dem anderen Deutschland – das das einzige werden kann und demokratische Traditionen besitzt, auf die man bauen könnte – bescheidene Existenzmöglichkeiten einzuräumen. Das ist keine Frage von Mitleid, sondern eine der Vernunft. Außerdem sind die Kinder in Hamburg, Berlin und Nürnberg keine Kriegsverbrecher. Sie *können* aber Verbrecher werden.

Das muss verhindert werden. Es ist ein deutsches, aber in ebenso starkem Maße ein europäisches und internationales Interesse.

II. DER GROSSE PROZESS

Die Anklage

Das ist etwas ganz Neues, etwas einzig Dastehendes in der Rechtspflege der Welt, sagte Lord Lawrence, als er den Prozess gegen die großen Kriegsverbrecher am 20. November 1945 in Nürnberg eröffnete.

Man hätte das Rechtsgefühl herausgefordert, wäre mit den Naziführern nie abgerechnet worden. Die Bevölkerung der Länder, die eine deutsch-nazistische Besetzung durchmachten, hätte das nie verstanden. Es war eine klare Notwendigkeit, dass die Hauptschuldigen an all dem Unglück, das die Menschheit im Zweiten Weltkrieg traf, zur Verantwortung gezogen werden. Nur schade, dass Hitler, Himmler und Goebbels die Möglichkeit erhalten hatten, sich selbst zu richten. Die in Nürnberg vorgenommene Abrechnung wies jedoch auch vorwärts. Sie stellte etwas Neues dar, nämlich einen entschiedenen Fortschritt in der internationalen Rechtsentwicklung.

Im Laufe des Krieges hatte es viele Warnungen gegeben. Die alliierten Nationen hatten deutlich zu erkennen gegeben, die führenden Männer der Achsenmächte und alle, die sich grober Verletzungen des »Kriegsrechts« schuldig gemacht hatten, gerichtlich zu verfolgen. In London war eine interalliierte Kriegsverbrecherkommission tätig. Auf der Moskauer Konferenz im Oktober 1943 einigten sich die Sowjetunion, die Vereinigten Staaten und Großbritannien über die Verfahrensweise. Sie machten das international anerkannte Prinzip der territorialen Rechtsprechung dergestalt geltend, dass Nazis oder deutsche Militärs, die Grausamkeiten und andere Verbrechen befohlen oder begangen hatten, den Justizbehörden des Landes übergeben werden sollten, in dem sie ihre Taten verübten. Sie sollten nach den Gesetzen des jeweiligen befreiten Landes abgeurteilt werden. Personen, die ihre Verbrechen nicht innerhalb bestimmter territorialer Grenzen begingen, sollten auf eine besondere Weise behandelt werden. Ihre Tat sollte nach einem gemeinsamen Beschluss der alliierten Regierungen abgeurteilt werden.

Der Beschluss, den Internationalen Militärgerichtshof (IMT) zu errichten, wurde am 8. August 1945 in London durch eine Übereinkunft der bereits genannten drei Mächte sowie Frankreichs gefasst. Sie traten im Namen der alliierten Nationen auf und wiesen auf ihre gemeinsamen Interessen hin. In der Hauptsache stimmte man einem Entwurf zu, den die

Amerikaner im Zusammenhang mit den Verhandlungen in Dumbarton Oaks vorgelegt hatten, wo die Richtlinien der neuen internationalen Sicherheitsorganisation (UNO) erörtert wurden. Das Gericht bestand demnach aus vier Richtern, von jeder der vier Mächte einer, mit je einem Stellvertreter sowie dem Engländer Lawrence als Präsidenten. Jedes der vier Länder hatte eine eigene Anklagebehörde mit einem Hauptankläger an der Spitze. Die Angeklagten konnten deutsche Verteidiger wählen, und der Verteidigung wurde große Bewegungsfreiheit eingeräumt. Das Londoner Abkommen legte jedoch fest, dass der Spruch des Gerichts endgültig sein sollte. Gegen ihn konnte keine Berufung eingelegt werden.

Am 18. Oktober 1945 hielt das Gericht in Berlin seine konstituierende Sitzung in denselben Räumen ab, in denen die Teilnehmer des Attentats gegen Hitler am 20. Juli 1944 zum Tode verurteilt worden waren. Bei dieser Gelegenheit wurde der Anklagebeschluss gegen 24 Kriegsverbrecher, mit Göring an der Spitze, vorgelegt. (Auf der Anklagebank saßen dann jedoch nur 21, weil Krupp krank wurde, Ley Selbstmord beging und Bormann spurlos verschwunden war.) Die Naziführer wurden angeklagt, 25 Jahre lang konspiriert zu haben, um die Weltherrschaft zu erringen. Während dieser Zeit hatten sie sich der Verletzung des internationalen Gesetzes und Rechtes schuldig gemacht. Sie hatten den totalen Krieg entfesselt und sich der Ermordung und der Folterung vieler Millionen Menschen schuldig gemacht. Dieses war der erste Hauptpunkt der Anklage: »Verschwörung«. Es war Aufgabe der Amerikaner, dies in Nürnberg zu dokumentieren. Die Engländer nahmen sich speziell des zweiten Punktes an, der »Verbrechen gegen den Frieden«. Mit anderen Worten: Die Naziführer sollten dafür zur Rechenschaft gezogen werden, dass sie Angriffskriege geplant, vorbereitet und geführt hatten. Der dritte Hauptpunkt der Anklageschrift umfasste die eigentlichen Kriegsverbrechen und der vierte »Verbrechen gegen die Menschheit«[8] wie Mord und Verfolgung von Personen, die verdächtigt wurden, gegenüber der Nazipartei und ihren Plänen feindlich eingestellt zu sein. Für diese beiden Gruppen wurde eine Arbeitsteilung vereinbart, bei der die Franzosen Westeuropa übernehmen sollten, während die russische Anklagebehörde die »Gebiete östlich von Berlin« vertrat. Eine ganz so klare Abgrenzung gab es dann jedoch nicht. Vieles wiederholte sich; sonst wäre es erheblich schneller gegangen.

---

8   In der Anklageschrift (Der Prozeß gegen die Hauptkriegsverbrecher vor dem Internationalen Militärgerichtshof, Nürnberg 14. November 1945 – 1. Oktober 1946, Nürnberg 1947-1949 [IMG], Bd. 1, S. 70): »Humanität«; in der schwedischen Ausgabe korrigiert in: »Menschlichkeit«.

Die Richterbank beim Nürnberger Kriegsverbrecherprozess mit den Flaggen der vier Siegermächte im Hintergrund.

Im Anklagebeschluss wurde die Tätigkeit der Nazis in ihren Hauptzügen dargelegt. Es wurde nachgewiesen, wie die Nazis Folterungen und Massenausrottungen durchgeführt hatten. Hier sind einige der Hauptpunkte: 1) Man rechnet damit, dass von den 9,6 Millionen Juden, die in den Teilen Europas lebten, die sich unter der Herrschaft der Nazis befanden, 5,7 Millionen verschwunden waren. Die meisten wurden vorsätzlich in den Tod geschickt. Nur Reste der jüdischen Bevölkerung in Europa blieben übrig. 2) Von 228 000 Franzosen, die aus politischen oder rassischen Gründen ins Konzentrationslager geschickt worden waren, kamen nur 28 000 lebend zurück. 3) Anderthalb Millionen Menschen wurden im Lager Majdanek und etwa vier Millionen in Auschwitz ausgerottet. Im Gebiet von Lemberg wurden etwa 700 000 und im Lager Ganow[9] 200 000 sowjetische Staatsangehörige ums Leben gebracht. 4) Allein aus der Sowjetunion wurden fast fünf Millionen Menschen

9 Gemeint ist das Arbeits- und Vernichtungslager Janowska in Lviv (Lemberg).

verschleppt und zu Sklavenarbeit geschickt. Die umfassende Plünderung in den besetzten Ländern gab Millionen von Menschen der Hungersnot preis. 5) Allein die Sowjetunion berechnete ihre gesamten materiellen Verluste auf 679 Milliarden Rubel.

Nach den allgemeinen Anklagen kamen die Anklagen gegen jeden einzelnen Naziführer. Sie wurden auch als Mitglieder bestimmter Organisationen und Einrichtungen zur Verantwortung gezogen. Nach dem Anklagebeschluss sollten die gefährlichsten Formationen des Systems für verbrecherisch erklärt werden: die Reichsregierung, das Führerkorps der Nazipartei, die SS und der SD, die Gestapo, die SA, der Generalstab und das Oberkommando der Wehrmacht.

Ein Bruchteil der von Anfang an wohlbekannten Kriegsverbrechen im engeren Sinne hätte ausgereicht, um die meisten auf der Anklagebank schuldig zu sprechen. Der ganz überwiegende Teil der Grausamkeiten und Gesetzesvergehen war von höchster Stelle befohlen worden. Es war nicht eigentlich etwas Einmaliges und Aufsehenerregendes, dass die Schuldfrage auch gegenüber den Spitzenfiguren aufgeworfen wurde und nicht nur gegenüber den Handlangern, die buchstäblich Blut an den Händen hatten. Neu war jedoch, dass man sich nicht auf Verbrechen gegen das »Kriegsrecht«, diesen an sich etwas zweifelhaften Begriff, beschränkte, der die Legalität des Krieges voraussetzt. Man beschloss, weiterzugehen und die nazistischen Aktionen vor dem Kriege, die ganze Reihe von Angriffskriegen und Außerachtlassungen der klaren und wohlbekannten, wenn auch nicht international kodifizierten Forderungen der Humanität für kriminell zu erklären. Diese bedeutende Erweiterung der Anklage war in der interalliierten Kommission für Kriegsverbrechen Gegenstand verschiedener Diskussionen und Meinungsverschiedenheiten gewesen. Unter den Juristen bestand die ziemlich verbreitete Auffassung, dass es keine haltbare Grundlage gab, um »Verbrechen gegen den Frieden« abzuurteilen. Die »Verschwörung« war auch ein umstrittenes Thema, und es gab viele, die eine Abrechnung ausgesprochen politischer Art vorgezogen hätten. Amerikaner und Russen – mit Unterstützung der Vertreter vieler kleiner Länder – sorgten dafür, dass sich die andere Linie durchsetzte. Man einigte sich darauf, dass die Naziführer sich nicht hinter dem Argument der Regierungssouveränität verstecken können dürften. Sie sollten als Putschisten ohne Legalitätsbasis entlarvt werden. Ferner sollte der Angriffskrieg an sich und Krieg als Instrument der Politik als Verbrechen gebrandmarkt werden. Gab es keine solche juristische Grundlage, war es nun an der Zeit, sie zu schaffen.

Diese Erweiterung weit über den Rahmen der eigentlichen Kriegsverbrechen hinaus prägte sowohl den Anklagebeschluss selbst als auch das »opening statement« des amerikanischen Hauptanklägers. Die vierstündige Rede von Robert H. Jackson am 21. November 1945 war ein großes Erlebnis. Sie wird in die Geschichte eingehen. Man kann nur wünschen, dass sie, bevor das geschieht, überall dort bekannt wird, wo Menschen durch das gedruckte Wort erreichbar sind. Jackson schnitt in meisterhafter Weise alle möglichen juristischen Spitzfindigkeiten über die rechtliche Grundlage des Prozesses ab. Es ist klar, dass die Angeklagten davon überrascht waren, mit dem Gesetz konfrontiert zu werden. Sie waren überrascht, dass es – wie der amerikanische Ankläger sagte – überhaupt so etwas wie Gesetz und Recht gab. Sie hatten sich aber damit abzufinden, von dem Recht getroffen zu werden, das sie mit Füßen getreten hatten und für dessen Wiedereinsetzung Millionen von Menschen kämpfen und sterben mussten. Sie hatten zu akzeptieren, dass man sich nicht damit begnügen wollte, die Kleinen zu hängen. Gerade die »Großen« – die sich damit entschuldigen konnten, persönlich niemanden ermordet zu haben, weil andere dies für sie erledigten – sollten zur Verantwortung gezogen werden. Es sollte ihnen nicht mehr möglich sein, sich hinter dem »Staat« zu verstecken. Die Rede Jacksons zielte darauf ab, dass staatlich organisierter Massenmord nicht milder zu beurteilen sei als gewöhnlicher individueller Mord. Eigentlich müsse es umgekehrt sein. Meiner Ansicht nach war es an der Zeit, dies festzustellen, nachdem die gesamte Menschheit beinahe in die Barbarei hinabgezogen worden wäre.

Der amerikanische Hauptankläger präsentierte überwältigendes Material. Es wurde nicht nur mit denen abgerechnet, die auf der Anklagebank saßen, sondern auch mit dem System als Ganzem, dessen Exponenten sie gewesen waren. Jackson war Realist genug, um einzuräumen, dass das *Gesetz* allein dennoch nicht imstande sei, einen Krieg zu verhindern, obwohl man einen großen Schritt weitergekommen war bei der Frage, was internationales Gesetz und Recht sei. Das Mindeste jedoch, was man sagen kann, ist, dass das Gewissen der Welt etwas Bestimmteres erhält, wonach es sich richten kann. Jacksons »J'accuse« war nicht nur eine Abrechnung mit dem Schrecken des Geschehenen. Es wies in die Zukunft auf etwas Besseres, das hoffentlich kommt, und mündete in das Versprechen, dass auch jene, die in diesem Gericht anklagten und urteilten, sich dem Gesetz unterwerfen, das nun die nazistischen Führer treffen sollte.

Sir Hartley Shawcross – der britische Hauptankläger – kam eine weniger dankbare Aufgabe zu, als er am 4. Dezember an der Reihe war. Die Amerikaner hatten bereits viele Rosinen aus dem Kuchen herausgepickt, bevor die anderen an der Reihe waren. Sir Hartley musste eine unendliche Zahl von gebrochenen Verträgen durchackern. Er tat es ehrenvoll. Es war an und für sich keine Kunst nachzuweisen, dass die Naziführer eine Reihe von Angriffskriegen begonnen hatten. Shawcross sollte aber gleichzeitig ihre Strafbarkeit unter Beweis stellen. Und er setzte seine Ehre daran, deutlich zu machen, dass eine Strafe wegen Angriffs *nicht* bedeutete, Gesetzen rückwirkend Geltung zu verschaffen.

An diesem Punkt konnte man natürlich sagen, selbst wenn dies der Fall war, musste damit ja einmal ein Anfang gemacht werden. Irgendwann einmal muss festgestellt werden, dass es eine himmelschreiende Ungerechtigkeit ist, bestraft zu werden, wenn man einen Nachbarn überfällt, man sich aber hinter der »Souveränität des Staates« verstecken kann, wenn man Nachbarländer überfällt und Kriege anzettelt, die Millionen von Menschenleben fordern. Und wenn man damit irgendwann einmal einen Anfang machen will, dann wohl am besten nach dem fürchterlichsten und zerstörerischsten aller Kriege. Bedeutet dies in der internationalen Rechtspflege etwas Neues? Mag sein, dann sei es drum. Das Gesetz ist nicht dazu da, das Recht totzuschlagen.

Es ist gut, dass Sir Harley nicht so argumentierte. Er hatte die nicht ganz leichte Aufgabe festzustellen, dass man in Nürnberg *nicht* nach Gesetzen urteilen würde, die rückwirkend in Kraft gesetzt würden. Es ist richtig, den Grundsatz der territorialen Jurisdiktion zugrundezulegen und sich auf Grausamkeiten und andere Untaten zu konzentrieren, die in dem eroberten Land verübt wurden. In der Zeit zwischen den beiden Weltkriegen hat man jedoch auch eine Reihe von Verträgen geschlossen, die den Angriffskrieg widerrechtlich machten. Der Kelloggpakt von 1928 war und ist, wie in Nürnberg festgestellt wurde, das gültige Gesetz der Staaten. Es war auch nichts völlig Neues, erklärte Sir Harley, Staaten für das, was sie anderen Ländern angetan hatten, verantwortlich zu machen. Ein Staat ist nichts Abstraktes. Seine Politik wird von Menschen gemacht. Was ist also angemessener als denjenigen die Hauptverantwortung zu geben, die entscheidenden Einfluss besessen hatten und über die Angriffs- und Mordpolitik entschieden? Mord, Vergewaltigung und Raub sind in allen Ländern strafbar gewesen und sind es weiterhin. Leute, die einen Angriffskrieg beginnen, sollen von nun an wissen, dass sie es »mit dem Strick um den Hals« tun.

Der Dritte der Hauptankläger, de Menthon, vertiefte in seiner Eröffnungsrede am 17. Januar 1946 die Argumentation noch weiter. Mit scharfer französischer Logik konnte er beweisen, dass ein Verbrechen ein Verbrechen *ist* und dass es – für internationale Beziehungen wie für das

Verhältnis zwischen Individuen – nur *eine* gültige Moral gibt. Er stellte auch fest, dass die Verantwortung für die Politik in einem organisierten modernen Staat bei denen liegt, die unmittelbaren Einfluss auf die Staatsführung haben. Nur sie sind in der Position, die Legitimität oder Widerrechtlichkeit von Befehlen beurteilen zu können, die erteilt werden. Deshalb kann man nur sie anklagen – und *muss* sie anklagen.

Es ist sonnenklar, dass keine internationale Rechtsordnung aufrechterhalten werden kann, die nicht ernstlich mit dem Grundsatz der uneingeschränkten Souveränität des einzelnen Staates bricht. Dieser Grundsatz war also als Grundlage des Nürnberger Prozesses unbrauchbar. De Menthon bezeichnete es als einen bemerkenswerten Fortschritt, dass die vier Staaten ihre juristische Macht einem internationalen Gerichtshof übertragen hatten. Die Charta der UNO enthält gewisse Rechte, die für die Menschen in allen Ländern grundlegend sind. Die Charta des IMT erlegt den Staaten gewisse Verpflichtungen auf. Das ist weit wichtiger als alle Erzählungen darüber, wie Göring und Heß vor ihre Richter traten.

Generalleutnant Rudenko – der Hauptankläger der Sowjetunion –, der seine Eröffnungsrede zu einem Zeitpunkt hielt, als der Prozess bereits zweieinhalb Monate lang gedauert hatte, verfolgte die gleiche Hauptlinie wie die Vertreter der anderen Mächte. Sie alle operierten von einer gemeinsamen Rechtsgrundlage aus. Man berief sich auf die gleichen Verträge. Auch Rudenko maß also dem Kelloggpakt großes Gewicht bei. Im Großen und Ganzen benutzten die Ankläger sogar dieselbe Terminologie. Einige hatten damit gerechnet, dass unter den Sprechern der großen Alliierten in Nürnberg Uneinigkeit entstehen würde. Es war gut, dass das nicht geschah.

Rudenko sprach im Namen der Millionen unschuldiger Opfer, die vom faschistischen Terror betroffen worden waren. Er erklärte, dass den Angeklagten eine vollständige und genaue Rechnung präsentiert würde, im Hinblick auf den Weltfrieden, die Zukunft und die Sicherheit der Völker. »Dies ist die Abrechnung der ganzen Menschheit, die Abrechnung des Willens und des Gewissens der freiheitsliebenden Nationen. Möge Recht geschehen.«[10]

Die Verschwörung

Die Amerikaner gingen gründlich zu Werk. Sie empfanden es so, als sei es in erster Linie *ihr* Prozess. Vielleicht überlasteten sie (und andere nach

10 IMG, Bd. 7, S. 219.

ihnen) sogar ihre Dokumentation mit Dingen, die nichts anderes bewiesen als das, was alle wussten und was nicht einmal der frechste Nazi zu leugnen gewagt hätte. Die Vertragsbrüche und die Überfälle waren klare Tatsachen. Im Zusammenhang mit den Kriegsverbrechen und den Verbrechen gegen die Menschlichkeit fielen die meisten Anklagen wie Hammerschläge. Es lag in der Natur der Sache, dass die Argumentation nicht immer das gleiche Gewicht hatte, wenn es sich um die Planung selbst, die nazistische »Verschwörung« handelte. Man hatte manchmal das Gefühl, dass die ausgezeichneten, wenn auch nicht immer gleich geistreichen Juristen sich auf schwankendem Boden bewegten.

Die Anklage war etwas verschwommen. Es ging nicht so, wie Jackson zu Beginn sagte, nämlich mit dem Prozess im Laufe einiger Monate – »mehr oder weniger«[11] – fertig zu werden. Andererseits muss man sich vor leichtfertiger Kritik hüten. Es *war* eine Leistung, dass man es gleich nach dem Kriege und im Laufe weniger Monate geschafft hatte, Zehntausende von eroberten Dokumenten durchzusehen. Es *war* von größter Bedeutung, das Material in rechtlich gesicherten Formen prüfen zu können. 25 Jahre nazistischen Verbrechertums mussten geklärt und enthüllt werden – der neuen Generation zum Schrecken und zur Warnung. Und diese Aufgabe sollte von Vertretern von Staaten mit unterschiedlicher Rechtspraxis und ungleichen Gesellschaftsordnungen gelöst werden. Reibungen waren unvermeidlich, Prestigerücksichten machten sich geltend. Die Koordinierung war trotzdem erstaunlich gut. Es gab aber Dinge, die in der Luft hängen blieben, etwa als die Amerikaner das Gericht über die Nachteile des Einparteisystems und des totalitären Staates belehrten. Andererseits war es etwas schwierig, den sozialen Hintergrund des Nazismus aufzudecken, die Zusammenhänge zwischen Monopolkapitalismus und modernem Kannibalismus. Die Zusammenhänge wurden berührt, aber nicht vertieft. Jackson stellte fest, dass der Nazismus mit Hilfe »der bösen Allianz zwischen den extremsten der nazistischen Verschwörer, den hemmungslosesten der deutschen Reaktionäre und den aggressivsten der deutschen Militaristen« an die Macht gekommen war.[12] An einer

11 In Jacksons Formulierungen: »vielleicht auch auf Kosten handwerklicher Vollkommenheit« und »vielleicht nicht das Musterbeispiel beruflicher Arbeit«, siehe IMG, Bd. 2, S. 117.
12 Jackson erklärte in seiner Rede am 21. November 1945: »Wir wissen, daß ein unseliges Bündnis sie an die Macht gebracht hat, ein Bündnis, zu dem sich die Besessenen des wütenden Umsturzwillens unter den Nazi-Revolutionären mit der Hemmungslosigkeit unter den deutschen Reaktionären und der Angriffslust unter den deutschen Militaristen zusammengetan hatten.« IMG, Bd. 2, S. 120.

anderen Stelle seiner Rede bezeichnete er die Industriellen und die Monarchisten als die Bundesgenossen der nazistischen Banditenführer.[13] Das war eine wichtige Feststellung, aber sie hätte systematisch dokumentiert und nicht nur en passant erwähnt sein müssen.

Die nazistische Verschwörung zeichnete sich dadurch aus, dass sie in Wirklichkeit viel weniger im Verborgenen vor sich ging, als es Verschwörungen zu tun pflegen. In großen Zügen hatten die Nazis kundgetan, was sie zu unternehmen beabsichtigten. »Mein Kampf« wurde von der Anklagebehörde erst Anfang Januar benutzt. Dieses Buch hätte mit Vorteil als erstes Beweismittel vorgelegt werden können. Hitler sagte überraschend viel von dem, was er zu unternehmen gedachte. Von der »nazistischen Bibel«[14] führt, wie festgestellt wurde, eine gerade Linie zu den Verbrennungsöfen in Auschwitz und zu den Gaskammern in Majdanek. De Menthon prägte den Ausdruck vom »Verbrechen wider den Geist« durch die Nazis.[15] Das Verbrechen bestand in ihrer Ideologie selbst, die alle geistigen und moralischen Werte leugnete. Diese verbrecherische Ideologie stand im Begriff, die Menschheit zur Barbarei zurückzuführen, nicht zu dem barbarischen Zustand bei primitiven Völkern, sondern zum »dämonische[n] Barbarentum, [...] das für seine Zwecke alle materiellen Mittel verwendet, die die zeitgenössische Wissenschaft der Gegenwart in den Dienst des Menschen stellt«.[16] Es ist der nazistische *Rassismus*, der einerseits leugnet, dass der Mensch irgendeinen Eigenwert hat, während er andererseits einer bestimmten Menschengruppe das »Recht« einräumt, eine uneingeschränkte Verbrecherherrschaft zu errichten. Das geht, wie der französische Hauptankläger hervorhob, erheblich weiter als während der fanatischsten Religionskriege. Damals war es ja noch so, dass der, der zum »rechten« Glauben übertrat, geschont und in die Gemeinschaft aufgenommen werden konnte. Die nazistischen Rassisten haben das Ungeheuerliche zustande gebracht, wie ein guter Freund von mir zu sagen pflegte, dass ganze Völker nicht mehr als Menschen, sondern als Wanzen betrachtet wurden. Unter den vielen interessanten Schriftstücken, die die Alliierten nach dem Zusammenbruch des Nazismus gefunden hatten, befand sich das entlarvende Referat einer Rede, die Himmler in einer Besprechung in Posen am 4. Oktober 1943 vor seinen Gruppen-

---

13 IMG, Bd. 2, S. 127.
14 Der britische Hauptankläger Sir Hartley Shawcross bezeichnete am 4. Dezember 1945 Hitlers »Mein Kampf« als »Bibel der Nazi-Partei«, vgl. IMG, Bd. 3, S. 135.
15 IMG, Bd. 5, S. 421.
16 Ebd.

führern gehalten hatte.[17] Dort bezeichnete er »Nichtgermanen« als Menschentiere, denen gegenüber die Deutschen keine Verpflichtungen hätten. Die Deutschen waren nicht als Tierquäler bekannt, aber ihr Verhältnis zum Tier war durch Nützlichkeitsrücksichten bestimmt. Ob Zehntausende von russischen Frauen vor Erschöpfung zusammenbrachen, während sie Panzerabwehrgräben anlegten, interessierte Himmler nur insoweit, als die Arbeit fertig werden musste.[18] Der SS-Chef gab in derselben Rede damit an, dass die Konzentrationslager »allen Humanitätsduseleien zum Trotz«[19] sehr nützlich gewesen seien. Die Ausrottung der Juden bezeichnete er als ein ehrenvolles Blatt in der deutschen Geschichte, und die, die daran teilgenommen hätten, seien moralisch gekräftigt daraus hervorgegangen.

Das ist die äußerste Grenze, weiter kann man nicht kommen. Und es ist ganz sicher, dass die meisten sich nicht darüber klar waren, dort zu landen, als sie begannen. Aber der Rassismus – wie so vieles andere – hat seine eigene Logik. Das eine zieht das andere nach sich. Es begann »nur« mit Gesetzesübertretungen, Drohungen und Terror während des Kampfes um die Macht in Deutschland. Der Krieg um den Lebensraum des Herrenvolkes stand von Anfang an mit auf dem Programm. Den wünschten auch die Hochfinanz, die Schwerindustrie und die Junker, also die Imperialisten eher alten Stiles. Dann ging es mit Rechtsbrüchen, Drohungen und Terror in der internationalen Politik weiter. Einmal richtig in Gang gekommen, war es im Großen und Ganzen der extreme Flügel, der das Tempo bestimmte.

Die Marschrichtung war jedoch bereits klar, als Hitler 1933 die Staatsführung übernahm, wobei ihm von der konservativ-kapitalistischen Reaktion an die Macht verholfen und er von einer Massenbewegung »wildgewordener Kleinbürger« unterstützt wurde. Bereits im März 1933 bildet er einen »Reichsverteidigungsrat«. Die Jahre bis 1937 sind eine Vorbereitungsperiode, aber das Ziel ist nicht misszuverstehen. Deutschland trat aus der Abrüstungskonferenz und dem Völkerbund aus. Die allgemeine Wehrpflicht wurde wiedereingeführt und im März 1936 die entmilitarisierte Zone des Rheinlandes besetzt.

Zu Beginn des Jahres 1937 sind die wichtigsten Vorbereitungen abgeschlossen. Im Juni dieses Jahres erlässt Blomberg – damals Kriegsminister und Chef des Oberkommandos der Wehrmacht – Richtlinien zur

---

17 IMG, Bd. 29, S. 110 ff., Dok. 1919-PS.
18 IMG, Bd. 7, S. 532.
19 IMG, Bd. 4, S. 212.

Koordinierung der Kriegsvorbereitungen. Er sagt, dass Deutschland mit keinem Angriff von irgendeiner Seite zu rechnen habe. Selbst beabsichtige Deutschland auch nicht, einen europäischen Krieg anzufangen. Aber, sagt er weiter, es kommt darauf an, vorbereitet zu sein, in erster Linie, um eventuellen Angriffen begegnen zu können (von denen er gerade festgestellt habe, dass man mit ihnen nicht zu rechnen brauche), und dann, um die Möglichkeit zu haben, »etwa sich ergebende, politisch günstige Gelegenheiten militärisch ausnutzen zu können«.[20] Da hat man die Linie des »gemäßigten« Blomberg: eine ziemlich klare Kriegsperspektive.

Hitler sprach deutlicher. Am 5. November 1937 hatte er einen kleinen Kreis versammelt, der aus Blomberg, von Fritsch, Raeder, Göring, von Neurath sowie einem gewissen Oberst Hoßbach bestand, der als Sekretär fungierte. Hitler wollte seine neue Auffassung von der Außenpolitik darlegen, und die Anwesenden sollten es als eine Art von Testament betrachten. Er stellte fest, dass die deutsche Frage, die Forderung nach mehr Lebensraum, nur durch Machtmittel gelöst werden könne. Es gab drei Möglichkeiten. Die erste war, die »friedliche« Aufrüstung weiterzuführen. In diesem Falle musste die »Aktion« spätestens im Lauf der Jahre 1943 bis 1945 unternommen werden. Sonst würde man den Rüstungsvorsprung verlieren und die Machtverhältnisse veränderten sich zu Ungunsten Deutschlands. Die Alternative war, dass die sozialen Gegensätze in Frankreich zu einer ernsten politischen Krise führten, so dass die französische Armee gelähmt wurde. In diesem Fall wäre der Zeitpunkt gekommen, die Tschechoslowakei anzugreifen. Als dritte Möglichkeit rechnete Hitler damit, dass Frankreich in einen Krieg mit einem anderen Staat, genauer gesagt, Italien, verwickelt wurde. (Um die Chance nicht zu vertun, trat er dafür ein, die Hilfe für Franco einzuschränken, so dass der Krieg in Spanien in die Länge gezogen und das französisch-italienische Spannungsverhältnis aufrechterhalten wurde.) Auch dann wäre es möglich, die Tschechoslowakei anzugreifen. Das Ziel musste sein, Österreich und die Tschechoslowakei auf einmal zu nehmen, so dass man bei einem Vorstoß nach Westen nicht mehr mit einer Flankendrohung zu rechnen brauchte. Blomberg und Fritsch versuchten, Hitler zurückzuhalten. Sie machten geltend, dass man sich England und Frankreich nicht zu militärischen Gegner machen sollte. Selbst wenn Frankreich in einen Krieg mit Italien gerate, würde es an der deutschen Westgrenze mit überlegenen Verbänden auftreten können. Die Befestigungen im Westen hatten damals geringen Wert. Die militärischen Führer warnten auch vor der

20 IMG, Bd. 2, S. 442.

starken tschechoslowakischen Grenzverteidigung. Die Generäle warnten, sie zweifelten daran, ob das, was sie als Dilettantismus Hitlers betrachteten, *gelingen* würde. Sie wandten sich aber nicht gegen das Zentrale: die Planung der Raubpolitik selbst.

Zusammen mit einem Referat über das, was Hitler im November 1937 gesagt hatte, bekam man die Protokolle einiger weiterer Sitzungen zu sehen. Sie zeigten, dass keiner derjenigen, die im Dritten Reich eine führende Stellung hatten, sich über das Ziel und die Richtung im Unklaren gewesen sein kann. Während einer Sitzung in der Reichskanzlei erklärte Hitler am 23. Mai 1939, dass die Lösung der wirtschaftlichen Probleme Deutschlands nur durch »mutiges Handeln« erreicht werden könne. Dieses, sagte er, sei unmöglich ohne eine Invasion anderer Länder oder einen Angriff auf fremdes Eigentum. In der Zwischenzeit hatte er ja schon Österreich und die Tschechoslowakei bekommen, und jedesmal hatte er versprochen, dass Deutschland keine weiteren territorialen Forderungen mehr stelle. Aber jetzt befand man sich mitten im Streit um Danzig. Hitler erklärte ausdrücklich, dass es überhaupt nicht um Danzig gehe (auf dieselbe Weise, in der er auf der Konferenz im November 1937[21] nicht ein Wort über die Sudetendeutschen gesagt hatte). Das, worum es ging, war »unser Lebensraum im Osten, die Sicherung unserer Lebensmittelversorgung und die Lösung des baltischen Problems«.[22] Er war sich darüber im Klaren, dass das polnische Problem nicht isoliert von einem Konflikt mit den Westmächten gesehen werden konnte. Es war beabsichtigt, Polen bei der ersten passenden Gelegenheit anzugreifen. Eine Wiederholung der tschechischen Angelegenheit konnte man nicht erwarten. Allerdings musste man unter allen Umständen einen Krieg mit den Westmächten vermeiden. Deshalb bestimmte Hitler zu diesem Zeitpunkt, dass der Angriff auf Polen nur erfolgen sollte, wenn man die Westmächte heraushalten konnte. Sonst sei es besser, dass Deutschland im Westen gleich zum Angriff schreite und »das polnische Problem gleichzeitig löste«.[23] In derselben Sitzung sagte Hitler, dass er

---

21 Gemeint: die Konferenz am 5. November 1937 in der Reichskanzlei.

22 IMG, Bd. 2, S. 314: »Es handelt sich für uns um die Arrondierung des Lebensraumes im Osten und die Sicherstellung der Ernährung. Aufrollen des Ostsee- und Baltikum-Problems.«. – Bei *Domarus, Max:* Hitler. Reden und Proklamationen 1932-1945, Bd. 2, 1. Halbband, Wiesbaden 1973, S. 1197: »Es handelt sich für uns um die Erweiterung des Lebensraumes im Osten und die Sicherstellung der Ernährung, sowie die Lösung des Baltikum-Problems.«

23 IMG, Bd. 2, S. 315: »und dabei Polen zu erledigen«. - Bei *Domarus,* S. 1198: »und dabei Polen zugleich zu erledigen.«

nicht an die Möglichkeit eines friedlichen Vergleichs mit England glaube. »England ist unser Feind, und der Konflikt mit England wird ein Kampf auf Leben und Tod.«[24] Deutschland müsse »die holländischen und belgischen Luftstützpunkte« besetzen. Neutralitätserklärungen seien zu ignorieren. Hitler polemisierte gegen die Auffassung, der Krieg werde eine billige Angelegenheit sein. Eine solche Möglichkeit sah er nicht. Die Deutschen müssten die Brücken abbrechen. Es ging nicht mehr um Gerechtigkeit oder Ungerechtigkeit, sondern um Leben und Tod von 80 Millionen Menschen. Dem Feind sollten bereits zu Beginn entscheidende Schläge versetzt werden. Erwägungen, was Recht oder Unrecht sei – oder Rücksicht auf Verträge –, »spielen keine Rolle«.

Die heikelsten Dokumente in diesem Zusammenhang sind die Referate von der Sitzung Hitlers mit den Befehlshabern der Wehrmacht in Berchtesgaden am 22. August 1939, eine Woche vor dem Überfall auf Polen.[25] Dabei sagte er, dass er noch im Frühjahr mehr geneigt gewesen sei, erst im Westen anzugreifen. Ihm sei jedoch klar geworden, dass Polen im Falle eines deutschen Konflikts mit den Westmächten eingreifen würde. Jetzt sei die Zeit da, und er legte den »persönlichen Faktoren« große Bedeutung bei.[26] Von sich selbst sagte er, dass in Deutschland wahrscheinlich nie mehr ein Mann mit derselben Autorität auftreten würde. Und er könne jederzeit von »einem Verbrecher oder Idioten« liquidiert werden.[27] Der Persönlichkeit Mussolinis maß er auch entscheidende Bedeutung bei. Wenn ihm etwas zustoßen sollte, könne man der Loyalität Italiens nicht mehr sicher sein. Franco wurde als der dritte persönliche Faktor genannt. In England und Frankreich gab es hingegen keine bedeutenden Persönlichkeiten.

Wir haben nichts zu verlieren, wir können nur gewinnen – erklärte der Führer. Die wirtschaftliche Lage Deutschlands sei so, dass sich die Sache nicht lange in Gang halten ließe, was Göring bestätigen könne. Hitler gab zu, dass die bevorstehende »Aktion« ein großes Risiko in sich berge. Er sei aber bereits Risiken eingegangen, was trotz der Warnungen, die er erhalten habe, immer gutging. Großdeutschland sei durch Bluff

---

24 IMG, Bd. 2, S. 315: »England ist daher unser Feind und die Auseinandersetzung mit England geht auf Leben und Tod.« – Gleichlautend bei *Domarus,* S. 1198.

25 Text der Rede in *Hohlfeld, Johannes:* Dokumente der deutschen Politik und Geschichte, Berlin 1951, Bd. V, S. 74-80.

26 IMG, Bd. 2, S. 322 f. – Bei *Domarus,* S. 1234: statt »Faktoren« »Bedingungen«.

27 IMG, Bd. 2, S. 322, und bei *Domarus,* S. 1234, folgender Wortlaut: »von einem Verbrecher, von einem Idioten beseitigt werden.«

geschaffen worden. Die Ausgangslage Deutschlands stelle sich auf Grund der schlechten Rüstungen der Westmächte sehr günstig dar. Es komme darauf an, die Stellung im Westen zu halten, bis man mit Polen fertig sei. Die Westmächte hofften, dass Russland, nach dem Krieg gegen Polen, Deutschlands Feind werde. Aber: »Ich habe die erbärmlichen Würmer Daladier und Chamberlain in München gesehen. Sie werden zu feige sein, um anzugreifen«.[28] Hitler erklärte des Weiteren, er sei sicher, dass Stalin niemals das Angebot Englands zu einem Bündnis annehmen werde. Er glaubte auch zu wissen, dass Stalin ernstlich krank sei. Außerdem müsse Stalin damit rechnen, dass sein Regime erledigt sei, ob nun seine Soldaten überwunden würden oder als Sieger heimkehrten. Die Ersetzung Litwinows sei entscheidend gewesen. Von dem Handelsabkommen ausgehend habe man politische Verhandlungen aufgenommen, und jetzt sei man über den Freundschaftspakt einig geworden. Deutschland brauchte sich nicht mehr vor der Blockade zu fürchten. Lieferungen an Getreide, Vieh, Kohle und Metallen würden von Osten kommen. Jetzt fürchtete Hitler nur, dass Chamberlain oder ein anderer »Scheißkerl« mit einem Vermittlungsvorschlag daherkomme.[29] Der Betreffende werde die Treppe hinuntergeworfen werden. »Und wenn ich ihm vor allen Fotografen einen Tritt in den Bauch geben muss.«

Das sagte Adolf Hitler zu seinen Generälen. Er erzählte ihnen auch, dass er schon einen propagandistischen Vorwand für den Krieg gegen Polen finden würde. Man könnte einige deutsche Kompanien in polnischen Uniformen verwenden, um in Oberschlesien oder im »Protektorat« anzugreifen. (Das war genau das, was geschah.) Der Sieger würde nicht danach gefragt werden, ob er die Wahrheit gesprochen habe oder nicht. Wenn es darum gehe, einen Krieg zu beginnen und zu führen, komme es nicht auf Recht an, sondern auf den Sieg. Der Stärkste habe Recht, sagte er und forderte die militärischen Chefs auf, kein Mitleid zu zeigen. Er verglich sich mit Dschingis Khan. Es spiele keine Rolle, was die degenerierte westeuropäische Zivilisation von ihm, Adolf Hitler, denke.

---

28 In IMG, Bd. 26, S. 343, Dok. 798-PS, und bei *Domarus,* S. 1236, folgender Wortlaut: »Die Gegner haben nicht mit meiner großen Entschlußkraft gerechnet. Unsere Gegner sind kleine Würmchen. Ich sah sie in München.«

29 IMG, Bd. 2, S. 323: Statt »Oberidioten«: »Führer, die unter dem Durchschnitt stehen«. – IMG, Bd. 3, S. 264, und bei *Domarus,* S. 1237: »Ich habe nur Angst, daß mir noch im letzten Moment irgendein Schweinehund einen Vermittlungsvorschlag vorlegt.« – Der darauf folgende, von Brandt zitierte Satz über die Behandlung vor den Fotografen fehlt bei Domarus.

Niemand kann sagen, dass er seinen Mitarbeitern gegenüber nicht ganz aufrichtig war. Sie mussten wissen, woran sie teilnahmen. Sie machten sich zu Mitschuldigen, entweder, weil sie es sein wollten, oder, weil sie sich von Ehrgeiz und von der »Überzeugung« leiten ließen, die Hitlers offenbar unwiderstehlicher Erfolg ihnen gab. Sie waren an der Verschwörung – gegen den Frieden, die Zivilisation, die Menschheit – beteiligt.

Es wurde festgestellt, dass die Nazis die Macht mit Hilfe von Gesetzesbrüchen, Intrigen, Drohungen und Terror an sich gerissen haben, und dass sie nach der Machtübernahme in ihrem Verhältnis zu anderen Staaten auf genau dieselbe Weise weiterarbeiteten. Das ist richtig und wichtig. Kritischen Zuhörern fiel es jedoch schwer, eine Randbemerkung zu unterlassen. Dem Regime, das auf diese Weise zustande gekommen war und dessen Führer darüber Auskunft gegeben hatten, welche Politik sie zu verfolgen gedachten, wurde mehr als nur formelle diplomatische Anerkennung zuteil. Die Betrüger, Räuber und Mörder waren bereits 1933 Betrüger, Räuber und Mörder – auch wenn sie sich noch in einem bescheideneren Rahmen hielten –, aber sie wurden behandelt wie Ehrenmänner. Botschafter George Messersmith, der, als die Naziherrschaft begann, amerikanischer Generalkonsul in Berlin war, wies in einer Erklärung, die in Nürnberg vorgelegt wurde, mit Recht darauf hin, dass »der Mangel an Widerstand von außen schnell den nazistischen Gedanken förderte, Europa und tatsächlich die ganze Welt beherrschen zu sollen.«[30] Mit der Erzsünde, der rassistischen Pest, wurde in der demokratischen Welt ebenfalls nicht aufgeräumt.

Man rechnete auch nicht wirklich mit der »Fünften Kolonne« ab, die die Nazis überall in den verschiedenen Ländern an sich gebunden hatten. Es war bereits damals bekannt, dass Direktiven und eine ganze Menge Geld aus Berlin kamen. Durch gründliche Sicherungsmaßnahmen hätte man mehr Einzelheiten über die Zahlungen an Henlein, Quisling, Karmasin, iranische Agenten erfahren können, über die Waffenlieferungen an Deutsche in Polen, faschistische Wühlarbeit in Frankreich und vieles andere mehr. Das »braune Netz« hätte zerrissen werden können, ohne kriegerische Verwicklungen zu riskieren.

---

30 IMG, Bd. 30, S. 303, Dok. 2385-PS: »It was this growing sense of power and the realization of the fear and lack of measures of resistance from the outside that rapidly caused the Nazi idea to expand with respect to domination over Europe and in fact over the world.«

Nächste Randbemerkung: Die Anklagen gingen gelegentlich bis auf die Zeit gleich nach dem Ersten Weltkrieg zurück, um zu beweisen, wie die Deutschen von Anfang an den Versailler Vertrag verletzten und gegen seine Bestimmungen heimlich aufrüsteten. Beinahe alles, was gesagt wurde, war richtig, und es hätte mehr gesagt werden können. Der, der dies schreibt, hat keinen Grund, eine Lanze für deutsche Generäle oder Admirale zu brechen. Ich war Antimilitarist, bevor Hitler an die Macht kam. Zum Ersten, was ich schrieb, nachdem ich im Jahre 1933 ins Ausland gegangen war, gehörten Artikel, die darauf abzielten zu zeigen, dass die Machtübernahme durch den Nazismus verschärfte Kriegsvorbereitung bedeutete.[31] Die Behauptung konnte mit konkreten Informationen belegt werden, die mich durch illegale Kanäle aus Berlin erreichten.

Man darf jedoch nicht vergessen, dass »Versailles« überall in der alliierten Welt umstritten war und dass mit der Friedensgrundlage im Jahre 1919 keine feste politische Grundlage verbunden war. Der Westen schwankte infolge innerer Gegensätze und auf Grund eines Interessenunterschiedes zwischen England und Frankreich. Allerdings benutzten sowohl die Komintern als auch die Sowjetunion die stärksten Worte über den Vertrag von Versailles. Die Zusammenarbeit zwischen der Reichswehr und der Roten Armee war zu dieser Zeit ziemlich eng. Über die deutschen Vertragsbrüche nach 1919 konnte auch nichts Neues aufgedeckt werden. Die Enthüllungen wurden seinerzeit von deutschen Demokraten und Pazifisten unternommen. Es geschah, dass diese Deutschen sich an die alliierten Kontrollbehörden wandten und an die deutsche Reaktion ausgeliefert wurden. Es gab starke Kräfte, nicht zuletzt auf englischer Seite, die sich nicht nur täuschen ließen, sondern die getäuscht werden wollten oder die sogar die deutschen Militaristen ermutigten. Man kann wohl auch sagen, dass die damalige englische Regierung, die durch das Flottenabkommen vom Juni 1935 eine Art von Absolution für die geheime Aufrüstung erteilte, begonnen hatte und daran teilnahm, den Versailler Vertrag außer Funktion zu setzen.

Das ist keine Entschuldigung für die Nazis, aber eine Aufforderung, sich diejenigen, die die Nazis begünstigt haben, genauer anzusehen. Doch hat die Frage auch eine andere Seite. Als man die deutschen Militaristen wegen der geheimen Aufrüstung nach dem vorigen Kriege und wegen der Ausarbeitung verschiedener Angriffspläne anklagte, übernahm man

---

31 Siehe Brandts Broschüre vom Juni 1933 »Hvorfor har Hitler seiret i Tyskland?«, in: Berliner Ausgabe, Bd. 1, S. 150 f., sowie die Artikel »Tyskland ruster«, in: *Dagbladet,* 19. August 1933, »Tyskland ruster systematisk«, in: *Arbeiderbladet,* 6. November 1933.

damit eine große Verpflichtung. Es ist ganz in Ordnung, dass die deutschen Militaristen mit dem Teil der Angriffsvorbereitungen konfrontiert wurden, der gleich nach dem Ersten Weltkrieg begann. Aber wenn man konsequent sein will, muss dies auch bedeuten, keine Generalstäbe mehr zuzulassen, die, mehr oder weniger eigenmächtig, an Vorbereitungen für »alle möglichen Eventualitäten« herumbasteln. Wir wollen aufrichtig hoffen, dass die alliierten Nationen sich an diese große Verpflichtung halten. Wir wollen hoffen, dass Nürnberg dazu beigetragen hat, jedem Einzelnen klarzumachen, was diese Verpflichtung bedeutet.

Die Überfälle

Nach der Einleitung Sir Hartleys dokumentierten die englischen Anklagevertreter die Überfälle der Nazis, zuerst die »friedlichen« und dann die bewaffneten. Verträge waren nicht das Papier wert, auf dem sie standen. Sir Hartley sagte treffend, dass von Ribbentrop zum Unterschreiben eines Nichtangriffspaktes eingeladen zu werden, beinahe dasselbe war wie eine Ankündigung, Deutschland beabsichtigte, das betreffende Land anzugreifen.

Österreich und die Tschechoslowakei erhielt Hitler kostenlos. Man wusste von früher, dass der »Anschluss« durch Betrug und Gewalt durchgesetzt worden war. Die Dokumentation brachte dennoch allerlei Neues, nicht zuletzt bezüglich des grenzenlosen Zynismus der Naziführer. Göring rief bei Seyß-Inquart an und diktierte den Text des Telegramms, das von Wien abgesandt werden sollte, um deutsche »Hilfe« herbeizurufen. Und dann entdeckte er, dass es im Grunde genommen überhaupt nicht erforderlich war, das Telegramm zu schicken. Er hatte es ja bereits. Österreich konnte ohne Krieg genommen werden. Aber Hitler hatte seinen Kriegsplan fertig, den »Plan Otto«. Es ist jedoch höchst zweifelhaft, ob er es gewagt hätte, diesen Plan auszuführen, wäre ihm bewusst gewesen, dass dies einen großen Krieg bedeute. Man darf annehmen, dass er gezögert hätte.

Als die tschechoslowakische Krise akut wurde, war Hitler davon überzeugt, dass die Westmächte sich nicht engagieren würden. Der »Plan Grün« war fertig. Keitel sagte jedoch in einem Verhör, Deutschland wäre nicht darauf vorbereitet gewesen, das Risiko zu übernehmen – wenn klargemacht worden wäre, dass ein Angriff auf die Tschechoslowakei zu einem Krieg mit den Westmächten und der Sowjetunion führen würde. Der »Plan Grün«, der in Nürnberg besonders eingehend behandelt wurde, enthielt das bezeichnende Detail, den deutschen Botschafter in Prag zu ermorden, wenn man es für zweckmäßig hielte, eine solche »Herausforderung« zusätzlich zu allen Geschichten wie der Misshandlung von Sudetendeutschen zu erhalten.

Es kam nicht zum Kriege, aber zu »München«. Das Münchener Abkommen wurde jedoch nur gestreift. (Man sprach auch nicht eingehender über den Krieg in Spanien.) Jackson lehnte jedoch für die USA jede Verantwortung für die unheilvolle westliche Machtpolitik ab, wie sie damals betrieben wurde. »München« war ein heißes Eisen, da *vier* Mächte Ankläger und Richter stellten. Der Vertreter der Tschechoslowakei in Nürnberg sagte in einer Pressekonferenz, seiner Meinung nach sei das erste große Verbrechen gegen den Frieden in München begangen worden. Er wollte das Thema nicht näher behandeln, und das war leicht zu verstehen. Es war auch klar signalisiert worden, dass die alliierten Großmächte nicht beabsichtigten, sich mit den nazistischen Kriegsverbrechern in eine Diskussion einzulassen, sofern es sich um die Kriegsursachen im weiteren Sinne des Wortes handelte. Zu diesem Standpunkt war nichts zu sagen. Damit ist aber auch deutlich, dass die geschichtliche Klarlegung mit der Veröffentlichung vieler deutscher Dokumente nicht ganz abgeschlossen ist. Das Material zur Geschichte der nazistischen Verbrechen ist ziemlich umfassend. Das Material zur Geschichte und Vorgeschichte des Zweiten Weltkrieges muss unbedingt durch Informationen ergänzt werden, die sich in den Archiven der alliierten Mächte befinden. Vielleicht ist es möglich, den Schleier zu lüften, wenn man mit den großen Verbrechern fertig ist?

Zurück zur Sache. Als Hitler und seine Mitverschwörer den Angriff auf Polen vorbereiteten, sahen sie ein, dass das nicht eine Wiederholung des Spiels um die Tschechoslowakei werden würde. Sie glaubten aber, dieses Spiel gewinnen zu können, indem sie die Drohung eines Zweifrontenkrieges abwehrten. In einer Sitzung mit seinen Oberkommandierenden am 23. November 1939 gab Hitler damit an, dass Deutschland nur an einer Front zu kämpfen habe. Russland sei gegenwärtig keine Gefahr. Den Pakt mit der Sowjetunion würde man jedoch nur so lange aufrechterhalten, wie es den eigenen Zwecken diente. Hitler sagte, dass Russland weitreichende strategische Ziele habe, die mit der Zielsetzung der deutschen Außenpolitik kollidierten. Man könne den Russen aber nur stoppen, nachdem man im Westen freie Hände kommen hatte. Hitler machte sich einer sehr schweren Fehlbeurteilung schuldig, als er glaubte, die Rote Armee habe keinen Wert. Ansonsten neigte er in dieser Zeit dazu, Stalin in den höchsten Tönen zu loben. Der Gedanke, dass Stalin ermordet werden könnte, gefiel ihm nicht. Aber Himmler hatte erst vor einigen Monaten eine Besprechung mit dem japanischen Botschafter, wo der Japaner unter anderem erzählte, er habe eine Reihe von Agenten über die kaukasische Grenze geschickt – mit dem ausdrücklichen Auftrag, den ersten Mann der Sowjetunion umzubringen.

Scheinbar behielt Hitler wieder recht. Der Polenfeldzug wurde schneller beendet, als die deutschen Generäle berechnet hatten. Die Kriegsführung der Westmächte war noch in starkem Maße von formeller Natur.[32] Die Sowjetunion war neutralisiert. Hitler begann gleich einen neuen Vorstoß. Der »Fall Gelb« – der Einfall in Belgien und Holland – kam als nächstes auf der Farbenskala. Ein Plan wurde ausgearbeitet, während man noch mit »Weiß«, d. h. Polen, beschäftigt war. Es lag an den ungünstigen Witterungsverhältnissen, dass »Gelb« nicht bereits im November 1939 ausgeführt wurde. In der Sitzung am 23. desselben Monats sagte Hitler, er werde die Neutralität der Niederlande und Belgiens brechen, aber »nicht so idiotisch begründen wie 1914«.[33]

In der Zwischenzeit begann man mit den Vorbereitungen für die »Weserübung« – so das Codewort für den Einfall in Norwegen und Dänemark. Dieser Plan fiel etwas aus dem Rahmen, worauf die Engländer in Nürnberg hinwiesen. Denn in diesem Fall musste Hitler tatsächlich überredet werden; das war sonst nicht erforderlich. Die ihn überredeten, waren – wie man vom Quislingprozess wusste – Raeder, Rosenberg und Quisling. Aus Jodls Tagebuch ging hervor, dass Hitler am 3. März 1940 den Auftrag erteilt hatte, dass Norwegen und Dänemark zuerst drankommen sollten, die Niederlande und Belgien gleich danach. Am 19. Februar war Falkenhorst eingesetzt worden, um die »Weserübung« zu leiten, und Jodl registrierte, dass er den Auftrag »erfreut« annahm. Am 14. März schrieb er in sein Tagebuch, dass Hitler sich noch nicht entschlossen hatte, »wie [die] ›Weserübung‹ zu begründen« sei.[34] Anweisungen von Raeder und Dönitz zeigten, wie die Kriegsschiffe, die an der Invasion teilnahmen, englische Decknamen erhielten, und dass sie instruiert worden waren, norwegische Wachschiffe in die Irre zu führen, indem sie auf Englisch antworteten. Der Überfall auf Norwegen wurde auch in einem größeren Vortrag behandelt, den Jodl am 7. November 1943 in München vor den nazistischen Reichs- und Gauleitern hielt.[35] Er sagte, dass Norwegen und Dänemark »außerhalb der engeren Gefahrenzone«

---

32 Gemeint ist wohl, dass es in den ersten Monaten nach der Kriegserklärung der Westmächte zu keinen ernsthaften Angriffen auf Deutschland kam.

33 IMG, Bd. 1, S. 234.

34 IMG, Bd. 1, S. 231, IMG, Bd. 15, S. 519.

35 IMG, Bd. 37, S. 630-669, das nachfolgende Zitat auf S. 636.

gelegen hätten. Von deutscher Seite musste man jedoch damit rechnen, dass England sich in den skandinavischen Ländern festsetzen würde, um von Norden her eine strategische Einkreisung vorzunehmen und die Versorgung mit Eisenerz und Nickel abzuschneiden, die für die deutsche Kriegsindustrie unbedingt nötig war. Dazu kamen noch, sagte er, die maritimen Ansprüche Deutschlands. Man wollte sich Luft- und Seestützpunkte verschaffen, um freien Zugang zum Atlantischen Ozean zu haben.

Jodl behauptete ferner, dass der Widerstand von norwegischer Seite die Westoffensive im Jahre 1940 nicht verzögert habe. Als nun Frankreich besiegt war, standen die Nazimilitaristen vor der Frage, ob sie gleich gegen England weiterkämpfen sollten. Die Invasion der britischen Inseln (»Operation Seelöwe«) wurde bis in die kleinsten Einzelheiten geplant. Mitte August 1940 waren die Vorbereitungen abgeschlossen, abgesehen davon, dass man für die Transportfrage noch keine befriedigende Lösung gefunden hatte. In diesem Zusammenhang sagte Jodl, dass man es nicht hätte wagen können, England anzugreifen, bevor die britische Luftwaffe zerschmettert war. Er sprach gleich danach über die hoffnungslose Unterlegenheit der deutschen Marine. Aber, sagte Jodl weiter, man konnte nicht die deutsche Luftwaffe »mit dem Kriege im Osten vor Augen« verbluten lassen.[36]

Im August-September 1940 sah Hitler ein, dass es mit »Seelöwe« nicht zu machen war. Shawcross bezeichnete das als die »erste und vielleicht entscheidende Niederlage« der Deutschen.[37] Noch während der Krieg an der Westfront im Gang war, informierte Hitler seinen Jodl, dass er gegen Russland marschieren sollte, sobald die militärische Lage es gestatte. Anfang September sagte Hitler zu Jodl, dass es notwendig werden würde, sich gegen den Osten zu wenden, bevor man mit dem Krieg im Westen fertig war. Später im September bekam Raeder dasselbe zu hören. Der damalige Großadmiral opponierte übrigens. Er wollte an dem ursprünglichen Plan festhalten, erst mit England fertigzuwerden.

Bereits am 7. September 1940 gab Jodl die Anweisung, die deutschen Besatzungstruppen im Osten zu verstärken. Die Verstärkungen sollten, so gut es sich machen ließ, getarnt werden. Am 12. November kam ein Befehl von Hitler, der von Jodl abgezeichnet war, die Vorbereitungen für den Krieg gegen die Sowjetunion weiterzuführen. Das war, nota bene,

---

36 IMG, Bd. 37, S. 640: »in Anbetracht des bevorstehenden Kampfes gegen Sowjetrußland.«

37 Shawcross sprach am 4. Dezember 1945 davon, dass Göring und seine Luftwaffe »ihre entscheidende Niederlage« erlitten hatten, vgl. IMG, Bd. 2, S. 162.

an demselben Tage, an dem Molotow nach Berlin kam. Vier Tage später wurden die Richtlinien für den »Fall Barbarossa«, den Überfall auf die Sowjetunion, herausgegeben.

Inzwischen – einige Tage, bevor der »Plan Barbarossa« ausgegeben wurde – befahl Hitler, die »Operation Marita«, den Angriff auf Griechenland, vorzubereiten. Nach dem, was Jodl in seinem Vortrag im November 1943 sagte, war man sich an führender militärischer Stelle bereits im Winter 1940/41 darüber im Klaren, wie es mit Italien stand. Je mehr man sich darüber klar wurde, desto wichtiger wurde für das deutsche Oberkommando die Front in Nordafrika. Man war unzufrieden damit, auf dem Balkan infolge Italiens »unnötiger Aktion gegen Griechenland« in den Krieg hineingezogen zu werden. Von der Aktion sagte Jodl, dass sie gegen jedes Abkommen durchgeführt worden sei. Natürlich dachte er an die Abkommen mit Deutschland, nicht an die Abkommen mit Griechenland.[38]

Obwohl die Nazis intensiv daran arbeiteten, den Krieg im Osten vorzubereiten, unterzeichneten sie im Januar 1941 ein neues Abkommen mit der Sowjetunion. Im März »beschlossen« die Machthaber in Berlin, die Sowjetunion in neun verschiedene Staaten aufzuteilen. Gleichzeitig arbeiteten sie Wirtschaftspläne aus, die darauf abzielten, dass die Sowjetunion im dritten Kriegsjahr die ganze deutsche Armee mit Lebensmitteln versorgen sollte. In einer Denkschrift mit Datum vom 2. Mai hieß es, der Krieg könne nur unter dieser Voraussetzung geführt werden. Und weiter: »Hierbei werden zweifellos zig Millionen Menschen verhungern.«[39]

Am 1. Mai setzte Hitler den genauen Zeitpunkt des Angriffs im Osten fest. Am 15. Mai sollten alle Vorbereitungen abgeschlossen sein. Es war beabsichtigt, die Armeen in Westrussland zu vernichten, und als erstes Ziel war eine Linie von der Wolga nach Archangelsk vorgesehen. Wenn nötig, sollte die Luftwaffe in der nächsten Phase die verbliebene russische Industrie im Uralgebiet zerschmettern. Die Naziführer schätzten die Situation falsch ein. Sie rechneten mit vier Wochen schwerer Kämpfe – es wurden fast vier Jahre, und das Ergebnis war ganz anders, als sie sich vorgestellt hatten. Die Rote Armee erlitt große Verluste, aber es gelang Stalin, neue Armeen in Bewegung zu setzen. Der britische Hauptankläger konnte allerdings dokumentarisch belegen, dass von der Schulenburg – der deut-

---

38 IMG, Bd. 38, S. 630-669, Dok. L-172: »Weniger erwünscht war die Notwendigkeit unserer Bundeshilfe auf dem Balkan, die sich aus der Extratour der Italiener gegen Griechenland ergab. Der Angriff [...] widersprach zwar allen Verabredungen, führte letzten Endes aber zu einem Entschluß unsererseits, der auf lange Sicht früher oder später doch notwendig gewesen wäre.«
39 IMG, Bd. 2, S. 331.

sche Botschafter in Moskau – noch am 7. Juni 1941 nach Berlin berichtet hatte, Stalin und Molotow täten alles, um einen Krieg mit Deutschland zu vermeiden. Die Sowjetunion hielt laut Shawcross bis zum letzten Tage sämtliche Verpflichtungen ein, die sie gemäß dem deutsch-russischen Handelsabkommen übernommen hatte. Alles, was Hitler, Ribbentrop und Goebbels bei Kriegsausbruch sagten, war von Anfang bis Ende erlogen – hier wie bei den anderen Überfällen auch.

Der Überfall auf die Sowjetunion wurde noch detaillierter dargestellt, als die russische Anklagebehörde ihr Beweismaterial vorlegte. Sie stellte unter anderem einen besonders wichtigen Zeugen vor, den Feldmarschall von Stalingrad, Friedrich Paulus. Er wies nach, dass man mit der Ausarbeitung der Angriffspläne bereits 2 bis 3 Wochen vor seinem Dienstantritt als Erster Hauptquartiermeister im Oberkommando des Heeres am 3. September 1940 begonnen hatte, wo er sich mit dem »Plan Barbarossa« mit den dazugehörigen Manövervorbereitungen befasste. Es gehörte zu den Plänen des Generalstabes, keine größere Erkundungstätigkeit durchzuführen. Dabei ging man zwar das Risiko größerer Verluste ein, erzielte dafür aber einen größeren Überrumpelungseffekt. Das bedeutete auch, wie Paulus erklärte, dass man auf deutscher Seite *nicht* mit einem russischen Angriff rechnete. Nachdem das strategische Ziel (die Linie Wolga-Archangelsk) erreicht wäre, beabsichtigte man, die Sowjetunion zu kolonisieren. Diese Kolonisierung sollte die Grundlage für die Beendigung des Krieges im Westen bilden und endgültig die Herrschaft über Europa sichern. Auf deutscher Seite ging man von Anfang an davon aus, dass Rumänien als Aufmarschgebiet des Südflügels benutzt werden würde. Der Krieg gegen Jugoslawien war notwendig, um die Flanke zu sichern, aber er brachte es mit sich, das Datum für den Angriff auf Russland um etwa fünf Wochen zu verschieben. Was das nördliche Angriffsgebiet betrifft, so begann die Zusammenarbeit mit den damaligen finnischen Machthabern bereits im Herbst 1940.

Es erregte eine gewisse Aufmerksamkeit, dass Paulus – ein gebrochener Mann mit einem weiterhin klaren Kopf –, nachdem er selbst an der Ausarbeitung und Durchführung des Angriffsplanes teilgenommen hatte, von einem »verbrecherischen Überfall« und einem »wahnsinnigen Verbrecher, der an der Spitze der staatlichen und militärischen Führung stand«, sprach.[40] Er

---

40 Brandts Wiedergabe von Paulus' Aussage ist nicht in dieser Form protokolliert, doch verwendete Paulus die Ausdrücke »verbrecherischer Überfall« und »wahnsinniger Verbrecher« und ging davon aus, dass Hitlers »allernächste Mitarbeiter« sich nicht dessen Ansichten widersetzten, sondern sie teilten. Vgl. IMG, Bd. 7, S. 332 f.

legte aber auf eine – wie ich glaube – überzeugende Weise dar, damals in dem Gedankengang gefangen gewesen zu sein, dass das Schicksal eines Volkes auf Machtpolitik gegründet werden könne. Später war er, wie er es ausdrückte, zu der Erkenntnis gelangt, dass in unserem Jahrhundert eine andere Basis erforderlich war, nämlich die Demokratie und das Nationalitätenprinzip. Seine Erkenntnis war unter dem Eindruck der schrecklichen Ereignisse bei Stalingrad gereift.

Ein anderer Zeuge, General Erich Buschenhagen, der seinerzeit unter Falkenhorst in Norwegen Generalstabschef gewesen war, erklärte, dass die deutsch-finnische militärische Zusammenarbeit im Herbst 1940 mit dem Abkommen über den Transitverkehr von Nordnorwegen in finnische Häfen eingeleitet wurde. Auf der Grundlage seiner Kenntnisse aus erster Hand stellte er fest, die Behauptung des finnischen Generalstabes von dem »Verteidigungskrieg« sei nur eine Tarnung gewesen. Sowohl Paulus als auch Buschenhagen nahmen an einer Sitzung zusammen mit den Armeechefs im Dezember 1940 teil, auf der Halder sie über den Überfall auf die Sowjetunion informierte. Der finnische Generalstabschef, Heinrichs, hielt sich zu diesem Zeitpunkt auch in Zossen auf und legte die Erfahrungen aus dem finnisch-russischen Winterkrieg dar. Im Februar 1941 fuhr Buschenhagen nach Helsinki, wo er zusammen mit dem finnischen Generalstab konkrete Pläne für einen gemeinsamen Angriff besprach. Hierauf wurden die Pläne beim Oberkommando in Norwegen ausgearbeitet, nämlich der »Plan Rentier« für den Vorstoß von Kirkenes-Petsamo und der »Plan Silberfuchs« für die Operationen bei Rovaniemi. Buschenhagen sagte, Heinrichs und seine Leute seien sich von Anfang an darüber im Klaren gewesen, dass es sich um einen Angriffskrieg handelte, während man andererseits nicht mit einem russischen Angriff auf Finnland rechnete.

Die Russen legten ebenfalls eine Anzahl schriftlicher Zeugenaussagen vor. General Warlimont vom Oberkommando der Wehrmacht gab zu, dass er am 29. Juli 1940 zum ersten Mal etwas von jenem Plan gehört hatte, der dann den Decknamen Barbarossa erhielt. Er erfuhr es von Jodl, der sagte, Hitler habe sich entschlossen, den Krieg gegen die Sowjetunion vorzubereiten. Eigentlich sei beabsichtigt gewesen, den Angriff bereits im Herbst 1940 zu beginnen, das habe sich jedoch nicht machen lassen, da die strategische Konzentration der Armee in so kurzer Zeit nicht durchgeführt werden konnte.

Generalleutnant Hans Piekenbrock, einer der militärischen Geheimdienstchefs unter dem Admiral Canaris (und identisch mit dem Mann, der Anfang April 1940 Quisling in Kopenhagen traf), bestätigte, dass die

Tätigkeit der »Abwehr« gegenüber der Sowjetunion bereits im August und September 1940 wesentlich erweitert worden war. Die genaueren Daten im Zusammenhang mit dem geplanten Überfall hatte Canaris ihm im Januar 1941 mitgeteilt. Damals ging man davon aus, dass der Angriff am 15. Mai begonnen werden sollte. Generalleutnant Franz von Bentivegni, ebenfalls früher bei der Abwehr, erfuhr im August 1940 von Angriffsvorbereitungen. Er wurde von Canaris unterrichtet. General Müller, früherer Chef eines Armeekorps, erklärte, dass die Vorbereitungen im Juli begonnen hatten. Von Antonescu, dem früheren rumänischen Marschall, lag ebenfalls eine Erklärung vor. Sie besagte, dass die Angriffsvorbereitungen bereits bei seinem ersten Zusammentreffen mit Hitler, im November 1940, besprochen worden seien. Bei einer dritten Zusammenkunft, im Mai 1941, einigte man sich über die endgültigen Pläne und gleichzeitig wurden Antonescu eroberte Gebiete versprochen. Mit den Ungarn war Hitler vorsichtiger. Er ging aber die ganze Zeit über davon aus, dass er sie zur Teilnahme bewegen könne.

Die russischen Vertreter wiesen mit Recht darauf hin, welche Folgen es auf anderen Kriegsschauplätzen gehabt hätte, wenn die Rote Armee zerschmettert worden wäre. Sie wurde es nicht. Im Jahre 1942 hegten die Naziführer jedoch große Hoffnungen, eine Zangenoperation von Nordafrika und der russischen Südfront aus durchführen zu können, um zu erreichen, was sie bei den Generalangriffen im Jahr zuvor nicht geschafft hatten. Das Ergebnis waren El Alamein und Stalingrad. Nun musste man die Japaner veranlassen, der Sowjetunion in den Rücken zu fallen. 1941 wollten die Naziführer die Japaner allerdings zu etwas anderem bewegen. Als Matsuoka im März und April dieses Jahres in Berlin war, redeten Hitler und Ribbentrop hin und her, um ihm begreiflich zu machen, wie wichtig und wie wenig riskant es wäre, auf Singapur vorzurücken. Raeder sorgte für einen Teil der Argumente: Die amerikanischen U-Boote waren nichts wert. Matsuoka hatte von seinen einheimischen Sachverständigen etwas Ähnliches gehört. Sie sagten, dass die britische Flotte keine Gefahr darstelle und die amerikanische zerschmettert würde, sollte es ernst werden. Ribbentrop wollte Matsuoka beibringen, dass Deutschland in Wirklichkeit den Krieg bereits gewonnen hatte. Sozusagen aus Rücksicht auf die Interessen Japans wollte man gern seinen Kriegseintritt. Der gute Ribbentrop erklärte auch, dass Hitler, »der größte Sachverständige der Jetztzeit in militärischen Fragen«,[41] bereit sei, an der Ausarbeitung der Pläne für die Eroberung von Singapur teilzunehmen.

41 IMG, Bd. 3, S. 427.

Nach diesen Gesprächen in Berlin unterzeichnete Matsuoka in Moskau einen Nichtangriffspakt. Das stand aber nicht, wie man oft glaubte, den Interessen Berlins entgegen. Hitler behauptete hinterher, dieser Pakt sei diskutiert worden und sein Abschluss erwünscht gewesen, gerade um die Aktivität Japans auf Singapur zu lenken. Damals glaubten die Naziführer, dass die deutschen Armeen mit ihren Hilfsquellen in Europa allein mit den Sowjets fertig werden könnten. Ende des Jahres 1941 schritten die Militaristen in Tokio aus eigenen Gründen zum Angriff. Hitler erklärte Amerika den Krieg. Der nazistische Wunsch nach einer engen Kooperation mit Japan ging jedoch niemals in Erfüllung. Die japanischen Mitverschwörer waren wenig geneigt, sich von Berlin aus kommandieren zu lassen.

Nach Stalingrad ersuchten die Deutschen Tokio direkt, Russland anzugreifen. Botschafter Oshima erwiderte, dass man zu einem späteren Zeitpunkt auf die Angelegenheit zurückkommen müsse. Ribbentrop erklärte, er halte es für ein schlechtes Bündnis, wenn ein Partner allein zu kämpfen habe. Am 18. April 1943 versicherte er Oshima, dass die Bedingungen für einen Überfall auf Russland noch nie so günstig gewesen seien wie zu dieser Zeit. Jetzt frage sich nur, ob Japan sich stark genug fühle. Doch die Japaner bissen weiterhin nicht an.

Einiges davon macht nachträglich einen geradezu komischen Eindruck. Man darf aber nicht vergessen, dass es bis vor kurzem blutiger Ernst war. Die Naziführer waren wirklich auf die Weltherrschaft aus, und es kostete viele Millionen von Menschenleben, um diesen Plan zunichtezumachen. In Nürnberg wurden viele Dokumente vorgelegt, die zeigten, wie weit die nazistischen Absichten gingen. Es begann damit, dass der Versailler Vertrag in Stücke gerissen wurde, und mündete in eine lange Reihe von Überfällen. Dass Länder wie Schweden, die Schweiz und die Türkei keine Invasion zu erleiden hatten und dass Spanien nicht in den Krieg hineingezogen wurde, ist eigentlich auf Zufälle zurückzuführen. Die Angriffspläne umfassten sie und noch viel mehr. Die Luftwaffe Görings stellte Karten her, auf denen mehrere Kommandos weit außerhalb der Grenzen Deutschlands stationiert waren. Die Seekriegführung Raeders unterstrich die Notwendigkeit, in Skandinavien und Westeuropa zu bleiben. Die nazistische Germanisierung wurde in allen besetzten Ländern planmäßig betrieben. Man kann sich fragen, ob es gelungen wäre, ein aufgeblähtes Hitler-Imperium zu stabilisieren. Das ist aber eine Frage, die nicht hierher gehört.

Man muss noch einmal betonen, dass die militärischen und politischen Mitarbeiter Hitlers wussten, woran sie sich beteiligten. Sie erfuhren von den Plänen und Methoden. Sie machten mit und lieferten ihre Beiträge, ob es sich nun um Keitel und Raeder oder Papen und Neurath handelte. Und über den engeren Kreis hinaus gilt: Die Naziorganisationen und die Wehrmachtführung waren bei den Überfällen wie der Mordpolitik willige Helfer.

Die Verbrechen im Westen

Keine Geschichtsschreibung wird durch Erklärungen aus der Welt schaffen können, dass Hitler-Deutschland den Zweiten Weltkrieg begonnen hat. Die Naziführer *wollten* den Krieg.

Krieg ist kein Kinderspiel. Völkern kann ein Verteidigungskrieg aufgezwungen werden. Sie können einen Krieg um hohe Ideale und für das einfache Recht führen zu leben. Es fällt ihnen aber sehr schwer, sich dagegen zu wehren, dass das Gesetz des Handelns durch immer größere Rücksichtslosigkeit, durch steigenden Hass und zunehmende Verrohung bestimmt wird. Nur Heuchler können behaupten, dass einer der Kriegführenden einen ganz reinen Schild hat. So etwas gibt es in Kinder- und Geschichtenbüchern, nicht im wirklichen Leben. Von allen Seiten hat es Verstöße gegen solche internationalen Abkommen gegeben, die die Schrecknisse des Krieges begrenzen sollten.

Entscheidend für die Beurteilung dessen, was geschah, ist jedoch, dass die nazistischen Führer nicht nur den Zweiten Weltkrieg begannen. Sie gaben ihm auch einen ganz besonderen Inhalt – und zogen den Gegner in gewissem Maße auf ihr eigenes Niveau herab. Sie waren von wilder Eroberungsgier besessen und wiesen auf internationale Abkommen nur hin, wenn sie glaubten, Kapital daraus schlagen zu können. Ihre Kriegführung war nicht nur in militärisch-technischer Beziehung total – wie es sich bereits bei dem Überfall auf Polen zeigte. Sie war mit einem teuflischen Fanatismus verbunden und mit dem Entschluss, vor keinem Verbrechen zurückzuschrecken – ob es nun Kämpfende oder Nichtkämpfende traf –, wenn sie es nur erreichten, dass ihre Macht gefestigt wurde. Zuerst galt es, die Durchführung der Eroberungspläne mit allen, absolut allen Mitteln zu sichern. Dann versuchte man, den Zusammenbruch mit Methoden abzuwehren, die, wenn möglich, noch schlimmer waren.

Will man auf verhältnismäßig wenigen Seiten eine dreimonatige Dokumentation von sechs Jahren Terrorherrschaft und Mordpolitik zusammenfassen, kann das notwendigerweise nur ziemlich summarisch ge-

Notat von Willy Brandt über die Angeklagten Raeder, Dönitz, Neurath, von Papen und Speer während des Nürnberger Kriegsverbrecherprozesses.

schehen. Ich beabsichtige nicht, die Schrecknisse auszumalen oder detaillierte Beschreibungen der Martern zu geben. Dagegen will ich versuchen, die *Systematik* der nazistischen Politik aufzuzeigen. Bei einem Einzelvorkommnis, bei zehn oder vielleicht hundert Einzelvorkommnissen können die Naziführer behaupten, überrascht und empört darüber zu sein, dass so etwas vorgekommen ist. Es liegen jedoch Tausende von Beweisen vor. Das wäre selbst dann genügend Anklagematerial gegen die Führer, wenn man ihre Befehle nicht gefunden hätte.

Es gab eine Anzahl völkerrechtswidriger Übergriffe bei den Überfällen auf Dänemark und Norwegen, die Niederlande, Belgien und Luxemburg sowie während des Feldzuges in Frankreich. Der ganz überwiegende Teil des Beweismaterials der französischen Anklagebehörde bezieht sich jedoch auf die Verhältnisse während der Besetzung. Sie nahm in den verschiedenen Ländern verschiedene Formen an. In Norwegen und in den Niederlanden wurden Reichskommissariate eingesetzt, im Falle Norwegens durch eine Quisling-Regierung ergänzt. In Belgien hielt man ein militärisches Besatzungsregime aufrecht, Frankreich hatte neben einer Kapitulantenregierung gleichfalls einen Militärgouverneur. Die Ostprovinzen des Landes wurden jedoch von Deutschland annektiert und Luxemburg ganz einfach der Rheinprovinz einverleibt.

Unabhängig von den äußeren Regierungsformen fand in allen diesen Ländern eine rücksichtslose nationale Unterdrückung und wirtschaftliche Ausplünderung statt. Das ging nicht ganz so weit wie in den östlichen Besatzungsgebieten. Aber das, was geschah, war schlimm genug. Es lag, auch was die wirtschaftliche Ausnutzung anbetrifft, weit außerhalb jedes völkerrechtlichen Rahmens.

Bereits am 18. April 1940 – anderthalb Wochen nach der Invasion – gab Hitler den Befehl, die Wirtschaft Norwegens voll auszunutzen. Im Mai verfügte das Reichskommissariat über detaillierte Richtlinien dafür, wie der norwegische Bergbau, Schmelzwerke, chemische Fabriken und Waffenfabriken in die deutsche Kriegsindustrie einzuordnen seien. In einem deutschen Geheimbericht vom Oktober 1944[42] wurde festgestellt, dass man ziemlich viel aus Norwegen herausgeholt hatte. Es wurde erwähnt, dass das reiche Belgien nur wenig mehr als Norwegen erbracht hatte, und Dänemark war mit weniger als der Hälfte davongekommen. Der Bericht der norwegischen Regierung zeigte: Die Besetzung Norwegens hatte im Ganzen 21 Milliarden Kronen gekostet.[43] Aus dem dänischen

42 IMG-Beweisstück RF-116.
43 Gemeint: Preliminary Report on Germany's Crimes against Norway.

Bericht ging unter anderem hervor, dass dort, so wie in Norwegen, betrügerische Manipulationen beim Clearing vorgenommen und von der Nationalbank weit höhere Beträge abgezogen wurden als die, die für den Unterhalt der Besatzungstruppen erforderlich waren. Der deutsche Bericht vom Oktober 1944 operierte mit der offiziellen Lüge, Dänemark werde nicht als besetztes Land betrachtet und zahle keine Besatzungskosten. In Wirklichkeit belief sich die Ausplünderung dieses Landes auf 11,6 Milliarden Kronen. Die niederländische Regierung war zu einer Schlusssumme von 22 Milliarden Gulden gelangt. Bis zum 1. Januar 1944 hatte man, um eine Einzelheit zu nennen, Maschinen im Werte von 677 Millionen Reichsmark abtransportiert. In Belgien, wo auf besonderen Befehl des Oberkommandos der Wehrmacht die Industrie ungewöhnlich hart betroffen war, belief sich der Gesamtverlust auf etwa 134 Milliarden Franc. Dort und in Frankreich hatten die Nazis Besatzungskosten berechnet, die weit über das hinausgingen, was nach der Haager Konvention erlaubt war. Das Clearing wurde in Frankreich dazu benutzt, Waren für mehrere Hundert Milliarden Franc zu rauben. Für den Franc legte man einen Zwangskurs fest, und als das Land befreit wurde, war das ganze Wirtschaftsleben ruiniert.

Zu allem anderen kam, dass die Nazisten den Schwarzmarkt für sich nutzten. Göring gab im September 1942 den Befehl, auf dem Schwarzmarkt alles aufzukaufen, was für Deutschland von Wert war. Es wurden in Frankreich, Belgien, den Niederlanden und Serbien besondere Einkaufszentralen eingerichtet. Ein »Generalbevollmächtigter für besondere Aufgaben« nahm später die zentrale und methodische Nutzung des Schwarzhandels in die Hand. Auch wurde klar, was sich hinter dem »Einsatzstab Rosenberg« verbarg. Diese Institution entführte aus Frankreich etwa 22 000 Kunstgegenstände. Ihren Wert veranschlagte Rosenberg selbst im Januar 1941 auf eine Milliarde Mark. Aus französischen Bibliotheken wurden 550 000 wertvolle Bücher gestohlen. Der Einsatzstab »übernahm« außerdem 70 000 vollständige Wohnungseinrichtungen. Diese wurden aus Paris mit der Begründung abtransportiert, man benötige sie für Bombengeschädigte in Deutschland.

Klar völkerrechtswidrig war auch die nazistische Zwangsrekrutierung und Verschleppung von Sklavenarbeitern. Von ihnen kamen nahezu sieben Millionen nach Deutschland, und nur die wenigsten waren Freiwillige. Der klar ausgesprochene Zweck dieser Politik, die vom Gauleiter Sauckel gelenkt wurde, war nicht nur, Arbeitskräfte für die deutsche Kriegsindustrie zu beschaffen, sondern gleichzeitig, das »Menschenpotential« der besetzten Völker zu schwächen. Die Ostgebiete waren am schlimmsten betroffen, aber es ging auch in Frankreich, Belgien und den Niederlanden schlimm zu. Die Amerikaner berührten diesen Abschnitt der nazistischen Verbrechen bereits in ihrem Teil der Dokumentation. Sie legten unter anderem Beweise dafür vor, dass Himmler im September 1942 mit dem sogenannten deutschen Justizminister ein Abkommen geschlossen hatte, wonach »asoziale Elemente« »zuschanden gearbeitet« werden sollten.[44] Im Dezember desselben Jahres gab Himmler den Befehl, im Laufe von sechs Wochen 35 000 qualifizierte Arbeiter in die Rüstungsfabriken der Konzentrationslager zu überführen. Sauckel wurde mit Recht als der Hauptverantwortliche bezeichnet, aber auch Speer spielte bei der Planung eine große Rolle. Darüber hinaus war die Verantwortung frei verteilt. Göring, der so tat, als ob er nichts von all dem wusste, schrieb im Februar 1944 an Himmler, um so viele Konzentrationslagerarbeiter wie möglich für neue unterirdische Flugzeugfabriken zu bestellen. In vielen Fällen bestand nur ein gradueller Unterschied zwischen Arbeitslager und Konzentrationslager. Zivile und militärische Stellen arbeiteten bei der sogenannten »Menschenjagdaktion« zusammen. Ein deutscher Arzt aus Essen[45] beschrieb die unglaublichen Verhältnisse in den Arbeitslagern von Krupp, Verhältnisse, die der Betriebsleitung bekannt sein mussten.[46] Goebbels sprach zynisch von »Vernichtung durch Arbeit«.

Das, was die Franzosen »Verbrechen gegen den Geist« nannten, zielte in allen besetzten Ländern darauf ab, die Freiheit, den Rechtsstaat, die nationale Selbständigkeit und den Menschenwert totzuschlagen. In allen Ländern arbeiteten die Okkupanten mit Verrätercliquen zusammen. Überall unternahmen sie besonders brutale Vorstöße gegen die Intellektuellen und das Geistesleben. Bezüglich Norwegens beleuchtete man die Verantwortung der Naziführer für Aktionen gegen die Kirche und die Universität. Es lagen auch Verhörprotokolle von Leuten des Reichskommissariats vor, die zugaben, dass »Nasjonal Samling« nicht nur wirtschaftliche Unterstützung erhielt, sondern auch deutsche Instrukteure eingesetzt wurden, um die Tätigkeit der Partei wie auch der Hird[47] zu überwachen und dirigieren. In Dänemark, wo die deutsche Führung zunächst einen gemäßigteren Kurs verfolgte, versuchte man es gleichfalls

---

44 Vgl. IMG, Bd. 3, S. 516 f. – Am 19. September 1942 einigten Himmler und Reichsjustizminister Otto Georg Thierack sich über die »Auslieferung asozialer Elemente aus dem Strafvollzug an den Reichsführer SS zur Vernichtung durch Arbeit«.
45 Gemeint: Wilhelm Jäger.
46 IMG, Bd. 3, S. 493 ff.
47 Sturmtruppe der norwegischen Kollaborationspartei »Nasjonal Samling«.

mit einer Quisling-Organisation. Die Parlamentswahlen im Frühjahr 1943 und die Widerstandsbewegung zeigten jedoch das demokratische Gesicht Dänemarks. Im August 1943 entstand dann eine neue Situation, die besonders dadurch gekennzeichnet war, dass nun die deutsche Polizei die völlig beherrschende Rolle spielte.

Aus Luxemburg war der Präsident der Nationalversammlung, Emile Reuter, als Zeuge nach Nürnberg gekommen. Er erklärte, dass über 7000 seiner Landsleute in Konzentrationslager kamen, weil sie sich nicht »germanisieren« lassen wollten. 150 Polizisten wurden erschossen, weil sie keinen Eid auf Hitler ablegen wollten. Als die Wehrpflicht eingeführt wurde, verurteilte man diejenigen, die sich verweigerten, zum Tode oder zu vielen Jahren Zuchthaus. Aus den Niederlanden kam der Vorsitzende der sozialdemokratischen Partei, Koos Vorrink. Er berichtete unter anderem, wie die Mussert-Verräter von den deutschen Okkupanten benutzt und Hunderte von Geistlichen deportiert worden waren. Von zwanzig niederländischen Pfarrern in Sachsenhausen, die er selbst kannte, kehrte nur einer zurück. Als belgischer Zeuge erschien Professor van der Essen. Er legte im Besonderen dar, wie man versuchte, den Unterricht zu nazifizieren. Wer sich der Ernennung von Nazi-Professoren widersetzte, wurde festgenommen. Van der Essen war auch davon überzeugt, dass man die Universitätsbibliothek von Leuwen[48] absichtlich in Brand geschossen und bombardiert hatte, weil sie ein Denkmal darstellte, das an den Vertrag von Versailles erinnerte.

Als der französische Ankläger die vielfältigen Germanisierungsbestrebungen erläuterte, legte er auch ein Dokument vom 20. Juni 1940 aus Görings Hauptquartier vor. Das dort beschlossene Programm lief darauf hinaus, dass »Norwegen deutsch werden soll«,[49] Luxemburg und Elsass-Lothringen dem Reich einverleibt und in der Bretagne sowie im Burgund »autonome« Staaten errichtet werden sollten. Es gab auch ein Protokoll von der Sitzung im SS-Hauptquartier am 12. Januar 1943 in Berlin. Ein Obersturmbannführer Riedweg leitete die Sitzung und stellte fest, dass

48 Die belgische Universitätsstadt Löwen (Leuwen) war während des Ersten Weltkriegs von deutschen Truppen niedergebrannt worden. Dabei wurde auch die Universitätsbibliothek mit ihren sehr wertvollen Sammlungen zerstört. Dieser Akt gegen kulturelles und intellektuelles Gut rief weltweites Entsetzen hervor und führte dazu, dass die Stadt auf Initiative des amerikanischen Präsidenten Herbert Clark Hoover nach dem Ersten Weltkrieg eine neue Universitätsbibliothek bekam.

49 Im »Aktenvermerk über die Besprechung im Hauptquartier des Generalfeldmarschalls Göring vom 19. Juni 1940« heißt es: »Norwegen soll zu Deutschland kommen« (IMG, Bd. 6, S. 472).

der Ausdruck »Reich« von jetzt an alle germanischen Rassen und Völker einschließen sollte, während man für Deutschland den offiziellen Ausdruck »Deutsches Reich« benutze. Die »liberalistische« Bezeichnung »Nation« dürfe in Verbindung mit den germanischen Völkern nicht mehr vorkommen. »Volk« sollte für alle Germanen Anwendung finden, während die einzelnen Länder »Stämme« zu nennen seien.

Wer gegen die Aggressoren und ihre nazistische Politik opponierte, wurde festgenommen, deportiert und in vielen Fällen getötet. Der Terror traf jedoch nicht nur Opponenten. Das System der Geiselnahme und Massenrepressalien wurde in großem Stil eingesetzt. Es gehörte zum festen Bestandteil der deutschen Besatzungspolitik. Die Zahlen, die im Anklagedokument genannt sind, wurden bezüglich Frankreichs gar insofern korrigiert, als von 250 000 verschleppten Frauen und Männern 35 000 heimkehrten. In Frankreich wurden im Laufe der Besetzungsjahre 29 000 Geiseln erschossen, davon 11 000 in Paris. In den Niederlanden waren es 3000 Geiseln.

Eine Besatzungsmacht hat das Recht, Freischärler zu erschießen. Sie hat aber nicht das Recht, andere Menschen zu erschießen. Sie hat nicht das Recht, Gegner zu foltern und ihre Familien zu misshandeln. Göring wurde als eigentlicher Urheber der Geiselnahmen bezeichnet. Keitel gab die generellen Anweisungen und in Frankreich war es der Militärgouverneur General von Stülpnagel, der sie genauer ausgestaltete. Er sagte, dass man »ganze Arbeit« machen solle, da die Bevölkerung Drohungen ohne Erschießung als Zeichen der Schwäche betrachte. Für jeden getöteten deutschen Soldaten sollten 50 bis 100 »Kommunisten« erschossen werden. Der Gouverneur in Belgien, General von Falkenhausen, scheint eingesehen zu haben, dass diese Vorgehensweise ein zweischneidiges Schwert war. In seinen Berichten an das Oberkommando der Wehrmacht brachte er die Auffassung zum Ausdruck, dass die Grausamkeiten die Parteien und Klassen in den besetzten Ländern zusammenschweißten und der Hass gegen die Besatzungsmacht täglich zunehme. Seine Warnungen machten auf Keitel jedoch keinen Eindruck. Sie wurden jedenfalls nicht berücksichtigt.

40 000 Patrioten starben im Laufe der Besatzungsjahre in französischen Gefängnissen. Einer der französischen Ankläger gab eine detaillierte Übersicht über die Verhör- und Gefängnismethoden der Gestapo. Es wäre eine Beleidigung des Mittelalters, diese Methoden »mittelalterlich« zu nennen. Berichte der verschiedenen Regierungen zeigten, dass es sich um ein System handelte, das die Gestapo anwandte, wohin immer sie auch kam. Kriegsgefangene, politische Gegner und andere »missliebige« Personen

wurden misshandelt und zu Tode gefoltert. Es lag eine große Anzahl von schriftlichen und mündlichen Zeugenaussagen darüber vor, wie dieselbe Terrorpolitik in allen besetzten Ländern wiederkehrte. 197 000 Belgier wurden verschleppt, und viele von ihnen kamen niemals zurück. Die Zustände in den Gestapogefängnissen Belgiens und der Niederlande waren dieselben wie in Frankreich, und die Niederländer und Belgier, die nach Deutschland geschickt wurden, erlitten dasselbe Schicksal wie ihre französischen, dänischen und norwegischen Leidensgenossen.

Die dänische Regierung legte in ihrem Bericht dar, wie Verschleppungen und andere Übergriffe unter Leitung der deutschen Polizeichefs vor sich gingen. Die Festnahme und Verschleppung der dänischen Polizeiangehörigen wurde von SS-General Pancke und Wehrmachtsgeneral Hanneken angeordnet, nachdem sie Himmlers und Hitlers Billigung eingeholt hatten. Besonders interessant waren die Verhörprotokolle aus Kopenhagen, die zeigten, dass sowohl die »Kompensationsmorde« als auch die sogenannten Schalburgtage (Gegensabotage) in einer Konferenz in Hitlers Hauptquartier am 30. Dezember 1943 zur Sprache kamen, wo Himmler, Kaltenbrunner, Keitel, Jodl und einige weitere führende Militärs zugegen waren. Hitler und die Führung der Gestapo hatten Anfang Dezember »Gegenterror« gegen dänische Intellektuelle und Personen befohlen, die verdächtigt waren, Saboteure zu unterstützen. Die Polizeichefs in Dänemark wünschten eine Konferenz über die Angelegenheit, und zu dieser Konferenz berief man den deutschen Bevollmächtigten, Dr. Best, General Hanneken und SS-Chef Pancke ein. Hitler gab neue und endgültige Anweisungen, und Himmler schärfte sie Pancke noch weiter ein. Eine kleine Gruppe gut ausgebildeter deutscher Terroristen wurde von der berüchtigten Abteilung Skorzenys im Reichssicherheitshauptamt in Berlin nach Dänemark gebracht. Sie meuchelten und sprengten nach besten Kräften und standen in dauernder Fühlung mit der Führung der deutschen Polizei.

Aus Norwegen lag ein Bericht mit zahlreichen Beispielen dafür vor, dass Norweger nicht nur gesetzwidrig, sondern auch ohne Urteil hingerichtet wurden. 2100 Norweger hat die Gestapo ermordet. Unter dem Beweismaterial der Anklagebehörde befand sich ein Geheimbericht von Reichskommissar Terboven an Hitler nach der großen Schiffssabotage im Osloer Hafen im Herbst 1944. Terboven meinte, dass Gegensabotage und Gegenterror wertlos seien. Er glaubte auch nicht an einen Vorschlag von Keitel, nach dem die Arbeiter und ihre Angehörigen für Sabotagehandlungen kollektiv verantwortlich gemacht werden sollten. Terboven wollte die Erlaubnis haben, zu seiner »bewährten Methode«

von Hinrichtungen »ohne Rücksicht auf Schweden« zurückzukehren.[50] Er wollte größere Freiheit haben, so dass er nicht wegen jeder Hinrichtung bei Hitler anzufragen brauchte. Keitel bemerkte auf dem Bericht Terbovens, dass die Militärs die Schiffe selber schützen können sollten. Die Sabotageabwehrabteilungen der Wehrmacht sollten dem Kommando des SD unterstellt werden. Ferner wurde die Abschrift eines Wehrmachtsvermerks vorgelegt, der nach der Liquidierung des Quisling-Polizeichefs Marthinsen Anfang 1945 angefertigt worden war. Darin stand, dass Terboven – Hitlers Einverständnis vorausgesetzt – Vergeltungsmaßnahmen beschlossen hatte. Der Generalstabschef hatte die vorgeschlagenen Maßnahmen grundsätzlich gebilligt, doch wurde hinzugefügt, dass die Wehrmacht nichts unternehmen solle, »weil das ausschließlich Sache des Reichskommissars ist«.[51]

Auch das sonstige Beweismaterial war vernichtend für die Generäle des Oberkommandos der Wehrmacht. Während der Mittagspause an dem Tage, als die Franzosen ihre schreckliche, völlig erschöpfende Dokumentation über die Folterungen vorgetragen hatten, schrie Keitel zu einigen der Mitverbrecher: »Das ist alles gelogen!« Nach der Pause bekam er einen deutlichen Verweis, indem der Ankläger seine Unterschrift unter dem berüchtigten Nacht- und Nebelerlass anführte, der im Dezember 1941 ausgestellt worden war. Der Führer sei der Auffassung, stand dort, dass man nur durch Todesstrafe oder Verschleppung eine »nachdrückliche Wirkung«[52] erzielen könne. Die Verschleppungen nach Deutschland sollten so durchgeführt werden, dass die Familien über den Aufenthaltsort des Verschleppten und sein sonstiges Schicksal nichts erfuhren.

Als einer der vielen Nacht- und Nebel-Gefangenen erschien der norwegische Zeuge Direktor Hans Cappelen vor Gericht. Er äußerte sich beherrscht und mit der Genauigkeit eines Juristen über die Folterungen, die er nach seiner Festnahme Ende 1941 hatte erdulden müssen, und über die Behandlung anderer norwegischer Patrioten. Es war eine schreckliche Schilderung von Prügeln, hölzernen Schrauben, die an den Waden benutzt wurden, Lampen, um den Arrestanten die Fußsohlen zu verbrennen, Nadeln, die unter die Nägel gesteckt wurden usw. Nachdem Cappelen ein Bild von einem fünfundzwanzigmonatigen Aufent-

---

50 IMG, Bd. 26, S. 389, Dok. PS-870-PS.
51 Dieses Dokument war nicht auffindbar.
52 IMG, Bd. 6, S. 205, und IMG, Bd. 7, S. 194 f.: »Eine wirksame und nachhaltige Abschreckung«.

halt im »Haus der Schrecken«[53], wie er Mollergata 19[54] in Oslo nannte, gegeben hatte, beschrieb er das Schicksal der Verschleppten in den Lagern, in denen er selbst gewesen war: Natzweiler, Dachau, Aurich, Neuengamme, Groß-Rosen und Dora bei Buchenwald. Er stellte fest, dass von 500 norwegischen Nacht- und Nebel-Gefangenen 60 bis 70 Prozent ums Leben kamen. Auf eine Frage des Anklägers erzählte der Zeuge von den Gasversuchen, die Professor Hirth von der deutschen Universität in Straßburg an Gefangenen in Natzweiler vornahm. Er schilderte auch die entsetzliche Räumung von Groß-Rosen bei Breslau Mitte Februar 1945, als die Hälfte der Gefangenen starb oder unterwegs totgeschlagen wurde. Der Ankläger wollte wissen, weshalb Cappelen festgenommen worden war. Er erhielt die Antwort: »Wie die meisten von uns [Norwegern] betrachteten wir uns auf diese oder jene Art als im Kriegszustand mit Deutschland befindlich. Niemand konnte von uns erwarten, dass wir den Verräter Quisling respektieren würden.«[55]

So war es auch bei den anderen Zeugen. Sie wollten auch keine Nazis oder Gehilfen der Nazis werden. Deswegen wurden sie verfolgt und gequält. Der tschechische Arzt Dr. Franz Bláha, der von der amerikanischen Anklagebehörde in den Zeugenstand gerufen wurde, machte Aussagen über die unglaublichen Versuche, die in Dachau durchgeführt wurden. Er selbst war dort von 1941 bis zum Zusammenbruch 1945. Er erzählte von den Malariaversuchen des Professors Schilling. Der berüchtigte Doktor Rascher benutzte 400 bis 500 Gefangene zu Luftdruckversuchen und etwa 300 zu Kaltwasserversuchen. Himmler war bei einem dieser Versuche zugegen, als praktisch erfrorene Menschen zwischen nackte Prostituierte gelegt wurden, um zu sehen, ob man sie wieder zum Leben erwecken könne. Geistliche aus Polen, der Tschechoslowakei und den Niederlanden erhielten Eiterinjektionen. Ungarn und Zigeuner wurden zu sogenannten Salzwasserversuchen benutzt. Das geschah alles auf Befehl der obersten SS-Führung. Menschenhaut wurde in Dachau zu Satteln, Handschuhen, Reithosen und Damenhandtaschen verarbeitet. Wer schöne Zähne hatte, musste damit rechnen, getötet zu werden, wenn nach »einem schönen

---

53 IMG, Bd. 6, S. 314.
54 Adresse des zentralen Gefängnisses der deutschen Sicherheitspolizei in Oslo.
55 Der erste Satz in IMG, Bd. 6, S. 318. Cappelens weitere Aussage über Quisling lautet im Protokoll: »[...] und als mich die Gestapo fragte: ›Was halten Sie von Herrn Quisling?‹, antwortete ich nur: ›Was hätten Sie getan, wenn ein deutscher Offizier, und sei es auch nur ein Major, käme und, während Ihr Land sich im Krieg befand und Ihre Regierung einen Mobilmachungsbefehl gegeben hatte, sagte: ›Vergiß lieber den Mobilmachungsbefehl‹? Ein Mann kann das nicht mit Anstand tun.‹«

Kopf« gefragt wurde. Bis 1943 war Dachau ein Vernichtungslager. Dann wurde es in ein Arbeitslager umgewandelt, und gleichzeitig wurden dort Munitionsfabriken gebaut. Bláha vermutete, dass 25 Prozent der Gefangenen in Dachau verhungert waren. Er erwähnte, dass von 12 000 russischen Kriegsgefangenen, die dorthin kamen – großenteils Jungen von 16 bis 17 Jahren –, 70 Prozent an Tuberkulose starben.

Der Direktor des Laboratoriums am Pasteurinstitut, Dr. Balachowsky, war in verschiedenen Konzentrationslagern, bis er im Januar 1944 in Buchenwald landete. Dort musste er an der Arbeit der Versuchsstation teilnehmen, die 1941 auf Befehl der obersten SS-Führung und im Einvernehmen mit Vertretern der Wehrmacht errichtet worden war. Die Versuche bezogen sich hier unter anderem auf Flecktyphus, Phosphorverbrennungen und Einspritzungen von Sexualhormonen. Gefangene, die nicht während der Versuche oder infolge der Versuche starben, wurden hinterher durch Injektionen ins Herz getötet. Buchenwald hatte eine besondere Abteilung, wo SS-Leute tätowierte oder geräucherte Menschenhaut bestellten, die sie zum Einbinden von Büchern benutzten. Sogenannte wissenschaftliche Versuche mit Konzentrationslagergefangenen wurden an mehreren anderen Stellen vorgenommen, unter anderem im Forschungsinstitut des Reichsluftfahrtministeriums. Der Leiter dieses Instituts, Dr. Hallervorden,[56] sagte bei einem Besuch in Mauthausen, dass, wenn man so viele Menschen tötete, man ebenso gut die Gelegenheit wahrnehmen könne, ihm die Hirne zu schicken. Er benötige »je mehr desto besser«.[57]

Die Abgeordnete der französischen Nationalversammlung, Marie Claude Vaillant-Couturier, machte eine erschütternde Zeugenaussage über Auschwitz und Ravensbrück. Sie sah, wie Tausende von Menschen totgeschlagen wurden. Einige wurden von Bluthunden in Stücke gerissen; andere wurden zum Krematorium geschleppt, bevor sie starben. Maurice Lampe[58] war im August 1944 Zeuge, dass in Mauthausen 47 alliierte Luftwaffenoffiziere ermordet wurden. Im September 1944 war Himmler zugegen, als man in demselben Lager eine größere Anzahl von sowjetischen Offizieren und Kommissaren ermordete. Es gab mehrere Zeugen. Sie erzählten noch viel mehr Einzelheiten aus diesem Inferno.

Die Amerikaner hatten bereits in einem früheren Stadium des Prozesses einen Film aus den Konzentrationslagern gezeigt. Sie hatten Beweismaterial in Form von Menschenhaut und Schrumpfköpfen polnischer

---

56 Bei Brandt: Hallenfurten.
57 IMG, Bd. 7, S. 112.
58 Bei Brandt: Lambe.

Gefangener. Der US-Ankläger sagte, dass die Konzentrationslager, die gleich nach der Machtübernahme der Nazis errichtet wurden und in denen sich am 1. August 1944 525 000 Menschen befanden (davon 145 000 Frauen), »grundlegende Einrichtungen des Naziregimes« waren.[59] Es existieren Zeugenaussagen deutscher Nazigegner, die beleuchteten, wie die Terrorpolitik in den Jahren nach 1933 an ihnen ausprobiert worden war. Ein Zeuge, Pfaffenberger, enthüllte, dass man in Buchenwald bereits 1939 Gefangene mit »den schönsten« Tätowierungen auswählte.[60] Sie wurden durch Injektionen getötet, und ihre Haut wurde zu Lampenschirmen und anderem verarbeitet, woran die Frau des Lagerleiters Freude hatte. Die Amerikaner hatten einen Stoß Berichte aus den verschiedenen Lagern, unter anderem aus Flossenbürg in Bayern, wo im Laufe des letzten Jahres 21 Prozent der Gefangenen starben, sowie aus der Riesenanlage Mauthausen, die neben Auschwitz als schlimmstes Lager betrachtet wurde.

Die Folterungen, Geiselnahmen, Liquidierungen und Versuche in den Konzentrationslagern wurden von einer zentralen Leitung befohlen. Es ist hinlänglich klar, dass die verschiedenen Lagerleiter und Unterlagerleiter ihre eigenen Formen der »Sonderbehandlung« erfanden. Aber wird man wirklich jemand dazu bringen zu glauben, dass die führenden Männer des Dritten Reiches nicht wussten, was in den Konzentrationslagern geschah? Dr. Bláha konnte dem Gericht berichten, dass Rosenberg, Frick, Funk und Sauckel – und natürlich Kaltenbrunner – in Dachau gewesen waren. Andere Zeugen benannten andere berühmte Gäste. Die zentrale Leitung der Konzentrationslager war im Reichssicherheitshauptamt angesiedelt. Die sonstige politische und militärische Führung wusste aber von den Lagern – selbst wenn sie nicht alle Einzelheiten kannte. Sie *billigte* die Lager als eine der »fundamentalen Einrichtungen« des Regimes.

Ich habe bereits auf die Nacht- und Nebel-Verordnung vom Dezember 1941 hingewiesen, die von Hitler befohlen und von Keitel erlassen worden war. Im Juni 1942 gab das Hauptquartier der Gestapo Anweisung, das Verhör dritten Grades (und das bedeutete gerne zehnten Grades!) könne ohne weiteres bei unter anderem »Marxisten«, Mitgliedern von Widerstandsbewegungen und Fallschirmspringern verwendet werden. Der Leiter der Gestapo in Kopenhagen, Bovensiepen, erklärte beim Verhör, dass Folterungsbefehle aus Berlin vorlagen, er jedoch in besonderen Fällen zusätzlich individuelle Befehle gab. Ebenso war es anderenorts. Im Oktober 1942 kam der Hitlerbefehl – der wie der Nacht- und

---

59 IMG, Bd. 2, S. 476: »... integrierender Teil der Herrschaft des Nazisystems bildeten.«
60 IMG, Bd. 3, S. 575.

Nebel-Erlass durch Keitels Hände ging –, dass Mitglieder von Kommandoabteilungen und Sabotagegruppen umzubringen seien, selbst wenn sie Uniform trugen. Im März 1944 stellte Kaltenbrunner – durch einen gewissen Müller – seinen Kugel-Erlass aus, der besagte, dass die Papiere der *Kriegsgefangenen* mit einem »K« zu kennzeichnen und diese nach Mauthausen oder an andere Ort zu schicken seien, wo sie erschossen oder vergast wurden. Und nicht zu vergessen die Befehle, wonach notgelandete alliierte Flieger ermordet werden sollten. Keitel wusste, dass derartige Befehle erlassen wurden. Göring musste einverstanden gewesen sein; er trug in seiner Eigenschaft als oberster Chef der Luftwaffe auf jeden Fall die Hauptverantwortung, und Ribbentrop machte Vorschläge weiterzugehen, als man es wirklich tat.

Um zum Ausgangspunkt zurückzukommen: Krieg ist kein Kinderspiel. Wer als Ritter auszieht, wird leicht zum Mörder. Keine Regierung, die Krieg führt, kann verhindern, dass Rohheiten über das hinaus vorkommen, was man im Krieg als normal betrachtet. Im Fall des nazistischen Deutschlands handelt es sich aber um etwas anderes. Für seine Führer waren die Misshandlungen keine Ausnahmen, die die Regel bestätigten. Was bei anderen Ausnahmen waren, war für sie die Regel. Sie brachten den Terror und die Mordpolitik in ein System, wie es vorher noch niemand getan hatte. Und so, wie hoffentlich niemals jemand nach ihnen zu tun versucht sein wird. Wir wollen hoffen, dass die Spuren abschreckend genug sind.

Die Verbrechen im Osten

Die Russen und anderen slawischen Völker mussten am meisten leiden. Es war recht und billig, dass diese Tatsache in der einleitenden Rede Rudenkos festgestellt und von seinen Mitanklägern unterstrichen und dokumentiert wurde.

Die Schrecken in der Tschechoslowakei sind hinreichend bekannt. Die Niedermetzelung der Studenten in Prag fand bereits Ende des Jahres 1939 statt. Lidice wurde im Juni 1942 dem Erdboden gleichgemacht und seine erwachsene Bevölkerung ausgerottet. Die Filmaufnahmen der Gestapoleute wurden im Gericht vorgeführt. Die Nazis hatten nicht genug Phantasie, um zu erkennen, dass sie Lidice unsterblich machten.

Polen verlor Millionen von Menschen. Auf seinem Gebiet lagen die größten Mordfabriken: Auschwitz, Majdanek, Treblinka.

In Jugoslawien kamen im Laufe des Krieges 1 650 000 Menschen ums Leben.

In Griechenland wurden 91 000 Personen, großenteils Priester, Lehrer und Intellektuelle, erschossen, gehenkt oder auf andere Weise ermordet. Die Hungerpeitsche wurde dergestalt eingesetzt, dass die Sterblichkeit sich um 600 bis 1000 Prozent erhöhte.

In der Sowjetunion wurden im Laufe des Krieges 1710 Städte, über 70 000 Dörfer und 6 Millionen Häuser zerstört. Nahezu 32 000 Fabriken und Werkstätten, 4000 Bahnstationen, 40 000 Krankenhäuser, 84 000 Schulen, 43 000 Bibliotheken, 98 000 Kollektivhöfe, 2500 Kirchen und vieles andere wurden vernichtet. Die Verluste entsprachen dem Volkseinkommen von drei bis vier Jahren.

Millionen Menschen büßten ihr Leben ein. Hunderttausende von Kriegsgefangenen gingen in Lagern und bei Zwangsarbeit zugrunde. Unter den 5,5 Millionen, die in Majdanek und Auschwitz ermordet wurden, befanden sich viele Sowjetbürger. Die russischen Staatsanwälte legten die Zustände dort und in vielen anderen Lagern dar, wo Tausende und Abertausende misshandelt und umgebracht wurden. Allein im Wald von Livenitzki im Bezirk Lviv wurden während der Besetzung 200 000 Menschen erschossen. Es gibt kein Verbrechen, das auf sowjetischem Gebiet und gegen Sowjetbürger nicht begangen wurde. Als der Vertreter der Anklagebehörde die Grausamkeiten schilderte, konnte er auf 54 804 Einzelberichte verweisen. Es waren unendliche Zeugenaussagen über grenzenlose Ausplünderung, Vergewaltigungen, Folterungen, Erschießungen, Erhängungen und Kindermord.

Die Russen zeigten dem Gericht Filme von den Verwüstungen und dem vandalischen Niedertrampeln von Kulturdenkmälern. Sie führten den Film über Majdanek und Auschwitz vor. Sie zeigten auch Bilder, die von Gestapoleuten aufgenommen worden waren. Da bekam man Frauen zu sehen, die im Begriff waren, sich auszuziehen, und einige, die bereits völlig nackt waren, kurz bevor sie ermordet werden sollten. Da war ein Foto von einem Mädchen, das misshandelt worden war und das man gerade erdrosselte, und Fotos von Leichen, die nicht nur an Laternenpfählen hingen, sondern auch an Hausmauern. Da standen Frauen, Männer und Kinder am Rande des Grabes, das sie selbst hatten schaufeln müssen. Man sah sie, wie ihnen der Revolver ans Genick gehalten wurde, und nachdem sie erschossen waren. Da waren Haufen von Köpfen nach der Enthauptung. Man sah eine Aufnahme des Orchesters in einem der Konzentrationslager, das den »Todestango« spielen musste, während die »Liquidierung« stattfand. Bilder von den Maschinen, die man benutzte, um die Knochen von 250 000 Menschen zu mahlen. Die Seifenfabrik in Danzig ...

Nein, das ist keine propagandistische Übertreibung. In Danzig gab es ein chemisches Institut. Und dieses Institut wurde von einem Professor Spanner geleitet, der die Rezepte für die Herstellung von Kernseife und grüner Seife mit Menschenfett als Rohmaterial ausarbeitete. Probestücke des fertigen Erzeugnisses wurden in die Sammlung des Gerichts von Beweismaterialien aufgenommen.[61] Mit der kommerziellen Ausnutzung von Menschenhaut war man noch nicht weit gekommen. Da befand man sich noch im Versuchsstadium.

Was hat das alles mit dem Prozess gegen die deutschen Kriegsverbrecher zu tun? Erstens *müssen* die politischen und militärischen Führer eines Landes die Verantwortung für die Ergebnisse ihrer Politik übernehmen. Zweitens war die nazistische Politik im Osten, so wie im Westen, *im Voraus geplant*. Einige örtliche Führer mögen weiter gegangen sein, als ursprünglich beabsichtigt, aber sie operierten von einer nazistischen »Generallinie« aus.

Es war angebracht, dies mit Hilfe einiger der Dokumente zu beleuchten, die dem Gericht vorgelegt wurden. Da war zum Beispiel der Vermerk, den Bormann nach einem Gespräch im Hause Hitlers am 2. Oktober 1940 anfertigte.[62] Frank war zugegen und legte die Lage im »Generalgouvernement« dar. Hitler erklärte, dass die Polen, im Gegensatz zu den Deutschen, zu schwerer Arbeit geboren seien. Der Lebensstandard sollte niedrig gehalten werden. Der am niedrigsten entlohnte Deutsche sollte immer noch um 10 Prozent mehr bekommen als der bestsituierte Pole. Das Generalgouvernement dürfe nie ein selbständiges Wirtschaftsgebiet werden, sagte Hitler weiter. Es sollte ein Reservegebiet für ungelernte Arbeitskräfte für die Industrie und die Landwirtschaft in Deutschland sein. Polen war ausersehen, ein großes Arbeitslager zu werden, und die Polen sollten 14 Stunden täglich arbeiten. Die Großbauern in Polen sollten ausgerottet werden, wie auch alle Vertreter der polnischen Intelligenz. Das könne unmenschlich erscheinen, »aber es sei nun einmal das Lebensgesetz«. Geschlechtliche Beziehungen zwischen Deutschen und Polen dürften unter keinen Umständen erlaubt sein. Im Übrigen war Hitler daran interessiert, dass die Polen weiterhin Katholiken waren. Die Priester sollten von den

---

61 Der Alliierte Gerichtshof kam weder in den weiteren Verhandlungen noch im Urteil auf die Behauptungen der russischen Anklagevertreter zurück, dass in Danzig aus Leichen von KZ-Häftlingen Seife hergestellt wurde. Spätere Ermittlungen des Instituts für Zeitgeschichte in München ergaben, dass die Behauptungen unbegründet waren. Ein Ermittlungsverfahren gegen den beschuldigten Professor wurde eingestellt.

62 IMG, Bd. 7, S. 252 ff., Zitate auf S. 253 und 254.

Deutschen zu essen bekommen. Sie »würden von uns bezahlt und dafür hätten sie zu predigen, wie wir es uns wünschten«. Wenn ein Priester auf andere Ideen kam, solle man kurzen Prozess mit ihm machen.

Über die Tschechoslowakei stand im selben Dokument: »Das tschechoslowakische Gebiet soll von deutschen Bauern kolonisiert werden. Die Tschechen deportieren wir nach Sibirien oder Wolhynien. Sie müssen aus Mitteleuropa verschwinden.«[63] In einer späteren Sitzung gab Hitler den Befehl, Jugoslawien als Staat zu vernichten. Die Russen legten viele derartige Dokumente vor.

Die Amerikaner hatten Franks Tagebuch in die Hand bekommen. Es bestand aus ganzen 31 Bänden und umfasste die Periode von 1939 bis 1945. Am 19. Januar 1940 schrieb Frank, dass sein Verhältnis zu den Polen wie das Verhältnis »zwischen Ameise und Blattlaus« sei.[64] Im Dezember 1940: »Im übrigen liegt uns nichts an der Blüte dieses Landes. Uns liegt nur daran, die deutsche Autorität in diesem Raum aufzurichten. Wir denken hier imperial im größten Stil aller Zeiten.[65] Der Pole hier muß spüren, daß wir ihm keinen Rechtsstaat aufbauen.«[66] Am 9. Januar 1941 registrierte Frank, dass der größte Teil der Polen nur 600 Kalorien erhielt und dass die Bevölkerung eine leichte Beute des Flecktyphus sein werde. In einer Rede am 18. März 1944 erklärte er: »Wenn ich zum Führer gekommen wäre und ihm gesagt hätte: Mein Führer, ich melde, daß ich wieder 150 000 Polen vernichtet habe – dann hätte er gesagt: ›Schön, wenn es notwendig war!‹«[67] An einer anderen Stelle stand: »Zimperlich dürfen wir nicht sein, wenn wir die Zahl von 17 000 Erschossenen hören.[68] Ich habe mich nicht gescheut, zu erklären, dass, wenn ein Deutscher erschossen würde, bis zu hundert Polen erschossen würden«.[69]

---

63 In IMG, Bd. 7, S. 240, wird auf einen amtlichen tschechischen Regierungsbericht verwiesen, demzufolge Hitler im Sommer 1932 in Gegenwart von u. a. Darré und Rauschning erklärt hatte: »Das Böhmisch-Mährische Becken ... wird mit deutschen Bauern bevölkert. Die Tschechen und Böhmen werden wir nach Sibirien und Wolhynien umsiedeln... Die Tschechen müssen aus Zentraleuropa verschwinden.«
64 IMG, Bd. 8, S. 15.
65 IMG, Bd. 29, S. 380. – Auslassungen zwischen den Sätzen wurden von Brandt nicht vermerkt. Die Bemerkung Franks stammt nicht vom Dezember 1940, sondern vom 6. November 1940.
66 IMG, Bd. 5, S. 92, IMG, Bd. 29, S. 381. Diese Bemerkung Franks stammt vom 19. Dezember 1940.
67 IMG, Bd. 7, S. 518.
68 [Frank, Hans:] Das Diensttagebuch des deutschen Generalgouverneurs in Polen 1939-1945, Stuttgart 1975, S. 611 (Polizeibesprechung 25. November 1943).
69 IMG, Bd. 5, S. 102.

Aus der »grünen Mappe« Görings wurde vielfach zitiert. Sie enthielt »Richtlinien für die Führung der Wirtschaft in den neubesetzten Ostgebieten«, datiert in Berlin im Juni 1941.[70] In dieser Anweisung sagte Göring, dass es, in Übereinstimmung mit dem Befehl des Führers, notwendig sei, alle Schritte zu einer sofortigen und vollständigen Ausnutzung der besetzten Gebiete zugunsten Deutschlands zu unternehmen. Das Hauptziel des Feldzuges sei, ein Höchstmaß an Lebensmitteln und Mineralöl zu erhalten,[71] und insbesondere »so bald wie möglich zu erreichen, dass die deutschen Truppen restlos aus dem besetzten Gebiet verpflegt werden.«[72] Göring erklärte, es sei ein völliges Missverständnis, wenn jemand glaube, dass es in den besetzten Bezirken darauf ankomme, wieder eine Ordnung zu errichten und das Wirtschaftsleben wiederaufzubauen. Die Ordnung sollte nur in Gebieten wiedereingeführt werden, aus denen man wesentliche Mengen von Lebensmitteln und Öl herausholen konnte. In anderen Bezirken musste man sich darauf beschränken, die requirierten Läger zu übernehmen.

Zu der Dokumentation der Russen gehörte ferner das Protokoll einer Sitzung Görings mit den Reichskommissaren am 6. August 1942.[73] Göring sagte, so wie es Hitler früher gesagt hatte, dass es ihn nicht interessiere, ob die Bevölkerung in den besetzten Ländern verhungere. Die, die für Deutschland arbeiteten, sollten gerade so viel bekommen, dass sie ihr Leben fristen konnten. Die anderen interessieren ihn nicht. In derselben Sitzung sagte Göring geradeheraus: »Ich beabsichtige, zu plündern, und ich werde es tun...[74] Sie sind weiß Gott nicht hingeschickt, um für das Wohl und Wehe der Ihnen anvertrauten Völker zu arbeiten, sondern um das Äußerste herauszuholen.[75] Das Ziel unserer Arbeit ist, die Ukrainer für Deutschland arbeiten zu lassen. Wir sind nicht hier, um diese Völker glücklich zu machen. Sie müssen uns das geben, was uns in Deutschland fehlt.«[76]

---

70 IMG, Bd. 36, S. 542-545, Dok. 472-EC.

71 IMG, Bd. 1, S. 270.

72 IMG, Bd. 29, S. 7. – Dort »deutschen Truppen restlos« und »verpflegt« hervorgehoben.

73 IMG-Beweisstück D: USSR-170.

74 IMG, Bd. 9, S. 699: »Ich gedenke trotzdem zu plündern, und zwar ausgiebig.«

75 IMG, Bd. 8, S. 56, IMG, Bd. 9, S. 697.

76 Die beiden letzten Sätze in IMG, Bd. 8, S. 30, als Aussage von Gauleiter Koch auf einer Sitzung in Rowno im August 1942: »Das Ziel unserer Arbeit muß sein, daß die Ukraine für Deutschland arbeitet und nicht, daß wir das Volk hier beglücken. Die Ukraine hat zu liefern das, was Deutschland fehlt.«

Knapp einen Monat nach dem Überfall auf die Sowjetunion, am 16. Juli 1941, saß Hitler mit Rosenberg, Göring, Bormann, Lammers und Keitel zusammen, um zu besprechen, wie das Fell des Bären verteilt werden sollte. Die baltischen Länder, die Krim mit den angrenzenden Bezirken und das Wolgagebiet sollten deutsch werden.[77] Rosenberg machte den Vorschlag, für Moskau und andere Gebiete Kommissare einzusetzen. Sein Stabschef, Schickedanz, sollte Gauleiter im Kaukasus werden. Hitler stellte fest, dass die Finnen Ostkarelien haben wollten. Die Kolahalbinsel wollte er aber aus Rücksicht auf die Nickelgruben selbst haben, sie sollte Terboven unterstehen. Hitler sagte ferner, dass die Annektion von Finnland als eines »Bundesstaates« vorsichtig vorbereitet werden sollte. Die Finnen wünschten, das Gebiet von Leningrad zu erhalten. »Ich will Leningrad dem Erdboden gleichmachen lassen und dann das Gebiet den Finnen überlassen.«[78] Auch bezüglich Moskaus befahl er, die Stadt dem Erdboden gleichzumachen, und der Befehl wurde von seinen militärischen Mitarbeitern weitergeleitet.[79]

In dem Referat einer Sitzung, die Sauckel am 3. September 1942 abhielt, steht, dass Hitler den Befehl erteilt hatte, eine größere Anzahl ukrainischer Frauen im Alter von 15 bis 35 Jahren zur Hausarbeit zu mustern. Er wünschte ausdrücklich, dass die meisten dieser Frauen »germanisiert« werden sollten. Es war sein Wille, dass Europa innerhalb von hundert Jahren eine deutschsprechende Bevölkerung von 250 Millionen haben sollte. Himmler leistete in einer Sitzung mit den Führern der SS seinen Beitrag. Er hatte seine eigenen Vorstellungen davon, wie man dieses Ziel erreicht. Er trat dafür ein, die Kinder anderer Völker zu rauben und sie zu deutschen Nazis zu machen. Das waren nicht nur Phantasien. Der erste Versuch wurde während des Krieges gemacht.

Feldmarschall von Reichenau, der damals Chef der deutschen Verbände im südlichen Frontabschnitt war, sagte in einem Tagesbefehl vom 10. Oktober 1941: »Der Soldat im Ostraum ist nicht nur ein Kämpfer nach den Regeln der Kriegskunst, sondern auch Träger einer unerbittlichen völkischen Idee. Deshalb muß der Soldat für die Notwendigkeit der harten aber gerechten Sühne am jüdischen Untermenschen volles Verständnis haben. Das wesentliche Ziel des Feldzuges gegen das jüdisch-

---

77 IMG, Bd. 4, S. 18.
78 IMG, Bd. 9, S. 690: »[...] der Führer will Leningrad dem Erdboden gleichmachen lassen, um es den Finnen zu geben.«
79 IMG-Beweisstück L-221.

bolschewistische System ist die völlige Zerschlagung der Machtmittel und die Ausrottung des asiatischen Einflusses im europäischen Kulturkreis.«[80]

Diese Sprache gefiel Himmler. Er fand, der Befehl Reichenaus sei »ausgezeichnet«. Himmler hielt im Jahre 1941 selbst einen Vortrag, in dem er erklärte, der Zweck der Operationen im Osten bestehe darin, die slawische Bevölkerung um 30 Millionen Menschen zu verringern. Es war ein SS-General, der diese Äußerung vor dem Gericht in Nürnberg wiedergab.

Der Ausrottungsfeldzug im Osten war ebenso genau geplant wie der »Plan Barbarossa«. Der frühere SS-General Walter Schellenberg, der im Zusammenhang mit der Aktion des Grafen Bernadotte zugunsten der skandinavischen Gefangenen in Deutschland eine gewisse Rolle spielte, erklärte als Zeuge in Nürnberg, dass vor dem Überfall auf die Sowjetunion zwischen der Wehrmacht und der Gestapo ein regelrechtes Terrorabkommen getroffen worden sei. Die sogenannte Antipartisanenkriegführung, die in Wirklichkeit auch die friedliche Zivilbevölkerung traf, wurde nach Konferenzen zwischen SS-Führern und Vertretern des Oberkommandos der Wehrmacht aufgenommen. Die Einsatzgruppen waren das Ergebnis dieser Konferenzen. Zeugen der SS bestätigten ausdrücklich, dass sie zwischen Partisanen und Zivilisten keinen Unterschied machten.

Keitel fertigte bereits am 13. März 1941 eine Instruktion aus, wonach Himmler im Zusammenhang mit der Vorbereitung der politischen Verwaltung »Sonderaufgaben« auf dem Kriegsschauplatz erhalten hatte.[81] Heute weiß die ganze Welt, worin die »Sonderaufgaben« bestanden haben. Sie bezogen sich hauptsächlich auf die »Sonderbehandlung« – ein anderer Ausdruck für »Liquidierung«, den die Gestapisten verwendeten, wenn sie vornehm sein wollten. Im Juni 1941 fertigte das deutsche Oberkommando eine Instruktion mit besonders brutalen Richtlinien für die Behandlung derjenigen aus, die sich dem Befehl der Nazis widersetzten. In einem Zusatz zum »Barbarossaplan« wurden gegenüber der Zivilbevölkerung und den Partisanen »drakonische Maßnahmen« empfohlen.[82] In den Fällen, in denen es zu spät war, diese Methoden anzuwenden, sollten verdächtige Personen dem Offizier vorgeführt werden, der dann zu entscheiden hatte, ob sie zu erschießen seien oder nicht. Dasselbe Rund-

---

80 IMG, Bd. 4, S. 510. Auslassungen bei Brandt nicht kenntlich gemacht.
81 IMG, Bd. 3, S. 381 f., IMG-Beweisstück 447-PS, auch US-135.
82 IMG, Bd. 4, S. 511.

schreiben empfahl »Vergeltungsmaßnahmen im Massenmaßstab«.[83] Kurz vor dem Überfall wurde von Hitler und Keitel außerdem festgelegt, dass deutsche Soldaten straffrei ausgehen sollten, die Übergriffe gegen die russische Bevölkerung begingen – Raub und Mord sollten nicht bestraft werden. Die Offiziere erhielten eine Instruktion, die zwölf Gebote für die Haltung den Russen gegenüber umfasste. Darin stand unter anderem, dass »das gesunde Gefühl der Soldaten von Hass und Aversion gegen alles Russische nicht unterdrückt, sondern gefördert werden soll«.[84] Ribbentrop, der deutsche Außenminister, schloss ein Abkommen über enge Zusammenarbeit mit Kaltenbrunner, dem Vertreter der Gestapo. Auch Keitel war recht vielseitig. Im April 1941 hatte er unter anderem das Dokument über die Zerstückelung Jugoslawiens unterzeichnet. Rudenko übertrieb nicht besonders, als er feststellte, dass das Oberkommando der Wehrmacht, das Auswärtige Amt und die Gestapo zu einer Einheit verbunden waren – einer teuflischen Dreieinigkeit, könnte man sagen.

Besonders ausführlich war die Dokumentation der Anklagebehörde zur Misshandlung russischer Kriegsgefangener. Auch in diesem Punkt handelte es sich um eine im Voraus geplante Politik. Der erste Zeuge der Amerikaner, Generalmajor Erwin Lahousen, berichtete von einer Sitzung vom Juli 1941. Anwesend waren General Reinecke, der das Oberkommando der Wehrmacht vertrat, und von der Gestapo Obergruppenführer Müller. Die Vertreter Keitels und Himmlers waren sich vollständig darüber einig, dass die sowjetischen Soldaten nicht als Soldaten betrachtet werden sollten, sondern als »ideologische Feinde«. Kommissare sollten umgebracht werden. Dasselbe hatte mit anderen »aktiven Bolschewisten« zu geschehen. Lahousen war damals Abteilungsleiter im militärischen Nachrichtendienst. Er sagte, dass die Leute von der Abwehr gegen den festgelegten Kurs opponiert hätten. Sie hatten darauf hingewiesen, dass dieses Vorgehen den Widerstandswillen der sowjetischen Truppen stärken und gleichzeitig einen verheerenden Einfluss auf die Moral der deutschen Truppen haben würde. Was sie erreichten, war eine Art Versprechen, wonach die Hinrichtungen nicht genau vor den Augen der deutschen Abteilungen vollzogen werden sollten. Ferner wurde ein Dokument vorgelegt, das Admiral Canaris unterzeichnet hatte. Darin opponierte er gegen die Behandlung der russischen Gefangenen. Das Schreiben war an Keitel gerichtet, und den Alliierten war Keitels Exemplar

83 IMG, Bd. 4, S. 507: »Kollektive Gewaltmaßnahmen«.
84 Der von Brandt wiedergegebene Satz ist nicht in den »12 Geboten« enthalten. Siehe dazu IMG, Bd. 39, S. 367-371, Dok. 089-USSR.

in die Hände gefallen. Die Randbemerkungen zeigten, dass die Warnung keine andere Wirkung hatte, als den OKW-Chef Canaris wegen seiner »rückständigen Auffassung von ritterlicher Kriegführung« zu verhöhnen.

Des Weiteren legten die Russen Verhörprotokoll von Generaloberst Franz Halder[85] am 31. Oktober 1945 vor. Halder, früher Chef des Generalstabes des Heeres, berichtete von einer Sitzung im Oberkommando des Heeres, die Hitler einberufen hatte. Dieser sagte, dass man Russland gegenüber ganz andere Methoden anwenden sollte als während des Feldzuges im Westen. Die Russen seien keine Mitunterzeichner der Haager Konvention, und die Behandlung ihrer Kriegsgefangenen habe nicht nach den Regeln der Konvention zu erfolgen. Hitler erklärte weiter, dass die sogenannten Kommissare nicht als Kriegsgefangene zu betrachten seien.

General Warlimont, früher stellvertretender Chef der Operationsabteilung im Oberkommando der Wehrmacht, erklärte, dass man in derselben Sitzung beschloss, besondere Einheiten für die Erschießung von Gefangenen aufzustellen. SD-Einheiten sollten die Armee in Russland begleiten. Hitler erwartete nicht, dass die Offiziere seine Befehle verstünden. Das einzige, was er verlangte, war, dass sie sie befolgten.

Generalleutnant Curt von Oesterreich,[86] früher Kommandeur der Kriegsgefangenenabteilung beim Danziger Wehrkreis, erklärte bei einer Vernehmung, dass bereits im März 1941 in Berlin eine Planungssitzung mit über zwanzig deutschen Kommandeuren der Kriegsgefangenen abgehalten wurde. General Reinecke sprach von dem bevorstehenden Angriff. Er gab den Befehl, mit Stacheldraht eingezäunte Lager unter freiem Himmel anzulegen, falls keine Zeit bliebe, Baracken zu bauen. Gefangene, die einen Fluchtversuch unternähmen, sollten ohne Warnung niedergeschossen werden. Um die Jahreswende 1941/42 fand in Berlin eine weitere Sitzung statt. Diesmal diskutierte man, was mit Kriegsgefangenen zu geschehen habe, die nicht arbeiten konnten. Es wurde der Befehl erteilt, sie in Lagern oder Lazaretten zu konzentrieren und zu vergiften.[87]

Es gab einen nazistischen Kronzeugen. Rosenberg schrieb im Februar 1942 an Keitel und hob hervor, dass das Schicksal der russischen Gefangenen in Deutschland eine Tragödie größten Ausmaßes sei. Von 3,6 Millionen Kriegsgefangenen, schrieb er, waren nur einige Hunderttausend imstande, vollwertige Arbeit zu leisten. (Das hinderte Rosenberg jedoch nicht, die Terrorpolitik auf anderen Gebieten zu dulden und zu

---

85 Bei Brandt: Otto.
86 Bei Brandt: Kurt.
87 Siehe IMG, Bd. 7, S. 401 f.

fördern.) Warnungen halfen nichts, ob sie nun von außen oder – ein seltenes Mal – von einem der eigenen Leute kamen. Im Sommer 1942 gab Himmler den Befehl, die russischen Gefangenen mit einem besonderen Zeichen zu brandmarken. Im Juli 1943 bestimmte Keitel, dass alle Männer im Alter von 19 bis zu 55 Jahren in den besetzten Ostgebieten oder auf dem Balkan als Kriegsgefangene zu betrachten seien, wenn sie den Deutschen in die Hände fielen.

Es gibt Menschen, die meinen, es sei unverständlich, dass in der Sowjetunion ein starker Hass und ein starkes Bedürfnis nach Rache entbrannte. Kann man sich wundern, dass die Russen einiges von dem, was sie hatten auf sich nehmen müssen,[88] zurückgaben?

Das größte Verbrechen

Eines Tages, als die Anklagebehörde in Nürnberg eine besonders realistische Dokumentation der Schrecken vorgelegt hatte, telegraphierte ein bekannter Berichterstatter nach Hause: Ich kann nicht mehr, ich habe keine Worte mehr. – Das ist wahr, unsere Sprache ist zu arm, um den großen mechanisch-technischen Massenmord des 20. Jahrhunderts auszudrücken. Was bedeutet es, wenn wir sagen, dass es »barbarisch«, »sadistisch«, »tierisch« (alles Zitate) oder »ohnegleichen in der Geschichte« war? In Wirklichkeit fällt es den meisten von uns wohl schwer, ganz zu *verstehen,* was sich ereignet hat. Wir versuchen, uns hineinzuversetzen. Aber die meisten Leute sind so geschaffen, dass sie den Verlust eines Menschen, den sie lieb haben, erfassen können. Sie können es begreifen, wenn von zehn Menschen oder von hundert die Rede ist. Aber Millionen?

Ja, Millionen. Nicht an der Front gefallen oder bei Bombenangriffen getötet. Sondern kaltblütig »konzentriert«, »zuschandengearbeitet«, »vergast« oder auf sonstige Weise »liquidiert« (das sind die neuen Wörter). In den besetzten Westgebieten war es schlimm. Im Osten war es viel schlimmer. Am schlimmsten traf es die jüdischen Bevölkerungsgruppen. 60 Prozent der 9,6 Millionen Juden, die in dem von den Nazis beherrschten Europa lebten, wurden vernichtet. Es ist nicht das Verdienst der Naziführer, dass der Rest überlebte.

Der Antisemitismus war ein Glied in der »Verschwörung«. Die Judenverfolgungen waren das größte »Verbrechen gegen die Menschlichkeit«. Die amerikanische Anklagebehörde übernahm eine wichtige Auf-

---

88 In der schwedischen Ausgabe: »hatten ertragen müssen«.

gabe, indem sie die Linie des Ganzen zeigte. Der Judenhass war im Programm der Nazipartei festgelegt. Die Nazipresse – mit dem pornographischen »Stürmer« an der Spitze – hetzte zu Verfolgung und Mord auf. Gleich nach der Machtübernahme, im April 1933, kam der Boykott. Es folgten neue Übergriffe, und im November 38 kamen die wohlorganisierten Pogrome mit dem Niederbrennen der Synagogen. Es war eine zusammenhängende Entwicklung vom »harmlosen« Beginn bis zu den Menschenschlachthäusern. Jackson wies auch nach, wie der Antisemitismus als Mittel benutzt wurde, die demokratischen Völker zu spalten. Ley, der einen Brief hinterließ, worin er die Judenverfolgungen bedauerte, sprach zu einem früheren Zeitpunkt vom Antisemitismus als der »Geheimwaffe« des Nationalsozialismus.

Im Januar 1939 drohte Hitler damit, die europäischen Juden auszurotten, falls es Krieg gebe. Später wurde davon zwar nicht so viel gesprochen, aber es wurde gemacht. Die Kommentare waren dem inneren Kreis vorbehalten. Frank sagte in einer Rede, die er ins Tagebuch aufnahm: »Ich will Ihnen ganz offen sagen, dass wir ›so oder so‹ mit den Juden Schluss machen müssen. Ich möchte Sie darum bitten, dass Sie zunächst nur diese Formel akzeptieren: Wir haben grundsätzlich nur Mitleid mit dem deutschen Volk, sonst mit keinem anderen in der ganzen Welt. Wenn das Judentum in Europa den Krieg überleben sollte, würde dieser Krieg nur teilweise einen Erfolg darstellen. Ich gehe deswegen in meiner Haltung den Juden gegenüber grundsätzlich davon aus, dass sie völlig und für immer verschwinden werden.«[89] Ich habe früher die Rede Himmlers über die »Menschentiere« zitiert. Es ist klar, dass ein Teil der Naziführer von Anfang an ganz zynisch den Antisemitismus mit der Absicht ausnutzte, ihrem Treiben den Schein einer Verteidigung gegen das »internationale Judentum« zu geben, von dem sie behaupteten, dass es die Deutschen verfolge. Andere dachten in erster Linie an materiellen Gewinn. Es gab aber auch zweifellos eine ganze Menge, die an den Irrsinn glaubten. Nicht alle Mitglieder der Liquidationskom-

---

89 In Franks Diensttagebuch folgender Wortlaut: »Mit den Juden – das will ich Ihnen auch ganz offen sagen – muß so oder so Schluß gemacht werden. [...] Ich möchte Sie bitten: einigen Sie sich mit mir zunächst, bevor ich jetzt weiterspreche, auf die Formel: Mitleid wollen wir grundsätzlich nur mit dem deutschen Volke haben, sonst mit niemandem auf der Welt. [...] Wenn die Judensippschaft in Europa den Krieg überleben würde, [...] dann würde dieser Krieg doch nur einen Teilerfolg darstellen. Ich werde daher den Juden gegenüber grundsätzlich nur von der Erwartung ausgehen, daß sie verschwinden.« *Frank* 1975, S. 457 (Regierungssitzung 16. November 1941).

mandos begannen als einfache Mörder. Man hatte einer ganzen Reihe von ihnen einreden können, dass die Juden den Krieg begonnen hätten. Die Juden wollten, dass Deutschland zugrunde geht. Nun waren sie es, die »ins Gras beißen« müssen. So war die Argumentation.

Unter dem überwältigenden Beweismaterial gab es eine schriftliche Zeugenaussage von Dr. Kasztner, der bis zum November 1944 Vorsitzender des jüdischen Hilfskomitees in Budapest war. Er dokumentierte, dass 540 000 ungarische Juden und 10 000 jüdische Flüchtlinge von den deutschen Nazis in Zusammenarbeit mit ihren ungarischen Mitschuldigen ausgerottet wurden. 290 000 blieben am Leben, die meisten dank dem Umstand, dass die Verfolgungen in Ungarn zu einem verhältnismäßig späten Zeitpunkt begannen. Kasztner konnte auch berichten, dass Kaltenbrunner im Herbst 1941 den Befehl erteilt hatte, Pläne für die Gaskammer auszuarbeiten. Im Dezember wurden die ersten Gaskammern in Betrieb genommen, nachdem Hitler dem Plan zugestimmt hatte.

Es trat auch ein Zeuge auf, der wissen musste, wovon er sprach: Dieter Wisliceny, Hauptsturmführer im SD, von 1940 bis Anfang 1945 einer der nächsten Mitarbeiter Eichmanns. Eichmann war der Abteilungsleiter für Judenfragen in der Gestapozentrale. Er erklärte im Februar 1945, als er seinen Selbstmord ankündigte, weil er erkannte, dass der Krieg verloren war: »Er würde lachend in die Grube springen, denn das Gefühl, dass er fünf Millionen Menschen auf dem Gewissen hätte, wäre für ihn außerordentlich befriedigend.«[90] Wisliceny erklärte, dass die offizielle nazistische Politik den Juden gegenüber bis 1940 darauf abzielte, sie zum Auswandern zu bringen. Der nächste Schritt war die Deportation in die osteuropäischen Ghettos. Zu Beginn des Jahres 1942 begann man, mit der Ausrottung Ernst zu machen. Im April dieses Jahres ging ein Schreiben Himmlers an die Gestapo und die Inspekteure der Konzentrationslager. Himmler teilte mit, dass Hitler den Befehl zur »Endlösung der Judenfrage« in Europa erteilt habe.[91] Der Zeuge erklärte, dass die definitive Lösung eine »planmäßige biologische Vernichtung durch Verhungern lassen, schwere Arbeit und Liquidierung in den Konzentrationslagern« bedeutete.[92] Eichmann erhielt die Verantwortung für

---

90 IMG, Bd. 4, S. 412

91 IMG, Bd. 4, S. 397.

92 IMG, Bd. 4, S. 398. Laut Verhandlungsniederschrift vom 3. Januar 1946 erwähnte Wisliceny nur die »planmäßige biologische Vernichtung«, machte jedoch nicht den Rest der von Brandt in Zitatform gemachten Äußerung.

die Durchführung des Programms. Heydrich war zu Beginn noch immer Gestapochef. Dann machte man unter der Oberaufsicht Kaltenbrunners bis zum Herbst 1944 weiter, als Himmler den Befehl gab, keine Juden mehr umzubringen. Das war ein Glied in seinen Versuchen, Verhandlungskontakte mit den Alliierten herzustellen.

Zu dem Unglaublichsten, was dem Gericht in Nürnberg vorgelegt wurde, gehört ein schön eingebundener offizieller Gestapobericht mit dem Titel »Es gibt keinen jüdischen Wohnbezirk in Warschau mehr!«. Dort war in allen Einzelheiten geschildert, wie die letzten 60 000 Warschauer Juden im April 1943 abgeknallt oder zur Liquidierung deportiert worden sind. Gleichzeitig bekam man einen Schmalfilm zu sehen, den man bei SS-Leuten gefunden hatte. Es waren 78 grauenvolle Szenen mit Frauen, die von den SS-Leuten umhergejagt wurden, Leichen, die durch die Straßen geschleift wurden, Gewehrsalven, durch die Junge und Alte starben.

Es gab auch einen Bericht eines Gruppenführers Katzmann. Er trug das Datum des Juni 43 und teilte in Text, Bildern und Statistik mit, dass Galizien von einer halben Million Juden, die dort gelebt hatten, »gesäubert« worden sei. Die Mordkommandos im Baltikum fertigten gleichfalls eine detaillierte Darstellung der Liquidierung von 120 000 Juden an. In diesem Bericht unterstrich man besonders die Hilfe, die man von Antisemiten im Lande erhalten hatte, die beauftragt worden waren, Pogrome anzuzetteln. Auch andere Berichte lagen vor. Manche von denen, die für die S-Wagen (die mobilen Gaskammern) verantwortlich waren, schrieben über ihre »Arbeit« in Worten, die man bei der Behandlung technischer Probleme benutzt.

Die Dokumentation wurde auch in diesem Punkt durch Augenzeugenschilderungen aus den Konzentrationslagern vervollständigt. Madame Vaillant-Couturier berichtete von der Musik, die spielte, wenn jüdische Transporte in Auschwitz eintrafen. Von einem Transport von 1200 Franzosen jüdischer Herkunft kamen nur 125 in das eigentliche Lager. Die anderen wurden sofort abgeführt und vergast. Im Laufe eines Monats war es den Übrigen ebenso ergangen. Die SS hielt häufig eine gewisse Anzahl junger Frauen und Männer zurück, um sie für Versuche zu benutzen. Als 1944 die großen Transporte aus Ungarn eintrafen, suchte man Zwillinge aller Altersstufen heraus, um sie als Versuchskaninchen zu benutzen. Schwangere wurden einer gewaltsamen Abtreibung unterworfen. Wenn trotzdem lebende jüdische Kinder geboren wurden, ertränkte man sie. Es kam auch vor, dass Kinder lebend kopfüber in die Gruben geworfen wurden, wo man die Menschen auf Scheiterhaufen

Deutsche Soldaten führen jüdische Bewohner nach der Niederschlagung des Ghettoaufstandes im Mai 1943 ab. Das Bild ist dem »Stroop-Bericht« »Es gibt keinen jüdischen Wohnbezirk in Warschau mehr!« entnommen, der in Nürnberg vorgelegt wurde.

verbrannte, wenn die Gaskammern überlastet waren. Die Zeugin schilderte auch, wie die jüdischen Frauen in Ravensbrück ausgerottet wurden. Der französische Arzt Victor Dupont beschrieb die Schrecken in Buchenwald. Von dort gingen besondere Kindertransporte nach Auschwitz, und die Kinder wussten, was sie erwartete. Maurice Lambe sagte mit Bezug auf Mauthausen, es sei bis zum Dezember 1943 nicht vorgekommen, dass Juden länger als drei Monate am Leben blieben.[93]

SS-Chef Ziereis lag im Sterben, als das Lager befreit wurde. François Boix[94] war zugegen gewesen und hatte eine Reihe von Geständnissen gehört, die er auf dem Sterbebett machte. Im April 1941 kamen die ersten Transporte mit niederländischen Juden. Ziereis erhielt den Befehl, sie so schnell wie möglich zu liquidieren. Es gab auch nicht viele, die länger als

93 IMG, Bd. 6, S. 214.
94 Bei Brandt: Bloix.

vierzehn Tage lebten. Es kam vor, dass die Verbrennungsöfen zusammenbrachen, weil sie der Beanspruchung nicht standhielten. Als die Deutschen sich auf dem Balkan zurückziehen mussten, erteilte Himmler den Bescheid, dass man 180 000 ungarische Juden mit ihren Familien aufnehmen müsse. Der Lagerchef wandte ein, dass er keinen Platz habe, aber Himmler sagte, das spiele keine Rolle. Es sollten sowieso nicht viele sein, die schließlich ankämen. Von dem ersten Transport von 4000 trafen denn auch nur 148 lebend ein, die man gleich in die Gaskammer schickte.

Wieder lagen Berichte über die Versuche von Professors Hirth mit jungen jüdischen Frauen und Männern in Natzweiler vor. Es wurde detailliert beschrieben, was am 3. November 1943 bei Magjansk[95] geschah. Vier Tage zuvor waren alle Juden des Lagers damit beschäftigt, hinter dem »Feld fünf«, dicht beim Krematorium, Gruben auszuheben. Als der Tag gekommen war, wurden alle jüdischen Männer, Frauen und Kinder und sogenannte Halbjuden zum »Feld fünf« geführt, wobei sie von zwei Reihen Polizisten bewacht wurden. Das ging den ganzen Tag lang. Wenn die Opfer auf dem »Feld« ankamen, mussten sie sich ausziehen. Dann wurden sie gezwungen, in die Gruben zu steigen, wo sie nebeneinander liegen mussten. Die SD- und Gestapoleute töteten sie mit ihren Maschinenpistolen. Eine neue Schicht musste sich auf die Getöteten legen. Wenn ein Massengrab voll war, fing man mit dem nächsten an. Um die Geräusche der Maschinenwaffen zu dämpfen, wurde die Lautsprechermusik auf volle Lautstärke gebracht.

So könnte man bis ins Unendliche weiterberichten. Man könnte auch berichten, wie die Habseligkeiten der Opfer gesammelt, sortiert und in »das Vaterland« geschickt wurden, wie Goldplomben herausgebrochen wurden und Frauenhaar abgeschnitten wurde. Wer den Auschwitzfilm gesehen hat, wird auch niemals das Lager von Spielzeug vergessen können, das die Kinder mitbrachten, als sie an diesen Ort kamen, von dem sie nie mehr zurückkehren sollten. Das Anklagematerial der Amerikaner, Franzosen und Russen war monströs. Das bedeutet schlaflose Nächte. Es hilft aber nichts. Niemand darf aus der Wirklichkeit fliehen. Niemand darf sagen, dass »wir daran nicht mehr denken«. Wir müssen das, was geschehen ist, wiedererleben, um gerüstet zu sein und zu verhindern, dass dies noch einmal geschehen kann.

Der französische Ankläger bezeichnete Frank, Rosenberg, Streicher, Schirach, Sauckel, Frick und Heß als Hauptverantwortliche für die Aus-

95 Gemeint: Majdanek.

rottung der Juden. Kaltenbrunners Tätigkeit war so klar, dass sie nicht einmal erwähnt zu werden brauchte. Dasselbe gilt für Bormann. (Er forderte übrigens in einem internen Parteierlass vom Oktober 1942 die Parteimitglieder auf, jeder Legendenbildung im Zusammenhang mit der Lage der Juden in den Ostgebieten entgegenzuarbeiten. Er bedauerte, dass nicht alle Deutschen imstande waren, die Notwendigkeit »sehr scharfer Maßnahmen« zu begreifen.)[96] Der Kreis der Hauptverantwortlichen ist jedoch größer. Ich sehe von den Lagerleitern und den Bütteln ab, die die grobe Arbeit verrichteten. Die Reichsregierung, die Parteiführer und die Wehrmachtsführer wussten, was vor sich ging. Sie unterstützten – jeder auf seine Weise – die Massenmorde. So wie Schirach die Hauptverantwortung als »Reichsstatthalter« in Wien trug und Frick als Reichsprotektor in Prag, so hatte Seyß-Inquart die Verantwortung für das, was in den Niederlanden geschah. Er sagte in einer Rede: »Wir werden die Juden schlagen, wo wir sie treffen, und wer mit ihnen geht, hat die Folgen zu tragen.«[97] Und dann wollte er es hinterher so dargestellt wissen, dass es nicht seine Schuld war, als 117 000 von 140 000 niederländischen Juden nach Auschwitz deportiert und vergast wurden.

Die Verantwortung geht aber weiter als bis zu den Polizeichefs und den politischen Leitern. Im Osten waren es Wehrmachtsführer, die mit den »Einsatz«-Gruppen zusammenarbeiteten. Um ein »kleines« Beispiel zu nennen: Als im Herbst 1943 die Deportation der dänischen Juden auf der Tagesordnung stand, wurde sie von Jodl ausdrücklich gebilligt. Er unterzeichnete den Befehl Hitlers in dieser Angelegenheit – eine der vielen Unterschriften, die hinterher nichts bedeuten sollten. In einem Telegramm mit Datum vom 22. September, das unter anderem an den Chef der Wehrmacht in Dänemark gerichtet war, stand: »Die Judendeportation wird durch Reichsführer-SS durchgeführt, der zu diesem Zweck 2 Pol[izei]-Bataillone nach Dänemark verlegt.«[98]

Die Hauptverantwortung liegt selbstverständlich bei Hitler und der Gestapo. Aber die ganze nazistische Führung muss die Schuldlast mittragen. Niemand soll sagen können, dass sie nicht gewarnt wurden. Im Dezember 1942 veröffentlichten die alliierten Regierungen eine sehr nachdrückliche Warnung. Sie stoppte die Führer des Dritten Reiches nicht. Sie machten weiter und hatten reichliche Werkzeuge, SS-Banditen und andere.

96 Vgl. IMG, Bd. 5, S. 363 f., und Dokument 3244-PS des IMG.
97 IMG, Bd. 5, S. 395. – Die Rede wurde am 13. März 1941 in Amsterdam gehalten.
98 IMG, Bd. 6, S. 360.

Es kostete viel, ihr verheerendes Treiben zu stoppen. Für Millionen war es keine Befreiung mehr. Jetzt sollen die Schuldigen bestraft werden.

Und der Antisemitismus sollte in allen Ländern, die sich zu den zivilisierten zählen, als verbrecherisch gelten.

Verbrecher und Verbrecherorganisationen

Ich überlasse es gern anderen, die 21 Personen zu beschreiben, die auf der Anklagebank saßen. Sie interessieren mich ziemlich wenig. Selbstverständlich sollte man ihren Hintergrund, die Motive ihrer Handlungsweise und ihre Haltung studieren, als sie Macht und »Würde« verloren hatten. Die meisten von ihnen machten eine recht jämmerliche Figur. In diesem Zusammenhang ist jedoch nicht ihre psychische Struktur von Bedeutung, sondern die Rolle, die sie als führende Vertreter des nazistischen Regimes spielten.

Es ist Sache des Gerichts, die Schuldfrage zu entscheiden und die Strafe zu bemessen. Dies schreibe ich, nachdem die Anklagebehörde drei Monate lang eine Menge Beweismaterial angehäuft hat, welches in allen wesentlichen Punkten unerschütterlich und zwingend ist – jedenfalls soweit ich dies sehe. Die Verteidigung wird auch ein Wort zu sagen haben. Aber die tüchtigste Verteidigung der Welt – und die hatte man in Nürnberg keineswegs auf die Beine stellen können – kann nicht das Gesamtbild dessen ändern, was geschehen ist und was dokumentiert worden ist, zu einem wesentlichen Teil mit Hilfe der Nazi-Befehle selbst und aller anderen Dokumente.

Göring wurde vom Ankläger als gefährlichster Mann auf der Anklagebank charakterisiert, »in mancher Hinsicht sogar gefährlicher als Hitler«.[99] Drei Bände mit Dokumenten, die individuelles Anklagematerial enthielten, bewiesen, dass er an *allen* Teilen der Verschwörung, des Terrors, der Angriffspolitik und vielem anderen beteiligt war. Die Anklagebehörde erklärte auch, dass noch kein Verbrecher jemals so viele Beweismittel gegen sich selbst diktiert und unterschrieben hatte. Göring wollte den Anschein erwecken, dass er gegen den Terror und die Judenverfolgungen war. Tatsache ist, dass er der erste Chef der SA war. 1933 war er es, der die Gestapo und die Konzentrationslager schuf. In einer Sitzung im Braunen Haus brachte er zum Ausdruck, dass die Behandlung der Juden »zu human« sei. Er war so dreist zu behaupten, er habe

99 IMG, Bd. 4, S. 590.

den Krieg nicht gewünscht. Tatsache ist, dass er ihn zu einem Zeitpunkt haben wollte, der den Naziführern passte, wenn sie schon nicht alles umsonst bekommen konnten. In einer Rede vor den Generälen der Luftwaffe im Dezember 1936 sagte er, es wäre gut, wenn man bis 1941 »Ruhe« hätte. Im Juli 1938 sprach er vor den Flugzeugherstellern und berührte die bevorstehende Auseinandersetzung mit der Tschechoslowakei. Dieses war das Ziel, auf das er zusteuerte: »Wenn Deutschland den Krieg gewinnt, wird es die stärkste Macht der Welt; es wird den Weltmarkt beherrschen und eine reiche Nation werden. Für dieses Ziel muss man etwas riskieren.«[100] Göring wollte es so darstellen, als sei er Anhänger einer ritterlichen Kriegführung. Aber unter seinem Kommando zerstörte die Luftwaffe Warschau, Kristiansund, Rotterdam. Damit begann der uneingeschränkte Bombenkrieg.

Heß war aus dem Spiel, nachdem er im Mai 1941 über Schottland abgesprungen war. Bis zu diesem Zeitpunkt hatte er großen Einfluss als rechte Hand Hitlers in der Parteiführung. Auch bei ihm war es nicht möglich, die Verantwortung auf einige Gebiete zu beschränken. Sein Name stand unter allen möglichen Erlassen, über die Vergiftung der deutschen Jugend, über den SD, die Kirchenverfolgungen, antijüdische Maßnahmen, die Arbeit der Fünften Kolonne in anderen Ländern usw.

Ribbentrop war in stärkstem Maße an den verschiedenen Etappen der Verschwörung beteiligt, dem Angriffskrieg und dessen Erweiterung auf immer mehr Länder. Im Sommer 1939 sagte er zu Graf Ciano: »Wir wollen Krieg.«[101] Und im September desselben Jahres fertigte er – nach dem, was General Lahousen unter Eid erklärte – Richtlinien aus, die dazu führen sollten, dass »alle Gehöfte in Polen in Flammen aufgingen und alle Juden totgeschlagen würden«.[102] Als man so weit gekommen war, dass alliierte Flieger in Deutschland gelyncht wurden, fand Ribbentrop, dies sei nicht genug. Er wollte zu noch rabiateren Methoden greifen.

Gegen Keitel und Jodl wurde gleichzeitig verhandelt, was vernünftig war. Sie hatten in der nazistischen Kriegsmaschine Schlüsselstellungen inne. 87 individuelle Dokumente zeigten, dass ihre Tätigkeit weit über das hinausging, was man als militärische Aufgaben bezeichnen kann. Sie spielten bei der Vorbereitung der Angriffskriege eine aktive Rolle und

100 IMG, Bd. 4, S. 598: »... wenn wir den Kampf gewinnen würden. Dann ist Deutschland die erste Macht der Welt, dann gehört Deutschland der Markt der Welt, dann kommt die Stunde, wo Deutschland reich ist. Aber man muß was riskieren.«
101 IMG, Bd. 4, S. 629.
102 IMG, Bd. 2, S. 494.

versuchten, Begründungen für Völkerrechtsbrüche zu beschaffen. Bereits im April 1938 gab Keitel eine Denkschrift heraus, nach der die Frage, wieweit man die normalen Kriegsregeln den Neutralen gegenüber einhalten sollte, davon abhängig gemacht werden müsse, was am vorteilhaftesten sei. (Auf dieselbe Weise erklärte der deutsche Admiralstab in einem Memorandum vom 15. Oktober 1939, dass man wohl wünsche, die Regeln des Völkerrechts einzuhalten. Wenn man indessen durch eine kriegsnotwendige Maßnahme entscheidende Ergebnisse erwarten könne, müsse sie ohne Rücksicht darauf durchgeführt werden, ob sie dem Völkerrecht entspreche.) Lahousen kam in seiner Zeugenaussage auf die Sitzung im sogenannten Führerzug am 12. September 1939 zu sprechen. Sowohl Keitel als auch Jodl waren zugegen. Canaris äußerte – nicht zuletzt aus außenpolitischen Gründen – Bedenken gegen die bevorstehende Bombardierung Warschaus. Keitel erwiderte, dass diese Maßnahme bereits von Hitler und Göring entschieden worden sei. Canaris warnte vor den Verbrechen gegen die polnische Bevölkerung, die seines Wissens bevorstünden. Er sagte, die deutsche Wehrmacht werde einmal für diese Dinge verantwortlich gemacht. Keitel antwortete, dass die Entscheidung von Hitler bereits getroffen worden sei, der eine »politische Flurbereinigung« wolle.[103] Ende des Jahres 1940 erhielt die »Abwehr« den Befehl von Keitel, Marschall Weygand zu ermorden. Später verlangte er, General Giraud zu liquidieren. Mitte September 1941 unterschrieb Keitel die Erklärung, dass man bei jedem Widerstandsversuch gegen die deutsche Besatzung mit kommunistischen Urhebern zu rechnen habe. Sie müssten mit den härtesten Mitteln unterdrückt werden. »Dabei ist zu bedenken, daß ein Menschenleben in den betroffenen Ländern vielfach nichts gilt und eine abschreckende Wirkung nur durch ungewöhnliche Härte erreicht werden kann.«[104] Auf Keitels Namenszug unter dem berüchtigten Nacht- und Nebel-Erlass habe ich bereits hingewiesen. Im Mai 1942 riet Keitel den militärischen Führern, sich immer eine gewisse Anzahl von Geiseln, darunter bekannte Persönlichkeiten, zu sichern. Diese Geiseln sollten bei passender Gelegenheit erschossen werden. Jodl unterzeichnete den Befehl vom 6. Mai 1944, in dem stand: »Bei Bekämpfung der Banden soll man die SS, den SD und die geheime Feldpolizei einsetzen. In Ausnahmefällen sollen Kollektivstrafen gegen ganze Dörfer angewendet werden, auch in der Form, dass das

---

103 IMG, Bd. 2, S. 494.
104 IMG, Bd. 4, S. 509.

Dorf niedergebrannt wird.«[105] Die beiden führenden Hitlergeneräle unterschrieben die Befehle über die grausame Verfolgung und Ausplünderung der Zivilbevölkerung in der Sowjetunion. Sie hatten sich ein besonders reichhaltiges Sündenregister zugelegt.

Rosenberg war derjenige, der durch seine »Philosophie« zu Überfällen, Rassenhass und Kampf gegen die Kirchen hetzte. Auf einem Kongress in Frankfurt im März 1941 schlug er unter anderem vor, dass man für jeden deutschen Soldaten, der von französischen Patrioten getötet wurde, nicht 100 »gewöhnliche« Franzosen, sondern 100 jüdische Geschäftsleute und Intellektuelle erschießen sollte. Sein »Einsatzstab« stahl Kunstgegenstände und anderes, wo er nur konnte. Als Reichsminister für die besetzten Ostgebiete hatte er keine Gelegenheit, eine besonders herausragende Rolle zu spielen, mitunter suchte er sogar, mäßigend zu wirken. An den Judenverfolgungen war er jedoch beteiligt, ebenso an der Ausplünderung und Mobilisierung von Zwangsarbeitern. Sein Name stand unter jenen Erlassen, die man als Gebrauchsanweisung für Hinrichtungen in den baltischen Ländern benutzte. Man darf auch nicht vergessen, dass er es war, der zusammen mit Quisling und Raeder Hitler dazu brachte, Norwegen überfallen zu lassen.

Frank lud Schuld auf sich, zuerst als »Juristenführer« der Nazipartei[106] in Deutschland und danach als Generalgouverneur in Polen. Man geht kaum zu weit, wenn man sagt, dass er planmäßig dafür arbeitete, ein ganzes Volk zu dezimieren und auszurotten. In seinem Tagebuch stand folgender Satz: »Wenn wir den Krieg einmal gewonnen haben, dann kann meinetwegen aus den Polen und aus den Ukrainern[107] Hackfleisch gemacht werden.«[108] Im Laufe der ersten vier Jahre seiner Tätigkeit in Polen wurden fast vier Millionen Juden ermordet.

Frick – den sich ein früherer deutscher Staatsanwalt, Dr. Kempner, der inzwischen amerikanischer Professor geworden war, vornahm – schaltete die deutsche Verwaltung gleich und wurde Chef der gesamten Polizei.

---

105 IMG, Bd. 7, S. 127: »Das Überholen bandenverdächtiger Dörfer erfordert Erfahrung. SD und GFP-Kräfte sind heranzuziehen. Die wirklichen Bandenhelfer müssen erkannt und mit aller Härte erfaßt werden, Kollektivmaßnahmen gegen die Einwohner ganzer Dörfer (dazu gehört auch das Abbrennen der Ortschaften) dürfen nur in Ausnahmefällen und ausschließlich durch Divisionskommandeure oder SS- und Polizeiführer angeordnet werden.« Siehe auch IMG, Bd. 5, S. 457, IMG, Bd. 6, S. 439.

106 Frank war von 1934 bis 1941 Präsident der Akademie für Deutsches Recht.

107 An dieser Stelle von Brandt ausgelassen: »und dem, was sich hier herumtreibt«.

108 IMG, Bd. 5, S. 93.

Zusammen mit Göring schuf er die Gestapo und die Konzentrationslager. Er führte den Judenstern ein und sorgte – zusammen mit Himmler und dem »Ärzteführer« Conti – für das Gesetz, wonach alle Personen in Deutschland, die für die Kriegsmaschine wertlos waren (Greise, Krüppel, Geisteskranke) in sogenannten Pflegeanstalten getötet werden sollten. Später wurde er Reichsprotektor in Prag und machte sich dort einer Reihe von Grausamkeiten gegen Tschechen und Juden schuldig.

Streicher war bereits mit den Reden, die er gehalten, und den Artikeln, die er geschrieben hatte, verurteilt. Es spielt keine Rolle, dass er in den letzten Jahren in den Hintergrund trat. Die Früchte seiner teuflischen Agitation hatten sich da bereits gezeigt. Er war es auch, der 1938 das Zeichen zum Niederbrennen der Synagogen gab.

Funks Laufbahn sagt genug. Sie begann damit, dass er bei Großindustriellen Geld für die Nazis erbettelte. Dann wurde er Hitlers wirtschaftlicher Berater, Goebbels' Stellvertreter im Propagandaministerium, Reichswirtschaftsminister und Leiter der Kriegswirtschaft. Er war in starkem Maße mitschuldig an dem Angriffskrieg und der Ausplünderung der besetzten Länder.

Schacht war nicht wegen der Dinge angeklagt, die er *nicht* getan hatte. Die Anklagebehörde wusste durchaus, dass der SD ihn im Jahre 1937 als »parteifeindlich« bezeichnet hatte und er im Konzentrationslager saß, als der Krieg zu Ende ging. Er war aber daran beteiligt, Hitler zur Macht zu verhelfen. In den ersten kritischen Jahren leitete er die Wirtschaftspolitik der Nazis und organisierte die finanziellen Kriegsvorbereitungen. Als er sich aus dem Ministerium zurückzog, geschah es nicht, weil er das Hauptziel ablehnte, sondern auf Grund einer Rivalität mit Göring. Als er zur Jahreswende 1938/39 als Präsident der Reichsbank zurücktrat, sagte er zu dem damaligen Finanzminister [Schwerin von Krosigk]: »Das Reich ist bankrott; ich will für die unvermeidliche finanzielle Katastrophe nicht verantwortlich sein.«[109] Bis zum Januar 1943 war er Reichsminister ohne Geschäftsbereich.

Dönitz und Raeder tragen eine große Verantwortung für den Angriffskrieg, nicht zuletzt, aber auch nicht nur, für die Invasion Dänemarks und

---

109 Formal trat Schacht nicht zurück, sondern wurde von Hitler im Januar 1939 als Reichsbankpräsident entlassen, doch entsprach dies Schachts Absicht. Die Gründe hierfür sind in dem Zitat zwar zutreffend dargestellt, eine Äußerung dieses Wortlautes war aber nicht nachweisbar. In einem Verhör am 24. September 1945 berichtete Schwerin von Krosigk, dass Schacht Ende 1938 ihm weitere Kredite der Reichsbank für das Reich verweigert habe, »weil er, wie er sagte, wünschte, es sollte Hitler klargemacht werden, dass das Reich bankrott sei.« IMG, Bd. 33, S. 172.

Norwegens. Raeder hatte an der geheimen Aufrüstung, danach an dem Bruch des Flottenabkommens mit England teilgenommen. Er nahm an den Sitzungen teil, in denen Hitler sein Angriffsprogramm skizzierte. Als der Passagierdampfer »Athenia« im September 1939 versenkt wurde, war Raeder damit einverstanden, die Schuld auf Churchill abzuwälzen, obwohl er wusste, dass das deutsche U-Boot U 30 dafür verantwortlich war. Er gab den Befehl Hitlers weiter, Kommandosoldaten umzubringen, und widersetzte sich nicht der Mord-Politik gegenüber alliierten Seeleuten. Sie wurde dann von Dönitz weitergeführt. Er war als einer der fanatischsten Hitleroffiziere bekannt, und insofern war es kein Zufall, dass er ganz am Ende zum Ersatzführer ernannt wurde. Im September 1942 gab Dönitz eine Anweisung heraus, die das Verbot enthielt, Mannschaften versenkter Schiffe mit Ausnahme von Kapitänen und Ersten Maschinisten zu retten. Die Mannschaften sollten auf dieselbe Weise vernichtet werden wie die Schiffe. Ein deutscher Marineleutnant, Heisig, trat als Zeuge auf und gab eine Äußerung Dönitz' in einer Unterseebootsschule an der Monatswende September-Oktober 1942 wieder. Sie besagte, dass »die Besatzungen für Schiffe [für die Unterseeboote] genau so ein Ziel wie auch die Schiffe [sind]«.[110] Hitler und Dönitz rieten den Japanern, dieselbe Methode anzuwenden, nämlich auf die Rettungsboote zu schießen. Im Jahre 1944 verlangte Dönitz, dass 12 000 Gefangene aus Konzentrationslagern in die Marinewerften gebracht werden sollten. Er griff die Frage der Sabotage in den dänischen und norwegischen Werkstätten auf und war der Meinung, dass die ganze Politik gegenüber den skandinavischen Ländern verschärft werden sollte, wenn nicht eine verschärfte Kontrolle durch die Gestapo zum Ziele führte. Dann sollte man Arbeitskolonnen auf Gefangenenbasis benutzen.[111]

Schirach schaltete die deutsche Jugend gleich und tat das Seinige, um sie auf den Krieg vorzubereiten. Als »Statthalter« in Wien während des Krieges machte er sich einer Politik schuldig, die in großem Umfange auf Terror basierte. In einer Rede am 14. September 1942 sagte er, dass die Verschleppung in die Ghettos im Osten »ein aktiver Beitrag zur europäischen Kultur« sei.[112]

---

110 IMG, Bd. 5, S. 257.
111 In der schwedischen Ausgabe ist dieser etwas unklare Satz verdeutlicht: Er griff die Frage der Sabotage in den dänischen und norwegischen Werkstätten auf und ordnete an, dass man, falls ein verschärfter Gestapoterror nicht hilft, unter der Bevölkerung ebensolche Arbeitskolonnen rekrutieren sollte wie diejenigen der Gefangenen.
112 IMG, Bd. 3, S. 591. – Bei Brandt wurde die Rede am 15. September 1942 gehalten. Sie wurde an diesem Tag in der Wiener Ausgabe des Völkischen Beobachters veröffentlicht.

Sauckel war einer der schlimmsten nazistischen Gauleiter. Seit 1942 war er höchster Chef der Sklavenarbeiterinstitution. In einer Sitzung, an der Hitler, Himmler und Speer teilnahmen und in der er den Auftrag erhielt, weitere Arbeiter zu beschaffen, verlangte er ausdrücklich, dass ihm Polizei und Gestapo zur Verfügung gestellt würden. Das bekam er auch.

Speer stand zum Ende hin in Opposition zu Hitler und widersetzte sich der desperaten Sprengungspolitik, die angeordnet worden war. Die Tatsache bleibt jedoch, dass er zusammen mit Sauckel die Hauptverantwortung für die Verschleppung ausländischer Arbeitskräfte trug. In einer Zusammenkunft, die er am 4. Januar 1943 mit Hitler hatte, wurde zum Beispiel beschlossen, die Zwangsverschickung französischer Arbeiter nach Deutschland zu verschärfen. Als Rüstungsminister war Speer an der Ausplünderung der besetzten Länder beteiligt.

Papen und Neurath waren die wichtigsten diplomatischen Vertreter Deutschlands bei der Planung des Angriffskrieges. Ihre Rolle in diesem Zeitraum war nicht besser als die, welche die militärischen Führer spielten. Papen wurde als der gewissenlose Intrigant charakterisiert, der er war. Auf das Konto Neuraths kam außer der Leitung des Auswärtigen Amtes bis zu Beginn des Jahres 1938 noch die Zeit als Reichsprotektor in Prag. Er saß dort, als die tschechischen Studenten Ende 1939 niedergemäht wurden.

Seyß-Inquart war das wichtigste Werkzeug Hitlers bei der Einverleibung Österreichs. Dann wurde er Stellvertreter des Generalgouverneurs in Polen und darauf Reichskommissar in den Niederlanden. Das bedeutet, dass er die Ausplünderung, den Terror, die Judenverschleppung auf seinem Gewissen hat. Er war für die Hungersnot der niederländischen Bevölkerung verantwortlich und für die Überschwemmungen,[113] die einen großen Teil des besten Bodens vernichteten.

Fritzsche fungierte wohl am ehesten als eine Art von Goebbels-Ersatz. Er nahm aktiv an der Gleichschaltung der deutschen Presse teil. Im deutschen Rundfunk betrieb er eine schamlose Hetztätigkeit. Er forderte in ziemlich unzweideutigen Worten zu Gewalttaten verschiedener Art auf.

Bei Kaltenbrunner fand man, dass eine individuelle Beweisführung nichts nützte. Er wurde gleich zusammen mit der ganzen Gestapo und dem SD angeklagt. Er war der Urheber vieler der schlimmsten Befehle

---

113 Im April 1945 wurden von der Wehrmacht in den Niederlanden umfassende Überflutungen und Deichsprengungen am Ijsselmeer vorgenommen, die die Landgewinnungen der Niederländer zerstörten.

für Mord, Misshandlungen und Massenabschlachtungen. Wäre es nach ihm gegangen, wäre praktisch kein Nazigegner lebend aus den Konzentrationslagern herausgekommen. Er beabsichtigte, sie in der letzten Phase des Krieges zu liquidieren.

Bei Bormann war nicht mehr festzustellen, was aus ihm geworden war, und deshalb wurde er in absentia angeklagt. Seine Papiere waren nicht viel besser als die Kaltenbrunners. Er war der Nachfolger von Heß und wurde Chef der »Parteikanzlei«.[114] Er gab viele Erlasse über Kirchen- und Judenverfolgungen, Verschleppungen, das Verhungern lassen und Lynchen alliierter Flieger. Bormann war ein typischer Vertreter derer, die das Gesetz des Dschungels hochhielten. Dieses war ein Teil seines Programms: »Die Sklaven sollen für uns arbeiten. Soweit wir sie nicht brauchen, können sie gerne krepieren.«[115]

Der Anklagebeschluss verlangte jedoch nicht nur, dass diese 22 Vertreter des nazistischen Systems wegen ihrer Taten abgeurteilt werden sollten. Er enthielt außerdem die Forderung, dass eine Reihe nazistischer *Organisationen* für verbrecherisch erklärt werden sollten.

Mit diesem Teil der Anklage beabsichtigte man, die juristische Verfolgung vernünftig einzugrenzen. Die Behandlung der vielen Tausend individuellen Fälle sollte durch ein Urteil des Militärgerichts vereinfacht werden. Diese Forderung, eine Art Kollektivurteil zu fällen, wirft höchst komplizierte rechtliche Probleme auf. Das Gericht bat daher die Anklagebehörde, die Anklagen zu präzisieren und näher zu begründen, welche Gruppen sich besonders schuldig gemacht hatten. Ich will mich nicht auf Vermutungen darüber einlassen, welchen endgültigen Standpunkt das Gericht in dieser Angelegenheit einnehmen wird, sondern mich darauf beschränken zu umreißen, wie sich die Frage für einen gewöhnlichen »Student of Nuremberg« darstellte.

Was die Reichsregierung betrifft, so war die Sache verhältnismäßig klar. Ihre Mitglieder mussten wissen, was vor sich ging und wie das Ziel der Hitlerschen Politik aussah. Wenn einige von ihnen es nicht wussten, macht das ihre Verantwortung kaum geringer. Wenn die Regierung eines Landes nicht die Verantwortung für die Politik des Landes zu tragen hat, wer soll es dann tun?

---

114 Bei Brandt nicht ganz korrekt beschrieben: »Er war der Nachfolger von Heß als Chef der Kanzlei der Nazipartei.« Erst mit Heß-Nachfolger Martin Bormann wurde die »Dienststelle Stellvertreter des Führers«, wie sie bis 1941 hieß, in »Parteikanzlei« umbenannt.

115 IMG, Bd. 5, S. 379: »mögen sie sterben.«

Regierungsmitglieder gab es ja verhältnismäßig wenig. Dagegen würde die Kriminalisierung des sogenannten Führerkorps der Nazipartei – mit etwa 600 000 Mitgliedern – viele Menschen treffen. Sie sind sicherlich nicht alle gleich schuldig. Doch ohne Schuld ist keiner von ihnen. Sie haben von allen Arten von Verfolgung und Terror gewusst, sind dabei gewesen und haben Befehle erteilt.

Noch größer wäre der Kreis, nähme man die ganze SA hinzu. Diese Organisation hatte im Jahre 1943 zwischen anderthalb und zwei Millionen Mitglieder, früher etwa vier Millionen. Die SA-Leute spielten in den letzten Jahren keine sonderlich aktive Rolle. Der Ankläger in Nürnberg hatte jedoch völlig recht, als er sie als »die Gangster des Naziterrors« charakterisierte.[116] Die Überfälle durch die SA spielten eine wesentliche Rolle bei der Vorbereitung der Machtübernahme, und es waren SA-Leute, die als Erste eingesetzt wurden, um Konzentrationslager zu bewachen, und die Ersten, die in ihren Kasernen Menschen misshandelten. Die SA war auch ein Werkzeug bei der Vorbereitung des Krieges.

Die SS, die bei Kriegsende 750 000 Mitglieder hatte, wird von einer ungleich größeren Verantwortung getroffen. Die SS-Leute wussten, dass ihre »Eliteorganisation« die Konzentrationslager unter sich hatte und die Ausrottung der Juden besorgte. Ihre Mitglieder fanden in »Einsatzgruppen« und anderen Terroreinheiten Verwendung. Die Mitgliedschaft in der SS war freiwillig, wenn man diejenigen ausnimmt, die in der letzten Phase des Krieges zur Waffen-SS gezogen wurden.

Für die Gestapo und den SD gilt das, was für die SS gesagt worden ist, nur in noch stärkerem Maße. Es ist nicht notwendig, die Aufzählung des Terror-Registers zu wiederholen. Die Gestapo und der SD nahmen an jeder einzelnen der Aktionen teil, die als »Verschwörung« und »Verbrechen gegen die Menschlichkeit« bezeichnet werden, sowie an vielen Kriegsverbrechen.

Die Gestapo und der SD hatten eine Sonderstellung. Bei der SA und dem Führerkorps – und in gewissem Maße auch bei der SS – waren die Dinge komplizierter. Hier musste man differenzieren. Es gab jedoch keine Veranlassung, diese Differenzierung zu weit zu treiben. Als die amerikanischen Behörden im Einvernehmen mit der Anklagebehörde in Nürnberg Anfang Februar 1946 neue Richtlinien für eine Internierung erließen, hieß es, dass man beim Führerkorps alle vom »Ortsgruppenlei-

---

116 Diese Charakterisierung ist nicht im amtlichen Text enthalten. Dort heißt es, dass die SA »bei der Errichtung der Nazi-Schreckensherrschaft [...] eine bedeutende Rolle« spielte (IMG, Bd. 1, S. 308).

ter« an aufwärts internieren würde. Von der SS (auch der Waffen-SS) wollte man sämtliche Offiziere und Unteroffiziere festsetzen, von der SA dagegen nur Führer im Range eines Majors und höher. Darüber hinaus hielt man selbstverständlich an dem Beschluss fest, individuelle Kriegsverbrecher festzusetzen, ohne Rücksicht darauf, welchen Rang und welche Stellung sie gehabt hatten.

Ende Februar hatten etwa 150 000 Mitglieder der verschiedenen Naziorganisationen an das Gericht geschrieben und darum gebeten, ihren Fall individuell zu prüfen. Das war eine recht späte Bekehrung zum Grundsatz eines gesicherten individuellen gerichtlichen Verfahrens. Der Präsident des Gerichts erhielt auch einen Brief des früheren Feldmarschalls Brauchitsch, der dagegen protestierte, dass das Oberkommando und der Generalstab unter den verbrecherischen Organisationen firmierten. Brauchitsch wünschte, dass zwischen Leuten des Typs Keitel/Jodl und Offizieren der alten Schule ein klarer Unterschied gemacht werde.

Doch legte die Anklagebehörde gerade gegen das Oberkommando konkretes und schwer belastendes Material vor. Der Kreis der Betroffenen wurde auf die Chefs des Oberkommandos der Wehrmacht, des Heeres, der Marine und der Luftwaffe sowie jene beschränkt, die an der Spitze der verschiedenen Kommandos im Felde gestanden hatten. Zusammen etwa 130 Personen, von denen 114 am Leben waren, als der Prozess begann.

Der amerikanische Ankläger, der das Material gegen diese Gruppe vorlegte, unterstrich, dass die Generäle nicht deswegen angeklagt wurden, weil sie ihrem Lande als Soldaten gedient hatten. Sie sollten sich aber auch nicht damit entschuldigen können, Uniform getragen zu haben, als sie ihre Verbrechen begingen. Jackson unterstrich diesen Gesichtspunkt noch in einer Polemik gegen eine amerikanische Militärzeitschrift, die der Ansicht war, es sei abwegig, jemanden zu verurteilen, weil er seinem Land im Krieg gedient hatte. »Ich hob hervor, dass wir diese Militaristen nicht unter Anklage gestellt haben, weil sie ihrem Lande dienten, sondern weil sie es beherrschten, nicht weil sie während des Krieges kämpften, sondern weil sie ihn begonnen haben.«[117] Hitler

---

117 IMG, Bd. 2, S. 179 f.: »Die Männer der Wehrmacht stehen nicht vor Ihnen [den Richtern], weil sie ihrem Lande gedient haben. Sie sind vielmehr hier, weil sie es zusammen mit den anderen beherrscht und in den Krieg hineingetrieben haben. Sie stehen auch nicht hier, weil sie den Krieg verloren, sondern weil sie ihn begonnen haben.«

weihte die Generäle in seine Angriffspläne ein. Sie machten sich an der Verschwörung mitschuldig. Sie billigten Dinge wie den Befehl, uniformierte Kommandosoldaten zu töten.

All das war dennoch nichts im Vergleich zu den Ereignissen an der Ostfront. Es wurde dokumentiert, dass die »Einsatz«-Gruppen teilweise sehr eng mit den militärischen Führern zusammengearbeitet hatten. Der Krieg gegen die Partisanen wurde nach Konferenzen zwischen SS-Führern und Vertretern der Wehrmacht durchgeführt. An der Planung, wie russische Kriegsgefangene zu behandeln seien, waren auch Militärs beteiligt. Von Reichenau billigte ausdrücklich die Maßnahmen gegen Juden und Partisanen. Ein Dokument über die Einsatzgruppe A und die Ausrottung der Juden im Nordabschnitt (für die Zeit bis zum 15. Oktober 1941) erwähnte unter anderem, dass »die Zusammenarbeit mit der Panzergruppe 4 unter Generaloberst Hoeppner sehr eng, ja fast herzlich, war«.[118] Außer Schellenberg, den ich bereits erwähnt habe, sprach auch der frühere SS-Brigadeführer Ernst Rode von enger Zusammenarbeit. Er bestätigte, dass die Einsatzgruppen an der Front den militärischen Oberkommandierenden untergeordnet waren. Er selbst war zu der Überzeugung gelangt, »daß ein energischer einheitlicher Protest aller Feldmarschälle eine Änderung der Expeditionen und Methoden mit sich gebracht hätte.«[119] Otto Ohlendorf, ehemals Leiter des Amtes III im Reichssicherheitshauptamt, kam in seiner Zeugenaussage gleichfalls auf die Vereinbarung zu sprechen, die kurz vor Beginn des Krieges gegen die Sowjetunion getroffen wurde und bei der Heydrich sowie der Generalquartiermeister Wagner die Vereinbarenden waren. Jeder Armeegruppe wurde eine Einsatzgruppe zugeteilt, und die Einsatzgruppen waren wiederum in verschiedene Einsatzkommandos unterteilt. Ohlendorf selbst war vom Juni 1941 bis zum Tode Heydrichs im Juni 1942 Leiter der Einsatzgruppe D in der Südukraine. Sie unterstand der 11. Armee, erst mit von Schobert[120] und dann mit Manstein als Oberkommandierendem. Der Zeuge erklärte, dass in seinem Bezirk im Laufe des ersten Kriegsjahres etwa 90 000 Männer, Frauen und Kinder liquidiert worden seien. Das, sagte er, geschah mit Wissen und Willen des Oberkomman-

---

118 IMG, Bd. 4, S. 515. – Dort: »daß die Zusammenarbeit mit der Wehrmacht im allgemeinen gut, in Einzelfällen, wie z. B. mit der Panzergruppe 4 unter Generaloberst Hoeppner, sehr eng, ja fast herzlich war.« Auslassung nach »Zusammenarbeit« bei Brandt nicht gekennzeichnet.

119 IMG, Bd. 4, S. 524. Dort statt »Expeditionen«: »Aufgaben.«

120 Bei Brandt: Schober.

dos. Das Einzige, worum es ersuchte, war, dass die Massenhinrichtungen mindestens 200 Kilometer vom Hauptquartier entfernt vorgenommen werden sollten. Es kam aber auch vor, dass die militärische Führung die Massenmörder bat, sich zu beeilen, weil »ein Mangel an Häusern und die Gefahr einer Hungersnot bestand.«[121] Die Armee hatte weiter die Forderung gestellt, ihr die Uhren der Getöteten auszuliefern. SS-General von dem Bach-Zelewski sagte ebenfalls, dass der Wehrmacht die sogenannte Bandenbekämpfung gut bekannt gewesen sei. Ohlendorf berichtete von einem Gespräch, das er im Mai 1945 in Flensburg mit Himmler geführt hatte. Himmler sagte, die Generäle seien ebenso schuldig wie »wir anderen«.

Das ist natürlich kein Beweis. Himmler war daran interessiert, eine Solidarität der Schuld zu schaffen. Die meisten Generäle waren nicht so schuldig wie die SS-Führer. Aber es gab viele unter ihnen, die sich so benahmen, dass Himmlers Worte einen deutlichen Kern von Wahrheit enthielten. Sie beschmutzten die Soldatenehre. Man kann über die deutsche Armee sagen, dass Soldaten selten bereit waren, so ausdauernd für eine derart schlechte Sache zu kämpfen, und selten hat ein so großer Teil der militärischen Führung so wenig Achtung vor dem Begriff der Ehre gehabt.

Es ist nutzlos, Tatsachen damit vertuschen zu wollen, dass der eine oder auch beide Hauptschuldige, Hitler und Himmler, nicht auf die Anklagebank gesetzt werden konnten. Es nützt nichts, von anderen oder etwas anderem zu reden. Man muss eins nach dem anderen erledigen. Die Alliierten müssen mit Nürnberg und mit den anderen Kriegsverbrechern fertig werden. Die Deutschen müssen die ausstehende Säuberung so gründlich durchführen, wie sie können und dürfen. Sie müssen mit den Schuldigen abrechnen und gleichzeitig das Problem der Verantwortung erkennen.

Die Verteidiger in Nürnberg, die sich verleiten ließen, die Kriegsverbrecher mit Deutschland zu identifizieren, leisteten ihrem Land einen sehr schlechten Dienst. Dieses Täuschungsmanöver hätte dadurch abgewendet werden können, dass ein deutscher antinazistischer Staatsanwalt zusammen mit den alliierten Anklägern aufgetreten wäre. Das hätte solche Ablenkungsversuche erschwert.

Nürnberg ist ein Prüfstein. Die Deutschen müssen sich entscheiden, ob sie einen klaren Bruch mit der Vergangenheit wollen. Je klarer dieser

---

121 IMG, Bd. 4, S. 352. Dort: »in diesem Gebiet Hungersnot drohe und ein großer Wohnungsmangel sei.«

Bruch ist, je weniger Versuche der Vertuschung und Begriffsverwirrung unternommen werden, umso leichter wird es, den Ausgangspunkt für ein würdiges nationales Leben zu finden.

III. Nürnberg und die Deutschen

Das Zeugnis des Richters Jackson

Wie reagierten die Deutschen auf den großen Prozess? Auf diese Frage sind viele falsche Antworten gegeben worden. Sie war auch nicht leicht zu beantworten. Die öffentliche Meinung ist immer schwierig zu messen, und besonders kompliziert wird es bei einer Bevölkerung, die nach dem Zusammenbruch großenteils gelähmt ist und noch nicht zu einem neuen politischen und mentalen Gleichgewicht gefunden hat.

Allerdings war klar, dass diejenigen Deutschen, die weiterhin Nazis blieben, das Ganze entweder als »Schwindel« abtaten oder von »den schlechten Ratgebern des guten Führers« und ihrer eigenen blütenweißen Weste sprachen. Dann gab es einen weiteren Teil der Bevölkerung, der dem Prozess gleichgültig gegenüberstand – ja gleichgültig gegenüber allem, was nicht Lebensmittel, Unterkunft und Heizmaterial betraf. Wenn ausländische Korrespondenten »den kleinen Mann«, der dieser Kategorie angehörte, dazu brachten, sich zu äußern, konnten sie die idiotischsten Antworten erhalten. Es war nicht so, dass diese Leute sich groß um das Schicksal der Naziführer bekümmerten. Es fiel ihnen aber offenbar schwer zu erkennen, dass Göring und seine Kumpane angeklagt waren, weil sie den Krieg angefangen, nicht, weil sie ihn verloren hatten. Sie besaßen vielleicht ein verschwommenes Gefühl, dass der Prozess gegen ganz Deutschland gerichtet war und das Urteil jeden Deutschen treffen würde, unter anderem in Form schwerer wirtschaftlicher Lasten. Falls sie eine Überzeugung hatten, dann lautete sie ungefähr so, dass »das Urteil bereits im Voraus gefallen« sei.

Die Leute brauchten übrigens nicht einmal Deutsche zu sein, um das, was in Nürnberg vor sich ging, nicht richtig zu verstehen. Das merkte ich unter anderem am 8. Februar, als der russische Hauptankläger seine Eröffnungsrede hielt. Ein amerikanischer Offizier, der in Nürnberg stationiert war, fragte mich im vollen Ernst, ob Rudenko ein russischer Kollaborateur sei, der auf deutscher Seite am Kriege teilgenommen hatte! Er glaubte wohl zunächst, Rudenko sitze auf der Bank der Angeklagten und wolle eine Verteidigungsrede halten. Der gute Mann ahnte nichts davon, dass jede der vier Mächte ihren Hauptankläger hatte.

Die bewusst antinazistischen Deutschen wünschten – man möchte sagen: selbstverständlich – eine scharfe Abrechnung. Unter ihnen gab es jedoch viele, die nicht verstanden, warum die Abrechnung in streng rechtlichen Formen vorgenommen wurde. Der Sinn für Recht hatte auch bei der antinazistischen Minderheit während des Nazismus ernsten Schaden genommen. Als das Verfahren in Nürnberg begann, steckte man noch mitten in den Diskussionen über den Belsen-Prozess in Lüneburg.[122] Es sah so aus, als hätte dieser mehr Schaden als Nutzen gestiftet. Die »Parteigenossen« gingen mit Zeitungsberichten über den englischen Verteidiger hausieren, der über Kramer und seine Leute gesagt hatte, dass man sie nicht verurteilen könne, weil sie auf Befehl gehandelt hätten. Es waren nicht die schlechtesten Deutschen, die sagten, Gott möge uns vor der gerichtlichen Verfolgung der Alliierten bewahren, wenn das so weitergeht. Sie meinten damit, dass um die Naziführer allzu viel Aufhebens gemacht werde. Sie sagten – wie es einer der sozialdemokratischen Führer in Berlin, Gustav Dahrendorf, ausdrückte – man solle »kurzen Prozess« machen.

Von einer gewissen Bedeutung für die Haltung eines Teils der antinazistischen Deutschen war die Überzeugung, dass die Naziführer von einem deutschen, nicht von einem alliierten Gericht hätten abgeurteilt werden müssen. Diese Meinung schimmerte durch einen Teil der deutschen Pressekommentare hindurch, als der Prozess begann. Mehrerenorts wurde hervorgehoben, dass die Kriegsverbrecher auch Volksverbrecher seien. Eine der neuen Berliner Zeitungen schrieb: »Unter den Anklägern befinden sich die Witwen und die Waisen und unendlich viele Tränen.«[123]

Doch die Auffassung, dass Hitlers nächste Mitarbeiter durch ein deutsches Gericht hätten abgeurteilt werden können, basierte auf einer falschen Einschätzung der Situation. Der Gerichtshof musste ein alliierter sein, schon allein deshalb, weil es keine deutsche Regierung, keinen deutschen Staat gab. Ich glaube trotzdem, dass es möglich gewesen wäre, den deutschen Nazigegnern in den Reihen der Anklagebehörde einen eigenen Platz einzuräumen.

Jedenfalls ist ganz klar, dass in Nürnberg mehrere Regiefehler passiert sind. Etwas überspitzt könnte man sagen, dass die Vorbereitungen zunächst hauptsächlich die amerikanische Presse im Blick hatten. Es wäre

---

122 Der Prozess gegen Angehörige des Personals von Bergen-Belsen fand vom 17. September bis 17. November 1945 vor einem britischen Militärgericht in Lüneburg statt. Elf der 48 Angeklagten, darunter der Lagerkommandant Josef Kramer, wurden zum Tode verurteilt und hingerichtet.

123 Zitat nicht nachweisbar.

Der Sitzungssaal am ersten Tag des Nürnberger Kriegsverbrecherprozesses am 20. November 1945. Rechts im Bild die Bank der Angeklagten mit Göring, Heß, von Ribbentrop, Keitel und Kaltenbrunner in der ersten Reihe.

möglich gewesen, hervorragende deutsche Juristen und repräsentative Mitglieder antinazistischer Vereinigungen – die im Voraus die »Reifeprüfung« der Alliierten bestanden hatten – einzuladen, um den Gerichtsverhandlungen beizuwohnen. Es wäre auch *möglich* gewesen, der neuen deutschen Presse bei einem Prozess, der in Deutschland und gegen deutsche Verbrecher durchgeführt wurde, von 200 bis 300 Plätzen mehr als fünf zu geben. Es dauerte über einen Monat, bis diese Politik geändert wurde. Nach dem Jahreswechsel bekam die deutsche Presse mehr Plätze, sie erhielt sogar einen eigenen Arbeitsraum im Justizgebäude. Die Zuhörertribüne konnte nun auch von mehr deutschen Antifaschisten besucht werden, nicht nur von Alliierten in Uniform. Das war wichtig. Nachdem die Gewerkschaftsfunktionäre aus Nürnberg mit eigenen Augen gesehen hatten, was dort vor sich ging, konnten sie auf ihren Gewerkschaftsversammlungen viel überzeugender und mit einer ganz anderen Autorität berichten. Und das war eine große Aufgabe: die Deutschen über den Prozess aufzuklären. Der Rechtsanwalt Hugo Lindberg hielt sich im Dezember als Beobachter der schwedischen Regierung in Nürnberg auf. Bevor er nach Hause fuhr, fragte ich ihn, ob er etwas Besonders sagen wolle. Er erwiderte: »Die Hauptsache ist, dass die Deutschen es *erfahren*.«

Die Mängel zu Prozessbeginn wurden teilweise durch die Rede Jacksons am Tage nach der Eröffnung[124] aufgewogen. Er legte entsetzlichste Tatsachen über die Verbrechen vor, die von den Nazi-Führern und ihren Mitverschworenen im Namen des deutschen Volkes begangen wurden. Er klagte jedoch nicht das Volk als solches an. Jackson zeigte Verständnis für die Deutschen, gerade weil er nicht die These von der Kollektivschuld aufgriff. Er verwarf sie, indem er feststellte, dass die Nazipartei nicht auf demokratische Weise an die Macht gekommen sei. Die Nazis hätten sich die Macht durch ein Bündnis mit den hemmungslosesten Reaktionären und aggressivsten Militaristen angeeignet. Wenn es so gewesen wäre, dass die deutsche Bevölkerung bereitwillig das nazistische Programm angenommen hätte – sagte der amerikanische Hauptankläger –, hätten die Nazis keine Sturmabteilungen für die Machtübernahme und auch hinterher keine Konzentrationslager und keine Gestapo gebraucht.

Jackson machte klar, dass das amerikanische Volk, trotz allem, was geschehen war, den gewöhnlichen Deutschen nicht hasse, sondern seine praktischen Fähigkeiten und seinen Fleiß respektiere.[125] Ferner stellte er fest, dass auch die Deutschen – nicht weniger als die übrige Welt – mit denjenigen, die angeklagt waren, eine Rechnung zu begleichen hätten. Antinazistische Deutsche waren nicht unter den Anklägern vertreten. Jackson sprach zum Teil in ihrem Namen. In den ersten Abschnitten seiner Eröffnungsansprache klagte er die Naziführer der Gewalttätigkeit gegen die deutsche Gesellschaft, der Unterjochung der deutschen Bevölkerung und des terroristischen Vorgehens gegen oppositionelle Elemente sowie deren physischer Vernichtung an. Der Terror hatte lange vor 1933 begonnen.

Selbstverständlich hätten die deutschen Demokraten stärkeren Widerstand gegen die nazistische Aushöhlung der Republik und die Angriffe in der letzten Phase leisten müssen. Richter Jackson ist ein taktvoller Mann, und so sagte er es nicht, aber er meinte es gleichwohl. Andererseits vergaß er nicht zu erwähnen, dass die demokratischen Elemente, die Deutschland mit Hilfe des neuen und schwachen Apparates der Weimarer Republik

---

124 IMG, Bd. 2, S. 115-183.
125 Vgl. Formulierungen in: IMG, Bd. 2, S. 120.

zu regieren versuchten, »von den demokratischen Kräften in der übrigen Welt, einschließlich meines eigenen Landes, nur unzureichend unterstützt« wurden.[126] Er wies auch auf die überaus schwierigen Verhältnisse hin, die im Zusammenhang mit der Weltwirtschaftskrise entstanden waren.

Im Anklagebeschluss wurden die Kriegsverbrecher auch wegen der Gewaltpolitik angeklagt, die sie gegen ihr eigenes Land geführt hatten. Jackson arbeitete diesen Punkt deutlicher heraus. Leute aus seinem Stab halfen ihm dabei. Sie berichteten unter anderem über die nazistische Polypenorganisation, die die gesamte Gesellschaft zu Sklaven machte. Botschafter Messersmith brachte in einer eidesstattlichen Erklärung zum Ausdruck, dass die Nazis nicht die Mehrheit hinter sich hatten, als sie die Macht übernahmen, sie aber die Macht mit Hilfe von »Organisation und Terror« festigen konnten. Jackson wies nach, wie der Reichstagsbrand Ende Februar 1933 so geschickt ausgenutzt wurde, dass »das deutsche Volk [...] in den Händen der Polizei war, die Polizei in den Händen der Nazi-Partei und die Partei in den Händen einer Gruppe von Übeltätern«.[127]

Der Krieg gegen die oppositionellen Elemente in Deutschland war permanent. Der Kampf auf innenpolitischem Gebiet war die Generalprobe dessen, was dann im Weltmaßstab durchgeführt wurde. Die Anklage unterschied zwischen Verbrechen gegen die Menschheit, die die nazistischen Führer vor dem Kriege und während des Krieges in Deutschland begingen, und solchen, die sie in besetzten Ländern verübten. Jene Nazis, die die Verschwörung planten, unterschieden in diesem Punkt allerdings nicht. Sie hatten nur *eine* Absicht und *einen* Plan, der darauf abzielte, Menschen und Einrichtungen, die Hindernisse für die »Neuordnung« waren oder als solche betrachtet wurden, auszurotten.

Zuerst kam »der Schlag gegen die deutsche Arbeiterklasse«. Jackson sagte, dass die Arbeiter in Deutschland, so wie in anderen Ländern, begriffen, dass sie bei einem Krieg wenig gewinnen konnten. Die Arbeiter hatten 1933 noch nicht vergessen, wie hart das Joch des Krieges sein kann. Die Militaristen hatten andererseits nicht vergessen, dass die Arbeiter sich 1918 den aufrührerischen Matrosen und Soldaten anschlossen. Die Nazis waren vom ersten Augenblick an darauf bedacht, die Arbeiterklasse zu unterjochen. Das bedeutete, dass die Organisationen der Arbeiter zerschmettert werden mussten. Die Gewerkschaftsbewegung wurde von

126 IMG, Bd. 2, S. 128.
127 IMG, Bd. 2, S. 131 f.

den Nazis okkupiert, sie stahlen ihre Mittel und brachten viele Führer in Konzentrationslager. Die Amerikaner legten auch den Kampf gegen die deutschen Kirchen und Pazifisten sowie den Ausrottungsfeldzug gegen den jüdischen Teil der Bevölkerung dar. Sie gaben konkrete Beispiele dafür, wie es bei den Wahlen, die unter Hitlers Regime abgehalten wurden, zuging. Berichte des SD deckten auf, dass die Stimmzettel mit unsichtbarer Tinte nummeriert waren, so dass man nachträglich feststellen konnte, wer so mutig gewesen war, zu opponieren. Andere Dokumente zeigten, dass die Aktion gegen die Juden im November 1938 nicht spontan entstanden war, wie die Nazis es darstellen wollten. Diese Aufgaben wurden den Parteiabteilungen zugewiesen. Sie hatten aber Befehl, in Zivilkleidung zu operieren.

Terror war das wichtigste Instrument, um die Deutschen in die Kriegsmaschine hineinzupressen. Der Hauptankläger erinnerte daran, dass Buchenwald 1933 errichtet wurde und Dachau 1934.[128] Das Dritte Reich verwandelte sich im Laufe kurzer Zeit in »eine riesige Folterkammer«.[129] Die Elemente des deutschen Volkes, die ehrenhaft und mutig waren, sagte Jackson, wurden vernichtet. Die ehrenhaft, aber schwach waren, wurden eingeschüchtert. Der offene Widerstand war schwach und unentschlossen, und allmählich hörte er auf. »Aber Widerstand [...] blieb immer vorhanden.« Der Vertreter der USA fügte hinzu, dass er froh sei, dies feststellen zu können. Er wies auf »solche Ereignisse wie den Versuch, Hitler am 20. Juli 1944 ums Leben zu bringen«, hin.[130]

Das »Zeugnis« des Richters Jackson hatte sehr große Bedeutung. Sein Stab sorgte dafür, dass deutsche Antinazisten bei der Dokumentation einer Reihe von Anklagepunkten zu Wort kamen. Die früheren sozialdemokratischen Reichstagsabgeordneten Gerhard Seger und Josef Simon, der Gewerkschaftler Lorenz Hagen und andere zeugten durch schriftliche Erklärungen von den Konzentrationslagern vor dem Kriege, Wilhelm Sollmann berichtete über das Vorgehen der SA-Banditen usw.

Es gab weiterhin deutsche Antinazisten, die meinten, in Nürnberg hätte es schneller gehen müssen. Die Auffassung wurde auch außerhalb der Grenzen Deutschlands vertreten. Gleichzeitig hörten immer mehr Deutsche die Nachrichten und lasen aufmerksam die Berichte aus Nürnberg. Die deutschen Zeitungen in der amerikanischen Zone verwendeten

---

128 Das KZ Dachau wurde bereits 1933 geschaffen, das KZ Buchenwald erst 1937.
129 IMG, Bd. 2, S. 154.
130 IMG, Bd. 2, S. 154: »Ereignisse wie den mißlungenen Anschlag auf Hitler am 20. Juli 1944.«

im Dezember 1945 und im Januar 1946 ein Drittel ihrer Spalten auf die Berichterstattung des Prozesses. Dazu wurden sie nicht gezwungen. Die Redakteure bestimmten selbst, wie viel in die Zeitung hineinkommen sollte. In anderen Ländern ließ das Interesse für Nürnberg nach, als die ersten Wochen vergangen waren. In Deutschland war es umgekehrt. Das war immerhin etwas.

Meinungsumfragen, die Anfang Januar 1946 von der ICD (Information Control Division) vorgenommen wurden, zeigten, dass etwa die Hälfte der erwachsenen deutschen Bevölkerung den Prozess sehr genau verfolgte. Der größte Teil der Befragten – auch unter den ehemaligen nazistischen Parteimitgliedern – meinte, dass die Angeklagten schuldig seien und fair behandelt würden. Verhältnismäßig wenige meinten, dass einzelne der Angeklagten nicht schuldig seien, während eine recht starke Minderheit nicht zustimmte, ganze Organisationen (insbesondere das Oberkommando der Wehrmacht und die SA) als verbrecherisch zu erklären. Bei einer Umfrage Anfang Dezember sagten 65 Prozent der Befragten, dass sie mit Hilfe des Prozesses Tatsachen kennengelernt hätten, die ihnen vorher nicht bekannt gewesen seien. Bei einer Umfrage im Januar war diese Zahl auf 85 Prozent gestiegen.

Der Franzose de Menthon hob in seiner Rede hervor, dass der Rechtsakt, der in Nürnberg vollzogen wurde, auch mit Rücksicht auf das deutsche Volk notwendig sei. Er gab zu, dass Deutschland früher bedeutende Beiträge zur europäischen Kultur geleistet habe. Das Ziel müsse sein, die Deutschen zum Recht, zur Kultur und zur internationalen Gemeinschaft zurückzuführen. Deswegen hätten sie einen Erziehungsprozess durchzumachen. Ein anderer französischer Ankläger, Dubost, war der Meinung, die Angeklagten hätten die Todesstrafe verdient, allein schon deswegen, weil sie »das deutsche Volk um mehr als zwölfhundert Jahre zurückversetzt« hätten.[131]

Darüber hinaus rechneten die Franzosen mit den Deutschen als Nation gründlich ab. Die Russen richteten, in Übereinstimmung mit den Angelsachsen, ihren Hauptangriff gegen die »Naziverschwörer«. Der sowjetische Hauptankläger beschäftigte sich, anders als manche erwartet hatten, kaum mit den sozialen und wirtschaftlichen Wurzeln des Nazismus. Er legte großes Gewicht darauf zu zeigen, dass die nazistische Ideologie die Wurzel der einzigartigen Verbrechen gewesen sei, deren Zeuge und Opfer die Menschheit geworden sei. Er klagte die Kriegsverbrecher auch dafür an, dass sie ihr Werk damit begannen, das deutsche Volk zu vergiften. Sie

---

131   IMG, Bd. 6, S. 469.

hätten den deutschen Staat und die Kriegsmaschinen in ihre Gewalt gebracht, um sie in Werkzeuge für ihre verbrecherischen Angriffe zu verwandeln, in deren Folge Millionen unschuldiger Menschen ausgerottet wurden.

Durch die unheimliche und sorgfältige Dokumentation in Nürnberg ist umfangreiches Material für die »Umschulung« bereitgestellt worden. Jetzt kommt es darauf an, dass es richtig benutzt wird.

Die »böse Allianz«

Ich habe bereits die Auffassung geäußert, dass es umgekehrter Nazismus ist, den Nazismus durch deutsche Rasse-Eigenschaften erklären zu wollen. Andererseits konnte ich nie richtig mit denjenigen einig sein, die vereinfachend meinten, der Nazismus sei *nur* ein »Werkzeug des Finanzkapitals«. Die Wirklichkeit lässt sich schwer in diese Formel pressen.

Womit man zu tun hatte, war zunächst einmal eine extremistische nationalistische Bewegung, die von entwurzelten und heruntergekommenen Elementen geschaffen worden war. Diese Bewegung erhielt allmählich durch die Beteiligung des städtischen Mittelstandes und eines großen Teiles der bäuerlichen Bevölkerung Massencharakter – eine Entwicklung, die teilweise durch die Sterilität der Arbeiterbewegung ermöglicht wurde. Die deutsche Reaktion – die entscheidenden Gruppen unter den Großkapitalisten und Junkern – wäre nie imstande gewesen, eine Massenbewegung zu schaffen, wie Hitler sie geschaffen hatte. Die Reaktion entschloss sich, den Nazismus gegen die verhasste Arbeiterbewegung und die Demokratie, die den Sozialisten Gelegenheit zur Entfaltung gaben, zu benutzen – gegen die Friedenskräfte in der deutschen Gesellschaft und für ein autoritäres Regime, für Aufrüstung, für die »Lösung« der Krise mit Hilfe von Krieg und Eroberung. Die Herren Stahlkönige und Bankmagnaten waren bereit, für die Hilfe zu zahlen, und sie bezahlten mit Vorschuss. Die Nazis ihrerseits brauchten die Unterstützung. Sie beabsichtigten aber nicht, die Macht aus der Hand zu geben, wenn sie sie erst einmal bekommen hatten. Die Geld- und Blutaristokratie der Harzburger Front musste erleben, dass die Lakaien sehr bald mit großer Autorität und Arroganz auftraten. Die Nazis erkannten jedoch ihre Grenzen und unternahmen nie einen Frontalangriff auf die wirtschaftliche Macht des Großkapitals. Sie rührten auch nicht die Klasse der Junker an. Politisch war der Machtanspruch der Naziführer total, wirtschaftlich nahmen sie eine zweckmäßige Machtverteilung vor. Eine ganze Reihe ihrer ursprünglichen Bundesgenossen wurde zur Seite geschoben. Andere mussten sich damit begnügen, eine Statistenrolle zu spielen, einige wurden liquidiert.

Die Welt lernte schließlich, Göring und Goebbels, Himmler und Kaltenbrunner, Frank und Sauckel als die Banditen zu betrachten, die sie waren. Es gab jedoch viele, die stutzten, als die Herren Papen, Neurath und Schacht zusammen mit den Rohlingen angeklagt wurden. Und als Vertreter der dritten Gruppe: Keitel und Jodl, Raeder und Dönitz. Das geschah jedoch in Übereinstimmung mit der Definition Jacksons von der »schlimmen Brüderschaft zwischen den extremistischsten der nazistischen Putschisten, den hemmungslosesten der deutschen Reaktionäre und den aggressivsten der deutschen Militaristen«.[132]

Eigentlich hätte auch Krupp von Bohlen dort sitzen sollen. Er wurde jedoch so krank, dass er nicht vor Gericht erscheinen konnte. Die Amerikaner nahmen da einen früheren Vorschlag auf, wonach der Sohn, Alfred Krupp, angeklagt werden sollte. Das Gericht schloss sich dem englischen Standpunkt an, der darauf hinauslief, keiner Erweiterung mit einer daraus sich ergebenden Vertagung des Prozesses Raum zu gewähren. Jackson schrieb einen sehr ernsten Brief an das Gericht. Die Franzosen waren wütend. Schließlich einigten sich alle darauf, alle Hindernisse auszuräumen, die diesem erklärten Willen entgegenstehen, in der nächsten Phase auf Krupp zurückzukommen. Es war ein Vorteil, dass die Amerikaner – und andere mit ihnen – auf die große Verantwortung Krupps und der übrigen Großindustrie für den Nazismus und den Krieg hinwiesen. Nachdem Hitler an die Macht gekommen war, gab Krupp von Bohlen offen zu, dass er gleich nach dem vorigen Krieg mit der geheimen Wiederaufrüstung begonnen hatte. Er arbeitete den Bestrebungen zur Stabilisierung des Friedens entgegen und gab große Beträge für die nazistische Bewegung aus. Während des Krieges beutete dieses Unternehmen allein 55 000 ausländische Sklavenarbeiter und 19 000 Kriegsgefangene aus. Der Nettoertrag der Werke stieg von 57 Millionen Mark im Jahre 1935 auf 112 Millionen im Jahre 1941. Wenn man es mit dem, was über Krupp gesagt wurde, ernst meinte – und es gab keinen Grund, daran zu zweifeln, selbst wenn die Motive etwas unterschiedlich sein können –, bestand die einzige vernünftige Folgerung darin, einen zweiten Prozess in Angriff zu

132 Jackson erklärte laut IMG, Bd. 2, S. 127 f.: »Am Ende glückte ihnen dann das Bündnis mit Opportunisten, Militaristen, Industriellen, Monarchisten und politischen Reaktionären. [...] Einer schlimmen Brüderschaft [...] war es gelungen, sich des Staates zu bemächtigen.«

nehmen gegen eine ganze Bande von Mitverschworenen der Nazisten unter den führenden Industriellen und Finanziers.

Das Verhältnis der Großindustrie zu Hitler wurde in Nürnberg unter anderem durch einen Bericht beleuchtet, der aus der Feder von Georg von Schnitzler, Vorstandsmitglied bei I.G. Farben, stammte. Er berichtete von einer Sitzung, die am 20. Februar 1933 im Büro Görings im Reichstagsgebäude abgehalten wurde. Göring war nicht zugegen. Als Gastgeber trat Schacht auf. Zu den Teilnehmern gehörten Krupp von Bohlen – zu diesem Zeitpunkt Vorsitzender des Deutschen Industrieverbandes, den er gleich danach Hitler zur Verfügung stellte –, ferner Albert Vögler, der führende Mann in den Vereinigten Stahlwerken, ein Dr. Stein von einer der Bergbaugesellschaften der I.G. Farben und mehrere andere Ruhrindustrielle. Hitler hielt eine Rede über »die kommunistische Gefahr«. Danach erklärte Schacht, dass man drei Millionen für den Endspurt im bevorstehenden Wahlkampf benötige. Der Betrag sollte zwischen den Nazis und den Deutschnationalen entsprechend ihrer damaligen Stärke geteilt werden. Stein deutete an, dass auch die Deutsche Volkspartei – früher einmal die Partei Stresemanns – ihren kleinen Anteil erhalten sollte. Das wurde wohl gebilligt. Es war ja gleichzeitig eine Versicherung dafür, dass die »Volkspartei« sich der Allianz anschloss.

Die Amerikaner legten außerdem die geheimen Protokolle einiger Sitzungen vor, die die Hitlerregierung zu Beginn des Jahres 1933 abhielt. Am 30. Januar, dem gleichen Tage, an dem Hitler durch die Unterschrift Hindenburgs (weder die Militärregierung noch die neue deutsche Stadtverwaltung waren auf den Gedanken gekommen, den Hindenburgplatz in der Stadt, in der der Prozess abgehalten wurde, umzutaufen!) zum Reichskanzler ernannt worden war, warf er die Frage auf, wie man sich eine Mehrheit im Reichstag sichern könne. Er wollte wohl sofort die kommunistische Partei unterdrücken, hatte aber Angst vor einem Generalstreik. Wer war es, der in dieser Situation die Naziführer buchstäblich aufhetzte, drastischste Maßnahmen zu ergreifen? Es war kein anderer als der bekannte Hugenberg, der Vorsitzende der Deutschnationalen, der deutschen »konservativen« Partei. (Dieser Mann befand sich zu Beginn des Jahres 1946 weiterhin auf freiem Fuß und kommentierte den Prozess auf seinem Landsitz in der Nähe von Minden!) Seldte hielt mit Hugenberg zusammen und sagte, dass in seiner Organisation – der Frontkämpfervereinigung Stahlhelm – über die Bildung der »nationalen« Regierung eitel Freude herrsche.

Es lag auch ein Protokoll von der Kabinettssitzung am 15. März vor. In der Zwischenzeit hatten die Nazis zusammen mit den Deutschnationalen die Mehrheit errungen. Aber sie hatten nicht die Zweidrittelmehrheit, die sie brauchten, um das Ermächtigungsgesetz verabschieden zu können, das die Verfassung außer Kraft setzen sollte. Die »Konservativen« waren gleich mit von der Partie. Es herrschte schöne Einigkeit darüber, dass die kommunistischen – und möglicherweise ein Teil der sozialdemokratischen – Reichstagsabgeordneten ausgeschlossen werden sollten. Es protestierte auch keiner der Herren, als Frick den Gedanken lancierte, Konzentrationslager zu errichten. Das Protokoll der nächsten Sitzung, vom 20. März 1933, zeigt, dass die Verhandlungen mit der katholischen Zentrumspartei erfolgreich waren. Die Zentrumsleute hatten den Nazis versprochen, für das Ermächtigungsgesetz zu stimmen. Gegen ein trügerisches Versprechen Hitlers, einen Ausschuss einzusetzen, der darüber unterrichtet werden sollte, was die Regierung zu unternehmen gedenke, stimmten sie dem Verfassungsbruch zu. Es dauerte nicht lange, bis Hitler alle anderen Parteien außer seiner eigenen verbot.

Wir haben von der Rolle gehört, die Schacht während jener Sitzung vom 20. Februar spielte. Hitler setzte ihn dann wieder in sein Amt als Präsident der Reichsbank ein. Vom Sommer 1933 bis 1937 fungierte er als Reichswirtschaftsminister. Schacht wusste sehr wohl, worum es ging. Gegenüber dem damaligen amerikanischen Botschafter in Berlin, Dodd, äußerte er im September 1934, dass die Nazipartei mit allen Mitteln dabei war, einen Krieg vorzubereiten. Im selben Herbst begann das Reichswirtschaftsministerium mit den Kriegsvorbereitungen. Im Mai 1935 wurde Schacht zu einer Art von Reichsbevollmächtigtem für die Kriegswirtschaft ernannt. In selben Monat erklärte er in einer Denkschrift, dass das Rüstungsprogramm die eigentliche Hauptaufgabe der deutschen Politik sei; alles andere müsse dieser Aufgabe untergeordnet werden. In einer Kabinettssitzung am 12. Mai 1936 sprach sich Schacht für eine »Kultur und Rechtspolitik« aus, die nach seiner Meinung dem Wirtschaftsleben am besten nütze. Er erklärte jedoch gleichzeitig, dass seine Loyalität Hitler gegenüber unerschütterlich sei. Die »grundlegende Idee des Nationalsozialismus« erkannte er völlig an.[133] Und er brüstete sich damit, dass er – außerhalb des Haushalts – bereits elf Milliarden Mark für die Aufrüstung beschafft hatte. Dann trat Schacht als Wirtschaftsminister zurück, weil er mit Göring in Kompetenzstreitigkeiten geraten war. Kurz nachdem Österreich besetzt worden war, kam Schacht nach Wien, um dort die Nationalbank zu »übernehmen«. In einer Ansprache an die Angestellten stellte er fest, dass bei der Reichsbank niemand eine

133 Dokument 1301-PS.

Zukunft habe, der nicht rückhaltlos für Hitler eintrat. Als er im Jahre 1939 als Reichsbankpräsident zurücktrat, schrieb er an Hitler, dass die »Reichsbank« immer der Auffassung gewesen sei, eine wirkungsvolle Außenpolitik könne nur mit Hilfe der Aufrüstung geführt werden. Hitler antwortete, dass der Name Schachts »vor allem für immer mit der ersten Epoche der nationalen Wiederaufrüstung verbunden sein« wird.[134] Es ist Sache des Gerichts, zu bestimmen, welche Strafe Hjalmar Schacht erhalten soll. Unschuldig ist er nicht.

Das Großkapital folgte Krupp und Schacht. Die Industriellen sahen es nicht gern, dass ihr Verfügungsrecht eingeengt wurde. Sie hofften aber, dass das nur vorübergehend der Fall sei und sie auf jeden Fall bei den Eroberungen in den besetzten Ländern reichlich entschädigt würden. Es hat eine Legende von der »Opposition« der I.G. Farben gegen den Nazismus gegeben. Wahr ist, wie wir bereits gesehen haben, dass die I.G. in der Februarsitzung im Jahre 1933 vertreten war. Des Weiteren ist wahr, dass Göring, als er im Jahre 1938 seinen »Karinhallplan« für die Herstellung von Munition, Sprengstoff und Giftgas ausarbeiten sollte, diese »ehrenvolle« Aufgabe gerade dem I.G.-Direktor Krauch überließ.

Es war keine Übertreibung, als man die I.G. Farben das »Industrieimperium des Angriffskrieges« genannt hat. Dieses Riesenunternehmen, mit einem Nettovermögen von sechs Milliarden und mit 380 anderen Firmen unter sich, führte nicht nur die Aufträge der Regierung aus. Seine Leiter ergriffen selbst die Initiative zur Ausarbeitung der teuflischsten Kriegsmittel. Sie wurden im Voraus davon unterrichtet, welche Überfälle auf der Tagesordnung standen. In Wuppertal-Elberfeld stellte man das gefährlichste Giftgas her, das bis dahin produziert worden war und das erst an Affen und dann an Konzentrationslagergefangenen ausprobiert wurde. Die I.G. hatte völlig fertige Pläne für die Eroberung der chemischen Industrie ganz Europas, und die Pläne waren bereits in großem Umfange ausgeführt, als Nazi-Deutschland im Zenit seiner Macht stand.

In Nürnberg bekam man auch ein interessantes Dokument mit Datum vom 27. August 1943 zu sehen. Es war ein überschwänglicher Gratulationsbrief des Bankiers von Schröder anlässlich der Ernennung Himmlers zum Innenminister. Der Baron gab seiner Freude und der Auffassung Ausdruck, dass gerade jetzt »eine starke Hand« erforderlich sei, um das Ministerium zu leiten. Und dann nahm er die Gelegenheit wahr, Himmler etwas über eine Million Mark zu schicken, die er für

134 IMG, Bd. 11, S. 108.

seine »besonderen Aufgabengebiete« verwenden könne.[135] Hier ist die Liste der Beitraggeber: Dr. R. Bingel (Siemens-Schuckert-Werke), Dr. Bütefisch und Geheimrat Schmitz (I.G. Farbenindustrie), Dr. Friedr. Flick (Mitteldeutsche Stahlwerke), Ritter van Halt (Deutsche Bank), Ewald Hecker (Ilseder Hütte), Staatsrat Helfferich und Staatsrat Lindemann (Deutsch-Amerikanische Petroleum-Gesellschaft), Dr. Kaselowsky (Dr. August Oetker), Dr. Alfred Olscher (Reichs-Kredit-Gesellschaft), Prof. Dr. Meyer und Dr. Rasche (Dresdner Bank), Staatsrat Reinhart (Commerz und Privatbank), Generaldirektor Roehnert (Rheinmetall-Borsig), Dr. Voss (Hermann-Göring-Werke), Generaldirektor Rosterg (Wintershall A.G.), Fregattenkapitän Otto Steinbrinck (Vereinigte Stahlwerke), Kurt Freiherr von Schröder (Braunkohle-Benzin A.G., Felten & Guilleaume Carlwerk A.G., Mix & Genest A.G., C. Lorenz A.G., Gewerkschaft Preußen).

Von v. Schröder lag auch eine eidesstattliche Erklärung vor, die am 5. Dezember 1945 in Frankfurt unterzeichnet worden war. Dort nannte er noch mehr Mitglieder der Gruppe von Industriellen und Geschäftsleuten, die Mitte der dreißiger Jahre Himmler zu ihrem »Protektor« gewählt hatten und die ihm jedes Jahr Geld für »besondere Aufgabengebiete« überwiesen (nicht zu verwechseln mit dem Hitler-Fonds, der im Frühjahr 1933 mit Krupp als Vorsitzendem gebildet worden war). Schröder berichtete auch, dass es Papen war, der ihn im Dezember 1932 aufgefordert hatte, ein Treffen mit Hitler zu arrangieren. Dieses Treffen fand dann am 4. Januar 1933 zu Hause bei Schröder statt. Als eine Art von Entschuldigung wies der Baron gleich darauf hin, dass »Vertreter der Großbanken in anderen Ländern, die wegen der Moratoriumsabkommen jedes halbe Jahr nach Berlin kamen, ihre Unzufriedenheit über die instabile Lage in Deutschland geäußert hatten«.[136] Was er nicht erwähnte, war, dass die Bankiers und Industriellen natürlich wussten, dass die Krise im Abebben war und dass sie gerade deshalb – bevor es »zu spät« war – sich beeilten, Hitler die Macht in die Hände zu spielen.

Bei der Zusammenkunft am 4. Januar machte Papen den Vorschlag, dass die Konservativen und Deutschnationalen, die ihn unterstützt hatten, mit den Nazis zusammengehen und gemeinsam mit ihnen die Re-

---

135 IMG, Bd. 4, S. 23.
136 Rückübersetzung aus dem Norwegischen. Die eidesstattliche Erklärung von Schröders wurde am 23. Januar 1946 vom Internationalen Militärgerichtshof diskutiert, jedoch nach Einwänden der Verteidigung nicht dem Gericht vorgelegt (IMG, Bd. 6, S. 99).

gierung bilden sollten. Hitler und er sollten als Chefs der neuen Regierung gleichrangig sein. Dem wollte Hitler nicht zustimmen; er wollte allein die Führung haben. Hitler erklärte weiter, dass die erste Aufgabe darin bestehen müsse, die Sozialdemokraten, die Kommunisten und die Juden zu »eliminieren«. Die Herren wurden sich prinzipiell einig. Die Einzelheiten sollten später erörtert werden. Hier erhielt Ribbentrop die Chance, seinen Beitrag zur »nationalen Revolution« zu leisten.

Die früheren Konservativen, die keine unmittelbaren Geldinteressen vertraten, tragen ebenfalls eine große Verantwortung. Neurath zum Beispiel nahm an den geheimen Sitzungen teil, in denen der Angriffskrieg geplant wurde. Ich habe bereits erwähnt, dass in Nürnberg eine Anzahl eidesstattlicher Erklärungen des früheren amerikanischen Generalkonsuls in Berlin, des jetzigen Botschafters George S. Messersmith, vorgelegt wurden. In einer von ihnen gab er etwas wieder, was er im Oktober 1935 in einem Bericht nach Washington geschrieben hatte. Er polemisierte gegen den Mythos, von dem man nicht abkommen wollte, nämlich dem Mythos, dass Leute wie Neurath, Papen und Mackensen (damals deutscher Gesandter in Budapest) nicht gefährlich seien, sondern »Diplomaten der alten Schule«. Messersmith stellte fest, dass sie in Wirklichkeit »servile Werkzeuge des Regimes«[137] seien und dass sie imstande seien, besonders wirkungsvoll zu arbeiten, gerade weil die Außenwelt sie als ungefährlich betrachtete.

Einer der Gemäßigten in der Hitlerregierung war Finanzminister Schwerin von Krosigk, der im Mai 1945 als eine Art Außenminister unter Dönitz in Flensburg wiederauftauchte. In Nürnberg bekam man einen interessanten Brief zu sehen, den er am 1. September 1938 an Hitler gesandt hatte. Es war eine scharfe Warnung vor dem bevorstehenden Überfall auf die Tschechoslowakei und eine auf vielerlei Weise intelligente Feststellung dessen, was folgen würde. Von Krosigk sagte voraus, dass Churchill der Nachfolger Chamberlains sein würde und dass England trotz schlechter Vorbereitung zum Kriege schreiten würde, weil es sich auf amerikanische Hilfe verließ. Er wies auch auf die schwierige wirtschaftliche Situation Deutschlands hin. Aber zu welchem Schluss kommt er? Er möchte, dass der Krieg verschoben wird, um die militärischen und wirtschaftlichen Vorbereitungen fortzusetzen, weil er glaubt, dass *die* französischen Kräfte das Übergewicht erhalten werden, die das Bündnis mit der Tschechoslowakei brechen wollen, und weil er meint, dass man in Amerika eine »Reaktion gegen die jüdische Hasspropaganda«

---

137 IMG, Bd. 2., S. 434: »sklavische Instrumente des Regimes.«

spüren könne. Und dann werde der Tag nicht fern sein, »an dem man den Tschechen den Todesstoß geben kann«.[138]

Ich habe die Verhältnisse der Militärs bereits beleuchtet. Sie gingen nicht alle so weit wie Keitel und Jodl. Einzelne distanzierten sich von gewissen Auswüchsen der nazistischen Politik, aber sie waren an der Vorbereitung des Angriffskrieges beteiligt, und sie fanden sich mit dem Nazismus als Grundlage der Aufrüstung und der Angriffspolitik ab. Das bezieht sich auch auf Leute wie Blomberg und Fritsch, die im Februar 1938 ausgeschaltet wurden, und Blaskowitz, der sich zu Beginn des Krieges dadurch auszeichnete, dass er gegen das Vorgehen der SS-Horden in Polen scharfen Protest einlegte. Die »gemäßigten« Generäle sollen selbst zu Worte kommen.

Blomberg sagte in einer eidesstattlichen Erklärung, die in Nürnberg verlesen wurde: »Vor 1938 bis 1939 waren die deutschen Generäle nicht gegen Hitler eingestellt. Es war kein Grund vorhanden, [gegen] Hitler zu opponieren, da er die Erfolge brachte, welche sie wünschten. Nach diesem Zeitpunkt begannen einige Generäle, seine Methoden zu verabscheuen und mißtrauten seiner Urteilskraft. Sie haben jedoch allgemein gefehlt, eine erkennbare Stellung gegen ihn einzunehmen, obwohl einige versuchten, es zu tun, und infolgedessen es mit ihrem Leben oder ihrer Position einbüßen mußten.« Blomberg erklärte des Weiteren, dass er 1938 Göring als seinen Nachfolger vorgeschlagen habe, aber diesen habe Hitler nicht haben wollen, »wegen seines Mangels an Geduld und Fleiß«. Da empfahl Blomberg Keitel, gerade weil Keitel sich nicht in Opposition befand. Das sei notwendig gewesen, denn »das Gegenteil hätte zu einem Bürgerkrieg geführt«.[139]

Was von Fritsch betrifft, zitierte Jackson die Worte, die der General im Dezember 1938 niedergeschrieben hatte: »Kurz nach dem Weltkriege kam ich zu dem Schluß, daß wir in drei Schlachten siegen mußten, wenn Deutschland wieder mächtig werden sollte: erstens im Kampf gegen die Arbeiterschaft – Hitler hat diesen Kampf gewonnen, zweitens gegen die katholische Kirche, vielleicht besser gesagt: gegen den Ultramontanismus, und drittens gegen die Juden.«[140]

---

138 IMG, Bd. 36, S. 496, Dok. 419-EC: »im wesentlichen von jüdischer Seite genährte Hasspropaganda«; und S. 498: »an dem den Tschechen der Gnadenstoss gegeben werden kann«.
139 IMG, Bd. 4, S. 459 f.
140 IMG, Bd. 2, S. 132.

Blaskowitz äußerte in einer Erklärung, die dem Gericht vorgelegt wurde, dass die ganze Gruppe deutscher Stabs- und Frontoffiziere seit 1919 und insbesondere seit 1924 der Auffassung gewesen sei, es müssten drei territoriale Fragen, wenn notwendig, durch Krieg gelöst werden. Es handelte sich um den polnischen Korridor, die Saar und das Ruhrgebiet sowie das Memelgebiet. Er behauptete, dass 90 Prozent des deutschen Volkes in der polnischen Frage, die die wichtigste war, mit den Offizieren einig gewesen seien. Blaskowitz sagte weiter, dass er die Aufrüstung, die bis 1935 auf geheime Weise und in den folgenden Jahren offen vorgenommen worden sei, freudig begrüßt habe. »Alle Offiziere des Heeres teilten diese Anschauung und hatten deshalb keinen Grund Hitler zu opponieren. Hitler brachte die Erfolge, welche wir alle heiß ersehnten.«[141] Die Offiziere seien sich darüber im Klaren gewesen, schrieb er weiter, dass die polnische Frage, falls politische Maßnahmen keinen Erfolg hätten, zum Kriege, auch mit den Westmächten, führen würde. Nach der Rede Hitlers vom 22. August 1939 betrachtete er den Krieg als eine klare Tatsache.

Dies sind nur Bruchstücke des Materials über die böse Allianz, die in Nürnberg zum Vorschein kam. Nach und nach werden die Alliierten immer weitere Dokumente in Form von Weißbüchern veröffentlichen.

Das, was bis jetzt vorliegt, enthält jedoch auch Ergebnisse, die sehr deutlich zeigen, dass die Allianz im Jahre 1933 noch nicht ganz festgeschweißt war, dass die Stellung der Nazis schwächer war, als ihre Gegner glaubten, und dass es keineswegs aussichtslos gewesen wäre, das zu tun, was Zehntausende von gewöhnlichen Nazigegnern wünschten: den Kampf aufzunehmen. In der ersten Kabinettssitzung kam zum Ausdruck, wie sehr Hitler seinen Gegner überschätzte, dem er genügend Entschlossenheit zutraute, einen Generalstreik zu entfesseln. Göring äußerte in einem Verhör in Nürnberg im Oktober 1945, als er nach den Umständen des Reichstagsbrands gefragt wurde, dass »unsere neue Regierung als solche noch nicht sehr gesichert war.«[142]

Diejenigen, die die Republik gegen die Nazibanden verteidigen wollten, warteten auf ein Signal, das nie kam. Das führte dazu, dass die deutschen Widerstandskräfte demoralisiert wurden. Das wiederum bedeutete Unterstützung für Hitler, so dass er seine Macht im Laufe sehr kurzer Zeit stabilisieren konnte. Und das trug enorm dazu bei, in anderen Ländern den deutschen Antinazismus sehr geringzuschätzen.

---

141 IMG, Bd. 32, S. 467-469, Zitat auf S. 468, Dokument PS-3706.
142 IMG, Bd. 5, S. 403.

Hat es eine deutsche Widerstandsbewegung gegeben?

Die geschichtliche Klarstellung in Nürnberg frischte traurige Erinnerungen an den erbärmlichen Zusammenbruch der Weimarer Republik wieder auf. Es ist wahr, dass der Vorsitzende der Sozialdemokraten, Otto Wels, am 20. März 1933 im Reichstag eine mutige Rede gehalten hat. Es ist aber auch wahr, dass die Gewerkschaftsführer glaubten, sie könnten die Legalität erhalten, indem sie sich bei der frechen Besitzergreifung des 1. Mai durch die Nazis zur Verfügung stellten, und wahr ist, dass der Rest der sozialdemokratischen Reichstagsfraktion am 17. Mai so weit ging, für die »Friedensresolution« Hitlers zu stimmen. Die bürgerlichen Demokraten hatten es noch weiter getrieben, indem sie für das Hitlersche Ermächtigungsgesetz stimmten. Die Kommunisten hatten zum Generalstreik aufgerufen, aber die Parole wurde nicht befolgt. Die kommunistische Führung beurteilte die Situation völlig falsch, als sie behauptete, dass zwischen der bürgerlichen Demokratie und der faschistischen Diktatur nur ein gradueller Unterschied existiere, und ihren Anhängern einredete, »der rote Oktober« stehe unmittelbar bevor.

Große Organisationen brachen auf fürchterliche Weise zusammen. Mit ihnen zerbrachen auch die Illusionen. Es gab eine Menge Überläufer. Die deutsche Arbeiterbewegung und der Antinazismus hatten jedoch einen Grundstamm, der die ganzen Jahre hindurch stabil blieb. Die Getreuen arbeiteten unter äußerst schwierigen Verhältnissen weiter. Sie mussten gegen Enttäuschungen und die demoralisierenden Folgen der Niederlage ankämpfen. Sie waren es gewohnt, zu gewohnt, Parolen aus Parteizentralen zu erhalten, die jetzt nicht mehr funktionierten. Erfahrungen aus illegaler Arbeit gab es praktisch nicht. Was man vorher Illegalität genannt hatte, war ein Kinderspiel gemessen an der Gestapoherrschaft. Die totale Machtkonzentration des Nazismus *war* etwas Neues. Ein mangelndes Verständnis dafür, dass man in eine langanhaltende reaktionäre Periode gekommen war, führte dazu, dass viele sich »nutzlos« opferten (was selbstverständlich nicht ganz stimmte). Mit jedem Mal, wenn die Gestapo zuschlug, wurde es schwieriger, die Untergrundgruppen zu rekonstruieren.

Einige gaben auf, als das Regime sich richtig stabilisiert hatte. Andere fielen unter dem Eindruck der Hilfestellungen ab, die Hitler aus dem Ausland erhielt.

Es gab keine deutsche Widerstandsbewegung, die mit der verglichen werden kann, die sich während des Krieges in den besetzten Ländern erhob. Doch es gab Berührungspunkte. Der wichtigste bestand vielleicht in der Stellung der Opposition in Deutschland, die an die Opposition in mehreren der von den Nazis besetzten Ländern *während der ersten Wochen und Monate nach ihrer Eroberung* erinnerte, als die aktiven Kräfte sich gegen Mutlosigkeit, Feigheit, Schwanken und Legalitätsillusionen behaupten mussten. Die Heimatfronten wurden zwar auch durch demokratische Parolen aufgebaut, aber in erster Linie durch den sammelnden *nationalen* Appell. In Deutschland war es umgekehrt. Dort nahmen die Nazis das nationale Moment für sich in Anspruch, selbst wenn sie objektiv betrachtet »nationale« Abenteurer und Verräter waren. Die Trennungslinie ging quer durch die Gesellschaft, und praktisch alles, was gesellschaftliche Macht oder Einfluss hatte, war auf der nazistischen Seite konzentriert. Ihre Gegner waren auf Grund einer unglücklichen Vorgeschichte nicht einmal imstande, zu einem gemeinsamen antifaschistisch-demokratischen Oppositionsprogramm zu finden.

Oppositionsgruppen existierten jedoch. Sozialisten und Kommunisten, die nicht aufgaben. Christliche und bürgerliche Demokraten (und Nichtdemokraten). Intellektuelle, die sich nicht prostituieren wollten. Manche Gruppen hatten Zentren, und es gab eine Reihe von Verbindungen zwischen ihnen und den Emigrationszentren draußen. Ich schreibe nicht von Dingen, die ich von anderen gehört habe. In den Jahren von der »Machtübernahme« bis zum Kriegsausbruch traf ich eine ganze Reihe von deutschen Illegalen, die ausreisten und wieder zurückfuhren, in Oslo und Stockholm, Göteborg und Kopenhagen, in den Niederlanden und Belgien, in Frankreich und in der Tschechoslowakei. Ich hatte Fühlung mit Widerstandsgruppen in verschiedenen Teilen Deutschlands. Im Winter 1936/37 arbeitete ich in Berlin zusammen mit mehreren Hundert meist jungen Sozialisten, die wiederum Kontakt zu anderen oppositionellen Strömungen hatten. Die Arbeit in diesem Zeitraum bis zum Kriegsausbruch forderte viele Opfer. Zu greifbaren Ergebnissen führten sie nicht. Diejenigen, die sich trotzdem nicht unterdrücken ließen, haben Anspruch auf den Ehrentitel »Antinazist«.

Noch größer wurden die Anforderungen, als der Krieg begann. Hunderttausende hatten bereits die Gestapokeller und Konzentrationslager durchlaufen (zuverlässige Zahlen werden wohl später einmal veröffentlicht werden), und jetzt wurde der innere Terror noch mehr verschärft. Es besteht kein Zweifel, dass die bewussten Antinazisten noch stärker isoliert wurden, als sie es vorher schon gewesen waren. Zwar herrschte keine wilde Begeisterung, als der Krieg kam, aber im Jahre 1940 wurden sehr große Teile der Bevölkerung von der chauvinistischen Welle ergriffen. Das macht die Verdienste derjenigen, die sich nicht hatten mitreißen lassen, noch größer. Innerhalb der Arbeiterbewegung gab es welche, die auch jetzt nicht vergaßen, dass der Feind im eigenen Lande stand und dass der innere Feind mit allen zu Gebote stehenden Mitteln bekämpft werden müsse. Es waren wenige, aber es gab sie. Einige suchten Kontakt zu Widerstandsgruppen unter den ausländischen Arbeitern. Andere meinten, dass man Mittel finden müsse, um das Militär gegen die NS-Garden auszuspielen und auf diese Weise eine Krise des Regimes auszulösen.

Auf der kirchlichen Seite gab es Leute, die so wie der Landesbischof Wurm in Württemberg (heute Führer der protestantischen Kirche, zusammen mit Niemöller) den entscheidenden Bruch mit dem Nazismus unter dem Eindruck des Krieges und der Ereignisse in den besetzten Ländern vollzogen. Es waren Männer wie Bischof Galen in Münster, der in seiner Predigt vom 3. August 1941 die Morde an den Geisteskranken enthüllte. Nach dieser Rede, die ebenso wie der Brief Wurms zahlreich gedruckt und verbreitet wurde, empfahl Goebbels' Propagandaleiter Tießler, den Bischof zu hängen. Bormann war einverstanden, glaubte aber nicht, dass Hitler dem Vorschlag zustimmen würde, »mit Rücksicht auf die Kriegsumstände«. Goebbels fand, man warte besser, bis der Krieg beendet sei. Er sagte, er sei Anhänger einer kalten, nicht einer heißen Rache.[143] Bei den Pfarrern war man bereits weniger vorsichtig als bei den Bischöfen. In meiner Geburtsstadt wurden zum Beispiel der protestantische Pfarrer Stellbrink und drei katholische Priester[144] am 10. November 1943 wegen »Hochverrats und Landesverrats, Begünstigung des Feindes, Angriffs auf die Wehrmacht, Abhörens feindlicher Sender« usw. enthauptet.

Das Leben gewöhnlicher Menschen war noch weniger wert als das der oppositionellen Geistlichen. Pfarrer Buchholz, der im Hinrichtungsgefängnis Plötzensee Dienst tat, hat von einer deutschen Mutter berichtet, die in einem Brief an ihren Sohn an der Front geschrieben hatte, er solle nicht den Mut verlieren und sich nicht vom Heimweh übermannen lassen; es könne nicht mehr lange dauern, bis das Morden beendet sei. Sie musste wegen dieses Briefes sterben. Buchholz erwähnte auch

---

143 Das Zitat entstammt einem Aktenvermerk Bormanns für Tießler vom 13. August 1941. Der Vorgang ist in englischer Übersetzung dokumentiert im Beweisstück 3701-PS des IMG, abgedruckt in: Nazi Conspiracy and Agression, Vol. 6, Washington 1946, S. 405-410. Konsultiert wurde die Internet-Fassung http://www.nizkor.org/ftp.py?imt/nca-06/nca-06-3701-ps (Stand: 8. Dezember 2006).
144 Gemeint: Hermann Lange, Eduard Müller und Johannes Prassek.

andere Fälle. Unter den Opfern befand sich eine junge Studentin aus Berlin, Eva-Maria Buch. Die schwangere Hilde[145] Coppi, die zusammen mit einer größeren Gruppe zum Tode verurteilt war, kam in der Todeszelle nieder. Sie wurde trotzdem zum Schafott geführt. Dr. Metzger musste sterben, weil er Hitler im Jahre 1943 davor gewarnt hatte, den Krieg fortzusetzen. Auch ein bekannter Diplomat, Dr. Kiep, und viele, viele andere wurden hingerichtet. Im Herbst 1945 waren ein paar norwegische Repatriierungsleutnants in Berlin, um Landsleute aufzuspüren, die vermisst waren. Sie berichteten unter anderem von 3000 Leichen ermordeter Nazigegner, die in das Berliner Anatomische Institut eingeliefert worden waren. 70 Prozent der Leichen waren Deutsche. Buchholz berichtete über einige der Opfer. Eines Nachts, bei einem Luftangriff auf Berlin, begann eins der Gebäude, in dem 300 zum Tode Verurteilte gefesselt lagen, zu brennen. Bei dem Bombenangriff wurde niemand getötet, aber in der folgenden Nacht wurden 186 von ihnen hingerichtet,[146] ohne dass sie auch nur einen Abschiedsgruß hätten schreiben können.[147]

Diejenigen, die opponierten, als es noch nicht sicher war, dass Hitler den Krieg verlieren würde, machten sich besonders verdient. Im Jahre 1940 hatte die Reichsleitung der Nazis eine Anzahl von Offizieren und Soldaten eingeladen, sich Oranienburg-Sachsenhausen anzusehen. Nach dem Besuch wandte sich ein junger Soldat, Träger des Ritterkreuzes, an seinen Vorgesetzten und bat, die Auszeichnung zurückgeben zu dürfen. Nachdem er die Schrecknisse gesehen hatte, wollte er sie nicht mehr haben. Drei Tage später wurde er wegen »Meuterei« zum Tode verurteilt und erschossen.

Wie viele haben sich so verhalten? Im Verhältnis zum gesamten deutschen Volk waren es wenige. Es waren aber viele im Vergleich zu dem, was die Menschen in anderen Ländern sich vorstellten. Im Oktober 1945 hielt ich in Bergen im Studentenverein einen Vortrag. Ich sagte dort über die deutschen Widerstandsgruppen, dass nur die Nachrichtendienste der Alliierten eine verlässliche Übersicht über deren Bedeutung haben könnten. Die Alliierten haben Tausende von Berichten gesammelt. Sie hatten Gelegenheit, diese zu prüfen und die lokalen Meldungen in einen größeren Zusammenhang einzuordnen. Mir ist bestätigt worden, dass die

---

145 Bei Brandt: Hildegard.
146 Brandt gibt hier eine Passage aus Buchholz' Rundfunkansprache zum 20. Juli 1945 wieder. Sie ist abgedruckt in: *Gundlach, Anton / Panzer, Albert* (Hrsg.): Peter Buchholz, der Seelsorger von Plötzensee, Meitlingen 1964, S. 39–45, hier: S. 41 f.
147 Buchholz' Schilderung in: ebd., S. 42.

alliierten Stellen – obwohl ihre Prüfung nicht immer zu richtigen Ergebnissen führte – vielfach überrascht waren, was es in Deutschland an oppositionellen Elementen gab. Hätten sie dieselbe Übersicht früher gehabt, wäre das vielleicht von Einfluss auf ihre Politik gewesen.

Es gab mehr Widerstand, als man [während des Krieges][148] in Erfahrung gebracht hatte. Das geht auch aus den Gestapo-Berichten hervor, die den Alliierten in die Hände gefallen sind – aber nicht nur aus den Gestapo-Berichten. Nach außen hieß es immer, die Deutschen stünden zusammen. Auf der Konferenz der Reichsleiter und Gauleiter am 7. November 1943 – auf die ich bereits hingewiesen habe – sprach Jodl von einer »feindlichen Propaganda, [von] Kleinmut, [von] böswilligen Gerüchten«, die sich im Volk breitmachten. Er erklärte weiter: »Landauf, landab schreitet der Teufel der Zersetzung«, dass »alle Feigen« nach einer »politischen Lösung« suchten und verhandeln wollten, und dass es eine »Welle der feindlichen Propaganda und der Feigheit« gebe.[149]

Es hat etwas von einem Mysterium an sich, dass die Nazis so lange weitermachen konnten. Es kann nur mit der phantastischen Macht erklärt werden, die sie in ihrer Hand vereinigt hatten. Die Spaltung und Unentschlossenheit der Opposition waren teilweise eine Folge dieser Machtkonzentration. Die deutsche Opposition war in ihrem Kampf gegen die nazistischen Machthaber nicht vom Glück begünstigt. Es haben ihr aber keine Leute gefehlt, die ihr Leben einsetzten. Lassen Sie mich einige wenige Beispiele nennen.

Es ist hinreichend bekannt, dass die Kommunisten und die Sozialdemokraten einen großen Teil ihrer führenden Männer mit Thälmann und Breitscheid an der Spitze verloren haben. Wenn man diejenigen ausnimmt, die sich im Exil befanden, haben nur recht wenige aus dem früheren kommunistischen Zentralkomitee die Naziherrschaft überlebt. Der zentrale Arbeitsausschuss der Sozialdemokraten, der im Jahre 1933 gebildet wurde, bestand aus zwölf Mann. Zehn von ihnen verloren ihr Leben. Als die Gewerkschaftsbewegung in Berlin wieder ins Leben gerufen wurde, bestand ihre Führung aus acht Mann. Sie alle hatten eingesessen. Fünf von ihnen waren bis zu sechs Jahren im Konzentrationslager gewesen.

Eines der Mitglieder dieser neuen Leitung war Hermann Schlimme, der vor Hitler Sekretär des Vorsitzenden des Gewerkschaftsbundes ge-

---

148 Ergänzung in der schwedischen Ausgabe zu Brandts etwas schwebender Formulierung.
149 IMG, Bd. 2, S. 341.

wesen war. Er wurde 1933 eingesperrt. Als er wieder herauskam, stellte er die Kontakte zwischen deutschen Vertrauensleuten und dem Internationalen Gewerkschaftsbund her. Er wurde verhaftet und zu drei Jahren Zuchthaus verurteilt. Im Sommer 1944 entging er einer neuerlichen Festnahme und dem Todesurteil, indem er untertauchte. Im Herbst 1945 sandte Schlimme einen Bericht an die Anklagebehörde in Nürnberg.[150] Er operierte nicht mit großen Zahlen, sondern mit konkreten, bestätigten Angaben über eine Reihe von führenden Gewerkschaftlern, die von den Nazis ermordet worden waren.

Der Bericht enthielt mehrere bekannte Namen: den Vorsitzenden des Bergarbeiterverbandes, Husemann, der bereits sehr früh erschlagen wurde, den früheren mecklenburgischen Ministerpräsidenten Johannes Stelling, der ertränkt wurde, den Vorsitzenden der Sozialdemokraten in Berlin, Franz Künstler, der in Sachsenhausen getötet wurde,[151] die Vertrauensleute Kurt Ackermann, Julius Birk usw. Der Redakteur des Gewerkschaftsbundes Lothar Erdmann, der schon früher eingesperrt worden war, wurde am 1. September 1939 im Zusammenhang mit der »Sonderaktion gegen frühere Partei- und Gewerkschaftsfunktionäre« erneut verhaftet. In Sachsenhausen hat man ihn zu Tode gequält, nachdem er unter anderem »am Pfahl« gefoltert worden war. Von denen, die man nach der »Sonderaktion« bei Kriegsausbruch verhaftete, wurden 250 wenige Wochen vor Kriegsende in Sachsenhausen ermordet. Der Landarbeiterverband hatte einen Bericht veröffentlicht, wonach eines seiner Vorstandsmitglieder im März 1933 totgeschlagen worden war; dessen Sohn wurde etwas später von der SA erschossen. Den Bezirkssekretär des Verbandes, Friedrichsohn, hat man im August 1934 in Küstrin ermordet. Ein anderer Sekretär, Henkel, wurde 1933 derart misshandelt, dass er starb. Der Verband des graphischen Gewerbes meldete vier Fälle, in denen Vertrauensleute zu Tode geprügelt worden waren. Die Holzarbeiter verloren einen ihrer hervorragendsten Männer, Wilhelm Leuschner, der im September 1944 gehenkt wurde. Helmut Masche vom selben Verband wurde ebenfalls 1944 hingerichtet, ebenso wie Ernst Schneppenhorst im Jahre 1945. Von den führenden Männern der Lederarbeiter wurde Paul Hegenbarth am 18. Februar 1945 hingerichtet, nachdem er vor Freislers »Volksgerichtshof« stand. Die Gewerkschaft der Nahrungs- und Genussmittel-

---

150 Vgl. die als Beweismaterial zusammengestellten Informationen im Nachlass Hermann Schlimme in: SAPMO, NY 4416, S. 39 und 71.
151 Künstler war 1933/34 im KZ Oranienburg inhaftiert, 1938 im KZ Lichtenburg. 1942 starb er in Berlin an den Folgen der Haft.

arbeiter meldete fünf bestätigte Fälle von Mord an Vertrauensleuten. Die Bauarbeitergewerkschaft berichtete den Verlust von vier Funktionären, darunter Fritz Voigt, der im Jahre 1944 in Breslau hingerichtet wurde,[152] zusammen mit dem Gewerkschaftssekretär Oswald Wiersich.[153] Die Gewerkschaft der technischen Angestellten und Werkmeister meldete, dass allein in einem Berliner Betrieb, der AEG-Turbine, sieben Arbeiter und zwei Techniker hingerichtet worden seien. Mehrere der zentralen Vertrauensleute im Verband der Handels- und Büroangestellten waren ebenfalls ermordet worden. Vier weibliche Funktionäre hatte man nach Auschwitz geschickt. Einer der Vertrauensleute, Carl Bublitz, kam auf dem Todesmarsch von Sachsenhausen nach Mecklenburg um.

Außer der Arbeiterbewegung und der kirchlichen Opposition besteht Veranlassung, ein Beispiel aus studentischem Milieu zu erwähnen. Es ist nicht wahr, dass die Nazis an den deutschen Universitäten *keinerlei* Widerstand gewärtigen mussten. Die Aktion in München im Februar 1943 war kein Einzelfall. Es handelte sich um eine illegale Gruppe, die hinter dem 24-jährigen Mediziner Hans Scholl und seiner Schwester Sophie stand. Sie begannen damit, eine hektographierte Zeitung, »Blatt der Weißen Rose«, herauszugeben. Sie erschien in Auflagen bis zu 20 000 Exemplaren und gelangte unter anderem nach Stuttgart und Wien. Im November 1942 nahm die Münchner Gruppe Fühlung mit oppositionellen Studentenkreisen in Berlin, Heidelberg und Freiburg auf. Ein Buchhändler in München versuchte, über Italien Verbindung zu Widerstandsbewegungen in anderen Ländern zu bekommen. Man bemühte sich auch, über die Schweiz mit England Kontakte herzustellen. Dann kam Stalingrad. In der Nacht vor dem offiziellen Trauertag zogen die Mitglieder der illegalen Gruppe durch die Stadt und malten Parolen wie »Freiheit« und »Nieder mit Hitler« an die Wände. Dann kam eine zwangsweise einberufene Studentenversammlung, auf der der nazistische Redner die Studentinnen mit zotigen Witzen beleidigte. Ein Teil der Studenten opponierte, es kam zu Handgreiflichkeiten. Einige Tage später unternahmen Hans und Sophie Scholl den selbstmörderischen Schritt, einen Stapel Flugblätter auf die Studenten im Universitätsgebäude herabzuwerfen. Gleich darauf wurden sie zusammen mit einem ihrer Kameraden[154] vom »Volksgerichtshof« zum Tode verurteilt. Zwei weitere Kameraden[155] und

152 Bei Brandt: Vogt.
153 Bei Brandt: Wiersing.
154 Christoph Probst.
155 Willi Graf und Alexander Schmorell.

den Professor Kurt Huber hat man dann etwas später des Hochverrats und der Begünstigung des Feindes angeklagt. Etwa 80 Personen wurden festgenommen, unter ihnen die nächsten Angehörigen der zum Tode Verurteilten. Hans Scholl rief »Es lebe die Freiheit!«, als sie ihn auf den Klotz banden.

Einige haben gefragt, warum sich die »sogenannte deutsche Opposition« nicht wenigstens bemerkbar machen konnte, als die Alliierten vor den Toren der Städte standen. Sie tat es.

In Bremen hatten besonders harte Verfolgungen stattgefunden. 1934 und 1935 wurden Hunderte von Sozialisten und Kommunisten zu Gefängnis- und Zuchthausstrafen verurteilt und mehrere Konzentrationslager errichtet. Allein in einem von ihnen, Vegesack, ermordete man 32 Bremer Nazigegner. Drei kommunistische Vertrauensleute der Stadt wurden geköpft. Hans Hackmack, der jetzt Chefredakteur des »Weser-Kuriers« ist, saß 1933 zuerst in sogenannter Schutzhaft. Dann beteiligte er sich an der sozialdemokratischen Untergrundarbeit, wurde zu drei Jahren Zuchthaus verurteilt, am Tage des Kriegsausbruchs verhaftet, nach einem dreiviertel Jahr entlassen, aber 1944 noch einmal verhaftet. In diesem Sommer landeten die meisten der Vertrauensleute der Partei, die nicht schon vorher festgenommen worden waren, im Konzentrationslager. Die Verfolgungen verhinderten trotzdem nicht, dass eine »Kampfgemeinschaft gegen den Faschismus« in Erscheinung trat, während rund um die Stadt gekämpft wurde. Sie tat, was sie konnte, um der Zerstörungslust der Nazis entgegenzuarbeiten. Nachdem die Alliierten in die Stadt eingezogen waren, musste das antifaschistische Komitee das Haus, das es besetzt hatte, verlassen. Das Komitee wurde nicht direkt verboten, musste jedoch eine Art von halblegalem Dasein führen. So war es an vielen anderen Orten.

Auch in Leipzig, um ein Beispiel aus einer anderen Ecke Deutschlands zu nehmen, gelang es niemals, die illegale Arbeit ganz zu brechen. Die Festnahmen im Jahre 1936 waren jedoch so umfassend gewesen, dass nur sehr kleine Gruppen überlebten. Diejenigen, die weiterarbeiteten, gaben auch dann nicht auf, als die Nazis einen Sieg nach dem anderen für sich verbuchen konnten. Sie hatten mit einem Konzentrationslager in der Nähe Kontakt, und es kam vor, dass man dort, im Lager, Flugblätter herstellte, die draußen verbreitet wurden. Während des Krieges bildete sich eine Zusammenarbeit, die dem entsprach, was in den Parolen des »Nationalkomitees« in Moskau gefordert wurde. Der frühere sozialdemokratische Ministerpräsident Zeigner (später zum Oberbürgermeister ernannt) beteiligte sich, ebenso eine Reihe protestantischer und katholischer Geistlicher. Gegen Kriegsende bemühte sich das Komitee, Brückensprengungen zu verhindern. Es wurden Flugblätter mit der Anweisung verbreitet, die weiße Fahne zu hissen und nicht zu plündern. Die Parolen fanden in der Bevölkerung Anklang. Als die Amerikaner in die Stadt eingerückt waren, arbeiteten sie zunächst mit dem Komitee zusammen. Nach vierzehn Tagen wurde es jedoch verboten. Es durfte ja keine »politische Tätigkeit« geben.

In Halle arbeitete ein illegales Komitee mit Vertretern der verschiedenen antinazistischen Gruppen und dem Vorsitzenden des Gewerkschaftskartells, Otten, an der Spitze. Auch hier war das Komitee tätig, um weitere Zerstörungen in der letzten Kriegsphase zu verhindern, und es wurden Flugblätter verbreitet mit der Aufforderung, weiße Fahnen zu hissen. Graf Felix von Luckner, der gerade in Halle war, verhandelte im Namen des Ausschusses mit den Amerikanern. Hier etablierte sich eine gute Zusammenarbeit mit dem Militärgouverneur, der über Lautsprecherwagen erklären ließ, dass die Gewerkschaften wiedererrichtet werden sollten. Er begriff, dass sie ihm bei der Arbeit, die Nazis aufzuspüren und die Verwaltung in Gang zu bringen, wertvolle Hilfe leisten konnten.

In Breslau errichtete der nazistische Gauleiter Hanke eine Schreckensherrschaft, nachdem die Stadt von den Russen eingeschlossen worden war. Todesurteile wurden am laufenden Band verkündet; der Festungskommandant und der Bürgermeister befanden sich unter den Opfern des Henkers.[156] Zu diesem Zeitpunkt begannen die aktiven Antinazisten zu handeln. Die Nazipresse nannte sie »Kellermaulwürfe«. Sie nahmen Fühlung mit der Roten Armee auf, verschafften sich Sprengstoff, und eines Tages im März knallte es überall in der Stadt. Zwölf Ortsgruppenbüros wurden gleichzeitig gesprengt, dreißig aktive Nazis liquidiert. Man machte auch den Versuch, Hanke und den neuen Festungskommandanten[157] umzubringen, jedoch ohne Erfolg. Der Berichterstatter aus Breslau klagte die Mehrheit der Bevölkerung an, die sich aus Feigheit nicht den »Maulwürfen« angeschlossen hatte und jetzt als Flüchtlinge umherschwirrte. Er sagte, die aktiven Nazigegner hätten nichts ausrichten können, aber sie seien stolz darauf, dass sie wenigstens *etwas* zustande gebracht hatten.

In München arbeiteten mehrere Oppositionsgruppen, darunter der kommunistische »Aufbruchkreis«, die christlich-soziale Gruppe »Bayeri-

---

156 Gemeint sind: Breslaus zweiter Bürgermeister Wolfgang Spielhagen und Festungskommandant Generalmajor von Ahlfen, der abberufen und der Militärgerichtsbarkeit in Berlin überstellt wurde.
157 Gemeint: General Hermann Niehoff.

sche Freiheitsbewegung«, »O 7« und die »Freiheitsaktion Bayern«. Mehrere dieser Gruppen kamen 1943 miteinander in Kontakt und bildeten eine Art Volksfrontkomitee. Tausende von Flugblättern und Zeitungen wurden verbreitet. Einige Exemplare der Zeitung »Der Wecker« wurden auch nach Dachau hineingeschmuggelt, um den Gefangenen neuen Mut zu geben. Man nahm die Zusammenarbeit mit einer illegalen Organisation unter den Kriegsgefangenen auf. Die russische Sektion dieser Organisation wurde jedoch Ende 1943 von der Gestapo aufgerollt. Allein im Gestapobezirk München kam es zu 383 Festnahmen, in ganz Süddeutschland zu über 1000. Auch deutsche Antinazisten waren betroffen. Drei ihrer aktiven Leute, darunter der Buchdrucker Rupert,[158] der die illegalen Schriften hergestellt hatte, wurden am 15. Januar 1945 in Brandenburg hingerichtet. Drei andere hat man bei den Verhören zu Tode gequält. Doch hier wie woanders gab es einige, die weitermachten. Als das Ende des Krieges näherrückte, im März und April 1945, gab es an mehreren Stellen in Bayern Erhebungen. Die Widerstandsgruppen rekrutierten sich aus den verschiedensten Schichten, Offiziere und Intellektuelle, Arbeiter und Leute von der kirchlichen Front. Unter den Bergarbeitern in Penzberg waren unmittelbar vor der Besetzung des Gebiets durch die Amerikaner 13 bis 14 ihrer besten Leute erschossen worden. Nicht anders erging es den Arbeitern der chemischen Werke in Burghausen.

Die »Freiheitsaktion« in München begann in der Nacht vom 27. zum 28. April 1945. Die illegale Bewegung hatte seit 1942 mit Schweizer Generalstabskreisen und der britischen Gesandtschaft in Bern in Verbindung gestanden. Man kam jedoch zu der Ansicht, dass zu frühes Losschlagen sinnlos sei. Die eigentliche Aktion war nicht weiter imponierend. Es gelang aber schon in der ersten Phase, die nazistischen Zeitungsgebäude und das Rathaus zu besetzen, während die Fernsprech- und Sendeanlage des Generalkommandos in Starnberg zerstört wurde. Auch der Sender Freimann wurde von den Aufrührern eingenommen und die Bevölkerung aufgefordert, sich gegen die Nazis zu erheben. Gleich darauf folgte die Besetzung des Großsenders München. Die Alliierten wurden per Funk und durch Kuriere von diesen Ereignissen unterrichtet, so dass München jenes Schicksal erspart blieb, das andere deutsche Städte in der letzten Kriegsphase traf. In der Stadt selbst hatten die Arbeiter Zufahrtstraßen blockiert. In Grünwald, Großhadern und an vielen kleineren Orten schafften es die Antinazisten, die Bevölkerung auf ihre Seite zu

---

158 Gemeint: Rupert Huber.

Befreiung der überlebenden Häftlinge des Konzentrationslagers Dachau durch amerikanische Truppen am 29. April 1945.

ziehen. Der militärische Widerstand löste sich auf. Die Divisionen an Amper und Glonn[159] legten die Waffen nieder. Doch in diesem Gebiet waren SS-Truppen zusammengezogen worden, und der berüchtigten »Division Nordland« gelang es, die Rundfunkanlage zurückzuerobern. Noch einmal war die Stimme des Gauleiters[160] zu hören, aber zu spät. München wurde kampflos eingenommen. Beiden Seiten ist viel Blut erspart worden.

Man darf auch nicht vergessen, dass es außerhalb der Grenzen Deutschlands deutsche Nazigegner gab, die versuchten, ihren Beitrag zu leisten. Viele Hunderte von ihnen fielen als Freiwillige in Spanien. Einige nahmen als Soldaten am Krieg teil, einige als Mitglieder von Widerstandsbewegungen anderer Länder, einige als Mitarbeiter in den Nachrichtendiensten der Alliierten. Manche von ihnen kehrten illegal nach Deutsch-

159 Flüsse westlich und nordwestlich von München.
160 Paul Giesler.

land zurück – in der klaren Erkenntnis, dass alle nationalen Bedenken zugunsten der großen antinazistischen Aufgabe beiseitegeschoben werden müssten. Vielleicht waren es nicht genug, die ihre Pflicht taten, aber es waren doch einige. Manche leisteten von Stockholm und anderen Hafenstädten aus zusammen mit der internationalen Transportarbeiterföderation illegale Arbeit unter den deutschen Seeleuten. Einige gingen von der Schweiz aus über die Grenze. Wieder andere sprangen mit Fallschirmen ab.

Am Ende steht nicht das Bild einer zusammengeschweißten, landesweiten Widerstandsbewegung. Das wahre Bild zeigt uns viele verzweifelte Anstrengungen, Widerstand gegen die zu leisten, die die Macht hatten und sie durch die Feigheit der großen Masse festigen konnten. All jene, die solche Anstrengungen unternommen haben, brauchen sich nicht zu schämen.[161]

Die Männer des 20. Juli

Abgesehen von lokalen Gruppen, die sich gebildet hatten, wurde *ein* größerer Versuch unternommen, eine geschlossene Widerstandsfront zu schaffen. Dieser Versuch endete in der missglückten Revolte vom 20. Juli 1944.

Stockholm spielte im Zusammenhang mit dem »20. Juli« eine gewisse Rolle. Der Bischof von Chichester[162] traf sich bereits bei seinem Besuch in Schweden im Mai 1942 mit zwei deutschen Emissären,[163] die nicht nur im Namen der kirchlichen Opposition sprachen, sondern auch im Namen bekannter Militärs und Personen aus der alten Arbeiterbewegung. Sie unterrichteten den Bischof davon, dass man im Begriff war, eine Erhebung gegen Hitler zu organisieren. Er wurde gebeten zu untersuchen, ob die Alliierten bereit waren, mit einer neuen deutschen Regierung zu verhandeln. Voraussetzung war, dass sie den Nazismus liquidierte, normale Rechtsverhältnisse einführte, auf die Hitlerschen Eroberungen verzichtete und für eine europäische und internationale Zusammenarbeit eintrat. Diejenigen, die für eine Änderung des Regimes arbeiteten, wünschten eine Erklärung der Alliierten zu erhalten, um zu vermeiden, dass sie sozusagen in der Luft hängen blieben. Der Bischof von Chichester

---

161 Dieser Absatz wurde in *Brandt* 1966, S. 121, veröffentlicht.
162 George Bell.
163 Hans Schönfeld und Dietrich Bonhoeffer.

legte die Angelegenheit Außenminister Eden vor, der darum bat, mit der allergrößten Vorsicht vorzugehen. Es bestand die Gefahr, dass Russland und Amerika die Engländer verdächtigen könnten, Verhandlungen mit dem Feinde zu führen. Der Vorschlag wurde zu den Akten gelegt, man entschloss sich dazu, abzuwarten und zu sehen, ob die deutschen Oppositionellen es fertigbrachten, etwas »von innen« auszurichten.

So erging es vielen Versuchen, mit der alliierten Kriegsleitung ins Gespräch zu kommen. Und hier liegt einer der Gründe dafür, dass die Dinge sich so entwickelten, wie sie es schließlich getan haben. Es gelang nicht – wie ich bereits darlegte –, die alliierten Kriegsanstrengungen mit der Arbeit der Widerstandsgruppen innerhalb des »Stahlwalls« zu koordinieren.

Ich selbst erhielt 1942/43 die ersten Mitteilungen über die Arbeit, verschiedene Kräfte zu sammeln, von denen man meinte, sie könnten nach einem Attentat auf Hitler die Macht übernehmen. Im Winter 1943/44 traf ich einen der hervorragenden Männer der Kirchenopposition, der an den Sammlungsbestrebungen teilnahm, zugleich aber kein Anhänger eines Attentats war. Es handelte sich um den damaligen Leiter der deutschen Transportkommandantur in Oslo, Theodor Steltzer, der jetzt Oberpräsident in Schleswig-Holstein ist. Ich bekam auch Kontakt mit meinem alten Freund Julius Leber, früher sozialdemokratischer Reichstagsabgeordneter und Chefredakteur, der mich über die innenpolitischen Verhältnisse unterrichtete. Einen Monat vor dem letzten Attentatsversuch war ich mit Adam von Trott zusammen, dem Legationsrat aus der Wilhelmstraße, der im September 1944 gehenkt wurde. Er war – so wie die Unterhändler im Jahre 1942 – besonders damit beschäftigt, die außenpolitischen Bedingungen im Zusammenhang mit einer Erhebung gegen Hitler zu untersuchen.[164]

Was zum 20. Juli führte, hat jedoch über den außenpolitischen Zusammenhang hinaus Anspruch auf Interesse. Solange der Krieg andauerte, war es nicht möglich, ein klares Bild zu geben. Die Gestapo durfte keine Einzelheiten erfahren, die sie nicht schon ausfindig gemacht hatte. Es konnte sogar zweckmäßig sein, gewisse Dinge so darzustellen, dass sie die Gestapo irreführten. Heute spielen derartige Rücksichten keine Rolle mehr.

In Deutschland ist schon allerlei über diese Ereignisse geschrieben worden. Viel davon zeigt, wie großartig sich die Verschworenen verhiel-

---

164 Dieser und die beiden folgenden Absätze wurden in *Brandt* 1966, S. 121 f., veröffentlicht.

ten, nachdem sie in die Klauen der Gestapo geraten waren. Das taten sie. Die »Neue Zeitung« hatte recht, als sie schrieb, dass es Männer waren, selbst wenn sie vielleicht nicht allesamt besonders große Männer waren.

In Nürnberg wurde ein kleiner Ausschnitt aus den Filmaufnahmen der Nazis von den Verhandlungen vor dem Volksgerichtshof gezeigt. Es war ein phantastischer Kontrast. Im Saal sorgte das Gericht dafür, dass der Prozess in würdiger Weise geführt wurde, und es wachte über die Rechte der Angeklagten. Auf der Leinwand sah man einen brüllenden Roland Freisler als Staatsanwalt und Richter in einer Person, mit einigen erbärmlichen Figuren von SS- und Wehrmachtsvertretern neben sich. Im Saal waren wohlgenährte und teilweise lächelnde Angeklagte, auf der Leinwand Männer, die deutliche Spuren von Misshandlungen aufwiesen. Josef Wirmer, der Mitglied der Regierung Goerdeler-Leuschner hätte sein sollen, musste nur dastehen und zuhören, wie Freisler ihn beschimpfte. Einmal kam er gerade dazu, »Ja« zu erwidern, und als er das nächste Mal eine Bemerkung machen wollte, konnte er keinen zusammenhängenden Satz sagen. Die Nazis hatten aber die Szene weggeschnitten, in der Wirmer zu Freisler sagte, dass in Kürze *er* angeklagt sein würde. Man sah, wie Freisler den Grafen Schwerin von Schwanefeld »verhörte«. Auch er wurde unterbrochen, sobald er etwas sagen wollte. Der junge Offizier sprach leise; er hatte viel erlitten, aber er war nicht zusammengebrochen. Dann sagte er etwas von »den vielen Morden in Deutschland und draußen«. Weiter kam er nicht. Freisler schrie, verunglimpfte ihn und fragte, ob er nicht jetzt auf jeden Fall aufgeben wolle. Er bekam ein leises, aber bestimmtes »Nein« zur Antwort, worauf Freisler sagte, der Angeklagte habe den letzten Rest von »Selbstachtung« verloren.

Ich habe weiter oben den Pfarrer Buchholz zitiert. Er war Zeuge, dass allein in Berlin-Plötzensee 85 von denen, die im Zusammenhang mit dem 20. Juli festgenommen wurden, hingerichtet worden sind. Er berichtete, wie Männer wie der Feldmarschall Witzleben, General Stieff, Generaloberst Hoepner,[165] von Hase[166] und Yorck von Wartenburg eine feste Haltung bewahrten, obwohl sie fürchterlich gefoltert worden waren. Hitler hatte verboten, dass die Männer des 20. Juli mit einem Seelsorger sprechen durften. Buchholz bekam trotzdem mit mehreren von ihnen Kontakt. »Und«, sagte er, »wie reich bin ich oft von dort weggegangen, wie beglückt darüber, an so viel Heldentum teilnehmen [und so viel edle

---

165 Bei Brandt: Hoeppner.
166 Bei Brandt: von Haase.

Menschlichkeit] erleben zu dürfen, wie ich sie an den rheinischen Arbeiterführern Groß und Letterhaus, dem Leipziger Kaufmann Cramer,[167] an Grafen Moltke, dem Jesuitenpater Delp[168] und anderen immer wieder bewundern konnte [bei Brandt: sah]. Ebenso groß waren sie im Sterben, sie und die anderen, die ich weniger kennenlernte, aber deren Sterben ich nahe war, so der ehemalige württembergische Staatspräsident Bolz, der sozialistische [bei Brandt: sozialdemokratische] Arbeiterführer und ehemalige hessische Innenminister Leuschner, der tapfere Dr. Goerdeler, Kaplan Wehrle, Rechtsanwalt Wirmer, der Graf Matuschka und Dr. Lejeune-Jung.«[169] Nur einige ganz wenige entgingen dem Tode, der frühere Saarminister Koßmann, der christliche Arbeiterführer Kaiser, Andreas Hermes und Theodor Steltzer. Andere wurden an dem Tage liquidiert, an dem das Gefängnis wegen des russischen Vormarsches geräumt wurde.[170] Steltzer sollte am 5. Februar hingerichtet werden. Die Hinrichtung wurde jedoch auf Grund einer Intervention von skandinavischen kirchlichen Kreisen bei Himmler ausgesetzt: Sie führte im letzten Augenblick zum Erfolg.

Es ist schäbig, die Ehre der Opfer anzugreifen. Der Vorsitzende der Sozialdemokraten in Berlin[171] sagte in einer Rede im Herbst 1945, dass diese Menschen ihre Ehre wahren konnten, ob sie nun dem Generalstab oder dem Adel angehörten, der bürgerlichen Intelligenz, Wirtschafts- oder Beamtenkreisen oder der Arbeiterklasse.[172] Er erklärte, dass der »20. Juli« eine Revolution war. Sie war nicht erfolgreich. Im Reich der Gestapo und der Mörder hatte sie jedoch ebenso viel zu bedeuten wie der Einsatz, der von den Widerstandsbewegungen in Frankreich, Italien und der Slowakei zu einem Zeitpunkt geleistet wurde, als die alliierten Befreiungsarmeen sich näherten. Man kann jedoch darüber streiten, was in den Begriff Revolution gelegt werden soll, und man muss wohl den Unterschied machen, dass die Verschwörung in Deutschland von »Spitzenkreisen« getragen wurde, während die Erhebung in anderen Ländern durch die

---

167 Bei Brandt: Kramer.

168 Bei Brandt: Delpe.

169 Peter Buchholz: Rundfunkansprache zum 20. Juli 1945, abgedruckt in: *Gundlach/Panzer* 1964, S. 44. Auslassungen und Abweichungen bei Brandt: [ ].

170 Plötzensee wurde am 25. April 1945 befreit. Die letzten Hinrichtungen fanden sieben Tage zuvor statt.

171 Gemeint: Otto Grotewohl.

172 Vgl. dazu »Wo stehen wir – wohin gehen wir?« Rede des Vorsitzenden der Sozialdemokratischen Partei Deutschlands, Otto Grotewohl, am 14. September 1945 vor den Funktionären der Partei in der Neuen Welt, Berlin 1945, S. 14.

größere oder geringere Beteiligung der Bevölkerung gekennzeichnet war. Es war allerdings geschichtlich völlig zutreffend, wenn der sozialdemokratische Redner feststellte, die Befreiung vom Hitlerjoch wäre auch im Juli 1944 eine Befreiung *von außen* gewesen. Man braucht nur an die militärische Lage zu erinnern, um zu erkennen, dass dies wahr ist.

Welchen politischen Inhalt hatte nun die Bewegung des 20. Juli? Die Mitglieder, die zur Arbeiterbewegung oder zum christlich-demokratischen Flügel gehörten, gingen davon aus, dass der Nazismus nicht von unten gestürzt werden könne. Die einzige vorhandene Möglichkeit war, den einen Teil der bewaffneten Macht gegen den anderen auszuspielen. Das bedeutete, dass man eine Zusammenarbeit mit der Wehrmacht einleiten musste oder, genauer gesagt, mit Vertretern des Militärs, die erkannten, wo es hinging, und mit den Nazis gebrochen hatten oder jedenfalls bereit waren, den Bruch zu vollziehen. Man erhielt eine Koalition ziemlich ungleichartiger Kräfte, die durch das gemeinsame Ziel zusammengehalten wurde, die nazistische Staats- und Militärführung loszuwerden.

Das bedeutet, dass die Koalition nicht notwendig auf einem demokratischen Programm ruhen musste. Es gab auch nichtdemokratische Gegner Hitlers. Einige *hatten* ein demokratisches Programm, andere hatten es nicht. Goerdeler und der größte Teil der militärischen Fraktion waren keine Demokraten.

Die Familie Goerdelers erhielt im Herbst 1945 einen Haufen Papiere, die der zum Tode Verurteilte einem der Gefängniswärter bei der Gestapo in der Prinz-Albrecht-Straße anvertraut hatte. »Die Welt muss wissen«, schrieb Dr. Goerdeler, »dass außer den Männern des 20. Juli viele Tausend andere Deutsche einen schrecklichen Opfergang gegangen sind.« Dieses letzte Testament Goerdelers ist noch nicht veröffentlicht worden. Es ist jedoch bekannt, dass er darin eine Übersicht der vielfältigen Versuche gab, die er in den Jahren nach 1933 unternommen hatte, um die Kräfte gegen das zu sammeln, was er den »perversen zerstörenden Fanatismus« nannte.[173] Veröffentlicht ist jedoch ein »politisches Testament«, das er im Jahre 1937 verfasst hat und das in Amerika deponiert worden ist. Dort schrieb er unter anderem von den »sinnlosen Fesseln« des Ver-

---

173 Das erste Zitat lautet im Original: »Die Welt muß wissen, daß außer uns viele Tausende Deutsche einen furchtbaren Opfergang gegangen sind« (*Gillmann, Sabine / Mommsen, Hans* (Hrsg.): Politische Schriften und Briefe Carl Friedrich Goerdelers, Bd. 1, München 2003, S. 1196 f.). Die Zitate stammen nicht aus Goerdelers letztem Testament, sondern aus einem Brief Goerdelers an den Gefängniswärter Wilhelm Brandenburg vom November 1944.

sailler Vertrages. Es ging auch deutlich daraus hervor, dass seine Opposition gegen den Nazismus in seiner christlichen Überzeugung und seinem christlichen Gewissen begründet war, nicht in einer demokratischen Denkweise. Man bekam dann eine Denkschrift über »Die Grundsätze der Leitung des deutschen Staats- und Wirtschaftslebens« zu sehen, die der frühere Oberbürgermeister zu Beginn des Jahres 1942 geschrieben hatte. Er war der Meinung, dass ein Ständestaat mit einer »autoritativen« Staatsführung und am besten einem Monarchen an der Spitze gebildet werden müsste. Von Parteien wollte er nichts wissen, für die »Parteibonzen« war kein Platz, und die Gemeinden sollten korporativ vertreten sein und autoritativ geführt werden. Er trat für eine Art von Völkerbund ein, aber Deutschland sollte sein Heer behalten. Er huldigte auch den »soldatischen Eigenschaften« der Deutschen.[174]

Als man die Dokumente des Verfahrens vor dem Volksgerichtshof gegen die Männer des 20. Juli fand, kam ein Aufruf zum Vorschein, den der Feldmarschall von Witzleben in seiner Eigenschaft als neuer Oberkommandierender der Wehrmacht sofort nach dem Attentat hätte veröffentlichen lassen. In diesem Aufruf hieß es einleitend, dass »der Führer Adolf Hitler« tot sei und dass eine gewissenlose Clique »frontfremder« Parteiführer versucht habe, die Situation dazu auszunutzen, der schwerbedrängten Front in den Rücken zu fallen. Die Reichsregierung habe daher den militärischen Ausnahmezustand verhängt und die vollziehende Gewalt dem Oberkommandierenden der Wehrmacht übertragen. Witzleben befahl, dass sämtliche Einheiten der Wehrmacht und der Waffen-SS, der Arbeitsdienst und die Organisation Todt, die Reichsbehörden und die Polizei sowie alle »Amtsträger« der Nazipartei den betreffenden militärischen Chefs untergeordnet sein sollten. Jeder Widerstand sollte rücksichtslos gebrochen werden. Zum Schluss stand Folgendes: »Der deutsche Soldat steht vor einer geschichtlichen Aufgabe. Von seiner Tatkraft und Haltung wird es abhängen, ob Deutschland gerettet wird.«[175]

174 Gemeint ist das Dokument »Über Sinn, Ziele und Organisation deutscher Staats- und Wirtschaftsführung«, das in einer Art Rezension in der *Neuen Zeitung* vom 1. Februar 1946 bekannt wurde. Brandt fasst den Artikel zusammen, zitiert aber nicht ganz zutreffend. Im Artikel ist die Rede von einer »Staatsleitung, die »autorativ« an der Spitze stehen soll. Statt »soldatischer Eigenschaften« heißt es in der Quelle »soldatische Tugenden«. Der Begriff »Parteibonzen« wird in der Quelle weder wörtlich noch sinngemäß benutzt.

175 Siehe *Jacobsen, Hans-Adolf*: Opposition gegen Hitler und der Staatsstreich vom 20. Juli 1944. Geheime Dokumente aus dem ehemaligen Reichssicherheitshauptamt, Stuttgart 1989, Bd. 2, S. 597.

Aus diesem Aufruf kann man herauslesen, was man will, aber es sieht nicht so aus, als ob Witzleben und sein Kreis auf eine sofortige Kapitulation eingestellt waren. Man erhält am ehesten den Eindruck, dass sie daran dachten, den Kampf weiterzuführen.

Sozialistische und demokratische Vertreter, die sich mit Witzleben verbündet hatten, dachten jedoch an einen sofortigen Waffenstillstand. Einer der Überlebenden, Gustav Dahrendorf, sagte, es sei zwar wahr, dass an den Vorbereitungen – besonders in der letzten Periode, als die Kriegsentwicklung recht deutlich wurde – Personen teilnahmen, die sich nur durch opportunistische Motive leiten ließen. Aber nicht sie, erklärte er weiter, bestimmten die Bedeutung der Aktion. Ihre Auffassung spielte keine größere Rolle als die Tatsache, dass Männer wie Generaloberst Beck lange meinten, Deutschland könnte nach einem durchgeführten Attentat den Krieg fortsetzen, um einen »anständigen Frieden« zu erreichen. Wir wissen wohl, sagte Dahrendorf, dass es unter den Militärs und einer Anzahl von Politikern welche gab, die sich von der Auffassung leiten ließen, das Attentat solle der Ausgangspunkt zu einem »reaktionären« oder »liberalen« Regime sein. Er glaubte jedoch, dass diese Männer nicht in führenden Stellungen saßen und dass sie sich außerdem Illusionen hingaben. Es konnte kein Zweifel daran bestehen, meinte er, dass die Liquidierung des Nazismus und die unmittelbar darauf folgende Kapitulation alle weiterreichenden Pläne für einen unabhängigen Wiederaufbau nicht nur problematisch, sondern völlig illusorisch gemacht hätte. »Darum war es schon vor dem 20. Juli bedeutungslos, welche Pläne dieser Art von irgendwem erörtert oder bearbeitet wurden. Den politischen Trägern dieses Aufstandsversuches war klar, daß der totalen Kapitulation die völlige Besetzung Deutschlands folgen würde und daß die Grundlagen für den Aufbau des neuen Deutschlands dann im Wesentlichen durch die Besatzungsmächte bestimmt werden würden.«[176]

Ganz so klar war es damals vielleicht nicht. Es ist jedoch hinreichend klar, dass jede der verschiedenen Gruppen hoffte, die Entwicklung nach einer Änderung des Regimes auf ihre Art beeinflussen zu können. Ich glaube nicht, dass die Hoffnungen der Militaristen und Monarchisten erfüllt worden wären. Aber das ist schwer zu beweisen.

---

176 *Allgemeine Zeitung*, 1. Oktober 1945; wieder abgedruckt in: *Dahrendorf, Gustav*: Der Mensch, das Maß aller Dinge. Reden und Schriften zur deutschen Politik, 1945–1954, hrsg. und eingeleitet von *Ralf Dahrendorf,* Hamburg 1955, S. 65–69, Zitat: S. 68.

Die verschiedenen Gruppen und Kreise hatten im Übrigen keinen festen organisatorischen Rahmen. Die Grenzen konnten in bestimmten Fällen recht fließend sein. Es waren Personen, die mit mehreren »Zentralen« Fühlung hatten. Die Verhandlungen wurden in erheblichem Maße von Vermittlern geführt, was dazu beitrug, dass viele Unklarheiten entstanden. Dennoch ist es nicht schwer, zwischen bestimmten Hauptgruppen zu unterscheiden.

Die Gruppe der Arbeiterbewegung wurde von jüngeren Sozialdemokraten geleitet. Sie hatten meist auf dem rechten Flügel ihrer Partei gestanden, waren aber für eine aktive Politik eingetreten. Außer Leuschner muss man in erster Linie nennen die früheren Reichstagsabgeordneten Carlo Mierendorff (getötet bei dem Luftangriff auf Leipzig im Dezember 1943), Julius Leber (hingerichtet im Januar 1945), Theodor Haubach (ebenfalls hingerichtet) und Gustav Dahrendorf. Es waren aber auch Leute aus der älteren Generation dabei, zum Beispiel der frühere Regierungspräsident in Schlesien, Lüdemann (hingerichtet),[177] der alte Josef Simon in Nürnberg, Gustav Noske und der frühere Reichstagspräsident Paul Löbe. Er war zum Vorsitzenden eines beratenden »Senats« bestimmt. Diese Einzelheit und viele andere Details wurden niemals von der Gestapo aufgedeckt, so dass Löbe nach einigen Wochen im Konzentrationslager wieder freigelassen wurde. Die sozialdemokratische Gruppe arbeitete planmäßig, um sich ein landesweites Netz von Vertrauensleuten aufzubauen. Dasselbe geschah durch die Gewerkschaftsführer. Hermann Schlimme und Bernhard Göring vom früheren Gewerkschaftsbund, Jakob Kaiser von der christlichen Gewerkschaft und Ernst Lemmer vom unpolitischen Angestelltenverband waren in die Pläne eingeweiht und nahmen an den Vorbereitungen teil. Es gelang ihnen unterzutauchen. In der letzten Phase wurden auch Verbindungen zu der illegalen kommunistischen Führung in Berlin aufgenommen. Diese wurde jedoch Anfang Juli 1944 von der Gestapo aufgerollt, kurz nachdem der Kontakt hergestellt worden war.

Die christlichen Arbeiterführer arbeiteten mit ihren sozialdemokratischen Kollegen zusammen. Man war sich bereits damals einig, dass keine neue Spaltung in verschiedene gewerkschaftliche Richtungen erfolgen dürfe. Sie gehörten zu einer demokratischen Zwischengruppe, die hauptsächlich in der kirchlichen Opposition, sowohl dem katholischen als auch dem evangelischen Flügel, ihre Basis hatte. Hier traf man Männer wie

---

177 Der Sozialdemokrat Lüdemann wurde zwar nach dem 20. Juli 1944 verhaftet, jedoch anschließend freigesprochen. Obwohl er in »Schutzhaft« blieb, überlebte er. 1947 wurde er zum schleswig-holsteinischen Ministerpräsidenten gewählt.

Wirmer, Hermes, den früheren württembergischen Staatspräsidenten Dr. Eugen Bolz (hingerichtet am 23. Januar 1945) und den früheren Zentrumsführer in Hessen, Dr. Fritz Bockius (in Mauthausen umgebracht). Eine führende Gestalt in dieser Gruppe war Graf Moltke, der am 17. Januar 1945 gehenkt wurde. Sein Kreis, der sich 1940 bildete, war jedoch nicht für ein Attentat auf Hitler eingetreten. Man nahm aus religiösen und moralischen Gründen von Gewaltmaßnahmen Abstand und meinte außerdem, dass Deutschland erst das Schlimmste durchmachen müsse, ehe es sich wieder erheben konnte. Die Attentatspläne, wie sie von Goerdeler und anderen vorbereitet wurden, kannte man, und man wies eine Zusammenarbeit mit anderen, die auf die Neugestaltung nach dem Nazismus hinarbeiteten, nicht ab. Moltke war am 20. Juli in Haft. Er hatte jemand, der von der Gestapo beschattet wurde, gewarnt, und die Gestapo wollte wissen, wer ihn informiert hatte. Im August 1944 wurde entdeckt, dass Moltke Führer einer Oppositionsgruppe gewesen war. Er wurde nun aus dem Konzentrationslager geholt und angeklagt, von »Goerdelers Plänen« gewusst und sie nicht verraten zu haben. Steltzer erhielt wegen »hochverräterischer Gesinnung« die Todesstrafe. Das einzige, was man in seinem Fall beweisen konnte, war, dass sein Name auf einer Liste von Leuten stand, die nach Bildung einer neuen Regierung verschiedene Posten bekleiden sollten.

Die Gruppe Goerdelers war durch seine deutschnationale Grundhaltung und seine Verwurzelung in der Geschäftswelt geprägt. Frühere konservative Politiker wie Lejeune-Jung und mehrere Diplomaten gehörten diesem Kreis an. So auch der frühere Botschafter in Rom, Ulrich von Hassell, der zusammen mit Goerdeler am 8. September 1944 gehenkt wurde. In den Notizen, die er im Gefängnis Fürstenberg hinterließ, gab es eine interessante Stelle. Er sagte, der eigentliche Grund für das Todesurteil sei gewesen, dass man einen höchst unbequemen Mitwisser der geschichtlichen Schuld Hitlers und Ribbentrops an diesem furchtbaren Krieg aus dem Wege räumen wollte. Von Goerdeler hatte Kontakte zu einigen Repräsentanten der Partei, von denen man hoffte, dass sie von Nutzen seien, sowie zu »Oppositionellen«, die eine so zweifelhafte Vergangenheit hatten wie Papen und Schacht. Das ändert nichts an der Tatsache, dass Goerdeler ein Mann war, der Anspruch auf Achtung wegen seines Muts und seiner Entschlossenheit hat, die er bewies. Die Frau, die ihn anzeigte, als er am 12. August 1944 in einer Gastwirtschaft in Konradswalde saß, und auf diese Weise die von Hitler ausgesetzte Belohnung von einer Million Mark erhielt, konnte im Januar 1946 festgenommen werden.

Außer diesen politischen Gruppierungen gab es auch Oppositions-zentren in verschiedenen Gebieten des Reiches. Teils handelte es sich um Vertrauensleute und kleine Ausschüsse, die von Berlin aus bestimmt wor-den waren und auf das Stichwort warteten, um die zivile Verwaltung in Zusammenarbeit mit dem zuständigen militärischen Bezirkskommando zu übernehmen. Teils handelte es sich auch, wie in Bayern, um unabhän-gige Oppositionsgruppen. Die Münchener Gruppe wurde von dem frü-heren bayerischen Gesandten bei der Reichsregierung, dem 65-jährigen Franz Sperr, geleitet, der am 23. Januar 1945 in Berlin gehenkt wurde. Er verhandelte mit militärischen Führern wie Halder und arbeitete mit Politikern wie dem früheren Reichswehrminister Geßler und Wirtschafts-minister Hamm[178] zusammen. Sperr hatte die Absicht, die Leitung der neuen bayerischen Regierung zu übernehmen und wählte Mitarbeiter für alle wichtigen Gebiete aus. Seine Kontakte reichten nach Nord- und Westdeutschland, und einmal traf er auch mit Graf Stauffenberg zu-sammen. Das erfuhr die Gestapo, was zur Festnahme Sperrs im August 1944 führte.

Damit kommen wir zu den militärischen Oppositionskreisen. Dort war Generaloberst Beck die beherrschende Figur. Von Harnack, Witzle-ben, Hammerstein, Olbricht und andere gehörten zu seinem Kreis. Leiter der jüngeren konservativen Militärs war Oberst Stauffenberg, der es in der letzten Phase übernahm, das Attentat selbst durchzuführen. Unter den Militärs war eine ganze Reihe, die sich »wohlwollend abwartend« verhielten und die Fühlung mit der Opposition aufrechterhielten, ohne sich in einer verpflichtenderen Weise zu engagieren. Kluge, damals Ober-befehlshaber im Westen, wurde zu den passiven Teilnehmern des Staats-streichversuches gezählt, was ihn nicht hinderte – so wie Falkenhorst in Norwegen – eiligst Hitler ein Treuebekenntnis zu schicken.[179] Rommel hatte gesagt, dass »die in Berlin« sich auf ihn verlassen könnten. Dies hatte zur Folge, dass er gezwungen wurde, Selbstmord zu begehen.

Etwas ganz Eigenes war die Gruppe Canaris – auch wenn sie zum militärischen Sektor gehörte. Es ist zweifellos eine der phantastischsten Geschichten dieser Zeit, dass das Hauptquartier der Spionage und Spio-nageabwehr der Wehrmacht eine der Zentralstellen der Verschwörung gegen Hitler wurde. Ich habe bereits die Aussage von General Lahousen in Nürnberg erwähnt. Er hob mit Bestimmtheit hervor, dass der Leiter der

---

178 Bei Brandt: Hansen.
179 Gemeint ist wahrscheinlich ein Brief Kluges an Hitler vom 19. August 1944, in dem er diesem seine Treue erklärte.

»Abwehr« und seine Mitarbeiter gegen die nazistische Mordpolitik opponiert hätten. Das wurde auch durch den Brief von Canaris an Keitel bestätigt, in dem er vor der kriminellen Behandlung der russischen Kriegsgefangenen warnte. General Oster, Leiter der Hauptabteilung der Abwehr, hatte bereits seit 1938 eine eigene kleinere Oppositionsgruppe. Sie arbeiteten die ganze Zeit über mit Plänen, die, um mit Lahousen zu reden, »darauf zielten, den Entfeßler dieser Katastrophe zu beseitigen«.[180] Zu dem Kreis um Canaris gehörten unter anderem Oberst Piekenbrock, Leiter der ersten Abteilung, der von den Russen gefangen genommen wurde, dessen Nachfolger, Oberst Hansen,[181] der nach dem 20. Juli umgebracht wurde, ferner der Nachfolger Lahousens im Jahre 1944, Oberst Freytag-Loringhoven, der sich selbst, unmittelbar bevor er verhaftet werden sollte, das Leben nahm, Oberst Bentivegni, der von den Russen gefangen genommen wurde, und mehrere andere Offiziere, die man nach dem missglückten Attentat verhaftete und ermordete.

Lahousen schilderte Canaris als einen nicht nur kühnen, sondern auch sehr humanen Mann und als eine »Person des reinen Intellekts«.[182] Er hegte einen Abscheu vor dem Krieg, dem Regime und seinen Methoden. Er erklärte, dass der Krieg für Deutschland eine Katastrophe bedeutete. An dem Morgen, als der Polenfeldzug begann, kam er ins Büro und sagte zu seinen Mitarbeitern: Das ist das Ende. Aber, sagte er, es wäre eine noch größere Katastrophe, wenn das Hitlersche Regime triumphieren würde.[183] Das war das Bild, das Lahousen von Canaris zeichnete. Die Sache kann aber von mehreren Seiten betrachtet werden. Dass er ein Hitlergegner war, steht außer Zweifel, doch ein Demokrat war er schwerlich. Man kann bedauern, dass die vielfältigen Versuche Canaris' nicht dazu führten, Hitler zu stürzen. Es wäre jedoch kaum beruhigend gewesen, wenn der geheimnisvolle Admiral der mächtige Mann eines neuen Deutschlands – hinter den Kulissen – geworden wäre. Jetzt ist es hinlänglich sicher, dass

---

180 IMG, Bd. 2, S. 490: »... die darauf zielten, den Entfeßler dieser Katastrophe, Adolf Hitler, mit Gewalt zu beseitigen.«

181 Bei Brandt: Hanson

182 IMG, Bd. 2, S. 489.

183 In der schwedischen Ausgabe als Zitat: »Das ist das Ende. Aber es wäre eine noch schlimmere Katastrophe, wenn das Hitlerregime triumphieren sollte.« – Lahousen beschrieb Canaris' Grundhaltung mit den Worten: »Es ist uns nicht gelungen, diesen Angriffskrieg [gegen Polen] zu verhindern. Der Krieg bedeutet das Ende Deutschlands und unser Ende, somit ein Unglück und eine Katastrophe größten Ausmaßes. Ein Unglück, das aber noch viel größer wäre als diese Katastrophe, wäre ein Triumph dieses Systems.« (IMG, Bd. 2, S. 490).

Canaris wegen einer ganzen Reihe von Dingen beschuldigt worden ist, die er nicht getan hat, aber seine Akte aus der Zeit vor der Machtübernahme durch Hitler ist dennoch alles andere als makellos. Er war an einer Reihe von Intrigen gegen die Weimarer Republik beteiligt. Er tat auch bei der Vorbereitung des Angriffskrieges seine »Pflicht«. Alles kann erklärt werden, für vieles kann man Entschuldigungen finden. Heute kann man sagen, dass er da sitzen blieb, wo er saß, weil er den Posten nicht an Himmler ausliefern wollte und weil er gerade diese Schlüsselstellung brauchte, um einen ernsten Schlag gegen das Regime zu richten. Ob dies jedoch das ursprüngliche Motiv des Spionagechefs war, ist nicht sicher.

Als Patriot und Verstandesmensch begriff Canaris jedoch, dass Deutschland in sein schwerstes Unglück getrieben wurde. Er wünschte, dass Skandinavien und die Niederlande vor dem bevorstehenden Angriff im Jahre 1940 gewarnt werden sollten, weil er Hitler zwingen wollte, seine Pläne aufzugeben. Dann sorgte er dafür, Schweden zu warnen, dass Gefahr im Verzuge war, so dass man mit einer Blitzmobilisierung antworten konnte, die im Hauptquartier tatsächlich starken Eindruck machte. Canaris arbeitete vielen der schlimmsten Ausflüsse der Hitlerschen Politik entgegen. Er hielt wohl auch die Meldungen über die bevorstehende Invasion der Alliierten in Nordafrika zurück. Andererseits nahm er es nicht besonders genau, mit wem er zusammenarbeitete. Zu seinen Kontakten gehörte zum Beispiel auch Reichenau, derselbe Reichenau, der sich Himmlers Lob für die Morderlasse verdiente, die er im Osten erteilt hatte. Canaris wurde am 23. Juli festgenommen. Er schwieg wie die meisten anderen (sonst hätte kaum jemand überlebt) und wurde am 9. April 1945 zusammen mit General Oster und mehreren anderen Mitarbeitern und Freunden im Konzentrationslager Flossenbürg gehängt.

Der »Fall Canaris« führt zur Frage des Verhältnisses von Himmler zum 20. Juli. Im Herbst 1943 wurde der Admiral vom Chef der SS vorgeladen, der erklärte, er wisse, dass einiges vor sich gehe. Es gebe jemand, der Goerdeler heiße, und einen anderen, der Beck heiße. Man könne von ihm glauben, was man wolle, aber man solle nur nicht glauben, dass er dumm sei. – Himmler waren wohl nicht alle Einzelheiten bekannt, aber er wusste, dass etwas im Gange war. Am 11. Juli 1944 kam die Festnahme Julius Lebers, am 17. Juli wurde der Haftbefehl gegen Goerdeler ausgestellt. Canaris wurde jedoch noch nicht angerührt, auch Beck nicht. Die Frage, wie viel Himmler wusste, warum er die Dinge treiben ließ und zu welchen Plänen er den Attentatsversuch auszunutzen gedachte, ist noch offen.

Die »technische« Seite bei den Attentatsvorbereitungen weist eine lange Reihe von Missgeschicken auf. Wenn einmal alle Einzelheiten veröffentlicht sind, werden die Leute den Kopf schütteln und sich selbst fragen, wie es möglich war, dass aus so viel Planung so wenig herauskam. Das ist unverständlich, insbesondere wenn man weiß, dass die meisten Verschwörer sich darüber im Klaren waren, was sie erwartete, falls etwas aufgedeckt würde, und dass es in der Tat Männer *gab*, die bereit waren, sich zu opfern.

Die ersten Attentatspläne hatten 1938 Halder, Harnack und Canaris gemacht. Sie wurden jedoch mit »München« hinfällig. Im Jahre 1939 machten Canaris und Oster einen neuen Vorstoß. Hitler sollte verhaftet und für geisteskrank erklärt werden. Aber Brauchitsch und andere, mit denen sie Kontakt suchten, sagten nein.

Dann kam eine ganze Reihe praktischer, aber stets misslungener Versuche in den Jahren 1943 und 1944. Es begann nach Stalingrad. Am 11. März 1943 kehrte Hitler nach einem Besuch im Mittelabschnitt der Ostfront zum Hauptquartier in Ostpreußen zurück. Es war beabsichtigt, das Flugzeug Hitlers mittels einiger Schnapsflaschen mit englischem Sprengstoff zur Explosion zu bringen. Der Versuch wurde vom jungen von Schlabrendorff[184] ausgeführt, der sich unter den Überlebenden befindet und den ich zu Hause bei seinem Schwiegervater, Landrat Bismarck, in Buch am Forst traf. Er hatte Pech. Der Zünder versagte.

Der nächste Plan lief darauf hinaus, dass man die Vorführung neuer Uniformen dazu benutzen wollte, Sprengstoff in die Nähe Hitlers zu bringen. Es war nämlich nicht ganz einfach, bis zu ihm vorzudringen, und ein Gepäckstück oder eine Aktenmappe durfte man keinesfalls bei sich haben. Drei Sicherheitssperren mussten passiert werden, es musste eine schriftliche Genehmigung vorliegen und außerdem wurden Besucher von einem besonderen Sicherheitsoffizier begleitet. Die Vorführung der Uniformen hatte auch den Vorteil, dass man mit der Anwesenheit Himmlers rechnen konnte. Diese Aufgabe sollte zunächst der junge Baron von dem Bussche übernehmen, der von Stauffenberg benannt worden war. Er lebt. Die Vorführung sollte am 22. November 1943 stattfinden. Bussche erhielt englischen Sprengstoff von General Stieff, dem Leiter der Organisationsabteilung des Generalstabs und einer von denen, die zusammen mit Witzleben zum Tode verurteilt wurden. Dass der Sprengstoff englisch war, sollte die Gestapo irreführen. Bussche wollte jedoch deutschen Sprengstoff. Er wurde auf dem Luftwege herbeigeschafft, aber nun kam es zur großen britischen Bombardierung Berlins – die neuen Uniformen, die vorgeführt werden sollten, gingen

184 Bei Brandt: Schlaberndorf.

zuschanden. Nun übernahm ein anderer junger Leutnant, von Kleist, die Aufgabe. Doch aus der zweiten Vorführung wurde wieder nichts, da Hitler absagte.

Im Winter und Frühjahr 1944 waren verschiedene Pläne entwickelt worden. Außerdem begannen lebhafte Diskussionen darüber, ob das Attentat vor oder nach der Invasion stattfinden sollte. Die Konservativen wollten es vorher haben, weil sie »retten wollten, was zu retten war«. Der linke Flügel tendierte dazu abzuwarten, um keine neue Dolchstoßlegende zu befördern, abgesehen davon, dass es, wie erwähnt, eine Zwischengruppe gab, die Attentatspläne ablehnte.

Die Invasion kam. Vierzehn Tage später traf ich mit Adam von Trott zusammen. Was ihn am meisten beschäftigte, war die Frage, ob die Alliierten ihnen eine Chance geben würden, eine neue deutsche Regierung von innen zu stabilisieren, dergestalt, dass es eine Waffenstillstandspause gab, bevor die Alliierten ihre eventuelle Totalbesetzung vornahmen. Man sollte nicht sagen können, dass die neue Regierung von den Besatzungsmächten eingesetzt sei. Die Auskünfte, mit denen von Trott zurückkehrte und die mit dem übereinstimmten, was man von anderen Seiten zu hören bekam, waren nicht ermutigend. Er selbst war eigentlich zu dem Ergebnis gelangt, dass man nichts mehr unternehmen sollte, sondern »die anderen« die ganze Verantwortung für die totale Niederlage übernehmen lassen sollte.

Ende Juni fand auf einem Hof in Ostpreußen, ganz in der Nähe von Hitlers Hauptquartier, eine Zusammenkunft statt. Die militärische Lage war klar. Feldmarschall Kluge hatte die Nachricht durchgegeben, dass der Durchbruch der Alliierten im Westen nur eine Frage von wenigen Tagen sei. Die Diskussion ging hin und her. Da entschied Beck das Problem, indem er sagte, es sei zwar alles verloren, er aber wünschte, dass, wenn die Geschichte dieser Zeit geschrieben würde, der Satz darüber stehen sollte, dass es »doch einige *Männer* gab«.

Und wieder war man vom Pech verfolgt. Zwei Versuche, einer zu Beginn und einer in der Mitte des Juli, misslangen. Einmal kam Hitler nicht, das andere Mal verließ er, ganz gegen seine Gewohnheit, die »Lagebesprechung« im Hauptquartier. Und dann kam der letzte verzweifelte Versuch Stauffenbergs. Er wäre beinahe geglückt, aber er glückte dann doch nicht.

Wenn man das alles in seiner Gesamtheit betrachtet, mutet es phantastisch an, dass es so viele Gruppenbildungen, Konferenzen und Planungen geben konnte, ohne dass das Ganze zu einem weit früheren Zeitpunkt aufgerollt wurde. Es ist fast nicht zu glauben, dass dies mitten im

»Gestapo- und Mörderreich« möglich war. Doch noch phantastischer ist, dass aus so viel Verschwörung so wenig herauskam. Man weiß, dass einige jüngere Offiziere bereit waren, alles zu riskieren, aber man kann sich gleichzeitig des starken Eindrucks nicht erwehren, dass die »verantwortlichen« Militärs sich zu keiner geschlossenen kraftvollen Aktion entschließen konnten. *Das* – und nicht die »Vorsehung« – war der Hauptgrund dafür, dass das Ganze im Sande verlief.

Für Deutschland wäre ein Attentat mit glücklichem Ausgang wahrscheinlich gut gewesen. Es hätte vielleicht ein Blutbad im Inneren bedeutet. Es hätte aber auch viele Menschenleben gerettet. Viele Zerstörungen wären vermieden worden. Der misslungene 20. Juli trug jedoch in gewissem Maße dazu bei, den Krieg zu verkürzen. Die Widerstandskraft wurde geschwächt. Himmlers große »Gitter- und Geiselaktion«,[185] die Verschwörer, Mitwisser und Verdächtige traf, bedeutete andererseits, dass die leitenden Kader der Opposition einen schweren Schlag erlitten hatten.

Hätten die Männer des 20. Juli Glück gehabt, dann hätten die deutschen Antinazisten bei dem Prozess gegen die großen Kriegsverbrecher vielleicht einen offiziellen Mitankläger stellen können. Es wären auch gewisse innere Garantien gegen den Auflösungsprozess geschaffen worden, der eine Folge des Zusammenbruches, wie er im Mai 1945 stattfand, zu werden drohte. Das »Unglück« hatte weitreichende Folgen.

---

185 Gemeint: die von den Nationalsozialisten verhängte »Sippenhaft« gegen Familienangehörige sowie umfangreiche Verhaftungen antinazistischer Politiker.

Nach Potsdam

Es gab »andere« Deutsche. Sie waren jedoch nicht imstande, eine Revolution durchzuführen. Das »andere« Deutschland bedurfte der Geburtshilfe der Alliierten.

Goebbels' und Himmlers Volkskriegsparolen wurden nicht befolgt. Dem Wahnsinn begegnete man jedoch auch nicht mit einem geschlossenen, aktiven Widerstand. Die bewusst oppositionellen Kräfte waren aufgerieben. Das Volk war müde. Es gab einen Zusammenbruch und keine Revolution.

Eine »natürliche« Reaktion wäre gewesen, dass sich die breiten Schichten des deutschen Volkes gegen die Nazibonzen, Gestapobüttel und Lügenmäuler der Propaganda erheben, dass die Arbeiter Betriebe, die den großkapitalistischen Bundesgenossen der Nazis gehörten, übernehmen, dass die Landbevölkerung nazistische Junker und »Bauernführer« verjagte, dass die Soldaten Vertrauensleute wählen und sich weigern, Nazioffizieren zu gehorchen. Diese Reaktion blieb aus, nicht nur, weil innere Triebkräfte fehlten. Der andere Grund war, dass die Alliierten sich zu einer totalen militärischen Lösung entschlossen hatten. Besetzung und Volkserhebung lassen sich nicht vereinen. Wer ein Land besetzt, will »Ruhe und Ordnung«, nicht Chaos und Unruhe.

Das hatte ganz eigenartige Konsequenzen zur Folge. Teilweise mussten die Alliierten die Nazis gegen »Übergriffe« seitens ihrer Landsleute beschützen. Es wurde die Aufgabe der Alliierten zu verhindern, dass sich die Disziplin auflöste.

In Norwegen hatte man Glück, die Besetzung wurde kampflos abgewickelt. Was man an führender norwegischer Stelle Anfang Mai 1945 am meisten fürchtete, war das Versagen soldatischer Disziplin und einen deutschen Bürgerkrieg im Lande mit einer massenhaften Zerstörung norwegischer Werte. Die norwegisch-alliierten Vorkehrungen zielten daher darauf, die Befehlsverhältnisse auf deutscher Seite zu stabilisieren. So ist es vorgekommen, dass Wehrmachtsführer Tagesbefehle weiterhin mit »Heil Hitler« unterzeichneten, dass antinazistische Soldaten in einem Land, das von der nazistischen Gewaltherrschaft befreit worden war, ins Konzentrationslager gebracht wurden, dass deutsche Kriegsgerichte in demselben Land deutsche Soldaten wegen »Fahnenflucht« verurteilten. Unter derartigen Verhältnissen wurde die Möglichkeit einer Erhebung auf den absoluten Nullpunkt reduziert.

Eine andere Frage ist, ob das, was geschah, nicht auch das Beste für das deutsche Volk und seine zukünftige Entwicklung war. Die rein militärische Lösung mit totaler Besetzung als logischer Konsequenz hinderte eine deutsche Erhebung, die vielleicht – vielleicht! – gekommen wäre, über deren Verlauf man jedoch nichts weiß. Viel spricht dafür, dass eine solche Erhebung zu diesem Zeitpunkt von destruktiven Tendenzen beherrscht gewesen und in einen zerstörerischen Bürgerkrieg gemündet wäre.

Wir wollen nun – anstatt darüber zu spekulieren, was hätte geschehen können – zu dem zurückkehren, was tatsächlich geschah. Deutschland wurde in vier Besatzungszonen aufgeteilt. Es gelang jedoch nur in geringem Maße, die Politik in den vier Zonen zu koordinieren. Der Alliierte Kontrollrat, der in Berlin geschaffen wurde, arbeitete schwerfällig und besaß in Wirklichkeit nicht die Form einer gemeinsamen Militärregierung.

Auf der Potsdamer Konferenz im Juli 1945 einigten Truman, Stalin und Churchill sich darauf, dass die Zoneneinteilung keine dauerhafte Zerstückelung bedeuten sollte. Man wollte Deutschland als wirtschaftliche Einheit behandeln. Es wurde beschlossen, bestimmte Fachministerien zu errichten, deren Machtbefugnis sich über die Zonengrenzen hinaus erstreckt. Verwaltung, Rechts- und Unterrichtswesen sollten nach gemeinsamen Richtlinien aufgebaut werden. Im Vergleich mit dem labilen Zustand, der unmittelbar nach Kriegsende herrschte, stellten die Potsdamer Beschlüsse zweifellos einen Fortschritt dar. Die Besatzungsmächte (mit Ausnahme Frankreichs, das nicht vertreten war) traten gemeinschaftlich dafür ein, neue demokratische Einrichtungen zu schaffen.

Antinazistische Parteien sollten in allen Zonen tätig sein können. Auf wirtschaftlichem Gebiet lag das Fortschrittliche in erster Linie darin, dass die besetzten deutschen Gebiete als ein geschlossenes Ganzes verwaltet und Schritte unternommen werden sollten, um die schlimmste Not zu lindern.

Der Beschluss von Potsdam war kein Vernichtungsprogramm. Er war deutlich von seinen Anfängen als Kompromiss zwischen verschiedenen Großmachtinteressen geprägt. Das Kommuniqué, das veröffentlicht wurde, enthielt eine Reihe von Unklarheiten. Die Entschädigungsforderungen wurden nicht endgültig fixiert. Die vorläufige Skizzierung deutete jedoch darauf hin, dass man daran gedacht hatte, sehr weit zu gehen. Deutschland sollte nicht nur entmilitarisiert, sondern auch als einer der führenden Industriestaaten ausgeschaltet werden. Das war deutlich genug. Weniger klar war die Stellung, die Deutschland in der europäischen und internationalen Wirtschaft zuteilwerden sollte. Bezüglich der territorialen Fragen ging man erheblich weiter, als das ursprüngliche Kriegsziel der alliierten Nationen vorsah. Es wurde vorab entschieden, dass die Sowjetunion einen großen Teil Ostpreußens einschließlich Königsbergs erhält und Polen sich auf Kosten Deutschlands als Ausgleich für die westukrainischen und westweißrussischen Gebiete erweitern sollte. In Potsdam stimmten die Westalliierten grundsätzlich der Forderung zu, Deutschland die Gebiete östlich der Oder-Neiße-Linie wegzunehmen. Polen sollte diese Gebiete verwalten, bis auf der Friedenskonferenz eine endgültige Entscheidung getroffen wird. In Wirklichkeit bedeutete das, dass die bereits begonnene Polonisierung östlich der Oder fortgeführt werden konnte. Die Zwangsumsiedelung einer deutschen Bevölkerung von nahezu zehn Millionen – einschließlich derjenigen, die bereits evakuiert waren – wurde ebenfalls gebilligt. Die »drei Großen« ersuchten jedoch die polnische Regierung, die Ausweisung auszusetzen, bis die Voraussetzungen geschaffen waren, um die Deportierten aufnehmen zu können. Eine ähnliche Bitte wurde an die tschechoslowakische Regierung gerichtet. Das bedeutete: Auch der Plan, zwei bis drei Millionen sogenannter Sudetendeutscher zwangsweise umzusiedeln, war gebilligt worden.

»Potsdam« stellte die einzige Grundlage zur Zusammenarbeit für die deutschen Antinazisten dar. Ein besonders günstiger Ausgangspunkt war es nicht. Das konnte man wohl auch nicht erwarten. Bedenklich war jedoch, dass die Grundlage nicht hielt. Ein wesentlicher Teil der Beschlüsse existierte nur auf dem Papier. Die Bestimmung über die Errichtung interzonaler Fachministerien konnte auf Grund des hartnäckigen Widerstandes der französischen Vertreter nicht ausgeführt werden. Der Abtransport von Sachwerten ging, was die Ostzone betraf, sehr weit. In vielen Fällen wurde der Bevölkerung alles weggenommen, was sie besaß. Die Zwangsumsiedlung aus Polen, »Neu-Polen« und der Tschechoslowakei ging trotz der Bitten aus Potsdam weiter.

Niemand, der objektiv sein will, kann jedoch leugnen, dass die alliierten Militärregierungen im Laufe der Monate, die auf den deutschen Zusammenbruch folgten, eine in vieler Hinsicht imponierende Arbeit ausgeführt haben. Natürlich machten sie viele Fehler, natürlich waren die Offiziere, die mit diesen Aufgaben betraut wurden, nicht überall gleich gut. Sie hatten auch nicht immer das richtige Verständnis von den Aufgaben, mit deren Lösung sie beauftragt waren. Sie verhinderten jedoch, dass ein Chaos entstand. Sie meisterten das außerordentlich schwierige

Problem, als auf einen Schlag Millionen ausländischer Kriegsgefangener und Zwangsarbeiter ihre Fesseln loswurden. Die lebenswichtigsten Produktionszweige kamen wieder in Gang, es entstand keine wirkliche Hungersnot, der Seuchengefahr wurde Einhalt geboten. Das Gesellschaftsgebäude war schwer mitgenommen, aber es stürzte nicht zusammen.

Im Sommer 1945 hielten die Besatzungsmächte die (lebensnotwendigsten) Dinge zwar in Gang, von einem wirklichen Wiederaufbau war jedoch keine Rede. Dieser konnte auch schwerlich beginnen, solange man nicht wusste, ob man seine primitivsten Bedürfnisse von einem Tage zum anderen noch befriedigen kann. Ein dänischer Journalist schilderte im Frühherbst 1945 »die erste politische Demonstration«, die er in Berlin erlebt hatte. Die Dreigroschenoper hatte Premiere und zu dem Refrain »Erst kommt das Fressen und dann die Moral« gab es ohrenbetäubenden Beifall.

Das große Problem bestand darin, mit der schlimmsten Not fertig zu werden, um mit den einfachsten Formen des Wiederaufbaus beginnen zu können. Es gab riesenhafte Probleme. Erstens hatte man es mit jenen objektiven Schwierigkeiten zu tun, die die Nazis als Erbe hinterlassen hatten. Zweitens bewältigten die Alliierten zwar im Großen und Ganzen die Tagesaufgaben, mit ihren Verwaltungsvorbereitungen kamen sie jedoch nicht so weit voran, um den Wiederaufbau ernsthaft in Angriff nehmen zu können. Drittens war es um das Verhältnis zwischen den wichtigsten Ländern der Alliierten nicht sehr gut bestellt, so dass sich recht große Meinungsverschiedenheiten auf politischem und wirtschaftlichem Gebiet bemerkbar machten.

Die offizielle Politik der Sowjetunion war wohl eigentlich nie durch Rassenvorurteile geprägt. Ehrenburgs übertriebene Schreibereien wurden kurz vor Ende des Krieges von führender Parteiseite abgelehnt. In Moskau war ein deutsches »Nationalkomitee« mit Kommunisten und Generälen an der Spitze tätig geworden.[186] Man hat Grund zu glauben, dass die Sowjetunion ziemlich lange davon ausging, ein neues Deutschland – das nicht notwendig eine soziale Revolution im alten Sinne durchgemacht haben musste – werde sich nach Osten orientieren und eine enge wirtschaftliche und nicht zuletzt außenpolitische Anbindung an den Osten suchen. Es gab zwei Möglichkeiten, zu einer solchen Lösung zu gelangen. Die eine bestand darin, die Rote Armee den größten Teil des deut-

---

186 Gemeint: Nationalkomitee »Freies Deutschland« (NKFD), das nach der Niederlage in Stalingrad auf Stalins Anregung von deutschen Kriegsgefangenen im Juli 1943 in der Sowjetunion gegründet wurde.

schen Gebiets erobern oder sogar bis an den Rhein vorrücken zu lassen, bevor die Westalliierten mit ihrer Invasion in Gang kamen oder während sie in Frankreich festsaßen. Die andere Möglichkeit war, Hitler von innen zu stürzen und eine Regierung mit Anknüpfungspunkten an das »Nationalkomitee« in Moskau zu etablieren. Eine derartige innere Lösung gelang nicht. Und die Angelsachsen rollten Deutschland von Westen her auf. Die Voraussetzungen für eine mehr oder weniger alleinige russisch-deutsche Lösung waren nicht vorhanden.

Das Ziel der russischen Deutschlandpolitik war durch die Hauptforderungen Entschädigung und Sicherheit bestimmt. Zur Erfüllung der Forderungen schlug man neue Wege ein. Statt eines schnellen Wiederaufbaus der deutschen Industrie und ihrer Koordinierung mit dem russischen Wirtschaftsleben trat die unmittelbare Entschädigungsforderung in den Vordergrund. Die Motivation war klar: Die Sowjets hatten unendlich viel verloren. Sie mussten so schnell wie möglich wieder auf die Beine kommen. So wie die Lage sich entwickelt hatte – mit zahlreichen Unsicherheiten im Verhältnis zu den Westmächten und einer gewissen Unklarheit bezüglich ihrer deutschen Pläne –, war die sowjetische Politik darauf eingestellt, Deutschland so stark wie möglich zu schwächen, jedenfalls in der ersten Phase. Die Sowjetregierung setzte die Grenzverschiebung im Osten durch. Sie trat auch für eine starke Beschränkung der deutschen Industrie ein.

Das war jedoch nur eine Seite der Angelegenheit. In ihrer deutschen Innenpolitik hielten sich die Russen im Großen und Ganzen an die Richtlinien, die im Voraus ausgearbeitet worden waren. Sie lancierten kein bolschewistisches, sondern ein antifaschistisches Programm. Die Kommunisten wurden zwar begünstigt, erhielten aber kein Monopol. Vier antinazistische Parteien und die Gewerkschaft begannen im Juni, einen Monat nach der Kapitulation, in Berlin wieder ihre Tätigkeit. In der russischen Zone gab es kein Verbrüderungsverbot. Es erschienen deutsche Zeitungen. Der Rundfunk, die Theater und Kinos wurden so schnell wie möglich wiedereröffnet. Auf Plakaten wurden die Aussprüche Stalins über den Hitlerismus und das deutsche Volk wiederholt. Deutsche Nazigegner wurden beauftragt, Landesregierungen zu bilden. Sie erhielten Gelegenheit, eine Reihe wichtiger Reformen vorzubereiten.

Den Vorsprung, den die Russen in politischer Hinsicht hatten, verloren sie jedoch wieder, hauptsächlich infolge des oft harten Vorgehens der Besatzungstruppen und wegen der drastischen Reparationsmaßnahmen, die sich in der Demontage und im Abtransport von Maschinen zeigten. Es ist psychologisch interessant, dass deutsche Arbeiter gegen die *Art,* wie der Abtransport vor sich ging, opponierten. Wollte man die Maschinen mitnehmen, so sagten sie, sei es widersinnig, sie so zu behandeln, dass sie dabei kaputtgehen, oder so zu verschicken, dass sie rosten.

Die Disziplin innerhalb der Roten Armee schien nachzulassen. Es ist eine Bewertungsfrage, ob bestimmte Übergriffe mit der spontanen Wut der Sowjetsoldaten über Massenmorde und Plünderungen unter der deutschen Besetzung in den Sowjetgebieten begründet werden konnten oder ob die Motive darüber hinausgingen. Man muss sich jedoch davor hüten zu glauben, Plünderungen und Vergewaltigungen wären nur in der russischen Zone vorgekommen. Der englische Korrespondent Mosley schrieb in seinem Report from Germany: »Even staid English officers began to loot like mad.«[187] Ich habe *etwas* davon in der amerikanischen Zone gesehen, es gibt viele wenig erbauliche Geschichten über das, was in den französisch besetzten Gebieten vor sich ging. Ganz zu schweigen von den Räuberbanden, die unter ausländischen Arbeitern entstanden (meistens unter denen, die eher freiwillig als gezwungen gekommen waren). Der amerikanische Oberkommandierende [Eisenhower] sagte in seinem Monatsbericht für September 1945, dass »displaced persons continued to constitute the chief source of unrest and lawlessness«. Zur gleichen Zeit schrieb der Offizier der Militärregierung im Landkreis Aschaffenburg in Bayern: »Vieh wird gestohlen. Die Arbeiter weigern sich, ihre Wohnungen zu verlassen, weil sie fürchten, überfallen und ihrer Räder beraubt zu werden. Die Bauern fürchten sich, im Freien zu arbeiten, weil sie damit rechnen, von marodierenden Banden angegriffen zu werden.«[188] Ich habe selber mehrere Taten bedauernswerter entwurzelter Polen beobachten können. Aber es widerstrebt mir, ins Einzelne zu gehen. Ein paar Beispiele mögen genügen. Als ich Mitte November 1945 nach Lübeck kam, erhielt ich den Beweis dafür, dass die Polen im Laufe des Monats vor der Kneipe, in der die Sozialdemokraten ihr provisorisches Parteibüro unterhielten, 31 Menschen getötet hatten. Ich muss hinzufügen, dass diese Straße ein Zentrum des Schwarzmarktes war. Das ist wahr, wie auch die Tatsache, dass Frauen immer wieder halb ausgezogen und ihnen die Kleider weggenommen wurden, wenn sie zum Friedhof vor der Stadt gingen. Auch Mord war nicht ungewöhnlich.

---

187 *Mosley, Leonard O.:* Report from Germany, London 1945, S. 46. Das Zitat bezieht sich bei Mosley auf Plünderungen. Vergewaltigungen werden bei ihm nicht erwähnt.

188 Beide Zitate konnten nicht nachgewiesen werden.

Daran muss man denken, wenn man die Geschichten von den Russen hört. Man muss sich auch darüber im Klaren sein, dass Fälle von Vergewaltigung die Phantasie der Menschen auf eigentümliche Weise in Bewegung versetzen können. Ich werde niemals eine Frau unter den Flüchtlingen in Hamburg vergessen, die es offenbar genoss, einem zahlreichen Publikum zu beschreiben, wie oft sie vergewaltigt wurde. Auf dem Marktplatz in Lübeck gab es unzählige Flüchtlinge, die dastanden und diskutierten. Einer meiner Freunde war Zeuge, als ein Mann dort die schrecklichsten Geschichten erzählte und sich dabei auf einen Brief berief, den er, wie er sagte, aus Pommern hatte herüberschmuggeln können. [Mein Freund] ging zu dem Mann hin und bat ihn, den Brief zu zeigen. Nachdem der Mann verlegen in den Taschen gesucht hatte, bat er ihn, den Brief zu holen. Inzwischen sollte er der britischen Militärpolizei seine Anschrift mitteilen. Als sie ein paar Schritt gegangen waren, bekam mein Freund eine lange Rede darüber zu hören, dass er den Mann nicht ins Unglück stürzen sollte. Es existierte überhaupt kein derartiger Brief, aber er hatte es von jemand anderem gehört, den er für glaubwürdig genug hielt. Der Betreffende musste zu seinen Zuhörern auf dem Markt zurückgehen und ihnen mitteilen, dass er gelogen habe. Hier stehen wir also Dingen gegenüber, die mit Phantasie und Übertreibung zu tun haben. Es kommt hinzu, dass zumeist immer nur Geschichten erzählt werden, die sich auf das *eine* Extrem beziehen. Ich habe auch von Leuten gehört, die erfreuliche Dinge erlebt haben, zum Beispiel eine Frau in Mecklenburg mit vier Kindern, bei der sieben russische Offiziere einquartiert waren. Der Oberst sagte ihr, sie solle Essen für zwölf beantragen, damit ihre Kinder etwas Ordentliches zu essen bekämen. Solche Geschichten sind nicht im Umlauf.

Ich will aber keinen Augenblick den Eindruck erwecken, als seien nicht auch schwerwiegende Übergriffe vorgekommen, und das nicht nur in der ersten Phase. Vergewaltigungen hat es in großem Maßstab gegeben, Plünderungen ebenso. Mit immer neuen Truppen gab es dauernd neue Wellen. Die Begründung konnte höchst zweifelhaft sein. Mehr als ein Arbeiter bekam zu hören, dass er »Kapitalist« sei, und mehr als *ein* Nazigegner wurde als »Faschist« abgestempelt, wenn man mit dem davonzog, was sie in ihrer Wohnung hatten, oder es zerschlug. Auch den Kommunisten bleiben sehr peinliche Erlebnisse nicht erspart. Ich weiß von alten Kommunisten, die sagten, dass sie »grenzenlos enttäuscht« seien, oder fragten: »Ist das Sozialismus?« Ich habe Briefe von Kommunisten gesehen, die viele Jahre lang in Konzentrationslagern saßen und dann zum »Strafbataillon 999« abkommandiert wurden. Sie benutzten den ersten passenden Augenblick, zu den Russen überzulaufen, und behaupteten später, dass sie auf dieselbe Weise wie irgendein Nazi behandelt worden seien. Übrigens wurden nicht nur Kommunisten enttäuscht. Auf einer sozialdemokratischen Konferenz in Nürnberg sagte der äußerst zuverlässige Vertreter aus Erlangen: »Die Sowjetunion hat eine große Chance für sich zerstört. Mit ihrer Hilfe wäre es in Deutschland möglich gewesen, Verhältnisse zu schaffen, die dem deutschen Arbeiter neue Hoffnung gegeben hätten. ... Ich meine, dass die Sowjetunion das hätte wiederbekommen können, was die Nazis zerstört hatten, wenn man die Maschinen hätte stehen lassen, so dass die Arbeiter sie für die Herstellung von Reparationsgütern hätten benutzen können.«

Auf russischer und kommunistischer Seite erklärt man die offensichtlichen Übergriffe damit, dass die besten Soldaten gefallen seien. An mehreren Stellen hörte ich, dass »nur fünf Prozent der Offiziere wissen, worum es wirklich geht«. Die Strafmaßnahmen zeigen, dass es keine »Gräuelpropaganda« ist festzustellen, dass Hausfrieden und Frauenehre nicht immer viel galten und dass in Zügen, auf Bahnhöfen und an der Zonengrenze sehr freizügig enteignet wurde. In Sachsen wurden im Oktober 1945 782 Russen wegen Fahnenflucht, Plünderung und Vergewaltigung hingerichtet. Das würde darauf hindeuten, dass man in der Sowjetunion an führender Stelle daran interessiert war, den Übergriffen Einhalt zu gebieten.

Später werden wir noch Gelegenheit haben, auf neue Phasen der russischen Besatzungspolitik zurückzukommen. Die erste Besatzungsperiode in den Westzonen zeichnete sich dadurch aus, dass man hier in politischer Hinsicht den Anschluss verpasste. Allerdings konnte man auch auf russischer Seite unterschiedliche Meinungen feststellen. Die Militärangehörigen benutzten oft eine andere Sprache und gingen anders vor als die Vertreter der Partei. Im Großen und Ganzen funktionierte die Koordinierung der verschiedenen besatzungspolitischen Organe bei den Russen aber recht gut. Auf Seiten der Westmächte war die Besatzungspolitik durch erheblich größere Schwankungen gekennzeichnet. Doch dort wurde zwischen verschiedenen Interessengruppen auch weit intensiver um sie gerungen.

Die Westmächte betrachteten die Arbeit in Deutschland als militärische Angelegenheit. Sie unterstand damit den militärischen Befehlshabern. Generäle können gute Politiker sein, müssen es aber nicht.

Die Franzosen gingen eigene Wege, nicht nur deshalb, weil sie erst im letzten Augenblick in den Kreis der Alliierten aufgenommen wurden. Es waren keineswegs die besten Repräsentanten der Vierten Republik, die nach Deutschland kamen. Auf der einen Seite wollten sie nationale Minderwertigkeitskomplexe abreagieren, auf der anderen in Baden-Baden in einer neuen Rolle auftreten. (Diese Stadt wurde auch »Vichy-Vichy« genannt, da die Franzosen, die früher den Deutschen in Paris untergeben waren, nun dieselben Deutschen unter ihren Schutz nahmen und sie als Untergebene in der Hauptverwaltung für die französische Besatzungszone einsetzten.) Tatsache ist – und das ist nicht unverständlich –, dass die französischen und farbigen Truppenverbände anfangs nicht gerade zimperlich vorgingen. Es kam zu mehr Plünderungen und ähnlichen Übergriffen, als sie bei militärischen Besetzungen üblicherweise zu verzeichnen sind. Schwieriger ist da schon zu verstehen, dass dasselbe Frankreich, das bald darauf eine sozialistisch-kommunistische Parlamentsmehrheit wählte, stärker als andere Länder ausgesprochen reaktionäre Elemente unterstützte. Zuerst akzeptierte man überhaupt nur diejenigen, die sich freiwillig zur Verfügung stellten (um nicht zu sagen: gebrauchen lassen wollten). Später unterstützte man Deutsche – selbst wenn sie eine nazistische oder opportunistische Vergangenheit hatten –, wenn sie nur für eine Loslösung vom »Reich« oder wenigstens für den »Föderalismus« eintraten. Im Spätherbst 1945 erfolgte aber eine wesentliche Kursänderung. De Gaulle reiste in die besetzten Gebiete und redete öffentlich darüber, was die dortige Bevölkerung mit den Franzosen verband. Man wollte nachdrücklich unterstreichen, dass die Westdeutschen auch Westeuropäer seien. Dies war nur ein Teil der von de Gaulle angestrebten westeuropäischen Block-Politik.

Sonst waren die Ziele der französischen Deutschlandpolitik hinreichend deutlich. Man wollte die Herrschaft über die Saar, die Kontrolle des Rheinlandes und eine »Internationalisierung« der Ruhr. Bis diese Fragen entschieden waren, widersetzte man sich einer gemeinsamen deutschen Verwaltung entsprechend dem Potsdamer Beschluss.

Auf angelsächsischer Seite traten immer mehr Stimmen für eine *gemeinsame* Lösung der deutschen Frage ein. Nicht erst seit die Labourregierung an der Macht war, spürte man, welches Interesse die Engländer an einer positiven europäischen Wirtschaftspolitik haben. Auch bei den Amerikanern büßten die Verteidiger des Agrarisierungs- und Dezimierungsprogramms, des »Morgenthauplanes«, Terrain ein. Amerikanische Experten sind oftmals verständige Leute. Sie stellten fest, dass die Ausfuhr ungefähr auf dem gleichen Stand gehalten werden musste wie vor dem Kriege, sollten die Deutschen leben und gleichzeitig die Besatzungskosten bezahlen können. Auch englische Sachverständige haben mehr für den gesunden Menschenverstand als für den Vansittartismus übrig.

Sie sahen ein, dass es im Interesse Europas lag, so viel Ruhrkohle wie irgend möglich zu fördern. Da konnten sie nicht die Augen vor der Tatsache verschließen, dass Ruhrarbeiter essen müssen. Es steht außer Zweifel, dass die englische Regierung an einen europäischen Wiederaufbau dachte.

Zugleich war nicht zu übersehen, dass Unsicherheit und Misstrauen, die die internationale Lage kennzeichneten, auch auf die deutsche Besatzungspolitik Englands und Amerikas einwirkten. Sie suchten die Verhältnisse in ihren Zonen so zu gestalten, dass ihre Position im Spiel der großen Politik dadurch gestärkt wurde. Auch war unschwer zu erkennen, dass viele Engländer und Amerikaner zunächst noch durch die Vansittartsche Propaganda beeinflusst waren. Das machte es ihnen schwerer, mit antinazistischen Deutschen ins Gespräch zu kommen. Die schematische Gleichstellung von deutsch und nazistisch hinderte sie daran, die Stimmung bei Kriegsende für sich zu nutzen: eine echte Wut auf die wahnsinnigen Naziführer, die alles in ihrer Macht Stehende getan hatten, um Volk und Land mit in den Abgrund zu reißen. Das Verbrüderungsverbot hatte schon seine Berechtigung, solange militärische Operationen im Gange waren. Es war aber sinnlos, das Verbot weiter aufrechtzuerhalten, als der Sieg errungen war. Diese kurzsichtige, gefährliche Politik drohte die Deutschen zusammenzuschweißen anstatt die aktiven nazistischen und militaristischen Elemente zu isolieren. Den antinazistischen Deutschen wurde nicht erlaubt, eigene Organisationen zu gründen oder Zeitungen herauszugeben. Antinazistische Komitees, die im Übergang vom Krieg zum Frieden gebildet worden waren und vielerorts den Alliierten zugearbeitet hatten, wurden aufgelöst, Gewerkschaften hingegen grundsätzlich zugelassen. Sie sollten sich jedoch innerhalb eines streng örtlichen Rahmens halten, und auch sonst wurde ihre Arbeit durch eine ganze Reihe von Einschränkungen behindert.

Das Verbot politischer Betätigung wurde damit begründet, sich gegen nazistische und krypto-nazistische Tarnungsversuche absichern zu müssen. Die Wirkung war jedoch die entgegengesetzte. Die Säuberung verzögerte sich und die Entlarvung der nazistischen Verbrecher wurde dadurch erschwert, dass man kein Leben in die deutschen Gruppen brachte, die [diese Verbrecher] am besten kannten. Man gab alliierte Zeitungen auf Deutsch heraus, statt die Deutschen eine antinazistische Presse auf die Beine stellen zu lassen. Die Kinos waren geschlossen oder für die Besatzungstruppen reserviert. Der Rundfunk wurde durch die Alliierten gelenkt und erzählte den Deutschen, ihre Situation sei zwar schlimm, aber sie müssten sich darüber im Klaren sein, dass sie sich noch erheblich verschlechtern werde. Der Aufbau einer neuen örtlichen Verwaltung wurde nicht flexibel genug gehandhabt. Vielerorts arbeiteten Nazis in ihren Stellungen weiter, teils weil die alliierten Behörden ihr Sündenregister nicht kannten, teils weil der betreffende Offizier meinte, sie nicht entbehren zu können. Fast überall in den Westzonen gab es auch eine Tendenz, Mitglieder der früheren konservativen Parteien zu begünstigen, während Leute aus der Arbeiterbewegung beiseitegeschoben wurden. Ein typisches Beispiel war München, wo Leute von der Bayerischen Volkspartei, die sich vieles hatten zu Schulden kommen lassen, zusammen mit einem Haufen Voll- und Halbnazis regieren durften. Das dauerte bis zum Monatswechsel September/Oktober 1945.

In Potsdam traten die Alliierten für eine andere und ganz anders differenzierte Politik ein. Es dauerte aber einige Zeit, bis diese ins Werk gesetzt wurde. Es wäre jedoch ungerecht, sich mit der Feststellung der negativen Auswirkungen alliierter Besetzungspolitik zu begnügen. Tatsache ist, dass vielerorts nicht nur guter Wille, sondern auch bedeutende Fähigkeiten gezeigt wurden. Das Fehlen eines einmütigen konstruktiven Plans führte jedoch dazu, dass es länger als nötig dauerte, bis man die vorliegenden Probleme lösen konnte. Doch nach und nach wurden sie gelöst. Die Nazis wurden festgesetzt. Man baute eine neue Verwaltung auf, ließ antinazistische Parteien zu. Und deutschen Antinazisten wurde eine immer größere Verantwortung übertragen.

Anfang Mai war Deutschland zusammengebrochen. Weniger als drei Monate später sagten die »drei Großen«, dass es wiederaufgebaut werden solle. Beim Jahreswechsel 1945/46 war man bereits ein ganzes Stück vorangekommen. Doch es blieb noch unendlich viel übrig, das erledigt werden musste.

Die Entnazifizierung

Viele Journalisten haben sich auf die Jagd nach den berühmten »Werwölfen« gemacht. Ich kenne keinen, der sie gefunden hat. Dagegen weiß ich von einigen, die erfundene Werwolfgeschichten verbreiteten. Tatsache ist, dass es den Naziführern jedenfalls in der ersten Phase nicht *gelang*, eine zusammenhängende Untergrundbewegung zu schaffen. Die illegalen Gruppen, die entlarvt wurden, waren bei Licht betrachtet nicht besonders imponierend.

Es gab keine wirkliche Gefahr von nazistischen Unruhen und Aufruhrversuchen. Der Nazismus war selbstverständlich nicht mit dem Zusammenbruch verschwunden. Zu viele Jahre hatte er verheerend wüten können. Die Bevölkerung, insbesondere die Jugend, war zu lange vergiftet worden. Es war aber ein Glück, dass die militärische Katastrophe auch einen vollständigen organisatorischen und einen ernsten geistigen Zusammenbruch auslöste. So geschah es in den vorher besetzten Ländern, und so geschah es in Deutschland selbst.

Die schlimmsten Nazis – oder auf jeden Fall der größte Teil von ihnen – wurden festgesetzt. In der amerikanischen Zone saßen im Januar etwa 117 000 nazistische Gefangene, bei den Engländern 53 000, bei den Franzosen 11 000. Die Russen veröffentlichten keine Statistik, aber es war hinlänglich bekannt, dass zum Beispiel das neue Sachsenhausen recht gut ausgelastet wurde. Viele von denen, die inhaftiert waren, fühlten sich natürlich ungerecht behandelt. Sie beteuerten, dass sie nur »das Gute« gewollt hatten. Das sagte Quisling auch, als er vor seinen Richtern stand. Ich erinnere mich an einen Winterabend in Coburg. Ihre Königliche Hoheit Herzogin Victoria – Mutter der Prinzessin Sibylle – legte das haarsträubende Unrecht dar, als man ihren Mann festnahm.[189] Er war ja »nur« Obergruppenführer im NSKK, der nazistischen Automobilorganisation. Er war auch Abgeordneter im Hitlerschen Reichstag und Präsident des Deutschen Roten Kreuzes. Von den Schrecken der Konzentrationslager wusste er – natürlich – nichts. »Er tat alles für Deutschland.« Im Jahre 1940 nahm er sogar die Strapazen auf sich, über Sibirien nach Amerika zu reisen, um die Amerikaner zu überreden, sich zu Hitlers Gunsten aus dem Krieg herauszuhalten. »Er stolperte über seinen Idealismus«, wie die Herzogin es formulierte.

Der Coburger – mit seinen 30 000 (dreißigtausend) Hektar Feld und Wald – stand mit diesem rührenden Idealismus nicht allein. Die Nazis liefen ihrer Vergangenheit davon. Sie waren hauptsächlich damit beschäftigt, ihre eigene Haut zu retten. Einige waren so frech, dass sie sich als »Demokraten« ausgaben. Andere begnügten sich damit, sich von den Grausamkeiten zu distanzieren, während sie gleichzeitig versuchten, das zu verteidigen, was sie »die Idee« nannten. Man musste lange suchen, um jemanden zu finden, der weiterhin Vollblutnazi war. Einen von ihnen traf ich in einem Café in eben demselben Coburg. Es war ein Kerl in den Dreißigern, der gerade über die russische Zonengrenze gelangt war. Er

---

189 Herzog Carl Eduard von Sachsen-Coburg und Gotha gehörte nach 1918 völkischen Kreisen an, war SA-Obergruppenführer, Präsident des Deutschen Roten Kreuzes und hatte außerdem eine Reihe anderer Funktionen. Nach 1945 wurde er wegen Verbrechen gegen die Menschlichkeit angeklagt, aber im Spruchkammerverfahren als Mitläufer eingestuft und zu einer geringen Sühneleistung verurteilt.

beschimpfte die demokratischen Staaten auf die gemeinste Weise und verherrlichte gleichzeitig den Nazismus völlig schamlos. Alles, was an gemeinen Verdrehungen in die Welt gesetzt worden war, kehrte in seinem Wortschwall wieder. Der Mann war angetrunken, was wohl dazu beitrug, dass er hemmungsloser sprach. Ich hörte geduldig zu, als er mich in vollem Ernst dazu bringen wollte zu verstehen, dass England und Amerika Deutschland überfallen hatten. Als er aber so weit ging zu sagen, dass, falls in den Konzentrationslagern einige weniger angenehme Dinge vorgekommen seien, es sich auf jeden Fall nur um »Kriminelle und Homosexuelle« gehandelt hätte – da hatte ich kein anderes Argument, als ihn hinauswerfen zu lassen.

Die Inhaftierten stellen keine Gefahr dar. Das tun die wenigen, die sich als Vollblutnazis entpuppen, ebenfalls nicht. Gefährlich ist dagegen die verhältnismäßig breite Schicht von früheren aktiven Nazis, die nicht so stark beteiligt waren, dass man es für erforderlich hielt, sie einzusperren, und die andererseits darüber aufgebracht sind, dass sie »Macht und Ehre« verloren haben. Es beginnt damit, dass sie sich in kleinen Gruppen, harmlosen Familienzusammenkünften und Ähnlichem zusammenrotten. Sie helfen einander, so gut sie können, mit Essen, Arbeiten, Geschäften und vielem anderen. Diese Nazis pflegen ihre Beziehungen. Sie leben oftmals besser als die Nazigegner.

Die allermeisten betreiben keine aktive Sabotage und Werwolfarbeit. Sie werden aber immer unverschämter, nachdem sie die erste Zeit so ungeschoren durchgekommen sind. Bei vielen von ihnen lebt die Hoffnung, dass alles noch nicht endgültig entschieden sei. Es gibt welche, die vorsichtig fragen: »Aber ging es nicht vielleicht unter Hitler besser?« Andere sind dreister und sagen: »Wartet nur, es kommen wieder andere Zeiten.« Das verursacht unter den Unpolitischen und Nicht-Gefestigten eine gewisse Unsicherheit. Das verursacht den Kräften, die für einen positiven demokratischen Aufbau eintreten, große Probleme.

Die Nazis führen keine Sprengungen[190] und Meuchelmorde durch, jetzt nicht mehr, oder – noch nicht. Sie haben Filzpantoffeln angezogen. Das bedeutet aber nicht, dass sie ungefährlich geworden sind. Sie säen Misstrauen. Das Gerücht ist ihre wichtigste Waffe. Deutschland ist das Land der Gerüchte geworden. Die schrecklichsten Geschichten sind im Umlauf und werden geglaubt. Viele besorgen die Geschäfte der Nazis, ohne sich darüber im Klaren zu sein. Vor allem anderen kreisen die Gerüchte um das Verhältnis zwischen den alliierten Großmächten. Irgend-

190   In der schwedischen Ausgabe: Attentate.

wer hat »genaue« Berichte darüber, dass die Russen in Mecklenburg und Thüringen Befestigungen bauen. Andere zitieren, was amerikanische Offiziere über die »unausweichliche« Auseinandersetzung mit Russland gesagt haben sollen, oder geben ausführliche Beschreibungen all der Panzerfahrzeuge, die die Engländer nicht weit von der Zonengrenze angeblich zusammengezogen haben. Gegensätze und Entzweiungen unter den alliierten Nationen sind die große Hoffnung, an die die Nazis sich klammern. Und leider ist es ja auch so, dass eine bestimmte Anzahl von »Gerüchten« einen Wahrheitskern besitzt. Jede überzeugende Demonstration, dass die Zusammenarbeit zwischen den alliierten Nationen funktioniert und dass sie sich über ihre Deutschlandpolitik einig werden können, ist ein wirksamer Schlag gegen die nazistischen, nationalsozialistischen und militaristischen Kräfte, die noch dasitzen und warten.

Die isolierten Nazigruppen, die es überall in Deutschland gibt, waren zunächst verhältnismäßig ungefährlich. Es ist aber klar, dass sie gefährlich werden können, falls größere materielle Schwierigkeiten entstehen oder man sich in einer Lage befindet, in der es zu einem Zerwürfnis der Besatzungsmächte kommt. Hoffentlich geschieht das nicht. Die Werwölfe sind für ihre Erfinder zu einer Enttäuschung geworden. Sie können aber eine Realität werden. Es gibt natürlich eine recht große Menschenreserve, aus der man Terroristen und andere Übeltäter rekrutieren könnte. Als man im Herbst 1945 die offizielle Kartei der Nazipartei entdeckte, zeigte sich, dass sie acht Millionen Mitglieder zählte. Die Zahl wird um ein Viertel geringer, wenn man die Österreicher und die Gefallenen abzieht. Unter den übrigbleibenden sechs Millionen kann man damit rechnen, dass etwa zehn Prozent den Kategorien angehören, die von der Gesellschaft isoliert sind oder isoliert werden. Unter den übrigen 90 Prozent befinden sich viele, um die man sich nicht zu kümmern braucht. Erstens sind das die »formellen« Mitglieder – (Karteigenossen, wie sie genannt werden, im Gegensatz zu Parteigenossen) –, die sich der Partei angeschlossen haben oder sich in sie haben hineinpressen lassen, um ihre Stellung nicht zu verlieren. Das gilt besonders für viele Beamte. Eine ganze Menge unter ihnen ist unzweifelhaft besser als die »Volksgenossen«, die Nazis waren, ohne das Mitgliedsbuch zu besitzen. Solche gab es auch. Auf der anderen Seite gibt es aber eine große Zahl früherer Nazis, die erstens keine individuellen Verbrechen begangen haben und sich zweitens ehrlich bemühen, mit der Vergangenheit zu brechen. Und dann gibt es die, die mit der Verbrecherbande »nur« mitliefen. Sie waren gewohnt, zu marschieren und zu gehorchen. Es gilt aufzupassen, dass sie keine Kommandos mehr von der falschen Seite erhalten.

Die ungefährlichen Nazis sind nicht unschuldig. Es ist nicht so einfach, wie einige von ihnen glauben, sich reinzuwaschen, indem man darauf hinweist, keinem Vergasungskommando angehört oder einem bestimmten Juden den einen oder anderen Dienst erwiesen zu haben. Sie haben bereits durch ihre NSDAP-Mitgliedschaft zu den nazistischen Verbrechen beigetragen. Sie müssen also auch einen Teil der Konsequenzen auf sich nehmen. Sie können nicht damit rechnen, sofort akzeptiert zu werden. Die Gesellschaft kann sie aber auch nicht endgültig ausschalten. Deutschland kann nicht mit fünf bis sechs Millionen erwachsener Menschen in Dauerquarantäne leben. 600 000 in Gefängnissen und Arbeitskommandos stellen bereits eine starke Belastung dar, insbesondere wenn man berücksichtigt, dass viele von ihnen auch Familie haben. Ich glaube, man kann davon ausgehen, dass es außer diesen zehn Prozent weitere 20 bis 30 Prozent gibt, die in den kommenden Jahren eine latente Gefahr darstellen. Es sind rund zwei Millionen, gegen die sich ein neuer Staat verteidigen muss.

Außerdem ist es so, dass die Nazis eine Reserve außerhalb ihres eigenen Mitgliederkreises haben. Zu dieser Reserve gehört *ein Teil* der früheren Soldaten. Der Militarismus hat tiefe Spuren hinterlassen, der Nationalismus und der Rassismus sind nicht endgültig überwunden. Die Landsknechtmentalität ist stark verbreitet. Sie kann einen Nährboden für Freikorps und Bandenwesen bilden. Ansätze in dieser Richtung sah man bereits im Sommer und Herbst 1945. Viele der heimkehrenden Soldaten sind über die Behandlung, die ihnen in den Gefangenenlagern zuteilgeworden ist, ziemlich verbittert. Sie haben vergessen – oder wollen sich nicht erinnern –, wie das Dritte Reich seine Kriegsgefangenen behandelt hat.

Wenn ich darauf hinweise, sage ich damit nicht »ja und amen« zu den Verhältnissen in allen alliierten Gefangenenlagern. Ich habe mit recht vielen »Heimkehrern« gesprochen, und ich habe eine Menge Berichte über die Verhältnisse in den Lagern gesehen. Es ist eine Tatsache, dass sich viele der aus russischer Gefangenschaft heimkehrenden deutschen Soldaten in einem traurigen Zustand befanden. Sie waren unterernährt und in Lumpen gekleidet. Viele waren auf dem Heimweg umgekommen. Es gab aber auch welche, die von sowjetischen Lagern erzählen konnten, wo die Verhältnisse sehr korrekt waren. Einige waren Kommunisten geworden. Andere haben aufgehört, es zu sein. Auch in den amerikanischen Gefangenenlagern in Deutschland geschahen viele Dinge, die nicht hätten vorkommen dürfen. Die Verpflegung war oft miserabel. Prügel war keine Seltenheit. Aber hier – wie bei den Russen – gab es Beispiele für das Gegenteil. Es erscheint so, als ob die Verhältnisse in den englischen Gefangenenlagern am wenigsten durch Extreme in die eine oder andere Richtung gekennzeichnet waren. Das ist mehr, als man mit dem besten Willen von den Lagern in Frankreich sagen kann. Viele von ihnen waren Konzentrationslager. Dort starben mehr Gefangene als vertretbar. Nazigegner wurden nicht besser behandelt als die anderen. Einer meiner Freunde – ein Lehrer mit vielen Jahren Konzentrationslager hinter sich – hatte endlich das Glück, nach Hause zu kommen. Er war in Südfrankreich in einem Lager mit 5000 Mann gewesen. Als der Winter kam, hoben sie gleich 300 Gräber im Voraus aus. Unter denjenigen, die diese Arbeit ausführten, befanden sich mehrere politische Gefangene und einer, der von den Nazis zum Tode verurteilt worden war, jedoch zu einem so späten Zeitpunkt, dass man keine Zeit mehr gehabt hatte, ihn hinzurichten. Man muss allerdings hinzufügen, dass sich die Lagerverhältnisse im Laufe des Winters änderten, nachdem ein Teil der französischen Presse Alarm geschlagen hatte.

Ich habe die Verhältnisse in den Gefangenenlagern berührt, um zu erklären, dass die Verbitterung, die viele Heimkehrenden verspürten, nicht völlig unverständlich sein muss. Ich meine auch, dass die Alliierten sehr wohl zu einer geschmeidigeren Politik imstande gewesen wären. Eine Meinungsumfrage, die in der Zeit zwischen Ende Oktober und Mitte Dezember 1945 durchgeführt wurde, zeigte, dass die Menschen hauptsächlich von der Lebensmittelfrage beansprucht waren. Gleich danach kam der Kummer über Kriegsgefangene und Verwandte, die verschwunden waren. Furcht vor Arbeitslosigkeit, Wohnungsprobleme und Mangel an Brennmaterial standen weiter unten auf der Liste. Die Frauen waren natürlich in noch stärkerem Maße als die Männer damit beschäftigt, was aus den Kriegsgefangenen und Angehörigen, zu denen sie keine Verbindung mehr hatten, geworden war. Überall in Deutschland, wo politische Versammlungen abgehalten wurden, löste eine Forderung stärkeren Beifall aus als alles andere: nämlich Kriegsgefangene, oder wenigstens die Nazigegner unter ihnen, gegen nazistische Aktivisten auszutauschen. Massenhaft schickte man Entschließungen an die alliierten Stellen. Doch ein Monat nach dem anderen verging, ohne dass etwas geschah.

In Potsdam wurden gemeinsame Richtlinien für die Entnazifizierung formuliert. Die SS, die Gestapo und die nationalsozialistische Partei sollten aufgelöst werden. Alle Naziführer und solche, die für die Besatzungsmächte gefährlich waren, sollten festgenommen werden. Außerdem entschloss man sich dazu, alle diejenigen aus dem öffentlichen und halböffentlichen Dienst sowie verantwortlichen Stellungen in der Privatwirtschaft zu entfernen, die mehr als nur formelle Parteimitglieder waren oder anderweitig als Feinde der Politik der Alliierten betrachtet werden mussten.

Bei den Franzosen wurde die Säuberung zunächst sehr langsam durchgeführt. Anfang November 1945 entließ man jedoch zwei Drittel aller Bürgermeister. Das war nötig. In der russischen Zone war man teilweise recht verständnisvoll, sofern es sich um kleine Nazis handelte. Im Übrigen ging die Säuberung äußerst radikal vonstatten. In Sachsen entfernte man zum Beispiel 95 Prozent derjenigen, die in der Justiz tätig waren, und 92 Prozent aller Lehrer. Bei den Engländern arbeitete man nach dem Grundsatz, dass die Entnazifizierung »mit Verstand und Vorsicht« durchgeführt werden müsse. Sie sollte – so meinte man – nicht derart forciert werden, dass sich Wirtschaft und Verwaltung auflösten. Montgomery hielt Anfang November 1945 in Berlin eine Rede, in der er sagte, dass die »Schlacht um den Winter« wichtiger sei als alles andere. Er erwähnte, dass man bei dem Versuch, das Forstwesen zu entnazifizieren, sehr schlechte Erfahrungen gemacht habe. (Das war auch für den Beginn ein besonders ungeeignetes Gebiet!) Die Nazis wurden hinausgeworfen und die Brennholzlieferungen hörten auf. Bis zum Jahreswechsel hatte die Säuberung in der britischen Zone zu 12 000 Entlassungen in Westfalen, 10 000 in der nördlichen Rheinprovinz, gut 9000 in Hannover, gut 5000 in Schleswig-Holstein, 1500 in Hamburg und 54 im britischen Sektor Berlins geführt. Im Januar 1946 wurden – die Festnahmen nicht eingerechnet – 447 neue Entlassungen in Schleswig-Holstein ausgesprochen, 3053 in Hannover, 1733 in Westfalen, 2688 in der nördlichen Rheinprovinz, 868 in Hamburg und 115 in Berlin. Die Amerikaner gingen radikaler zu Werke als die Engländer. In ihrer Zone sind bis zum 1. Februar 1946 über 220 000 Nationalsozialisten aus der Verwaltung und leitenden Stellungen der Industrie entfernt oder es war ihnen die Anstellung dort verweigert worden (In der Verwaltung entließ man 107 000 und 42 000 verweigerte man die Anstellung, in der Industrie sind 55 000 entlassen und 17 000 abgelehnt worden). Außerdem wurden 38 000 Personen aus anderen Stellungen entfernt, darunter eine beträchtliche Zahl von Angehörigen der freien Berufe. In einer Stadt wie München wurden über 4000 Arbeiter, Angestellte und Beamte entlassen. Von den Leitern der 200 bayerischen Sparkassen durften nur fünf weiter tätig sein.

Es gab immer welche, die sagten, dass ein Chaos eintritt. Das geschah jedoch durchaus nicht. Die Amerikaner waren bei der Eisenbahn anfänglich vorsichtig. Am 1. Februar wurde eine großangelegte Säuberung vorgenommen. Unter denjenigen, die gehen mussten, befand sich der Leitende Direktor. Deswegen blieben die Züge aber nicht stehen.

Es ist wohl eine Tatsache, dass die individuelle Nachforschung bei den Engländern oft wirkungsvoller war als bei den Amerikanern. Es ist aber auch wahr, dass die Entnazifizierung in der britischen Zone viel langsamer erfolgte als in der amerikanischen. Überall konnte man Nazigegner antreffen, die mit einer gewissen Verbitterung sagten: »Will man etwas erreichen, muss man Nazi gewesen sein«. Das war eine Übertreibung. Es geschah einiges. Es dauerte aber seine Zeit. Als ich im November 1945 in Norddeutschland war, kam die Säuberung in Hamburg gerade in Gang. In Lübeck herrschten noch zum Jahreswechsel recht betrübliche Zustände. Die antinazistischen Parteien waren noch nicht legalisiert. Die Sozialdemokraten mussten sich in einer Stadt, in der sie vor Hitler stärker dastanden als in den meisten anderen deutschen Städten, mit einem reinen Hinterhofdasein abfinden. Natürlich hatte sich etwas geändert, aber die Änderung war nicht radikal genug. Ein Mitglied des nazistischen Senats konnte im Amt bleiben. Als der englische Ortskommandant eine vorläufige »Bürgerschaft« ernannte, fand er, dass auch die Nazis darin vertreten sein müssten.

Ende Januar 1946 erhielt ich aus Lübeck einen Brief, der zeigte, dass sich die Verhältnisse noch nicht gebessert hatten: »Hier scheint es Mode zu werden, dass die Nazis als Hätschelkinder der Besatzungsmacht behandelt werden. Passarge (der sozialdemokratische Polizeisenator) entließ ungefähr 150 Nazis, aber die Engländer verlangten, dass die Hälfte wieder eingestellt werden sollte. Mit Klann (dem kommunistischen Leiter des Arbeitsamtes) ging es ebenso. Er entschied, dass eine Reihe früherer Offiziere aus dem Entlassungslager bei Neustadt zum Arbeitseinsatz in die Gruben des Ruhrgebiets geschickt werden sollten. Das musste er aber auf englische Anweisung zurücknehmen.« Solche Briefe waren keine Seltenheit. Aus Gelsenkirchen schrieb ein früherer politischer Zuchthausinsasse, dass die Nazis in ihren hohen Stiefeln umherliefen und sich eins über die »Demokratie« lachten. Wenn jemand aus einer Stellung entfernt wurde, lief seine Frau zum Pfarrer und der Pfarrer zum englischen Kommandanten, worauf der Kommandant oft die Anweisung gab, dass der Betreffende – der dann immer sowohl gläubig als auch menschlich war – weiterarbeiten könne.

Es heißt, dass die Säuberung nicht die Verwaltung ruinieren dürfe. Einige der britischen militärischen Führer schienen jedoch zu glauben, dass man Nazi gewesen sein müsse, um schreiben zu können. In Lübeck gab es bis zum Jahreswechsel einen SA-Mann, der unter anderem die Aufgabe hatte, Kennkarten für Deutsche, die im Zuchthaus und Konzentrationslager gesessen hatten, auszustellen und zu unterschreiben! *Er* wurde als unentbehrlich betrachtet. Als Bremen noch amerikanische »Enklave« war, also vor dem 10. Dezember 1945, war es vorgekommen, dass ein

*Das zerstörte Lübeck, wie Willy Brandt es wiedersah. In »Links und frei«
schrieb er über das Wiedersehen mit seiner Geburtsstadt im November 1945:
»Ich fand mich in der zerstörten Innenstadt nicht zurecht. ... Jetzt, gegen Ende
des Jahres 1945, gab es in der Innenstadt noch immer gewaltige Trümmerhaufen, an die sich die Menschen mehr oder weniger gewöhnt hatten. Auf
den Heimkehrer wirkten sie erschütternd.«*

Ingenieur in einer der Fabriken als Nazi entlassen wurde und kurz darauf eine Stellung in der britischen Zone angeboten bekam. Polizeibeam-
te, die in Bremen hinausgeworfen wurden, gingen nach Köln. In Osna-
brück bedienten sich die Alliierten eines Kaufmanns, der ein Diplom für
»treue Mitarbeit« in Streichers »Stürmer« besaß. In derselben Stadt wei-
gerte ein Arbeitgeber sich, die Wahl von Vertrauensleuten zu gestatten,
wenn nicht im Voraus festgesetzt wurde, dass er – ebenso wie unter dem
Naziregime – Vorsitzender des Betriebsrates wurde. Der Ortskommandant billigte diesen grotesken Standpunkt.

Die Entnazifizierung und die Demokratisierung wurden auch nicht
durch jene Bestimmung gefördert, nach der sich Angestellte und Beamte
nicht politisch betätigen durften. Erst hieß es, dass sie auch nicht Mitglieder einer politischen Partei sein oder Geld für politische Zwecke aus-

geben dürfen. Dieser Teil der Bestimmung blieb jedoch nicht bestehen. Es war vernünftig, dass man nach dem Machtmissbrauch der Nazis Auswege suchte, um einen ehrlichen, unparteilichen Beamtenstand zu schaffen. Wer nicht ganz blind war, musste jedoch einsehen, dass es insbesondere in einem Land wie Deutschland – mit seinen reaktionären bürokratischen Traditionen – nicht darauf ankam, »unpolitische«, sondern antinazistische öffentliche Bedienstete zu bekommen. Das musste durchaus nicht bedeuten, dass sie ihre Stellung deshalb zugunsten parteipolitischer Interessen ausnutzen konnten. Die Bestimmung, dass die öffentlich Bediensteten »unpolitisch« sein sollten, förderte den demokratischen Neubau nicht. Sie führte dazu, dass eine Reihe von Nazigegnern sich dafür bedankte, im öffentlichen Dienst zu sein. Reaktionären Kreisen gab man Wasser auf ihre Mühle. In Oldenburg gingen sie so weit, das Verbot politischer Tätigkeit dazu missbrauchen zu wollen, öffentlich Bediensteten die Mitgliedschaft in einer Gewerkschaft zu untersagen. Diese Haltung ließ sich nun nicht aufrechterhalten. Die Tendenz war aber hinreichend deutlich.

Reaktionäre Beamte fühlten sich allzu schnell wieder sicher, und das durchaus nicht nur in der britischen Zone. In Bremen geschah es, dass ein von der Militärregierung eingesetztes Gericht – Strafkammer 2 des Landgerichts – einen Mann zu zwei Jahren Gefängnis verurteilte, weil er aus Hitlers Wehrmacht desertiert war. Der Mann war bereits früher einmal zum Tode verurteilt worden, weil er nicht gegen die Sowjetunion kämpfen wollte, aber das Urteil wurde in acht Jahre Zuchthaus umgewandelt. Die Strafkammer 2 stellte jetzt allergnädigst fest, dass mildernde Umstände vorlagen und die Strafe auf zwei Jahre herabgesetzt werden könne! Hier ein anderes Beispiel: Die Nordwest-Nachrichten in Oldenburg veröffentlichten einen Befehl, der am 20. November 1945 im Lazarett in Vechta angeschlagen worden war. Der deutsche Stabsarzt teilte mit, dass er den Grenadier P. mit vierzehn Tagen Ausgehverbot bestraft habe, weil er den Chefarzt nicht genügend militärisch gegrüßt und noch dazu »seine unmilitärische Haltung beibehalten hatte«, nachdem er zurechtgewiesen wurde.

Unter deutschen Sozialisten bestand der starke Verdacht, dass es nicht zuletzt in der britischen Zone eine Gruppe konservativer Politiker und Militärs gab, die die Entnazifizierung bewusst verzögerten. Man war davon überzeugt, Montgomery gehöre dieser »Gruppe« nicht an, dass er aber Schwierigkeiten hätte, die militärischen, politischen und wirtschaftlichen Probleme in ihrer Gesamtheit zu meistern. Das war wohl auch der Grund dafür, dass die englische Labourregierung endlich einen Sonderminister für die besetzten deutschen Gebiete ernannte.

Diese kritische Untersuchung darf nicht missverstanden werden. Die Engländer *haben* eine Deutschlandpolitik. Sie nehmen sich nach und nach die Nazis vor. Das geht nach Ansicht vieler zu langsam. Der Verdacht jedoch, dass Naziverbrecher und Militaristen in der britischen Zone ein Eldorado finden könnten, ist unberechtigt. Die Festnahmen unter den nazistischen Großkapitalisten ließen auf sich warten, aber im Dezember 1945 und im Januar 1946 kamen sie planmäßig und unerbittlich. Zuerst wurden 42 Direktoren des westdeutschen Kohlesyndikats verhaftet. Dann kamen 76 Schwerindustrielle und sehr führende Männer aus der Ölindustrie mit Rudolf Siedersleben[191] beziehungsweise Emil Helfferich an der Spitze. 44 Ruhrmagnaten, darunter Hugo Stinnes, waren bereits im September festgenommen worden.

Wie ich erwähnte, gingen die Amerikaner weiter als die Engländer. Das führte dazu, dass deutsche Nazigegner in der britischen Zone gern auf Süddeutschland als Beispiel dafür hinwiesen, wie man es machen müsste. Umgekehrt konnte man in der amerikanischen Zone Nazigegnern begegnen, die fanden, dass die Methoden der Amerikaner zu schematisch seien, und die mehr für die Politik der Engländer übrig hatten, weil sie ihnen nuancierter erschien. Die übrige Bevölkerung kritisierte die Verhältnisse natürlich von ganz verschiedenen Ausgangspunkten aus. Einige meinten, alle Nazis hätten entfernt werden müssen. Andere beklagten die übertriebene Härte, die dazu führte, dass man den Leuten die Stellung und den Lebensunterhalt nahm. Es lag in der Natur der Sache, dass man es nicht allen recht machen konnte.

Sowohl die Amerikaner als auch die Engländer benutzten lange »Fragebögen«, Fragetabellen, auf denen Leute, die ihre Arbeit behalten wollten oder die eine Stellung suchten, ihre politische Vergangenheit genau darlegen mussten. In der amerikanischen Zone enthielt der Bogen 131 Fragen. Er begann damit, ob der Betreffende Mitglied der Regierung und des Generalstabs gewesen war und ging bis zu den untersten Verzweigungen der nazistischen Organisation weiter. Die Engländer hatten beim Jahreswechsel gut eine halbe Million derartiger Fragebögen zurückerhalten, die Amerikaner fast eine Million. Die Antworten waren im Großen und Ganzen korrekt. Einige Hundert, teilweise sehr strenge Urteile schreckten die Leute ab zu mogeln. Am schwierigsten war es bei den nazistischen Elementen unter den Flüchtlingen aus den Ostgebieten. Sie hatten oft keine Papiere bei sich. Sie zu entlarven war schwieriger.

---

191 Bei Brandt: Siedesleben.

Die Engländer entschlossen sich im Herbst 1945, deutsche Nazigegner an der politischen Säuberung teilnehmen zu lassen. Es wurden beratende Ausschüsse gebildet. Die Politik der Amerikaner war durch eine bestimmte Absicht gekennzeichnet, nämlich die, die neuen deutschen Behörden im Laufe kurzer Zeit die Verantwortung für alles Wesentliche übernehmen zu lassen, was mit Entnazifizierung zu tun hatte.

Grundlegend für die Säuberung in der amerikanischen Zone war das berühmte »Gesetz Nr. 8«,[192] das von der Militärregierung Ende September 1945 erlassen wurde. Es legte fest, dass Mitglieder der Nazipartei und gewisser angeschlossener Organisationen keine leitende Stellung im Wirtschaftsleben bekleiden durften. Sie durften also keinen Betrieb leiten, ausgenommen landwirtschaftliche und sogenannte Einmannbetriebe. Zugleich mit der Entlassung wurde gemäß Eisenhowers früher verkündetem »Gesetz Nr. 52«,[193] worin Richtlinien für wirtschaftliche Sanktionen gegen Nazis erlassen wurden, das Vermögen der Betreffenden beschlagnahmt. Mit dem neuen Gesetz wurde nicht beabsichtigt, dem betreffenden Nazi die Lebensgrundlage zu nehmen. Er sollte aber auf »gewöhnliche Arbeit« verwiesen werden. Gegen die Entlassungen konnte bei besonderen Untersuchungsausschüssen, die in allen Gemeinden existierten, Berufung eingelegt werden. Diese Ausschüsse bestanden aus antinazistischen Deutschen. Sie mussten den Berufungskläger und seine eventuellen Zeugen anhören. Als Zeugen ließ man jedoch nur Personen zu, die durch aktives Auftreten ihre antinazistische Haltung bewiesen hatten. Der Untersuchungsausschuss konnte empfehlen, dass ein Mann seine Stellung zurückerhielt, aber nur, nachdem die Militärregierung die Entscheidung gebilligt hatte.

Zum Jahreswechsel unternahm man den nächsten Schritt. Die drei Regierungen in der amerikanischen Zone arbeiteten ein gemeinsames Entnazifizierungsgesetz aus. Jedes Land sollte seinen Entnazifizierungsminister erhalten. Seine Aufgabe bestand unter anderem darin, in jedem Kreis ein oder mehrere Entnazifizierungsgerichte zu ernennen und ein Berufungsgericht für jedes der drei Länder. Im letztgenannten Fall sollte die Berufung im Einverständnis mit dem Justizminister erfolgen. Als Mitglieder der Sondergerichte wurden nur Nazigegner zugelassen.

---

192 Gemeint: Gesetz Nr. 8 vom 26. September 1945 für die amerikanische Zone über die Beschäftigung eines Mitglieds der NSDAP oder einer ihr angeschlossenen Organisation in beaufsichtigenden oder leitenden Stellungen in geschäftlichen Unternehmungen.
193 Gemeint: SHAEF-Gesetz Nr. 52 vom September 1944 über Sperre und Kontrolle von Vermögen.

Das neue süddeutsche Gesetz teilt die Nazis in fünf verschiedene Kategorien ein. Zur ersten Gruppe zählen die kriminellen Hauptschuldigen und zur zweiten die Aktivisten, Militaristen und großen Nutznießer. Angehörige dieser beiden Gruppen sollen eine strenge Strafe erhalten. Sie verlieren außerdem das Wahlrecht und dürfen keine öffentlichen Ämter bekleiden. Sie haben nicht das Recht, Besitzer oder Mitinhaber eines Betriebes zu sein und sind außerdem aus den freien Berufen, von Hochschulen, selbständiger Erwerbstätigkeit und leitenden Stellungen im Wirtschaftsleben ausgeschlossen. Ihr Vermögen wird ganz oder teilweise zugunsten eines Entschädigungsfonds eingezogen. Gruppe drei sind die »Minderbelasteten«. Dazu zählen Personen, die zwar aktive Nazis gewesen sind, sich aber gleichzeitig auf mildernde Umstände berufen können. Auch diese sollen keine leitenden Stellungen bekleiden können. Sie werden in die Stellung zurückversetzt, die sie vor ihrer Parteimitgliedschaft hatten. Außerdem sollen sie durch eine Sondersteuer und durch körperliche Arbeit zum Wiederaufbau beitragen. Und dann müssen sie selbst beweisen, dass sie nicht zu den Aktivisten gehören oder ob sie in die vierte Kategorie eingereiht werden können.[194]

Diese vierte Gruppe – die sich im Gegensatz zu den anderen nicht bei der Polizei zu melden braucht – besteht aus den sogenannten Mitläufern. Auch diese sollen jedoch durch Arbeit und auf steuerlichem Wege ihren Beitrag zum Wiederaufbau leisten. Schließlich hat man eine fünfte Kategorie mit »Entlasteten«. Der Jugend gegenüber (ab 27 Jahren und jünger) will man nachsichtig sein, sofern es sich nicht um entschiedene »Aktivisten« handelte. Das Gesetz setzte voraus, dass die ganze Bevölkerung einer neuen Prüfung unterworfen werden sollte. Es enthielt auch einen Passus, wonach diejenigen, die aus politischen Gründen entlassen wurden, sich nicht in eine andere Zone begeben können. Ein ähnlicher Grundsatzbeschluss wurde von der alliierten Kommandantur in Berlin gefasst.

Es mag bedenklich erscheinen, dass man den Wiederaufbau eines vom Kriege verwüsteten Landes damit beginnen will, seine Bevölkerung aufzuspalten. Aber nicht das ist am bedenklichsten. Das Schlimmste wäre, wenn die Nazis weiter die Gesellschaft vergiften könnten. Außerdem wird eine vernünftige Entnazifizierung gerade darauf abzielen zu *verhindern*, dass die Nazis zu einem geschlossenen Block werden. Die Masse der ehemaligen Nazis soll gespalten werden. Man will Garantien gegen eine

---

194 Diese Formulierung ist der schwedischen Ausgabe entnommen. Die Formulierung der norwegischen Ausgabe ist unklar.

Wiederholung dessen schaffen, was kürzlich geschehen ist. Das Ziel heißt, die große Masse der Mitläufer wieder in die Gesellschaft einzugliedern.

Die Entnazifizierung war im Winter 1945/46 das alles überschattende innenpolitische Problem und wird es wohl noch geraume Zeit bleiben. Es gilt, einen Mittelweg zu finden. Die Nazis sollten ohne falsche Sentimentalität behandelt werden. Auf der anderen Seite muss man sie aber daran hindern, sich zusammenzuschweißen oder der Gesellschaft als eine Art Pariakaste zur Last zu liegen. Ich habe die Verhältnisse in einer Reihe von Städten und Landgemeinden untersucht, dabei hat sich gezeigt, dass zwischen zehn und 23 Prozent der Bevölkerung im stimmberechtigten Alter Parteimitglieder gewesen waren. In Württemberg rechnete man damit, dass etwa die Hälfte der Bevölkerung unmittelbar oder mittelbar von der Entnazifizierung betroffen sein würde. In Bayern ist es etwas mehr als die Hälfte.

Die großen Richtlinien sind eine Sache. Eine andere Sache ist, wie sie praktiziert werden. Man muss sich darüber im Klaren sein, dass es in der Praxis immer Schlupflöcher gibt. Nachdem das »Gesetz Nr. 8« in Kraft getreten war, passierte es immer wieder, dass sich ein Nazi selbst »entließ«, um als »gewöhnlicher Arbeiter« oder »Buchhalter« mit tausend Mark im Monat und mit einem Strohmann als formellem Leiter des Betriebes weiterzuarbeiten. Mit derartigen Missständen hat man am leichtesten aufräumen können, wo es wirksame Gewerkschaften und Betriebsräte gab. Es hat auch Fälle gegeben, in denen die Militärregierung Betriebsleiter wiedereinsetzte, obwohl es ihnen nicht gelang, sich vor den deutschen Untersuchungsausschüssen reinzuwaschen. Umgekehrt existierten Fälle, in denen man früheren Mitgliedern der Arbeiterbewegung, die in der letzten Phase des Krieges zur Waffen-SS gezogen worden waren, die Rehabilitierung verweigerte, die deutsche Antinazisten ihnen hätten zuteilwerden lassen. Sowohl alliierte als auch deutsche Stellen waren nachlässig, wenn Nazis sich bei der Enttrümmerung vor der Sonntags- oder Abendarbeit drückten. Vielerorts bestand eine Tendenz, die Grundsätze des Rechtsstaates etwas zu buchstäblich zu nehmen. Und dann gab es das schwierige Problem mit all jenen, die behaupteten, gezwungen worden zu sein, dieses und jenes zu tun. Der Scharfrichter in München gehörte zu denen, die geltend machten, dass er Mitglied der Partei werden musste, um nicht seine Arbeit zu verlieren. Das wurde akzeptiert. Er konnte weitermachen, selbst wenn die Arbeit nun weniger anstrengend und wohl auch weniger einträglich war als unter Hitler. Das kann soweit gleichgültig sein. Man braucht kein Demokrat zu sein, um als Scharfrichter zu arbeiten.

Und was soll mit der Jugend geschehen?

Die Entnazifizierung, die politische und moralische Entlausung, ist selbstverständlich nicht nur eine politische und juristische Aufgabe. Soll das Problem gelöst werden, muss man die Versorgungslage meistern, eine wirksame Verwaltung und starke demokratische Organisationen wiedererrichten und in dem Maße ein normales soziales Leben schaffen, wie es sich machen lässt. Die Angelegenheit hat jedoch auch eine andere Seite. Die große Mehrheit der Bevölkerung, und nicht zuletzt die junge Generation, muss für eine friedliche und demokratische Gesellschaftsauffassung gewonnen werden. Will man sich gegen nazistische Rückfälle sichern, muss man den Kampf um die deutsche Jugend gewinnen.

Da sind zuerst die Kinder. Sie stellen nicht das ernsteste Problem dar. Sie sind durch das geprägt, was geschehen ist, aber sie sind noch nicht ganz verdorben. Sie können durch die neue Schule geformt werden, die man im Begriff ist aufzubauen. Auf diesem Gebiet wurde im Laufe sehr kurzer Zeit mehr geschafft, als man erwarten durfte.

Zu Beginn des Jahres 1946 wurde in München bei einer Gruppe von Schulkindern ab zehn Jahren und darüber eine interessante Untersuchung durchgeführt. Sie waren alle in der Hitlerjugend gewesen. Für den Sport waren sie zu haben, aber sie hatten es nicht gern, wenn man sie zwang, am Dienst teilzunehmen. Sie fragten alle nach mehr Schulbesuch und Unterrichtsmaterial und wollten in ihrer Freizeit gern in dem einen oder anderen Verein mitmachen. Für den Religionsunterricht waren sie nicht zu begeistern. Keiner mochte die Polen, obwohl die meisten niemals mit einem Polen, außer in der Straßenbahn oder auf der Straße, zusammengekommen waren. Andererseits gab es nur in wenigen Fällen eine bestimmte Abneigung gegen die Juden. Die meisten sagten, dass sie nie mit Juden Kontakt gehabt hätten. Sie fanden aber, es sei verkehrt, dass die Deutschen die Juden so behandelt hätten, wie sie es getan hatten. Sie hätten dasselbe Recht zum Leben wie sonst jemand. Diese Untersuchung, die durch amerikanische Sachverständige durchgeführt wurde, gibt kein vollständiges Bild, zeigt aber, dass die Lage nicht hoffnungslos ist.

Dann hat man die Jugend im Pubertätsalter, die in einer Zeit des Zusammenbruchs und des Übergangs zerstörerischen und demoralisierenden Einflüssen vielleicht am meisten ausgesetzt ist. Die dritte Kategorie besteht aus denjenigen, die sich im Alter zwischen 18 und 30 bis 35 Jahren befinden, darunter die Hauptmasse der Soldaten, die heimgekehrt sind oder die noch darauf warten, nach Hause entlassen zu werden. Diese Jugendlichen haben keine demokratische Erfahrung. Die jungen Männer sind außerdem so stark mitgenommen, dass ihre zukünftige Entwicklung hiervon stark gezeichnet sein wird. Es gibt ein Jugendproblem und gleichzeitig ein Frauenproblem. Deutschland hat einen gewaltigen Frauenüberschuss. Man weiß noch nicht, wie die endgültigen Zahlen aussehen werden. Vielerorts rechnet man damit, dass 180 Frauen auf 100 Männer kommen. Nimmt man die gesamte Bevölkerung im Alter von 14 bis 65 Jahren, ist das Verhältnis 1,51 zu 1. Das Missverhältnis ist jedoch weit größer, wenn man die ganz Jungen betrachtet. Ich habe eine Statistik durchgesehen, die aus dem Büro des Bürgermeisters von Berlin-Treptow stammt und Ende Januar 1946 ausgearbeitet wurde. Die Zahlen zeigen, dass in der Altersgruppe von 19 bis 21 Jahren sechs Mädchen auf jeden jungen Mann kommen. Bei den 18-Jährigen ist das Verhältnis 3 zu 1 und bei den 17-Jährigen 2 zu 1. Das Verhältnis wird sich verschieben, wenn der Rest der Kriegsgefangenen wieder heimgekehrt ist, aber die Tendenz ist schlimm genug.

Eine andere Statistik stammt aus dem zentralen Arbeitsamt von Westfalen-Lippe. Im Jahre 1938 gab es 1 293 000 registrierte männliche Arbeiter und Angestellte. Im Dezember 1945 lag die Zahl etwas niedriger: 1 122 000. 1938 hatte man 136 000 Arbeiter unter 18 Jahren und in diesem Winter 133 000. Die Zahl für die Altersklasse 19 bis 42 Jahre war jedoch von 889 000 auf 553 000 zurückgegangen. Die Altersgruppe über 42 Jahre wies dagegen einen Anstieg von 268 000 auf 436 000 auf. Bei Arbeiterinnen und weiblichen Angestellten war die Gesamtzahl in diesem Landesteil von 447 000 auf 521 000 gestiegen, mit einer Steigerung um ein paar Tausend bei den ganz Jungen, 34 000 bei der Altersgruppe zwischen 19 und 42 und 37 000 bei den Älteren. Das Augenfälligste bei diesen Zahlen ist ja, dass 300 000 Arbeiter im Alter zwischen 19 und 42 Jahren fehlen. Noch kommen einige aus der Gefangenschaft zurück. Das zentrale Arbeitsamt war sich jedoch darüber im Klaren, dass die Zahl derjenigen, die *nicht* heimkehren würden, in Westfalen-Lippe *über* 300 000 betrug. Was das bedeutet, ist nicht schwer zu verstehen. 300 000 Frauen können nicht heiraten. Sie müssen einen Platz im Erwerbsleben finden. Die ganze männliche Bevölkerung »vergreist«.

Man rechnet damit, dass es in den Jahren von 1941 bis 1944 ungefähr zehn Millionen deutsche Männer im Alter von 18 bis 35 Jahren gab. Weiter kann man damit rechnen, dass drei Viertel der Gefallenen diesen Jahrgängen angehörten. Das bedeutet, dass ihre Zahl um etwa 2,5 Millionen oder 25 Prozent zurückgegangen ist. Weitere 25 bis 30 Prozent von ihnen sind noch in Gefangenschaft außerhalb Deutschlands. Des Weiteren kann man davon ausgehen, dass zehn Prozent von dauernder Kriegsinvalidität betroffen sind. Das bedeutet, dass man statt zehn Millionen 3,5 Millionen junge arbeitsfähige Männer hat. Wenn die Kriegsgefangenen heimkehren, wird die Zahl auf sechs Millionen steigen.

Ich will nicht die gesellschaftlichen Konsequenzen auf längere Sicht erörtern. Ich will versuchen, die Frage zu beantworten, was jetzt in der stark reduzierten deutschen Jugend vor sich geht. Es sind viele höchst bedenkliche Dinge. Die jungen Burschen wollen oftmals nicht arbeiten. Sie stehlen und streunen umher. Sie trinken, wenn sie etwas zu trinken bekommen können, und geschlechtliche Ausschweifungen sind keine Seltenheit. Nicht zuletzt unter den Burschen, die Flüchtlinge sind, gibt es Ansätze zum Bandenwesen.

Unter den Mädchen hat die Prostitution stark zugenommen, und es wimmelt von »Schokoladendirnen«. Von amerikanischer Seite wurde im Dezember 1945 eine Schätzung veröffentlicht, nach der es in Berlin 100 000 Prostituierte geben sollte (fünfmal so viel wie vor dem Kriege) und außerdem 250 000 »Amateurinnen«. Ich glaube, dass die Zahlen übertrieben sind, aber sie sind erschreckend genug, selbst wenn man sie auf die Hälfte reduziert. In dem amerikanischen Bericht wurde auf die Sexualmoral hingewiesen, die im Dritten Reich gepredigt wurde. Sie ist ein Faktor, den man in Betracht ziehen muss, aber der Mangel an Essen und Heizmaterial spielt wohl die größte Rolle. Tatsache ist auf jeden Fall, dass wenig erfreuliche Verhältnisse herrschen. Offizielle Zahlen aus Berlin besagen, dass vier Promille der Bevölkerung an Geschlechtskrankheiten leiden. Die wirkliche Zahl liegt viel höher. Und das gilt nicht nur für Berlin. Überall gibt es ganz junge Mädchen – 15- und 16-Jährige –, die nach dem Vater des Kindes suchen, das sie erwarten oder bekommen haben. In einer kleinen nordbayerischen Stadt veröffentlichte der Oberbürgermeister Anfang September 1945 eine Bekanntmachung, worin stand: »Eine Schwangerschaftsunterbrechung im Anschluss an eine Vergewaltigung ist im allgemeinen nicht gestattet. Ausnahmen nur mit Genehmigung der Behörde. Nähere Auskünfte durch den Amtsarzt oder den Oberbürgermeister.«

Politisch ist die Lage so, dass die Alliierten ab und zu »illegale« Jugendgruppen entdecken. Diese werden gewöhnlich als Nazizellen (oder als Werwolfscharen, da es ja schließlich etwas dieser Art geben soll) betrachtet, aber das sind sie nicht immer. Sie müssen es auch dann nicht unbedingt sein, selbst wenn sie einigen Mädchen, die mit Alliierten zusammen sind, das Haar abgeschnitten haben. Oft handelt es sich um Burschen, die sich um einen jungen Offizier oder einen früheren Jugendleiter scharen. Bei diesen Gruppenbildungen spielt Romantik eine große Rolle. Sie haben eine latent nationalistische Tendenz. Sie ähneln oft mehr den

Wandervögeln als der Hitlerjugend. Sie sind an und für sich keine größere Gefahr. Sie können aber von einer bewussten nationalistischen und militaristischen Bewegung aufgefangen werden, falls eine solche entsteht. Es ist daher natürlich, dass die Alliierten auf der Hut sind. Worüber man diskutieren kann, ist jedoch, ob 15-jährige Jungen nicht besser in irgendein Erziehungsheim geschickt werden sollten, anstatt zu mehreren Jahren Gefängnis verurteilt zu werden, wie es beispielsweise Anfang Februar 1946 in Coburg geschehen ist.

Verhältnismäßig ernst ist die Gefahr, dass die akademische Jugend noch einmal durch nationalistische und militaristische Kräfte geformt werden könnte. Unter den Professoren ist eine Säuberung vorgenommen worden, bevor die Universitäten ihre Tätigkeit wiederaufnahmen. Diese Säuberung war jedoch nicht gründlich genug. An der Universität Erlangen zum Beispiel wurde ein Professor, der seit 1933 Parteimitglied gewesen war, beauftragt, zu entscheiden, wer zur medizinischen Fakultät zugelassen werden sollte. Es ging so wie an anderen Hochschulen, wo aktive Offiziere unter den Studenten sehr stark vertreten waren. Und gerade in Erlangen machten diese Offiziersstudenten Krach, als Pastor Niemöller Ende Januar 1946 einen Vortrag hielt. Niemöller war unter deutschen Antinazisten umstritten und vielen fiel es schwer, seine theologische Behandlung der Schuldfrage zu akzeptieren. Die Proteste in Erlangen hatten jedoch einen klaren nationalistischen Charakter. Die bayerische Regierung verlangte, dass sogleich eine neue Untersuchung der Verhältnisse unter den Studenten vorgenommen werde. Militaristische und nazistische Elemente sollten relegiert werden. Das klang gut, aber in Wirklichkeit geschah nichts. Der Zwischenfall in Erlangen, der kein Einzelfall war, stellte eine Aufforderung dar, die Entwicklung an den Hochschulen mit wachen Blicken zu verfolgen. Die Antinazisten (und Alliierten) müssten von allen guten Geistern verlassen sein, wenn sie es sich gefallen ließen, dass noch einmal öffentliche Mittel dazu benutzt werden, eine akademische Jugend zu erziehen, die antidemokratisch und nationalistisch ist.

Die Tendenzen, die ich angedeutet habe, sind nicht für die ganze deutsche Jugend typisch. Die Bildung potentiell nationalistischer Gruppen hat – jedenfalls vorläufig – einen ziemlich sektiererischen Charakter. Viel typischer ist die große Leere, die die früheren Mitglieder der Hitlerjugend und die große Masse der »Heimkehrer« kennzeichnet. Sie zogen aus, um die Welt zu erobern. Nun sind sie wieder zu Hause und haben den Glauben an ihr Vaterland verloren.

Man muss sich vor Verallgemeinerungen hüten. Es gibt auch manche, die gerade jetzt ihr Vaterland ohne Marschtritt und Trommelschlag entdecken. Es ist verkehrt zu glauben, dass die Jugend das wesentliche Problem bei der Entnazifizierung sei. Die Provinzialverwaltung in Brandenburg fasste Anfang Dezember 1945 einen vernünftigen Beschluss, als sie bestimmte, dass eine normale Mitgliedschaft in der Hitlerjugend *nicht* mit der Teilnahme an anderen nazistischen Organisationen gleichzusetzen sei. Ich glaube, man kann sogar noch weiter gehen und sagen, dass die schlimmsten Nazis nicht unter denjenigen sind, die sozusagen in den Nazismus hineingewachsen sind, sondern unter denen, die bereits Nazis waren, als Hitler an die Macht kam. Das ist die mittlere Generation von 30 bis 45 Jahren.

Unter den Jüngeren befinden sich aber natürlich viele, die durch zwölf Jahre nazistischer Einwirkung ernsten Schaden erlitten haben. Das bedeutet nicht, dass sie alle Banditen geworden sind. Das bedeutet auch nicht, dass man sie ohne weiteres verurteilen und die Sache damit für erledigt erklären kann. In Wirklichkeit ist es wohl so, dass man den Älteren mehr vorwerfen muss als den ganz Jungen. Wer ein Kind war, als Hitler an die Macht kam, konnte sich nicht groß an die Verhältnisse vor 1933 erinnern. Und das, woran sie sich erinnerten, war nicht immer erhebend. Es war die Krisendemokratie mit Arbeitslosigkeit, Schlägereien und Auflösung. [Die Kinder] wurden in die nazistische Jugendbewegung hineingepresst. Die meisten Lehrer unterrichteten sie so, wie die Nazis es wünschten. Die Älteren haben sie zu Nazis gemacht. Einige wenige überwanden die Einwirkung aus eigener Kraft oder mit Hilfe älterer Freunde. Die meisten sahen einfach keine andere Möglichkeit. Sie meinten, keine Wahl zu haben. Nun ist alles zusammengebrochen.

Viele der Jungen sind endgültig stumm. Viele der anderen sind wortkarg geworden. Sie haben viel durchgemacht. Nicht alle lebten gut auf Kosten der unterdrückten Völker. Viele waren an der Front. Sie sahen, wie ihre Kameraden ums Leben kamen. Aus Kindern wurden Männer. Jungen im Alter von 17 Jahren erzählen von schrecklichen Kriegserlebnissen, als ob es ganz alltägliche Dinge wären. Sie sind jetzt 25 Jahre alt und acht Jahre lang Soldat gewesen. Einige waren es noch länger, wenn man den Arbeitsdienst mitzählt.[195]

Die Soldaten kehren heim. Das Haus, in dem sie aufgewachsen sind, steht in vielen Fällen nicht mehr. Wenn sie Glück gehabt haben, besitzen sie noch ihre Arme und Beine. Sonst ist ihnen tatsächlich nicht viel geblieben. Ihre Kleidung ist eine Mischung von Wehrmachtslumpen

---

195 Dieser, die beiden folgenden Absätze sowie der erste Satz des darauffolgenden Absatzes wurden in *Brandt* 1966, S. 171 f., veröffentlicht.

und zivilen Stücken, die sie zusammengebettelt haben. Auf sie wartet kein Arbeitsplatz. Die, die ein Mädchen oder eine junge Frau hatten, können damit rechnen, dass ein fremder Soldat oder ein anderer Mann ihren Platz eingenommen hat.

Diese Jugend hat nicht mehr viele Illusionen. Sie glaubt nicht mehr an irgendetwas. Wie sagte doch der Siebzehnjährige zu einer amerikanischen Zeitungsberichterstatterin? »Ich beneide die, die weiter an etwas glauben können, selbst wenn sie an Hitler glauben. Sie haben trotz allem etwas, woran sie sich halten können. Ich habe nichts, absolut nichts.«

Und dann bekommen sie zu hören, dass gerade *sie* als die schlimmsten Nazis abgestempelt werden sollen. Leute aus der Generation, die sie selbst ins Elend geführt haben, werfen sich zu Richtern über die Jugend auf. Alte Männer, die in der Weimarer Zeit ein Fiasko erlitten und, als sie fünfzehn Jahre jünger waren als heute, es nicht fertigbrachten, für ihre Sache zu kämpfen, sollen die Jüngeren über die Stärke und die Vortrefflichkeit der Demokratie belehren. Ich wiederhole, dass man sich vor Verallgemeinerungen hüten muss. Es gibt natürlich junge Menschen, denen es nicht so schwergefallen ist, sich in den neuen Verhältnissen zurechtzufinden, und die bereits Kontakt mit Älteren gefunden haben. Aber die Stimmungslage, die ich angedeutet habe, gibt doch etwas Wesentliches wieder.

Unter denjenigen, die die große Leere in sich verspüren, sind einige, die ins Verbrechen hinabgezogen werden. Andere suchen alle Vergnügungen, die sie bekommen können. Sie wollen das Verlorene wieder einholen. Es gibt aber auch solche, die verzweifelt sind, dass es so schwierig ist, neuen Halt zu finden. Einzelne erheben sich, protestieren und sagen zu den Alten: »Was gibt euch das Recht, uns zu kritisieren? Wir haben Grund, euch anzuklagen.« Es müssen nicht die Schlechtesten sein, die sich im Angriff zu verteidigen suchen.

Im Dezember 1945 wurde durch einen Artikel, der im Weser-Kurier, der deutschen Zeitung in Bremen, erschien, ein Jugendprotest ausgelöst.[196] Der Artikel handelte von dem heimgekehrten »Landsknecht Schmidt«, der sich so an das Soldatenleben gewöhnt hatte, dass das, was er jetzt am meisten vermisste, der Krieg selbst war. Er hasste den *verlorenen* Krieg. Er wartete auf die nächste Gelegenheit, kämpfen zu können, ob nun in einem dritten Weltkrieg oder in einem deutschen Bürgerkrieg. In diesem Artikel standen viele harte Worte, Worte, die in allzu

---

196 Landsknecht Schmidt. Von F. O. Ulm, in: *Weser-Kurier,* Nr. 23 vom 5. Dezember 1945.

starkem Maße »von oben« kamen. Die Schlussfolgerung war, dass die Landsknechte zur Arbeit kommandiert werden sollten; ohne Befehl seien sie ohnehin nicht mehr imstande, etwas Vernünftiges zu machen. Dieser Artikel hatte eine Flut von Leserbriefen zur Folge. Nichts von dem, was die Zeitung vorher schrieb, hatte dies vermocht. Das war an sich ein gutes Zeichen. Es stand nicht nur Richtiges in den Briefen, aber sie waren sehr lehrreich.

Eine Reihe von Briefeschreibern war persönlich beleidigt. Einige empfanden es als »Mißbrauch demokratischer Freiheiten«, etwas Derartiges zu drucken. Einer schrieb sogar: »Diskussion ist Unsinn, denn man kann Herrn Ulm[197] diesen Haß gegen den Waffenträger[198] ja doch nicht ausreden.«[199] Ein großer Teil derer, die protestierten, fragten die Mitglieder der Redaktion, wer von ihnen die Nahkampfspange oder das Sturmabzeichen der Infanterie oder andere Auszeichnungen erhalten hätte. Nur wer selbst den Krieg mitgemacht habe, habe auch das Recht, an der Diskussion über den »Landsknecht Schmidt« teilzunehmen. Einem, der ganz mit seinem Sturmabzeichen angab, widersprach jedoch ein »Feldwebel«, der sowohl das Eiserne Kreuz als auch das Deutsche Kreuz in Gold hatte. Er betonte, dass man kein Literat oder Friedensapostel sein müsse, um den Krieg zu hassen. Ein derartiger Hass war im Laufe des Krieges bei vielen Soldaten und Offizieren entstanden. Er zitierte etwas, was sein Bataillonschef, Träger des Ritterkreuzes, zu ihm gesagt hatte: »Es ist nicht so leicht, Befehle zu geben, durch die andere Menschen getötet werden! Zumal, wenn man eingesehen hat, was für ein Verbrechen so etwas ist! Sehen Sie, ich muß mich betrinken, um Ruhe zu haben des Nachts vor den Toten, die ich auf dem Gewissen habe.«[200]

Dieser Feldwebel war ein Gegner des Krieges geworden, nicht weil er feige war, sondern auf Grund eines moralischen Gefühls, das unter dem Eindruck der Kriegserlebnisse entstanden war. Eine ganze Reihe von Briefschreibern ließ jedoch erkennen, dass sie noch nichts von alledem begriffen hatten. Einer schrieb, dass Göring ein Idiot sei, weil er die Produktion einer bestimmten Waffe nicht beschleunigt habe. Ein anderer bezeichnete die führenden deutschen Militärs als Schweine, weil sie, wie er sagte, den Soldaten und Arbeitern in den Rücken gefallen seien. Ein

197 Bei Brandt: »den Autor«.
198 Bei Brandt: »den Soldaten«.
199 Diskussion mit Landsknecht Schmidt I, in: *Weser-Kurier*, Nr. 30 vom 29. Dezember 1945.
200 Soldat als Kriegsgegner, in: *Weser-Kurier*, Nr. 3 vom 9. Januar 1946.

dritter schrieb, dass, wenn »diese Lumpen« nur ihre Pflicht hätten tun wollen, »dann hätten wir den Krieg gewonnen«.[201] Wäre dies die einzige Äußerung gewesen, hätte sich der Artikelschreiber mit seiner Behauptung bestätigt fühlen dürfen, dass das, was sie hassten, nicht der Krieg, sondern der verlorene Krieg war.

Die Briefe zeigten, dass viele der heimgekehrten Soldaten noch nicht zu einer einsichtsvollen Wertung des Krieges gelangt waren, der von den nazistischen Machthabern begonnen worden war und in den Zusammenbruch Nazi-Deutschlands geführt hatte. Sie fassten den Artikel als eine Beleidigung der Menschen auf, »die jahrelang ihr Leben für ihre Heimat in die Schanze zu werfen glaubten«.[202] Wir haben im guten Glauben für unser Vaterland, unsere Mütter, unsere Frauen und unsere Kinder gekämpft, sagte einer. Ein anderer schrieb, auch wenn man den Krieg verloren habe und der deutsche Soldat von einer größenwahnsinnigen Führung missbraucht worden sei, habe man trotzdem alle Veranlassung, auf den Einsatz, den die Soldaten gezeigt hätten, stolz zu sein. Ein anderer wiederum erzählte, dass er jede Minute in den sechs Jahren, die er Soldat gewesen sei, als einen Hohn auf die primitivsten menschlichen Rechte betrachtet habe.

Aus den Briefen – es waren mehrere Hundert – schien deutlich hervorzugehen, dass der größte Teil der heimgekehrten Soldaten keinen neuen Krieg wünschte. Wir wollen von preußischem Militarismus und Kadavergehorsam nichts mehr wissen, schrieb einer, und er fügte hinzu, dass er auf jeden losschlagen werde, der mit diesem Wahnsinn wieder anfangen wolle. Ein anderer schrieb, dass er und seine Kameraden mehr als genug davon hätten. Hier sind noch einige Zitate:[203] »Wir hassen den Krieg.« – »Wir sind alle erfüllt von dem Gedanken des Friedens.« – »Landsknecht Schmidt will seine Arbeit verrichten und seinen Familienpflichten nachgehen.«[204] – »Wir wollen von Freikorps und dergleichen nichts wissen.«[205]

201 Diskussion mit Landsknecht Schmidt I, in: *Weser-Kurier,* Nr. 30 vom 29. Dezember 1945. Bei Brandt: »wir nie den Krieg verloren hätten«.
202 Diskussion mit Landsknecht Schmidt II, in: *Weser-Kurier,* Nr. 1 vom 3. Januar 1946. Bei Brandt: »die jahrelang ihr Leben für das Vaterland eingesetzt hatten«.
203 Diskussion mit Landsknecht Schmidt II, in: *Weser-Kurier,* Nr. 1 vom 3. Januar 1946.
204 Bei Brandt: »Wir wollen unsere Arbeit verrichten und die Verpflichtungen erfüllen, die wir unserer Familie gegenüber haben.«
205 Im *Weser-Kurier:* »Jeder Rückkehrer wird der Neigung zur Freikorpsbildung bezichtigt. Das sind sehr gefährliche Verallgemeinerungen.«

Andere Auffassungen waren aber auch vertreten. Einer der Briefschreiber stellte fest, dass es viele entlassene Soldaten aus den besetzten Gebieten gebe, die dauernd mit dem Gedanken spielten, eine neue Chance zu erhalten, indem sie auf einer der beiden Seiten an einer großen künftigen Auseinandersetzung teilnehmen, um ihre Heimat wiederzubekommen. Sie waren für vernünftige Argumente nicht zugänglich. Ein Unteroffizier, dem das eine Bein amputiert worden war, schrieb:»Vielleicht haben Sie recht, wenn Sie schreiben, dass wir den Krieg nicht hassen. Noch weniger hassen wir aber den verlorenen Krieg. *Wir* haben nämlich den Krieg nicht verloren. Wenn es zwischen den Westmächten und Russland zum Kriege kommt, wären Sie dann bereit zu helfen, falls das dazu führen könnte, dass die Deutschen aus den Ostgebieten ihr Heimatland, ihr Haus und ihren Hof zurückerhielten? Wenn nicht, sind Sie ein Feigling.«[206] Ein anderer sagte, dass ein Krieg zwischen den Westmächten und der Sowjetunion nur eine Ausgeburt der Phantasie sei. Die Mehrzahl der Heimgekehrten sei sich darüber klar, so behauptete er, dass jeder neue Krieg das Elend nur vermehren würde.

Fast alle Briefeschreiber protestierten dagegen, dass es nötig sei, die heimgekehrten Soldaten zur Arbeit zu kommandieren. Sie sagten, sie seien es überdrüssig, kommandiert zu werden und würden mehr als gern anpacken. Einer schrieb:»Selbst in dem verbittertsten Landsknechtherzen ist der Wille zum Leben, der Glaube an das Recht und die Hoffnung auf einen Wiederaufbau vorhanden. Den Weg nach vorne wollen wir so gern gehen. Laßt uns auf diesem Weg nicht allein.«[207] Ein anderer bat darum, dass man geduldig sein möge. Es dauere seine Zeit, bis die Jugend sich an die neuen Verhältnisse gewöhnen könne und imstande sei, ihre Leistung zu erbringen. Er trat dafür ein, freiwillige Arbeitsgruppen zu bilden, denen beim Wiederaufbau bestimmte Aufgaben zugeteilt werden. Noch ein anderer war so weit festzustellen:»Wir warten nicht auf einen dritten Weltkrieg, wir kämpfen auch nicht als Deutsche gegen

---

206 Diskussion mit Landsknecht Schmidt II, in: *Weser-Kurier,* Nr. 1 vom 3. Januar 1946. Dort folgender Text:»Vielleicht haben Sie Recht, wir hassen den Krieg nicht. Aber noch weniger hassen wir den verlorenen Krieg, denn wir haben den Krieg nicht verloren... Wenn es zu einem Krieg der Westmächte gegen Russland kommen sollte, würden Sie da nicht mithelfen wollen, wenn Sie damit den Deutschen aus dem Osten wieder zu ihrer Heimat, zu Haus und Hof verhelfen könnten? Wenn nein, dann sind Sie ein Feigling.«
207 Die aufbauwilligen »Schmidts«, in: *Weser-Kurier,* Nr. 2 vom 5. Januar 1946.

Deutsche. Wir haben nur den einen Wunsch, nicht erst auf den Befehl zu warten, sondern von uns aus mitzuarbeiten an der Schaffung einer wahren Demokratie.«[208]

Die Wiedergabe dieser »Diskussion« hinterlässt vielleicht kein besonders klares Bild. Die Wirklichkeit ist aber auch nicht immer klar.

Was soll man mit diesen jungen Menschen tun? In vielen Artikeln stand, und dies wird auch von vielen deutschen Rednern gesagt, dass die Jugend von der Straße fort und Arbeit bekommen müsse, am besten produktive Arbeit. Und selbst wenn es sich nur um die Beseitigung von Trümmern handelt, so ist das immer noch besser als Müßiggang. Vielerorts in Deutschland war man in eine Sackgasse geraten, da die Aufräumarbeiten zunächst als eine Art Strafarbeit für die aktiven Nazis verordnet wurden. Das führte dazu, dass diese Tätigkeit im Bewusstsein der Menschen etwas Entehrendes hatte. Hamburg brauchte Arbeitskräfte über die vorhandenen hinaus. In Lübeck gab es Arbeitslose, Bauarbeiter und andere, darunter viele gewerkschaftlich Organisierte. Sie wurden nach Hamburg transportiert, aber dort mussten sie erleben, dass die Leute sie als Nazis beschimpften oder vielleicht sogar bespuckten. Eine weitere Folge war, dass sie zum Arbeitsamt in Lübeck zogen und verlangten, an ihrer Stelle sollten aktive Nazis eingesetzt werden. Als ob das Land jemals nur durch den Einsatz von Nazis wiederaufgebaut werden könnte. Es war eine schreckliche Begriffsverwirrung, die sich da breitmachte. Und es wurde zu wenig getan, um sie zu überwinden.

Die neuen deutschen Behörden waren damit beschäftigt, Jugendlichen Arbeit zu vermitteln. Doch das war nicht leicht. Es herrscht Facharbeitermangel. Der ganz überwiegende Teil der Jugendlichen hat niemals etwas gelernt. Ein großer Teil der Heimkehrer ist niemals etwas anderes gewesen als Soldat. Es sind massenhaft Berufslehrgänge und Umschulungskurse erforderlich. Individuelle Lehrstellen reichen nicht aus. In Berlin wollten 30 000 junge Menschen in unterschiedliche Lehren gehen, aber die Betriebe konnten nur 10 000 aufnehmen. Mancherorts hatte man schon frühzeitig Kurse gestartet. Meistens fehlten jedoch Räume, Material und Lehrer. Andernorts beschritt man neue Wege. Die kommunalen Arbeitsämter konnten zum Beispiel die Baufirmen dazu bewegen, eine bestimmte Zahl von »Heimkehrern« zu übernehmen. Es wurde ein Vertrag geschlossen, wonach sie den Lohn eines Hilfsarbeiters bekommen sollten, der 70 Pfennig je Stunde betrug. Die Lehrzeit wurde auf zwei

208 Die aufbauwilligen »Schmidts«, in: *Weser-Kurier,* Nr. 2, vom 5. Januar 1946.

Jahre festgesetzt. Diejenigen, die geschickt waren, konnten sich bereits nach einem Jahr oder anderthalb Jahren zur Gesellenprüfung anmelden.

Arbeit ist vielleicht das Wichtigste für junge Menschen. Sie ist aber nicht alles. Viel hängt von der Aufklärungsarbeit für die junge Generation ab. Diejenigen, die merken, wo der Schuh drückt, wissen, dass es den neuen Parteien und der mehr oder weniger von den Alliierten gelenkten Presse schwerfällt, zu einer Sprache zu finden, die die deutsche Jugend versteht. Auch noch so viele Redensarten, dass »wir die Jugend gewinnen müssen«, nützen nichts. Es geht jedenfalls nicht an, zur Jugend zu sprechen, als bestünde sie nur aus Banditen und hoffnungslosen Nazi-Terroristen. Man muss im Gegenteil klar zwischen einem verbrecherischen Regime und einem ursprünglichen jugendlichen Idealismus unterscheiden, der von den Propagandisten und Verführern dieses Regimes missbraucht wurde.[209]

Ich will die deutsche Jugend nicht besser machen als sie ist. Ich möchte aber gern, dass sie besser wird. Ein Teil der Arbeitsgrundlage liegt darin, dass die Jugend die Propaganda leid ist. Sie ist auch der »Parteipolitik« gegenüber misstrauisch. Ihr fällt es nicht leicht, die Schlagworte aus der Zeit vor 1933 zu verstehen. Sie ist jedoch für eine realistische Sprache empfänglich. Sie erträgt es – und soll es ertragen –, dass man sie über die tatsächlichen Verhältnisse aufklärt, ohne einen Versuch billiger Idealisierung. Das bedeutet nicht, dass die Jugend in schwarzem Pessimismus gehalten werden soll. Sie braucht eine Perspektive, ein Ziel, für das sie sich begeistern kann, einen »neuen Glauben«, wenn man so will. Ist nicht die Arbeit am Wiederaufbau des Landes eine große Aufgabe, die an ein wahres Heldentum appelliert? Insbesondere, wenn diesem Aufbau eine europäische Perspektive verliehen wird, an der sie sich orientieren kann. Sie muss wissen, dass die Deutschen einen Platz in der neuen Welt erhalten sollen, nicht militärisch, sondern wirtschaftlich und kulturell.

Ich habe den bestimmten Eindruck, dass man weniger von abstrakter Demokratie und mehr von den grundlegenden menschlichen Werten, Rechten und Pflichten, von Anständigkeit, Sauberkeit, Wahrheit und Rechtschaffenheit sprechen sollte. Der Nürnberger Prozess liefert eine Menge Umschulungsmaterial, wenn es nur auf die richtige Weise genutzt wird. Ich kenne mehr als einen deutschen Jugendlichen, der gesagt hat, dass das, was er am meisten verachte, die nazistischen Führer seien, so wie sie entlarvt werden und wie sie sich selbst entlarvt haben.

---

209 Dieser und die folgenden drei Absätze wurden in *Brandt* 1966, S. 172 f., veröffentlicht.

Schließlich werden einmal neue Führer der jungen Generation heranwachsen. Bis das geschieht, muss den Jungen geholfen werden, zur Klarheit zu gelangen. Man muss an ihr Verantwortungsgefühl appellieren. Es ist nicht völlig verschwunden.

Es ist eine große Frage, ob die Besatzungsmächte recht daran tun, sich der Bildung politischer Jugendorganisationen zu widersetzen. In den Westzonen sind religiöse Jugendvereinigungen entstanden. Es liegt aber ein Bedürfnis für andere Vereinigungen vor. Die Arbeiterbewegung sollte das Recht erhalten, eigene Jugendgruppen zu bilden. In einzelnen Gemeinden nahmen es die Besatzungsbehörden mit den zentralen Richtlinien nicht so genau und erteilten die Erlaubnis, Vereinigungen mit einem »politischen« Hintergrund zu gründen. Der Zustrom und das Interesse waren verheißungsvoll.

Der Sport ist in den Westzonen gut in Gang gekommen. Vorläufig ist die Tätigkeit auf ein größeres oder kleineres örtliches Gebiet begrenzt, und die Besatzungsbehörden verlangten selbstverständlich, dass die Vorstände von Nazis gesäubert werden sollten. Diese Säuberung hat sich in verblüffend kurzer Zeit durchführen lassen. Die neuen oder wieder ins Leben gerufenen Vereine hatten großen Zulauf. In einer Stadt wie Lübeck zählte der Sportkreis bereits Ende Dezember 1945 gut 10 000 Mitglieder. Indem die Alliierten darauf bestanden haben, dass der neue Sport nicht militarisiert werden dürfe, und außerdem forderten, dass alle Vereinigungen demselben Verband angeschlossen sein müssten, haben sie einen günstigen Einfluss ausgeübt. Vor Hitler gab es in Deutschland eine sehr starke Arbeitersportbewegung. Eine ganze Reihe ihrer Funktionäre war so konservativ, dass sie bedauerten, sich mit den »Bürgerlichen« zusammenschließen zu müssen. Für den Sport und die Jugend ist der Kurs, der einem »aufgezwungen« worden ist, vernünftig. Außerdem haben die Arbeitersportler in starkem Maße die Leitung der Gesamtverbände übernommen. Man kann nur hoffen, dass die politische Aufspaltung auch auf anderen Gebieten begrenzt bleibt. Es ist sinnlos, dass Briefmarkensammler und Kaninchenzüchter sich nach parteipolitischen Trennlinien organisieren.

In der russischen Zone hat man vorläufig noch keine Sportvereine gebildet. In Berlin und anderen Städten organisierten die Gemeinden den Sport. Alle Interessierten konnten teilnehmen, aber man hatte keinen festen organisatorischen Rahmen. Der Zulauf zu diesem kommunalen Sport war jedoch nicht befriedigend. Dagegen scheint man in einer Reihe von Fällen gute Erfahrungen mit kommunalen Jugendausschüssen gemacht zu haben, die Zusammenkünfte, Vorträge und Studientätigkeit arrangierten. Derartige Ausschüsse gibt es auch in den Westzonen. In der Ostzone begann man außerdem im März 1946, eine gemeinsame »Freie Deutsche Jugend« zu organisieren.

Die deutschen Gemeinden sind arm. Sie müssen trotzdem Mittel für Studienzirkel und ähnliche Jugendarbeit erübrigen. Es fehlen Gebäude, aber Räume für die Jugend stellen nur eines der Bedürfnisse dar, die allem voran berücksichtigt werden müssen. In einer Mittelstadt hatte der tüchtige Pfarrer, der Vorsitzender des Vormundschaftsgerichts war, einen der vielen Herumtreiber im Alter von 16 Jahren vorgeladen. Der Junge sagte: »Was soll ich denn mit meiner Freizeit anfangen? Wo soll ich hingehen? Ich kann ja nirgendwo hingehen.«

Die Elite ist erheblich weiter gekommen. Eine Anzahl sozialistischer junger Menschen hat begonnen, sich zu sammeln, auch wenn die Bewegung noch nicht legalisiert ist. Es finden wesentliche und ernste Diskussionen unter den jungen Menschen statt, die sich zur Christlich-Demokratischen Union zählen. Einige der jungen Menschen begannen Ende 1945, Zeitschriften herauszugeben. Eines der neuen Blätter, das in Berlin erscheint, heißt »Horizont«. Einer der wichtigsten Mitarbeiter – ein Siebzehnjähriger – war Vorsitzender einer illegalen »Freiheitsgruppe deutscher Gymnasiasten« gewesen. Eine andere Zeitschrift heißt »Neues Leben«. In der ersten Nummer dieses Blattes stand, dass man sich dafür einsetzen wolle, alles wegzuräumen, was es an Trümmern auf den Straßen und in den Köpfen gab, um »ein neues Leben« zu schaffen, »das einen Inhalt sieht in allem Großen und Schönen, was Kultur und Zivilisation zu bieten haben«.[210] Das ist ein verheißungsvolles Programm.

Besetzung und Besatzung

Bereits vor Kriegsende und gleich nach der Kapitulation fanden in deutschen Emigrantenkreisen recht lebhafte Diskussionen statt, die sich um »das neue Quisling-Problem« drehten. Ich erlebte eine Reihe derartiger Diskussionen in Stockholm. Sie zeichneten sich gewöhnlich durch Beiträge von Leuten aus, die meinten, Antinazisten müssten die größte Vorsicht an den Tag legen, um nicht die Rolle von Quislingen[211] zu spielen. Wenn man von extrem nationalistischen Standpunkten absieht, die

---

210 *Neues Leben* vom 1. November 1945: An die Freie Deutsche Jugend!
211 In der Nachkriegszeit ein allgemein gebräuchliches Synonym für Kollaborateur.

auch vertreten waren, ging die Auffassung der meisten wohl dahin, dass man Acht geben solle, nicht von den Besatzungsmächten *abhängig* zu werden.

Die Diskussionen hatten nicht immer viel mit der Wirklichkeit zu tun. Sie waren auch nicht frei von bösartigen Beschuldigungen. So ist es unter Emigranten immer gewesen. Ich erinnere mich besonders gut an das, was geschah, als ein paar meiner deutschen Freunde durch ihre internationalen gewerkschaftlichen Beziehungen und mit Hilfe amerikanischer Kontakte einen Monat nach der Kapitulation nach Hause fahren konnten, während die generelle – nach meiner Meinung verkehrte – Richtlinie der Alliierten vorsah, dass die Flüchtlinge ein Jahr lang warten mussten, bevor sie die Genehmigung zur Rückkehr erhielten. Diejenigen, die zurückkehrten, wurden von einigen als »Agenten des amerikanischen Imperialismus« abgestempelt. Ein anderer war bereits illegal vor Kriegsende zurückgekehrt. Von ihm hieß es auch, dass er »gekauft« sei. Dann konnte man phantasievolle Berichte darüber hören, dass er »deutsche Arbeiter misshandelt« habe.

Das war das Urteil der Emigranten, oder genauer gesagt, so war das Urteil eines Teils der Emigranten. In Deutschland hatte man dazu eine andere Einstellung. Als ich die beiden, die im Juni 1945 gefahren waren, wiedertraf, waren sie Mitglieder der Redaktion einer der neuen deutschen Zeitungen.[212] Es war bei Gott keine Quisling-Zeitung. Die beiden Redakteure waren mit Hilfe der Alliierten nach Deutschland gekommen. Wie sollten sie sonst nach Hause gekommen sein? Der, der vor Kriegsende aus Stockholm zurückkehrte,[213] legte, nach seiner Ankunft in der Stadt, in der er wohnen sollte, seine aktive antinazistische Arbeit dar. Als Ergebnis wurde er zum Parteisekretär gewählt.

Mir fiel auf, dass jenes Problem, das die Emigrantenkreise in Stockholm und anderenorts beschäftigt hatte, in Deutschland tatsächlich selbst nicht bestand. Ich beziehe mich nicht auf die Nazis. Unter den Nazigegnern betrachtete man es als die natürlichste Sache der Welt, dass Leute im Einvernehmen mit den alliierten Militärregierungen und nach formeller Bestätigung durch sie Funktionen übernahmen. Dies war eine realistische Sicht auf die Dinge. Eine deutsche Regierung gab es nicht. Die Militärregierung war die einzige Behörde, die neue Leute in der Verwaltung einsetzen konnte. Die Antinazisten zogen daraus den vernünftigen

212 Gemeint sind August und Irmgard Enderle und der *Weser-Kurier* in Bremen.
213 Gemeint: Arno Behrisch.

Schluss, es komme darauf an, Sorge zu tragen, die richtigen Männer in die richtigen Stellungen zu bringen. Denn es war ja so, dass die Militärregierung für die alliierten Großmächte handelte, die den Hitlerismus zerschlagen hatten. Sie hatten Deutschland bombardiert, aber sie hatten es nicht überfallen. Sie waren keine Nazis, was sie sonst auch immer sein mochten.

Unter der übrigen deutschen Bevölkerung, den vielen Passiven und Indifferenten, konnte man wohl auf allerlei Kritik der neuen Behörden stoßen, die von den Alliierten eingerichtet wurden. Die Kritik bezog sich aber gewöhnlich nicht darauf, dass sie von den Alliierten berufen worden waren. Das nationale Moment spielte zunächst praktisch keine Rolle. Im Gegenteil, es gab Tendenzen, dass der Nationalismus von Haltlosigkeit und Selbstaufgabe abgelöst wurde. Das schließt nicht aus, dass nationalistische Argumente zu einem späteren Zeitpunkt [wieder] eine Rolle spielen können. Eine gewisse Verschiebung in dieser Richtung hat man bereits feststellen können.

Bislang ist die Haupttendenz jedoch eine andere. Nach wie vor gingen die Deutschen zur Militärregierung, auch nachdem sie den deutlichen Bescheid erhalten hatten, sich an das zuständige deutsche Amt zu wenden. Was ich vor dem Gebäude der Militärregierung sah, als ich Anfang November 1945 nach Bremen kam, hat mich beeindruckt. Das Haus wurde von der neuen *deutschen* Polizei bewacht. Das war das Erste. Und zweitens standen diese deutschen Polizisten da, wiesen ihre Landsleute ab und gaben ihnen die Auskunft, sich bitte an das zuständige deutsche »Amt« zu wenden. Von allem anderen abgesehen, muss man sich fragen, ob Terboven in Norwegen oder Seyß-Inquart in den Niederlanden – von Frank in Polen ganz zu schweigen – es gewagt hätten, sich von »eingeborener« Polizei bewachen zu lassen. Und ob sie sich bemüht hätten, landeseigene Behörden auf Kosten der deutschen Verwaltung zu stärken!

Unter der deutschen Besatzung bestand die Haupttendenz darin, immer mehr Macht und Einfluss in den Händen der Besatzungsmacht zu konzentrieren. Bei den Alliierten ist es umgekehrt. Ihr Grundsatz geht dahin, sich nach und nach überflüssig zu machen. Das muss nicht nur auf Idealismus und Selbstlosigkeit beruhen. Aber es ist jedenfalls etwas ganz anderes als die nazistische Politik.

Die deutschen Nazis kamen als Täter und Eroberer in die besetzten Länder. Sie beuteten die Besetzten aus, nahmen ihre besten Männer fest, erstickten die Rede- und Pressefreiheit, zwangen ihnen ein fremdes Regime und, soweit es sich machen ließ, auch eine fremde Ideologie auf. Die Alliierten bürdeten den Deutschen schwere Lasten auf. Sie befreiten sie aber auch von Krieg und Nazismus. Vielleicht zeigten auch sie manchmal die Tendenz, als »Herrenvolk« aufzutreten. Sie kamen aber nicht, um die Deutschen verhungern zu lassen. Sie beschafften ihnen Essen, zu wenig zwar, aber doch Essen. Das gilt auch für die Ostzone. Sonst wären die Berliner und die Menschen in Leipzig und Dresden im Sommer 1945 verhungert. Die Alliierten verhafteten nicht die besten Männer, sondern befreiten diejenigen, die die Schrecken überlebt hatten, aus den Konzentrationslagern. Die Alliierten konnten wohl Deutschland Maschinen und Märkte wegnehmen, aber sie wollten nicht, dass das Volk zugrunde ging.

Als die amerikanische Politik in Bayern im September 1945 revidiert wurde, wurde den Sozialdemokraten mitgeteilt, man wolle, dass sie die Hauptverantwortung in der neuen Regierung übernähmen. Die sozialdemokratischen Vertreter waren nicht sonderlich begeistert.

Sie hätten lieber eine gleichmäßige Verteilung der Verantwortung gesehen, bis zu möglichen Wahlen. Man gab ihnen zu verstehen, dass sie nicht ausweichen dürften; das könnte man als Sabotage betrachten. Da nahmen sie das Angebot an. Sie taten es aber nicht aus Furcht, verhaftet zu werden. Ihnen ging es darum, aus der Situation das Bestmögliche zu machen, ohne die Zusammenarbeit mit den alliierten Stellen zerbrechen zu lassen. Der englische Ortskommandant in einer norddeutschen Stadt berief Anfang Dezember 1945 die erste Sitzung der neuernannten vorläufigen Stadtverordnetenversammlung ein. Die Sozialdemokraten, die der Meinung waren, sie seien zu schwach vertreten, protestierten, indem sie fernblieben. Da erhielten sie Einschreibebriefe des Inhalts, dass sie im Wiederholungsfalle eingesperrt würden. Ich kann nicht verstehen, warum sie sich dieser Drohung beugten. Hätten sie eine festere Haltung gezeigt, wäre der gute Oberstleutnant wohl gezwungen gewesen, entweder abzutreten oder seine eigenartige Auffassung davon, wie eine Demokratie wiederaufzubauen sei, zu revidieren.

Wir wollen mal einen Augenblick zurückdenken, was das Stichwort »Sabotage« unter deutschen Besatzungsverhältnissen bedeutete. Es war dasselbe wie die Drohung mit dem Todesurteil. Bei den Alliierten riskiert man nicht viel mehr als seine Arbeit, im schlimmsten Fall, bei einer recht guten Verpflegung ins Gefängnis zu gehen. Die Alliierten unterdrücken die Presse nicht. Sie helfen ihr wieder auf die Beine. Sie unterstützen den Wiederaufbau des Vereinslebens und der freien wissenschaftlichen Forschung. Sie üben Kontrolle aus. Es mag sein, dass einige dabei reichlich beflissen vorgingen. Aber es gibt andere, die sich als Freunde und Helfer betrachten – und es *sind*.

Ich will nicht versuchen, jemandem einzureden, dass die alliierte Besatzungspolitik über jede Kritik erhaben sei. Ich wollte aber vielen Deutschen zeigen, dass es jedenfalls nicht so gekommen ist, wie Goebbels ihnen weiszumachen versuchte. Die Deutschen wurden nicht ausgerottet. Es hat auch keine Massendeportationen von [deutschen] Sklavenarbeitern gegeben. Im Gegenteil, bereits wenige Monate nach der Kapitulation sind viele wichtige Angelegenheiten in deutsche Hände übergegangen.[214] Die Versorgungsämter, die Preisüberwachung, die Gesundheitsämter und die Leitungen der verschiedenen Verkehrsmittel waren wenige Wochen nach dem totalen Zusammenbruch wieder intakt. Als einige weitere Wochen vergangen waren, wurde der Postverkehr in den einzelnen Zonen wiedereröffnet. Deutsche Gerichtshöfe entstanden neu. Zeitungen, Gewerkschaften, Parteiorganisationen und andere Vereinigungen wurden aufgebaut. Im Herbst begann der Schulbetrieb wieder. Deutsche Verlage konnten neue Bücher herausgeben. Zum Jahreswechsel war in der ganzen amerikanischen Zone die kommunale Selbstverwaltung wieder instand gesetzt. Im Januar wurden die ersten Kommunalwahlen abgehalten.

Die Amerikaner arbeiteten sehr bewusst, damit die Deutschen lernten, sich selbst zu regieren. Im Oktober sorgten sie dafür, drei Regierungen der Zone zu einem »Länderrat« zusammenzuschließen. Im November berief man deutsche Vertreter zu einer Wirtschaftskonferenz für die ganze Zone. Im Dezember wurde das neue Oberlandesgericht in Württemberg-Baden eingesetzt. Das deutsche Gerichtswesen wurde auf jene drei Instanzen zurückgeführt, die es vor den Nazis hatte. Die deutschen Justizminister waren für das Gerichtswesen verantwortlich; die Amerikaner beschränkten sich darauf, die dritte Instanz zu überwachen. Beim Jahreswechsel kamen die Transportmittel unter deutsche Verwaltung. Für die süddeutschen Länder wurde ein zentraler Wirtschaftsausschuss eingesetzt, und in Frankfurt kamen Sachverständige zusammen, um die Geldsanierung zu besprechen. Die Militärregierung begnügte sich damit, die Arbeit der Regierung zu überwachen. Die unteren Instanzen erhielten ihre Richtlinien von den deutschen Ministerien. Einstellungen wurden auch zu einer deutschen Regierungsangelegenheit. Die Entnazifizierung hat man den deutschen Antinazisten überlassen. 75 Prozent der neuen Polizei erhielten Waffen, und sie wurde teilweise als Grenzwacht eingesetzt. Am 31. März wurde das Nachrichtenbüro in der ame-

---

214   Präzisierung des norwegischen Textes auf Grundlage der schwedischen Ausgabe.

rikanischen Zone ein selbständiges deutsches Unternehmen. Und am 30. Juni sollen die Verbindungsoffiziere von den lizenzierten deutschen Zeitungen zurückgezogen werden.

Vielerorts ist diese Entwicklung als Beweis dafür aufgefasst worden, dass die Amerikaner einen schnellen Rückzug aus Deutschland vorbereiten. Das steht in starkem Gegensatz zu jenen offiziellen Erklärungen, die da lauten, man denke an wenigstens zehn Jahre Besetzung. Aber es ist richtig, dass die Amerikaner ihre Verbände ganz beträchtlich reduzieren wollen. Wer mit amerikanischen Soldaten und Offizieren Fühlung gehabt hat, ist sich außerdem darüber im Klaren, dass die Heimkehr sie am meisten beschäftigt. Die andauernde Versetzung von Leuten, die eine Folge des schnellen Austauschs ist, hat nicht nur ihre guten Seiten. Sie gibt der amerikanischen Besatzungsverwaltung weniger Festigkeit, als sie besitzen sollte. Es ist aber gleichzeitig so, dass die Amerikaner eine gesegnete Fähigkeit haben, ihre Fehler zu korrigieren. Sie bringen die Dinge dennoch dahin zu funktionieren.

Bei den Engländern hat sich eine ähnliche Entwicklung vollzogen, wobei die Verantwortlichkeit und die Autorität schrittweise an die Deutschen übertragen wurden. Die Entwicklung verlief jedoch etwas langsamer. Es dauerte bis zum Januar 1946, bevor die erste lizenzierte deutsche Zeitung in der britischen Zone erschien. Die beratenden Ausschüsse in der britischen Zone erhielten ebenfalls keinen großen Spielraum. Dafür wussten die Engländer über die deutschen Verhältnisse im Durchschnitt mehr als die Amerikaner. Die Engländer hatten »a policy«. Sie hatten ihre Dinge in Ordnung, und der Wiederaufbau machte gewisse Fortschritte.

Die Russen gingen – wie ich bereits bemerkt habe – ihren eigenen Weg, indem sie frühzeitig erlaubten, politische Parteien mit eigenen Zeitungen zu gründen. Bereits im August/September 1945 wurde eine deutsche Zentralverwaltung für die fünf Länder bzw. Provinzen der Zone zusammen mit dem russischen Sektor von Berlin gebildet. Andererseits durfte man sich nicht darüber täuschen, dass die sowjetischen Stellen sehr strenge Vorschriften machten. Es hieß, der russische Oberkommandierende habe dies und das befohlen und damit basta. Die politischen Verhältnisse entwickelten sich östlich der Elbe anders als westlich von ihr. Auch in wirtschaftlicher Beziehung, aber im Osten wurde nach dem ersten, sehr bedeutenden Aderlass mit dem planmäßigen Neuaufbau begonnen.

Die Franzosen traten Ende des Jahres 1945 für eine mehr indirekte Verwaltung in ihrer Zone ein.

Die Zonengrenzen bildeten jedoch wesentliche Hindernisse für einen zweckmäßigen Aufbau. Die Aufteilung in Zonen, die aus politischen Gründen und nicht aus wirtschaftlichen Erwägungen vorgenommen worden war, führte zu völlig widersinnigen Verhältnissen. Es konnte passieren, um ein Beispiel unter vielen zu nennen, dass Menschen, die in einer Zone an Zuckerkrankheit litten, einzig und allein deshalb zu sterben drohten, weil es nicht gelang, Insulin aus einer anderen Zone zu beschaffen. Ebenso sinnlos und unvernünftig erscheint, dass zwar in London eine Labourregierung saß und in Paris Sozialisten und Kommunisten die parlamentarische Mehrheit hatten, es aber dennoch unmöglich war, den Wiederaufbau der Gewerkschaftsbewegung in der englischen und französischen Besatzungszone zu koordinieren.

Trotzdem machte man gewisse Fortschritte. Im Herbst 1945 kam der Postverkehr in ganz Deutschland in Gang; zum Jahreswechsel war man so weit, auch Kriegsgefangenenpost ohne Rücksicht auf die Zonengrenzen zu befördern. Der Warenaustausch zwischen den verschiedenen Zonen machte kleine Fortschritte. Der Kontrollrat in Berlin und sein Koordinationsausschuss arbeiteten gemeinsame Richtlinien dafür aus, wie das Gerichtswesen aufzubauen sei, und für gewisse Zweige des Wirtschaftslebens. In einigen Fällen wurden auch Reiseerleichterungen von einer Zone in eine andere erreicht. Diese und andere Maßnahmen lieferten jedoch noch keine wirkliche Antwort auf die Frage, ob Deutschland als nationale Einheit weiterleben solle.

Der Unterschied zwischen nazistischer und alliierter Besatzung ist hinlänglich klar. Es gibt jedoch auch Berührungspunkte, jedenfalls äußerliche. Ich habe die Plünderungen gleich nach der Besetzung berührt. Sie beschränkten sich nicht auf die Ostzone. Jackson sagte in seiner Eröffnungsrede in Nürnberg, dass man in der Frage des »looting« nicht heuchlerisch sein sollte. Es wurde in ziemlich großem Umfange geplündert, und nicht wenige Bücher wurden vernichtet. Die Soldaten beruhigten ihr Gewissen gern damit, dass sie sagten, es treffe ja nur die Nazis. Unter den Amerikanern in Westdeutschland hieß es, »we liberated some bicycles and sold them at Liège«.

Gewisse polnische Elemente setzten Plünderung und andere Übergriffe fort. Sie nahmen es auch mit Menschenleben nicht so genau. Außerhalb Bremens wurde zum Beispiel Mitte Dezember 1945 eine ganze Gruppe deutscher Zivilisten ermordet, darunter der örtliche Vertrauensmann der Hilfsorganisation »Arbeiterwohlfahrt«. Die Gewerkschaften in Bremen riefen nach diesem Vorfall einen zweiminütigen symbolischen Generalstreik aus. In seinem Bericht vom 20. Februar 1946 erklärte der amerikanische Militärgouverneur,[215] dass »gangs of displaced persons continued to be credited with many of the crimes of violence that occurred in January«.[216] Er fügte jedoch hinzu, dass es sich in gewissen Fällen um sogenannte »Volksdeutsche« handelte und dass Deutsche sich einige Male als »displaced persons« verkleidet hätten. In Berlin kam es vor, dass deutsche Verbrecher in russischen Uniformen auftraten, plünderten und mordeten.

Ein Freund von mir und seine Frau unternahmen zwischen Weihnachten und Neujahr eine Reise nach Berlin, Leipzig und Dresden. In Jüterbog mussten sie die Nacht im Wartesaal verbringen. Der deutsche Stationsvorsteher kam herein und sagte, dass er benachrichtigt werden wolle, falls es Schwierigkeiten mit fremden Soldaten gäbe. Ein Offizier und zwei Soldaten standen in dem Raum und hörten, was er sagte. Sobald der Stationsvorsteher hinausgegangen war, schritten sie zur Tat. Einer schwangeren Flüchtlingsfrau nahmen sie einen Koffer weg, und als sie es zu verhindern suchte, wurde sie zu Boden geschlagen. Einer der Soldaten hatte seine Pistole hervorgeholt und versah sich mit einem weiteren Koffer. Sie verschwanden in der Dunkelheit, ohne dass die deutsche Bahnpolizei etwas machen konnte. Der Offizier hatte sich passiv verhalten. Nachdem die Soldaten verschwunden waren, setzte er eine Art von Protokoll auf. Später erschien der Kommandant zusammen mit russischer und deutscher Polizei. Alle, die sich im Wartesaal befanden, mussten sich ausweisen, und einige wurden mitgenommen. In Falkenberg kamen vier Soldaten einige Minuten vor Abfahrt des Zuges in den Wagon. Die Reisenden wurden mit Taschenlampen geblendet. Als die Fremden wieder verschwunden waren, stellte einer der Passagiere fest, dass sein Koffer abhandengekommen war. Auf dem Wege von Berlin nach Wittenberg wurden Koffer und Rucksäcke aufgeschnitten und größtenteils ihres Inhalts beraubt. Auf der Strecke von Wittenberg nach Leipzig begann ein Soldat, das Gepäck eines der Reisenden zu »visitieren«. Als der Betreffende das zu verhindern suchte, erhielt er die Antwort: »Du Faschist!« In Wittenberg selbst wurden einigen Reisenden ihre Habseligkeiten abgenommen, als sie den Bahnhof verlassen wollten.

Ich saß eines Abends auf dem Bahnhof in Fürth bei Nürnberg und wartete auf den Zug nach Frankfurt. Außer mir waren sieben Amerikaner auf dem Bahnhof, die sich im Railway-Transport-Büro aufhielten. Plötzlich kommt ein junger Deutscher, offenbar Flüchtling und kaum

215 Gemeint: Joseph T. McNarney.
216 Zitat nicht nachweisbar.

älter als 19 bis 20 Jahre, herein. Er fragt, ob jemand Deutsch könne und erntete ein brüllendes Gelächter. Dann gelang es ihm zu erklären, dass zwei amerikanische Soldaten mit dem Bajonett zwischen seinen Rippen herumgestochert und ihm die Uhr weggenommen hätten. Das Gelächter ging weiter und der Mann wurde an die deutsche Polizei am anderen Ende des Bahngebäudes verwiesen. Nachdem der junge Mann gegangen war, amüsierte man sich köstlich bei dem Gedanken, dass man ihn so schnell losgeworden war. Man wusste sehr wohl, dass er keine Aussicht hatte, seine Uhr wiederzubekommen. Das Rechtsgefühl bei diesen Soldaten war angeschlagen.

Alles, was in dieser Richtung geschieht, lässt sich erklären. Es sind Bagatellen im Verhältnis zu dem, was Himmlers wütende Banden taten. Dennoch muss man – abgesehen von dem Problem, das die alliierten Soldaten darstellen, wenn sie wieder ins normale Leben zurückkehren müssen – der Gefahr ins Auge sehen, dass unter den Deutschen Stimmungen entstehen können, wie sie in den von den Deutschen besetzten Ländern geherrscht haben. Bereits jetzt gibt es viele, die sagen, dass »es unter Besatzungsverhältnissen nun einmal so ist – unsere Soldaten waren keine Engel und die anderen sind es auch nicht«. Damit ist die pädagogische Wirkung der Enthüllungen über die Art und Weise, wie deutsche Nazis zu Werke gegangen sind, zunichtegemacht.

Es gibt selbstverständlich eine ganze Reihe von Berührungspunkten zwischen verschiedenen Formen der Besatzung. Als der Chef der Militärregierung, ein sehr angenehmer Oberst, sich in einer norddeutschen Stadt einrichten wollte, setzte der neu ernannte antinazistische Bürgermeister seine Ehre darein, ihm eine erstklassige Ausstattung für ein privates Arbeitszimmer zu besorgen. Eines Tages im November kam der Oberst zum Bürgermeister und sagte, dass er nun nach Hause fahren müsse. Am nächsten Tage erhielt der Bürgermeister die Mitteilung, dass der Oberst, ohne jemanden zu unterrichten, die Möbel zum Schiff bringen ließ. Der, der mir das erzählte, fügte hinzu, der Oberst sei in der Zusammenarbeit ein ausgezeichneter Mann gewesen. »Setzen Sie ihnen aber einen Blechtopf auf den Kopf, dann werden sie verrückt. So war es bei uns, und so ist es bei den anderen.«

Beschlagnahmungen sind notwendig. Sie werden aber nicht immer auf die glücklichste Weise durchgeführt. In Hof an der Saale wohnt ein 65-jähriger früherer Reichstagsabgeordneter und Redakteur.[217] Er hatte mehrere Jahre lang im Konzentrationslager und im Gefängnis gesessen.

---

217 Gemeint: Hans Seidel.

Er hatte aber sein Häuschen am Rande der Stadt behalten können. Als die Amerikaner am 17. April 1945 kamen, musste er hinaus, obwohl es in demselben Viertel genügend Häuser von Nazis zu requirieren gab. Nach vierzehn Tagen durfte er wieder einziehen. Das dauerte aber nicht lange. Im August sorgte der Chef der Militärregierung, ein Major mit politischem und menschlichem Verstand, dafür, dass das Haus an den Eigentümer zurückgegeben wurde. Aber der Leutnant, der dort wohnte, erklärte, dass »der Major nichts zu sagen habe«. Der Mann musste noch einmal raus. Und dann geschah Folgendes: Ein Nazifotograf in dieser Stadt hatte im Jahre 1933 die Demütigungen gefilmt, die die örtlichen Nazigegner über sich ergehen lassen mussten. Unter denen, die misshandelt worden waren, befand sich der Reichstagsabgeordnete. Der Schmalfilm wurde eines Abends den Amerikanern vorgeführt, damit sie sehen könnten, was die Nazis an dieser Stelle bereits im Jahre 1933 getan hatten. Dann kehrt der Leutnant mit seinen Kameraden zu dem beschlagnahmten Haus zurück und drückt seine antinazistische Haltung dadurch aus, dass er Bilder, Uhren, Lampen und anderes zerschlug. Vielleicht wussten sie nicht, dass das Inventar einem der Opfer des Naziterrors gehörte. Der Nazifotograf, um auch dieses Detail zu nennen, blieb auf freiem Fuß und verdiente an den amerikanischen Soldaten viel Geld.

Ein anderes Beispiel, das gleichfalls aus einer kleineren Stadt – diesmal in Bayern – stammt: Das amerikanische Rote Kreuz brauchte ein Klubhaus. Man entschied sich für das Stadttheater, und zwar zu einem Zeitpunkt, als in den Zeitungen stand, dass das Theaterleben jetzt wieder beginnen solle. Teppiche und gute Stühle wurden überall in der Stadt beschlagnahmt. Und dann wurde dem Arbeitsamt mitgeteilt, dass man 25 »Servierdamen« mit folgenden Qualifikationen brauche: nicht älter als 25 Jahre, unverheiratet, ohne Kinder, mit gutem Aussehen und gepflegten Händen.

Das Verhältnis zu den Frauen ist überhaupt ein Problem. Es gab einige, denen das Haar geschoren wurde. Ich glaube jedoch nicht, dass dies mit den Vorgängen in den ehemals deutsch besetzten Ländern vergleichbar ist. Dort forderte man die Mädchen auf, die nationale Einheit nicht zu brechen. In Deutschland spielt das »nationale« Moment vorläufig keine große Rolle. Und dort, wo es in Erscheinung tritt, arbeitet man ihm von antinazistischer Seite entgegen. Die Zeitung in einer der am meisten von Bomben zerstörten Städte gab ein Gespräch in der Straßenbahn wieder. Es handelte sich um einige ältere Damen, die durch den am stärksten zerstörten Teil der Stadt fuhren. Eine von ihnen sagte: »Und dann gibt es einige unserer Mädchen, die sich mit denen amüsieren, die alles zerstört haben.« Doch war da gleich eine andere Frau, die sie an

Nach der Niederschlagung des Warschauer Aufstandes 1944 waren Hitler und Himmler von der Idee der totalen Zerstörung der Stadt besessen. Zwischen Oktober und Dezember 1944 wurden die Reste der Innenstadt und die noch bewohnbar gebliebenen Stadtteile systematisch gesprengt und Polens kulturelle Schätze vernichtet.

Rotterdam, Warschau und Belgrad erinnerte. Ich habe sogar die Beobachtung gemacht, dass es in den Bezirken, wo deutsche Mädchen mit Negersoldaten gehen, überraschend wenige Fälle von »rassischen« Ressentiments gibt. Dort sind es in Wirklichkeit die »weißen« Amerikaner, die den Rassenhochmut verkörpern und es ganz unglaublich finden, wie es zu dieser »naturwidrigen Unzucht« kommen kann.

Nationalismus muss nicht das Motiv sein, wenn deutsche Vertreter zu Sauberkeit und Würde auf sexuellem Gebiet auffordern. Sie unterscheiden zwischen ordentlichen Verhältnissen und der »Schokoladenprostitution«. Man wird auch verstehen, dass Reibereien entstehen können, wenn Mädchen die Amerikaner in ihre Klubs begleiten dürfen, die jungen Männer aber draußen bleiben müssen – und Zigarettenstummel sammeln.

Die Amerikaner – und die anderen – führen einen energischen Kampf gegen Geschlechtskrankheiten. Sie haben unter anderem eine Broschüre verteilt, wo man zuerst das Bild einer Kirche sieht und zweitens einen Text, der besagt, dass Enthaltsamkeit das erste Gebot sei. Auf der nächsten Seite steht dann, dass man – der Versuchung dennoch erlegen – verschiedene Vorsichtsmaßnahmen ergreifen solle. Das ist in Ordnung. Es wäre aber offenbar angebracht, Aufklärungsarbeit zu betreiben, die darauf abzielt, der Bestialisierung im Verhältnis zwischen den Geschlechtern entgegenzuwirken. Ich fuhr an einem Sonntagmorgen in einem Bus zusammen mit einem Flieger, der unterwegs war, um sein »Fräulein« aufzusuchen. Er zeigte mir ein paar Konservendosen, die er dabeihatte. »You know, I like to feed my dog.« Ich saß im Militärzug von Frankfurt nach Nürnberg. An jeder Station gab es Schwierigkeiten, deutsche Zivilisten daran zu hindern, in dem Zug mitzufahren. Einige schafften es trotzdem, bis zur nächsten Station mitzukommen. Bei einer Kontrolle sagten die beiden Zugkontrolleure zu zwei jungen Mädchen, dass sie hinkämen, wo sie wollten, wenn sie zu ihnen ins Abteil kämen und nett zu ihnen seien. So etwas ist eine schamlose Ausnutzung der Probleme, mit denen die Menschen täglich zu kämpfen haben.

Die Deutschen müssen sich mit der militärischen Besetzung abfinden. Sie müssen sich mit der Überwachung und den Entschädigungsleistungen abfinden. Die nazistischen Halbgötter müssen von ihren Sockeln heruntergerissen werden. Nichts anderes als Scham darf von ihnen übrigbleiben. Das stellt jedoch Anforderungen sowohl an den Besetzten als auch an die Besatzungsmacht. Die alliierte Führung ist sich dieser Tatsache bewusst. Sie weiß auch, dass es keine kluge Politik wäre, die Selbstachtung der Besetzten anzugreifen. Die Demokratisierung der deutschen Gesellschaft hängt in gewissem Grade davon ab, wie die Richtlinien der Führung von den ausübenden Organen befolgt werden. Die deutsche Innenpolitik ist bis auf weiteres ein Reflex der alliierten Besatzungspolitik.[218]

---

218 Dieser Absatz wurde in *Brandt* 1966, S. 173 f., in leicht abweichender Form veröffentlicht.

Der große Bankrott

Als die Nazis erledigt und ihre militärischen Bundesgenossen gezwungen waren, die bedingungslose Kapitulation zu unterzeichnen, war Deutschland so bankrott, wie ein Land nur sein kann. Große Teile der Industrie lagen in Trümmern. Das Arbeitsleben und die Versorgung waren zum Stillstand gekommen. Nach den Bombardierungen und den wahnwitzigen Zerstörungen der Nazis war ein Transportchaos entstanden. Die Verwaltung hatte sich aufgelöst. Millionen ausländische Kriegsgefangene und Zwangsarbeiter standen kurz vor dem Aufruhr.

Dann kam die totale Besetzung. Die Alliierten sorgten dafür, dass die auflösenden Kräfte gebändigt wurden. Die Besetzungen bedeuteten andererseits höhere Belastungen. Sie waren mit dem Abtransport von Maschinen und privatem Eigentum in großem Umfang und mehr oder weniger organisierter Form verbunden. Und das bedeutete, dass der deutschen Industrie harte Beschränkungen auferlegt wurden.

Zunächst jedoch standen andere Fragen im Vordergrund. Sieben bis acht Millionen Deutsche waren während des Krieges obdachlos geworden. Millionen waren evakuiert worden und riesige Menschenmassen vor der Roten Armee nach Westen geflohen. Als der Krieg zu Ende ging, kam eine neue Evakuierungswelle. Die deutsche Grenze wurde nach Westen verlegt, und auf der Potsdamer Konferenz einigte man sich darauf, dass die Deutschen östlich der neuen Grenze »heim« sollten – in ein Reich, das es nicht mehr gab. Dasselbe galt für die Sudetendeutschen und die deutschen Bevölkerungsgruppen in Ungarn und anderen Ländern. Die Nazis waren so aufgetreten, dass niemand eine deutsche Minderheit in seinen Grenzen wissen wollte.

Das deutsche Gebiet wurde im Verhältnis zu seiner Ausdehnung im Jahre 1914 um ein Drittel und im Verhältnis zu den Grenzen vor der »Machtübernahme« um 24 Prozent reduziert. Die verlorenen Ostgebiete hatten ein Viertel aller Nahrungsmittel geliefert, insbesondere Getreide und Kartoffeln. Dort gab es auch wichtige Industriezweige: Kohle und Maschinen, Zucker, Textilien und Papier.

»Rest-Deutschland« sollte mindestens zwölf Millionen Menschen aus dem Osten aufnehmen. In einem Gebiet, das um 24 Prozent kleiner wurde, sollten 36 Prozent mehr Menschen wohnen. Die Bevölkerungsdichte nahm dabei von 147 auf nahezu 200 je Quadratkilometer zu. Die Einwohnerzahl war dann ebenso groß wie vor dem vorigen Weltkrieg, während das Territorium auf 60 Prozent des einstigen Umfanges schrumpfte.

Man rechnete damit, dass die industriellen Produktionsmittel, die nach den Kriegszerstörungen und den Entschädigungen zur Verfügung standen, kaum mehr als ein Drittel dessen darstellen würden, was man vorher besessen hatte. Das Nationalvermögen war stark reduziert. Man nahm an, dass der Wert sämtlicher Immobilien im Laufe des Krieges von 250 auf 150 Milliarden Mark zurückgegangen war. Das übrige Vermögen von Firmen und Privatpersonen sank von 300 auf 125 Milliarden. Vorläufig kann man sich nur an Mutmaßungen halten. Das spielt aber nur eine kleine Rolle. Die Tendenz ist klar ersichtlich.

Hitler hatte phantastische Schulden hinterlassen. Die Last war dreimal so groß wie das vorhandene Nationalvermögen. Der Realwert wurde, wie wir gesehen haben, auf weniger als eine Drittelbillion veranschlagt. Die Aufrüstung und der Krieg hatten mindestens dreiviertel Billionen, wahrscheinlich nicht weniger als 900 Milliarden gekostet. Die eigentlichen Staatsschulden betrugen 400 Milliarden. Wenn man in einem Gedankenexperiment die Schuldmasse auf die Gesamtbevölkerung verteilte, würden auf jeden lebenden Deutschen, vom Säugling bis zum Greis, zwölf- bis dreizehntausend Mark entfallen. Die Arbeitskraft hatte man noch, aber auch sie war stark in Mitleidenschaft gezogen.

Die tatsächliche Lage wurde dadurch verschleiert, dass Geld aus der Hitlerzeit massenhaft weiter im Umlauf war. Es rief den Eindruck einer Kaufkraft hervor, die nicht vorhanden war. Beim Jahreswechsel 1945/46 rechnete man damit, dass ungefähr 60 Milliarden in Umlauf waren. Bei dem vorhandenen Warenangebot hätte der zehnte Teil gereicht.

So war es um die Ausgangslage bestellt. Die Bedingungen dafür, dass das Leben wieder in Gang kam, wurden nicht nur von den Deutschen und Deutschland bestimmt. Zu Anfang hatten die Deutschen sogar sehr geringen Einfluss auf die Verhältnisse. Zu bestimmen hatten allein die Besatzungsmächte. Ihre Haltung war nicht nur das Ergebnis wirtschaftlicher Erwägungen und auch nicht immer nur rationeller Gesichtspunkte. Es machten sich viele verschiedene Einflüsse geltend.

Die Verantwortlichen waren von Herzen froh, wenn sie ein Chaos verhindern konnten. Man fürchtete, im Winter 1945/46 könne es zu einer großen Katastrophe mit Hungersnot, Epidemien, Unruhen und Tumulten kommen. Der Weltpresse wurden phantasievolle Schilderungen gegeben, wie die »unvermeidliche« Katastrophe aussehen würde. Mit

Schätzungen, wie viele Millionen dabei draufgehen würden, nahm man es nicht so genau. Das alles war jedoch nicht nur eine Phantasie. Bei einem Treffen der alliierten Gesundheitsoffiziere in Frankfurt am Main im Herbst 1945 rechneten sie mit der Möglichkeit, dass der Winter unter der Zivilbevölkerung größere Verluste fordern könnte als der Krieg selbst. Und das waren keine Bagatellen. Man ging nämlich davon aus, dass etwa eine halbe Million Zivilisten bei den Bombardierungen ums Leben gekommen waren, während etwa 700 000 schwerer verletzt wurden. 80 000 waren noch vermisst – unter den Trümmern begraben –, als der Krieg zu Ende war.

Dann kam am 11. November die Rede Montgomerys in Berlin. Er legte die »Schlacht um den Winter« dar. Der Anfang war immerhin gemacht, man hatte sich entschieden zu kämpfen. Die Verwaltung war wieder auf die Beine gekommen. Das hatte große Bedeutung, nicht zuletzt für die Kontrolle des Gesundheitswesens.

Die alliierten Militärbehörden meisterten auch die Probleme der zwangsverschleppten Ausländer. Wie ernst und zahlreich die Übergriffe durch einzelne und Gruppen auch gewesen sein mögen, so muss man doch sagen, dass im Großen und Ganzen alles gut ging, angesichts der Tatsache, dass die Zahl von »displaced persons« bei der Kapitulation knapp unter acht Millionen lag. Das nazistische Verbrechen, das Deportation heißt, wiegt im Übrigen nicht dadurch weniger schwer, dass es unter den Verschleppten auch schlechte Elemente gab. Die Russen schickten die ausländischen Gefangenen und Sklavenarbeiter, die sich in ihrer Zone befanden, recht schnell zurück. Die Engländer konnten vor Ende Oktober 1945 etwa 1,6 Millionen von ihnen nach Hause schicken. Zu diesem Zeitpunkt gab es bei ihnen noch 550 000 und bei Jahresende 450 000 »displaced persons«. Die Amerikaner hatten Ende September 1945 2,5 Millionen repatriiert, und Ende Januar 1946 lebten in ihrer Zone noch 556 000, davon 406 000 in Lagern. Betrachtet man die Westzonen als Ganzes, so wurden von dort Anfang des Jahres 1946 gut 5,5 Millionen Ausländer zurück in ihre Heimat geschickt. Das Ganze ging viel schneller und – trotz allem – reibungsloser, als man zunächst angenommen hatte. Doch rund eine Million Staatenloser blieb übrig. Die UNRRA kümmerte sich um 800 000 von ihnen. Es handelte sich hauptsächlich um Menschen aus Polen, Jugoslawien und den baltischen Ländern, die nicht zurückkehren wollten.

Das Problem der Deportierten war so doch deutlich kleiner geworden. Andere Sorgen blieben noch genug. In großen Teilen Deutschlands schaffte man es nicht, genügend Lebensmittel zu besorgen, um die Bevölkerung mit Mindestrationen zu versorgen. Die Menschen hungerten wirklich, insbesondere in Berlin und im Ruhrgebiet, aber auch in einer ganzen Reihe anderer Städte und Industriebezirke. Die Plünderungen im Mai verringerten die Lebensmittelbestände stark. Die Landwirtschaft war nicht imstande, die ganze Bevölkerung zu versorgen; ihre Produktivität wurde durch mehrere ungünstige Umstände weiter eingeschränkt. Die ausländischen Arbeiter verschwanden, und es war nicht leicht, sie im Handumdrehen zu ersetzen. Nicht zuletzt waren die ländlichen Gegenden oft von Plünderungszügen betroffen. Gewöhnlich operierten dort ausländische, mitunter aber auch deutsche Banden. In der Ostzone wurden sehr große Requisitionen vorgenommen. Dazu kam das schlechte Herbstwetter, in einigen Bezirken das schlechteste seit vielen Jahren. Es minderte zum Beispiel in Hannover die Getreideernte um 20 Prozent. Auch in Bayern war die Getreideernte schlecht, und an Gemüse brachte man nur 50 Prozent der sonstigen Erträge ein. Der Viehbestand war zudem gesunken. Es hatte einen neuen »Schweinemord« gegeben, wie zuletzt in Deutschland im Ersten Weltkrieg. In Bayern waren 300 000 Schweine geschlachtet worden; der Bestand sank von Dezember 1944 bis September 1945 um über 30 Prozent. Hühner gab es in vielen Dörfern überhaupt nicht mehr. Der Rinderbestand hatte sich in Bayern gut gehalten; bei den Pferden war die Zahl auf Grund der Rücklieferung der Wehrmacht sogar um 22 Prozent gestiegen. In Hessen hat sich der Bestand an Milchkühen etwas erholt. Die Milchmenge war jedoch wegen vieler Erkrankungen zurückgegangen. Der Bestand an Schlachtschweinen wies einen Rückgang um 45 Prozent auf. In Thüringen hatte sich der Rinderbestand gut gehalten, aber Schweine gab es 50 Prozent weniger. Am schlimmsten waren die Zahlen aus Mecklenburg. Am Ende des Jahres 1945 war die Zahl der Arbeitspferde von 142 000 auf 77 000 zurückgegangen, ebenso war es mit dem Rindvieh. Von ursprünglich einer Million Schweine gab es jetzt nur 250 000.

Der Produktivität der deutschen Landwirtschaft waren bestimmte Grenzen gesetzt. Die Alliierten sind nicht gekommen, um die Deutschen verhungern zu lassen. Sie konnten aber die Hoffnungen jener Deutschen, die glaubten, nun würden fette Zeiten anbrechen, nicht erfüllen. Die Alliierten waren durch das Versprechen gebunden, zuerst die Länder zu versorgen, die die deutsche Besatzung erlitten hatten. Außerdem sahen sie sich Transportschwierigkeiten und einer allgemeinen internationalen Mangellage gegenüber.

Die Versorgungsverhältnisse waren in den verschiedenen Großstädten und Industriebezirken schon schlimm. Am schlimmsten aber war es für die vielen Flüchtlinge aus dem Osten, die unter schrecklichen Verhältnissen mit extrem hoher Sterblichkeit ankamen. Bis zum Jahreswechsel hatten anderthalb Millionen von ihnen Berlin passiert. Es liegt noch keine vollständige Übersicht vor, wie viele nicht so weit kamen oder nicht viel weiter als nach Berlin kamen. Überall in den von Bomben verwüsteten Städten gab es Menschenmassen, die dem Winter unter den ungünstigsten Verhältnissen entgegengingen. Als ich Mitte November nach Nürnberg kam, hausten 30 000 Menschen in Bunkern und Ruinen, die man nicht heizen konnte. Für viele der 270 000, die eng zusammen wohnten und viel zu wenig Heizmaterial hatten, war es schon schlimm genug.

Wollte man zu einer einigermaßen vernünftigen Wertung kommen, musste man jedoch daran denken, dass nicht nur in Deutschland Mangel an Lebensmitteln und Heizmaterial herrschte. Im Herbst 1945 hatte es ein Teil der Bevölkerung in den Ländern, die sich unter nazistischer Besatzung befunden hatten, weit schwerer als viele Deutsche. In Norwegen war es bereits besser geworden, aber eine Fleischmahlzeit konnte man in keinem Restaurant bekommen, als ich Anfang November aus Oslo abreiste. Das konnte man aber in den Nürnberger Restaurants. Kollegen, die aus den Niederlanden, Polen und Jugoslawien kamen, fuhren jeden Sonnabend von Nürnberg nach Fürth zum »shopping«. In den dortigen Läden gab es viele Dinge, die sie zu Hause nicht kaufen konnten. Die Deutschen waren wohl auch durchgängig besser angezogen als die Menschen in vielen der befreiten Länder.

Es *war* nicht so schlimm, wie einige es haben wollten. Und es *wurde* nicht so schlimm, wie viele gefürchtet hatten. In mehreren Städten sprach ich mit Vertretern deutscher und alliierter Stellen, und es zeigte sich überall, dass der Gesundheitszustand *verhältnismäßig* befriedigend war.

Im Sommer und Herbst 1945 stiegen die Fälle von Flecktyphus, Typhus und Ruhr stark an. In Teilen Ostdeutschlands war die Lage bedrohlich, und in den westlichen Teilen zeigten sich ebenfalls beunruhigende Tendenzen. Bayern war weniger vom Krieg mitgenommen und besser versorgt als andere Landesteile, aber auch dort war die Zahl der gemeldeten Typhusfälle zehnmal so hoch wie im Vorjahr. Dank der glänzenden Arbeit, die von alliierten und deutschen Behörden und Ärzten geleistet wurde, gelang es jedoch, die epidemischen Krankheiten zu isolieren, und man konnte wirkliche Massenepidemien verhindern. Medikamente wurden in einem gewissen Umfang von alliierter Seite zur Verfügung gestellt, und im Großen und Ganzen verlief der Wiederaufbau des Gesundheitswesens in sehr enger Zusammenarbeit. Ärzte besitzen einen ausgesprochenen Sinn für Realitäten.

Zu Beginn des Jahres 1946 sah man sich jedoch einem ernsten Mangel an Arzneimitteln gegenüber; die Bestände waren geringer denn je seit Beginn der Besetzung. Ein beträchtlicher Teil der Ärzte war auf Grund der Entnazifizierung ins Abseits geschoben worden (in der amerikanischen Zone wurden 23 Prozent des medizinischen Personals entfernt), aber ein größerer Ärztemangel lag auch eigentlich gar nicht vor, wenn man einmal von Berlin und vereinzelten anderen Städten absieht. Die Transportschwierigkeiten machten sich jedoch stark bemerkbar. Deutsche und alliierte Stellen arbeiteten zusammen, um ein Minimum an Krankenhausbetten herbeizuschaffen. In der amerikanischen Zone hatte man im Februar 1946 einen befriedigenden Stand erreicht: 10,8 Betten je tausend Einwohner.

In Berlin hatte man bis zum November 1945 zwei Millionen gegen Typhus geimpft, und die Erkrankungsfälle gingen von 3272 im Oktober auf 1935 im November zurück. Die meisten Gräber, die in Berlin im Voraus geschaufelt worden waren – »solange die Menschen noch Kraft hatten« –, blieben leer. Überall in Deutschland führte man umfassende Impfungen gegen Diphtherie, Scharlach und Pocken durch. In der amerikanischen Zone konnte man auch bei diesen Krankheiten einen deutlichen Rückgang feststellen (ähnlich bei Typhus und Ruhr), wenn man die erste Januarwoche 1946 mit der ersten Oktoberwoche 1945 verglich. Die Statistik zeigte auch einen Rückgang der Tuberkulose, aber in diesem Punkt war die Lage in anderen Teilen des Landes deutlich ungünstiger. Die Krätze griff immer mehr um sich, weil es an Seife und Medikamenten fehlte.

Ein trauriges Kapitel waren die vielen Fälle von Geschlechtskrankheiten. Schon vor dem Kriege schätzte man, dass in Deutschland jährlich 15 000 Menschen an Syphilis starben. Nach dem Kriege wurde die Zahl neuer Erkrankungen auf das Fünf- bis Sechsfache des Normalen veranschlagt. Was ich bereits von der Jugend gesagt habe, wird unterstrichen, wenn man hört, dass die Neuinfektionen insbesondere Menschen im Alter zwischen 17 und 24 Jahren betrafen und die stärksten Zuwächse unter den 15-, 16- und 17-Jährigen zu verzeichnen sind. Allein in der amerikanischen Zone wurden die Fälle von Gonorrhoe auf 225 000 veranschlagt. Die Amerikaner sorgten für Penicillin, das in erster Linie genutzt wurde, um die Geschlechtskrankheiten zu bekämpfen. In Berlin nahm man zu Beginn des Jahre 1946 auch eine eigene Penicillinproduktion auf. Die Zahl der gemeldeten Fälle von Geschlechtskrankheiten stieg im Laufe des Winters. Das bedeutete aber nicht, dass die tatsächliche Zahl stieg. Man hatte jetzt eine bessere Kontrolle, da die Infizierten häufiger ein Krankenhaus aufsuchten, wo sie umsonst behandelt werden konnten.

Es herrschte keine eigentliche Hungersnot, aber viele Menschen waren unterernährt. Besonders alte Menschen klagten über Gewichtsverluste, die die Widerstandskraft schwächten. Im Übrigen hatte man den Eindruck, dass der Lebensmittelmangel sich am stärksten bei Säuglingen und Jugendlichen in der Pubertät auswirkte. Im Großen und Ganzen waren die Verhältnisse bis zum März 1946 recht stabil. Das zeigten unter anderem 20 000 ärztliche Untersuchungen und 100 000 Kontrollwiegungen, die jeden Monat von amerikanischen Experten vorgenommen wurden. In Berlin legte ein recht großer Teil der Bevölkerung im Laufe des Winters sogar ein wenig an Gewicht zu – teilweise deshalb, weil die Menschen zu früh ihre Kartoffelzuteilung verzehrten.

Die Kindersterblichkeit stieg im Sommer und Herbst 1945 stark an. Diese Tendenz setzte sich auch während des Winters fort. Vor dem Kriege rechnete man mit 70 Todesfällen auf tausend Lebendgeborene. Ende 1945 betrug die Kindersterblichkeit in vielen deutschen Bezirken 150 bis 200 pro Tausend. In einer Stadt wie Karlsruhe war sie auf 590 gestiegen. Und diese Stadt gehörte nicht zu den Gebieten, in denen die Not am größten war. In Maßen wurde darauf bei der Festsetzung neuer Rationen Rücksicht genommen. Die Lage war ernst genug, aber sie zeichnete sich doch dadurch aus, dass es keine wirkliche Hungersnot gab. Und das war mehr, als man erwartet hatte.

Ende Januar stellte der stellvertretende amerikanische Zonenchef, General Lucius D. Clay, in Berlin fest, dass die Schlacht um den Winter gewonnen war. Wie sollte es aber während des Frühjahrs weitergehen? – Ein ernster Rückschlag war leider nicht zu verhindern.

Wie leben die Deutschen?

Will man auf diese Frage antworten, muss man zuerst darauf hinweisen, dass sich das Leben der verschiedenen Gesellschaftsschichten recht verschiedenartig gestaltet. So ist es überall. In Deutschland hat man es jedoch mit einer neuen »Klassenteilung« zu tun. Sie kann in der jetzigen Lage oft eine größere Rolle spielen als die alte. Auf der untersten Stufe stehen die vielen Millionen Flüchtlinge. Sie stellen eine Art von Pariaklasse dar. Dann kommen die proletarisierten und ausgebombten Massen in den Großstädten und Industriebezirken. Dann schließlich kommt die neue »Oberklasse« auf dem Lande und in den Kleinstädten. Eine solche Einteilung ist natürlich etwas schematisch. Es gibt in den Großstädten privilegierte Gruppen, so wie es andererseits in Kleinstädten und auf dem Lande Elend gibt.

Schätzungsweise berechnete man, dass 25 Prozent der Deutschen ihr Eigentum behalten hatten, 35 Prozent etwas retten konnten, während 40 Prozent nichts anderes mehr besaßen als das, was sie auf dem Leibe trugen.

Den Flüchtlingen geht es vielfach schlecht. Ich denke dabei insbesondere an jene, die aus »Neu-Polen«, der Tschechoslowakei usw. ausgewiesen worden sind. Für diejenigen, die während des Krieges ausgebombt und evakuiert wurden, ist das Wohnungsproblem am dringlichsten. Im Übrigen haben sie sich in die Verhältnisse eingelebt, und es fällt ihnen weit leichter zurechtzukommen als denjenigen, die von auswärts stammen.

Ich will die Verhältnisse nicht besser darstellen als sie sind. Es gibt sehr viel Not, Elend und Verzweiflung, die in den Flüchtlingslagern, auf den Landstraßen und Eisenbahnstationen konzentriert sind. Die Mehrheit ist jedoch nicht in Lumpen gekleidet. Die meisten haben warme Kleidung. Das ist allerdings alles, was sie haben. Und den Kindern fehlt oft das Notwendigste. Wenn man Leute in den Sozialstellen oder bei der wiederentstandenen »Arbeiterwohlfahrt« befragte, lautete die Antwort oft, dass die Kinder mehr als alles andere warme Kleidung und Schuhwerk benötigen.

In Berlin und im Ruhrgebiet ist die Bekleidungssituation jämmerlich. Sonst sind die Deutschen gar nicht so schlecht angezogen. Es ist lange her, dass sie ordentliche Sachen zu kaufen bekamen, aber sie hatten im Vergleich mit der Bevölkerung in den [ehemals von Deutschland] besetzten Ländern doch eine privilegierte Stellung. In weiten Teilen Deutschlands wurde in erheblichem Umfang Kleidung requiriert, die den ausländischen Zwangsarbeitern zugutekam. Dort, wo die Alliierten verständnisvolle Leute hatten – und das hatten sie ja vielerorts –, sorgte man dafür, dass diese Requirierung in erster Linie die organisierten Nazis traf. Der Haupteindruck nach mehrmonatigen Beobachtungen ist, dass die Kleidung noch eine Weile hält. In Bayern besaßen nicht wenige noch Wanderstiefel, und man sah ziemlich viele Damen im Pelzmantel. Am schlechtesten war es für die Kriegsgefangenen, die nach Hause kamen und in vielen Fällen nichts mehr von ihren privaten Sachen vorfanden. Sie liefen weiter in ihren zerlumpten Uniformen herum, die sie sich färben lassen mussten, weil alles, was an die Wehrmacht erinnert, aus dem Straßenbild verschwinden sollte.

Angesichts der vielen zerstörten Häuser war das Wohnungsproblem natürlich groß. In Nürnberg war die Hälfte aller Häuser völlig zerstört; nur zehn Prozent blieben unbeschädigt. In München waren 39 000 Wohnungen total zerstört, und bei 23 000 lohnte es sich kaum, sie zu reparieren, während 270 000 mittlere und leichtere Beschädigungen davongetragen hatten. Für die ganze amerikanische Zone berechnete man Anfang 1946, dass 29 Prozent der Wohnungen so stark zerstört waren, dass eine Reparatur nicht mehr infrage kam. 5,5 Prozent waren unbewohnt, konnten aber wieder instandgesetzt werden. 27 Prozent der bewohnten Wohnungen mussten repariert werden. Das galt für alle Städte mit über 20 000 Einwohnern, ferner hatte man alle kleineren Orte berücksichtigt, in denen es zu nennenswerten Kriegsschäden gekommen war. Die Dörfer hatten ja bei den Bombardierungen im Großen und Ganzen Glück gehabt. (Als die Zwangsvertriebenen überführt wurden, konnte man jedoch feststellen, dass die Dörfer sehr schnell übervölkert waren.)

In der amerikanischen Zone leben in jedem Raum durchschnittlich 1,6 Personen. Betrachtet man die Zone als Ganzes, war es also nicht so schlimm. Vielerorts *war* es viel schlimmer. In Schweinfurt zum Beispiel lebten drei, in Ansbach vier und in Kassel über vier Personen in einem Raum. Der Zonendurchschnitt bedeutete im Vergleich zu 1939 eine Erhöhung um 45 Prozent, aber er lag noch deutlich unter dem Mindeststandard (drei Personen je Raum), auf den sich die Besatzungsmächte geeinigt hatten.

In einer Stadt wie Essen waren 50 Prozent des gesamten Wohnraums gänzlich zerstört. In Bremen, wo 64 Prozent der Häuser zerstört waren, galt es, 60 000 neue Wohnungen zu beschaffen. In der britischen Zone insgesamt waren 3,5 Millionen Wohnungen (oder 60 Prozent von insgesamt 5,5 Millionen) zerstört oder beschädigt. Bis Anfang Dezember 1945 hatte man es geschafft, 140 000 zivile Häuser wieder instandzusetzen. Trotzdem musste gut eine Million Häuser wieder bewohnbar gemacht werden. Von Neubau im nennenswerten Umfang konnte natürlich zunächst einmal keine Rede sein. Es war aber möglich, viele leicht beschädigte Häuser zu reparieren. In Nürnberg zum Beispiel war dies 1945 bei 12 500 Wohnungen der Fall, in Bremen bei 15 000 Zimmern, in Dresden bei 50 000 Wohnungen. In Berlin waren 43 000 Häuser völlig zerstört, und bei 21 000 lohnte sich der Wiederaufbau kaum. Aber 155 000 Häuser waren entweder unbeschädigt oder so zusammengeflickt worden, dass die Menschen dort wohnen konnten.

Die Menschen waren gezwungen zusammenzuziehen. Die deutschen Behörden erhielten weitgehende Vollmachten, über den Wohnraum auf die zweckmäßigste Weise zu verfügen. Eine der wichtigsten praktischen Aufgaben der Arbeiterfunktionäre war vielerorts, mit Legitimationen der kommunalen Wohnungsämter »überflüssige« Zimmer zu requirieren. Diese Aufgabe war nicht immer angenehm, sieht man einmal davon ab,

dass es vielleicht mit einer gewissen Befriedigung verbunden sein konnte, Nazis besonders eng zusammenziehen zu lassen – sofern keine alliierte Stelle ihre Hand schützend über sie hielt.

Die Menschen hatten wenig, um die überbelegten Wohnungen zu
heizen. Kohle wurde nicht verteilt. In einzelnen Bezirken erhielt man
Briketts oder etwas Koks. Die Brennholzzuteilung war sehr gering. Aber
erstaunlich viele Menschen besorgten sich etwas nebenbei. Die Wälder
wurden dabei schwer in Mitleidenschaft gezogen, insbesondere solche,
die in der Nähe von Großstädten lagen. Vielerorts wurden die Allee- und
Parkbäume geopfert. Das Brennholz war feucht, aber es war besser als
nichts. Eine ganze Menge wertvolleres Holz ging in Flammen auf. Einige fingen sogar an, sich über hölzerne Brücken herzumachen. Die Leute
fröstelten und gingen früh zu Bett. Am kritischsten war es natürlich bei
den Hunderttausenden, die in Bunkern und Ruinen vegetierten. Um
ihret- und aller anderen willen, die in Europa ohne Heizung waren, muss
man froh sein, dass es kein besonders strenger Winter wurde.

Was die Lebensmittelversorgung anging, so rechnete man im September 1945 damit, dass 60 Prozent der Bevölkerung in der amerikanischen
Zone täglich nicht mehr als 1300 Kalorien zur Verfügung hatten. Das
heißt, dass eine ganze Menge weniger erhielt. Als der Winter kam, war
die Lage etwas besser geworden. Sowohl in der amerikanischen als auch
in der britischen Zone erreichte man für den Zeitraum vom 15. Dezember bis zum 15. Januar eine Normalzuteilung von 1500 Kalorien; für den
darauffolgenden Zeitraum wurden es bei den Amerikanern 1550 Kalorien. Kinder über sechs Jahren bekamen eine kleine Zulage. Werdende
und stillende Mütter erhielten auch mehr, und Schwerarbeiter sollten –
grundsätzlich – das Doppelte der Normalzuteilung erhalten. Kleinkinder und Jugendliche im Pubertätsalter bekamen entschieden zu wenig.
Ansonsten konnten die Menschen so einigermaßen zurechtkommen.

Als »Kuriosum« ist zu erwähnen, dass internierte Nazis – jedenfalls in
der amerikanischen Zone – eine bessere Verpflegung erhielten als die
Zivilbevölkerung. Die normale Zuteilung in den Internierungslagern
war 1700 bis 2000 Kalorien, für Arbeitende 2500 und für Kranke 3500.
Im Lager Moosburg, wo sich etwa 10 000 mehr oder weniger Promi-
nente befanden, lag die Normalzuteilung zum Jahreswechsel bei 2285
Kalorien, während diejenigen, die arbeiteten, 3110 erhielten!

Alliierte Gesundheitssachverständige drängten darauf, dass die Rationen,
zumindest in den Gebieten, in denen wirklich Not herrschte, auf 1750
und anschließend auf 2000 Kalorien erhöht werden sollten. Das ließ
sich jedoch nicht erreichen. In der russischen Zone lagen die Zuteilungen

durchgängig etwas niedriger als im Westen. Es gab auch lange Perioden, in denen die Menschen Dinge, für die sie Marken hatten, nicht kaufen konnten. Im Großen und Ganzen war es jedoch so, dass die Marken nicht verfielen. Die Rationierungen in den östlichen Gebieten waren stärker differenziert als im Westen, um die Leute zu zwingen, sich am Arbeitseinsatz zu beteiligen. Dieses System wurde auch in Berlin praktiziert. Das brachte die Gruppe V, nämlich Hausfrauen und andere, die nicht in Betrieben arbeiteten, in eine verzweifelte Lage. Ihre »Sterberation« lag mehrere Monate lang bei 900 Kalorien. Das wurde viel kritisiert, auch auf kommunistischen Parteiversammlungen. Besonders widersinnig wirkte, dass gerade die Hausfrauen, die sich faktisch mit vielem abzuplacken hatten, insgesamt betrachtet ohne Fett und Fleisch auskommen sollten. Allmählich wurden die Verhältnisse jedoch besser, und Anfang Januar 1946 wurde bei einer Million Berliner die Tageszuteilung von 1240 auf 1500 Kalorien heraufgesetzt. Das ging so vor sich, dass sie statt 300 Gramm Brot 400 Gramm erhielten und 20 Gramm Zucker statt 15. Die Lebensmittelsituation in Berlin besserte sich vor allem dadurch, dass die Menschen ihre Rationen tatsächlich kaufen konnten. Anfänglich war ihnen nur die Brotzuteilung sicher. Die Kartoffelzuteilung war von Ende 1945 bis Anfang März [1946] gesichert. Die Berliner erhielten auch eine kleine Kaffee- oder Teezuteilung, um die sie viele Menschen anderswo beneideten. Und um einen der kritischeren Punkte zu erwähnen: Kinder über sechs Jahren bekamen überhaupt keine Milch.

In der französischen Zone, im Westen, lagen die Zuteilungen zunächst bei 500 Kalorien, stiegen im Herbst 1945 auf 1100 und zum Jahreswechsel auf 1300 bis 1400. Man versuchte, sich der Lage in den übrigen Westgebieten anzupassen. In der Praxis war aber vieles nicht so schön wie auf dem Papier. Das bewiesen unter anderem jene Einzelheiten, die veröffentlicht wurden, als der Versorgungsdirektor[219] im französisch besetzten Baden Ende Januar 1946 entlassen wurde. Es gab Städte, in denen man nur die Hälfte oder ein Viertel dessen erhalten hatte, was anderswo ausgegeben wurde. In Freiburg betrug die Fettzuteilung für den ganzen Dezember 50 Gramm pro Kopf, in Neustadt dagegen 200 und in Baden-Baden 375 Gramm.

Brot und Mühlenprodukte gab es in den meisten Bezirken *verhältnismäßig* reichlich, aber Fett gab es viel zu wenig. Die offizielle Zuteilung lag in der amerikanischen Zone bei 400 Gramm im Monat und anderswo etwas niedriger. Es kam ja auch darauf an, was für eine Fettsorte zu-

---

219 Die offizielle Bezeichnung war »Directeur de l'agriculture et du Revitaillement«.

geteilt wurde. In Dresden erhielten die Menschen ihre Novemberzuteilung im Januar in Form einer kleinen Flasche mit Rapsöl. Die Fleischzuteilung bei den Amerikanern lag bei 200 Gramm in der Woche. Auch sie war in anderen Gebieten niedriger, und die Amerikaner glaubten nicht, dass sie über das Frühjahr hinaus beibehalten werden könne. Fisch gab es sehr wenig. Die erste Zuckerzuteilung, die die Menschen in der amerikanischen Zone nach der Kapitulation erhielten, betrug ein halbes Pfund zu Weihnachten. Im Übrigen war die Zuteilung nur für Kinder unter sechs Jahren gesichert. Unter der Voraussetzung einer guten Ernte hoffte man, den Menschen – im Jahre 1947 – eine Monatszuteilung von 400 Gramm sichern zu können. Die Kartoffelversorgung war bei den Amerikanern und Russen einigermaßen gesichert, nicht jedoch bei den Engländern, die sich insgesamt den größten Versorgungsproblemen gegenübersahen.

Es waren ganz beträchtliche Ergänzungslieferungen von außen erforderlich. Und es kamen welche. Im Januar und Februar 1946 erhielten die Süddeutschen Getreide, Trockengemüse, Trockenmilch, Sämereien und Düngemittel im Werte von 50 bis 60 Millionen Mark. Um die Zuteilungen in der amerikanischen Zone aufrechtzuerhalten, beabsichtigte man in der Zeit bis zum Herbst 1946, 777 000 Tonnen Lebensmittel einzuführen. Dieser zusätzliche Bedarf war eine Folge der Bevölkerungsvermehrung durch die Einwanderung aus dem Osten. Bayern sollte eigentlich einen kleinen Überschuss [an Nahrungsmitteln] haben, aber es entstand ein Defizit, weil man anderthalb oder sogar zwei Millionen Vertriebene aufnehmen musste. Das Ruhrgebiet und Hamburg erhielten zu einem früheren Zeitpunkt eine ganze Menge kanadischen Weizen. Zum ersten Mal seit vielen Jahren wurde wieder Weißbrot gebacken. Die Engländer gingen dem Winter mit Krisenlagern entgegen, die sich innerhalb ihrer Zone befanden. Es sollte sich aber bald herausstellen, dass sie nicht groß genug waren. In der russisch besetzten Zone nahm die Besatzungsmacht umfangreiche Beschlagnahmen vor – dort gab es auch einiges zu holen. Es ist jedoch weniger bekannt, dass die schnellen Lieferungen der Roten Armee die Menschen in Berlin und den großen sächsischen Städten vor dem Verhungern retteten. Als die Russen am 10. Mai in Dresden einrückten, konnten die Lager in den Städten nicht mehr als den Bedarf von vierzehn Tagen decken. Zum Jahreswechsel wurde die Lage in Sachsen wieder kritisch. Zucker gab es praktisch nicht mehr. Was an Fleisch vorhanden war, deckte nur die Hälfte der Zuteilungen, die Buttererzeugung deckte 75 Prozent [des Fettbedarfs], die Getreidelager wären spätestens im März leer. In Zusammenarbeit mit den russischen Behörden sorgte man jedoch dafür, dass Sachsen aus anderen Gebieten Lebensmittel einführen konnte, die für die Zeit bis zur neuen Ernte erforderlich waren. Unter den Lieferungen befand sich auch Fleisch aus Bayern und Fisch von der Nordsee. Der Interzonenhandel war – endlich – in Gang gekommen und trug *etwas* zur Lösung der Probleme bei. Es muss jedoch hinzugefügt werden, dass eine freie Planung für alle vier Zonen eine erheblich rationellere Lösung ermöglicht hätte.

Als General Clay auf der Sitzung des Zonenrates in Stuttgart Anfang Januar 1946 über die Einfuhren von draußen informierte, fügte er an, dass die Lebensmittellage in Wirklichkeit besser war, als aus den Statistiken hervorging, die die deutschen Versorgungsbehörden den Amerikanern vorlegten. Das war wohl richtig. Der deutsche Vorsitzende des Zonenrates forderte seine Leute auch auf, sich an die Wahrheit zu halten.

Wahr ist, dass man von den Zuteilungen einigermaßen leben konnte und dass ein recht beträchtlicher Teil der Bevölkerung, auch in den Städten, es fertig brachte, sich etwas hintenherum zu beschaffen. Einige wenige Waren wurden immerhin frei verkauft, und man konnte davon ausgehen, dass sich die tatsächliche Normalration für einen großen Teil der Bevölkerung dabei von 1500 auf 1700, 1800 oder 1900 Kalorien erhöhte. Ich erlebte Sonntagsmittagessen mit Kartoffeln und Kohl oder Kohlrüben und nichts anderem. Es gab aber auch welche, die Fleisch, Gänsebraten oder Wurst, Weizengebäck und andere gute Dinge aßen, die in der Statistik nicht enthalten waren. Das Doppelvitamin B (B für Beziehungen und Bestechungen) wirkte Wunder. Und dann waren da, wie gesagt, die Dörfer, die oft so aussahen, als hätte es niemals Krieg oder Besetzung gegeben. So ist es wohl in allen Ländern. Den Bauern werden verschärfte Lieferungsbedingungen auferlegt, aber sie kommen trotzdem aus. Gegen sie richtete sich allerlei Kritik, und so ist es auch in allen anderen Ländern. Mitunter appellierte man an ihr Gewissen und sagte ihnen, dass Säuglinge keine Milchzuteilung erhielten, weil die Milch nicht in die Stadt kam. Man versuchte es auch mit Drohungen und sagte, dass Bauern, die nicht ihre Pflicht erfüllten, als Nazis betrachtet und behandelt werden würden. Die Russen zauberten einige Waren dadurch herbei, dass sie den Verkauf auf dem freien Markt ohne Preisüberwachung gestatteten, aber natürlich, nachdem die Bauern die regulären Lieferungsforderungen erfüllt hatten.

Die Wintermonate vergingen, wie gesagt, ohne dass es zu einer wirklichen Hungersnot kam, und die Typhusbezirke im Osten wurden isoliert. Dann aber kam der große Rückschlag im März.

Ich war gerade in Bremen, als die Bekanntmachung Montgomerys veröffentlicht wurde, dass die Zuteilungen zum 1. März herabgesetzt werden sollten. Die Stadt stand weiter unter der Oberhoheit der amerikanischen Armee, aber in Bezug auf die zivile Verwaltung und die Versorgung war sie in das britische Besatzungsgebiet eingegliedert worden. Das war also eine der Städte, wo die Menschen plötzlich mit 40 Prozent weniger auskommen sollten, als sie vorher bekommen hatten. Als die Mitteilung kam, sah ich verständige, sonst beherrschte Menschen wie Kinder weinen. Ein Arbeitervertrauensmann, der immer von etwas anderem als von Essen zu sprechen pflegte, reagierte nahezu hysterisch. In der Redaktionssitzung des Weser-Kuriers sagte dessen sehr angesehener Wirtschaftsredakteur,[220] dass man an die Besatzungsbehörden herantreten müsse – er würde nicht weiterarbeiten können, wenn er nicht einmal trockenes Brot ins Büro mitnehmen könne.

So war die erste Reaktion. Niemand konnte sagen, wie es weitergehen sollte, besonders, wenn die Zuteilungen noch weiter schrumpfen würden. Es war indessen nicht schwer, sich auszurechnen, dass man auf Hungerunruhen vorbereitet sein musste. Die nazistischen Elemente waren recht zufrieden. Sie streuten »harmlose« Bemerkungen, dass es unter Hitler immerhin nicht so schlecht gewesen war. Andere hofften, dass ein Verzweiflungsausbruch ihnen eine neue Chance geben würde. Bewusste Nazigegner verstanden natürlich, dass von den Alliierten keine systematische Aushungerungspolitik betrieben wurde. Von dieser Erkenntnis wurden sie zwar nicht satt, aber sie ermöglichte ihnen eine einigermaßen nüchterne Wertung. Bei der großen Masse musste man dagegen auf erheblich primitivere Reaktionen gefasst sein.

Eine plötzliche Herabsetzung der Zuteilungen um 40 Prozent ist keine Kleinigkeit. Bis zum 1. März rechnete man – wie erwähnt – in der britischen Zone mit einer durchschnittlichen Normalzuteilung von täglich 1500 Kalorien. Jetzt ging es auf 900 bis 1000 Kalorien zurück. Das *war* entschieden zu wenig. Mit den alten Rationen konnten die Menschen gerade mal so auskommen. Brot und Mühlenprodukte gab es verhältnismäßig reichlich. Nun wurde gerade die Zuteilung dieser Waren auf die Hälfte reduziert, abgesehen davon, dass noch andere Einschränkungen hinzukamen. Vielerorts in der britischen Zone gab es keine Kartoffeln mehr; in anderen Bezirken erhielt man verschwindend kleine Zuteilungen. Die Herabsetzung war deswegen besonders fühlbar, weil – jedenfalls in den Städten und Industriebezirken – praktisch keine Reserven mehr

---

220 Gemeint: Jürgen Tern.

existierten. Durch die *verhältnismäßig* reichliche Versorgung während des Krieges war die Widerstandskraft der Bevölkerung recht gut gewesen – doch auch sie ist geschwunden.

Das war die Lage in der britischen Zone. Die Tendenz war aber überall in Deutschland dieselbe. Aus den östlichen Gebieten, wo die Rationen im April 1946 nominell bei 1600 Kalorien lagen, kam die Nachricht, dass der März ein kritischer Monat werden würde. Für die allernotwendigsten Vorräte war gesorgt, so dass man bis zur Monatsmitte genug hatte, aber dann würde bis Juli eine mehr oder weniger ernste Krise eintreten. In der amerikanischen Zone, wo die Lage am besten war, ging man davon aus, dass die Zuteilungen über das Frühjahr nicht durchzuhalten seien. Die Lieferungen aus Amerika waren geringer, als man zunächst berechnet hatte, und im April waren sie auf 1275 Kalorien pro Kopf und Tag gesunken. In der französischen Zone, wo man nahe der Standardzuteilung war, wurden bereits im Februar große Einschränkungen vorgenommen. Die Weizenlager waren erschöpft. Die Aussichten dort waren also nicht besser als in der britischen Zone mit gut 1000 Kalorien pro Tag im April.

Amerikanische, englische und französische Spezialisten – und zusammen mit ihnen einige russische Beobachter – hatten im Februar eine Studienreise durch die Westzonen unternommen. Anschließend wiesen sie darauf hin, dass man alles tun müsse, um eine Normalzuteilung von 1550 Kalorien sicherzustellen. Außerdem sahen sie, dass die Arbeiter durchgängig zu wenig zu essen bekamen. Man war sich vorher darüber einig geworden, dass die Schwerarbeiter 2500 und die Schwerstarbeiter 3000 Kalorien erhalten müssten. Diese Zahlen erreichte man jedoch in keiner der Zonen. Im Saargebiet erhielten sie 1650 beziehungsweise 2400 Kalorien. Die Ernährungsspezialisten hatten ferner festgestellt, dass unter den Kindern der französischen Zone Unterernährung weit verbreitet sei. Die Normalzuteilung war bei der Altersgruppe von zehn bis 18 Jahren äußerst gering. Unter den Normalverbrauchern befanden sich im Übrigen auch ältere Menschen, die am stärksten betroffen waren; sie litten unter erheblichen Gewichtsverlusten. Das Komitee war der Ansicht, dass man alles tun müsse, um Getreidevorräte heranzuschaffen und die Zuteilungen aufrechtzuerhalten. Man wollte erreichen, dass Kinder 1750 Kalorien erhalten. Außerdem wies man darauf hin, dass auch die Güte der Lebensmittel zu beachten sei. Denn ein Mangel an Vitamin A und C machte sich stark bemerkbar.

Der Bericht des Komitees war gut und schön. Er zeigte, dass man auf alliierter Seite wirklich dafür arbeitete, eine Katastrophe zu verhindern.

Aber gleichzeitig erfuhr man, dass die Rationen auf 400 bis 500 Kalorien sinken würden, falls es nicht gelang, größere Vorräte in kurzer Zeit herbeizuschaffen. Es bedurfte mehr als einer Statistik, um die Hungersnot abzuwehren, die unweigerlich Epidemien im ganzen Lande nach sich ziehen würde. Ich bin nicht sicher, dass die alliierte Planung den Erfordernissen der Lage völlig entsprach. Ich weiß aber, dass das verantwortliche Führungspersonal der Alliierten große Anstrengungen unternahm, um die Krise zu überwinden.

Es wäre jedenfalls ein zu billiger Trost zu sagen, dass »es den Deutschen guttut zu hungern«. Niemandem tut das gut. Das weiß jeder, der einmal gehungert hat.

Die Räder rollen wieder

Die Wirkungen der akuten Versorgungskrise kann man, während dies geschrieben wird, noch nicht übersehen. Bis diese Krise offenbar wurde, waren jedoch viele überrascht, wie schnell man auf vielen Gebieten zu einer Art »normalen« Daseins zurückkehren konnte.

An Geld mangelte es nicht. Die Menschen kamen mit dem, was sie verdienten, im Großen und Ganzen aus. Es gab einen Lohn- und Preisstop. Die Menschen konnten ihre Zuteilungen kaufen und die Wohnungsmiete bezahlen. Für sehr viel mehr konnte man das Geld ja auch nicht ausgeben. Man muss sich jedoch darüber im Klaren sein, dass der Reallohn der Arbeiter sank, und zwar ganz erheblich. Der Stundenlohn war derselbe wie unter den Nazis, aber die Menschen arbeiteten nicht mehr 60 und 70 Stunden. Die 48-Stunden-Woche wurde wieder eingeführt; um die Jahreswende herum hat der Kontrollrat in Berlin sie in einem Beschluss ausdrücklich bestätigt. Der Reallohn sank einerseits auch infolge höherer Steuern und Abgaben und andererseits infolge eingeschränkter Sozialleistungen. Der Stundenlohn eines Arbeiters konnte zwischen 70 und 110 Pfennig schwanken. Das heißt, dass der Wochenlohn bei den meisten kaum mehr als 35 Mark betrug. Wer eine alte Wohnung hatte, brauchte einen Wochenlohn oder etwas mehr zur Miete. Moderne Wohnungen waren etwas teurer. Aber es gab ja viele, die bloß die Miete für ein Zimmer zu bezahlen brauchten – mit Küchenbenutzung, wenn sie Glück hatten.

Was gab es nun für eine Mark zu kaufen? Offiziell wurde eine [norwegische] Krone gegen zwei Mark eingewechselt und ein Dollar gegen zehn Mark. Es war gang und gäbe, unter der Hand für amerikanisches

Geld zehn- bis zwölfmal so viel zu geben. Das Verhältnis der Mark zu ausländischen Währungen ist jedoch nur von theoretischem Interesse. Den Mann auf der Straße in Deutschland interessiert der Geldwert. Und es ist eine Tatsache, dass das Geld auf dem überwachten Binnenmarkt seine Kaufkraft behalten hat. Ein Vierpfundbrot kostete in Nürnberg im Februar 1946 72 Pfennig (im März wurde es etwas teurer, wie wir gleich sehen werden), ein Pfund Margarine 180 Pfennig. In den deutschen Restaurants bezahlte man für ein Mittagessen, das aus Suppe, Kartoffeln und Gemüse bestand (oder auch einem Fleischgericht, wenn man die Marken der Woche drangeben wollte), eine Mark bis eine Mark fünfzig.

Die Amerikaner teilten Anfang Februar mit, dass der Binnenwert der Mark in ihrer Zone 35 Cent (bei Kriegsausbruch 30 bis 35 Cent) entsprach. Die überwachten Preise waren 1945 etwas gestiegen und die Qualität der Waren hatte sich verschlechtert, aber nun war auch die Kaufkraft des Dollars um 21 Prozent gesunken. Anfang März stiegen die Preise der rationierten Waren um insgesamt 8,5 Prozent. Das war eine Folge des Umstands, dass man 95 Prozent der staatlichen Subventionen für landwirtschaftliche Produkte gestrichen hatte, um das Haushaltsdefizit der Länder um ein Fünftel zu reduzieren. Diese Neuordnung wurde zuerst in der amerikanischen Zone eingeführt, aber es war beabsichtigt, dass die anderen folgen sollten. Vor der Preiserhöhung kosteten die rationierten Waren – wiederum gemäß einer amerikanischen Berechnung – für eine Periode von 28 Tagen und für eine Durchschnittsfamilie (Mann, der ein mittelschwer Arbeitender war, Frau, die Normalverbraucherin war, und zwei Kinder von acht und 12 Jahren) 42,60 Mark. Dieser Betrag stieg nun um 3,65 Mark.

Wenn man gut einen Wochenlohn für die Miete rechnet und anderthalb Wochenlöhne für die rationierten Lebensmittel, blieb trotzdem noch etwas übrig. Kleidung, Möbel und Ähnliches gab es praktisch nicht zu kaufen. Da war es nicht so unmöglich, einen ausgeglichenen Familienhaushalt zu erzielen. Man konnte es sich aber nicht leisten, auf dem schwarzen Markt zu kaufen. Dort hatten arbeitende Menschen keine Möglichkeit, sich einzudecken. Die Schwarzmarktpreise waren zehn- bis hundertmal so hoch wie die gesetzlichen Preise. Das heißt – um auf den Vergleich mit dem Dollar zurückzukommen –, dass die Kaufkraft der Mark auf dem schwarzen Markt einem oder zwei Cent entsprach. Für Zigaretten bezahlte man gewöhnlich vier bis sechs Mark pro Stück, für Schnaps 100 Zigaretten oder 500 Mark die Flasche, für ein Pfund Kaffee dasselbe. In Berlin lagen die Schwarzmarktpreise zu Beginn des Jahres 1946 noch höher. Da wurden amerikanische Zigaretten das Stück mit 12 und deutsche mit acht Mark bezahlt. Hier ein paar weitere Preise: Ein Pfund Butter 500 Mark, ein Zentner Kartoffeln 350 Mark, ein Kilo Rindfleisch 140 Mark, ein Stück amerikanische Schokolade 80 Mark, eine Flasche Schnaps 700 Mark, ein Glas Bier drei Mark, ein Anzug 1500 Mark.

Die alten Steuern und Abgaben wurden beibehalten, und neue kamen hinzu. Der Kontrollrat in Berlin einigte sich darauf, die Lohn- und Einkommensteuer für die letzten drei Monate des Jahres 1945 um 25 Prozent zu erhöhen. Zu Beginn des Jahres 1946 kamen weitere drastische Maßnahmen hinzu. Der Strompreis wurde Ende 1945 heraufgesetzt. Ein Bankbeamter in Frankfurt, der ein Monatsgehalt von 358 Mark hatte, bekam 198 Mark ausbezahlt. Er sagte, dass er 250 Mark benötige, aber er stellte auch etwas höhere Ansprüche als ein gewöhnlicher Arbeiter.

Eines der ernstesten Probleme der Zeit war der Zusammenbruch der Sozialversicherungen. Die Beiträge gingen stark zurück – bei der Invaliden- und Altersversicherung (in der amerikanischen Zone) auf ein Drittel des Normalen. Das Vermögen der Versicherungsanstalten war »vom Winde verweht«. Die vorhandenen 20 Milliarden Mark hätten ausgereicht, drei Jahre lang weiter normale Auszahlungen vorzunehmen, ohne Geld einzunehmen. Doch 14 Milliarden waren in Reichsanleihen oder ähnlichen Aufrüstungspapieren angelegt. Und auch der Rest steckte großenteils in Papieren, die durch Kriegsverluste wertlos geworden waren.

Bis zum Jahreswechsel waren die Verhältnisse der Rentenempfänger alles andere als angenehm. Ordentlich ging es nirgends zu, und dass die Auszahlungen fortgesetzt wurden, stellte die Ausnahme dar. Vielerorts wurden die Sätze auf die Hälfte reduziert; an einigen Stellen wurden die Leistungen für 1945 auf zwei der neun Monate, die seit der Kapitulation vergangen waren, beschränkt. Wer nichts bekam, wurde an die Sozialhilfe verwiesen. Etwas über eine Million Menschen in der amerikanischen Zone – 7,3 Prozent der Bevölkerung – bekamen im Januar 1946 öffentliche Unterstützung. Im Durchschnitt erhielten sie 24 Mark. In Berlin mussten im Januar und Februar 17 Prozent der Bevölkerung Unterstützung beantragen. In der Ostzone, zum Beispiel in Brandenburg, funktionierte die Alters- und Invalidenrente wieder, aber der monatliche Höchstbetrag wurde auf 35 Mark festgesetzt und für diejenigen, die Frau und mehrere Kinder hatten, auf monatlich 75 Mark.

Die Nazis wurden prinzipiell aus der Rentenversicherung ausgeschlossen. Weniger vernünftig schien es zu sein, dass man keine reguläre Unterstützung für die Kriegsbeschädigten einrichtete (von denen es weiß Gott viele gibt – allein in Groß-Hessen mit seinen 3,9 Millionen Einwohnern hatte man zu Anfang des Jahres 1946 30 000 Männer registriert, die im Krieg Arme oder Beine verloren hatten). Meistens wurden die Auszahlungen auf Kriegsblinde und andere Schwerverwundete beschränkt. Es war natürlich verständlich, dass man unter Berufung auf seinen Dienst in der Wehrmacht nicht mehr Forderungen stellen konnte. Das hatte allerdings weitreichende Folgen und bedeutete unter anderem, dass an die Hinterbliebenen gefallener Soldaten keine Unterstützung mehr gezahlt wurde. Die ganze Frage des Verhältnisses von Gesellschaft und Kriegsopfern hing in der Luft. Es ist unschwer zu verstehen, dass das Verbitterung hervorrief, in erster Linie unter den Kriegsinvaliden. Die Frage einer gesicherten Unterstützung für Arbeitsunfähige, Witwen und Kinder, die sich nicht selbst versorgen konnten, begann man jedoch in den verschiedenen Ländern und Provinzen in Angriff zu nehmen. Man war sich auch darüber im Klaren, wie wichtig es war, so vielen Beschädigten wie möglich eine Arbeit zuzuweisen oder sie schulen zu lassen. Es gab ein Gesetz von 1924, wonach Privatbetriebe verpflichtet waren, zwei Prozent Kriegsbeschädigte zu beschäftigen. Die Bayerische Regierung änderte den Prozentsatz auf zehn.

Man brauchte nicht damit zu rechnen, dass die Arbeitslosenversicherung größere Zugänge verzeichnen würde. Das bedeutete – jedenfalls auf längere Sicht –, dass ein Teil der Mittel, die sonst an sie gingen, auf andere Zweige überführt werden konnte. Beim Wiederaufbau der Altersversicherung werden die Versichertenzahlen aufgewertet und die Beiträge erhöht, außerdem setzte man die Altersgrenze von 65 Jahren auf 70 Jahre hoch. Das rief große Unzufriedenheit hervor. Das Wichtigste aber war wohl, dass die Renten wieder gezahlt wurden. Die Länderregierungen mussten, wo erforderlich, Geld zuschießen.

Auch die Krankenkasse wurde auf niedrigerem Niveau wiederaufgebaut. Die Bestimmungen waren nicht einheitlich für ganz Deutschland, aber es schien die Tendenz zu bestehen, das Krankengeld für die erste Woche fallenzulassen und auf höchstens die Hälfte des Lohnes zu beschränken. Die Erstattung für Arzneimittelkosten wurde bei Familienangehörigen auf 70 Prozent festgesetzt, und die Angehörigen von Soldaten, die vorher automatisch versichert waren, verloren dieses Recht. Die Spezialisten taten freilich ihr Bestes, um zu vermeiden, dass es zu arg wurde. Sie waren unzufrieden, dass die Leistungen gedrückt und die Beiträge in die Höhe getrieben werden mussten. Aus einem weiteren Blickwinkel betrachtet, ist doch das Wesentliche, dass der eigentliche Rahmen nach einer recht kurzen Übergangsperiode wieder in Ordnung kam. Und vielleicht gelingt es allmählich, dem neuen Rahmen einen befriedigenderen, und das heißt sozialeren Inhalt zu geben.

Auch auf anderen Gebieten wurde im Laufe eines halben Jahres recht viel erreicht. Im Mai war Berlin eine tote Stadt. Im Dezember ist alles noch immer recht trist, aber die Räder *waren* wieder in Gang gekommen.

Über die Verhältnisse in Berlin ist viel geschrieben worden. Mit ihnen konnte man keinen Staat machen. Einzelne Zahlen zeigen jedoch die Fortschritte, die gemacht wurden. Ende des Jahres funktioniert die kommunale Arbeit in der viergeteilten, aber gemeinsam verwalteten Stadt wieder. Die Gasleitungen waren durch Artilleriefeuer und Bombardierungen zerstört worden. Im Dezember wurde in die verschiedenen Stadtteile wieder Gas geliefert. Als der Krieg zu Ende war, gab es am Wasserleitungsnetz 2600 Schadensstellen; überall lagen Kadaver, die für die Volksgesundheit eine große Gefahr darstellten. Am Jahreswechsel waren 2300 Schadensstellen ausgebessert und die gesundheitlichen Gefahren abgewendet. Die Stadtreinigung hatte ihren Betrieb wiederaufgenommen, ebenso die Feuerwehr und die Markthallen, der zentrale Schlachthof und der sogenannte Westhafen. Ein großer Teil der Untergrundbahn, die Straßenbahnen und die Buslinien verkehrten wieder. Am Jahreswechsel fuhren 800 Straßenbahnwagen, die täglich 1 124 000 Fahrgäste beförderten. 749 Straßenbahnwagen waren wieder instandgesetzt worden, aber es blieben noch 1400 zu reparieren. Alle Linien der Untergrundbahn wurden befahren, mit Ausnahme der Strecke, die im letzten Augenblick gesprengt worden war. Mit weniger als der Hälfte der Wagen wurden täglich 820 000 Menschen befördert, 140 000 mehr als durchschnittlich im August 1939. Busse gab es nur 38, die 47 000 Fahrgäste beförderten, weniger als zehn Prozent der Vorkriegszahl. Die S-Bahn beförderte täglich 850 000 der Menschen in der Stadt. Jede Woche kamen 150 Eisenbahnzüge mit Lebensmitteln in Berlin an. Die Schulen hatten ihre Pforten wieder geöffnet, und die Kinder bekamen eine Art Schulspeisung. Hunderttausend Berliner konnten in Restaurants und Volksküchen essen. Außer einer Menge Kinos und Varietés spielten zwanzig Theater. Sogar eine Reihe von Hotels mit zusammen tausend Betten war in Betrieb.

So wurde überall in den verschiedenen Städten gearbeitet, um das Dasein einigermaßen erträglich zu machen. Die Arbeit ging nicht planmäßig und rationell vor sich, aber das Wichtigste war fast, dass überhaupt etwas *getan* wurde. Die meisten Betriebe arbeiteten unter unsicheren Verhältnissen. Eine Reihe von ihnen erhielt Aufträge von den Alliierten. Im Übrigen waren alle mehr oder weniger normalen wirtschaftlichen Beziehungen unterbrochen. Die Betriebsleiter waren vielerorts verschwunden oder festgenommen worden. Nun war es Sache der Arbeiter und der kommunalen Stellen, diese Lücke zu füllen. Es gab weder Kohle noch Rohstoffe. In den meisten Fällen hatte man jedoch etwas, um die Produktion fortzusetzen. Außerdem waren überall Reparaturen nötig. In Bremen stieg die Zahl der Industriearbeiter von 19 000 im Juni auf 28 000 zum Jahresende. Im Juni war die Hälfte mit der Beseitigung von Bombenschäden beschäftigt, im November nur noch 16 Prozent. Berlin stand im Mai nahezu völlig still. Ende September war die Zahl der Beschäftigten auf 845 000 gestiegen, im November auf gut eine Million.

Die Verkehrsanbindungen waren der »Engpass« des wirtschaftlichen Wiederaufbaus. Der Engpass wurde jedoch geweitet; das zeigen diese Zahlen aus der britischen Zone:

Im Laufe der ersten sechs Monate nach der Besetzung sind 195 neue Straßenbrücken gebaut worden. Tausend Kilometer Landstraßen wurden ausgebessert. 232 (von 661 bombardierten oder gesprengten) Eisenbahnbrücken sind repariert worden. Im Mai 1945 konnte man nur 1180 Kilometer des Eisenbahnnetzes der Zone benutzen, am Jahresende 12 000 Kilometer. Ende Mai wurden pro Tag nur 13 000 Tonnen Güter auf der Bahn transportiert. Im Juni war die Zahl verdoppelt und im Juli vervierfacht. Im November wurden, abgesehen vom Durchgangs- und Personenverkehr, 220 000 Tonnen täglich transportiert. Den größten Teil der Transportkapazität nutzte die Besatzungsmacht, aber der deutsche Anteil (der im September ein Sechstel ausmachte) stieg kontinuierlich. Im Mai transportierte die Eisenbahn nicht mehr als 2000 Tonnen Kohle täglich, zum Jahreswechsel gut 100 000 Tonnen, und außerdem wurden 18 000 Tonnen mit Autos transportiert. Im Oktober waren in der britischen Zone 55 000 Lastautos in Betrieb und elfhundert Werkstätten mit 80 000 Beschäftigten reparierten Autos.

Die Kanäle waren in großem Umfang wieder schiffbar gemacht worden. Das hieß keine Kleinigkeit: 540 zerstörte Brücken mussten fortgeräumt werden. Der Mittellandkanal konnte zum Jahreswechsel wieder befahren werden, nachdem die neue Eisenbahnbrücke auf der Strecke Oldenburg-Osnabrück im Dezember fertig geworden war. Auf dem Dortmund-Ems-Kanal begann der Verkehr Anfang 1946 wieder zu fließen; sämtliche Brücken über diesen Kanal waren zerstört. Die Ems konnte teilweise wieder von Schiffen befahren werden, nachdem man Teile der 450 Meter langen Brücke bei Leerort fortgeräumt hatte.

Auf dem Rhein ruhte bei Kriegsende der Verkehr. Alle Brücken waren zerstört; die bei Remagen wurde zerbombt. Wo die Alliierten den Rhein überschritten, hatten sie Ponton- oder Holzbrücken gebaut, die nun den Schiffsverkehr sperrten. In den bombardierten Städten waren die Hafenanlagen schwer mitgenommen oder völlig verschwunden. Zum Vergleich muss man sich vor Augen halten, dass im Frieden nahezu die Hälfte sämtlicher deutschen Ausfuhrgüter auf dem Rhein transportiert wurde. 85 Millionen Tonnen gingen jährlich vom Ruhrgebiet und den anderen Industriezentren stromabwärts zu den holländischen Häfen oder stromaufwärts nach Straßburg und Basel. Die Räumungsarbeiten begannen im Mai. Es ging darum, den Fluss wieder schiffbar zu machen und gleichzeitig den Verkehr über die provisorischen Brücken aufrechtzuerhalten. Es ging des Weiteren darum, die Schiffe zu heben, die versenkt worden waren. Mitte November hatte man allein in der amerikanischen Zone 501 von ihnen geborgen, und 200 waren wieder in Betrieb. In der britischen Zone wurden bis Ende Oktober im Duisburger Hafengebiet wieder 157 Schiffe instandgesetzt. Die Franzosen hatten von 344 versenkten Schiffen 63 gehoben, die meisten in der Nähe von Mainz. Die Hafenanlagen mussten repariert werden, in erster Linie die bei Duisburg, dem größten Binnenhafen der Welt. Am 1. September 1945 begannen die ersten Kähne und Schlepper zu fahren. Sie brachten Briketts aus Wesseling südlich von Köln nach Karlsruhe, in die amerikanische Zone. Ruhrkohle wurde von Duisburg in die Niederlande gefahren, und auf der Rückfahrt zum Ruhrgebiet nahmen die Schiffe amerikanischen Weizen und kanadisches Mehl mit. Der Verkehr war weiterhin durch die Brückenruinen bei Köln und Duisburg stark eingeschränkt. Am 10. Oktober war man aber schließlich so weit gekommen, dass der Rhein für offen erklärt werden konnte. Um die Jahreswende herum konnte man bis Basel fahren. Im September wurden auf dem Rhein 266 000 Tonnen Kohle sowie 38 000 Tonnen Getreide und Mehl, zusammen also 304 000 Tonnen, befördert. Im Oktober waren es 625 000 und im November 870 000 Tonnen.

Auf dem Main und dem Neckar machten die Räumungsarbeiten ebenfalls Fortschritte. In Bayern konnte man den Teil der Donauflotte, der noch vorhanden war, wieder einsetzen. In der russischen Zone organisierte man die Wiederaufnahme des Elb-Verkehrs.

Bei den Eisenbahntransporten zeigte sich im Januar 1946, dass sie im Bezirk Frankfurt ein Fünftel des Monatsdurchschnitts von 1933 erreicht hatten. Durch Frankfurt fuhren täglich 24 Kohlenzüge, meist nach Süddeutschland. Der Personen- und Güterverkehr hatte bereits einen großen Aufschwung genommen. Aus Frankfurt oder durch die Stadt gingen täglich 520 Personenzüge – gegenüber 150 im Juni 1945. Am 31. Januar fuhren in der amerikanischen Zone 5406 Züge, 1167 mehr als am 31. Dezember. In der französischen Zone hatte man eine

Zahl von 500 Personen- und Güterzügen täglich erreicht. Sowohl bei den Amerikanern als auch bei den Franzosen war die Instandsetzung der zerstörten Strecken weit gediehen. Der Lastwagenverkehr wurde ebenfalls besser. Um die Transportverhältnisse zu verbessern, entschlossen sich die Amerikaner, den Deutschen mehrere tausend Armeelastwagen zu überlassen. Zweihundert von ihnen wurden sofort eingesetzt, um die Brennholzversorgung Münchens zu sichern. Im Übrigen wurde ein großer Teil dieser Fahrzeuge für die Eisenbahn und die Post reserviert.

Nun könnte man natürlich sagen, dass die besten Statistiken nichts nützen, wenn es trotzdem nicht möglich war zu reisen. Und das war ziemlich unmöglich. Güterwagen wurden mitten im kalten Winter für den Personenverkehr eingesetzt. Aber das war nur die halbe Wahrheit. Das Bild wurde günstiger, wenn man die fundamentale Besserung berücksichtigt, die allmählich auch der Zivilbevölkerung zugutekommen wird.

Ich habe einige Zahlen vom Berliner Straßenverkehr erwähnt. In Hannover war der Straßenbahnverkehr gleichfalls völlig zusammengebrochen, als die Engländer einrückten. Zum Jahreswechsel war der größte Teil des Materials wieder in Ordnung und es wurde eine doppelt so hohe Zahl von Fahrgästen befördert wie zu dem entsprechenden Zeitpunkt im Jahre 1939. In Stuttgart beförderte die Straßenbahn weit mehr Menschen als im Frieden. In Kassel wurden ebenso viele Kilometer gefahren und ebenso viele Personen befördert wie 1944. Hamburg hatte enorme Verluste erlitten; trotzdem erreichte man die Hälfte des Verkehrsaufkommens von 1944.

Im Sommer 1945 wurde in den einzelnen Zonen die Postbeförderung wiederaufgenommen. Einige Monate später konnte man Briefe aus einer Zone in eine andere schicken. Im Dezember 1945 gingen täglich 250 bis 400 Postsäcke aus den amerikanischen und französischen Gebieten nach Berlin und in die russische Zone. In der amerikanischen Zone wies der Postverkehr im Dezember eine Steigerung um 45 Prozent auf. In diesem Monat wurden 57 Millionen Briefe, Postkarten und Drucksachen verschickt und 70 Millionen im Januar (gegenüber zehn Millionen im September). Im November wurden 117 000 Postpakete verschickt; die Zahl stieg auf 400 000 im Dezember und 668 000 im Januar. Im November wurden 4000 Telegramme befördert, im Dezember 50 000 und im Januar 188 000. Die Zahl der Fernsprechapparate, die an das Netz in der amerikanischen Zone angeschlossen waren, stieg im Dezember um 30 Prozent, so dass man eine Zahl von 116 000 (gegen 40 000 im September) erreichte. Im Januar stieg diese Zahl um weitere 21 000 angeschlossene Apparate. Im Dezember hatten 73 000 Personen die Erlaubnis, Ferngespräche zu führen, und die Zahl derartiger Gespräche belief sich auf über 900 000 (55 Prozent mehr als im November). Am 1. Januar wurden Telefon- und Telegrafenverbindungen zwischen den westlichen Zonen eingerichtet, im Februar zwischen den Westzonen und der Ostzone, und vom 1. April 1946 an wurde der Postverkehr mit anderen Ländern aufgenommen.

Wie sah es im produzierenden Gewerbe aus? Nach der Lebensmittelindustrie war Kohle das Erste, woran man denken musste. Das galt nicht nur für die Deutschen. Es erwies sich als recht schwierig, die Gruben in der englischen und französischen Zone wieder instandzusetzen. Es mangelte an allem Möglichen, Arbeitskräften, Essen für die Arbeiter, Grubenholz usw. Im Oktober war man trotzdem so weit gekommen, dass man eine Produktion von 4,3 Millionen Tonnen (eine Million Tonnen mehr als im September) erreicht hatte. Im Dezember lag die Produktion bei 4,8 Millionen Tonnen oder 42 Prozent des Vorkriegsstandes. 244 000 Bergarbeiter waren tätig. Dadurch, dass man Arbeitskräfte aus anderen Bezirken herbeischaffte, hatte man seit dem Spätsommer 1945 eine Erhöhung um 100 000 erreicht. Auf diesem zentralen Gebiet waren die Produktionsergebnisse durchaus nicht unbefriedigend. Bereits zur Jahreswende 1945/46 gab es viel mehr, als man weitertransportieren konnte.

Der Braunkohlenabbau in Westdeutschland (in der englischen und der amerikanischen Zone) erreichte im Dezember 3,5 Millionen Tonnen oder 75 Prozent der Abbaumengen von 1938. In der russischen Zone rechnete man zur Jahreswende mit einem Braunkohlenertrag von acht Millionen Tonnen oder 70 Prozent im Vergleich zu 1938. Mit inbegriffen war Sachsen, wo man ein Ansteigen von 800 000 Tonnen im Mai auf 2,1 Millionen Tonnen im November verzeichnen konnte. Auch die Steinkohleförderung im Osten (das wenige, was es von ihr noch gab) stieg gleichmäßig an. Im Dezember belief sich das Ergebnis auf 200 000 Tonnen oder 68 Prozent der Menge von 1938.

Ende 1945 waren etwa 4000 Fabriken in der amerikanischen Zone in Betrieb und 53 Prozent von ihnen stellten Konsumgüter her. Das war ein starker Anstieg im Vergleich zum Stillstand des Mai, aber in Wirklichkeit war es ja außerordentlich wenig, wenn man in Betracht zieht, dass nur zehn bis 12 Prozent der Kapazität ausgenutzt wurden. Die Aufräumarbeiten absorbierten einen guten Teil der Arbeitskräfte, so dass man in der gesamten Zone nicht mit mehr als fünf bis zehn Prozent Arbeitslosen rechnete – mit leicht sinkender Tendenz. Das Bild wird jedoch präziser, wenn man hinzufügt, dass ein großer Teil der Arbeiten unproduktiv war. Überall – in allen Zonen – herrschte Mangel an Facharbeitern, und allein die bayerische Landwirtschaft benötigte 30 000 Arbeiter.

In Großhessen waren im Februar 1946 in 2900 industriellen Betrieben 150 000 Arbeiter beschäftigt. Die Lebensmittelindustrie hatte ebenso viele Arbeiter wie vor dem Kriege. Bei der Textil-, Bekleidungs- und Schuhindustrie betrug der Beschäftigungsgrad 75 Prozent, im Tiefbau 70 Prozent und bei der Eisen- und Metallindustrie 30 Prozent. Die letztgenannten Branchen kamen hinreichend über die Runden, weil sie auf die Produktion von Landwirtschaftsmaschinen, Haushaltsgegenständen oder die Reparatur von Eisenbahnmaterial umgesattelt hatten.

In der britischen Zone herrschte geringe Arbeitslosigkeit. In Westfalen-Lippe gab es zum Beispiel am 15. Dezember 1945 nur 3000 registrierte Arbeitslose, eine verschwindend geringe Zahl im Verhältnis zu den 1 643 000 Beschäftigten. In der russischen Zone war die Arbeitslosigkeit hoch, aber sie wurde dadurch, dass man die Menschen zu Räumungsarbeiten einsetzte, schnell überwunden. Sachsen hatte zum Jahreswechsel etwa 160 000 Arbeitslose, aber man rechnete damit, dass im Laufe des Frühjahres ein Mangel an Arbeitskräften herrschen würde. In Berlin war es etwas schlimmer. Ende des Jahres stand ein Drittel der Arbeitspflichtigen (einschließlich der Frauen) ohne Arbeit da.

Dem Handwerk fiel es am leichtesten, sich nach dem Schock zu erholen. Berlin hatte früher 70 000 Handwerksbetriebe. 42 000 von ihnen, mit 70 000 bis 80 000 Arbeitern, hatten zum Jahreswechsel ihre Tätigkeit wieder aufgenommen. In Thüringen waren Mitte Januar 1946 50 000 Handwerksbetriebe registriert. Das stellte einen Anstieg um 40 Prozent im Laufe des Jahres dar, ferner waren 3000 neue Kleinwerkstätten nach Kriegsende errichtet worden. Von den 5345 Industriebetrieben in Thüringen hatten Anfang 1946 etwa 5000 die Arbeit aufgenommen (600 mehr als im November 1945). In Sachsen rechnete man im Januar 1946 damit, dass 10 000 bis 12 000 Fabriken und Werkstätten wieder arbeiteten, mit einer Gesamtproduktion von 35 Prozent des Normalen. Die Besatzungsmacht hatte die Einrichtungen von etwa 400 Fabriken ganz oder teilweise demontiert. Die Produktion in den anderen Fabriken floss zu einem großen Teil in Reparationslieferungen, aber etwas davon kam auch der deutschen Bevölkerung zugute. Im sächsischen Bezirk um Plauen war die Zahl der arbeitenden Betriebe von 26 im Juli 1945 auf 800 zum Jahreswechsel gestiegen. Die Provinz Brandenburg hatte im Juli 276 Betriebe mit 13 000 Beschäftigten, aber im Dezember bereits 2143 Betriebe mit 62 000 Arbeitern und Angestellten; der Wert der Erzeugung war von 11 auf 42 Millionen Mark gestiegen.

Ich werde später eine eingehende Würdigung verschiedener Produktionszweige geben.

Ein trauriges Kapitel

Sechs oder sieben Prozent der Bevölkerung starben bei dem nazistischen Versuch, die Weltherrschaft zu erringen. Von den deutschen Juden sind kaum viel mehr als sechs oder sieben Prozent noch am Leben. Deutschland war der Verlierer, der Nazismus wurde niedergeschlagen, aber Hitler gewann seinen Ausrottungsfeldzug gegen die Juden.

Im Jahre 1933 hatte die jüdische Gemeinde in Berlin 190 000 Mitglieder. Im Herbst 1945 zählte sie 6500 Seelen. In Frankfurt am Main hatte die Gemeinde 1933 34 000 Mitglieder und im Herbst 1945 500. In Bayern gab es vor Hitler 47 000 Bürger jüdischen Glaubens. Ende 1945 waren es 2500 bis 3000, und von ihnen waren nicht alle aus Bayern.

Die Behörden strengten sich an, den Überlebenden nach besten Kräften zu helfen. Das war das mindeste, was sie tun konnten. Die Synagogen und die Friedhöfe wurden wiederaufgebaut, teilweise mit zwangsverpflichteten Nazis. Es wurden Schritte unternommen, um enteignetes Geld zurückzuzahlen und die Überlebenden in anderer Form finanziell zu unterstützen. In Bayern wurde ein besonderer Staatskommissar für jüdische Angelegenheiten eingesetzt, und andernorts richtete man besondere Hilfsstellen ein. Es gab auch Ansätze zu einer moralischen Wiedergutmachung. Als ich Anfang November nach Bremen kam, bemerkte ich einen Aufruf, der überall in der Stadt angeschlagen war. Er war von Oberbürgermeister Kaisen und vielen bekannten Leuten der Stadt unterschrieben, anlässlich des siebten Jahrestages der berüchtigten Novemberpogrome. Kaisen und seine Mitunterzeichner sagten, dass ein großer Teil der Bevölkerung damals machtlos gewesen sei. Sie wollten aber das Verbrechen mitsühnen. Sie forderten dazu auf, Geld für die neue Synagoge zu sammeln. Im Januar 1946 kam Bamberg bei den Besatzungsbehörden um die Erlaubnis ein, gegen die Naziführer der Stadt gerichtlich vorzugehen, die seinerzeit das mosaische Gotteshaus angesteckt hatten. Ob das ein Ausdruck der innersten Überzeugung des deutschen Volkes ist? Ich wage nicht, darauf eine Antwort zu geben. Man sollte ja glauben, dass Hitler den Antisemitismus ad absurdum geführt hatte.

Merkwürdig ist, dass der größte Teil der überlebenden deutschen Juden augenscheinlich wünscht, in Deutschland zu bleiben und eine neue Existenz aufzubauen. Anders ist es bei den jüdischen Einwanderern aus dem Osten, die teilweise geflüchtet sind, weil der Antisemitismus in Polen wieder zum Leben erwacht ist. Im November 1945 befanden sich 25 000 ausländische Juden in Flüchtlingslagern in Bayern. Im Februar

1946 war die Zahl auf 50 000 gestiegen. Über neunzig Prozent von ihnen wünschten, nach Palästina weiterzukommen. *Das* wurde sehr nachdrücklich auf der ersten Konferenz europäischer Juden nach dem Kriege gefordert, die Ende Januar 1946 in München tagte.

Hitler siegte aber auch auf einem anderen Gebiet. Er hatte die deutschen Minderheiten dazu gebracht, »Heim ins Reich« zu rufen. Jetzt wurden sie aus ihren Wohnungen vertrieben. Hitler siegte teilweise, weil der überspitzte Nationalismus den Krieg überlebte. Eines der Ergebnisse dessen, was geschehen war, bestand darin, dass die Deutschen Polen und seine neuen Westgebiete, die Tschechoslowakei und Ungarn zu verlassen hatten. Vielleicht musste das geschehen, aber es gibt keinen Grund, es zu bejubeln. Ich möchte einen Ausschnitt aus dem traurigen Schicksal geben, das in dem Ausdruck »Volksumsiedlung« liegt.

Dort, wo das amerikanisch besetzte Bayern und das russisch besetzte Sachsen mit der Tschechoslowakei zusammenstoßen, liegt die Textilstadt Hof. In dieser Stadt, die im Kriege verhältnismäßig gut davonkam, arbeitet ein junger aktiver Mann namens Arno Behrisch als sozialdemokratischer Parteisekretär. Er floh seinerzeit in die Tschechoslowakei und beteiligte sich an der illegalen Grenzarbeit. Nach »München«[221] kam er nach Schweden. Als Hitler Dänemark und Norwegen überfiel, meinte er, dass etwas mehr unternommen werden müsse als Propaganda und Diskussionen. Zusammen mit ein paar Engländern versuchte er, Sprengungen vorzunehmen, die die Zufuhr schwedischen Erzes für die deutsche Kriegsmaschinerie hindern sollte. Sie wurden festgenommen und verurteilt. Behrisch hat man 1944 wieder entlassen, und er kehrte in seinen Beruf als Setzer zurück. Im Frühjahr 1945 gelangte er nach Dänemark. Er wollte in Deutschland sein, wenn der Zusammenbruch kommt. Im April 1941 sandte er einer Freundin in Stockholm einen Brief aus dem Gefängnis in Falun. In diesem Brief, der zuerst von dem Gefängnisdirektor zurückgehalten worden war, stand, dass er viel an Prag dachte. Er hoffte innig, dass die Tschechen einigermaßen mit heiler Haut den Krieg überstehen mögen. Sie müssten dabei sein, wenn alle Völker, die gekämpft und gelitten hatten, Truppenabteilungen zu einer Siegesparade nach Berlin schickten – »so dass die dreimal verfluchten Himmelstoß-Halunken tief in ihren Herzen zu fühlen bekommen, was

---

221 Gemeint: Das »Münchener Abkommen« vom 29. September 1938, durch das die Tschechoslowakei gezwungen wurde, die überwiegend deutsch besiedelten Randgebiete an Deutschland abzutreten.

es bedeutet, wenn fremde Stiefel auf dem eigenen Boden trampeln«.[222] Dieser Mann, der in seiner schwedischen Gefängniszelle eine warme Sympathie für das Volk Masaryks empfand, wurde nun Zeuge der sudetendeutschen Tragödie.

Hof war zur Flüchtlingsstadt geworden. Normalerweise wohnten dort 45 000 Menschen. Ende 1945 waren es über 100 000. Um die Stadt herum waren Flüchtlingslager errichtet. Fast täglich kamen Transporte mit Sudetendeutschen, die ausgewiesen worden waren oder sich auf Grund der Verhältnisse dazu entschlossen hatten, die tschechoslowakische Republik zu verlassen. Es befanden sich dort auch Transporte mit Menschen, die darauf warteten, in die russische Zone hinüberzukommen. Manche gingen illegal über die Grenze, andere kamen illegal aus Sachsen, trotz der Anschläge, die besagten, dass, wer die Zonengrenze ohne Erlaubnis überschritt, »erschossen wird«, und obwohl es, insbesondere nachts, manchmal knallte. Hier gab es viel Elend. Hier wurde aber auch eine große Hilfsarbeit geleistet. Das Schweizer Rote Kreuz half mit Essen für die Kinder. Auch die örtliche Suchdienstzentrale leistete beeindruckende Arbeit bei der Suche nach vermissten Menschen. An jedem Tage erfuhren 40 glückliche Menschen, wo ihre Angehörigen sich aufhielten.

Behrisch legte 16 ausführliche Berichte über das, was jenseits der Grenze geschah, vor. Es war genug Stoff für ein Buch, aber es würde keine erbauliche Lektüre werden. Ich will mich damit begnügen, einige Hauptzüge wiederzugeben.

Die Zwangsaussiedlung der Sudetendeutschen begann gleich nach Kriegsende. Sie ging ununterbrochen vor sich. Der Potsdamer Beschluss, wonach die Zwangsaussiedlung in humanen Formen vor sich gehen sollte, spielte für die örtlichen Stellen eine geringe Rolle. Gewöhnlich war es so, dass die Menschen eine Frist von ein paar Stunden erhielten; mitunter bekamen sie nur zehn Minuten. Im Allgemeinen durften sie 25 Kilo Gepäck mitnehmen, manche 30 Kilo, andere nur 15 Kilo. In der Regel durften sie 200 Mark bei sich haben, aber einigen wurden 50, 100 oder 150 Mark weggenommen. Wenn der Befehl kam, sich auf einen bestimmten Sammelplatz einzufinden, mussten sie einen Schlüsselbund mit Adressenschild mit sich führen und außerdem alles, was sie an Schmuck und Wertgegenständen besaßen. An den meisten Stellen, aber nicht überall, durften sie die Trauringe behalten. Offiziell hieß es, dass sie Verpflegung für sieben Tage mitnehmen durften, aber oft war die Zeit so knapp, dass es nicht möglich war, die nötigen Lebensmittel zu kaufen.

---

222 Zitat nicht nachweisbar.

Sudetendeutsche auf der Flucht aus der Tschechoslowakei durch den Schütten-
hofener Kreis im Böhmerwald nach Bayern.

Manche wurden mit Lastautos und Güterwagen weggefahren. Andere mussten zu Fuß gehen. Alte Menschen kamen auf Mistkarren ange-
fahren. Beim Grenzübergang ließen die Kontrollen oft das wenige, das
die Flüchtlinge bei sich hatten, zu nichts zusammenschrumpfen. Wer
zwei Hemden hatte, musste für gewöhnlich eins abgeben. Andere mussten den Mantel ausziehen. Viele mussten ihre Schuhe zurücklassen und
stattdessen Holzpantinen anziehen.

Und das war nicht alles. Die Zwangsaussiedlung war mit vielen anderen Übergriffen verbunden. Die Berichte aus Hof und eine ganze
Anzahl persönlicher Gespräche gaben mir einen Eindruck davon, wie
viele der Ausgesiedelten in den Sammellagern oder während des Trans-
ports geschlagen, getreten und ausgepeitscht wurden und wie man Menschen, die gegen diese Behandlung protestierten, erschossen hat. Es gab
glaubwürdige Berichte darüber, wie Wachmannschaften Gewehrkolben
und Gummiknüppel gegen einen Teil der Deutschen benutzt hatten, die
Arbeitsdienst verrichten mussten, bevor sie weggeschickt wurden. Es lag
ein Bericht aus Postelberg vor, wonach Menschen mehrere Nächte hin-
tereinander unter freiem Himmel mit dem Gesicht zur Erde liegen muss-

ten. Die Peitsche traf den, der den Kopf hob, die Gewehrsalven knatterten, und am Morgen fielen Menschen, weil sie Befehle falsch verstanden, die auf Tschechisch gegeben wurden. In den Lagern waren Prügelkommandos tätig. Es geschah, dass Leute sich nackend ausziehen mussten, einige totgeschlagen, Männern ihre Geschlechtsteile zertreten wurden. Es kam auch zu Vergewaltigungen.

Ein anderer Bericht, aus Saaz, schilderte, wie fünf Jungen im Alter von 13 bis 16 Jahren an die Mauer gestellt und erschossen wurden, weil sie die Stelle verlassen hatten, die ihnen angewiesen worden war. 40 Kleinkinder starben im Laufe von 48 Stunden. Einige Mütter, die ihr einziges Kind verloren, erhängten sich. Es lagen Berichte, zum Beispiel aus Katharinaberg, darüber vor, dass Frauen im Alter zwischen 70 und 80 Jahren aus dem Bett gejagt wurden. In einen Fall musste die Ehefrau ihren kranken Mann verlassen. Ihr wurde erlaubt zurückzugehen, um etwas zu holen, das sie vergessen hatte. Da sah sie, dass der Alte bereits den Strick hervorgesucht hatte, mit dem er sich erhängen wollte. Ein anderer Bericht, aus Tetschen, besagte, dass auch diejenigen von der Zwangsaussiedlung betroffen wurden, die im Krankenhaus lagen. Bei Bodenbach war es vorgekommen, dass Leute in den Lazarettzug stürmten und den Kranken die Verbände abrissen. Die Russen gaben einer Anzahl von Frauen die Erlaubnis, den Kranken im Zug Suppe zu bringen. Fanatisch gewordene Wachen jagten sie zurück und traten ihnen die Essenschüsseln aus den Händen. Andere Zeugenaussagen meldeten, dass Kriegsinvaliden geprügelt worden waren.

Ursprünglich wurde bei den Sudetendeutschen, die beweisen konnten, dass sie einen klar antinazistischen Standpunkt eingenommen hatten, eine Ausnahme gemacht. Kommunisten und Sozialdemokraten wurden mit roten Armbinden und Antifa-Ausweisen versehen. Die örtlichen Befreiungskomitees nahmen jedoch nicht immer auf die Bestimmungen der Regierung Rücksicht. In vielen Fällen wurden Sozialdemokraten und Kommunisten – die im Herbst 1938 bis zum letzten Augenblick gegen Henlein gekämpft hatten – zusammen mit den anderen weggejagt. An mehreren Orten wurden viel zu wenige Ausweise ausgestellt. Als Beispiel können wir Granlatz anführen. Die örtlichen Funktionäre hatten eine Liste mit 450 aktiven Sozialdemokraten aufgestellt. Ausweise wurden an nicht mehr als 120 ausgegeben, obwohl es in diesem Ort 128 gab, die sich dadurch »legitimiert« hatten, dass sie im Konzentrationslager gewesen waren. Aus mehreren Orten wurde gemeldet, dass Antinazisten, die noch da waren, die normalen Zuteilungskarten abgenommen wurden und dass sie stattdessen »Judenkarten« erhielten. Es kam auch vor, dass sie das Verräterzeichen tragen mussten.

Zuerst kamen die Reichsdeutschen über die Grenze. Dann kamen Leute aus der großen Masse, die sich von Henlein und Hitler hatten verlocken lassen. Es kamen aber auch immer mehr mit roten Ausweisen. Behrisch traf einige von denen wieder, die an der illegalen Grenzarbeit teilgenommen hatten. Die deutsche kommunistische Zeitung in Bodenbach musste im Frühherbst ihr Erscheinen einstellen. Es wurden Verhandlungen darüber aufgenommen, inwiefern aktive Kommunisten und Sozialisten ihre Habseligkeiten mitnehmen durften.

Wo die Sudetendeutschen hinkamen, musste die Hilfe improvisiert werden. Die Verhältnisse in den Lagern waren dementsprechend. Oft hatte man nicht einmal Stroh fürs Nachtlager. Essen gab es fast immer zu wenig. Es war durchaus nicht erstaunlich, dass Einzelne fragten: »Warum gibt man uns kein Gift?«

Es gab aber auch Menschen, die die Hoffnung und den Lebenswillen behalten hatten. Im August 1945 wurde in Hof gemeldet, dass 150 Flüchtlinge aus dem Bezirk Münchenreuth im Niemandsland zwischen der amerikanischen und russischen Zone kampierten. Sie hatten unter Führung ihres protestantischen Pfarrers die Heimat verlassen. Er benutzte starke Worte über gewisse von seinen »Brüdern« der Bekennenden Kirche in Sachsen. Dagegen hatte er über die neueingesetzten sozialdemokratischen und kommunistischen Bürgermeister, die eine provisorische Unterbringung und Verpflegung beschafft hatten, nur Gutes zu sagen. Als die Gruppe im Niemandsland landete, sah es für die 40 Kinder am schlimmsten aus. Die Amerikaner erlaubten, dass die Leute ihnen Essen brachten. Schließlich ließ man die Flüchtlinge in bayerisches Gebiet hinein. Sie hielten zusammen. Nach einer Wanderung von neun Wochen landeten sie im Ries-Bezirk, wo sie sich für den Winter niederließen. Die Gemeinde war inzwischen auf 400 Seelen angewachsen. Der Pfarrer war bereit, noch mehr »wertvolle und treue Bauern und Handwerker, die willens waren, sich einzuordnen«, aufzunehmen. Im Frühjahr wollten sie irgendwo als Neusiedler beginnen, sagte der Pfarrer, und er fügte hinzu: »Wir haben die Hoffnung, das harte Schicksal zu meistern und uns eine neue Heimat zu errichten.«

Ich habe einen kleinen Ausschnitt gegeben. Das Gesamtbild ist nicht heller, eher düsterer. Ich mache den Tschechoslowaken keine Vorwürfe. Es ist bei mir wie bei Behrisch, dass ich vor diesem Volk große Achtung empfinde. Das bedeutet aber nicht, dass ich imstande bin, mich für die Zwangsaussiedlung zu begeistern und schon gar nicht für die *Art und Weise, in der sie durchgeführt wurde.*

Es ist wahr, dass der, der Wind sät, Sturm erntet. Schiller sagte es so: »Es ist der Fluch der bösen Tat, dass fortzeugend sie Böses muss gebären.«[223] Eine große Mehrheit der Sudetendeutschen beging Verrat an der Tschechoslowakischen Republik, die ihnen trotz allem sehr große Minderheitsrechte gewährt hatte. Auf subversive Tätigkeiten in den Grenzgebieten folgte die Besetzung. Deutsche Nazis waren imstande, das Verbrechen von Lidice zu begehen. An das alles soll man denken. Man soll aber auch an die Zukunft denken. Menschen, die nach Deutschland hineingejagt wurden, oft unter Umständen, wie den oben geschilderten, sollen in eine kranke Gesellschaft integriert werden. Das gestaltet den Gesundungsprozess nicht leichter.

Der englische Rundfunk sagte Ende des Jahres 1945, dass nur die Zwangsaussiedlung aus Polen und den neupolnischen Gebieten östlich der Oder-Neiße härter gehandhabt wurde als die Zwangsaussiedlung der Sudetendeutschen. Ich nehme als Beispiel Schlesien, und ich beziehe mich hier auf Angaben aus protestantischen Kirchenkreisen.

Schon zu Beginn des Jahres 1945 – im Zusammenhang mit dem Vormarsch der Roten Armee – flohen die Schlesier massenhaft aus ihren Heimatorten. In Breslau ging die Zahl der Einwohner von 750 000 auf 250 000 zurück. Nach der Kapitulation strömte die Bevölkerung wieder zurück. Im November rechnete man damit, dass es in Schlesien nicht viel weniger als zwei Millionen Deutsche gab. Es gab aber auch über eine Million Polen auf Grund der polnischen Einwanderung, die gleich nach dem deutschen Zusammenbruch einsetzte. Zur Jahreswende wurde von offizieller polnischer Seite erklärt, dass man beabsichtige, 1946 die neuen Westgebiete mit drei Millionen Polen zu bevölkern, die aus der Sowjetunion oder aus westeuropäischen Ländern zurückkamen. Zwei Millionen, darunter 700 000 aus der Sowjetunion, waren bereits westwärts gezogen. Von den sechs Millionen Deutschen, die dort noch bei Kriegsende verblieben waren, hatte man im ersten Schub ein Drittel abtransportieren können.

Der Lebensmittelmangel in Schlesien war eine ernste Angelegenheit. Für große Bezirke war es keine Übertreibung, von einer Hungersnot zu sprechen. Die Ernte, das Vieh und landwirtschaftliche Maschinen wurden in großem Umfange beschlagnahmt. Vielerorts gab es keine geordnete Lebensmittelzuteilung, andernorts waren die Zuteilungen viel zu klein. Die Geschäfte, die von Polen übernommen worden waren, verkauften zwar manche Lebensmittel, aber nur gegen Złotys, die die deut-

---

223 Brandt nennt als Autor Goethe. Das Zitat stammt aus Schillers »Wallenstein« und lautet korrekt: »Das eben ist der Fluch der bösen Tat, dass sie, fortzeugend, immer Böses muss gebären.«

sche Bevölkerung nicht hatte. Ihr Gesundheitszustand war entsetzlich, der Mangel an Ärzten und Medikamenten groß. Typhus grassierte. In Oberschlesien, wo ein großer Teil der Deutschen in Lagern saß, war die Lage am schwierigsten. Aber auch in anderen Bezirken ereignete sich Fürchterliches. Ein sehr großer Teil der Kinder im Alter unter zwei Jahren starb, und viele im Alter von zwei bis sechs Jahren standen die Belastung ebenfalls nicht durch. Es sollte nicht zur Besserung der Verhältnisse beitragen, dass gleichzeitig Polen vom Osten nach dem Westen umgesiedelt wurden. Auch dort kam es vor, dass Kinder in den Armen ihrer Mütter starben.

Ein Teil der Schlesier entschloss sich, freiwillig fortzuziehen. Es geschah aber immer wieder, dass ihnen an der Grenze das wenige, das sie hatten mitnehmen können, abgenommen und anschließend die Einreise verweigert wurde, so dass sie buchstäblich als Bettler »heim«-kehrten. Diese Beispiele aus Schlesien mögen genügen. Übrigens deutet viel darauf hin, dass die Schweizer Zeitung, die die früheren deutschen Ostgebiete ein »Totenland« nannte, sich keiner großen Übertreibung schuldig machte.[224]

Nach den Abmachungen, die im Spätherbst 1945 vom Kontrollrat in Berlin getroffen wurden, sollten in den Monaten bis Juli 1946 6,5 Millionen Deutsche umgesiedelt werden. Aus den polnischen Gebieten sollten 2 Millionen in die russische und 1,5 Millionen [Flüchtlinge] in die britische Zone kommen. Aus der Tschechoslowakei sollten die Russen 750 000 und die Amerikaner 1 750 000 aufnehmen. Die amerikanisch besetzten Gebiete sollten außerdem 500 000 Menschen aus Ungarn und die französische Zone 150 000 aus Österreich aufnehmen. Das waren jedoch nur Rahmenbestimmungen, die nicht mit der tatsächlichen Zahl übereinzustimmen brauchen. In der amerikanischen Zone rechnete man damit, dass ebenso gut statt der 2,25 Millionen, die im Abkommen angegeben waren, über 3 Millionen Flüchtlinge aufzunehmen wären. Aus der französischen Zone wurde Ende Januar 1946 gemeldet, dass man sich eher auf 500 000 als 150 000 einstelle.

Die deutsche Verwaltung unternahm – in Zusammenarbeit mit den Militärregierungen – große Anstrengungen, um sich der Flüchtlinge annehmen zu können. Hier war eine kolossale Veränderung vor sich gegangen. Im Frühjahr und im Sommer 1945 kam es vielerorts zu Wirrwarr und Chaos, weil das (halb- oder ganz nazistische) Rote Kreuz und die humanitären Organisationen ganz einfach nicht in der Lage waren,

224 Gemeint: der Artikel »Aus einem Totenland« von Robert Jungk in der Züricher Zeitung *Weltwoche* im November 1945.

die Aufgaben zu lösen. Danach wurden Flüchtlingskommissare mit weitgehenden Vollmachten ernannt. Sie standen in enger Verbindung mit den Arbeitsämtern, den Gesundheitsbehörden und den humanitären Organisationen, deren aufopfernden freiwilligen Einsatz man nicht entbehren konnte. In der französischen Zone wurde es so gehandhabt, dass Familien mit Kindern grundsätzlich in Wohnungen untergebracht werden sollten, während man für Unverheiratete und Ehepaare ohne Kinder Lager einrichtete. Es entstanden Sammelstellen für Kleidung und Schuhwerk. Alles wurde eingesetzt, um den Erwachsenen so schnell wie möglich Arbeit zu verschaffen und den Kindern den Schulbesuch zu ermöglichen. Hier ist ein konkretes Beispiel dafür, wie die Ausgewiesenen in Bayern aufgenommen wurden, als im Januar 1946 die ersten regulären Transporte eintrafen. Ich nehme die Stadt Regensburg. Dort hatte man Durchgangslager für 3000 bis 4000 Personen errichtet – man rechnete damit, dass monatlich etwa 18 000 Sudetendeutsche hier durchgeschleust würden. Die Unterbringungsmöglichkeiten waren primitiv. Es gab nicht genug Material, um die Baracken zu heizen. Die sanitären Verhältnisse waren auch nicht befriedigend. Aber elternlose Kinder, kinderreiche Familien, Mütter mit Kleinkindern, Versehrte und junge Menschen, die einer besonderen Aufsicht bedurften, wurden in hinlänglicher Weise untergebracht. Die Verpflegung war einfach, aber ausreichend. Die Flüchtlinge konnten ihre Schuhe reparieren, und es gab Nähstuben, in denen die Frauen die Kleidung ausbessern konnten. Das Wichtigste war, dass die Menschen bereits in den Durchgangslagern eine ordnende Hand fanden. Die Aufgabe musste ja lauten, sie in die deutsche Gesellschaft hineinwachsen zu lassen. Sie sollten Arbeit bekommen, selbst wenn diese schlecht entlohnt war, und ein Zuhause, selbst wenn es sehr primitiv war. Das Solidaritätsgefühl der Deutschen und vielleicht besonders der Bayern war nicht immer so beeindruckend. Die Behörden und die antinazistischen Parteien waren sich jedoch über die Lage und die Verpflichtungen im Klaren.

Die Lage besserte sich zu einem gewissen Grade, als die tschechischen Behörden – nach Verhandlungen mit den Amerikanern – akzeptierten, dass Flüchtlinge fünfzig Kilo Gepäck pro Person mitnehmen könnten. Das bedeutete, dass sie bei der Ankunft besser mit Kleidung ausgestattet waren. Die organisierten Transporte gingen jetzt in sichereren Formen vor sich. Ich habe Flüchtlinge gesehen, die in geheizten Zügen fuhren. Sie waren nicht gerade begeistert, aber das wäre wohl auch zu viel verlangt.

Man muss im Übrigen beachten, dass es im Großen und Ganzen keine SA-Männer und Nazikrieger sind, die aus dem Osten kommen, sondern Frauen, Kinder und Greise. Unter denen, die im Januar und Februar 1946 aus der Tschechoslowakei kamen, befanden sich jedenfalls nur 10 bis 20 Prozent vollwertige Arbeitskräfte. Von einem Transport mit 1500 Personen waren 1400 Frauen und Kinder. In einem anderen Fall wies eine Gruppe von 2478 Personen folgende Zusammensetzung auf: 243 Männer über 18 Jahren (meist sehr alte), 800 Frauen über 18 Jahren, 63 Jungen zwischen 14 und 18, 81 Mädchen im selben Alter, 346 Jungen unter 14 und 945 Mädchen unter 14.

Der Umsiedlungsplan, wie ihn der Alliierte Kontrollrat festlegte, wurde auf Grund von Transportschwierigkeiten verschoben. Im Übrigen verlief die Aussiedlung nach Programm. Bezüglich der Aussiedlung aus Neupolen wurde bekannt gegeben, dass auch sie in humanen Formen vor sich gehen sollte. Wer nach dem Westen umgesiedelt wurde, sollte unterwegs Verpflegung und ärztliche Versorgung erhalten. In einigen Fällen geschah das auch. Bei den ersten Transporten aus Ungarn jedoch, die Ende Januar 1946 eintrafen, mussten die Ausgewiesenen unterwegs hungern und durften außerdem kein persönliches Gepäck mitnehmen. Für die Tschechoslowakei erklärte Präsident Beneš, dass 200 000 bis 300 000 Berg- und Fabrikarbeiter dableiben sollten, offenbar unter der Voraussetzung, dass sie »entnationalisiert« wurden. Mehrerenorts war die Arbeit zum Stillstand gekommen, weil man Schwierigkeiten hatte, die sudetendeutschen Arbeitskräfte zu ersetzen. Ein Teil der sudetendeutschen Bauern war ins Landesinnere geschickt worden, wo sie auf Höfen arbeiten mussten. Im Falle Neupolens war es offenbar, dass die Aussiedlung dort, jedenfalls in der ersten Periode, einen unvernünftigen Verlust wirtschaftlicher Werte bedeutete. Viele Höfe verfielen, andere sind ausgeplündert worden und lagen verlassen da.

Wenn man die Aussiedlung vor dem Hintergrund der heutigen harten Wirklichkeit aus betrachtete, konnte man jedoch eine gewisse Änderung zum Besseren verspüren. Es nützt ja nichts zu klagen. Man muss sich damit begnügen anzudeuten, wie die tatsächlichen Verhältnisse sind. Und dann muss man hoffen, dass es gelingt, das Bestmögliche aus der Lage zu machen.

VI. Die neuen Parteien

Die Arbeiterbewegung wird wieder aufgebaut

Der Beschluss von Potsdam lief darauf hinaus, Deutschland zu demokratisieren. Es wurde festgestellt, dass, mit gewissen Vorbehalten, für jene, die die demokratische Umgestaltung unterstützen wollten, Organisationsfreiheit herrschen solle. Man darf nicht glauben, dass dies einen Massenzustrom in neue Parteien auslöste. Der Antinazismus hatte eine treue Minderheit, auf die er bauen konnte. Im Übrigen musste er sich gegen Apathie, Leere und Dummheit vorankämpfen. Im Herbst 1945 zeigten sicherlich nicht mehr als zehn bis 20 Prozent der Bevölkerung ein aktives und positives politisches Interesse.

Es handelte sich aber nicht nur darum, dass die früheren Nazis und die große stumpfsinnige Masse sich abwartend verhielten. Es bestand kein Anlass, über das Parteileben, das 1933 zugrunde gegangen war, zu jubeln. Es gab ein tiefes und nicht völlig unbegründetes Misstrauen gegen alte Parolen und alte Männer. Dazu kam, dass die Richtlinien der Besatzungsmächte für den Wiederaufbau der Parteien nicht immer gleich glücklich waren. In der russischen Zone wurden im Laufe des Juni 1945 vier Parteizentralen gebildet, für die Kommunisten, die Sozialdemokraten, die Christlichen Demokraten und die Liberaldemokraten. Und dann wurde von oben nach unten organisiert. Die Westmächte entschieden sich dafür, den Parteiaufbau »von unten« erfolgen zu lassen. Erst wollte man nur vorbereitende örtliche Ausschüsse erlauben, dann Ortsabteilungen, die etwas später zu Kreis- und Provinzorganisationen zusammengeschlossen werden konnten. Dieses Verfahren sah demokratischer aus, als es wirklich war. Die ganze vorbereitende Arbeit wurde nämlich alten Parteifunktionären überlassen, und die Mitglieder hatten oft nicht viel zu sagen, wenn die formelle Konstituierung vorgenommen wurde.

Die Arbeiterbewegung machte sich natürlich am stärksten bemerkbar, als das neue Parteileben wieder Form anzunehmen begann. Die Kommunisten waren die einzige Partei, die im Laufe recht kurzer Zeit in ganz Deutschland einen einigermaßen festgefügten Apparat aufbauen konnte. Die Sozialdemokraten brauchten etwas länger. Ihnen fehlte die Stärke, die in einem zentralistischen Parteiaufbau liegt, aber dafür erhielten sie größeren Zulauf. In der Ostzone wurden die Kommunisten ziemlich begünstigt, aber sie erhielten kein Monopol. Marschall Schukow brachte den Sozialdemokraten gegenüber zum Ausdruck, dass er sie als stärkste Partei betrachtete. In Berlin besaß die sozialdemokratische Partei im Laufe weniger Monate 60 000 Einzelmitglieder. In der russischen Zone und Berlin zusammen stieg ihre Zahl von 300 000 im Herbst 1945 auf 500 000 zu Beginn des Jahres 1946. In den Westgebieten war es schwieriger, einen zahlenmäßigen Überblick über die Eintritte zu erhalten. Provinz- und Länderorganisationen wurden erst beim Jahreswechsel 1945/46 zugelassen, und selbst danach waren die Abteilungen vielerorts von der betreffenden Militärregierung noch nicht anerkannt. Ich glaube jedoch, dass man sich im Frühjahr 1946 der Mitgliederzahl näherte, die die Sozialdemokratische Partei besaß, bevor Hitler an die Macht kam. Man nahm nicht jeden Beliebigen auf. Die Anträge wurden genau geprüft und Leute, die sich nazistisch betätigt hatten, abgelehnt.

In Berlin gab es gleich nach dem Zusammenbruch einen sozialdemokratischen Zentralausschuss, mit der Zeitung »Das Volk« als Hauptorgan und mit dem früheren Braunschweiger Reichstagsabgeordneten Otto Grotewohl als Vorsitzendem. Als stellvertretender Vorsitzender fungiert Max Fechner. Er war einer der beiden Überlebenden des illegalen Zwölferkomitees, das eingesetzt wurde, als der Parteivorstand im Jahre 1933 emigrierte. Die beiden wurden durch andere ergänzt und erreichten, dass der neue Ausschuss auf einer großen Funktionärsversammlung in Berlin anerkannt wurde. Diese beanspruchte für sich, die gesamte Partei zu vertreten, bis auf einem Parteitag ein neuer Vorstand gewählt werden konnte. Diesem Standpunkt widersprach jedoch eine Konferenz, die Vertreter der verschiedenen Zonen Anfang Oktober 1945 in Hannover abhielten.[225] Die Sozialdemokraten der Westzonen beschlossen, in Hannover eine eigene Zentrale mit dem früheren Reichstagsabgeordneten Dr. Kurt Schumacher als »Bevollmächtigtem« zu bilden. Wenn es um Tatsachen von Bedeutung für alle Zonen ging, sollten sich Grotewohl und Schumacher treffen und, wenn möglich, sich auf einen gemeinsamen Standpunkt einigen.

Es war unübersehbar, dass die sozialdemokratischen Funktionäre im Westen der Parteileitung im Osten gegenüber eine etwas skeptische Haltung einnahmen. Man befürchtete, dass »die Berliner« sich von den Kommunisten unter Druck setzen oder hinters Licht führen ließen und es vielleicht nicht schafften, ihre Unabhängigkeit gegenüber der Besatzungsmacht aufrechtzuerhalten. Auf die Sozialdemokratie im Osten

225 Gemeint: die Konferenz der SPD der Westzonen in Wennigsen bei Hannover vom 5. bis zum 7. Oktober 1945.

färbten die Verhältnisse unter der sowjetischen Besatzung ab. Aber auch im Westen entstanden Abhängigkeitsverhältnisse. Das Misstrauen zwischen den alliierten Großmächten spiegelte sich in deutschen Parteibildungen wider. Das war ein logisches Ergebnis der Abhängigkeit vom Ausland,[226] das die deutsche Innenpolitik komplett beherrschte.

Man kann sich fragen, was der Grund dafür war, dass die Sozialdemokraten – sowohl im Osten als auch im Westen – so starken Zulauf bekamen. Erstens zeigte es sich noch einmal, dass die Macht der Tradition groß ist. Das sah man übrigens trotz zwölf Jahren Nazismus bei dem ganzen parteipolitischen Wiederaufbau. Zweitens konnten die Sozialdemokraten noch immer auf eine verhältnismäßig breite Schicht von Arbeiter-Funktionären bauen, die *im Großen und Ganzen* den Nazismus abgelehnt hatten. Die meisten waren nicht besonders aktiv, aber sie *waren* da. Eine Reihe von ihnen war in den Konzentrationslagern umgekommen; die anderen waren mehr oder weniger »passiv treu«. Drittens hatten jene Teile der deutschen Bevölkerung, die sich positiv am Aufbau beteiligen wollten, von allem, was an Diktatur erinnerte, die Nase voll. Und die Sozialdemokraten waren dafür bekannt, dass sie 70 Jahre lang die Sprecher der Demokratie in der deutschen Politik gewesen waren. Insofern war äußerlich alles in Ordnung.

Es bestand aber die Gefahr, dass die sozialdemokratischen Führer über diese Vertrauensreserve vergaßen, wie sie mit ihrer schwachen und nachgiebigen Politik Konkurs erlitten hatten. Die Frage war, ob sie eine gute demokratische Tradition mit einer neuen, aktiven Politik verbinden konnten. Von sozialdemokratischer Seite wurde gesagt, dass man sich nicht mit einer formalen Demokratie wie in der Weimarer Zeit begnügen wolle. Zuerst müsse man eine gründliche Säuberung durchführen. Danach gelte es, dafür zu sorgen, dass die neue Demokratie die Fähigkeit und Kraft aufbringe, sich gegen ihre inneren Feinde zu verteidigen. Der Staatsapparat, das Rechtswesen, der Unterricht müssten gründlich reorganisiert werden. Und die Forderungen nach Demokratie dürften nicht auf das politische Gebiet beschränkt bleiben. Das Ziel war eine politische, soziale und wirtschaftliche Demokratie.

Die sozialdemokratische Führung in Berlin arbeitete eine Reihe von programmatischen Erklärungen aus. Sie waren von dem Wunsch geprägt, einerseits das aufrechtzuerhalten, was man marxistische Kontinuität nennen könnte, und andererseits die neuen Verhältnisse zu berücksichtigen, denen man gegenüberstand. Im Westen erklärte Schumacher,

---

226 Gemeint sind hier vor allem die vier Besatzungsmächte.

Kurt Schumacher und Fritz Heine bei einer Sitzung des SPD-Parteivorstandes in den westlichen Besatzungszonen in Hannover 1946.

es sei nicht möglich, ein Programm vorzulegen, das wissenschaftliche Kritik vertrug, bevor man genau über die Konkursmasse Bescheid wisse, die Hitler hinterlassen hatte, und die Daseinsbedingungen genau kenne, die den Überlebenden geboten wurden. Das Programm Schumachers ist durch die englische und die skandinavische Sozialdemokratie geprägt. Im Übrigen darf man die Bedeutung der Programme in einer Periode, in der es sich noch nicht um eigentliche Politik handelte, sondern eher um die ersten tastenden Versuche in dieser Richtung, nicht überbewerten. Nach den programmatischen Erklärungen zu urteilen, herrschte [unter den Parteien] die schönste Einigkeit. Christliche Demokraten redeten dem Sozialismus das Wort, die demokratische Partei in Bayern »distanzierte sich von jeder Form des Kapitalismus«, während die Kommunisten für die freie Initiative Propaganda machten. Das Christentum und die Demokratie tauchen in den meisten Programmen auf. Im Vordergrund stand jedoch die Notwendigkeit, aufzuräumen und aufzubauen. Da war man sich weitgehend einig.

In den meisten Erklärungen von sozialdemokratischer Seite redete man – über die aktuellen Tagesforderungen hinaus – einer wirtschaftlichen Planung und einer sozialen Demokratie das Wort. Das konnte darauf hindeuten, radikalere Methoden anwenden zu wollen als diejenigen, die man 1919 gebraucht hatte – sofern man wieder an die Macht käme. Es bestehe, wurde gesagt, keine Hoffnung, aus dem vorhandenen Chaos herauszukommen, wenn man sich nicht einer sorgfältigen gesellschaftlichen Planung bediene. Man hatte gesehen, dass die bestimmenden Kreise unter den Großgrundbesitzern, der Großindustrie und der Finanzwelt sich mit den nazistischen Gangstern zusammengetan hatten. Das verlieh der Forderung, die Junkerherrschaft zu brechen und wichtige Industriezweige zu sozialisieren, neue Aktualität. Die Richtlinien, die man in Berlin und im Westen skizzierte, liefen jedoch nicht auf eine völlige Sozialisierung hinaus. Sie erinnerten auf viele Weise an Programme, die von der nordischen Arbeiterbewegung vorgelegt worden waren, aber vernünftigerweise mit bedeutenden Änderungen versehen, die eine Folge der neuartigen Lage sind. Man unterstrich, den Mittelstand nicht unterdrücken zu wollen und auch nicht die private Initiative, wo sie eine nützliche Rolle spielen könnte. Der Wunsch, auch neue Schichten gewinnen zu wollen, nicht zuletzt die technische Intelligenz, wurde stark hervorgehoben. Die »westlichen« Sozialdemokraten redeten auch ziemlich viel über die Gefahr der Bürokratisierung.

Ein anderer Hauptpunkt, der die Sozialdemokratische Partei, wie sie 1945 wiedererstand, charakterisierte, war die Betonung des nationalen Moments in dem Sinne, dass man so schnell wie möglich zu einer gemeinsamen wirtschaftlichen und rechtlichen Ordnung über die Zonengrenzen hinaus gelangen wollte. In der ersten Broschüre, die von der Parteizentrale in Hannover verbreitet wurde, stand: »Das Deutsche Reich muß als staatliches und nationales Ganzes erhalten bleiben! Wir können und wollen nicht verzichten auf das fundamentale Grundrecht, das die Welt jedem Volke zubilligt. Wir Sozialdemokraten sind die Todfeinde aller Ablösungsbestrebungen, die um angeblicher Tagesvorteile willen und wegen des Eigennutzes und der Ehrsucht bankrotter Reaktionäre betrieben werden.«[227] Die Sozialdemokraten in Berlin distanzier-

---

227 Erster Aufruf des »Büros Dr. Schumacher« an die Bevölkerung: »Die Sozialdemokratie ruft: Für ein besseres Deutschland!«. Es handelte sich um ein vierseitiges Flugblatt, das Mitte August 1945 verbreitet wurde. Nachdruck in: *Albrecht, Willy* (Hrsg.): Kurt Schumacher: Reden – Schriften – Korrespondenzen 1945-1952, Berlin-Bonn 1985, S. 251-255, Zitat auf S. 254.

ten sich nicht nur von separatistischen, sondern auch von föderalistischen Tendenzen und bekannten sich – übrigens in Übereinstimmung mit den übrigen dortigen Parteiführern – zum Einheitsstaat. In den Westgebieten war diese Frage umstritten. Einige in der Partei empfahlen eine innere Föderalisierung. Im Übrigen machten die Sozialdemokraten im Westen gern geltend, dass die neue Grenze zu Polen ungerecht war. Einige hofften, dass es möglich sein werde, auf der endgültigen Friedenskonferenz Stettin und Breslau zu »retten«.

Die Sozialdemokratie arbeitete jedoch von Anfang an für eine Linie, die auf Frieden und Zusammenarbeit mit anderen Ländern und nicht zuletzt eine neue Zusammenarbeit mit der internationalen Arbeiterbewegung ausging. Die Sprecher der Partei – sowohl in Berlin als auch im Westen – distanzierten sich von der These, dass *alle* Deutschen schuldig sein sollten. Sie fügten aber hinzu, dass sie sich dem gemeinsamen Schicksal der Bevölkerung nicht entziehen wollten und die Reparationsforderungen der Alliierten anerkannten.

Die deutschen Sozialdemokraten waren auch in der neuen Verwaltung stark vertreten. Im Großen und Ganzen waren es *alte* Leute, die man traf, sowohl in der öffentlichen Arbeit als auch in den Parteivorständen. Das war verständlich, aber vorteilhaft war es nicht. Als die Partei in Franken ihre erste Bezirkskonferenz abhielt, war das Durchschnittsalter der Teilnehmer gut 60 Jahre. Die Delegierten wurden von einem Bürgermeister begrüßt, der 1932 – vor 13 Jahren – wegen Krankheit und hohen Alters zurückgetreten war. Die Versammlung wurde von einem Gewerkschaftsveteranen geleitet, der die 80 bereits überschritten hatte. Viele der Fünfzigjährigen waren älter, als es ihren Jahren entsprach. Ich habe bereits auf die »Vergreisung« als gesellschaftliches Problem hingewiesen. Sie ist auch ein Parteiproblem. Schon vor Hitler war die Sozialdemokratie eine alte Partei. Eine Untersuchung im Jahre 1931 zeigte, dass die Altersklassen von 35 bis 60 Jahren die Hauptmasse der Mitglieder stellten. Jede Fünfjahresgruppe von 30 bis 50 Jahren war ungefähr doppelt so stark vertreten wie die Altersklasse von 20 bis 25 Jahren. Die Alterspyramide war bei den Funktionären und den Fraktionen nicht günstiger, eher schlechter. Die meisten der Parteiführer waren schon nicht mehr jung, als Hitler an die Macht kam; sie sind seitdem nicht jünger geworden. Dazu kommt, dass Namen wie Gustav Noske, Karl Zörgiebel und Carl Severing politisch belastet sind, was in den Westzonen eine gewisse Rolle spielt.

Sowohl Grotewohl als auch Schumacher stellten fest, dass man nicht den Versuch machen dürfe, da weiterzumachen, wo man stehen geblieben war, dass es also kein »neues Weimar« geben dürfe. Schumacher sagte, was Not tue, sei der Neuaufbau, nicht der Wiederaufbau. Er wies darauf hin, dass Deutschland in noch stärkerem Maße als im Jahre 1918 von einer »Politik der verpassten Gelegenheiten« bedroht sei, und er warnte davor, »die Methoden der Restauration gegenüber einer weltrevolutionären Umgestaltung zu benutzen«.[228] Man muss nun sehen, wie weit die Erneuerung wirklich geht. Es versprach nichts Gutes, dass der Wille gering ist, frühere Fehler einzugestehen. Angebracht wäre Selbstkritik, und mit ihr zusammen eine wirkliche Erneuerung. Das wäre offenbar eine Voraussetzung, um jenen Auftrag erfüllen zu können, der in sozialdemokratischen Programmerklärungen genannt wurde, nämlich die Führung in einem neuen Deutschland zu übernehmen, das Ost und West, »Sozialismus und Freiheit« verknüpft.

Über die Kommunisten kann man zunächst feststellen, dass sie sehr aktiv waren. Viele der Funktionäre waren ermordet worden, aber eine ganze Menge kehrte dennoch aus den Konzentrationslagern zurück. Aus Moskau kam eine komplette Parteiführung, und der Apparat war bereits zu einem sehr frühen Zeitpunkt installiert und funktionstüchtig. Die Kommunisten hatten eine recht starke wirtschaftliche Grundlage, und es wurden viele fest besoldete Funktionäre angestellt. In Bremen gab es, um ein Beispiel zu nennen, im Januar 1946 pro 1000 Mitglieder 13 Sekretäre und drei Kuriere (die Sozialdemokraten hatten auf 2000 bis 3000 Mitglieder zwei Sekretäre).

Den alten kommunistischen Kadern fiel es nicht immer leicht, die neuen Parolen zu verstehen. Die Veränderung seit der Zeit von vor 1933 war ja auch sehr groß. Die Kommunisten stellten keine Oppositionspartei mehr dar. In der russischen Zone waren sie in allen Zweigen der Verwaltung vertreten. In der amerikanischen Zone hatten sie Vertreter in den Redaktionen der gemeinsamen Zeitungen und in den kommunalen

---

228 Beide von Brandt zitierten Gedanken Schumachers entstammen dessen Kieler Rede vom 27. Oktober 1945, die Anfang 1946 als Broschüre veröffentlicht wurde. Während das erste Zitat (»Politik der verpassten Gelegenheiten«) korrekt ist, lautet das zweite: »Gegenüber einer weltrevolutionären Umgestaltung der Dinge und Menschen operiert man mit den Methoden der Restauration und des Fortwurstelns«. Mit »man« meinte Schumacher die bürgerlichen Gegner der Sozialdemokratie. Vgl. *Scholz, Arno / Oschilewski, Walther G.* (Hrsg.): Turmwächter der Demokratie. Ein Lebensbild von Kurt Schumacher. Bd. 2: Reden und Schriften, Berlin 1953, S. 36. Zur Datierung der Rede vgl. *Albrecht 1985*, S. 109.

Organen. Es gab kommunistische Minister in der bayerischen, württembergischen und hessischen Regierung. Bei den Engländern hielt man sie zunächst in gewissem Grade fern, aber allmählich übernahmen sie auch dort eine ganze Reihe öffentlicher Funktionen, waren zuerst im Hamburger Senat und dann in den verschiedenen beratenden Versammlungen vertreten. Die Partei nahm im Gegensatz zu früher eine positive Haltung zur Demokratie und zum Parlamentarismus ein. Man unterschied klar zwischen einem grundsätzlichen Programm und aktuellen Forderungen. Ebenso wie in anderen Ländern trat die Kommunistische Partei auch in Deutschland mit dem Anspruch einer »nationalen Volkspartei« auf. Die Haltung anderer antinazistischer Gruppen gegenüber war nicht sektiererisch, sondern fast umarmend, wenngleich die Kritik mitunter sehr scharf sein konnte. Die Türen standen für neue Mitglieder offen, und in den neuen Statuten hieß es ausdrücklich, dass diejenigen, die beitraten, nicht notwendigerweise die »philosophischen« Auffassungen der Partei billigen müssen.

In den russisch besetzten Gebieten entsprach der Zustrom, jedenfalls im ersten halben Jahr, nicht den Erwartungen. Die hauptsächliche Ursache war wohl, dass die Partei mit der Besatzungsmacht identifiziert wurde. Deren nicht gerade zimperliches Auftreten, insbesondere in der ersten Periode, und der umfassende Abtransport von Maschinen erzeugten eine Aversion gegen die Kommunisten, auch in Arbeiterkreisen, wo es einem unter anderen Verhältnissen leichter gefallen wäre, sich ihnen anzuschließen. Das zeigte sich bei einer ganzen Reihe von Betriebsratswahlen, die im Herbst 1945 abgehalten wurden. Vielerorts einigten sich die beiden Arbeiterparteien auf einheitliche Listen, und man stimmte häufig per Handzeichen ab. Aber in den Fällen, in denen es Parteikandidaten gab, geschah es, dass sich die Kommunisten mit einem Zehntel der Stimmen, die die Sozialdemokraten erhielten, begnügen mussten. Das betraf sogar Betriebe, die vor 1933 als kommunistische Hochburgen angesehen wurden. Bei der Berliner Verkehrsgesellschaft wurden 35 Sozialdemokraten und neun Kommunisten gewählt, bei den Bunawerken in Leipzig 29 Sozialdemokraten, zehn Christliche und ein Kommunist, bei Leuna in Halle-Merseburg 26 Sozialdemokraten, fünf Christliche und ein Kommunist. Die Mitgliederzahl der Kommunisten in Berlin lag auch erheblich unter der der Sozialdemokraten. Dasselbe war in anderen Städten der Fall. Im ersten Bezirk Dresdens hatten die Sozialdemokraten zum Beispiel im Januar 1946 4420 Mitglieder und die Kommunisten 1250. Die sozialdemokratische Parteiorganisation im Osten registrierte zu diesem Zeitpunkt täglich etwa 2000 neue Mitglieder.

Die Partei stand in gewissen westlichen Bezirken *relativ* stärker da als im Osten. In den Westzonen fielen ja die Maßnahmen der Besatzungsmacht als belastendes Moment fort. Dort war es im Gegenteil so, dass die Kommunisten schärfste Kritik an der Politik der Alliierten übten. Bei den Betriebsratswahlen im Ruhrgebiet Ende 1945 zeigte sich, dass die kommunistischen Listen vielerorts 60 bis 65 Prozent der Stimmen erhielten. Ähnlich war es bei den Großbetrieben in Bremen und bei der bekannten Werft Blohm & Voß (die damals noch bestand) wurden sieben Kommunisten gegen drei Sozialdemokraten gewählt. In praktisch ganz Nord-, Süd- und Südwestdeutschland waren die Kommunisten indessen bedeutend schwächer als die Sozialdemokraten.

Die Kommunisten traten, wie gesagt, mit einem demokratischen Programm auf. Es gab jedoch nicht wenige, die sie im Verdacht hatten, aus taktischen Rücksichten so aufzutreten. In diesem Zusammenhang fiel ein Passus im Aufruf des Zentralkomitees im Sommer 1945 auf, worin es hieß, dass das Sowjetsystem nicht den »gegenwärtigen« Entwicklungsbedingungen Deutschlands entspräche und dass man »gegenwärtig« für eine antifaschistisch-demokratische Republik einträte.

Als der Krieg zu Ende ging, gab es Leute weit außerhalb der Arbeiterbewegung, die meinten, dass der deutsch-russischen Zusammenarbeit die Zukunft gehöre. So wie die Verhältnisse sich entwickelten, trat diese Tendenz – die auch in militärischen und nationalistischen Kreisen eine alte Tradition hatte – entsprechend in den Hintergrund. Es wurde ein ausgesprochenes »draw-back« für die Kommunisten, dass sie, nach der Meinung vieler, ihre Politik nicht in erster Linie nach den Verhältnissen in ihrem eigenen Lande entwickelten. Die Kritiker innerhalb der Arbeiterbewegung machten auch geltend, dass die kommunistische Partei in ihrem Aufbau nicht wirklich demokratisch war. Auf einer Konferenz in Heidelberg distanzierte sich der sozialdemokratische Redner – der im Übrigen für »ehrliche Gespräche mit den Kommunisten« eintrat – sehr bestimmt von dem, was er »Kapo-Kommunismus auf Dachauer Grundlage« nannte.[229]

Wenn es darum ging, die gemeinsame Verantwortung der Deutschen einzugestehen, machten die Kommunisten weniger Vorbehalte geltend als die übrigen Parteien. Sie kritisierten auch die Missgriffe und Nachgiebigkeit der Weimarer Republik scharf. Was sie selbst betraf, fiel es ihnen jedoch – so wie vielen Sozialdemokraten – schwer, irgendwelche Fehler einzugestehen. Das verringerte die Wirkung ihrer sonstigen kritischen Untersuchung.

229 Redner und Zitat nicht nachweisbar.

Die Frage der neuen Ostgrenze wurde von den kommunistischen Rednern nicht berührt. Dagegen distanzierten sie sich entschieden von Separatismus, Föderalismus und von allen Grenzverschiebungen im Westen.

Sie hatten hinsichtlich der Entnazifizierung ein bestimmtes Programm. Und es kann kein Zweifel bestehen, dass sie es ernst meinten, selbst wenn ihre Kritiker geltend machten, dass bei ihnen eine starke Neigung vorhanden sei, den »kleinen Sündern«, die der Partei beitreten wollten, zu vergeben. Auf wirtschaftlichem Gebiet gingen die Vorschläge der Kommunisten nicht sehr weit. Sie waren durchweg praktischer Natur.

In den Arbeitsprogrammen gab es in Wirklichkeit keine größeren Unterschiede zwischen den beiden Arbeiterparteien. Man kann daher fragen, warum sie nicht zusammengingen. Diese Frage wurde auch von manchen deutschen Arbeitern gestellt. Es bestand kein Zweifel daran, dass die große Mehrzahl von ihnen ursprünglich eine Vereinigung wünschte. Sie hatten die Ergebnisse der Spaltung gesehen. Wäre im Sommer oder Herbst 1945 eine geheime Abstimmung durchgeführt worden, hätte eine große Mehrheit sowohl der sozialdemokratischen als auch der kommunistischen Parteimitglieder für eine sozialistische Einheitspartei gestimmt.

Sobald der Krieg zu Ende war und man die ersten tastenden Schritte hin zu einer politischen Tätigkeit unternahm, gab es eine Reihe spontaner Einigungsversuche. In den letzten Apriltagen, während noch um Berlin gekämpft wurde, trat Max Fechner im Namen des Zentralausschusses der Sozialdemokraten an die kommunistischen Funktionäre mit dem Vorschlag heran, sofort die Bildung einer vereinigten Partei zu fordern. Fechner erhielt keine Antwort, und mehrere neue Vorstöße im Laufe der nächsten Wochen blieben ebenfalls ohne Ergebnis. Überall in den verschiedenen deutschen Städten waren in der Zwischenzeit »Antifa«-Komitees mit aktiven Mitgliedern aus beiden Parteien, oft auch aus unabhängigen sozialistischen und demokratischen Gruppen und häufig auf Initiative noch vorhandener illegaler Gruppen, hervorgegangen. In Braunschweig, Hamburg und andernorts wurden Vorbereitungen getroffen, die Vereinigung schon von Anfang an durchzuführen. Aber es kamen Gegenparolen vom Zentralkomitee der Kommunistischen Partei, in den Westzonen auch von führenden Sozialdemokraten. Das Zentralkomitee vertrat den Standpunkt, dass die ideologischen Probleme zu klären seien, bevor von einem organisatorischen Zusammengehen die Rede sein konnte. Die führenden Sozialdemokraten in Westdeutschland waren einer Vereinigung gegenüber sehr skeptisch, jedenfalls unter den gegebenen Umständen.

In Berlin wurde indessen, gleich nachdem die Parteien ihre Arbeit wieder aufgenommen hatten, ein sozialistisch-kommunistisches Verbindungskomitee gebildet. Eine seiner Aufgaben sollte darin bestehen, die organisatorische Vereinigung zu einem späteren Zeitpunkt vorzubereiten. Im Dezember 1945 wurde dann ein gemeinsamer Aufruf veröffentlicht, in dem man seinen Willen bekundete, die Vereinigungsarbeit zu beschleunigen. Aber dazu später mehr.

Das Verhältnis zwischen den beiden Parteien im Jahre 1945 war nicht dasselbe wie vor Hitler. Es gab viel gegenseitiges Misstrauen, doch bekämpfte man sich nicht mehr bis aufs Messer. In den Gewerkschaften, Gemeinden und in der Verwaltung der Länder wurde vielerorts eine recht enge Zusammenarbeit zwischen den Vertretern beider Parteien aufgenommen. Die Kommunisten übernahmen ihren Teil der Verantwortung. Ihre Vertreter erfüllten nicht immer die Anforderungen, aber das taten die der anderen auch nicht. Die Kommunisten waren durchweg etwas jünger als die Sozialdemokraten. Viele meinten, dass der Charakter der Partei selbst durch die neue Politik, die verfolgt wurde, beeinflusst werden müsse. Sonst wäre es nicht leicht, die Partei zusammenzuhalten. Das ist eine Frage, auf die die Zukunft noch antworten muss.

Auf der Potsdamer Konferenz wurde beschlossen, außer politischen Parteien auch freie gewerkschaftliche Organisationen zu bilden. In Berlin wurde ein Vorstand des »Freien Deutschen Gewerkschaftsbundes« eingesetzt. In den westlichen Zonen ordnete man hingegen an, dass der Aufbau, wie bei den Parteien, »von unten« erfolgen müsse.

Unabhängig von dem gewerkschaftlichen Wiederaufbau wurden bereits im Sommer und Herbst 1945 Vertrauensleute an den Arbeitsplätzen gewählt. Der Kontrollrat in Berlin war der Auffassung, dass die an den verschiedenen Stellen gewählten Vertrauensleute Organisationsausschüsse zu errichten hätten. Diese Ausschüsse sollten die Initiative zur Bildung von Gewerkschaften und örtlichen Gewerkschaftskartellen ergreifen. Von den Kartellen sollte der Aufbau zu Bezirksorganisationen, Zusammenschlüssen in den verschiedenen Provinzen und Ländern und schließlich zur Spitze – dem neuen deutschen Gewerkschaftsbund – fortschreiten.

Die Durchführung dieser – wenngleich etwas komplizierten – Richtlinien wurde von französischer Seite verhindert. Das trug dazu bei, dass der örtliche Wiederaufbau durch recht verschiedenartige Organisationsprinzipien geprägt war. In Hamburg griff man zum Beispiel auf die alte Gewerkschaftsform zurück. In Nürnberg wurde dagegen ein Gewerkschaftskartell gebildet, das sich nur in verschiedene Zweige aufteilte. In

Frankfurt am Main wählte man einen Mittelweg. Auch dort wurde eine gemeinsame Organisation mit gemeinsamen Statuten und Beiträgen gebildet, aber mit verhältnismäßig großer Selbständigkeit der vierzehn Industriegruppen. Im Rheinbezirk trat man für die Industriegewerkschaftsform ein, die in vielen Teilen Deutschlands große Zustimmung gefunden hatte. In der Ostzone wurde diese Organisationsform dem Wiederaufbau zugrunde gelegt. Das Prinzip sollte sein, an jedem Arbeitsplatz nur *eine* Gewerkschaft zuzulassen. Die Angestellten, die Beamten und die freien Berufe sollten dem neuen Gewerkschaftsbund angehören. Der Gedanke des Zusammenschlusses wurde so ausgeführt, dass man die alte Aufteilung in sozialistische, christliche, »unpolitische« und »revolutionäre« Gewerkschaften vermied.

In den Westzonen setzten sich die sozialdemokratischen Funktionäre am stärksten durch. Das entsprach im Großen und Ganzen den herrschenden Kräfteverhältnissen und den vorhandenen Kräften. In der Ostzone spielten die Kommunisten in der neuen Gewerkschaftsbewegung eine verhältnismäßig große Rolle. In der provisorischen Leitung, die sich in Berlin bildete, erhielten die Kommunisten vier Vertreter, während die anderen vier Plätze zwischen den Sozialdemokraten und den Christlichen Demokraten geteilt wurden.

Organisatorisch machte man in den russischen Gebieten schnelle Fortschritte. Anfang des Jahres 1946 rechnete man damit, dass die 18 Industriegewerkschaften zusammen anderthalb Millionen Mitglieder hatten. Über die Hälfte von ihnen lebten in Sachsen, davon 123 000 in Leipzig und 100 000 in Dresden. Berlin hatte ungefähr 300 000 Mitglieder (es ist interessant festzustellen, dass nicht weniger als ein Sechstel von ihnen zur Gewerkschaft der Handels- und Büroangestellten gehörte). In den anderen Zonen lagen die Zahlen niedriger, da der organisatorische Aufbau erheblich später in Gang gekommen war. In den amerikanischen Gebieten (ausgenommen den amerikanischen Sektor von Berlin) gab es am 1. Februar 1946 etwa 400 000 Mitglieder, davon 175 000 in Württemberg-Baden, 103 000 in Hessen und 100 000 in Bayern. In der britischen Zone gab es im März 1946 etwa 800 000 Gewerkschaftsmitglieder. Ich glaube, man kann davon ausgehen, dass die Gewerkschaftsbewegung im Frühjahr 1946 insgesamt eine Mitgliederzahl von gut drei Millionen hatte.

Die neue deutsche Gewerkschaftsbewegung setzte sich dafür ein, sehr große Arbeitsaufgaben zu lösen. Die Vertrauensleute oder die Betriebsräte hatten in vielen Fällen eine bedeutende Leistung gezeigt, indem sie dafür sorgten, dass die Produktion wieder in Gang kam. Sie unterstützten die Entnazifizierung und trugen oft dazu bei, eine neue und wirkungsvolle Betriebsleitung zu bilden. Die Gewerkschaftsbewegung wünschte, die Betriebsräte nicht nur nach den gesetzlichen Vorschriften wiederzuerrichten, die es zur Weimarer Zeit gab, sondern ihnen zentrale Funktionen als früher zuzuweisen. Sie sollten Organe einer wirtschaftlichen Demokratie werden, und das sollte in einem neuen Betriebsrätegesetz verankert werden. Die Vertreter der Arbeiter und der Angestellten sollten direkten Einfluss auf die Leitung der Betriebe erhalten. Man wollte, dass die Gewerkschaftsbewegung außerdem bei der Bildung von Branchen- und Planungsausschüssen vertreten sein sollte. Prinzipiell verlangte man das Streikrecht zurück, aber gedachte nicht, es aus Jux und Dollerei anzuwenden. Durchweg war man sich darüber im Klaren, dass das Streik- und Mitbestimmungsrecht in Wirtschaftsfragen mit einer produktionsfreundlichen Politik verbunden werden müsse. Die Gewerkschaftsfunktionäre wussten, dass die Arbeitskraft der einzige große wirtschaftliche Wert war, der übrig geblieben war. Nur durch unermüdliche Arbeit konnte man darauf hoffen, wieder auf die Beine zu kommen.

Die Lohnfrage spielte zunächst keine zentrale Rolle. Aber man war natürlich lebhaft daran interessiert, einen Zusammenbruch des Finanzwesens zu verhindern und den Reallohn so weit wie möglich zu sichern. Die Gewerkschaften arbeiteten außerdem dafür, wieder Kollektivverträge abzuschließen. Man wollte, dass das Arbeitsrecht wiederhergestellt und erweitert würde. Ein besonders großes Arbeitsfeld war die Neuordnung der Sozialversicherungen. Die erste Aufgabe musste sein zu retten, was zu retten war. Auf etwas längere Sicht trat die Gewerkschaftsbewegung für eine völlige Modernisierung des ganzen Versicherungswesens ein, derart, dass die verschiedenen Einrichtungen zusammengelegt werden. Voraussetzung hierfür war von Anfang an, dass die Selbstverwaltungsorgane der Versicherungen wiedererrichtet und erweitert werden.

Die neue Gewerkschaftsbewegung hatte jedoch auch allgemeinere Aufgaben. Es war im Interesse der Deutschen, dass die Bewegung sich parteipolitisch neutral verhielt. Außerdem verlangten dies die Alliierten. Sie sollte den Wiederaufbau unterstützen, ohne eine politische Partei zu werden. Die Erfahrungen zeigten, dass die Entnazifizierung des Wirtschaftslebens – und sein Wiederaufbau – durch einen aktiven Gewerkschaftsbund gefördert würden. Er hatte auch eine wichtige Aufgabe im Kampf gegen den Militarismus und für die Umerziehung breiter Bevölkerungsschichten.

Außer den Arbeiterparteien existierten also die Christlich-Demokratische Union und die Liberal-Demokratische Partei. In Wirklichkeit machten sich jedoch weit mehr Strömungen bemerkbar. Betrachten wir zuerst die Liberal-Demokraten. Deren Leitung und Zentralorgan saßen in Berlin. Darüber hinaus gab es in den Bezirken zunächst ziemlich wenige Abteilungen, und die demokratischen Vereinigungen, die neu entstanden, hatten oft keine Verbindung zur Zentrale. Allmählich fand ein gewisser Sammlungsprozess statt, indem sich verschiedene örtliche Parteibildungen in den »liberalen« Parteirahmen einordneten. Dies trifft auf Gruppen zu wie die »Deutschen Demokraten« in Bayern, die »Partei Freier Demokraten« in Hamburg, die »Demokratische Volkspartei« in Württemberg und Bremen, die »Demokratische Union« in Oldenburg und die »Deutsche Sammlung« in Lübeck. Der genannte Parteiaufbau »von unten« förderte die Bildung örtlicher Sondergruppen. Die Besatzungsbehörden wünschten jedoch andererseits, dass es nicht viel mehr als vier Parteien gebe. Das ist auch ein Wunsch unter Deutschen, sowohl in führenden politischen Kreisen als auch – wie Meinungsumfragen gezeigt haben – unter der Bevölkerung. Niemand war von der Parteieninflation begeistert, die vor dem Nazismus existierte. Man ist darauf bedacht, bei der Ausarbeitung der Wahlordnungen Splitterparteien Hindernisse in den Weg zu legen.

Die Liberal-Demokraten stehen als Partei auf recht schwachen Füßen. Der erste Parteivorsitzende war Waldemar Koch, dann übernahm Dr. Wilhelm Külz das Amt. Die von der vorläufigen Zentralleitung in Berlin herausgegebenen Erklärungen haben natürlich einen ausgesprochen antinazistischen Inhalt. Die Bezirksorganisationen hoben teilweise noch stärker hervor, dass die Menschenrechte und die grundlegenden Prinzipien der Demokratie zum Parteiprogramm gehören. Es wurde darauf hingewiesen, dass man sich einer gewissen gesellschaftlichen Kontrolle und Regelung nicht widersetzen wolle. Die liberal-demokratischen Gruppen haben jedoch durchweg eine entschieden antisozialistische Tendenz. Sie sind die Bannerträger des »gesunden« Kapitalismus in einer kranken Gesellschaft, die aller Wahrscheinlichkeit nach nicht mit Hilfe kapitalistischer Rezepte gesunden kann. Die Liberalen haben keine großen Aussichten, Anhänger unter den Bauern zu finden. Ein Industriekapitalismus alter Prägung wird den Umgestaltungsprozess kaum überleben und somit auch nicht die Grundlage einer Organisation nach dem Muster der alten »Deutschen Volkspartei« werden können. Es ist noch zu früh zu sagen, wie es den liberalen Demokraten ergeht. Im April 1946 begann die Situation klar zu werden, indem es für die Westzonen zur Bildung einer »Freien Demokratischen Partei« und in der britischen Zone einer »Deutschen Konservativen Partei« kam.

Die einzige große Parteibildung neben den beiden traditionellen Flügeln der Arbeiterbewegung sind die »Christlichen Demokraten«. Die Partei wurde von Leuten ins Leben gerufen, die in der Illegalität gegen Hitler gearbeitet haben, darunter der erste Vorsitzende, der frühere Zentrumsminister Andreas Hermes, der neue Vorsitzende, der Gewerkschaftsführer Jakob Kaiser, sowie Theodor Steltzer. Über die organisatorische Situation der Partei lässt sich schwer etwas sagen. Es ist jedoch sicher, dass sie viele Stimmen gewinnt. Das zeigte sich bereits bei den ersten Gemeindewahlen in der amerikanischen Zone.

Die Christlich-Demokratische Union hat die alte Zentrumspartei abgelöst. Während das »Zentrum« katholisch war, will die »Union« jedoch versuchen, Katholiken und Protestanten in ein und derselben Partei zusammenzuführen. Bereits dieser Teil der Arbeit ist mit großen Schwierigkeiten verbunden. Als grundsätzliche Richtlinie einigte man sich darauf, dass an Orten, wo eine katholische Mehrheit vorhanden ist, die Katholiken den Vorsitzenden und die Protestanten den stellvertretenden Vorsitzenden stellen sollten. In Gemeinden mit protestantischer Mehrheit sollte es umgekehrt sein. Was die Partei zusammenhält, ist die Überzeugung, dass das Christentum das neue gesellschaftliche Leben durchdringen sollte, und der Wunsch, dass die Stellung der Kirche gesichert werden soll, nicht zuletzt innerhalb der Schulen. Die Führer der Union haben andererseits zum Ausdruck gebracht, dass sie nicht beabsichtigen, eine *klerikale* Partei zu schaffen. Laut ihren Äußerungen wünschen sie nicht, dass Geistliche an der politischen Arbeit teilnehmen. Viele von ihnen tun es jetzt zwar trotzdem, aber auf Dauer ist das für die Kirche kaum von Vorteil.

Die »Union« ist teilweise Exponent einer verstärkten Religiosität (die es zweifellos gibt). Sie zieht aber vor allem Nutzen aus dem legalen oder halblegalen Dasein, das die religiösen Organisationen unter dem Nazismus haben aufrechterhalten können. Allerdings provoziert die Darstellung, dass sich nur die Kirchen vom Nazismus distanziert hatten, heftige Kritik. Ebenso deutlich kritisieren viele die Tatsache, dass die Religion nach ihrer Auffassung für parteipolitische Tätigkeiten missbraucht werde. Einige fürchten, dass dieselben bürgerlichen Kreise, die früher den nationalen Gedanken benutzten, jetzt dabei sind, dasselbe mit dem Christentum zu tun. Jedenfalls kann man *nicht sagen*, dass das Christentum in Deutschland in Gefahr sei.

Die führenden Christlichen Demokraten in Berlin brachten frühzeitig zum Ausdruck, dass die Partei zu sozialen Fragen eine ausgesprochen positive Haltung einnehmen wolle. Sie traten für einen »wahren Sozialismus« ein, der nicht mit Klassenkampf identisch sein sollte. Zur Haupttendenz in der weiteren Entwicklung der Partei wurde jedoch – teilweise mit Polemik gegen die Arbeiterparteien – die Verteidigung des privaten Eigentumsrechtes. An einigen Orten entwickelte sich die »Union« sehr bald zu einer Sammelorganisation für die »Wähler rechts von der Sozialdemokratie«. Das zeigte sich zum Beispiel in Schleswig-Holstein, wo ein Aufruf zu einer derartigen Sammlung zum Jahreswechsel 1945/46 von dem früheren demokratischen Parlamentarier Dr. Struve, dem Volksparteiler Schröter[230] und dem früheren deutsch-nationalen Reichstagsabgeordneten Schlange-Schöningen unterschrieben wurde. Anfang des Jahres 1946 war die Situation noch etwas unklar. Das zeigte sich auch in der Haltung der Partei zur »nationalen« Frage. An einigen Stellen sah es so aus, als ob Leute der Union nationalistische Töne anschlagen wollten. Ihr Hauptorgan in Berlin, die »Neue Zeit«, und mehrere Redner der Partei rechneten jedoch klar mit dem Nationalismus ab. Sie sagten viel Richtiges über die Verantwortung für den Nazismus und über die ideologischen Wurzeln des Hitlerismus. Ansonsten verfochten die meisten Leute der Union ein föderalistisches Staatsprogramm für das künftige Deutschland.

Es ist ungewiss, ob der Vereinigungsprozess, der im Namen der Union vor sich gegangen ist, fortgeführt oder durch eine neue Spaltung abgelöst wird. In Rheinland-Westfalen kam es bereits im Laufe des Herbstes 1945 zu einer Spaltung. Junge Katholiken und Leute aus der früheren christlichen Gewerkschaftsbewegung brachen mit der Union und bildeten ein »Neues Zentrum«. Sie machten geltend, dass sie sich nicht an der Bildung einer konfessionellen Partei mit Front gegen die Arbeiterbewegung und der Tendenz, zahlreiche frühere Nazis aufzunehmen, beteiligen wollten. In Bayern schloss sich die frühere Bayerische Volkspartei mit anderen Gruppen zusammen und bildete eine Partei, die die »Christlich-*Soziale* Union« genannt wurde. Es war aber offenbar, dass dieser Zusammenschluss ziemlich viel politischen Sprengstoff enthielt.

Die bayerische Union erhielt auch einen recht gefährlichen Konkurrenten, als es die Amerikaner im Januar 1946 für angebracht hielten, die Organisierung der bayerischen »Königspartei« zu erlauben, die behauptete, 250 000 Mitglieder zu haben. Es war kein Geheimnis, dass diese Be-

---

230 Bei Brandt: Struwe und Schröder.

wegung, die eine Volksabstimmung im Auge hatte, um die Wittelsbacher wieder auf den Thron zu bringen, von französischer Seite ermuntert wurde. In gewisser Weise begünstigten die französischen Stellen in ihren Besatzungsgebieten die Bildung föderalistischer beziehungsweise separatistischer Gruppen. In Westdeutschland entstand auch eine »Volkspartei«, die für die Unabhängigkeit des Rheinlandes eintrat. In Norddeutschland stieß man auf eine andere besondere Erscheinung. In Hannover begannen die »Welfen«, die für Föderalismus oder auch eine Loslösung von Deutschland sowie den Anschluss an das britische Commonwealth eintraten, ihre Arbeit unter dem Namen »Niedersächsische Landespartei« wiederaufzunehmen. Früher hieß sie die »hannoversche« Partei, aber das Tätigkeitsfeld wurde jetzt auf andere Teile Norddeutschlands ausgeweitet. Das Schicksal dieser Parteibildungen steht und fällt mit der Unterstützung und Ermunterung, die sie von anderen Ländern bekommen oder nicht bekommen.

Mitglieder der Christlich-Demokratischen Union der verschiedenen Zonen trafen sich Mitte Dezember 1945 in Godesberg. Sie verabschiedeten eine Erklärung des Inhalts, dass die Deutschen erst eine ernste Selbstprüfung durchmachen müssten, bevor eine wirkliche Demokratie aufgebaut werden könne. Ein neues Deutschland müsse sich auf die Anerkennung von Frieden und Recht und die Zugehörigkeit zum »westlichen Kulturkreis« gründen. Die Einheit des Reiches solle erhalten werden, aber auf der Grundlage einer föderalistischen Neugestaltung. Die Union erkenne das private Eigentumsrecht an, hieß es weiter, aber die Naturschätze sollten Volkseigentum werden. Der Bergbau und andere monopolartige Schlüsselunternehmen sollten dem Staat unterstellt werden. Die Konferenz trat für einen »Sozialismus aus christlicher Verantwortung« ein.

Viele innerhalb der Union distanzierten sich jedoch von dem »sozialistischen« Kurs. Und in Berlin machte die Partei kurz vor Weihnachten 1945 ihre erste ernste Krise durch. Es bestanden gewisse Meinungsverschiedenheiten zwischen den Führungen der Union und der Arbeiterparteien. Der Vorstand der Union opponierte gegen die Art und Weise, in der die Bodenreform durchgeführt wurde, und verlangte Entschädigungszahlungen. Er hegte auch Bedenken gegenüber der radikalen Säuberung von kleinen Nazis und war vor allem nicht damit einverstanden, dass der Religionsunterricht in den Schulen zur Disposition gestellt werden sollte. Eine Reihe von Parteiorganisationen in der russischen Zone sprach sich gegen die Leitung in Berlin aus. Danach erfolgte eine Umbildung des Vorstandes – auf Konferenzen, an denen Vertreter der

Besatzungsmacht teilnahmen und wo zum Ausdruck gebracht wurde, dass der Parteivorsitzende nicht mehr das Vertrauen des Marschalls Schukow genieße. Hermes und der stellvertretende Vorsitzende Schreiber traten zurück und wurden durch die christlichen Gewerkschaftsführer Kaiser und Lemmer abgelöst.

Professor Gustav Radbruch in Heidelberg – ehemals sozialdemokratischer Justizminister – schrieb Ende des Jahres 1945 einen bemerkenswerten Artikel über das neue deutsche Parteileben. Er fand, dass sämtliche Parteien – abgesehen von den »Liberalen«, die er überhaupt nicht dazuzählte – für ein organisiertes Wirtschaftsleben und für die Sozialisierung bedeutender Wirtschaftszweige eintraten. Eine andere Möglichkeit gebe es nicht, wenn man mit dem Wiederaufbau in Gang kommen wolle. Die Frage, wieweit man bei der Reorganisierung des deutschen Wirtschaftslebens sozialistischen Vorstellungen folgen sollte, werde keine bedeutende Trennlinie mehr sein. Radbruch meinte daher, dass eigentlich nur für zwei große Parteien Platz sei: marxistische Sozialisten und christliche Sozialisten. Die Kommunisten und die Sozialdemokraten sollten zusammengehen können. Diejenigen, die den Marxismus ablehnten, aber von den grundlegenden Werten des Christentums überzeugt seien, sollten sich in der Christlich Demokratischen Union zusammenschließen.[231]

Ganz so einfach war es nun in Wirklichkeit nicht. Es ist nichts Neues, dass religiöse Fragen in der deutschen Politik eine Scheide bilden. Die Sozialdemokraten lehnen jedoch mit Bestimmtheit die religionsfeindliche Haltung ab, die in den Kinderjahren der Bewegung vorherrschte. In Bayern, wo der katholische Einfluss besonders dominiert, trat der sozialdemokratische Ministerpräsident Hoegner sehr früh für eine positive Zusammenarbeit zwischen Staat und Kirche ein. Anderenorts empfahlen die Vertreter der Partei gemeinsame Schulen, wo alle religiösen Bekenntnisse zu Worte kommen konnten. Auf der einen Seite machte man geltend, dass Deutschland sich keinen Kulturkampf leisten könne, und auf der anderen

---

231 *Radbruch, Gustav:* Neue Parteien – neuer Geist, in: *Rhein-Neckar-Zeitung* vom 1. Dezember 1945, Nachdruck in: Gustav Radbruch-Gesamtausgabe, hrsg. von *Arthur Kaufmann,* Bd. 14, Heidelberg 2002, S. 68 ff. Brandts Wiedergabe von Radbruchs Artikel enthält zwei Abweichungen: Radbruch schreibt nicht, Kommunisten und Sozialdemokraten sollten zusammengehen können, sondern: »Ihr Verhältnis zu einander ist noch nicht endgültig geklärt: Werden sie miteinander wetteifern oder werden sie sich mit einander verschmelzen, werden sie getrennt marschieren oder werden sie vereint schlagen? So oder so – gleichviel, sie werden nur zwei Spielarten sein der einen großen sozialistischen Arbeiterbewegung« (S. 68). Statt »Christlich Demokratischer Union« heißt es bei Radbruch: »Christlich-soziale Union«.

Seite, dass dem nichts im Wege stehe, gleichzeitig ein guter Christ und ein guter Sozialdemokrat zu sein. Die Kommunisten hoben mit Bestimmtheit hervor, dass sie nicht beabsichtigten, die Religion anzugreifen. Radbruchs Trennung zwischen marxistischem und christlichem Sozialismus war ziemlich schematisch, wie er auch offenbar die Schwierigkeiten unterschätzte, die eine Vereinigung der beiden Arbeiterparteien verhinderten.

Die Sozialdemokraten und die Kommunisten hatten, wie vor Hitler, ihre wichtigste soziale Grundlage unter den Arbeitern. Beide Parteien bemühten sich jedoch – mit Erfolg –, in anderen Bevölkerungsschichten stärkere Zustimmung zu gewinnen. Auf der anderen Seite war die soziale Grundlage anderer Parteien nicht dieselbe wie früher. Das Großkapital war von einer Reihe von Schlägen getroffen worden, die vernichtend wirkten. Erst kamen die Bombardierungen, dann die Entnazifizierung, die Reparationslieferungen, die Kontrolle und die Vorbereitungen für die Verstaatlichungen. Eine Herrschaft des Großgrundbesitzes wird man im künftigen Deutschland nicht finden. Es war aber natürlich eine allzu starke Vereinfachung, als einige das so auslegen wollten, dass in Deutschland eine klassenlose Gesellschaft entstanden sei.

Ein Unterschied war deutlich. Die Verarmung und Nivellierung der Klassenunterschiede war in erster Linie ein Phänomen in den Großstädten und Industriezentren. Dagegen lebte man auf dem Lande und in den Kleinstädten noch recht auskömmlich. Der Wert des Grundbesitzes stieg, und die Schichten, die sich am eifrigsten dem Nazismus angeschlossen hatten, gingen relativ gesehen am besten aus dem Krieg hervor. Von vielem anderen abgesehen, gab es hier die Keime eines sehr gefährlichen Gegensatzes zwischen den proletarisierten Städten und den verhältnismäßig wohlhabenden ländlichen Gegenden. Dies war ein Moment, das Radbruch nicht berücksichtigte. Er dachte auch nicht daran, dass ein Tauziehen um die Verteilung der Lasten notwendigerweise eintreten muss.

Außerdem ist es ja so, dass Parteikonstellationen sich nicht nur auf Grund *realer* wirtschaftlicher, sozialer und ideologischer Unterschiede bilden. Die Grundlage für eine politische Reaktion ist vorhanden. Da sind zum Beispiel all die kleinen Nazis. Da ist die breite Schicht von Offizieren, Lehrern und anderen Beamten, die sich benachteiligt fühlen, weil sie ihre Stellung und ihre soziale Position verloren haben. Und da sind alle Handwerker und Bauern, die um das wenige, was sie besitzen, bangen und glauben, dass sie vor der Wahl zwischen »Christentum und Bolschewismus« stehen. Mit Recht wurde festgestellt, dass viele von ihnen bereit sind, so weit nach rechts zu gehen, wie es die Besatzungsmächte zulassen.

Gerade weil bedeutende Unsicherheitsfaktoren vorhanden sind und weil eine neue Demokratie erst pädagogisch untermauert werden muss, ist es so wichtig, dass es ein Sicherheitsventil in Form einer organisierten Zusammenarbeit zwischen den antinazistischen Parteien gibt. In Berlin einigten sich die vier Parteileitungen zu Beginn – im Juli 1945 – auf einen gemeinsamen Aufruf. Sie traten alle für die Säuberung, den Wiederaufbau und die Notwendigkeit ein, Rechtssicherheit und geistige Freiheit wiederherzustellen, und sie wünschten eine loyale Zusammenarbeit mit den Besatzungsbehörden. Es wurde ein Koordinationsausschuss gebildet. Er funktionierte nicht reibungslos. In den Westzonen einigten sich die Parteien auf verschiedene Formen der praktischen Zusammenarbeit und verzichteten in großem Umfang darauf, gegeneinander zu kämpfen, was in extremer Form für die letzten Jahre vor 1933 so typisch war. In vielen Gemeinden und Verwaltungszweigen fand eine praktische Zusammenarbeit statt, die von dem vernünftigen Gedanken getragen war, dass die Nazigegner die Verantwortung gemeinsam tragen müssten.

Dieses Zusammenwirken hat umso größere Berechtigung, als man kaum sagen kann, ob das Parteileben in Deutschland bereits seine endgültige Form gefunden hat. Altes und Neues ringen miteinander.

Die ersten Wahlen

Die Gemeindewahlen in der amerikanischen Zone, die ersten seit vielen Jahren, waren ein großes Experiment. Sie fanden am 27. Januar 1946 statt, in einem Teil der Gemeinden Hessens sogar bereits am 20. Januar. Das Wichtigste bei der Wahl war die große Wahlbeteiligung. Angesichts der Tatsache, dass gewisse nazistische Kreise heimlich Propaganda machten, um den »Schwindel« zu boykottieren, war sie bemerkenswert. Als ich eine Woche vor der Wahl Dr. Hoegner fragte, glaubte er, die Wahlbeteiligung werde 60 bis 65 Prozent betragen. Es zeigte sich aber, dass über 86 Prozent der Wahlberechtigten teilnahmen. In Bayern waren es 87 Prozent, in Nord-Baden 89, in gewissen Gemeinden über 90 Prozent. Das konnte nichts anderes bedeuten, als dass man dabei war, die politische Apathie zu überwinden. Damit ist jedoch noch nichts darüber gesagt, wieweit das neuerwachte Interesse von positiver, demokratischer Art war.

Das Wahlergebnis zeigt, dass zwei der Parteien massenhafte Zustimmung erhalten haben: die Christlichen und die Sozialdemokraten. Von ungefähr vier Millionen Stimmen erhielten die christlichen 1,48 und die

Sozialdemokraten 0,98 Millionen oder 37 beziehungsweise 24 Prozent. Die Kommunisten mussten sich mit 137 000 (drei Prozent) begnügen und die Liberal-Demokraten mit 99 000 (2,4 Prozent). Lokale und »parteilose« Listen bekamen 1,22 Millionen Stimmen (30 Prozent) und die Hälfte aller Mandate.

Die Sozialdemokraten wurden in Hessen zur führenden Partei. Sie vereinigten dort 42 Prozent der Stimmen auf sich und eroberten 17 von 22 Kreisen. Im katholischen Bayern bekam die Christlich-Soziale Union 43 Prozent oder zweieinhalbmal so viele Stimmen wie die Sozialdemokratische Partei. In den Industriegemeinden Frankens waren jedoch die Sozialdemokraten am stärksten, und in Bayern als Ganzem – so wie in den anderen Landesbezirken – bedeuteten die Ergebnisse einen Zugewinn der Sozialdemokraten im Vergleich zu der Zeit vor 1933. In Nord-Baden erhielten die christlichen Listen 54 Prozent der Stimmen und 73 Prozent der Mandate. Im protestantischen Nord-Württemberg standen die Sozialdemokraten relativ stärker da. In Württemberg-Baden bekamen die Christlichen zusammen 30 Prozent der Stimmen, die Sozialdemokraten 20 und die »Unpolitischen« 37 Prozent.

Aus den ersten Wahlergebnissen kann man jedoch nicht allzu weitreichende Schlüsse ziehen. Die Wahlen umfassten nur Gemeinden mit bis zu 20 000 Einwohnern. In den größten Städten wird es sich wohl zeigen, dass die Arbeiterparteien stärkere Gewinne machen, und bei den Wahlen für die Länderparlamente sind die »Unpolitischen« genötigt, sich zu entscheiden. Die deutschen Parteien und Länderregierungen waren im Übrigen der Auffassung, dass man mit den Wahlen hätte warten sollen. Die Demokratie kann ja nicht hervorgezaubert werden. Die Situation war so, dass die Parteien ihre Organisation noch nicht hatten in großem Umfang wiederaufbauen können, jedenfalls nicht in den Landbezirken. In vielen Gemeinden gab es daher überhaupt keine sozialdemokratische Liste. Das war in noch stärkerem Maße bei der Kommunistischen Partei der Fall. In Nord-Baden wurde in über der Hälfte aller Gemeinden nur eine Liste aufgestellt, und nach dem dort geltenden Wahlgesetz ging diese Liste ohne Abstimmung durch. Die christliche Partei hatte die besten Chancen. Sie konnte sich leicht des kirchlichen Organisationsnetzes in den Dörfern bedienen. Mehrerenorts waren die Pfarrer behilflich, indem sie mit den Listen herumgingen oder sogar Aufforderungen von der Kanzel aussprachen. Ein anderes Moment war die Personalfrage, die eine sehr wichtige Rolle spielte. Vielerorts kam es nicht so sehr auf die Partei an als auf den Bürgermeister. Dieses im Verein mit der Tatsache, dass das politische Leben noch nicht über das Embryonalstadium hinausgekommen war, erklärte auch die große Zahl von Stimmen, die die »unpolitischen« Listen auf sich vereinigten.

Die Richtlinien für die Wahlen stammten von der Militärregierung. Nach diesen Richtlinien wurde etwa acht Prozent der Wähler das Stimmrecht entzogen. Von deutscher antinazistischer Seite trat man dafür ein, dass alle Parteimitglieder ausgeschaltet werden sollten, auf jeden Fall bei den ersten Wahlen. Die Amerikaner entschlossen sich jedoch für ein gemäßigteres Vorgehen. Das Stimmrecht wurde Personen, die vor dem 1. Mai 1937 Mitglied geworden waren, entzogen, ebenso SS-Leuten, aktiven Mitgliedern, die nach dem Mai 1937 eingetreten waren, sowie Vertrauensleuten in nazistischen Nebenorganisationen. Nichtmitglieder, die der Partei wesentliche Unterstützung hatten zukommen lassen, verloren zuweilen auch ihr Stimmrecht, aber bei ihnen wurde jeder einzelne Fall durch einen Untersuchungsausschuss behandelt. Was wurde nun aus den früheren Nazis, die wählten durften? Eine ganze Menge versteckten sich hinter den »unpolitischen« Listen. Im Übrigen konnte sich keine Partei gegen die Stimmen wehren, die sie erhielt. Nun war es aber offenbar so – nicht zuletzt in Bayern, wo die »Union« für eine »Seidenfront«[232] eintrat –, dass die christlichen Listen auf frühere Nazis und Mitläufer eine starke Anziehungskraft ausübten. Mancherorts brauchte man nur die Anzahl der Stimmen der Bayerischen Volkspartei und die der Nazis im Jahre 1933 zusammenzuzählen, und man erhielt das Ergebnis vom Januar 1946.

Der »Wahlkampf« war einer ganzen Reihe von Einschränkungen unterworfen. Vielerorts fehlten die Transportmittel, die erforderlich waren, um die Redner zu den Versammlungen zu entsenden. Die Versammlungen, die abgehalten wurden, waren recht gut besucht. Die gedruckte Propaganda war durch den Papiermangel und die Anweisungen der Militärregierung beschränkt. In der Woche vor der Wahl wurde es erlaubt, ein paar Nummern einer kleinen Wahlzeitung zu versenden. Die Zeitungen und der Rundfunk forderten eifrig auf, zur Wahl zu gehen. Im Übrigen gaben sie allen Parteien die Möglichkeit, mit den gleichen Rechten für ihre Anschauungen zu werben. Schlägereien und Totschlag – wie in den

---

232 Der Begriff »Seidenfront« (»silkefront«) wurde in Norwegen in Verbindung mit der rechtlichen Ahndung der Kollaboration als Gegenbegriff zur »Eisfront« (»isfront«) benutzt. Er wurde besonders bei der sehr zurückhaltenden Verfolgung von Zeitungen, Personen und Gruppen verwendet, die als ungefährliche Mitläufer und nicht als Täter betrachtet wurden.

letzten Jahren vor 1933 – kamen nicht vor. Andererseits war es auch wiederum keine reine Idylle. Es war verlockend, den einen oder anderen Gegner zu beschuldigen, etwas mit dem Nazismus zu tun gehabt zu haben. Einige »Christliche« zögerten nicht, Schriften gegen die »rote Welle« zu verbreiten, die angeblich das Christentum, das Eigentumsrecht am Hof und die elterliche Gewalt über die Kinder fortzureißen drohte. Im Großen und Ganzen wurde jedoch ein sachlicher Wahlkampf geführt. Die Parteileitungen waren sich darüber einig, dass sie sich gegenseitig nicht das Ehrgefühl absprechen und dass sie auch nicht die ganze geschichtliche Verantwortung für das, was geschehen war, dem Gegner aufbürden wollten.

Es gab Leute, die die amerikanischen Behörden im Verdacht hatten, absichtlich ein Verfahren zu wählen, das den konservativen Elementen einen Vorsprung verschaffte. Eine solche Möglichkeit ist nicht auszuschließen. Ein anderer Verdacht, nämlich der, dass man die demokratischen Spielregeln nicht eingehalten hatte, ist jedoch völlig unberechtigt.

In Bezug auf das Kräfteverhältnis zwischen den beiden Arbeiterparteien zeigte sich – mit den von mir bereits genannten Vorbehalten –, dass die Sozialdemokraten weit stärker waren als die Kommunisten. In Hessen wurden 485 000 Stimmen für die Sozialdemokraten abgegeben und 61 000 für die Kommunisten. In Bayern betrugen die Zahlen 337 000 beziehungsweise 46 000. In Württemberg-Baden führten die Sozialdemokraten mit 158 000 Stimmen gegenüber 30 000 der Kommunisten.

Gleichzeitig mit den Gemeindewahlen in der amerikanischen Zone wurden in Berlin und in der Ostzone Wahlen zu zwei Gewerkschaftskongressen abgehalten, die Anfang Februar 1946 stattfanden. Diese Wahlen ergaben ein anderes Bild. Sie zeigten ein bedeutendes Übergewicht der Kommunisten. Hier muss man den Vorbehalt machen, dass gewerkschaftliche Wahlen nicht dasselbe sind wie allgemeine Wahlen. Es waren aber auch andere Umstände, die sich geltend machten.

Die Gewerkschaftswahlen in Berlin Ende Januar 1946 fanden in den Bezirksdelegiertenversammlungen für die vier Sektoren des Berliner Gebiets statt. Im Ergebnis nahmen 320 kommunistische Vertreter, 259 sozialdemokratische, drei Mitglieder der Christlich-Demokratischen Union, ein Liberaldemokrat und 17 Parteilose teil. Es war jedoch im Voraus festgelegt worden, dass die Wahl nicht nach parteipolitischen Gesichtspunkten zu erfolgen habe. Die Richtlinien, die von den alliierten Behörden gebilligt worden waren, sahen vor, dass in zwei Wahlgängen gewählt werden sollte. Zuerst wählten die 242 000 gewerkschaftlich Organisierten, die ihren Beitrag am 30. November 1945 bezahlt hatten, ihre

Vertreter an den Arbeitsplätzen. Eine Woche oder zwei Wochen danach kamen diese Vertreter zusammen, um Delegierte für den Berliner Kongress[233] zu wählen.

Von 4303 Vertretern, die an den Arbeitsplätzen gewählt wurden, waren 1738 Kommunisten, 1421 Sozialdemokraten, 1062 parteilos, 24 Christliche Demokraten und drei Mitglieder der liberalen Partei. Die Wahlergebnisse für die Delegiertenversammlungen der Stadtbezirke konnten ziemlich stark voneinander abweichen. In Spandau, das zum britischen Sektor gehört, wurden zum Beispiel 17 Sozialdemokraten, zwei Kommunisten, zwei Christliche und zwei Parteilose bestimmt. Im Prenzlauer Berg, das im russischen Sektor liegt, wurden 32 Kommunisten und ein Sozialdemokrat gewählt. Der Kongress hatte die Aufgabe, einen neuen Vorstand zu wählen. Dieser bestand schließlich aus 15 Kommunisten, 12 Sozialdemokraten und drei Christlichen Demokraten. Die Kommunisten nutzten also nicht ihre – etwas umstrittene – Mehrheit aus, um sich eine Mehrheit im Vorstand zu verschaffen. Der Geschäftsführende Ausschuss bestand dann aus vier Kommunisten, vier Sozialdemokraten und einem Christlichen Demokraten. Außerdem wurde der Vorsitzende der letztgenannten Partei, Kaiser, als beratendes Mitglied aufgenommen. Roman Chwalek (Kommunist) wurde Vorsitzender und Hermann Schlimme (Sozialdemokrat) stellvertretender Vorsitzender.

In Berlin war – sowohl auf deutscher als auch auf alliierter Seite – die Auffassung verbreitet, dass der erste Gewerkschaftskongress kein richtiges Bild der tatsächlichen Anhängerschaft der Parteien unter der Bevölkerung und an den Arbeitsplätzen vermittelte. Die christlichen Gewerkschaftsführer behaupteten mit Entschiedenheit, dass sie zu wenig Vertreter hätten. Die Sozialdemokraten stellten praktisch überall einheitliche Listen zusammen mit den Kommunisten auf. Die Listen sahen so aus, dass an erster, dritter und fünfter Stelle Sozialdemokraten und an zweiter, vierter, sechster usw. Stelle Kommunisten standen. In einem vom sozialdemokratischen Zentralausschuss herausgegebenen Bericht wurde hervorgehoben, dass die Parteimitglieder die Zusammenarbeitsparole befolgt und demnach auch für die kommunistischen Vertreter gestimmt hätten, während von kommunistischer Seite im letzten Augenblick die Parole kam, nur »gerade Zahlen« zu wählen.

Die Ergebnisse aus einer Reihe der größeren Betriebe deuteten darauf hin, dass die Sozialdemokraten weiterhin größere Zustimmung er-

---

233 Brandt benutzte den Begriff »Kongress«, während die westliche Presse gewöhnlich von einer Konferenz des »Freien Deutschen Gewerkschaftsbundes« schrieb.

hielten, so wie bei den Betriebsratswahlen im Herbst 1945.[234] Bei dem großen städtischen Elektrizitätswerk BEWAG erhielten die Sozialdemokraten 71,2 Prozent der Stimmen und die Kommunisten 18,3. Hier einige weitere Ergebnisse: Reichsbahn-Ausbesserungswerk: 10 Sozialdemokraten und 3 Kommunisten; Krankenhaus Friedrichshain: 10 Sozialdemokraten, kein Kommunist; Konsum-Bäckerei Lichtenberg: 7 Sozialdemokraten, kein Kommunist; Beha: 3 Sozialdemokraten, 4 Kommunisten, 1 christlicher Demokrat und 2 Parteilose; AEG Drontheimer Straße: 9 Sozialdemokraten, keine anderen; Schering, Müllerstraße: 4 Sozialdemokraten, 3 Kommunisten, 3 Parteilose; Kali-Chemie: 3 Sozialdemokraten und 3 Kommunisten; Riedel, Neukölln: 6 Sozialdemokraten, keine anderen; AEG Treptow: 11 Sozialdemokraten, 4 Kommunisten; Wittler: 11 Sozialdemokraten, 3 Kommunisten.

Eine Woche nach der Berliner Gewerkschaftstagung wurde der Gewerkschaftskongress für die russische Zone abgehalten (9. bis 11. Februar). An ihm nahmen 830 Vertreter teil, davon 539 Kommunisten, 252 Sozialdemokraten, drei Christen, ein Liberaler und 39 Parteilose. Außerdem erschienen 370 Gäste, davon 150 aus Berlin. Die Mandatsprüfungskommission erteilte 210 Gastdelegierten (Sozialdemokraten und Christlichen) Stimmrecht, nachdem auch der kommunistische Vorsitzende »Unregelmäßigkeiten« im Zusammenhang mit den Wahlen festgestellt hatte. Der Zonenkongress wählte einen Vorstand, der aus 45 Mitgliedern bestand, davon 19 Kommunisten, 18 Sozialdemokraten, 4 Christliche und 4 Parteilose. Der Geschäftsführende Vorstand konstituierte sich mit Hans Jendretzky (Kommunist) als Vorsitzendem und Bernhard Göring (Sozialdemokrat) als stellvertretendem Vorsitzenden.

Von sozialdemokratischer und christlicher Gewerkschaftsseite wurde erhebliche Kritik an den Wahlen erhoben, die dem Zonenkongress vorausgegangen waren. Aus Sachsen kamen zum Beispiel 247 Kommunisten und 69 Sozialdemokraten, während man geltend machte, dass die Sozialdemokraten in Wirklichkeit mehr Anhänger hätten als die Kommunistische Partei. Um diese Behauptung zu untermauern, wies man auf einen Teil der wichtigeren Betriebswahlen hin. Ich gebe einige der Zahlen wieder.[235] Wirtschaftskammer Chemnitz: 5 Sozialdemokraten; Horch Zwickau: 21 Sozialdemokraten, 3 Kommunisten; Wohnhausbau Chemnitz: 9 Sozialdemokraten; Polizeirevier Leipzig: 70 Prozent sozial-

---

234 Siehe dazu die ausführlichen Wahlergebnisse, in: *Sozialistische Mitteilungen*, Nr. 82 vom Januar 1946, S. 25 f.
235 Siehe dazu die ausführlichen Wahlergebnisse, in: ebd., S. 25.

demokratische und 30 Prozent kommunistische Stimmen; Konsum Chemnitz: 19 Sozialdemokraten, 2 Kommunisten; GEG: 21 Sozialdemokraten, 1 Kommunist; Steinkohlenbergbau-Verband: 12 Sozialdemokraten, 3 Kommunisten; Konsum Zwickau: 17 Sozialdemokraten, 1 Kommunist; Arbeitsamt Dresden: 6 Sozialdemokraten, 1 Kommunist; Landesverwaltung: 14 Sozialdemokraten, 5 Kommunisten; Dresdener Lehrer: 22 Sozialdemokraten, 1 Kommunist; Coswig Juritwerke: 11 Sozialdemokraten; Reichenbach Werner-Werke: 6 Sozialdemokraten; Wildau Weberei Dietel: 6 Sozialdemokraten, 1 Kommunist.

Ungeachtet der Reibungen, die auftraten, brachten doch beide Gewerkschaftskongresse in Berlin zum Ausdruck, dass auch künftig alle politischen Richtungen stark an der gewerkschaftlichen Einheit interessiert seien. Außer den gewerkschaftlichen Fragen spielte das Problem der politischen Vereinigung eine Hauptrolle, sowohl bei den Wahlen als auch auf den Kongressen. Die kommunistischen Delegationen ergriffen in dieser Angelegenheit die Initiative; das Resultat war, dass man die Arbeiterparteien ersuchte, sich so schnell wie möglich zu vereinigen. Auf dem Zonenkongress wurde ferner mitgeteilt, dass eine solche Vereinigung für die Ostzone vorbereitet werde.

Um die »Einheit«

Das Problem des Zusammenschlusses war bei der Konferenz, die am 20. und 21. Dezember 1945 mit 30 Vertretern jeder der beiden Arbeiterparteien in Berlin abgehalten wurde, in eine neue Phase getreten. Die Konferenz, die ziemlich kurzfristig einberufen worden war, nahm eine längere Entschließung an. Sie wies unter anderem auf die Tatsache hin, dass die Spaltung der antifaschistischen Kräfte zum Sieg des Nazismus beigetragen hatte. Die Gefahr sei noch nicht überwunden, hieß es weiter, und es bedürfe einer einmütigen Front der »Arbeiter, Bauern und Intellektuellen« mit einer vereinigten Arbeiterpartei als Kern.

Um die Bildung einer solchen Partei zu fördern, wurde im Blick auf kommende Gemeindewahlen ein gemeinsames Programm aufgestellt. Außerdem sollten alle kommunalen Positionen paritätisch besetzt werden. Des Weiteren bildete sich eine Kommission, die die Grundlage des organisatorischen und politischen Zusammenschlusses erörtern sollte. Man einigte sich außerdem darauf, einen gemeinsamen Verlag zu gründen und eine Zeitschrift herauszugeben. Es wurde unterstrichen, dass die vereinigte Partei ihre Politik durch die besonderen deutschen Verhältnisse bestimmen lassen und dass die demokratischen Rechte der Mitgliedschaft gesichert sein sollten. Als Minimalprogramm der Einheitspartei wurde folgendes formuliert: Erneuerung der Demokratie durch Aufbau einer antifaschistisch-demokratisch-parlamentarischen Republik. Als Maximalprogramm: Sozialismus durch die Herrschaft der Arbeiterklasse. Man rechnete jedoch mit der Möglichkeit »neuer Formen des Übergangs zum Sozialismus«.[236]

Die Parteiabteilungen in den verschiedenen Teilen Deutschlands wurden aufgefordert, die Richtlinien zu befolgen, die von der Konferenz in Berlin formuliert worden waren. Das taten sie jedoch nicht. Im Gegenteil, die Zusammenarbeit, die in den Westzonen zustande gekommen war, wurde zu einem gewissen Grade wieder abgebrochen, teilweise auch deshalb, weil man fürchtete, dass einem »Direktiven aus Berlin« aufgezwungen werden würden. In München hatten sich die beiden Arbeiterparteien gerade vor Weihnachten darauf geeinigt, ein gemeinsames Komitee zu bilden. In Wiesbaden wurde zum Jahreswechsel auf Vorschlag des sozialdemokratischen Innenministers und des kommunistischen Arbeitsministers Hessens[237] ein ähnliches Komitee gebildet.

Das entscheidende »Nein« kam jedoch von sozialdemokratischen Funktionärskonferenzen, die Anfang Januar in Hannover und Frankfurt stattfanden. Die sozialdemokratischen Funktionäre in den Westzonen machten deutlich, dass der Zentralausschuss in Berlin kein Recht hatte, im Namen der Gesamtpartei aufzutreten, da es noch nicht möglich gewesen war, einen Zentralvorstand zu wählen. Die Übereinkunft, die in Berlin getroffen worden war, müsse vor dem Hintergrund der Besonderheiten in der russisch besetzten Zone gesehen werden. Damit hatte man wohl zum Ausdruck bringen wollen, dass die Sozialdemokraten im Osten unter Druck standen. Das verneinten diese jedoch sehr energisch.

---

236 Brandt resümiert hier die Entschließung der gemeinsamen Konferenz des ZK der KPD und des Zentralausschusses der SPD am 20./21. Dezember 1945 in Berlin, der »Sechziger-Konferenz«. Vgl. den Wortlaut der Entschließung in: Einheitsdrang oder Zwangsvereinigung? Die Sechziger-Konferenzen von KPD und SPD 1945 und 1946, Berlin 1990. Das Zitat lautet vollständig: »Die restlose Zerschlagung des alten staatlichen Machtapparates und die konsequente Weitertreibung der demokratischen Erneuerung Deutschlands kann auch besondere und neue Formen des Überganges zur politischen Herrschaft der Arbeiterklasse und zum Sozialismus schaffen.« Ebd., S. 162.

237 Gemeint: Hans Venedey (SPD) und Oskar Müller (KPD).

Die Auffassung, dass die Sozialdemokraten in Berlin und in der Ost-zone einen Aufruf nur auf Kommando unterschreiben, war wohl auch nicht richtig. Das zeigte die freimütige Rede, die Otto Grotewohl auf der Konferenz am 20. Dezember hielt. Seine Wertung der politischen Probleme war durch die Berührung mit dem russischen Sozialismus ge-prägt, aber er sagte offen, dass die Kommunisten für einen demokrati-schen Parteiaufbau eintreten müssten, wenn es mit dem Zusammenge-hen ernst werden sollte. Er dokumentierte auch, dass es die Berliner So-zialdemokraten waren, die in Berlin die Initiative für ein Zusammenge-hen ergriffen hatten. In der Zwischenzeit war die kommunistische Partei auf eine solche Weise aufgetreten und hatte so große Vorteile erhalten, dass sich unter den Mitgliedern der Sozialdemokratie starke Missstimmung regte. Grotewohl sprach unter anderem davon, dass sie durch ihre be-sonders zahlreiche Vertretung in den verschiedenen Verwaltungsorganen begünstigt worden seien. Eine ähnliche Sonderstellung erhielt die Orga-nisationsarbeit der Kommunisten, ihre Presse und alle übrigen Publika-tionen. (Das sozialdemokratische Hauptorgan in Berlin konnte nur in 200 000 Exemplaren erscheinen, während die Deutsche Volkszeitung der Kommunisten eine Auflage von 600 000 hatte. In Thüringen wurde die Auflage der sozialdemokratischen Zeitung wohl auf ein Zehntel derjenigen der kommunistischen Zeitung beschränkt.) Es war auch zum wiederholten Male vorgekommen, sagte Grotewohl, dass Sozialdemo-kraten in undemokratischer Weise unter Druck gesetzt worden waren. Der Zentralausschuss hatte daher den ernsten Schritt erwogen, die sozi-aldemokratischen Vertreter aus allen verantwortlichen Stellungen in der Verwaltung zurückzuziehen, bis die Verhältnisse geändert seien. Was die konkreten Vorschläge anbetraf, die von der Gegenseite kamen, so lehn-ten die Sozialdemokraten einheitliche Listen bei künftigen Wahlen ab. Sie meinten, dass man sich mit einem gemeinsamen Programm bei den Gemeindewahlen begnügen müsse. Sie wollten auch nicht dem Vor-schlag zustimmen, mit dem Aufbau der Einheitspartei bereits örtlich, bezirks- oder zonenweise zu beginnen. Die Frage müsse von einem Par-teikongress für ganz Deutschland entschieden werden. Bis er abgehalten werden könne, habe man sich mit einer Studienkommission und einer Zeitschrift zu begnügen.

Die Sozialdemokraten in Berlin waren jedoch grundsätzlich der Auf-fassung, dass man die Einheit erreichen müsse. In der Entschließung, die bei den Konferenzen in Hannover und Frankfurt angenommen wurde, wies man jedoch darauf hin, dass der Vorstoß aus Berlin zu einem Zeit-punkt erfolgt sei, da die Versuche zu einer Verschmelzung in allen anderen Ländern im Sande verlaufen waren. Man äußerte den Verdacht, dass der Wille zur Einheit für Sonderzwecke missbraucht werden sollte und dass die Kommunisten in ihrer Politik nicht wirklich unabhängig waren. »Wir wollen nicht, dass uns für den geschwächten Parteikörper der anderen Blut abgezapft wird«, erklärte Schumacher.[238] Auf der Konferenz in Frankfurt machte es auch einen starken Eindruck, als man die extrem antideutsche Haltung dokumentarisch belegte, die die kommunistischen Parteien in der Tschechoslowakei, in Polen und anderen Ländern einnahmen. Zitate aus der französischen kommunistischen Presse mit ganz weitgehenden Forderungen Deutschland gegenüber wurden gemäßigten Äußerungen Léon Blums gegenübergestellt.

Recht sonderbar wirkte es jedoch, wenn in Entschließungen der Sozialdemokraten in den Westzonen gegen die Auffassung polemisiert wurde, dass die Spaltung Hitler zur Macht verholfen habe. Statt Fehler einzugestehen, die man selbst begangen hatte, behauptete man, dass die Schuld ausschließlich bei den Kommunisten liege. Sie hätten die klassenpolitische Rolle der Demokratie unterschätzt und zusammen mit den Nazisten und den Deutschnationalen den Parlamentarismus sabotiert. Die Einheit könne erst zustande kommen, wenn die Kommunisten sich geistig und politisch unabhängig gemacht hätten. Die Kritik an der »ultralinken« Politik, für die die deutschen Kommunisten vor 1933 eintraten, hat viel für sich. Die einseitige Verteilung der Schuld durch die Sozialdemokraten war jedoch nicht viel besser als die kommunistische These, dass »es die Sozialdemokratie ist, die den Anteil der deutschen Arbeiterklasse an der Schuld verkörpert«.[239] Die Kritik aus dem Westen schien dennoch in Berlin einen gewissen Eindruck zu machen. Es wurde angemerkt, dass auch in der Ostzone recht viele den Dezemberbeschlüssen[240] verständnislos gegenüberstanden. Mancherorts beschloss man, die Frage eines Zusammenschlusses gegebenenfalls den Mitgliedern in ganz Deutschland zur Urabstimmung vorzulegen. Mitte Januar fasste der sozialdemokratische Zentralausschuss in Berlin einen Beschluss, der besagte, dass von einem »stückweisen« Zusammengehen keine Rede sein könne. Die Frage müsse von einem Reichsparteitag entschieden werden. Daher könne auch keine Rede davon sein, mit gemeinsamen Listen zur Wahl

---

238   In der Entschließung, die in Frankfurt verabschiedet wurde, hieß es: »Die Sozialdemokratie lehnt es ab, den Blutspender für den geschwächten Parteikörper der Kommunistischen Partei abzugeben« (zit. nach *Albrecht* 1985, S. 328).
239   Quelle und genauer Wortlaut des Zitats sind nicht nachweisbar.
240   Gemeint: die Beschlüsse der Sechziger-Konferenz vom 20./21. Dezember 1945.

zu gehen. »Das Volk« hob hervor, über die grundsätzliche Haltung der Sozialdemokraten in den verschiedenen Zonen herrsche Einigkeit.

Das war eine Übertreibung. Andererseits war es aber offenbar, dass die kommunistische Führung mit der Entwicklung nicht zufrieden war. In einer Entschließung, die von der Bezirksleitung in Hessen angenommen wurde, beschuldigte man die Sozialdemokaten, von den Nazis das Erbe des »Antibolschewismus« angetreten zu haben. Es wurde auch behauptet, dass die Sozialdemokraten die Zusammenarbeit zwischen den Alliierten sabotierten und das ausländische Finanzkapital hinter den Gegnern der Einheit stehe. Walter Ulbricht, der – neben dem Vorsitzenden, Wilhelm Pieck – die zentrale Persönlichkeit unter den kommunistischen Führern in Berlin ist, stellte fest, dass jeder, der gegen ein Zusammengehen eintrete, ein »Feind der Nation« sei.

Noch eine Neuerung trat an der Monatswende Januar/Februar ein. Die kommunistische Seite verlangte, dass der Zusammenschluss im Laufe der nächsten Monate durchgeführt werden solle. Dieser Forderung stimmte eine Reihe sozialdemokratischer Vertreter, insbesondere in Sachsen und Thüringen, zu, und sie wurde von den Vertretern der Besatzungsmacht unterstützt. Der sozialdemokratische Zentralausschuss hob jetzt seinen früheren Beschluss auf und lud zu einem Zonen-Parteitag ein, der Ende April abgehalten werden sollte. Auf diesem Parteitag und auf einem gleich danach stattfindenden kommunistischen Parteitag wollte man den Willen zur Einheit bestätigen. Es war offenbar beabsichtigt, die »Sozialistische Einheitspartei« auch in den Westgebieten zu bilden, und zwar so, dass die Kommunistische Partei den neuen Namen auch dann übernahm, wenn die Sozialdemokraten sich ablehnend verhielten.

Die neue Lage wurde am 26. Februar auf einer Konferenz in Offenbach mit sozialdemokratischen Funktionären aus der amerikanischen und der französischen Zone diskutiert. Schumacher war gerade von einem Besuch in Berlin zurückgekehrt. Seine Verhandlungen mit den Mitgliedern des Zentralausschusses waren ergebnislos abgebrochen worden. Er führte nicht nur ins Feld, dass die Parteiabteilungen im Westen vor vollendete Tatsachen gestellt wurden, sondern auch, dass das beschleunigte Tempo des Zusammengehens ein Ergebnis äußeren Drucks sei. Russische Vertreter hatten angeblich verlangt, dass der Zusammenschluss vor dem 1. Mai vollzogen sein solle.

Die Konferenz in Offenbach schloss sich Schumachers Standpunkt an, der darauf hinauslief, den Einheitsvorschlag abzulehnen und nicht am Parteitag in Berlin teilzunehmen. Man verabschiedete eine Erklärung, die zum Ausdruck brachte, dass die Funktionäre der Partei sowohl aus nationalen als auch aus internationalen Gründen an einer unabhängigen sozialdemokratischen Partei festhielten. In der vorliegenden Situation, die durch die Abhängigkeit der Kommunistischen Partei bestimmt war, seien die Voraussetzungen für ein Zusammengehen nicht gegeben. Die Konferenz brachte des Weiteren die Auffassung zum Ausdruck, dass der Zusammenschluss zwischen der Kommunistischen Partei und einem Teil der Sozialdemokratie, den man derzeit im Osten bewerkstellige, durch gewaltsame Methoden und entgegen demokratischen Grundsätzen erpresst worden sei. Auf eine solche Entwicklung war man nach den Ergebnissen der letzten Wahlen in Europa und in Deutschland vorbereitet gewesen. Der Plan, die Einheitspartei auf die Westzonen zu übertragen, wurde als ein Versuch gewertet, die Kommunistische Partei unter anderem Namen weiterzuführen.

Der Krieg wurde um der Demokratie willen geführt, hieß es weiter in der Erklärung, und nicht zugunsten totalitärer Forderungen, die von einer bestimmten politischen Richtung erhoben wurden. Die deutschen Sozialdemokraten in der amerikanischen und in der französischen Zone wünschten, der Welt gegenüber hervorzuheben, dass ihren Parteigenossen im Osten durch die Art des beabsichtigten Zusammenschlusses demokratische Rechte versagt würden. Die Sozialdemokratie konnte sich nur einen Zusammenschluss des ganzen arbeitenden Volkes auf der Grundlage von Geistesfreiheit und dem Recht auf freie Meinungsäußerung vorstellen. Die Partei sei für alle offen, die sich zu den hohen Idealen der Freiheit, der Demokratie, des Sozialismus und der Humanität bekennen. Aus Rücksicht auf das deutsche Volk und den internationalen Sozialismus nahm man, was einen Zusammenschluss betraf, von jedem anderen Verfahren Abstand.

Diese Erklärung wurde gegen nur *eine* Stimme angenommen. Dasselbe war bei einem Zusatz der Fall, worin stand, dass Vertreter aus dem Westen, die an dem »sogenannten Reichsparteitag der Ostzone« teilnähmen, sich automatisch außerhalb der Partei stellten. Auf dieselbe Weise betrachteten auch die meisten Funktionäre in der britischen Zone die vorliegende Frage. Es bestand kein Zweifel daran, dass diese Beschlüsse die Stimmung unter der großen Mehrzahl organisierter Sozialdemokraten im Westen zum Ausdruck brachten.

Es gibt eine Reihe von Ursachen für die, gelinde gesagt, verworrene Situation, die entstanden war. Die wichtigste Ursache ist meiner Meinung nach nicht innerdeutscher Natur; die Situation ist eine Folge der Zerstückelung Deutschlands in vier Zonen, in denen die Besatzungsmächte eine oft ganz verschiedenartige Politik betreiben.

Ich habe bereits nachgewiesen, dass es bei Kriegsende einen sehr starken Drang zur Vereinigung gab. Die Aufspaltung in Zonen spielte damals noch keine große Rolle. Als die Parteiapparate sich stabilisieren konnten, wurden die alten Gegensätze wieder zum Leben erweckt. Neue kamen hinzu. Die Sozialdemokraten im Westen nahmen zu den Verhältnissen östlich der Elbe eine durchgehend kritische Haltung ein. Alle waren sich darüber einig, loyal mit den Alliierten zusammenzuarbeiten. Wenn allerdings schon unter den Besatzungsmächten keine wirkliche Einigkeit herrschte, färbte dies natürlich auf das neue deutsche Parteileben ab. Die Sozialdemokratie erhielt eine ziemlich ausgeprägte »westliche Orientierung«. Die Kommunisten waren dafür »östlich orientiert«.

Beim Einfädeln der Einheitspolitik im Osten spielten russische Vertreter offenbar eine gewisse Rolle. Andererseits ist es auch eine Tatsache, dass die englischen Stellen im Westen *keine* Einheitspartei wünschten. Die Amerikaner und Franzosen schienen sich für diesen Plan, der der Sowjetunion ihrer Meinung nach größeren Einfluss verschaffen sollte, auch nicht sonderlich zu begeistern. Das hatte zur Folge, dass die wiedererstandene deutsche Arbeiterbewegung nicht so sehr in »revolutionäre« und »reformistische« Sozialisten als in eine östliche und eine westliche Partei aufgeteilt wurde. Es bestand die Gefahr, dass die Zonengrenzen durch diese Aufteilung dauerhaft gefestigt würden, anstatt sie zu beseitigen.

Die sozialdemokratischen Führer in Berlin ließen sich von der – nach meiner Auffassung richtigen – Erkenntnis leiten, dass Deutschland kaum wiedererstehen und existieren könne, ohne ein freundschaftliches Verhältnis zur Sowjetunion. Einige von ihnen kritisierten die Parteigenossen im Westen heftig, weil sie meinten, diese nähmen eine proenglische, proamerikanische oder »separatistische« Haltung ein. Sie glaubten, diese Haltung käme auch in der Tatsache zum Ausdruck, dass sich diese Parteigenossen einem Zusammenschluss mit den Kommunisten widersetzten und plötzlich mit Äußerungen aufwarteten, die sich gegen die Sowjetunion und ihre Deutschlandpolitik richten.

Diese Kritik war nicht ganz aus der Luft gegriffen. Ich bemerkte zum Beispiel, dass der sozialdemokratische Parteivorsitzende in Hessen[241] die russische Politik öffentlich angriff.

Das war eine Kurzsichtigkeit, die kaum damit entschuldigt werden konnte, dass aus Berlin noch stärkere Vorwürfe gegen die Westmächte erhoben wurden. Schumachers Fähigkeiten waren über allen Zweifel er-

---

241 Gemeint: Willy Knothe.

haben. Nach zehn Jahren Konzentrationslager und Folterung hatte er ein gutes persönliches Zeugnis. Aber Gewandtheit war vielleicht nicht seine stärkste Seite. Seine außenpolitische Einstellung schien ziemlich einseitig zu sein. Seine Haltung zur Frage des Zusammenschlusses wirkte negativ.

Am 8. Februar trafen sich Schumacher und Grotewohl in Braunschweig. Dort wurde [Schumacher] mitgeteilt, dass die Frage des Zusammenschlusses »entschieden« sei und in naher Zukunft gelöst werde. Wenn die anderen nicht mitmachen wollten, würde die Ostzone ihren eigenen Parteitag abhalten. Schumacher erklärte: »Erst kommt das Reich, dann die Partei.«[242] Er meinte, dass es zu keiner das ganze Land umfassenden Partei kommen könne, solange die harte Zonenteilung fortbestehe. Er erhielt den Eindruck, dass die Funktionäre im Osten sich verpflichten mussten, die Angelegenheit voranzutreiben, und dass die russischen Behörden unter keinen Umständen kommunistische Wahlniederlagen wie in Ungarn und Österreich dulden wollten. Außerdem wurde den Sozialdemokraten im Osten viel Material vorgelegt, das beweisen sollte, wie sehr der Fusionsprozess unter Druck stünde. Andere Meinungen kämen nur schwer zu Wort. In gewissen Fällen würde sogar zu polizeilichen Maßnahmen gegriffen.

»Hannover« – das heißt, die sozialdemokratische Führung im Westen – machte geltend, dass viele der Sozialdemokraten im Osten unter den vorliegenden Voraussetzungen nicht mit dem Zusammenschluss einverstanden seien. An einigen Orten sollen 90 Prozent dagegen gewesen sein. Aus dem Osten wurde erwidert, dass 99 Prozent dafür seien. Die Wahrheit lag vielleicht in der Mitte. In Berlin stimmten jedenfalls 80 Prozent der Funktionäre gegen Grotewohl und seinen Einheitsvorschlag. Sie verlangten eine Urabstimmung. Es ist unzweifelhaft, dass – von anderen Ursachen abgesehen – ein bedeutender Teil des Widerstandes auf Ereignisse im Zusammenhang mit den gewerkschaftlichen Wahlen zurückzuführen war.

242 Als wörtliches Zitat ist diese Formulierung nicht nachweisbar, doch beschreibt sie Schumachers Position zutreffend. So heißt es in einer von ihm entworfenen Entschließung der SPD in der britischen Besatzungszone vom 3./4. Januar 1946: »Solange ein einheitliches Deutsches Reich politisch nicht besteht, sondern sein Gebiet sich in verschiedene Kontrollzonen mit ungleichartigen politischen Methoden der Regierung und Wirtschaft aufgliedert, ist auch die organisatorische Einheit der Sozialdemokratischen Partei Deutschlands nicht gegeben.« Vgl. *Albrecht* 1985, S. 327-329, Zitat auf S. 327.

Wilhelm Pieck, Otto Grotewohl und Walter Ulbricht auf dem Vereinigungsparteitag von KPD und SPD in der Sowjetischen Besatzungszone zur SED am 22. April 1946 im Berliner Admiralspalast.

Die Urabstimmung in Berlin am 31. März ergab als Resultat, dass über 19 000 Parteimitglieder gegen einen Zusammenschluss unter den vorliegenden Voraussetzungen stimmten, während weniger als 3000 dafür stimmten. Die Mehrheit derjenigen, die einen Zusammenschluss ablehnten, traten jedoch für eine *Zusammenarbeit* der beiden Arbeiterparteien ein. Man muss dabei beachten, dass im russischen Sektor Berlins keine Urabstimmung durchgeführt wurde und auch nirgends sonst in der russischen Zone. Der Zentralausschuss mit Grotewohl an der Spitze hielt an der Linie fest, die zusammen mit der Kommunistischen Partei und Vertretern der russischen Stellen vorgezeichnet worden war. Die opponierenden Mitglieder des Ausschusses wurden ausgeschlossen. Der Zusammenschluss in der Ostzone wurde formell auf Bezirksparteitagen und auf einem Parteitag in Berlin Mitte April bestätigt. Die dort gegründete »Sozialistische Einheitspartei« hatte einen Vorstand aus 20 Sozialdemokraten und 20 Kommunisten. Es konnte jedoch kein Zweifel darüber bestehen, dass die Kommunisten den entscheidenden Einfluss ausübten. Sie richteten heftige Angriffe und Beschuldigungen gegen die Sozialdemokratie in den anderen Teilen Deutschlands, die sich stark von dem distanzierte, was man als eine Zwangsvereinigung betrachtet, und begann, einen unabhängigen Parteitag vorzubereiten. Er wurde dann Anfang Mai in Hannover abgehalten.

Der Vorsitzende der britischen Arbeiterpartei, Harold Laski, äußerte, dass der Zusammenschluss zwischen Sozialdemokraten und Kommunisten in der Ostzone das »Ergebnis drastischer Maßnahmen seitens der Sowjetrussen« sei. Er erklärte, dass es eine große Tragödie wäre, wenn die Spaltung innerhalb der europäischen Arbeiterklasse die Arbeiterbewegung weiterhin vergiftete. »Aber keine Einheit besteht wirklich, wenn sie auf Zwang gegründet ist. Einheit kann nur auf gemeinsamen Zielen errichtet werden, die man nach freier Untersuchung frei anerkannt hat.«[243] Auch die Westmächte waren der Ansicht, die Bildung der »Einheitspartei« und ihre Übertragung auf die Westzonen nicht akzeptieren zu können. Die Frage wurde vor den Kontrollrat gebracht.

Auf sozialdemokratischer Seite glaubte man, wie erwähnt, dass die Einheitspolitik vor allen Dingen im Hinblick auf künftige Wahlen forciert wurde. Vieles deutete jedoch darauf hin, dass die russischen Stellen darüber hinaus daran interessiert waren, das gesellschaftliche und politische Leben in Ostdeutschland derart zu prägen, dass diese Zone wie selbstverständlich in die sowjetische Einflusssphäre hinüberglitt. Es wurde angedeutet, dass man eine starke »Einheitspartei« als Garantie dafür wünsche, die Reaktion zu vernichten und keine Intrigen gegen die Sowjetunion befürchten zu müssen. Man meinte auch, wenn derartige Garantien gegeben seien, wäre es möglich, die russischen Besatzungstruppen deutlich zu reduzieren. Diese Politik braucht nicht zu bedeuten, dass man auf russischer Seite die ursprünglichen Zonengrenzen aufrechterhalten will. Sie könnte auch auf die Situation abzielen, die bei einer interzonalen Zusammenfassung der deutschen Gebiete entstünde.

Auf der anderen Seite befürchteten die Westmächte, dass die russische Politik ihre Einflusssphäre bis an den Rhein oder den Ärmelkanal vorverlegen wolle. Und in deutschen Kreisen wuchs die Furcht vor einer neuen »Gleichschaltung«. Auf Grund der Einflüsse, die von den rivalisierenden Großmächten ausgeübt wurden, geriet man in eine recht hoffnungslose Situation.

---

243 Quelle und genauer Wortlaut des Zitats nicht nachweisbar. Rückübersetzung aus dem Norwegischen.

Deutsche Antinazisten gingen nach der Kapitulation von der Forderung nach einer loyalen Zusammenarbeit mit den Besatzungsmächten aus. Es war jedoch nicht leicht, diese Forderung zu befolgen, wenn unter den Besatzern keine wirkliche Einigkeit vorlag. Es war nicht zu vermeiden, dass das deutsche Parteileben und insbesondere die deutsche Arbeiterbewegung durch die Konflikte unter den Alliierten beeinflusst wurden. Die Kommunisten hatten ihre Anbindung. Bei der großen Mehrzahl der Sozialdemokraten war das nicht so klar. Jedoch wünschten sie auf keinen Fall, den Kontakt zur westeuropäischen Arbeiterbewegung zu verlieren.

Bei dem Problem des Zusammenschlusses ging es nicht nur um die Einheit der Arbeiterbewegung. Es ging dabei gleichzeitig um die Einheit Deutschlands. Die Entwicklung im Laufe des ersten Besatzungsjahres vertiefte die Gegensätze zwischen Ost und West und wirkte den Tendenzen in Richtung auf eine gemeinsame deutsche Lösung entgegen. Im Osten ging die Sozialdemokratie in der »Einheitspartei« auf. Im Westen verstärkten sich die Gegensätze zwischen der sozialdemokratischen Mehrheit und der kommunistischen Minderheit. Das entfernte die verschiedenen deutschen Gebiete voneinander.

Ein Spiegelbild dieser Verhältnisse konnte man auch auf gewerkschaftlicher Ebene sehen. Nichtsdestoweniger existiert weiterhin die Möglichkeit, den auflösenden Tendenzen durch die Bildung eines deutschen Gewerkschaftsbundes entgegenzuwirken. Der Kontrollrat fasste im April 1946 außerdem einen Grundsatzbeschluss über die gewerkschaftliche Zusammenarbeit über die Zonengrenzen hinweg. Der Weltgewerkschaftsbund wird dadurch einen nützlichen Beitrag leisten, indem er diese Zusammenarbeit unterstützt.

Man sollte außerdem verlangen können, dass die Besatzungsmächte darauf verzichten, Teile der Arbeiterbewegung im besetzten Deutschland als Schachfiguren im Großmachtspiel zu benutzen. »Moskau« und »London« sollten sich im Gegenteil darüber einigen können, dass sie die verschiedenen Zweige der Arbeiterbewegung in Richtung einer positiven Zusammenarbeit bei praktischen, konkreten Aufgaben beeinflussten. Auf alle Fälle müsste man damit rechnen dürfen, dass die englische Arbeiterpartei, der französische Sozialismus und die amerikanische Gewerkschaftsbewegung den zuverlässigen demokratischen Kräften im Westen aktive Unterstützung gewähren, indem diese nicht nur eben geduldet oder ihnen sogar ungünstigere Bedingungen geboten werden als der neuen Reaktion.

Im Übrigen kann man damit rechnen, dass in Deutschland Kräfte heranwachsen, die sich einer dauerhaften Aufteilung zwischen Ost und

West widersetzen werden. Es bleibt zu hoffen, dass eine solche Bewegung kein nationalistisches Gepräge erhält und dass sie wirklich imstande ist, »Freiheit und Sozialismus« zu verknüpfen.

Wirtschaftlicher Neubeginn

Die Räder kamen wieder in Gang, und man konnte Anfang des Jahres 1946 die Umrisse des künftigen »wirtschaftlichen Gesichts« von Deutschland erahnen.

Ich habe bereits die Lage beschreiben, von der man ausgehen musste. Die Dinge waren aber nicht klar, solange nicht ordentlich mitgeteilt wurde, was die Alliierten als Reparationsleistung fordern und welche Richtlinien sie für die weitere wirtschaftliche Entwicklung Deutschlands erteilen werden.

Bezüglich der Reparationen nahm man die Rahmenbestimmungen der Potsdamer Konferenz als Ausgangspunkt. Die Russen sollten sich einer Reihe von Dingen in ihrer Besatzungszone bedienen, und Polen würde seinen Teil von dem erhalten, was im Osten demontiert wurde. Die USA, England und die anderen Alliierten mussten sich über die Verteilung dessen, was aus den Westzonen entnommen werden sollte, einig werden. Oder genauer gesagt, über die verbleibenden 75 Prozent. Die Sowjetunion sollte nämlich ein Viertel bekommen, davon zehn Prozent ohne Gegenleistung und 15 Prozent gegen Lieferung gewisser Rohstoffe. Die deutschen Guthaben im Ausland wurden ganz und gar auf das Reparationskonto überschrieben und auf eine Ostzone wie eine Westzone verteilt.

Die Russen nahmen sich verhältnismäßig schnell das Wesentliche von dem, was ihnen zugesprochen wurde. Das war eine ernste Operation, aber nun wusste man wenigstens, woran man war. In den Westzonen machten sich mehrere verschiedene – teilweise entgegengesetzte – Interessen geltend, und die Demontage ging in langsamerem Tempo vonstatten. Zum Jahreswechsel 1945/46 hatte man eine Liste von 82 größeren Fabriken zusammengestellt, die als Reparationsleistung dienen. Das war der Beginn. (Zum 1. Februar war die Zahl auf 104 gestiegen, davon 44 Fabriken in der amerikanischen, 42 in der britischen und 18 in der französischen Zone.) Die Westalliierten einigten sich auf der Konferenz in Brüssel über den Grundsatz der Verteilung. Mit festen Beträgen ließ sich schwerlich operieren. Die gesamten Forderungen beliefen sich auf eine Billion Dollar oder zehn Billionen Mark, und das war erheblich mehr, als man zu bekommen hoffte. Leider gelang es nicht, den Zeitplan, der in Potsdam aufgestellt worden war, einzuhalten. Er sah vor, die

Reparationshöhe bis Anfang Februar 1946 endgültig festzusetzen. Man erzielte auch keine volle Einigkeit über die Zerstörung von Kriegsmaterial und Rüstungsbetrieben. Die Franzosen hatten nicht übel Lust, einen Teil dessen zu übernehmen, was die Amerikaner in die Luft sprengten. Abgesehen davon fanden die deutschen Verwaltungsleiter in der amerikanischen Zone, dass man die Maschinen aus den Fabrikgebäuden entfernen und diese als Unterkünfte für Flüchtlinge benutzen könnte. Dieser Vorschlag wurde auch teilweise berücksichtigt.

In Potsdam wurde ferner bestimmt, Deutschland wiederaufzubauen und der Bevölkerung einen durchschnittlichen europäischen Lebensstandard zu sichern. Die Alliierten bestimmten jedoch, dass es Deutschland nicht mehr erlaubt sein sollte, Waffen, Munition und anderen Kriegsbedarf herzustellen, auch keine Flugzeuge und Seeschiffe. Die entsprechenden Fabriken standen denn auch kurz davor, zu verschwinden. Von IG Farben in der amerikanischen Zone war zu Beginn des Jahres 1946 nur ein kleinerer »Friedenssektor« mit 20 000 Arbeitern übrig. Die Herstellung von Metallen, Chemikalien und Maschinen sollte auf den Friedensbedarf der Deutschen beschränkt und alliierter Kontrolle unterworfen werden. Das größte Gewicht wollte man darauf legen, die Landwirtschaft und die einheimische Leichtindustrie für friedliche Zwecke zu fördern. Des Weiteren wurde bestimmt, die deutsche Industrie zu entkartellisieren. Damit fing man auch gleich an. In Berlin gaben die russischen Stellen die Genehmigung, dem AEG-Konzern mehrere Betriebe fortzunehmen und in städtisches Eigentum zu überführen – eine bemerkenswerte Maßnahme angesichts dessen, dass sich 30 Prozent der Aktien in ausländischer Hand befanden; unter anderem gehörten 18 Prozent der General Electric.

Die Frage, was als »Kriegsindustrie« zu betrachten sei und wie weit die »wirtschaftliche Abrüstung« gehen sollte, war natürlich nicht leicht zu beantworten. Sie war Gegenstand vielfältiger Erörterungen unter den Alliierten. Es verhielt sich wohl so, wie einige Vertreter der britischen Besatzungsmacht sagten, dass nämlich die Sicherheit gegen den anderen Gesichtspunkt abgewogen werden müsse und dass die Deutschen keine dauernde Last mehr für die übrige Welt darstellen dürften. Wirtschaftliche Sicherheit lässt sich – so wie alle anderen Dinge – nur schwer absolut gewährleisten. Mir selbst bereitet es Probleme, zu glauben, dass der Beschluss, den Deutschen die Möglichkeit freier Schifffahrt zu verweigern, unwiderruflich ist.

Während des Krieges und in der Zeit unmittelbar danach wurden eine Reihe von Plänen lanciert, Deutschland zu »einem Bauernland« zu machen. So einfach war es aber nicht. Man braucht kein Anhänger der nazistischen Geopolitik zu sein, um gewisse grundlegende geographisch-wirtschaftliche Umstände zu berücksichtigen. Die deutsche Landwirtschaft kann weit entwickelt werden, aber auch mit bestem Willen werden die Deutschen nicht ohne Lebensmittel aus dem Ausland auskommen. Sie müssen also Waren exportieren, um die Lebensmitteleinfuhr bezahlen zu können. Es gibt nur *eine* andere Lösung: Auswanderung in großem Maßstabe oder starke Reduzierung der deutschen Bevölkerung auf andere Weise. Dazu kommt die Einfuhr unentbehrlicher Rohstoffe, darunter solcher, die Deutschland künftig nicht mehr herstellen darf. Auch diese Einfuhr muss durch Exporte finanziert werden.

Das amerikanische Außenministerium veröffentlichte Mitte Dezember 1945 eine Erklärung, dass man nicht die Absicht habe, Deutschland vom Weltmarkt auszuschließen. Die deutsche Wirtschaft sollte in ein internationales System eingeordnet werden und nicht zur Autarkie gebracht werden. In derselben Erklärung wurde auch angedeutet, dass die Amerikaner nicht beabsichtigten, die deutsche Friedensindustrie zu schwächen, um den amerikanischen Markt zu schützen oder aus »anderen egoistischen Gründen«. Es war übrigens wohlbekannt, dass Vertreter großer Unternehmen – nicht nur amerikanischer – in Deutschland aufgetaucht waren, als die Kämpfe noch im Gange waren, um sich Produktionsgeheimnisse und Spezialisten zu sichern. So viel dazu.

Im Januar 1946 wurde eine wichtige grundsätzliche Entscheidung getroffen; der Kontrollrat in Berlin bestimmte, die Stahlerzeugung auf 5,8 Millionen Tonnen, mit einer theoretischen Höchstkapazität von 7,5 Millionen Tonnen, festzulegen. Die Russen wollten nicht ganz so weit gehen. Sie stimmten in der ersten Runde für 4,6, die Franzosen für 7, die Amerikaner für 7,4 und die Engländer für 9 Millionen Tonnen. Man einigte sich also auf einen Kompromiss, aber die Engländer machten kein Hehl daraus, dass sie Bedenken hatten. Sie wollten nicht die Produktionszahl als Schlüsselzahl benutzen, sondern die erlaubte Höchstkapazität bei der Bestimmung des allgemeinen Industrieniveaus. Außerdem wollten sie sich nicht länger als ein Jahr binden. Der englische Standpunkt, der in der Presse ganz offen erörtert wurde, basierte auf der Auffassung, dass Deutschland sich nicht selbst würde versorgen können – obwohl man sich in Potsdam darüber geeinigt hatte, dass es genau dies tun sollte –, falls seine Leistungsfähigkeit gebrochen würde. Die »Times« ging noch weiter und erklärte, es sei »ein Wahnsinn, der auf die Verantwortlichen zurückfalle«, falls man die deutsche Stahlerzeugung vernichtet – statt sie unter Kontrolle wieder in Gang zu bekommen, so dass sie den europäischen Bedarf decken könnte. Von amerikanischer Seite machte General Clay geltend, dass die Einschränkung der Stahlerzeugung *nicht* eine entsprechende Einschränkung aller anderen Industriezweige bedingen müsse. Man dachte im Gegenteil an eine Erweiterung der Leichtindustrie, vor allem im Hinblick auf die Exporte.

Das Ergebnis war, jedenfalls zunächst einmal, dass die Kapazität der Stahlindustrie um zwei Drittel reduziert wurde. Es sollten 1,2 Millionen Tonnen weniger produziert werden als 1932, dem Jahr mit der niedrigsten Produktion der Zehnjahresperiode 1926 – 1936. Im Vergleich zu 1938 – da hatte die Rüstung allerdings bereits ihren Höhepunkt erreicht – bedeutete das eine Herabsetzung auf weniger als ein Drittel. Die Erzeugung von Elektrostahl sollte überhaupt nicht mehr erlaubt sein, und man kann sich denken, welche Konsequenzen das für die Werkzeug- und Maschinenindustrie in sich barg.

Das hätte bedeutet, in Deutschland eine wesentliche strukturelle Änderung des Wirtschaftslebens durchzusetzen. Diese Änderung kann man sich – etwas schematisch – so vorstellen, dass die Produkte der eingeschränkten Schwerindustrie ganz oder praktisch ganz auf dem Binnenmarkt verbraucht werden, während die Leichtindustrie für den Export arbeiten muss.

Die detaillierten Richtlinien des Kontrollrats wurden nicht für die gesamte Industrie gleichzeitig beschlossen. Es war nicht möglich, ihr künftiges Produktionsniveau festzulegen, ohne sich über die Stahlerzeugung, die der industriellen Produktion zugrundelag, geeinigt zu haben. Diese Frage war jedoch an die betreffenden Regierungen verwiesen worden. Außerdem befand man sich mitten in einer Reihe grundlegender Untersuchungen. Es kam darauf an, Klarheit zu gewinnen, wie groß Deutschlands künftige Bevölkerung sein würde, welche Ressourcen zur Verfügung standen, wie groß die industrielle Ausfuhr sein muss, um die Einfuhr von Lebensmitteln und Rohstoffen in erforderlicher Höhe zu decken; es mussten die Kriegsindustrie und die potentiell kriegswichtigen Industriezweige ausgeschaltet werden.

Während diese Untersuchungen noch im Gange waren, fasste der Kontrollrat am 20. Februar 1946 einen Beschluss, mit dem bereits angedeutet wurde, wie weit die Einschränkungen gehen sollten, selbst wenn ausdrücklich erklärt wurde, zu einem späteren Zeitpunkt Zusatzbestimmungen erlassen zu wollen. Der Beschluss bestätigte noch einmal, dass keine seetüchtigen Schiffe (ausgenommen kleinere Fischereifahrzeuge) gebaut werden dürften. Ferner sollte die Erzeugung folgender Waren eingestellt werden: Magnesium, Rohaluminium und Rohstoffe für die

Aluminiumerzeugung, Beryllium, Vanadium, Wasserstoffsuperoxyd (über 50 Prozent), Funksendeausrüstungen, schwere landwirtschaftliche Traktoren und schwere Werkzeugmaschinen.

Die nächste Gruppe bildeten Waren, deren Herstellung erlaubt sein sollte, aber nur, *bis es möglich war, sie einzuführen*: synthetisches Öl und Benzin, synthetischer Gummi und Kugellager. Die Herstellung von Feldstecherausrüstungen sollte auf bestimmte Fabriken beschränkt und einer unmittelbaren Kontrolle unterworfen werden, die Erzeugung von synthetischem Ammoniak (etwa 500 000 Tonnen jährlich, davon 90 Prozent als Düngemittel) hingegen weitergehen dürfen, bis man die Einfuhr von Stickstoff finanzieren konnte.

Die dritte Gruppe bestand aus solchen Dingen, die im Rahmen des Friedensbedarfs Deutschlands hergestellt werden dürfen, so Werkzeugmaschinen, schwere Maschinen einschließlich Dieselmotoren, Lokomotiven und anderes rollendes Material, Industriechemikalien, leichte landwirtschaftliche Traktoren (5000 im Jahr), schwere Baumaschinen einschließlich Kräne, Rundfunkempfänger, optisches Rohglas, Autos, Lastautos und Busse. Es wurde hinzugefügt, dass keine neuen Lokomotiven gebaut werden sollten, bevor nicht die alten wieder instandgesetzt waren.

In der veröffentlichten Mitteilung über den Beschluss des Rates war nicht ausdrücklich erwähnt, *was* den Deutschen auszuführen erlaubt würde. In einer amerikanischen Übersicht wurde jedoch Folgendes aufgezählt: Kohle und Koks, Kali, Leder-, Textil- und Bekleidungswaren, elektrische Artikel, Bier, Wein und Spirituosen, Spielwaren, Musikinstrumente – und möglicherweise einige wenige Maschinen.

Ich will kein Hehl daraus machen, dass dieser Beschluss auch in deutschen Kreisen, die auf sehr starke Einschränkungen vorbereitet waren, Bestürzung auslöste. Es ist nicht sicher, dass dieser Plan das letzte Wort der Alliierten bleibt. Aber er zeigt wohl die Hauptrichtung an. Diejenigen, die auf amerikanischer Seite mit der Vorbereitung der Richtlinien beschäftigt waren, meinten, dass es trotz der Verbote möglich sei, einen Lebensstandard zu erreichen, der »nur« 25 bis 30 Prozent unter dem der Vorkriegszeit liege. Die industrielle Produktion sollte im Vergleich zu 1938 auf die Hälfte beschränkt werden, die Ausfuhr auf 62 Prozent und die Einfuhr auf 72 Prozent des Niveaus von 1936.

Wenn man die Lage der deutschen Industrie angesichts der neuen Situation beurteilen will, sind es vor allem vier Zweige, die Interesse beanspruchen: Kohle, Eisen und Stahl, Transportwesen und Textilien.

Die Kohlegewinnung war – wie ich bereits dargelegt habe – wieder recht gut in Gang gekommen. Im Januar 1946 lag die Förderung von

Steinkohle in allen vier Zonen bei 5,57 Millionen Tonnen. Vom Februar an und in der folgenden Zeit musste man jedoch feststellen, dass die Kohleförderung in West-Deutschland stagnierte, im Wesentlichen durch die Lebensmittelsituation. Die Produktion im März entsprach 39 Prozent des Monatsdurchschnitts der Jahre 1935 bis 1938. Die Transportkrise stellte ein dauerhaftes Hindernis dar. Die Industrie litt schwer unter dem Kohlemangel. Man musste sogar dazu übergehen, Betriebe zu schließen, die an sich Rohstoffe für ihre Produktion besaßen. Die Papierindustrie in Bayern erbrachte Anfang 1946 nur 25 Prozent der Normalleistung, während der Bedarf auf das Zwanzigfache gestiegen war. Von Hausbrandkohle war vorläufig nicht die Rede. Auf amerikanischer Seite erklärte man jedoch, dass sich das »im Laufe der nächsten Jahre« ergeben könnte.

Die Eisen- und Stahlerzeugung betrug zum Jahreswechsel 1945/46 etwas weniger als 100 000 Tonnen im Monat. Man könnte also die Erzeugung erheblich erweitern, ehe man die annähernd 500 000 Tonnen erreichte, die die Alliierten zuließen. Die Industrie ist hauptsächlich in Rheinland-Westfalen konzentriert. Fabriken gab es – und trotz der Bombardierungen und aller anderen Umstände waren 63 Prozent der Fabriken im Ruhrgebiet in der Lage zu produzieren. Mit dem Transport stand es weniger gut. Und die Frage der Erzlieferungen war noch nicht entschieden. Gewöhnlich kamen 85 Prozent des Erzes aus Schweden und Frankreich. Die Erfahrungen mit dem minderwertigen deutschen Eisenerz waren nicht ermutigend. Vorläufig behalf man sich mit einem erhöhten Schrottverbrauch. Der Schrottzusatz steigerte sich auf 50 und teilweise 75 Prozent, während er früher bei 25 Prozent lag.

Es bleibt abzuwarten, wie buchstäblich man das Verbot der Aluminiumerzeugung nehmen wird. Die Leichtmetallfabriken, die wieder in Gang kamen, stellten hauptsächlich Töpfe her. Die Heraklithwerke in der amerikanischen Zone sollten monatlich eine Million Quadratmeter Bauplatten herstellen. Es ist wohl nicht ausgeschlossen, dass eine Produktion dieser Art teilweise fortbestehen darf.

Die elektrotechnische Industrie, die für den Export von besonderem Interesse ist, erholte sich allmählich. Daran sind die Berliner stark interessiert. In normalen Zeiten waren 15 Prozent der arbeitenden Berliner Bevölkerung in diesem Erwerbszweig tätig. AEG und Siemens hatten zusammen über hunderttausend Arbeiter. Diese Betriebe mussten einen großen Teil ihres Maschinenparks abgeben. Doch allein die AEG beschäftigte zu Beginn des Jahres 1946 noch über 20 000 Arbeiter.

Den Wiederaufbau des deutschen Transportnetzes habe ich bereits erwähnt. Es bedarf großer Anstrengungen, um den »Engpass« zu überwinden. Man rechnete damit, dass nur noch ein Drittel der Eisenbahnwagen von vor dem Kriege existierten. In Thüringen waren es weniger als zehn Prozent. Unklar war außerdem, wie viel Deutschland behalten durfte, nachdem man den Bestand in Europa registriert hatte. Es gab gute Gründe dafür, zunächst zu reparieren und zu bauen und mit der »Beschränkung« bis zu einem späteren Zeitpunkt zu warten. Fabriken gab es, aber es war schwierig, Rohstoffe zu beschaffen. In den Westzonen arbeitete man bei den Waggonfabriken und Reparaturwerken in drei Schichten. Bereits im Herbst 1945 wurde gemeldet, dass das Programm für die drei Werkstätten des Rheinlandes 12 000 Güterwagen und 5000 Kohlenwagen umfasste, und damit war das Vorkriegsniveau jedenfalls dieser Fabriken erreicht.

Auch bei den Autos interessierte die »Beschränkung« zunächst einmal nicht. Es kam darauf an, eine Produktion in Gang zu bringen, die unter allen Umständen begrenzt werden musste. In der amerikanischen Zone waren zu Beginn des Jahres 1946 viele Fabriken in Betrieb. Bei Daimler-Benz in Mannheim wurden zum Beispiel täglich zehn Autos hergestellt. Das Werk in Untertürkheim sollte im Laufe des Jahres 2000 Fahrzeuge produzieren und Magirus in Stuttgart 1000. Krauss-Maffei in Mönchengladbach erhielt die Erlaubnis, Busse zu bauen. In der britischen Zone, wo die Produktion durch einen besonderen Ausschuss in Hannover gesteuert wurde, stellte man in der Zeit zwischen dem 1. September 1945 und dem Jahreswechsel 5530 Fahrzeuge her. Das war nur die Hälfte des angestrebten Produktionsziels. Es fehlten Rohstoffe. Der Plan für 1946 umfasste eine größere Produktion von Autos und außerdem von 3½- und 8-Tonnen-Anhängern, die auf elf Fabriken verteilt wurden. Im Februar 1946 produzierte man 620 von ihnen; im September hoffte man, eine Spitzenerzeugung von 2250 erreichen zu können. Die Herstellung von Motorrädern kam, unter anderem bei NSU in Neckarsulm, wieder in Gang. Allright in Köln stellte monatlich 1000 Fahrräder her. Sie gingen an die Ruhrarbeiter. Metzeler in München begann im Februar mit der Produktion von Fahrrädern. Continental in Hannover und Wiesbaden, Dunlop in Hanau und eine ganze Reihe anderer Fabriken nahmen den Betrieb wieder auf und stellten hauptsächlich Auto- und Fahrradreifen her.

Die Textilindustrie steht und fällt mit der Kohlezufuhr und der Einfuhr von Rohstoffen. Zu Anfang des Jahres 1946 teilten die Amerikaner mit, dass sie zunächst 50 000 Ballen (10 000 Tonnen) Baumwolle in ihre Zone einführen wollten. In der Ostzone waren die sächsische und die thüringische Textilindustrie voll in Betrieb. Ein großer Teil wurde als Reparationen geliefert, aber etwas blieb auch übrig. Sonst herrschte unter den Alliierten über die Zukunft der Textilindustrie starke Uneinigkeit. Die Amerikaner traten für eine verhältnismäßig reichliche Einfuhr von Rohstoffen ein, während die anderen Mächte erlauben wollten, einen bedeutenden Teil der synthetischen Erzeugung beizubehalten.

In Berlin rechnete man nicht mit der Möglichkeit, im Jahre 1946 Kleiderkarten auszugeben. Man war aber sicher, dass die Stadt aus Sachsen eine halbe Million Damenstrümpfe und aus Thüringen eine ganze Menge Wirkwaren erhalten würde. Bayern erhielt auch Strümpfe aus der russischen Zone und lieferte dafür Kunstseide und Strumpfgarn. Zunächst war die Erzeugung im Wesentlichen den ausländischen Zwangsarbeitern vorbehalten, und außerdem musste man die wichtigsten technischen Bedürfnisse berücksichtigen. Man begann aber auch, einige Waren an ausgebombte Familien zu liefern.

Wenn man den Wiederaufbau des deutschen Wirtschaftslebens als Ganzes betrachtet, zeigt sich charakteristischerweise, dass es dem Handwerk am leichtesten fiel, die Arbeit wiederaufzunehmen. Außerdem war klar, dass es eine ganze Menge Arbeiter mehr beschäftigen konnte als früher. Diese Entwicklung wurde von den Behörden gefördert, die jedoch andererseits aufpassen mussten, keine handwerkliche »Inflation« zu provozieren.

In der russischen Zone veranstaltete man um den Jahreswechsel mehrere Handwerks- und Industrieausstellungen, um zu zeigen, was mit den vorhandenen Mitteln geleistet werden konnte. Die Brandenburg-Ausstellung in Potsdam zeigte unter anderem, dass die Lederindustrie in Kirchhain, die optische Industrie in Rathenow und die Bekleidungsindustrie sowie die Glasindustrie in der Niederlausitz wieder auf die Beine gekommen waren. Die Ausstellung in Zwickau zeigte für das westliche Sachsen, wie weit die Textilindustrie gekommen war. Die Thüringer zeigten auf der Ausstellung in Weimar, dass die gut eingespielte Erzeugung von Thermometern und Glasinstrumenten für den Laboratoriums- und den chirurgischen Bedarf den Krieg und die Krise überlebt hatte. Bei Zeiss-Ikon in Dresden veranstalteten 3000 Firmen aus Ost-Sachsen eine Ausstellung. Sie hatten alles mögliche hergestellt, von Haushaltsgeräten und Spielzeug bis zu kleineren Maschinen und Landwirtschaftsgeräten.

Am typischsten für die Ausstellung waren jedoch all die unglaublichen Dinge, die man aus Gasmasken, Gewehrteilen und anderem »Abfall« zustande brachte, der von der Rüstungsproduktion übrig war. So war es überall in Deutschland. In Lübeck sah ich, wie die Drägerwerke eine sehr umfangreiche Produktion von Spielzeug, Damenhandtaschen,

Aschenbechern und allem Möglichen anderen aufgenommen hatten, das nach England ausgeführt werden sollte. In Nürnberg hatten die Amerikaner – und andere – sich kleine Taschen besorgt, die aus Schnüren hergestellt wurden, die ursprünglich Naziuniformen hatten schmücken sollen. In einem Außenbezirk Frankfurts gab es eine Fabrik, die früher Flugzeug- und Geschützteile herstellte und jetzt aus dem übriggebliebenen Aluminium Töpfe, Schüsseln und Waschmaschinen produziert. Metallreste wurden zu kunstvollen Likörbechern und ähnlichem verarbeitet. Aus Holzabfall, der halbverkohlt übriggeblieben war, wurden Haushaltsgegenstände, Kästen und Leuchter gefertigt. In Leipzig gab es eine ähnliche Fabrik, die früher für Görings Luftwaffe produzierte. Jetzt hat die Stadt sie übernommen, und es wurden nicht nur Töpfe gefertigt, sondern auch Maschinen für die graphische Industrie und Holzverarbeitung. Die Klepperwerke in Rosenheim stellten während des Krieges Rettungsboote und Schwimmwesten her. Der übriggebliebene »Abfall« wurde zu Markttaschen, Hosenträgern und Seidenblusen verarbeitet. Warme Babybekleidung wurde aus dem Material angefertigt, das früher für die Selbstmordkandidaten der Kriegsmarine, die sogenannten »Einzelgänger«, bestimmt war.

Der Neustart war schwierig. Doch trotzdem konnte man nicht selten einer frischen Initiative begegnen. Ehemalige Konzentrationslagergefangene eröffneten an mehreren Orten Werkstätten, die ausgezeichnet liefen. Die chemisch-pharmazeutische Industrie arbeitete. In der russischen Zone umfasste sie nahezu 200 Fabriken und Werkstätten. Zum Jahreswechsel haben trotz des Kohlenmangels sechs der bayerischen Porzellanfabriken ihre Produktion wieder aufgenommen, und im Herbst 1946 rechnete man damit, dass dies in den übrigen Fabriken auch geschehen könne. In Sachsen erstand die berühmte Meißener Manufaktur wieder auf.

Bei der Rundfunkindustrie wurde ein Interzonenabkommen über die Herstellung eines Vier-Röhren-Allstromempfängers abgeschlossen. In der amerikanischen Zone sollen 1946 150 000 derartige Empfänger angefertigt werden; davon gehen zwei Drittel an die Zivilbevölkerung und der Rest an die Besatzungstruppen. In diesem Jahr sollen auch 500 000 Röhren hergestellt werden. Das ist nötig, denn man berechnete, dass nur eine halbe Million der 2,5 Millionen Radioapparate der Zone funktionsfähig waren. Bis 1949 soll ferner die Zahl der erzeugten Röhren auf 300 Millionen steigen und die der neuen Rundfunkempfänger auf 550 000.

Ein paar andere Beispiele: Bayerische Fabriken konnten eine Tageserzeugung von 1500 Öfen für den zivilen Bedarf aufnehmen. Henkel baute in Bayern eine neue Waschpulver- und Sodafabrik. Die Streichholzfabriken im Odenwald fingen im Januar 1946 wieder an zu arbeiten. In Heidelberg arbeiteten zwanzig Fabriken für Füllhalter. Aus dem Schwarzwald kommen wieder neue Uhren. Die Uhrenfabrik von Junghans, die die größte in Europa ist, produzierte täglich 500 Armbanduhren und außerdem mehrere Hundert Wecker. Vor dem Kriege stellte man jährlich nahezu zehn Millionen Uhren her. Jetzt glaubte man, noch weiter kommen zu können. Es war gar nicht so hoffnungslos, wenn man sich mit den kleinen Widrigkeiten des Alltagslebens abfand und die Entwicklung in einem größeren Zusammenhang sah. Man darf jedoch nicht vergessen, dass das Produktionsniveau der Industrie im Frühjahr 1946 insgesamt noch sehr niedrig war; es schwankte zwischen zehn und 40 Prozent der Vorkriegszahlen in den verschiedenen Bezirken.

Deutschland verfügt sicherlich nicht über mehr als ein Drittel seiner Maschinen, wenn man das abzieht, was im Kriege beschädigt worden ist und was als Reparationen weggeht. Vielleicht wird auch es nur ein Viertel sein. Maschinenmangel ist jedoch ein Ansporn für Erfindungsgabe, wenn es auf neue Produktionsmethoden ankommt. Noch ein anderes ist von Bedeutung. Indem die Bedingungen für die Industrie und den Warenexport sehr streng sein werden, gilt es, Ausfuhrgüter herzustellen, die so arbeitsintensiv sind wie möglich. An Rohstoffen wird Mangel herrschen. Arbeitskräfte hat man genug.

Die Forschung wird eine zentrale Rolle spielen. Als man mit dem Ausland in Berührung kam, zeigte sich übrigens, wie unvernünftig es von den Nazis war, auf dem hohen Ross zu reiten und so zu tun, als ob sie in technischer Beziehung nichts von anderen lernen müssten. Die Deutschen haben viel zu lernen. Sie sind aber auch genötigt, selbst neue Methoden zu finden.

Es zeigte sich bereits zu Beginn, dass man nach »Auswegen« suchte. Aus Bayern wurde zum Beispiel gemeldet, dass man eine Schreibmaschine für 62 Mark (31 [norwegische] Kronen) produzieren würde. Sie wird aus einer künstlichen Pressmasse hergestellt, und den niedrigen Preis erzielt man durch die Einsparung von 270 Einzelmontagen. In Sachsen gelang es, eine neue Art von Bunareifen ohne Zusatz von Naturgummi herzustellen. Beim Aufbau der neuen Glasindustrie in Limburg bediente man sich einer Erfindung, durch die man um das Schleifen von Glas herumkam, während gleichzeitig das Produktionstempo erhöht werden konnte. Qualifizierte Glasarbeiter aus der Tschechoslowakei wurden in diese Industrie überführt. Das war übrigens nicht die einzige Stelle, wo man aus der fachlichen Tüchtigkeit sudetendeutscher Arbeiter Nutzen zu ziehen suchte.

Im Bayerischen Wald werden – auf Initiative des Planungsamtes in München – seit neuestem Waschschüsseln und Ähnliches aus einer haltbaren Holzmasse in Serie produziert. In Rosenheim stellte man aus den Abfallstoffen der Meiereien Alkohol, in einer anderen Fabrik Eiweiß her. In Norddeutschland begann man, Hefe mit Holzabfall als Rohstoff herzustellen. Der Mangel an Zement, Kalk und anderen Bindemitteln wurde teilweise dadurch behoben, dass man die sogenannte Filterasche von Braunkohle benutzte, die früher aus dem Schornstein herauskam. Auch die Kabel- und Telefonindustrie arbeitete an Plänen weiter, Rohstoffe einzusparen: Aluminium statt Kupfer, Kunststoff statt Blei. Wer etwas von der Spielzeugindustrie verstand, wusste, dass Ideen wichtiger sind als Material. Die Menschen bemühten sich, neue Warentypen zu entwickeln, die sich auf dem internationalen Markt behaupten können. In München stellte man Maschinen für die Erzeugung von Torfkoks her, mit demselben Heizwert wie die beste Anthrazitkohle und mit Methan und Holzteer als Nebenprodukten. Die Regierung in Hessen ergriff die Initiative zu einer genauen Ermittlung der Erz-, Kohlen- und Mineralvorkommen. Außerdem sollte der landwirtschaftlich genutzte Boden weit stärker wissenschaftlich untersucht werden als früher. Mit demselben Problem befassten sich die Behörden auch anderswo in Deutschland. Überall kommt es darauf an, aus der Erde das Meistmögliche herauszuholen.

Zu der Erbschaft des Nazismus gehört neben vielem anderen ein großer Mangel an qualifizierten Arbeitskräften. Es sind also energische Maßnahmen erforderlich, um neue Facharbeiter auszubilden und Menschen so umzuschulen, dass sie in Gebiete des Arbeitslebens versetzt werden können, wo sie gebraucht werden. In der Berufsstruktur wird es zu wesentlichen Änderungen kommen. Auf jeden Fall werden Chemiker, die etwas von synthetischen Stoffen verstehen, und auch Lebensmittelchemiker und Konservenspezialisten nicht beschäftigungslos sein. Es dürften auch deshalb große Umwälzungen eintreten, weil mehrere Millionen Männer fehlen. Die Frauen müssen in weit stärkerem Umfang als früher ins Arbeitsleben und sich selbst versorgen. Sie müssen über die typischen »Frauenberufe« hinauskommen. Die Erfahrung zeigt im Übrigen, dass sie selbst in der Baubranche ausgezeichnet zurechtkommen.

Die größte Arbeitsaufgabe, die es auf dem »Binnenmarkt« gibt, ist der Wiederaufbau der Städte, die völlig zerbombt sind. Wenn man durch solche Städte gegangen ist, fragt man sich, ob es überhaupt Zweck hat, sie wiederaufzubauen. Wäre es nicht vernünftiger, die Ruinenhügel liegen zu lassen? Wäre es nicht am rationellsten, *neue* Städte zu bauen?

So einfach ist es jedoch nicht. Die Tradition hat eine große Macht. Außerdem kann man es sich nicht leisten, vor den Ruinen fortzulaufen. Selbst dort, wo die meisten Häuser getroffen wurden, ist noch eine ganze Anzahl intakter übrig. Ein Wiederaufbau ist trotz allem billiger als ein Neuaufbau. In Arnsberg wurde zu Beginn des Jahres 1946 eine Konferenz abgehalten, an der tausend Architekten und Baufachleute aus ganz Westdeutschland teilnahmen. Dort kam man – gerade unter Hinweis auf das, was wirtschaftlich vertretbar war – zu dem Ergebnis, dass die Ruhrstädte wiederaufgebaut werden sollten.

Das braucht aber nicht zu bedeuten, dass die Städte genau so wiederaufgebaut werden sollen, wie sie waren. Man wird bei der Planung und Bauordnung neue Wege beschreiten. Deutsche und alliierte Behörden waren sich einig, dass die Großstädte mehr »Parklungen« erhalten müssten. Die tristen Mietskasernen wollte man nicht mehr haben. In Berlin soll die neue Innenstadt nur aus Geschäften und Büros bestehen. Es wurde die Diskussion über eine dezentralisierte Außenbezirksbebauung aufgenommen.

Es ist die Zeit der Planung. Man hat begonnen, sich einen Überblick zu verschaffen, bei wie vielen Häusern sich die Reparatur lohnt. Man wusste, dass fünf Millionen neue Wohnungen zu bauen waren, und außerdem gab es eine Menge, die repariert werden mussten. Das war ein Minimum. Zu den sieben bis acht Millionen Obdachlosen kam ja der große Bevölkerungszuwachs aus dem Osten hinzu.

Neben der Ausbesserungsarbeit – die so schnell vor sich ging, wie es das verfügbare Material erlaubte – stand das Abräumen der Trümmerhaufen im Vordergrund. Ich will Frankfurt als Beispiel nehmen. Dort gab es 12 bis 13 Millionen Kubikmeter Trümmer. Die Stadt beschlagnahmte alles. Dann wurde eine Gesellschaft gegründet, die das so schnell wie möglich beseitigen sollte. Über das Tempo konnte man nichts sagen. Es hängt von der Verfügbarkeit von Maschinen, Arbeitskräften und Kohle ab. Im besten Fall, glaubte man, würde es acht Jahre in Anspruch nehmen. In München waren die Leute optimistischer. Dort wollten sie in zwei bis drei Jahren alles erledigt haben. Es handelte sich aber »nur« um fünf Millionen Kubikmeter.

In Frankfurt sagte man, dass diese Arbeit 60 Millionen Mark kosten würde. Der Betrag wird aber dadurch etwas niedriger werden, dass man Material wieder hervorgräbt und nutzbar macht. Zuerst wird grob sortiert, um größere Metallgegenstände zu erfassen. Nachdem die Schuttmasse zu den »Aufbereitungswerken« außerhalb der Stadt abtransportiert ist, werden Eisen, Holz, Papier, Pappe und andere Dinge, die für Beton

Berliner Trümmerfrauen beim Aufschichten von Ziegeln aus dem Schutt zerstörter Häuser zur Wiederverwendung (Foto vom 11. September 1945).

schädlich sind, aussortiert, ebenso ganze Mauersteine. Der Rest wird gebrochen und – durch Zusatz von Zement – zu »Ziegelsplittbeton« verarbeitet. Dieses Verfahren hat den Vorteil, dass es weniger als ein Viertel der Kohlemenge erfordert, die für die Herstellung von Ziegelsteinen erforderlich ist. Man berechnet, dass 30 bis 40 Prozent des ganzen »Feinschutts« zu einer neuen Art von Bimsstein verarbeitet werden.

Die Arbeit der Enttrümmerung wird in Nürnberg 36 Millionen und in München 52 Millionen Mark kosten. Das ist jedoch wenig im Vergleich zu dem Betrag, der für den eigentlichen Wiederaufbau erforderlich ist. Für München würde er anderthalb Milliarden kosten. Dort und in Bayern bereitete man im Laufe des Winters einen Plan für die Reparatur von 170 000 alten Wohnungen und den Bau von 100 000 neuen vor. 20 000 der neuen hoffte man im Laufe der Frühlingsmonate bauen zu können. Es sollten Holzhäuser mit Zweizimmerwohnungen entstehen. Die Serienherstellung von Holzhäusern ist an einzelnen Stellen bereits aufgenommen worden. In Westdeutschland wird auch eine Reihe von Stahlblechhäusern errichtet. Die Errichtung der ersten Probekonstruktion in Düsseldorf dauerte nicht mehr als sechs Stunden. Die Häuser kosten nur 4500 Mark und bestehen aus Küche, zwei Zimmern, Bad und Toilette.

In der russischen Zone forderte die Zentralverwaltung alle Wissenschaftler und Fachleute auf, Vorschläge zu machen, die für die Wiederaufbauarbeit wichtig sein könnten. Im Laufe kurzer Zeit kam eine Menge guter Ideen zusammen, unter anderem Vorschläge für neue Betonmaterialien, die eine große Zeit- und Gewichtsersparnis darstellten. Auf dem Lande, wo es, nicht zuletzt durch die Bodenreform, ein großes Wohnungsproblem gab, kehrte man zu den primitiven Baumethoden der Vorfahren zurück.

Der Bürgermeister von Dresden[244] teilte im Januar 1946 mit, dass in dieser Stadt im Laufe des Jahres 34 000 Wohnungen repariert würden. Gleichzeitig nahm man den Neubau in Angriff. Es sollten zunächst 1600 neue Wohnungen gebaut werden. Das Programm des Bürgermeisters war sympathisch. Es lautete so: »Wir wollen besser wohnen. Keine Paläste für die Reichen und Hütten für die Armen, sondern Demokratie im Wohnungsbau.«[245] Wie finanzierte man nun die Bauvorhaben in einer Stadt wie Dresden? Die kommunalen Betriebe mussten selbst die Mittel aufbringen, die erforderlich waren, um neue Häuser zu errichten. Die Reparaturarbeiten wurden von Hausbesitzern und Mietern finanziert. Waren die Wohnungen stark beschädigt, erhielt man einen Zuschuss von der Zentralverwaltung. Ein Teil der neuen Wohnungen sollte auf Aktienbasis finanziert werden. 500 Wohnungen mit zweieinhalb Zimmern, Küche und Bad wurden zunächst einmal für diejenigen reserviert, die 8000 Mark einzahlen wollten.

Im nächsten Schritt könnte dann der Wohnungsbau mit Hilfe von Mietüberschüssen finanzieren werden. Die Sozialdemokraten, die diesen Vorschlag machten, wollten auch die Frage behandelt wissen, Mietshäuser in Gemeindeeigentum umzuwandeln.

Der Wiederaufbau der deutschen Städte wird den Arbeitslosen auf mehrere Jahre hinaus Beschäftigung verschaffen. Es ist nur so, dass die Menschen vom Wohnungsbau nicht *leben* können. Außerdem gibt es andere Schwierigkeiten, die den Wiederaufbau verzögern. Es herrscht, wie gesagt, großer Mangel an Facharbeitern. Berlin hatte vor dem Kriege

244 Gemeint: Herbert Conert.
245 Dieses Programm stammt von Conerts Nachfolger, Walter Weidauer.

8000 Zimmerleute. Nach dem Kriege waren es weniger als 1000. Mit Baumaterial steht es äußerst schlecht. Einige Zementfabriken nahmen den Betrieb auf, aber die Produktion wurde durch den Kohle- und Strommangel gehemmt. Zunächst musste auch der Bedarf der Besatzungsmächte befriedigt werden. Glas wird massenhaft benötigt – allein in einer Stadt wie Bremen zwei Millionen Quadratmeter. Die Produktion läuft. Detag in Witten produzierte Anfang 1946 täglich 10 000 Quadratmeter, und in einer großen Fabrik in Gelsenkirchen wurden 15 000 Quadratmeter pro Tag hergestellt.

Es wird viel Zeit in Anspruch nehmen. In Nürnberg sagten die Vertreter der Stadt, dass sie mit 25 Jahren rechneten. Aber wenn ein Jahr oder zwei Jahre vergangen sind, wird man schon einen deutlichen Unterschied sehen können.

Wie sieht es nun mit dem Geld aus? – Es hat etwas Abenteuerliches an sich, den Prozess im Großen und Ganzen am Laufen zu halten. In den Westzonen dauerte es nicht lange, bis die Banken öffneten. In der Ostzone errichtete man neue Banken. Das Steuerwesen war zusammengebrochen, aber es wurde sehr schnell reorganisiert. Die Regierungen der Länder und die vorläufigen Stadtverwaltungen konnten die Dinge auch nicht schleifen lassen. Sie mussten vorläufige Haushalte aufstellen. Es waren Notmaßnahmen, aber sie führen dazu, dass der Zusammenbruch nicht noch schlimmer wurde als er ohnehin schon war.

Die Menschen hatten ihre Illusionen. Einsichtige konnten jedoch nicht damit rechnen, dass die Alliierten oder eine neue deutsche Regierung die Schulden des Dritten Reiches »übernehmen« würden. Selbst wenn man nur mit einer Staatsschuld von 500 Milliarden rechnete, würde die Verzinsung (auf der Grundlage von drei Prozent) jährlich 15 Milliarden erfordern. Das sind 40 Prozent der gesamten jährlichen Steuereinnahmen während des Krieges. Neben der großen Schuld hatte man auch das »kleine« Problem eines Geldumlaufs von nahezu 60 Milliarden, gegenüber 3,3 Milliarden im März 1932. Eine Sanierung war unumgänglich. Wie sollte sie aber vor sich gehen, welche Grundsätze sollte man befolgen?

Es war nicht leicht, Einigkeit zu erzielen, und in den verschiedenen Zonen gab man vorläufige, nicht gleichlautende Antworten. In den russisch besetzten Gebieten wurden alle Bankkonten gesperrt. Man betrachtete sie als annulliert, möglicherweise mit der Modifizierung, dass die kleinen Sparer eine gewisse Entschädigung erhielten. In den Westgebieten dauerte die Sperre nur kurze Zeit. Bei den beschlagnahmten Nazivermögen wurde sie aufrechterhalten. Andere konnten Geld bis zu einer festgesetzten Höchstgrenze abheben. Die Versicherungsgesellschaften ließ man ebenfalls weiterexistieren. Die Lebensversicherungen wurden zu 40 Prozent der früheren Sätze und mit Höchstbeträgen von 10 000 Mark ausgezahlt. Im Osten gingen die Versicherungsgesellschaften im Großen und Ganzen denselben Weg wie die Sparkassen, aber man rechnete damit, etwas auf die neuen öffentlichen Versicherungen übertragen zu können, die im Aufbau waren.

Die Deutschen fürchten das Gespenst der Inflation mehr als irgendetwas anderes. Sie erinnern sich, wie es das letzte Mal war. Viele von ihnen waren sich jedoch nicht darüber im Klaren, dass die *tatsächliche* Lage diesmal noch ernster ist. Der Unterschied besteht indessen darin, dass jetzt eine strenge Kontrolle ausgeübt wird. Die Preisüberwachung ist ein scharfes Instrument. Die Mark wird »isoliert«, so dass sie keiner nachteiligen Einwirkung von außen ausgesetzt ist. Die Menschen wurden mit Erklärungen beruhigt, nach denen man nichts unternehmen würde, bevor nicht alle Auswege versucht worden waren. Das bedeutete andererseits eine Hemmung des Wirtschaftslebens. Die Wirtschaftsleute mussten wissen, woran sie sich zu halten hatten. Eine latente Geldkrise – insbesondere wenn sie so ernst ist wie die deutsche – hat demoralisierende Folgen, selbst wenn man für alle Arten von Überwachung sorgt.

In Frankfurt fand um den Jahreswechsel 1945/46 eine Konferenz von Finanzleuten aus verschiedenen Teilen Deutschlands statt. Dort wurde eine Reihe von Vorschlägen zur Sanierung des Geldwesens vorgelegt. Die meisten Vorschläge sahen vor, dass alle Forderungen an das »Reich« – in Form von Kriegsanleihen, Steuerwechseln, Entschädigungsforderungen und Ähnlichem – auf zehn Prozent reduziert werden sollten. Gleichzeitig sollten die Geldscheine eingezogen und der Wert der Mark auf ein Zehntel ihres bisherigen festgesetzt werden. Das löste zahlreiche Gerüchte aus, unter anderem, dass Scheidemünzen und kleinere Banknoten von der bevorstehenden Abwertung oder Einbeziehung nicht berührt werden würden. Im Ergebnis begannen die Menschen, diese Geldsorten zu hamstern.

Am wahrscheinlichsten ist wohl, dass man noch radikaler zu Werke gehen muss, als sich die Frankfurter Experten vorgestellt hatten, und dass das »Reich« überhaupt nicht in der Lage sein wird, eine innere Kriegsschädenentschädigung zu bezahlen. Der Wiederaufbau von Häusern und Fabriken, der nach den vorsichtigsten Berechnungen im Laufe der nächsten fünf Jahre zwischen 15 und 20 Milliarden Mark erfordern wird (und zwischen 60 und 100 Milliarden nach einem umfassenden Plan auf etwas weitere Sicht), muss durch öffentliche Kredite zu niedrigen Zinsen finanziert werden. Es müssen also neue Schulden gemacht werden. Die Frage ist dann, wie viel Schulden das neue Deutschland tragen können wird. Einige meinten, 100 Milliarden. In Berlin war man der Ansicht, dass 30 Milliarden das Maximum seien. Wenn das gebilligt werden sollte, und unter der Voraussetzung, dass die Hälfte dieses Betrages an Wiederaufbaukredite geht, würde man letztlich nur drei Prozent einer Reichsschuld von 500 Milliarden übernehmen können. Das sind keine sonderlich erfreulichen Aussichten. Diejenigen, die diese Linie vertreten, wollen jedoch, dass auf die kleinen Sparer und die kleinen Versicherungsnehmer besonders Rücksicht genommen wird. So sollen sie zum Beispiel zehn Prozent erhalten. Ein sozialer Ausgleich ist zweifellos erforderlich.

Die alliierten Mächte traten – außer für einheitliche Richtlinien der Preisüberwachung – für eine sehr drastische Steuerpolitik ein. Der Steuerzuschlag Ende 1945 war wenig im Vergleich zu den Steuern, die Mitte Februar 1946 mit rückwirkender Kraft vom 1. Januar beschlossen wurden. Die Einkommensteuer stieg kräftig, die Umsatzsteuer um 50 Prozent, ebenso die Kraftfahrzeugsteuer. Die Vermögensteuer wurde ebenfalls stark erhöht, die Körperschaftssteuer um 20 Prozent und die Wertpapiersteuer um 60 Prozent. Die neuen Bestimmungen waren insofern sozial gerecht, als sie die wohlhabenderen Schichten der Bevölkerung erheblich stärker trafen als die übrigen. Eine Arbeiterfamilie mit zwei Kindern und mit einem Jahreseinkommen von 2000 Mark kam mit zehn Prozent oder 200 Mark davon. Kinderreiche Familien erhielten nicht, wie in der Hitlerzeit, besondere Steuererleichterungen, und es war auch nicht mehr gestattet, Kriegsverluste abzusetzen.

Im Laufe der ersten sechs bis zehn Monate hatten alle Länder- und Provinzregierungen ein Haushaltsdefizit. Man hatte 15 bis 30 Prozent der Steuerbeträge erhalten, die in den letzten Jahren normal waren. Mit Hilfe der neuen Steuern sollten die Einnahmen für Deutschland als Ganzes im Jahre 1946 auf 15 bis 20 Milliarden wachsen, und das, meinte man, würde ausreichen, die Haushalte auszugleichen.

Es war jedoch große Sparsamkeit erforderlich. Das wurde unter anderem dem Berliner Magistrat mitgeteilt, als er im Januar 1946 einen Kredit von 150 Millionen beantragte. Die Alliierten sagten, dass sie 100 Millionen zustimmen könnten, aber unter der Voraussetzung, das Defizit hiernach auf ein absolutes Mindestmaß zu beschränken. Es ist gewiss kein Vergnügen, deutscher Finanzminister oder Stadtrat zu sein.

Wenn man behauptet, dass es möglich sei, die Haushalte auszugleichen, bedeutet das noch nicht, dass die Entschädigungen und die Lebensmitteleinfuhr eingerechnet sind. Diese Posten gehen zu Lasten des neuen Schuldenkontos. Dazu kommen noch die »inneren« Entschädigungen an diejenigen, die aus politischen, religiösen oder »rassischen« Gründen Unrecht erlitten haben. Feste Regeln, nach denen man vorgehen könnte, lagen im März 1946 noch nicht vor, aber man bearbeitete die Angelegenheit (wie es in der Behördensprache heißt).

Auch für die Deckung der laufenden Besatzungskosten war man noch nicht zu einheitlichen Bestimmungen gelangt. In der britischen Zone hatte jede Provinz ihren »Nothaushalt«, um für die besonderen Forderungen gerüstet zu sein. Die Beschlagnahmungen wurden in feste Formen gebracht. Das galt auch für die amerikanische Zone. Bayern hatte bis zum Jahreswechsel etwa 140 Millionen an Besatzungskosten bezahlt (davon 35 Prozent Lohn für Deutsche, die für die Amerikaner arbeiteten) und 60 Millionen an ausländische Zwangsarbeiter. In Sachsen teilte der Regierungschef[246] mit, dass man zehn Prozent des Haushalts für Zahlungen an die Fabriken verwendete, die für die Russen arbeiteten.

Ohne Zweifel ist mit den Steuern, die Mitte Februar eingeführt wurden, in dieser Angelegenheit noch nicht das letzte Wort gesprochen. Sie dienten dazu, der Inflationsgefahr entgegenzuwirken und eine Art von Haushaltsgleichgewicht zustande zu bringen. Im Zusammenhang mit der Hauptsanierung wird es zu einer großen Vermögensabgabe kommen. Sie wird die Nazis härter treffen müssen als andere, und sie wird im Übrigen das Geld von dort holen müssen, wo welches vorhanden ist. Der Finanzminister in Hessen[247] meinte, dass man 200 Milliarden hereinbekommen könnte, indem man die Vermögensabgabe zwischen 20 und 80 Prozent schwanken ließe. In der Ostzone war man auf den Gedanken gekommen, ganze Industriezweige für Wiederaufbaukredite bürgen zu lassen.

Die Besatzungsmächte waren sich darüber einig, dass die Großbanken nicht weiterexistieren sollten. Im Westen trat man für eine Dezentralisierung der Privatbanken ein. Im Osten wurden Monopolbanken errichtet, und zwar eine für jede der fünf Provinzen und 470 in den verschiedenen Städten und Landkreisen. Ein zentrales Geldinstitut wurde in Potsdam errichtet. In der britischen Zone bekam man eine einstweilige Reichsbankzentrale, deren Leitung sich in Hamburg befand. In der amerikanischen Zone erhielt jedes der drei Länder seine »Länderbank«. Voraussetzung dafür schien jedoch die ganze Zeit über zu sein, dass Deutschland eine neue Notenbank bekommt.

246 Gemeint: Rudolf Friedrichs.
247 Gemeint: Wilhelm Mattes.

Die Finanzpolitik zeigte – neben vielem anderen – die Probleme, die durch die Aufteilung in Zonen entstanden. Der Handel bringt das in noch stärkerem Maße ans Licht.

Ein altes Schlagwort sagt: exportieren oder sterben. Auf kürzere Sicht müsste es wohl heißen: importieren oder sterben. Aber die Einfuhren müssen bezahlt werden, und so hat das Schlagwort schon seine Berechtigung. Deutschland konnte mit seiner ersten Nachkriegsernte nicht überleben, und es wird auch mit der zweiten nicht durchkommen, selbst wenn sie besser ausfallen sollte, als man befürchten muss. Die Alliierten schickten ein paar Lebensmittel. So kam Deutschlands Außenhandel wieder in Gang.

Auf der anderen Seite wurde eine ganze Menge Kohle exportiert, und *etwas* von dieser Ausfuhr wurde zur Deckung lebenswichtiger Einfuhren gutgeschrieben. Die englische Regierung teilte Ende 1945 mit, dass sie eine Ausfuhr aus ihrer Zone nur gestattete, wenn die Waren mit ausländischer Währung bezahlt würden.

Eines der ersten Handelsabkommen wurde mit Dänemark abgeschlossen, das Vieh liefern und dafür Kohle, Salz und Medikamente erhalten sollte. Was die amerikanische Zone betrifft, so wurde zu Beginn des Jahres 1946 über die Einfuhr von Saatgut aus der Tschechoslowakei, aus Dänemark, England und Holland sowie von Phosphaten aus Nordafrika verhandelt. Es war beabsichtigt, dass die Tschechoslowakei Salz, Pottasche und eine Reihe von Chemikalien erhält, Dänemark unter anderem Hopfen, landwirtschaftliche Maschinen, Chemikalien und Fahrradteile, Frankreich Übungsmunition und England ein paar Zellulosemaschinen. In die USA und Belgien wurde Hopfen ausgeführt, in das letztgenannte Land auch fotografische Gelatine.

Im Übrigen war beabsichtigt, dass Bauholz im Jahre 1946 der wichtigste Exportartikel aus dieser Zone sein sollte. Anderthalb Millionen Kubikmeter – und außerdem fertige Türen, Fenster usw. – sollten nach England geliefert werden. Auf der Importseite erhielt man Baumwolle aus Amerika, die Ende Februar nach Bremen kam. Sie sollte mit fertigen Textilerzeugnissen bezahlt werden.

Sachsen begann allmählich, mit der Tschechoslowakei zu verhandeln. Die Russen teilten mit, dass sie in ihrer Zone gegen einen Warenaustausch unter anderem mit den skandinavischen Ländern nichts einzuwenden hätten. Das Ganze befand sich aber noch in den allerersten Anfängen.

Man wäre sicherlich weiter gekommen als bis zu den ersten tastenden Versuchen, wenn mit dem Beschluss der Potsdamer Konferenz Ernst gemacht worden wäre, für die vier Besatzungszonen eine Zentralverwaltung zu errichten. Nun war es so, dass jede Zone vor sich hinwurschtelte. Die süddeutschen Regierungen hatten »Außenhandelsvertreter« bei der amerikanischen Militärregierung in Berlin. Sie saßen in derselben Stadt wie das deutsche Handelskontor für die Ostzone, aber man hatte im April 1946 noch nicht die Genehmigung erhalten, eine gemeinsame Planung zu bilden. Das Ganze war sehr umständlich und wenig rationell.

Statt über den Außenhandel wurde über den Interzonenhandel gesprochen. Ja, es dauerte ziemlich lange, bis man zu einem einigermaßen freien Handel *innerhalb* der einzelnen Zonen gelangte. Im Prinzip wurde Einigkeit darüber erzielt, dass die Zonengrenzen kein Hindernis für den Handel darstellen sollen. Der Kontrollrat stellte jedoch gleichzeitig eine Liste von 17 Warengruppen zusammen. Für die Ein- und Ausfuhr aller dieser Waren von einer Zone in eine andere war eine besondere Lizenz der Militärregierung nötig.

Zwischen verschiedenen deutschen Bezirken trieb man Kompensationshandel. Die Zonengrenzen sind ja nicht nach wirtschaftlichen Gesichtspunkten gezogen worden. Es war interessant zu hören, dass der hessische Ministerpräsident[248] in Thüringen war, um mit den dortigen Behörden Handelsverhandlungen zu führen, oder dass Zusammenkünfte zwischen den Verwaltungschefs in der amerikanischen und der britischen Zone stattfanden. Vielleicht waren dies Schritte auf dem Wege zu einem freieren Handelsverkehr. In Wirklichkeit scheint es aber ziemlich widersinnig zu sein, Zustände herbeizuführen, die an die Zeit vor der deutschen Zollunion erinnern.

Es wurden zwar Fortschritte gemacht. Aber der Leiter der deutschen Industrieverwaltung in der russischen Zone, Leo Skrzypczynski, sprach ganz offen aus, dass der Interzonenhandel eine Enttäuschung sei. Die Zahlungsverhältnisse zwischen der östlichen Zone und den westlichen Zonen waren recht schwierig, aber man rechnete damit, dass schließlich in Berlin eine zentrale Clearingstelle eingerichtet wird.

Eine gemeinsame Verwaltung schafft keine neuen Werte. Sie kann aber verhindern, dass durch zu viel Verwaltung und unvernünftige Handels- und Produktionshindernisse Werte verloren gehen. Sie ist auch erforderlich, um die Gefahr zu bannen, dass die Zonen sich immer weiter voneinander entfernen, trotz der gemeinsamen Rahmenbestimmungen des Kontrollrates.

248 Gemeint: Karl Geiler.

Ich schließe diese Übersicht über einige Momente des wirtschaftlichen Neubeginns ab mit dem deutlichen Hinweis, dass eine einheitliche Wirtschaftspolitik – wie sie in Potsdam festgelegt wurde – den Interessen der Alliierten nicht zu widersprechen braucht. Das Wirtschaftsleben Deutschlands kann auf dieselbe Weise überwacht werden wie das Bayerns, Oldenburgs und Sachsens. Der wirtschaftliche Zusammenschluss ist nicht nur nötig, um zu verhindern, dass Deutschland auseinanderfällt, und um sicherzustellen, dass die noch vorhandenen Hilfsquellen auf eine einigermaßen rationelle Weise genutzt werden. Er ist auch nötig, weil Europa es sich kaum leisten kann, Deutschland als Kunden und Lieferanten zu verlieren.

Wird Deutschland sozialistisch?

Der Liberalismus in allen Ehren, aber es ist ein übermenschlicher Optimismus erforderlich, um zu glauben, dass der Neuaufbau in Deutschland »dem Spiel der freien Kräfte« und den Zufällen der Profitwirtschaft überlassen werden könnte. Es gab Leute, die sagten: »Als wir noch reich waren, *wollten* wir keine Sozialisten sein. Jetzt, wo wir arm geworden sind, sind wir *gezwungen*, es zu werden.«

Es geht auf jeden Fall nicht ohne genaue Planung und weitgehende Regelungen. An die Männer des Wirtschaftslebens werden neue Anforderungen gestellt. Sie werden weiterhin – im Rahmen des Plans – eine wichtige Rolle spielen. Private Initiativen werden sich bei der *Durchführung* der Pläne entfalten können. Es ist aber auch auf sozialistischer Seite eine Neuorientierung erforderlich. Weder die Kommunisten noch die Sozialdemokraten können sich mit ihren traditionellen Vorstellungen zur Ruhe setzen.

Ohne Kontrolle und Regelungen hätte es überhaupt keinen Neuanfang gegeben. Es war nicht zu vermeiden, teilweise die Kontrollinstanzen des Dritten Reiches zu übernehmen. Die zentralen Behörden – die Ministerien in Berlin und die sogenannten »Reichsstellen«, das heißt die produktionslenkenden Gebietsstellen – fielen jedoch fort. Ihre Befugnisse wurden auf die Wirtschaftsämter in den einzelnen Provinzen übertragen. Es fiel ihnen nicht immer leicht, auf eigenen Füßen zu stehen. Einige machten ziemlich hoffnungslose Versuche, in den Grenzen der Provinz eine Selbstversorgung zu organisieren. Es ist verständlich, dass man Derartiges tat. Es gab keine zentrale Stelle, also wollte man aus der Lage das Bestmögliche machen. Die Alliierten waren sich auch nicht immer im

Klaren darüber, welche Weisungen sie ausgeben sollten. Vor allem fehlte es an grundsätzlichen Richtlinien dafür, wie die neue Verteilung zwischen der Herstellung von Konsumgütern und der Herstellung von Produktionsmitteln aussehen sollte, wie also hier ein neues wirtschaftliches Gleichgewicht geschaffen werden sollte.

Allmählich einigte sich der Kontrollrat auf gewisse gemeinsame Bestimmungen. Sie betrafen die Preisüberwachung, die Steuern, die Verteilung von Kohle, die Hauptlinien des Kreditwesens und des Interzonenhandels [um nur einige zu nennen]. Von den einzelnen Militärregierungen wurden eigene Zusatzbestimmungen erlassen.

In der britischen Zone erfolgte Ende 1945 ein Zusammenschluss der sechs Wirtschaftsämter der Provinzen. Auf einer Konferenz in Bremen einigten sie sich unter anderem, Mangelgüter gemeinsam zu verwalten. Inzwischen wurde der deutsche Wirtschaftsrat in Minden, der ursprünglich als ein Organ für die Preisüberwachung geschaffen worden war, zu einem Planungsausschuss für die ganze Zone. Man beabsichtigte, Organe zu schaffen, die die früheren »Reichsstellen« ersetzen konnten. Die Wirtschaftsämter schafften es nicht, zumal ihre ursprüngliche Aufgabe nur die Verbrauchsregelung war.

Die amerikanische Zone erhielt verschiedene »Landesstellen«, in Bayern war das Wirtschaftsministerium in München oberste Planungsstelle. Die drei süddeutschen Länder bildeten ebenfalls einen Koordinierungsausschuss mit zwei Vertretern jeder Regierung. Unter den bayerischen Städten errichtete Nürnberg als erste einen eigenen Kommunalausschuss für die Produktionsregelung.

Den Handels- und Industriekammern, die man entnazifizierte und reorganisierte, wurden in der britischen Zone gewisse Planungsaufgaben übertragen. Die Amerikaner nahmen dagegen den Standpunkt ein, dass derartige Zusammenschlüsse keine verbindlichen, sondern nur beratende Funktionen erhalten sollten. In der russischen Zone war man zur gleichen Zeit dabei, Handels- und Industriekammern eines neuen Typs zu errichten. Der Vorstand in einer solchen Kammer bestand aus gleich vielen Vertretern der Gewerkschaft, der Arbeitgeber und des Staates.

Der Haupteindruck war, dass die britischen Behörden in stärkerem Maße als die amerikanischen planwirtschaftliche Maßnahmen unterstützten, dass man aber in beiden Zonen verhältnismäßig viel Rücksicht auf private Wirtschaftsinteressen nahm. In der russischen Zone spielte diese Rücksicht eine geringe Rolle. Dort war man andererseits bereits zum Jahreswechsel 1945/46 sehr weit in der Aufstellung detaillierter Produktionspläne für zwölf verschiedene Industriezweige gekommen.

Sie umfassten unter anderem die Verteilung von 140 Rohstoffen, von Kohle und Stahl bis zu Gips und Garn, von Öl und Zink bis zu Fensterglas und Pappe.

Ich behaupte nicht, dass man aus diesem Grunde im Osten mehr erzeugen wird als im Westen. Es wären jedoch die Voraussetzungen für eine rationelle Ausnutzung der vorhandenen Mittel gegeben. Man erhielt einen Rahmen für die Planung, und die einzelnen Wirtschaftszweige und Gruppen wurden gezwungen, sich ihm einzuordnen. Im Westen hatte man oft das Gefühl, dass reichlich viele Sonderinteressen angemeldet wurden.

Nun ist es ganz gewiss so, dass die Planwirtschaft keine völlige Sozialisierung verlangt. Sie wird auch östlich der Elbe nicht durchgeführt. Dort hatte man aber eine starke Konzentration der politischen Macht und der verbliebenen wirtschaftlichen Mittel erreicht. Damit setzte man sich vielleicht Gefahren aus, die mit einer staatskapitalistischen Bürokratisierung verbunden sind. Im Westen bestand andererseits die Gefahr, dass durch privatkapitalistische Manöver eine wirkliche Planung illusorisch gemacht und der Kontrollrahmen dadurch gesprengt wird. Das war nicht die einzige Gefahr. Außerdem riskierte man auch, dass der Regulierungsapparat in die Hände einzelner Interessengruppen fiel, vielleicht sogar so sehr, dass jede Aktion gegen das pronazistische Großkapital teilweise zur Spiegelfechterei gedieh, weil dessen Vertreter in den neuen Apparat hineingelangen könnten. Es war jedenfalls deutlich, dass die westdeutschen Sozialisten, während sie alle möglichen Reformen forderten, tatsächlich nur einen geringen Einfluss auf die Gestaltung der Wirtschaftspolitik hatten und dass die Besatzungsmächte sich meistens mit Leuten aus dem privaten Wirtschaftsleben berieten, die ihre Stellung festigten, statt Reden zu halten.

Es wird eine Art Prüfstein sein, wie weit man in den wirtschaftlichen Sanktionen gegen die Nazis und ihre Verbündeten zu gehen bereit ist. Dann stellt sich die Frage, was man mit den vielen »herrenlosen« Betrieben zu unternehmen gedenkt. Die Lage ist ja die, dass große Teile der Industrie von den Alliierten übernommen worden sind, so die Zechen, die Fabriken der I.G. Farben und mehrere andere große Unternehmen. Soll man die Reste der I.G. Farben und die Kohlengruben wieder in Privateigentum übergehen lassen? Das ist wenig wahrscheinlich. Die Engländer betrachten die Übernahme der Gruben als eine vorläufige Maßnahme. Die Arbeiter haben zum Ausdruck gebracht, sie betrachteten die Beschlagnahme ebenfalls als Übergangslösung und wünschten, dass die Gruben später auf den deutschen Staat übertragen werden. Vor dem Hintergrund der Verstaatlichung der Kohlengruben in England dürfte das ja nicht als eine besonders revolutionäre und abschreckende Maßnahme erscheinen.

Die Entnazifizierung führte dazu, dass viele Betriebe keine Besitzer mehr hatten. Vielleicht nicht genügend viele, aber auf jeden Fall so viele, dass das Problem an jeder einzelnen Stelle spürbar ist und eine künftige Lösung in dieser Hinsicht die Struktur des Wirtschaftslebens beeinflussen muss. Vorläufig werden sie von »Treuhändern« geleitet, die als eine Art von Konkursverwaltern fungieren. Das Verfahren ist nicht überall dasselbe gewesen. In einigen Bezirken hat der frühere nazistische Besitzer die Erlaubnis erhalten, seinen Nachfolger zu benennen. Sonst ist der Verwalter von den alliierten oder deutschen Stellen bestimmt worden. Die Treuhänder dürfen keinen Gewinn aus der Arbeit ziehen. Es sind aber viele Fälle vorgekommen, wo sie klar auf persönlichen Vorteil aus waren und am ehesten an so etwas wie eine »umgekehrte Arisierung« dachten. Mitunter waren die neuen Betriebsleiter nur Strohmänner der ursprünglichen Besitzer. Man arbeitete mit einem Treuhändergesetz, das einen Missbrauch der Stellung verhindern und ausdrücklich feststellen sollte, dass die Betriebe nicht von den kommissarischen Leitern erworben werden dürfen. Diese sollten einer staatlichen Kontrolle unterstellt werden. So kann man später entscheiden, ob einige dieser Betriebe wieder in Privateigentum übergehen sollen, oder welche Betriebsform sonst zu wählen sei. In gewissen Fällen wird es geraten sein, die beschlagnahmten Betriebe in Gemeindeeigentum überzuführen. An mehreren Orten haben die Arbeiter zu erkennen gegeben, dass sie für eine genossenschaftliche Ordnung sind.

In der russischen Zone führte man bereits von Beginn an eine Reihe früherer Nazibetriebe in Gemeineigentum über. Sachsen übernahm zum Beispiel die Elbschifffahrt und die Reste des Flickschen Stahlkonzerns. Die Verstaatlichung der Gruben stand ebenfalls auf der Tagesordnung. Die Betriebe wurden in recht starkem Maße von den Gemeinden übernommen. Berlin übernahm auf diese Weise den Betrieb von Rheinmetall-Borsig in Tegel als zentrale Reparaturwerkstatt für die kommunalen Betriebe. Auch die Schultheiss-Brauereien wurden von der Stadt übernommen.

Es gab also bedeutende Unterschiede zwischen Ost und West. Ein gemeinsamer Zug war jedoch die Notwendigkeit einer öffentlichen Regelung und Kontrolle. Es kamen, jedenfalls zu Beginn, verschiedene Formen zur Anwendung, um der Armut planwirtschaftlich zu begegnen. Einheitlichere Formen hätten es erleichtert, bessere Produktionsergebnisse zu erzielen.

Die Industrie befand sich in einer unsicheren Lage, in einer etwas unklaren vorläufigen Ordnung, die nach dem Zusammenbruch eintrat. Die Landwirtschaft dagegen war von einer grundlegenden Umwälzung betroffen, vielleicht keiner unbedingt spontanen. Aber es kam darauf an, eine der Aufgaben zu lösen, die zur demokratischen Revolution dazugehört, nämlich die Abschaffung des Großgrundbesitzes. Es ist ganz klar, dass die Klasse der Junker reaktionär gewesen ist – was nicht zu bedeuten braucht und tatsächlich auch nicht bedeutet, dass alle Junker Nazis waren. Das waren sie nicht.

Östlich der Elbe besaßen die Junker nahezu die Hälfte des Bodens, im übrigen Deutschland weniger als zehn Prozent. Das Problem wurde für einen großen Teil durch die neue Grenze »gelöst«, die im Osten gezogen wurde. In den russisch besetzten Bezirken gab es aber noch viele Großgüter. Nicht zuletzt aus diesem Grunde war es verständlich, dass die Bodenreform dort begann.

Im September 1945 kamen die Erlasse, nach denen jeder Besitz von über 100 Hektar entschädigungslos enteignet werden sollte. Nazis verloren ihre Höfe, auch wenn sie kleiner waren. Bauern, die weniger als fünf Hektar hatten – in gewissen Fällen auch solche, die fünf bis zehn besaßen –, konnten zusätzlichen Boden erhalten. Im Übrigen wurden die Güter in Kleinbetriebe aufgeteilt. Die neuen Eigentümer mussten zehn Prozent des verhältnismäßig niedrigen Kaufpreises vor Ablauf des Jahres 1945 bezahlen. Sie begannen ohne Schulden, der Hof konnte nicht verpachtet oder verkauft werden.

Die Bodenreform wurde damit begründet, dass es darum ging, die Flüchtlinge aus dem Osten unterzubringen und gleichzeitig die Erzeugung zu steigern. Man war wohl, jedenfalls zunächst, bezüglich der vorhandenen Möglichkeit reichlich optimistisch. Tatsache ist jedoch, dass die Landwirtschaft innerhalb einiger weniger Wochen und Monate eine völlig neue Struktur erhielt. In Mecklenburg entstanden ungefähr 60 000 neue Höfe. Das Land war nicht mehr von 2000 Gütern, sondern durch hunderttausend Bauernfamilien geprägt. In Thüringen wurden 420 Güter und 4500 Höfe von Nazis unter 4500 Bodenbesitzlosen, 9700 Bodenbesitzarmen, 2000 Flüchtlingen, 8400 Kleinpächtern und 10 000 Land- und Industriearbeitern aufgeteilt. In Sachsen erhielten 55 000 Bewerber insgesamt 150 000 ha. In Brandenburg schuf man auf dem Boden, der vorher zu 2200 Gütern gehört hatte, Platz für 74 000 Familien. Große Musterbetriebe wurden von der Aufteilung ausgenommen.

Die Agrarrevolution war wohl eine politische und soziale Notwendigkeit. Sie war aber auch mit großen Schwierigkeiten verbunden. Der Maschinenmangel und der stark zurückgegangene Viehbestand schufen sehr ernste Probleme. Es gab viel zu wenige Häuser, und Baumaterial für neue gab es fast nicht. In einigen Fällen mussten die neuen Bauern Essen bekommen – aus den Städten. Ende Januar 1946 schrieb eine Bauersfrau auf einem neuen Hof in Mecklenburg: »Wir besitzen zwei Ferkel, zwei Kaninchen, ein Huhn und eine Katze und jetzt ab 1. Januar eine Kuh. Nun haben wir auf jeden Fall zum trockenen Brot Milchsuppe. Uns fehlt alles Werkzeug; es gibt nicht einmal Nägel. Es gibt keine Gerätschaften und keine Pferde. Wie sollen wir den Boden so bearbeiten, dass wir imstande sind, unser Ablieferungssoll zu erfüllen?«

Auf die Schwierigkeiten wurde auch in einer gemeinsamen Erklärung der politischen Parteien in Berlin (mit Ausnahme der Christlichen Demokraten) im Dezember 1945 hingewiesen. Man stellte fest, dass nur wenige der neuen Bauern Wohnung, Stall, Vieh und Geräte erhalten konnten. Deshalb forderte man dazu auf, die Bauarbeiten so zu organisieren, dass auf alle Fälle die Hälfte von ihnen im Laufe des Jahres 1946 ein eigenes Haus haben würde. Die alten Bauern wurden aufgefordert, ihre Ställe zur Verfügung zu stellen und auf andere Weise behilflich zu sein. Die Industrie und ihre Arbeiter bat man, auf jede mögliche Weise die »Ausschüsse für gegenseitige Bauernhilfe« zu unterstützen, die man in den verschiedenen Bezirken gebildet hatte. An mehreren Orten gab es Arbeiter, die sogenannte Reparaturkolonnen bildeten und aufs Land zogen, um Hilfe zu leisten. Gewisse Fortschritte wurden gemacht, so dass man z. B. in Mecklenburg gleich nach dem Jahreswechsel einiges Vieh verteilen konnte, das aus Sachsen kam, und außerdem allerlei Geräte und Kunstdünger.

Wer die Verhältnisse nüchtern betrachtete, wusste, dass die Bodenreform im Jahre 1946 nicht besonders erträglich sein würde. Man hatte mit vielen Übergangsschwierigkeiten zu kämpfen. Auf längere Sicht meinte man jedoch, dass die neuen Kleinbetriebe selbst durchkommen würden und vielleicht produktiver sein werden, als die Großgüter es waren, insbesondere, wenn man erst einmal die Genossenschaften entwickelt hatte.

Die Christlichen Demokraten erhoben starke Einwände, nicht gegen die Bodenreform an und für sich, wie sie sagten, sondern gegen die Art und Weise, in der sie durchgeführt wurde. Sie meinten, man hätte sich nicht übereilen sollen, um die Ernährungssituation infolge »gefährlicher Experimente« nicht zu verschlimmern. Sie meinten, das Hauptgewicht müsse auf Genossenschaften gelegt werden. Außerdem wollten die Christlichen, dass denjenigen, die keine Kriegsverbrecher oder aktive Nazis waren, eine Entschädigung gewährt wird. Sie opponierten gegen Maßnahmen, die einige von ihnen »Landraub« nannten.

Bei den Sozialdemokraten im Westen konnte man ebenfalls eine skeptische Haltung gegenüber der Art und Weise bemerken, wie die Bodenreform durchgeführt wurde. Die Situation im Westen war übrigens anders als im Osten. Erstens gab es hier nicht so viele Großgüter, und zweitens hatte man keine Junkerklasse wie östlich der Elbe. Dafür gab es einen erheblich selbstbewussteren Bauernstand mit einer vielerorts gut eingearbeiteten landwirtschaftlichen Kooperation.

Das verhinderte nicht, dass die Frage der Bodenreform überall in Deutschland auf der Tagesordnung stand. Der Kontrollrat war sich auch grundsätzlich darüber einig, dass es keine landwirtschaftlichen Betriebe geben sollte, die größer waren als 100 Hektar; für Waldbesitz wurde die Grenze auf 500 Hektar festgesetzt. In den verschiedenen Landesteilen wurden Ausschüsse gebildet, die praktische Vorschläge machen sollten. Man war an einer weniger drastischen Änderung der Eigentumsverhältnisse interessiert und sehr damit beschäftigt, neue Erde unter den Pflug zu bekommen. Es gab noch eine ganze Menge Land in Deutschland, das urbar gemacht werden konnte.

Ich fragte im Januar 1946 Dr. Hoegner, wie seine Meinung in dieser Frage sei. – »Wir haben bei uns kein Junkerproblem«, antwortete er. »Im Gegensatz zu dem, was in Ostdeutschland der Fall war, gehören in Bayern nur drei Prozent des Bodens zu Besitztümern über 100 Hektar. Durch Enteignung dieser Höfe würden wir nicht mehr als 20 000 Hektar erhalten. Das Bodenprogramm, an dem wir arbeiten und das im Einvernehmen mit dem Zonenrat und der Militärregierung ausgearbeitet wird«, sagte Hoegner, »zielt darauf ab, den Kleinbauern mehr Boden zu geben.« Die Gutsbesitzer hatten freiwillig angeboten, auf zehn Prozent ihres Eigentums zu verzichten. Aber Hoegner glaubte, dass man weitergehen und 100 Hektar als oberste Grenze festsetzen sollte. Denjenigen, die keine Nazis waren, sollte jedoch eine Entschädigung gewährt werden. Ein Teil des nazistischen Bodenbesitzes war bereits beschlagnahmt, und es würde noch mehr werden. Zusätzlich zu dem, was man so erhalten konnte, kam staatlicher Besitz hinzu, der früher oft zu militärischen Zwecken verwendet worden war, und schließlich als dritte Gruppe Boden, der urbar gemacht werden konnte.

Die Entwicklung der deutschen Landwirtschaft wird sich zweifellos intensivieren und allmählich vom Getreideanbau zur Produktion höherwertiger Erzeugnisse übergehen. Zunächst stand jedoch eine andere Aufgabe im Vordergrund, nämlich Getreide und Kartoffeln in einer Menge zu erzeugen, die Mindestrationen für die Bevölkerung sichert. Der alliierte Kontrollrat stellte im Januar 1946 einen Landwirtschaftsplan für

das laufende Jahr auf. Dieser sah vor, so viel Getreide, Kartoffeln, Zucker-
rüben, Gemüse und Ölsaaten wie möglich anzubauen. Der Viehbestand
sollte etwas verringert werden. Viele Wiesen und eine Reihe von Flug-
plätzen sollten unter den Pflug kommen. Man rechnete jedoch nicht mit
einer guten Ernte. Der absurde Mangel an Arbeitskräften wurde nach
und nach behoben. Schwieriger war es mit dem Kunstdünger. In Bayern
rechnete man damit, dass nur 20 Prozent des Bedarfs würden gedeckt
werden können, und die Nachrichten aus der britischen Zone besagten
dasselbe. Noch verzweifelter war die Lage mit Blick auf Maschinen und
Geräte. Das war ein Zeichen des unauflöslichen Zusammenhanges zwischen Landwirtschaft und Industrie. Unterliegt die Industriepolitik allzu
großen Einschränkungen, muss das zu schlechten« Ergebnissen in der
Landwirtschaft führen. Der Mangel an Häusern und Baumaterial verringerte auch die Bedeutung des flachen Landes als »Rangierbahnhof«
für die Zuziehenden aus den Ostgebieten.

Ich kehre zu der Frage zurück, ob Deutschland sozialistisch wird. Es
kommt darauf an, was man mit Sozialismus meint. Es kommt auch darauf an, was die Deutschen sozialisieren dürfen. Als die Sozialdemokraten in Berlin im Herbst 1945 ihre Richtlinien für den Wiederaufbau
ausarbeiteten, machten sie geltend, dass zunächst einmal ein System von
»wirtschaftspolitischer Erster Hilfe« erforderlich sei. Es kam darauf an,
das herrschende Missverhältnis zwischen Bedarf und Produktion, zwischen Arbeitskraft und Produktionsmitteln zu beheben. In ihrem Programm hieß es, dass der Plan zur Schaffung eines neuen Gleichgewichts
zwischen den vier Faktoren weder privatkapitalistisch noch sozialistisch
sein dürfe, sondern »seinem eigenen Zweck« dienen müsse.

In einem anderen Programmvorschlag sagte die Führung der Ostzo-
nen-Sozialdemokraten, dass sie darin einig sei, Kartelle, Trusts und Syn-
dikate aufzulösen. Sie wollte aber, dass diese Organisationsformen durch
eine sozialistische Planwirtschaft abgelöst würden. Die großen Unternehmen sollten in das Eigentum der Gemeinden, der Länder oder des
»Reiches« überführt werden. Der Vorschlag wies auf »das Beispiel der
Sowjetunion und entsprechende Vorschläge der Arbeiterbewegung in
England, Frankreich und in der Tschechoslowakei« hin.[249]

Im Zusammenhang mit der Auflösung der Kartelle wurde oft gesagt,
dass Handwerk und Kleinbetriebe die zukünftige Organisationsform des
deutschen Wirtschaftslebens seien. Unter anderem seitens der Arbeiter-

---

249 Quelle und genauer Wortlaut des Zitats nicht nachweisbar.

bewegung wurde indessen darauf hingewiesen, dass eine moderne rationelle Produktion große Einheiten verlangt. Es brauchen ja nicht unbedingt *örtliche* Einheiten zu sein, und Kleinbetriebe können – vorausgesetzt, dass die Normung aufrechterhalten wird – sehr wohl in einen zusammenhängenden Produktionsprozess eingeordnet werden. Große Einheiten konnten ebenso gut guten wie schlechten Zwecken dienen; man
müsste nur verhindern, dass sie sich zu einem »Staat im Staate« entwickelten und egoistischen und militaristischen Interessen dienten. Es war interessant, die Lösung zu sehen, die sich andeutete, als mehrere Betriebe
der AEG aus dem Trust herausgenommen und an die Kommune überführt wurden. Gleichzeitig teilte man mit, dass sämtliche Elektrobetriebe
in Berlin zu einer »Arbeitsgemeinschaft« mit einem gemeinschaftlichen
Planungsamt zusammengefasst würden.

Die Sozialisten in den Westzonen waren – so wie die im Osten auch
– der Auffassung, man solle die Gruben, die Schwerindustrie, die Kraft-
werke, das Verkehrswesen und einen bedeutenden Teil der Konsumgü-
terindustrie sowie außerdem das Bank- und Versicherungswesen ver-
staatlichen. Die Kommunisten hielten sich stärker zurück. Ihr Programm
war kaum weniger weitreichend, aber aus taktischen Gründen legten sie
größeres Gewicht auf die Rolle, die das Privatkapital und die freie Initiative beim Wiederaufbau spielen sollten. Außerdem wiesen sie darauf
hin, dass die Arbeiter nach ihrer Meinung nicht klassenbewusst genug
seien, um eine sozialistische Revolution durchzuführen, und man zuerst
eine große handlungsfähige Partei schaffen müsse. Das führte zu allerlei
Polemik zwischen Sozialdemokraten und Kommunisten, so auch auf
dem Gewerkschaftskongress in Berlin im Februar 1946, wo die sozialistische Seite gleich zu Beginn weiterreichende Sozialisierungsmaßnahmen
verlangte. In Westdeutschland konnte man oft Vertreter beider Flügel
innerhalb der Arbeiterbewegung treffen, die darüber bekümmert waren,
bei der Übernahme der Produktionsmittel durch die öffentliche Hand
nicht weiter gekommen zu sein. Andererseits sahen sie die Gefahr einer
recht großen Belastung auf sich zukommen, falls der Begriff Sozialismus
im Bewusstsein der Menschen mit einer Armutswirtschaft verknüpft
würde, die entstünde, gleichgültig, ob man etwas mehr oder etwas weniger verstaatlichte.

Unabhängig davon, wie weit die gesellschaftliche Übernahme gehen
würde, verlangten die Arbeiter größeren Einfluss an ihren Arbeitsplätzen
und im gesamten Wirtschaftsleben. Sie wiesen auf die Entwicklung hin,
die mit dem Bündnis zwischen den Nazis einerseits und den Industriellen und Finanzleuten andererseits stattgefunden hatte. Außerdem wiesen

sie darauf hin, dass gerade in den ersten Monaten nach dem Zusammenbruch unzählige Betriebe durch die Initiative von Arbeitern und Angestellten am Leben erhalten wurden. Das betraf vor allem solche Betriebe, deren nazistische Besitzer oder Direktoren sich davongeschlichen hatten. In Berlin und anderenorts waren es auch die Vertreter der Gewerkschaften, die dafür sorgten, dass die ersten kommunalen Notprogramme aufgestellt und durchgeführt wurden.

Auf diese Weise erhielten die Funktionäre und die Betriebsräte oft sehr großen Einfluss. Sie nahmen sich nicht nur gewerkschaftlicher Aufgaben an, sondern auch solcher, die die Produktion betrafen, und es kam vor, dass sie die neuen Betriebsleitungen bestimmten, die dann von der Militärregierung genehmigt (oder nicht genehmigt) wurden. Die Stellung der Betriebsräte war jedoch noch nicht in einem neuen Gesetz festgelegt. Bei der angloamerikanischen Militärverwaltung konnte man die Tendenz feststellen, den Einfluss der Funktionäre zu verringern. In Bremen hatte man zum Beispiel ein recht wirkungsvolles Betriebsrats-»Parlament« mit einem 25-köpfigen Ausschuss an der Spitze. Es wurde im Februar 1946 aufgelöst, und der Sprecher der Militärregierung sagte sogar, dass man die Unterstützung der Funktionäre bei der Entnazifizierung nicht mehr brauche. Es gab aber auch andere Tendenzen. Die Situation wird etwas klarer, wenn man das neue Betriebsratsgesetz in Händen hält, das in der britischen Zone ausgearbeitet wird.

In der Ostzone wurde zunächst auch kein Gesetz erlassen. Die Arbeiter erreichten jedoch bereits zu einem früheren Zeitpunkt, dass sie in der Betriebsleitung von Unternehmen wie der Bahn, der Post, kommunalen Betrieben und mehreren Privatfirmen vertreten waren. In Sachsen machte man gute Erfahrungen mit Betriebsleitungen, die aus zwei (gewöhnlich neuen) Direktoren und drei von den Arbeitern und Angestellten gewählten Vertretern bestanden.

Von sozialdemokratischer Seite skizzierte man – im Einvernehmen mit der Gewerkschaftsbewegung – ein sehr weitreichendes Programm für die Befugnisse der Betriebsräte über den rein gewerkschaftlichen Tätigkeitsbereich hinaus. Für alle größeren Firmen schlug man vor, ein Betriebsratsmitglied an der täglichen Leitung zu beteiligen, während dem Betriebsrat in kleineren Firmen ermöglicht werden sollte, sich im Voraus zu allen wichtigen Entscheidungen zu äußern. Es war vorgesehen, besondere Produktionsausschüsse mit Vertretern der Betriebsleitung und des Betriebsrates zu bilden. Die Räte sollten in der Leitung ein Drittel der Sitze erhalten und in allen Ausschüssen vertreten sein. Mit Zweidrittelmehrheit sollte sich der Betriebsrat an den Staat wenden können, um eine Betriebsleitung entfernen können zu lassen, die nicht imstande war, den Produktionsplan zu erfüllen oder eine gute Zusammenarbeit mit den Arbeitern und Angestellten zu erreichen.

Die Gewerkschaften in der russischen Zone traten bei der Ausarbeitung der Bedarfspläne für 1946 in Funktion.[250] Sie wünschten, einen Schritt weiter zu kommen. Sie wollten auch bei der Festsetzung des Produktionsprogramms dabei sein. Geht diese Entwicklung weiter, hat dies eine Änderung der Aufgabengebiete von Betriebsräten und Gewerkschaften zur Folge. Sie erhalten dann öffentlich-rechtliche Funktionen im Rahmen der Planwirtschaft, neben der Wahrnehmung gewerkschaftlicher und sozialer Interessen ihrer Mitglieder.

Der bewusste Teil der deutschen Arbeiterklasse ist sich wohl darüber im Klaren, dass zuerst eine Neubildung von Kapital erfolgen muss, bevor von einer Erhöhung des Reallohnes die Rede sein kann. Sie verlangen aber eine strenge Kontrolle, so dass alle Schichten an den Lasten beteiligt werden. Das wird ein zäher Kampf um ein Nationalprodukt, das dazu zu klein ist. Es wird außerdem ein Kampf gegen die Bürokratisierung, falls und wenn diese Gefahr auftritt. Sie wird auftreten.

Der Gefahr einer Bürokratisierung kann entgegengewirkt werden, indem die gesellschaftliche Übernahme durch die Gemeinden, die Länder oder das »Reich« erfolgt. Es kann auch die Rede von Mischformen sein. Es ist von großer Bedeutung, dass demokratische Berufs- und Gewerbezusammenschlüsse aufrechterhalten bleiben.[251] Außerdem können die Konsumgenossenschaften zu einem besonders wichtigen Gegengewicht werden.

Als Hitler an die Macht kam, gab es in Deutschland 40 000 landwirtschaftliche, 2000 handwerkliche, 1200 Handels-, 3500 Bau- und 1500 Konsumgenossenschaften. Die letztgenannte Gruppe war vom Regierungswechsel am stärksten betroffen. Im Laufe der Jahre 1933 bis 1935 wurden die Verbrauchergenossenschaften zerschlagen und ihr Vermögen von etwa einer Milliarde Reichsmark von Leys »Arbeitsfront« geschluckt.

Am 18. Dezember 1945 dekretierte Marschall Schukow, dass die Konsumgenossenschaften wieder zugelassen seien.[252] In Berlin und anderenorts waren die Vorbereitungen schon recht weit gediehen. Bereits

---

250 In der schwedischen Ausgabe: »Die Gewerkschaften in der russischen Zone wurden an der Ausarbeitung der Bedarfspläne für 1946 beteiligt.«

251 In der schwedischen Ausgabe: »... daß es gelingt, demokratische Berufs- und Gewerbezusammenschlüsse weiterzuentwickeln.«

252 Gemeint: Befehl Nr. 176 der SMAD.

am 5. Mai 1945 begann eine Gruppe antinazistischer Berliner mit dem Wiederaufbau. Sie übernahm die alte Konsumbäckerei in Lichtenberg. Am ersten Tage wurden nicht mehr als 983 Brote gebacken, aber nach einiger Zeit war die Tagesproduktion auf 50 000 gestiegen. Die Gruppe übernahm auch einige der alten Filialen. Am 1. Februar begann der Verkauf in den ersten acht Geschäften in Lichtenberg-Friedrichshain. Eine große Zahl der alten Genossenschaftsmitglieder wollte gern wieder aktiv werden. Vielerorts fanden bei den ersten Mitgliederversammlungen Hunderte von Menschen keinen Einlass, weil die Räume überfüllt waren.

Schukow entschied, dass die Genossenschaften die Mittel zurückerhalten sollten, die die Nazis gestohlen hatten. Dieser Standpunkt wurde grundsätzlich auch von den westalliierten Stellen anerkannt. Es war aber nicht so einfach, sich eine Übersicht über das Vorhandene zu verschaffen. Ein großer Teil der 12 000 Geschäfte, die es überall in Deutschland gegeben hatte, existierte nicht mehr. Dasselbe war mit der »GEG«[253] in Hamburg der Fall, die einen Zusammenschluss der genossenschaftseigenen Fabriken darstellte und im Jahr eine halbe Milliarde umsetzte. Als sie den rechtmäßigen Besitzern zurückgegeben wurde, zeigte es sich, dass 28 von insgesamt 47 Fabriken unbeschädigt waren; aber gerade ein Teil der größten Betriebe hatte Schäden davongetragen, die in die Millionen gingen.

Die Wiederaufbauarbeit begann in den Westzonen auf dieselbe Weise wie in den russisch besetzten Gebieten. Die bayerische Regierung errichtete ein besonderes Staatssekretariat für genossenschaftliche Angelegenheiten. Im Dezember 1945 wurde in Stuttgart der genossenschaftliche Landesverband für Württemberg-Baden wiedergegründet und im Februar 1946 der hessische Landesverband auf einer Konferenz in Frankfurt neu gebildet. Das Interesse der Behörden wurde dadurch unterstrichen, dass sowohl der Wiederaufbau- als auch der Arbeitsminister[254] anwesend waren. In Bremen, Lübeck und Hamburg konnte ich mich bereits im November 1945 davon überzeugen, dass die Vorbereitungen recht weit gediehen waren. In Hamburg wurde die Angelegenheit von der gewerkschaftlichen Dachorganisation aufgegriffen. Man hielt eine große Delegiertenversammlung ab, und die Teilnehmer machten ihre Zustimmung zu den Worten des Metallarbeiter-Vorsitzenden,[255] dass

253 Gemeint: Großeinkaufsgesellschaft Deutscher Consumvereine GmbH.
254 Gemeint: Gottlob Binder und Oskar Müller.
255 Gemeint: Wilhelm Petersen.

die Gewerkschaften und die Genossenschaften zusammengehörten, deutlich. Der frühere badische Ministerpräsident und Vorsitzende des Zentralverbandes deutscher Genossenschaften, Dr. Adam Remmele, sagte, dass die Genossenschaften – neben den Gewerkschaften und antinazistischen Parteien – bei der Neuerrichtung der deutschen Demokratie die dritte Säule bilden müssten.

Die Frage einer engen Zusammenarbeit zwischen den Genossenschaften der Verbraucher und der Bauern wurde bereits zu einem frühen Zeitpunkt behandelt. In der Ostzone nahmen die landwirtschaftlichen Genossenschaften im Zusammenhang mit der Agrarreform einen starken Aufschwung. Die Behörden waren an einer Zusammenarbeit sehr interessiert. In Süd- und Südwestdeutschland, wo solide Erzeugergenossenschaften existieren, ging das Interesse der staatlichen Stellen in eine ähnliche Richtung.

Die Grundlage der genossenschaftlichen Zusammenarbeit der Landwirte sind die sogenannten Raiffeisenkassen, bei denen es sich um Kreditvereinigungen handelt. Die Vertriebsorganisationen sind stark mit ihnen verkoppelt. Dasselbe gilt für die gemeinsame Nutzung von Maschinen. In der amerikanischen Zone war die Reorganisation der 9000 landwirtschaftlichen Genossenschaften im Großen und Ganzen bis Ende 1945 abgeschlossen. Die Vorstände wurden entnazifiziert. Bei den Verbrauchergenossenschaften war es eine Selbstverständlichkeit, dass man keine Leiter oder Vorstandsmitglieder haben wollte, die Nazis gewesen waren.

Es war auch klar, dass die Genossenschaften im Handwerk eine größere Rolle spielen würden. Die deutsche Zentralverwaltung der Ostgebiete brachte zum Ausdruck, dass sie beabsichtigte, den genossenschaftlichen Zusammenschluss des Handwerks in den verschiedenen Landesteilen zu beschleunigen. Diese Zusammenschlüsse sollten die Funktion von Einkaufs- und Absatzzentralen erhalten. Die Zentralverwaltung war an einer solchen Lösung interessiert, weil sie dem Handwerk so viele Arbeitskräfte wie möglich zuführen und die Handwerker in die Planwirtschaft integrieren wollte. Eine ähnliche Tendenz, wenn auch weniger stark ausgeprägt, war in den anderen Zonen spürbar. Überall begegnete man dem Wunsch, sich für den überaus schwierigen Wiederaufbau und Neuaufbau, der gerade erst begonnen hatte, die Kraft des genossenschaftlichen, demokratischen Gedankens nutzbar zu machen.

Ob Deutschland sozialistisch wird? – Es wird jedenfalls nicht privatkapitalistisch.

Die Ruinen in den deutschen Städten werden nach und nach verschwinden. Der Schutt in den Gehirnen muss auch abgeräumt werden. Es handelt sich nicht nur darum, dem Nazismus beizukommen. Es gilt, eine lange nationalistische, militaristische und rassistische Tradition zu überwinden. Das Ziel muss eine kulturelle Erneuerung im Geiste der Freiheit, der Toleranz und des Humanismus sein.

Die deutsche Schule war ein Hort der Reaktion. Sie ist zwölf, dreizehn Jahre lang ein Werkzeug in der Hand der Nazis gewesen. Jetzt muss sie ein Geschlecht von freien und friedfertigen Bürgern erziehen. Ich hörte, wie ein optimistischer Oberlehrer sagte: »Wir glauben, dass wir im Laufe eines halben Jahres die Naziideologie aus den Köpfen der Jugend herausbekommen.« Aber auch die Pessimisten können nicht der Ansicht sein, dass die Kinder gänzlich verdorben sind. Natürlich sind sie beeinflusst, und nicht nur durch den Nazismus. Sechs Jahre Krieg und Verrohung sind nicht spurlos an ihnen vorübergegangen. Eine Menge Kinder leiden an mehr oder weniger ernsten nervösen Störungen. Überall hört man von Kindern, die betteln und stehlen. Und wenn die Jüngsten spielen, läuft es oft darauf hinaus, dass die Mädchen die Puppen »in Deckung« bringen, während die kleinen Jungen »Luftlagemeldungen« geben.

Von vornherein rechnete man damit, dass es erforderlich sei, alle deutschen Schulen etwa ein Jahr lang zu schließen, um Zeit für die Reorganisation des Schulwesens und die Ausbildung neuer Lehrer zu finden. Die Besatzungsbehörden – und die Deutschen, mit denen sie sich berieten – fanden jedoch, dass eine längere »schullose« Periode zu riskant sei. Die Jugend musste von der Straße verschwinden. Egal wie, man musste einfach unter etwas primitiven Verhältnissen anfangen. Wenn man an diese Ausgangslage denkt, ist es erstaunlich zu sehen, welche Ergebnisse im Laufe recht kurzer Zeit erzielt wurden. Aber primitiv waren die Verhältnisse schon. Die Schulräume stellten ein Problem dar. Manchmal musste man sich mit sechs oder 12 Wochenstunden begnügen, und 80 bis 100 Schüler in einer Klasse war nichts Außergewöhnliches. (Der Durchschnitt in der amerikanischen Zone liegt bei 82.) Als der Winter begann, erhielt in Berlin nur ein Drittel der Kinder Unterricht in beheizten Klassenräumen.

In der russischen Zone berechnete man, dass zum Jahreswechsel 85 Prozent der Volksschulen den Unterricht wiederaufgenommen haben. In Thüringen waren es nahezu 100 Prozent. In der britischen Zone hatte man Mitte November 1945 an 74 Prozent der Schulen den Unterricht wieder begonnen. 82 Prozent der Kinder im schulpflichtigen Alter nahmen am Unterricht teil. In den Volksschulen der amerikanischen Zone begann der Unterricht für 1,8 Millionen Kinder im Oktober. Zum Jahreswechsel saßen 90 Prozent von ihnen wieder auf der Schulbank. In Nordbaden hatten praktisch alle Schulen ihre Pforten wieder geöffnet. In der französischen Zone ging man auf ähnliche Weise vor wie in den anderen Besatzungsgebieten.

Neben all den praktischen Schwierigkeiten erhob sich die Frage, wo man die Lehrer hernehmen sollte. In einer Stadt wie Leipzig waren 61 Prozent der Lehrer Mitglied der Nazipartei gewesen. Auf dem Lande war der Prozentsatz gewöhnlich noch höher. Ein sehr großer Teil der Lehrer hatte sich nicht nur als Parteimitglied, sondern auch als »politischer Leiter« hervorgetan. Es ist bezeichnend, dass sieben Gauleiter und 78 Kreisleiter frühere Lehrer waren. Außerdem waren viele Lehrer nicht mehr da. In Berlin gab es vor dem Kriege 14 000 Lehrer für 450 000 Schüler. Als man im Herbst 1945 wieder anfangen wollte, hatte man 330 000 Schüler und 5000 Lehrer. Tausend von ihnen wurden während der Entnazifizierung entfernt, so dass nur 4000 übrig blieben. Das Durchschnittsalter betrug 59 Jahre bei Männern und 49 Jahre bei Frauen.

In der britischen Zone gab man »nominellen« Parteimitgliedern die Genehmigung weiterzuarbeiten. Auf diese Weise hatte man zum Jahreswechsel 1945/46 35 000 Stellen besetzen können. 10 000 Lehrer waren entlassen worden. 13 000 Fälle wurden noch geprüft. In der amerikanischen Zone musste etwa die Hälfte gehen. Man fing mit 14 000 Lehrern an. Zum Jahreswechsel war die Zahl auf 21 000 gestiegen; man benötigte aber weitere 12 000, um einen einigermaßen normalen Volksschulunterricht gewährleisten zu können.

Es kam darauf an, so viele neue Lehrer wie möglich auszubilden. Es ging dabei um eine rasche Ausbildung und Umschulung in erheblichem Umfang. In Berlin begannen gleich nach dem Jahreswechsel Kurse für 2500 Lehramtsanwärter. Für die Ostzone kam vom russischen Oberbefehlshaber die Anweisung, im Laufe des Jahres 1946 nicht weniger als 30 000 neue Lehrer auszubilden. Man richtete achtmonatige Kurse ein. Nach dieser Zeit sollen diejenigen, die sich als geeignet erweisen, anderthalb Jahre lang bei vorläufiger Anstellung, während der die Ausbildung fortläuft, weiterarbeiten. Die Hälfte der Kursteilnehmer erhält Stipendien von monatlich 150 Mark. Ähnliche Kurse richtete man auch in den anderen Zonen ein, und in einem Kontrollratsbeschluss wurden gemeinsame Richtlinien erlassen.

Bei den höheren Schulen war das Lehrerproblem noch schwieriger zu lösen. Deswegen dauerte es auch längere Zeit, bis dort der Unterricht wieder aufgenommen werden konnte. Zu Beginn des Jahres 1946 hatte nur in der Hälfte aller höheren Schulen der Unterricht wieder begonnen. Handelsschulen, Berufsschulen und ähnliche Einrichtungen fingen in dem Maße wieder zu unterrichten an, wie es die örtlichen Verhältnisse erlaubten.

Es herrschte Lehrermangel. Aber es fehlte auch an Lehrbüchern. Die meisten von denen, die in den letzten Jahren benutzt worden waren, taugten nicht mehr. Sie waren vergiftet. Die Besatzungsmächte setzten sich dafür ein, neue Bücher zu drucken, im Wesentlichen auf vornazistischer Grundlage. Berlin erhielt 350 000 Bücher aus Leipzig und 50 000 aus München. In der amerikanischen Zone begann man mit drei Millionen neugedruckter Lehrbücher und einer Reihe anderer, die durch die nazistische Gleichschaltungsperiode hindurch hatten gerettet werden können. Der Mangel an Lehrmitteln gab dem Unterricht etwas Provisorisches. Geschichte musste als Fach bis auf weiteres ausfallen. Stattdessen versuchte man, den Unterricht in einer Fremdsprache vom fünften Schuljahr an aufzunehmen. In Berlin hat man die Wahl zwischen Englisch, Französisch und Russisch.

Der Wiederaufbau der deutschen Schulen war ein Schritt zur Ersten Hilfe für das Unterrichtswesen. Gleichzeitig gab es starke Kräfte – unter Lehrern und anderen Interessierten –, die für eine wirkliche Schulreform eintraten. In Berlin einigten sich die Vorstände der beiden Arbeiterparteien auf ein gemeinsames Programm. Der erste Punkt des Programms war die Säuberung vom nazistischen und militaristischen Einfluss. Die Aufgabe der Schule sollte darin bestehen, die Schüler in einem freien Geist und zu einer demokratischen Lebensanschauung zu erziehen. Alle Ausbildungsprivilegien sollten verschwinden. Es sollte keine privaten oder konfessionellen Schulen mehr geben. Kirche und Schule würden künftig voneinander getrennt. Grundlage des Wiederaufbaus war das Einheitsschulprinzip mit einer gemeinsamen sechsjährigen Grundschule. Die Schuljahre sollten von acht Jahren auf neun heraufgesetzt und in den beiden letzten Klassen der Volksschule Arbeitskurse eingeführt werden. Des Weiteren trat man für eine humanistische und demokratische Reform der Hochschulen ein. Die Lehrerausbildung sollte neugestaltet werden, wobei man besonderen Wert darauf legte, zuverlässige Antinazisten als Lehrer zu erhalten.

Die Linie dieses Programms hat auch außerhalb der Arbeiterbewegung Beifall gefunden. An mehreren Orten nahmen Ausschüsse die Klärung von Sonderproblemen in Angriff. Die Kultusminister der süddeutschen Länder leiteten zum Beispiel eine Zusammenarbeit zwecks Reform der höheren Schule ein. Man hatte jedoch den Eindruck, dass es denjenigen, die sich den Problemen widmeten, schwerfiel, über die traditionellen Formen der Gymnasien, die es vor Hitler gab, hinauszukommen.

Über die Forderung des Reformprogramms, die Konfessionsschulen abzuschaffen, gab es nicht nur Diskussionen, sondern wirklichen Streit. Gerade die Vertreter der Kirche – oder jedenfalls viele von ihnen – wünschten, dass die Schulen, nachdem sie vom Nazismus unterdrückt worden waren, wiedererrichtet würden. Für die Schule in ihrer Gesamtheit wollte man einer vollkommenen Trennung von der Kirche nicht zustimmen. Der alliierte Kontrollrat schloss sich im November 1945 dem Grundsatz religiöser Freiheit in den Volksschulen an. Es wurde bestimmt, dass konfessionelle Schulen, die mit öffentlichen Mitteln betrieben wurden, den Schülern den Religionsunterricht nicht verweigern, aber einen solchen Unterricht auch nicht obligatorisch machen sollten.

Das war eine ziemlich schwammige Bestimmung. Sie konnte auf verschiedene Weise ausgelegt werden. In der Ostzone gab es eine Bestimmung, wonach alle Kinder – ohne Rücksicht auf die Konfession – in dieselbe Schule zu gehen hätten und dass konfessionelle Fragen keine Bedeutung bei der Anstellung von Lehrern haben sollten. Die Schüler dürfen Religionsunterricht erhalten, wenn ihre Eltern dies wünschten. Doch dieser Unterricht war auf sogenannte »Eckstunden« zu legen, und er sollte unmittelbar Sache der betreffenden Glaubensgemeinschaften sein. Das bedeutete also nicht, dass der Religionsunterricht aus der Schule verschwand, aber dass man versuchte, eine Form zu finden, die den Wunsch nach einer einheitlichen Schule mit der Rücksicht auf die religiösen Interessen verband.

In Bayern ging die Entwicklung in anderer Richtung als in Ostdeutschland. Als Ministerpräsident Hoegner im Herbst 1945 sein Amt antrat, hatte man den Eindruck, dass er Anhänger einer Reform sei, wie sie in der russischen Zone durchgeführt wurde. Dann wurde jedoch ein etwas anderes Verfahren gewählt, übrigens mit Zustimmung der Vertreter aller Parteien in der bayerischen Regierung. Mitte Januar 1946 kam ein neues Gesetz über das Verhältnis zwischen Kirche und Staat. Die Kirche erhielt ihre Freiheit wieder, die während der Weimarer Republik garantiert war. Bei der Volksschule konnten die Eltern die Art der Schule bestimmen, das heißt, sie durften entscheiden, ob die Kinder eine Konfessionsschule oder eine Gemeinschaftsschule, in der alle Bekenntnisse gleichgestellt waren, besuchten. Der Religionsunterricht sollte als reguläres Schulfach wiedereingeführt werden. Später wurde aber die Absicht mitgeteilt, dass die Zensur im Fach Religion den Zeugnisdurchschnitt der Schüler nicht beeinflussen dürfe.

Mitte Februar 1946 gaben die englischen und amerikanischen Stellen bekannt, dass in ihren Zonen wieder Konfessionsschulen eingerichtet werden. Falls eine genügend große Zahl von Eltern es wünschte, könne eine öffentliche Schule auch eine Bekenntnisschule sein. Diejenigen also, die an die Einführung eines konsequent einheitlichen Schulsystems glaubten, wurden enttäuscht. Es gibt weiterhin ein Tauziehen zwischen den verschiedenen Interessen.

Es ließ sich nicht vermeiden, dass der schnelle Wiederaufbau des Schulwesens mit großen Mängeln verbunden war. Bei den Universitäten und Hochschulen handelte es sich jedoch nicht nur um Schwierigkeiten. Dort ist Gefahr im Verzug. Es stellt sich die große Frage, ob es vernünftig war, mit der Schnelligkeit wiederzubeginnen, wie es geschah. Natürlich war es wünschenswert, zum Beispiel die Ausbildung von Ärzten, die jahrelang darniederlag, so schnellstens wiederzubeleben. Auch die Kirchen übten Druck aus und wollten, dass die theologischen Fakultäten ihre Arbeit wiederaufnähmen. Das Bedürfnis nach einer akademischen Nachwuchsausbildung zeigte sich überall. Zu Beginn des Jahres 1946 hatten die Vorlesungen an den meisten Hochschulen bereits wieder begonnen. Die Professoren waren einer mehr oder weniger ernsthaften Säuberung unterzogen und die Studenten, bevor sie zum Studium zugelassen wurden, mehr oder weniger sorgfältig geprüft worden. An mehreren Orten wurden Lehrer entlassen und neue berufen. Unter den älteren Professoren gab es überall auch solche, die ihre Wissenschaft und Ehre durch die Nazizeit hindurchgerettet hatten. Neben ihnen standen natürlich auch die, die keine reine Weste hatten. Von einer wirklichen Umwälzung konnte in den meisten Fällen keine Rede sein. Sie wäre im Schnellverfahren auch nicht möglich gewesen. Ähnliches gilt für die Studentenschaft. Einige von denen, die zur Universität kamen, hatten sich an oppositionellen Gruppen beteiligt oder mit ihrer nazistischen Vergangenheit klar gebrochen. Doch das war die Minderheit. Eine wirkliche Rekrutierung neuer Kräfte fand nicht statt. Man begnügte sich damit, die Schlimmsten abzuweisen. Aber viele der Zweitschlimmsten nahm man auf.

Ich habe bereits die Ereignisse in Erlangen erwähnt, wo nazistischer Studentenpöbel gegen Niemöller demonstrierte. Ungefähr gleichzeitig geschah etwas Ähnliches in Göttingen, das in der britischen Zone liegt. Dort rief einer der Studenten: »Es ist Zeit, dass wir wieder eine Feme bekommen«, als in einer Vorlesung etwas Unvorteilhaftes über Hitler gesagt wurde. Die Zuhörerschaft drückte ihren Beifall nach Art deutscher Studenten aus. Man darf nicht vergessen, dass die »Feme« Terrorgruppen waren, die in den Jahren nach dem vorigen Krieg Meuchelmord an Demokraten und Pazifisten begingen. Und man muss sich merken, dass Studenten in Göttingen so auftreten konnten, ohne ernste Konsequenzen befürchten zu müssen.

Gleich darauf wurde in Aachen ein dritter Skandal enthüllt. Die Studenten der Technischen Hochschule waren von der amerikanischen Militärregierung aufgefordert worden zu sagen, was sie von dem Nürnberger Prozess hielten. Die meisten antworteten nicht. Einige sagten, das sei »unter ihrer Würde«. Die Vertreter der beiden Arbeiterparteien und der Gewerkschaften in der vorläufigen Stadtverwaltung nahmen die Angelegenheit in die Hand und verlangten, die Hochschule zu schließen. Sie wollten kein solches Nazinest in der Stadt haben.

In Erlangen und Göttingen, in Aachen und Tübingen – in der französischen Zone – dominierten unter den Studenten junge Frontoffiziere. In Tübingen wurden im Übrigen nicht weniger als 20 Professoren wieder in ihr Amt eingesetzt, die der Partei angehört hatten. In Göttingen rechneten gute Beobachter mit 20 Prozent Nazis unter den Studenten. Sie wurden nach einigen Wochen so frech, dass sie begannen, wieder den Hitlergruß zu benutzen. Man meinte, dass nahezu 60 Prozent zum Nazismus mehr oder weniger positiv eingestellt seien oder jedenfalls einen erheblichen Nationalismus erkennen ließen. Daneben gab es einige kleinere christliche Gruppen. Sozialistische Studentengruppen existierten noch nicht.

Die Skandale in Erlangen und Göttingen führten dazu, dass die Engländer eine neue Überprüfung der Studenten vornahmen. Auf antinazistischer Seite begann man, darüber zu diskutieren, wie man die Zulassung des studentischen Nachwuchses radikal umstellen könnte . In der »Frankfurter Rundschau« trat kein Sozialist, sondern ein Linkskatholik dafür ein, dass mindestens die Hälfte der Studenten aus der Arbeiterklasse kommen müsse. In diesem Zusammenhang ist zu erwähnen, dass man sich in der russischen Zone dafür entschied, das Abitur als Bedingung für die Aufnahme in die neuen Universitäten fallen zu lassen. Das ist nicht ganz befriedigend? Mag sein, aber ist es nicht viel gefährlicher, an den deutschen Universitäten ähnliche Verhältnisse wie in der Zeit nach 1918 zu erhalten?

Es ist jedoch nicht nur von negativen Dingen zu berichten. Große Teile der Arbeiterbewegung, Volksorganisationen und bürgerlich-demokratische Kreise zeigen ein lebhaftes Interesse an einer kulturellen Erneuerung. Dieses Interesse wird unter anderem an der Gründung »freier Kulturgemeinschaften« und ähnlicher Zusammenschlüsse deutlich. Gewerkschaften und Parteiorganisationen veranstalten Konzerte und Unterhaltungsabende, die zum Teil ein recht hohes Niveau haben. Die Arbeit von Abendschulen und Volkshochschulen wurde zu einem sehr frühen Zeitpunkt aufgenommen.

Die wichtigsten Mittel, auf die breiten Massen einzuwirken, sind jedoch der Rundfunk, die Presse und der Film. Und dann gibt es die Anspruchsvolleren, die Bücher, Theater und Musik haben wollen.

Überall in Deutschland herrscht großes Interesse am Rundfunk. Man darf wohl sagen, dass er seine Aufgabe am besten erfüllte, wo die alliierte Kontrolle so zurückhaltend wie möglich war und wo Nachrichten und Vorträge ohne allzu starken Beigeschmack von »ausländischer Propaganda« gesendet wurden.

Die Presse machte Fortschritte, insbesondere bei der Zahl der Zeitungen, aber in gewissem Grade auch, was den Inhalt betraf. In Berlin erhielten die politischen Parteien zu einem sehr frühen Zeitpunkt eigene Tageszeitungen, und außerdem gab es noch die Blätter, die vom Magistrat und den Besatzungsmächten herausgegeben wurden. Im Laufe des Herbstes und Winters erschienen auch in den Hauptstädten der einzelnen Länder Parteizeitungen.

Bei den Amerikanern erschienen im Februar 1946 annähernd 30 Lizenzzeitungen mit zwei Nummern in der Woche. Sie wurden von Deutschen aus verschiedenen antinazistischen Parteien redigiert und waren *keiner* Zensur unterworfen, auch wenn sie einer gewissen Kontrolle unterlagen, unter anderem durch Bearbeitung der Nachrichten. Außerdem war es natürlich verboten, die Besatzungsmächte anzugreifen. Neben den Lizenzzeitungen gaben die Amerikaner in München die Neue Zeitung mit Hans Habe als Chefredakteur und Erich Kästner als Mitarbeiter heraus. Sie war sehr gut redigiert und hatte eine Auflage von anderthalb Millionen. Insgesamt rechnete man damit, dass die Zeitungen in der amerikanischen Zone 90 Prozent der erwachsenen Bevölkerung erreichten. Die Politik der Amerikaner zielte darauf ab, dass die Zeitungen im Laufe recht kurzer Zeit ganz auf eigenen Füßen stehen können. Rundfunk und Film sollten gleichfalls in deutsche Hände übergehen. Vom 31. März an sollte das Nachrichtenbüro der Zone DANA (Deutsche Allgemeine Nachrichten-Agentur) von den Zeitungen als genossenschaftliches Unternehmen betrieben werden.

Die Engländer waren vorsichtiger. Sie gaben eigene Zeitungen in deutscher Sprache heraus. Zum Jahreswechsel leitete man jedoch eine neue Politik ein. Es begann damit, dass in Braunschweig eine selbständige Zeitung erschien. Andere folgten. Die englischen Behörden wollten den Boden so bereiten, dass man als nächsten Schritt einigermaßen vernünftige Parteizeitungen herausgeben konnte. Die Amerikaner, die sich von ihren eigenen Grundsätzen leiten ließen, wollten zunächst lieber keine Zeitungen zulassen, die »Huren« einer Partei waren, um einen Ausdruck zu gebrauchen, den man ab und zu hören konnte. Meinungsumfragen ergaben jedoch, dass die Deutschen sich Parteiorgane wünschten, und diesen Wunsch wollten die Amerikaner berücksichtigen, sofern es die Papierversorgung zuließ.

Die Blätter, die von den englischen Militärbehörden herausgegeben wurden, waren durchgehend schlecht. Die deutsch redigierten Zeitungen in der amerikanischen Zone waren etwas besser. Doch befriedigend waren die meisten auch nicht. Das ist jedoch schon mehr, als man vom größten Teil der Zeitungen in der russischen Zone sagen kann. Die meisten Zeitungen hatten ein recht provinzielles und stereotypes Gepräge. Es ist nicht leicht, im Laufe weniger Monate eine gute Presse zustande zu bringen. Tüchtige Journalisten lassen sich nicht herbeizaubern. Da muss man schon etwas Geduld haben. Es gibt eine ganze Reihe vielversprechender Versuche.

Die Zeitungen werden gelesen. Ich will keinen Augenblick leugnen, dass der Nazismus starke Spuren hinterlassen hat. Das verhindert aber nicht, dass in Deutschland heute Lesehunger herrscht. Es war ein erfreuliches Zeichen, dass die Buchproduktion um den Jahreswechsel wieder in Gang kam. Und von den Zeitschriften kann man ungefähr dasselbe sagen wie von den Zeitungen.

Beim Film lag wohl die russische Zone an der Spitze. Die Russen zeigten einen Teil ihrer eigenen Produktion und einzelne brauchbare deutsche Filme. Bei den Westalliierten war man vielleicht allzu stark darauf bedacht, Kinoräume für die eigenen Truppen zu beschlagnahmen. Und was die amerikanischen Produzenten nach Deutschland hinüberschickten, war nicht immer von der besten Art. Mit ein wenig Übertreibung kann man sagen, dass das Hauptgewicht auf Wochenschauen vom Krieg gegen Japan lag.

Zunächst gab es auch auf diesem Gebiet Probleme, aber sie wurden teilweise dank der Zusammenarbeit zwischen den vier Besatzungsmächten überwunden. Man tauschte Filme und anderes, das für das »Kulturleben« von Bedeutung war, aus. Eine neue deutsche Filmproduktion wurde vorbereitet.

Das Theater- und Musikleben erholte sich überraschend schnell. Damit ist nichts über die Qualität gesagt. Es besteht aber nicht alles aus

Trivialität und Mittelmäßigkeit. In Berlin hatte man im Laufe weniger Monate 18 Theater, eine Oper und eine Menge Kabaretts und Kinos eröffnen können. In Dresden haben das Theater und die Oper provisorische Räumlichkeiten erhalten. Auch die Staatskapelle musizierte wieder. In der amerikanischen Zone spielten im Januar etwa 50 Theater. In Frankfurt und andernorts konnte man einen Zuwachs an Kammer- und Kirchenmusikkonzerten feststellen.

Einige wenige deutsche Schriftsteller von Format tauchten aus der inneren Emigration auf. Becher, Weinert, Wolf und Plievier kamen aus Russland zurück. Döblin kam aus dem Westen, und einige andere werden wohl nochfolgen. Aus der Schweiz kam Wolfgang Langhoff. Er wurde Intendant in Düsseldorf. Nachdem er eine Weile daheim war, schrieb er an seine Freunde am Schauspielhaus in Zürich: »Altes borniertes Denken, kein Bewusstsein der Katastrophe, von der das deutsche Volk betroffen worden ist, und von der Mitverantwortung des einzelnen. Kurz: nicht einmal Hitler, der Krieg und all das folgende Elend sind imstande gewesen, die traditionelle Denkweise dieser Gesellschaftsschichten zu ändern.« (Langhoff hatte zuerst von Schauspielern geschrieben, die er für kulturelle Neuschöpfungsarbeit zu gewinnen suchte.) »Ich gebe Euch ein pessimistisches Bild. Aber es wäre unvollständig, wenn ich Euch nicht die Keime einer neuen Entwicklung zeigte, die zweifellos vorhanden ist ... Unter den Arbeitern gibt es einen starken Willen zu kultureller Erneuerung. Was fehlt, ist die Verbindung zwischen diesen Schichten und der fortschrittlichen bürgerlichen Intelligenz. Wir haben Arbeiterparteien, die dauernd wachsen, aber vorläufig gibt es keine Intelligenz und Kräfte innerhalb dieser Parteien ... Eine Reihe von Menschen hat es eilig, Verlage, Zeitungen, Theater – die immer vor ausverkauftem Haus spielen! – und andere Unternehmen zu starten. Man ist sich aber nicht darüber im Klaren, was für eine Grundlage für diese Neuschöpfungen man wählen soll. Es wird also länger dauern, bis die Menschen sich ändern, als es dauert, neue Häuser zu bauen.«[256]

Langhoff war vielleicht reichlich pessimistisch. Überall ist Leben. Das Bauhaus in Dessau hat seine Tätigkeit wiederaufgenommen. Mary Wigman hat in Leipzig ihr Institut eröffnet. Professor Ahlers-Hestermann hat in Hamburg eine neue Kunstakademie eröffnen können ...

Aber es wird ein langer Weg werden.

256 Quelle und genauer Wortlaut nicht nachweisbar. Rückübersetzung der Briefe aus dem Norwegischen.

Föderalismus oder Einheitsstaat?

Ein Deutsches Reich besteht nicht mehr oder noch nicht. Es gibt aber deutsche Länder und Provinzen. Und auf dem Gebiet dieser Länder wohnen 65 Millionen Menschen, ebenso viele, wie 1932 in dem größeren Reichsgebiet (in den im Versailler Vertrag festgelegten Grenzen) gewohnt haben.

Eine wirkliche Volkszählung hat noch nicht stattgefunden. Etwa 65 Millionen war die Zahl, zu der man in einer vorläufigen Volkszählung Mitte Dezember 1945 gelangte. (In einer amerikanischen Spezialuntersuchung rechnete man mit etwas weniger, nämlich 62,8 Millionen).

Die britische Zone hatte die meisten Einwohner, 22 Millionen, gegenüber 20 Millionen bei der Kapitulation und 18 vor dem Kriege. Die Hälfte der Bevölkerung – 11 Millionen – wohnte in den 59 Städten der Zone. Der britische Sektor von Berlin ist hier eingerechnet. Die anderen Sektoren sind bei den betreffenden Zonen einbezogen. Die Gesamtbevölkerungszahl Berlins betrug in diesem Winter drei Millionen gegenüber 4,2 Millionen vor dem Kriege.

In der russischen Zone wurde die Zahl der Einwohner auf 19,7 Millionen veranschlagt, davon 5,3 Millionen in Sachsen (150 000 weniger als im Mai 1939) und 2,75 Millionen in Mecklenburg-Vorpommern (1938 1,5 Millionen). Einzelne Vermutungen gehen jedoch davon aus, dass in der russischen Zone eher 22 als 20 Millionen Menschen wohnen.

In der amerikanischen Zone rechnete man im Dezember 1945 mit 17,2 Millionen Einwohnern, wobei 870 000 im amerikanischen Sektor Berlins und 560 000 in der Enklave Bremen eingerechnet sind. Im Übrigen rechnete man mit 8,8 Millionen in Bayern (eine Zunahme von 1,5 Millionen im Laufe des Jahres 1945), 3 Millionen in Württemberg-Baden und 3,9 Millionen in Hessen. Im Februar 1946 wurde von amerikanischer Seite jedoch mitgeteilt, dass die Gesamtzahl etwas niedriger liege, nämlich bei 16 Millionen, einschließlich des Berliner Sektors, aber ohne Bremen.

Die französische Zone – auch hier einschließlich des Berliner Sektors – hatte im Dezember 1945 eine Einwohnerzahl von 6,4 Millionen.

Es wird einige Zeit dauern, bis man sicheres statistisches Material als Arbeitsgrundlage erhält. Erstens weiß man noch nicht, wie groß der deutsche Verlust an Menschenleben gewesen ist. Mehrfach operiert man mit einer Schätzung von 7 Millionen Gefallenen. Ich glaube, dass das eine Übertreibung ist und dass die wirkliche Zahl irgendwo zwischen 4 und

5 Millionen liegt, darunter 3 bis 4 Millionen an der Front Gefallene und ungefähr eine Million Opfer des Bombenkrieges und der Operationen auf deutschem Gebiet.

Zweitens werden noch Verschiebungen zwischen den verschiedenen Zonen stattfinden. Die Besatzungsmächte einigten sich im Oktober 1945 auf einen Austausch auf der Grundlage des »Kopf-gegen-Kopf«-Prinzips. Der Austausch kam nur mit Mühe in Gang, da die Transportschwierigkeiten sehr hinderlich waren. Zunächst wird der Austausch sich also darauf beschränken, dass zum Beispiel ebenso viele von der englischen in die russische Zone fahren dürfen wie umgekehrt. Auf etwas längere Sicht wird wohl ein größerer Umzug nach Osten stattfinden, da in der letzten Phase des Krieges viele Menschen von dort evakuiert wurden oder geflohen waren. Wenn alle dahin zurückkehrten, woher sie gekommen sind, würde das zum Beispiel bedeuten, dass zwei Millionen die amerikanische Zone verlassen müssten, während 1,5 Millionen dorthin zurückkehren könnten. Das wird jedoch wohl kaum so geschehen, da ein großer Teil der Flüchtlinge zur Ruhe gekommen ist und eine neue Existenzgrundlage gefunden hat.

Drittens sind da die Deutschen, die aus dem Osten ausgewiesen worden sind. Ich habe bereits die Zahlen genannt, an die man sich zu halten hat. 6,5 Millionen sollen bis zum 1. Juli umgesiedelt sein, wenn das Transportprogramm sich einhalten lässt. Ein kleinerer Teil von diesen ist jedoch bereits bei der vorläufigen Volkszählung im Dezember mitgezählt worden.

Viertens sind da die Kriegsgefangenen. Erich Weinert, der Vorsitzender des deutschen Nationalkomitees in Moskau gewesen und im Januar 1946 nach Berlin zurückgekehrt war, erklärte, seiner Meinung nach gebe es in der Sowjetunion immer noch zwei bis drei Millionen Kriegsgefangene. Das ist eine höhere Zahl, als die meisten annahmen. Die Amerikaner hatten zu Beginn des Jahres 1946 noch etwa 1,1 Millionen Gefangene, davon gut 300 000 in den USA. Die Engländer hatten auch mehrere Hunderttausend in Deutschland und etwa 400 000 im Britischen Commonwealth. Hinzu kommen 1,3 Millionen, die sich in Frankreich befinden. Man konnte damit rechnen, dass es im Frühjahr 1946 noch vier bis fünf Millionen Kriegsgefangene gab, die früher oder später heimkehren würden. Die Gesamtbevölkerungszahl wird also beträchtlich steigen und einmal über 70 Millionen liegen. (Der alliierte Kontrollrat geht bei seiner Planung jedoch davon aus, dass die Bevölkerungszahl im Jahre 1949 rund 66,5 Millionen beträgt.)

Wie werden diese 70 Millionen Deutsche ihr staatliches Leben organisieren?

Es wäre hilfreich zu wissen, welche endgültigen Grenzen auf der Friedenskonferenz festgelegt werden. Es gibt Leute, die meinen, dass die Oder-Neiße-Linie in dieser Angelegenheit nicht das letzte Wort ist und dass Deutschland vielleicht einige Stücke des Gebiets wiederbekommt, das jetzt unter polnischer Verwaltung steht. Es ist unzweifelhaft, dass für eine solche Abänderung starke, nicht zuletzt wirtschaftliche Argumente sprechen. Die planmäßige Polonisierung, die bereits stattgefunden hat, und die noch weitergehen wird, bevor die Friedenskonferenz zusammentritt, deutet jedoch darauf hin, dass »neue Tatsachen« dauerhafteren Charakters geschaffen werden. Die Westmächte sagten in Potsdam, dass sie die Oder-Neiße-Linie als eine vorläufige Regelung betrachteten, aber sie waren andererseits damit einverstanden, dass die deutsche Bevölkerung ausgesiedelt wurde, eine Maßnahme, die sinnlos wäre, wenn es sich nur um eine vorübergehende Lösung handelte.

Die Grenzfrage im Westen ist, während diese Zeilen geschrieben werden, noch nicht entschieden. Sie wird auch nicht von den Deutschen entschieden, sondern ist ein großmachtpolitisches Problem. Die *wahrscheinliche* Lösung scheint aber nicht darin zu bestehen, das Ruhrgebiet von Deutschland abzutrennen – jedenfalls nicht völlig und endgültig. Noch ist auch nicht entschieden, ob das Saargebiet französisch wird, selbst wenn seine Gruben sicher zugunsten Frankreichs ausgenutzt werden.

Alle anderen Grenzfragen sind von geringerer Bedeutung. In den Niederlanden herrschte unmittelbar nach Kriegsende eine starke Stimmung dafür, die Grenzen derart zu erweitern, dass die neuen Gebiete fast zwei Drittel des ursprünglichen niederländischen Gebiets ausgemacht hätten. In der Zwischenzeit setzte sich eine gemäßigtere Auffassung durch. Es ist möglich, dass eine kleinere Grenzrevision erfolgt, um den Niederländern einen Schadenersatz für die umfangreiche Bodenvernichtung[257] zu bieten, die die Nazis vornahmen, bevor sie sich aus den Niederlanden zurückzogen. Auch in Dänemark hat es allerlei Diskussionen über eine Grenzverschiebung nach Süden gegeben. Sie wird kaum stattfinden. Zu den kurioseren Fragen gehören Österreichs »territoriale Ansprüche«. Diese Frage wurde erstmals im Zusammenhang mit den Wahlen in Österreich aufgeworfen. Dann erhob der neue Außenminister, Dr. Gruber, einen Anspruch auf das Gebiet bei Berchtesgaden, den sogenannten Rupertiwinkel, mit 30 000 bis 40 000 Einwohnern. Der bayerische Ministerpräsident wies die Forderung und ihre Begründung –

257 Vgl. Fußnote 113.

nämlich, dass einige österreichische Telegraphenlinien durch das Gebiet gingen und dass sie in der Hitlerzeit abgehört worden seien – als völlig lächerlich zurück. Er sagte, dass die Leute in Bayern erbittert seien. Sie würden »ihren Boden, wenn nötig, mit Heugabeln verteidigen«. Die Österreicher könnten ihre Telegraphenlinien, wenn sie wollten, außerhalb der Grenze verlegen, und außerdem müssten sie sich darüber im Klaren sein, dass Bayern ein erheblich größeres »geschichtliches« Recht habe, Forderungen zu stellen. Hoegner nahm auch die Gelegenheit wahr zu sagen, dass Hitler Österreicher gewesen sei. Das stimmt schon. Kaltenbrunner, Seyß-Inquart und eine ganze Reihe anderer waren es auch. Das ist aber dennoch ein zweifelhaftes Argument. Es war ja Bayern, das Hitler viele Jahre beherbergte, und weder Wien noch Berlin, sondern München war die »Hauptstadt der Bewegung«. Genug davon.

Die Grenzen sind noch nicht festgelegt. Die Frage ist, ob ein verkleinertes Deutschland die Krise als nationale Einheit überleben wird. Es besteht kein Zweifel daran, dass eine überwältigende Mehrheit der Deutschen die Einheit wünscht. Es hat bereits eine wesentliche Verschiebung stattgefunden. Im Sommer 1945 empfand man die Zoneneinteilung als nicht sehr angenehm, aber schon im Frühjahr 1946 betrachtet man sie als eine Zwangsmaßnahme und eine Last. Von einem alliierten Standpunkt aus kann man vielleicht sagen, dass es gleichgültig sei, was die Deutschen wünschten. In diesem Falle aber fällt der Wunsch nach Einheit gut mit dem zusammen, was wirtschaftlich rationell und politisch vernünftig ist. Ich finde nicht, dass gegenüber der mystisch-reaktionären »Reichsidee«, die weiterhin in vielen deutschen Hirnen spukt, irgendwelche Zugeständnisse gemacht werden sollten. Es wäre jedoch nicht gut, allzu lange wider die wirtschaftliche Vernunft zu sündigen. Man sollte sich auch davor hüten, den Nationalismus wieder zum Leben zu erwecken.

Offiziell sagt niemand, dass die Zonengrenzen permanent bestehen sollen. Im Gegenteil, der Kontrollrat hat nach und nach eine Reihe von Bestimmungen erlassen, die für alle Zonen gelten. Es gibt aber vier verschiedene Militärregierungen, die die Bestimmungen praktizieren. Man muss blind sein, um nicht zu sehen, dass sich sowohl in politischer als auch in wirtschaftlicher Beziehung in den Gebieten östlich und westlich der Elbe verschiedene und teilweise stark widersprechende – politische und wirtschaftliche – Tendenzen geltend machen. Je länger die strenge Aufteilung in Zonen anhält, je länger die Bildung einer gemeinsamen Verwaltung aufgeschoben wird, desto schwieriger wird es, die Kräfte zu koordinieren. Eine derartige Entwicklung wäre für Deutschland unglücklich. Sie wäre aber auch unpraktisch und unglücklich für Europa und für die Zusammenarbeit der Alliierten. Ich weiß, dass in der Politik nicht immer das Vernünftigste getan wird. In diesem Falle aber werden die Parteien vielleicht endlich einmal verstehen, dass *ihre* Interessen durch eine gemeinsame deutsche Lösung am besten gewahrt werden.

In der Zwischenzeit haben sich in den verschiedenen Zonen jedoch neue Länder gebildet. Das *braucht* nicht unbedingt von Übel zu sein. Der Weg ging von den Gemeinden zu den einzelnen Ländern und – im Falle Preußens – Provinzen. So kam es im Frühherbst 1945 zum Zusammenschluss der ganzen russischen Zone, mit deutschen Ministern für die verschiedenen Verwaltungsgebiete.[258] Das galt also für Brandenburg, das Land Sachsen, die Provinz Sachsen, Thüringen und Mecklenburg-Vorpommern (das Stück von Pommern, das westlich der Oder liegt, ist mit Mecklenburg zusammengelegt worden). Berlin nimmt eine Sonderstellung ein mit einem Magistrat, der gegenüber der Viermächtekommandantur verantwortlich ist.

Einen entsprechenden Zonenzusammenschluss gab es im Oktober 1945 auch für Süddeutschland. In Stuttgart wurde ein »Länderrat« gebildet, der aus den Ministerpräsidenten von Bayern, Württemberg-Baden und Groß-Hessen[259] bestand. Der Oberbürgermeister von Bremen[260] nahm ebenfalls teil, aber ohne Stimmrecht. Bremen war der Hafen der Amerikaner und stand daher unter amerikanischer Verwaltung. Für Bayern war die Situation klar, wenn man das Gebiet westlich des Rheins (die Rheinpfalz) ausnimmt, das von den Franzosen besetzt war. Württemberg-Baden war ein Zusammenschluss der nördlichen, amerikanisch besetzten Teile dieser beiden Länder. Die südlichen Teile sind von den Franzosen besetzt. Die französischen Stellen schienen jedoch bereits zu einem frühen Zeitpunkt damit einverstanden zu sein, dass die Teilung nicht permanent aufrechtzuerhalten ist. Der Ministerpräsident in Stuttgart war demgemäß anwesend, als das Staatssekretariat für den französisch besetzten Teil Württembergs in Tübingen errichtet wurde. Man kann also damit rechnen, dass die »historischen« Länder Württemberg und Baden wiedererstehen, wenn es denn nicht für praktischer gehalten wird,

---

258 Gemeint sind wahrscheinlich die elf Deutschen Zentralverwaltungen, denen Präsidenten vorstanden. Sie hatten im Auftrag der sowjetischen Militäradministration Beratungs-, Koordinierungs- und Anleitungsfunktionen gegenüber den Landes- und Provinzialverwaltungen.

259 Gemeint: Wilhelm Hoegner, Reinhold Maier und Karl Geiler.

260 Gemeint: Wilhelm Kaisen.

den Zusammenschluss bestehen zu lassen, der in der amerikanischen Zone eingeleitet worden ist. Bei der Bildung Groß-Hessens Ende September 1945 erhielten das Land Hessen, Kurhessen und Nassau, die eine geschichtliche und wirtschaftliche Einheit bilden, eine gemeinsame Verwaltung. Dies hatten sowohl Bismarck als auch Hitler den Hessen versagt.

Ein Teil Hessens blieb jedoch draußen, nämlich das Gebiet westlich des Rheins. Hier schufen die Franzosen zu Beginn des Jahres 1946 ein neues »Land«, nämlich Rheinland-Hessen-Nassau.

In der britischen Zone begann die Koordinierung der deutschen Verwaltung zur Monatswende Oktober/November 1945. Es wurde eine erste Konferenz der Ministerpräsidenten von Braunschweig und Oldenburg, der »Oberpräsidenten« von Hannover, von Nordrheinland, von Westfalen und Schleswig-Holstein, des Oberbürgermeisters von Hamburg und des »Landespräsidenten« von Lippe-Detmold abgehalten.[261] Sie bildeten ein Generalsekretariat, und zu Beginn des Jahres 1946 beabsichtigten die Engländer, einen deutschen beratenden Ausschuss mit 16 Mitgliedern einzuberufen. Die Sozialdemokaten, die Kommunisten und die Christlichen Demokraten sollten die gleiche Anzahl von Vertretern erhalten, während die »Liberalen« noch nicht als »Zonenpartei« anerkannt waren.

Wie man sieht, gibt es Preußen nicht mehr. Es ist zusammen mit dem Nazismus zerschlagen worden. Die einzelnen Provinzen erhalten die gleiche Stellung wie die anderen Länder. Bezüglich Hessens und Vorpommerns habe ich die verwaltungsmäßige Neuordnung, die stattgefunden hat, bereits dargelegt. In der russischen Zone gab es geteilte Ansichten darüber, ob die Provinz Sachsen und das Land Sachsen vereinigt werden sollten. Vorläufig hat eine solche Vereinigung nicht stattgefunden. Lippe wird mit Westfalen vereinigt. Hannover wird um Braunschweig, Oldenburg und Bremen erweitert und danach Niedersachsen heißen. Bei Bremen machte man es so, dass die Amerikaner den Hafen behielten, während die Zivilverwaltung den Engländern übertragen wurde. Die Bremer fürchteten, zwischen zwei Stühle zu geraten. Sie führen ihren kleinen – nicht ganz unberechtigten – Kampf, um nicht

---

261 Gemeint ist die Konferenz der Chefs der Länder und Provinzen der britisch besetzten Zone in Hamburg am 29. Oktober 1945. Teilnehmer waren Ministerpräsident Hubert Schlebusch (Braunschweig), Ministerpräsident Theodor Tantzen (Oldenburg), Oberpräsident Hinrich Wilhelm Kopf (Hannover), Oberpräsident Robert Lehr (Nordrhein-Provinz), Oberpräsident Otto Hoevermann (Schleswig-Holstein), Oberpräsident Rudolf Amelunxen (Westfalen), Bürgermeister Rudolf Petersen (Hamburg) und Landespräsident Heinrich Drake (Lippe-Detmold). Den Vorsitz führte Reichsminister a. D. Carl Severing.

von Hannover »geschluckt« zu werden. Noch größer war die Abneigung der Lübecker dagegen, von Kiel aus regiert zu werden. Es ist möglich, dass Schleswig-Holstein und Hamburg zusammengeschlossen werden. Dann ist es natürlich, dass sich die »Leitung« in Hamburg befindet. Damit würden sich die Lübecker auch leichter abfinden.

Die einzelnen Zonen erhielten also Ende des Jahres 1945 zentrale Verwaltungsorgane. Was man nun als nächsten Schritt erwartete, war die Bildung eines gemeinsamen Generalsekretariats, das in diesem Fall seinen Sitz in derselben Stadt haben müsste wie der Kontrollrat, nämlich Berlin. Es kam jedoch nicht so, wie viele erwartet hatten, und während diese Zeilen geschrieben werden, ist noch kein »Interzonenrat« gebildet worden. Er könnte ansonsten der zarte Beginn einer deutschen Regierung sein, die – wenn der Zeitpunkt eintritt – die Friedensbedingungen der Alliierten entgegennehmen könnte.

Während die Neubildung in »Reichs«-Ausmaßen auf sich warten ließ, ereignete sich in den verschiedenen Zonen allerlei Interessantes. Ich habe bereits die Gemeindewahlen in Süddeutschland erwähnt. Im April wählten die Städte, und zwar mit derselben Haupttendenz wie bei den Gemeindewahlen im Januar. Zwei Monate später werden die »Verfassungsausschüsse« der drei Länder gewählt. Das sind dann Versammlungen, die Bayerns, Hessens und Württemberg-Badens Verfassungen ausarbeiten und die im Übrigen beratende Funktionen haben sollen. Im Herbst 1946 soll dann eine Volksabstimmung über die Verfassungsentwürfe stattfinden, und gleichzeitig sollen die drei Landtage gewählt werden.

Die ersten – provisorischen – beratenden Versammlungen wurden zu Beginn des Jahres 1946 gebildet. Die erste Sitzung, die von einer solchen Versammlung abgehalten wurde, fand am 15. Januar in Stuttgart statt. Es war die beratende Versammlung Württemberg-Badens mit insgesamt 124 Mitgliedern: dem Ministerpräsidenten und den Ministern, 12 Vertretern aus jeder der vier Parteien, 20 aus dem Wirtschaftsleben (je vier aus den Gewerkschaften, den Handelskammern und Handwerks- und Industriekammern und acht Landwirten), vier von den Hochschulen, sechs von den Kirchen, 28 »Landräten« (Verwaltungschefs der verschiedenen Kreise) und den Bürgermeistern der acht größeren Städte. Diese Zusammensetzung war kaum Ausdruck der tatsächlichen politischen Kräfteverhältnisse. Der Präsident, Wilhelm Keil, hatte trotzdem recht, als er die Bildung dieser Versammlung ein »geschichtliches Ereignis« nannte.

Ungefähr gleichzeitig traf man in Bayern Vorbereitungen zur Einberufung eines beratenden Ausschusses von 80 Mitgliedern. Außer den politischen Parteien erhielten die Gemeinden, die Wirtschaft, die freien

Berufe und die Kirchen ihre Vertreter. In Hessen sollte der Ausschuss erst rein politischen Charakter erhalten, mit 12 Vertretern jeder der vier politischen Parteien. Dann entschied man sich für eine Erweiterung in Übereinstimmung mit der Linie, die man in Stuttgart und München gewählt hatte. Im Februar 1946 bekam man in Hessen auch bereits die erste Regierungskrise. Die Sozialdemokraten teilten mit, dass sie ihre Vertreter zurückzögen und einen neuen Ministerpräsidenten forderten. Die Militärregierung griff jedoch ein und teilte mit, dass *sie* es sei, die die Regierungen ernannte. Noch hatten ja keine Wahlen auf Landesebene stattgefunden.

In der britischen Zone wurde der erste beratende Ausschuss Mitte Januar in Braunschweig einberufen. Schleswig-Holstein und die anderen Gebiete erhielten beratende Provinzausschüsse, die sich unter anderem daranmachten, Grundgesetzvorschläge auszuarbeiten. Außerdem wurden von den Engländern Schritte unternommen, die Gemeindewahlen und Wahlen zu den Provinzialparlamenten zu einem späteren Zeitpunkt des Jahres durchzuführen.

Von der russischen Zone lagen keine Meldungen über die Bildung beratender Versammlungen oder Vorbereitungen für Wahlen in der nächsten Zukunft vor. Die Länderregierungen standen jedoch in enger Fühlung mit den Leitungen der politischen und gewerkschaftlichen Organisationen.

In Berlin wurden an der Jahreswende 1945/46 Schritte unternommen, um der Stadt eine eigene Verfassung zu geben. Die Bürgermeister und Vertreter von drei politischen Parteien (die Christlichen Demokraten vertraten einen anderen Standpunkt) schickten der interalliierten Kommandantur einen gemeinsamen Vorschlag. Er lief darauf hinaus, dass Berlin ein eigener Stadtstaat in einem zukünftigen Deutschland werden sollte. Die Berliner wünschten nach diesem Vorschlag eine vorläufige Stadtvertretung, die später durch ein gewähltes Stadtparlament abgelöst werden sollte. Die Vertretung sollte aus 20 Personen aus allen vier Parteien sowie 20 Gewerkschaftsvertretern bestehen. Der Rat der Stadt sollte zu einer Art Magistrat erweitert werden, in den jede der vier Parteien drei unbesoldete »Ratsmänner« entsendet. Als dritte Instanz hatte man den Rat der Bürgermeister. Berlin ist in 20 Bezirke eingeteilt, von denen jeder seinen eigenen Bürgermeister hat.

Wenn nun endlich eine deutsche Zentralverwaltung geschaffen werden sollte, wird sie zwangsläufig von der Entwicklung geprägt sein, die in der Zwischenzeit stattgefunden hat. Sie wird eine Zusammenfassung der verschiedenen Länder und Provinzen (die auch Länder werden) sein müssen, von denen jedes seine eigene Regierung und Volksvertretung hat und mehr oder weniger ausgeprägte Sonderinteressen und wirkliche und eingebildete Unterschiede besitzt. Welche Befugnisse soll eine neue Zentralregierung und Nationalversammlung erhalten und wie groß das Selbstbestimmungsrecht sein, das den einzelnen Teilen des »Reiches« vorbehalten ist? Soll Deutschland ein Bundesstaat, eine föderative Republik oder ein Einheitsstaat werden?

Die Diskussion hierüber ist dadurch erschwert worden, dass separatistische Kräfte teilweise im Namen des Föderalismus operiert haben. Bei Hannover spielt das eine geringe Rolle. Es gab ohnehin niemand, der glaubte, dass die Engländer den Vorschlag der »Welfen« aufgreifen würden, sie ins Empire aufzunehmen. In Bayern lagen die Dinge schon ein wenig anders. Die erste Regierung, die dort gebildet wurde, hatte ein ausgesprochen separatistisches Programm. Ihr Chef, Dr. Schäffer, erklärte im Juli 1945, dass Bayern ein selbständiger Staat werden sollte. Zu diesem Zeitpunkt besaß er die Unterstützung der Amerikaner. Es steht außer Zweifel, dass die separatistischen Tendenzen einem sehr großen Teil der bayerischen Bevölkerung zusagten. Die Motive waren jedoch nicht immer von edelster Art. Viele glaubten, dass sie sich den Konsequenzen des Krieges entziehen könnten, indem sie sich aus Deutschland abmeldeten. Einige gingen so weit, den ganzen Nazismus und Krieg als eine preußische Erscheinung hinzustellen, für die sie keine Verantwortung trügen. Als einige Zeit vergangen war, verlor der bayerische Separatismus an Boden. Die Christlich-Soziale Union nahm eine etwas unklare Haltung ein. Aber dann kam die »Königspartei«. Als ob es von früher nicht schon genug Unsinn gab!

Am stärksten ausgeprägt waren die separatistischen Bestrebungen in den französisch besetzten Gebieten und im englisch besetzten Teil des Rheinlandes. Es waren nicht immer die besten Elemente, die sich diesen Bestrebungen anschlossen. So war es auch nach dem vorigen Krieg. Jetzt sah man unter anderem, dass eine ganze Reihe von Nazis sich zu retten suchten, indem sie als besonders eifrige »Föderalisten« auftraten. Und dann gab es gewisse Industrielle und Geldleute, die für eine Ablösung eintraten – weil sie sich nicht an der Zahlung von Entschädigungen beteiligen wollten.

Diese Tendenzen riefen eine starke Gegenbewegung hervor. Ich habe bereits auf die Äußerung der Sozialdemokraten hingewiesen, dass sie »Todfeinde« aller separatistischen Tendenzen seien. Die Kommunisten äußerten sich ebenso entschieden. Ihr Parteisekretär in München[262] er-

262 Vermutlich gemeint: Bruno Goldhammer.

klärte in einer Versammlung im November 1945, dass der Separatismus ein feiger Versuch sei, den Folgen des nazistischen Zusammenbruchs zu entgehen. Die Kommunisten in München hegten keinen Wunsch, sich von ihren Genossen in »Berlin, Köln, Hamburg oder Würzburg« zu isolieren. Auf dem Gewerkschaftskongress in Berlin im Februar 1946 sagte der Vertreter der Kommunistischen Partei, Walter Ulbricht: »Das Ruhrgebiet ist deutsch und wird deutsch bleiben.«[263] Diese kategorische Äußerung wäre, wie viele glaubten, nicht erfolgt, wenn sie den Absichten der Sowjetunion widersprochen hätte.

Die vier politischen Parteien in Berlin verfertigten gemeinsame Manifeste zugunsten einer »unteilbaren deutschen Republik«. Ähnliche Stellungnahmen kamen aus anderen Teilen des Landes. Die Sozialdemokraten und die bürgerlichen Demokraten beriefen sich gern auf den Freiherrn vom Stein, der die kommunale Selbstverwaltung in Deutschland begründete, und auf die Väter der Weimarer Verfassung, Dr. Preuß und Professor Max Weber. Man wollte zum Ausdruck bringen, dass die Einheitsrepublik, die das Ziel war, das man sehnsüchtig erwartete, nicht unitaristisch zu werden brauchte. Die Weimarer Verfassung, meinte man, habe dem Föderalismus das zuteilwerden lassen, was man ihm zuteilwerden lassen konnte, ohne dass daraus ein Partikularismus entstanden wäre. Von einem Staatenbund wollte man nichts wissen, auch nichts von einem Bundesstaat.

Es war großenteils ein Streit um Worte. Einer der Männer, gegen den sich die Polemik richtete, war der bayerische Ministerpräsident Hoegner. In Nürnberg hielt er im Dezember 1945 eine Rede, bei der ich zugegen war. Hoegner fand, dass die frühere Haltung der Arbeiterbewegung zum staatlichen Zentralismus revidiert werden sollte. Wenn das Ganze gesund werden sollte, sagte er, müsste man zuerst dafür sorgen, die einzelnen Bestandteile zu heilen. Er trat dafür ein, dass Deutschland föderalistisch würde, und in diesem Zusammenhang wies er auf die Erfahrungen hin, die er in seiner Zeit als Flüchtling in der Schweiz gesammelt hatte. Er und seine Parteifreunde waren nicht damit einverstanden, Deutschland zu zerteilen, aber sie wollten, dass es einen freiwilligen Zusammenschluss von Ländern geben sollte. Das bedeutete jedoch nicht, dass man für »einen solchen Unsinn wie eine isolierte bayerische Wirtschaft und Sozial-

---

263 Rede Ulbrichts »Aufgaben der freien Gewerkschaften bei der Demokratisierung der Wirtschaft und Verwaltung«, in: *Ulbricht, Walter:* Über Gewerkschaften. Aus Reden und Aufsätzen, Bd. 2, 1945-1952, Berlin (Ost) 1953, S. 84.

oder Finanzpolitik« eintrat. Auf wirtschaftlichem Gebiet sollte man versuchen, etwas ganz anderes zu erreichen, nämlich eine Entwicklung in Richtung auf die Vereinigten Staaten von Europa.

Hoegner wurde wegen dieser Rede viel in Berlin kritisiert. Er hatte auch etwas davon gesagt, dass das föderalistische Deutschland niemals Berlin als Hauptstadt erhalten dürfe. Die Kommunistische Partei in Bayern nahm daraufhin eine scharfe Entschließung an. Ich benutzte daher die Gelegenheit, Hoegner darum zu bitten, seinen Standpunkt zu präzisieren. Das war Mitte Januar 1946.

»Ich bin nicht Separatist, aber Föderalist«, erklärte er. Er meinte, eine neue deutsche Zentralregierung müsse sich der Wirtschaftspolitik, des Finanzwesens, der wichtigeren Steuern, der zivilen Strafgesetzgebung und außerdem – wenn die Zeit gekommen war – der Außenpolitik annehmen. Bayern und die anderen Länder müssten auf dem Gebiet des Schulwesens, der Kulturpolitik, der Verwaltung und der Steuern, des Verkehrswesens, des Rechtswesens usw. und außerdem bezüglich der Gesetzgebung in eigenen Angelegenheiten selbständig sein. Aber er fügte hinzu, dass die Hälfte bis zu zwei Dritteln der bayerischen Bevölkerung weitergehen wollten. Sie wünschten Unabhängigkeit, aber das sei, glaubte er, eine gefühlsmäßige Reaktion, die verschwinden werde.

Der Unterschied zwischen den Verfechtern der Einheitsrepublik und den Föderalisten, die eine Zentralregierung die wichtigsten Arbeitsgebiete bestellen lassen wollten, ist in *Wirklichkeit* nicht so groß. Auf der einen Seite muss man das zentralistische Erbe Bismarcks und Hitlers überwinden. Aber auf der anderen Seite werden alle, die sich mit den Dingen vertraut gemacht haben, zugeben müssen, dass die Weimarer Republik nicht zugrunde ging, weil sie zu wenig föderalistisch war. Sie löste sich auf, weil sie die wirtschaftlichen Probleme nicht bewältigte und weil sie die Demokratie nicht verteidigte. Beide Aufgaben verlangen Einheit, nicht Spaltung. Hinzu kommt die große Aufgabe, *freie Staatsbürger* in einem demokratischen Staat zu erziehen.

Die politischen Parteien schienen sich darüber einig zu sein, dass eine parlamentarische Republik errichtet werden müsste. Viele sind auch der Auffassung, dass die Reichstagsabgeordneten in Einmannkreisen gewählt werden sollten, um einen engeren Kontakt zwischen den Wählern und den Gewählten zu gewährleisten. Es ist noch zu früh, die Frage zu beantworten, wie groß die Macht eines neuen Reichstags – oder wie nun die zentrale Versammlung heißen wird – ausfallen soll. *Von innen* gesehen schien die Haupttendenz sich auf eine Gesamtrepublik hinzubewegen, die durch eine föderative Grundlage modifiziert wird, die in dem Moment vorliegt, wenn die Zonengrenzen fallen, falls sie fallen.

Der Separatismus ist eine Frage für sich. Sieht man von ihm ab, wirkt alle Polemik gegen den Föderalismus ziemlich übertrieben. Die Frage ist zu ernst, um mit Schlagworten abgetan zu werden. Es ist auch nicht sicher, dass die Berliner ebenso treue Anhänger des Zentralismus wären, wenn die Mehrheit sich darauf einigte, dass die »Zentrale« woanders als in Berlin liegt. Viele sind für eine Änderung. Frankfurt am Main wird oft genannt. Aber andererseits ist durch den Standort des Kontrollrats wohl eine Vorentscheidung getroffen worden. Wenn es unvermeidlich sein sollte, dass es Berlin wird, kann man nur hoffen, dass Jakob Kaiser recht behält, als er in einer Versammlung Ende Januar 1946 sagte: »Preußen ist tot, aber Berlin lebt.«[264]

Deutschland und Europa

Im Februar 1945 wurde ich in Stockholm gebeten, einen Vortrag über die deutsche Außenpolitik nach dem Kriege zu halten. Ich entschied mich dafür, über »Deutschlands außenpolitische Stellung nach dem Kriege« zu sprechen.[265] Es war ja damals bereits klar, dass keine Grundlage für eine deutsche Außenpolitik vorhanden sein würde.

Das ist jedenfalls der Fall, wenn man an das Verhältnis zwischen Staaten und Regierungen denkt. Aber es gibt außerdem Völker und ganz gewöhnliche Menschen. Als gewöhnliche Bürger – individuell oder gruppenweise – können die Deutschen eine Art von Außenpolitik betreiben, auch wenn sie kein »Reich« und keine Zentralregierung haben.

Deutsche Nazigegner brauchen jedenfalls eine klare außenpolitische Orientierung. Sie brauchen sie, weil Deutschlands Schicksal in starkem Maße auf der internationalen Ebene entschieden wird. Und sie brauchen sie, auch wenn die Besatzungsmächte der Meinungsfreiheit gewisse Zügel anlegen. Als General Clay auf einer Sitzung des Zonenrates in Stuttgart im Januar 1946 sprach, sagte er, dass man keine Kritik internationaler politischer Maßnahmen zulassen könne, die die Regierungsarbeit in Deutschland betrafen. Eine Reihe von Politikern hatte diese Art von Kritik geäußert, so sagte er weiter. »Wir würden es vorziehen, wenn

264 Jakob Kaiser erklärte in seiner Rede im Berliner Rundfunkhaus am 30. Januar 1946: »Preußen gehört der Vergangenheit an, aber Berlin lebt.« Vgl. *Hacke, Christian* (Hrsg.): Jakob Kaiser: Wir haben eine Brücke zu sein. Reden, Äußerungen und Aufsätze zur Deutschlandpolitik, Köln 1988, S. 76-79, Zitat auf S. 78.
265 Vgl. Berliner Ausgabe, Bd. 2, S. 231-239.

unsere Ministerpräsidenten das freiwillig unterbänden, statt dass wir gezwungen wären, zu anderen Mitteln zu greifen.«[266]

Es ist wahr, dass Deutschlands Schicksal völlig von anderen Regierungen abhängig ist. Und doch ist das nur ein Teil der Wahrheit. Das, was in Deutschland geschieht, übt selbstverständlich einen Einfluss auf die internationale Politik und auf die äußeren Bedingungen aus. Man kann durchaus sagen, dass die Deutschen indirekt – über ihre Innenpolitik oder den Teil der Innenpolitik, den sie selbst zu bestimmen haben – ihre außenpolitische Stellung beeinflussen können.

Deutschland ist als Großmacht erledigt. Es besitzt zur Zeit nicht einmal den Schatten einer nationalen Souveränität. Es ist noch nicht ganz sicher, ob das deutsche Volk die Krise durchstehen kann, ohne auseinandergerissen zu werden. Die Grenzen sind bereits eingeengt worden. Das muss keine Tragödie sein. Es wäre jedoch tragisch, wenn der deutsche Antinazismus zum endgültigen Zusammenbruch *beitrüge*.[267]

Die Antinazisten können dokumentarisch belegen, dass nicht sie es sind, die sich Kriegsverbrechen und Verbrechen gegen die Menschlichkeit schuldig gemacht haben. Sie müssten jedoch von allen guten Geistern verlassen sein, wenn sie nicht ihre *Mitverantwortung* für den Nazismus zugäben. Außerdem können sie sich ja in keinem Fall den Konsequenzen der nazistischen Kriegs- und Mordpolitik entziehen. Die Deutschen, die das, was geschehen ist, durch Ausflüchte aus der Welt zu schaffen oder zu entschuldigen suchen, leisten ihrem Volk einen schlechten Dienst. Es ist durchaus wahr, dass der Krieg *auch* Ursachen außerhalb Deutschlands hatte und dass er *auch* hätte vermieden werden können, wenn nicht die borniertе Politik anderer Regierungen dem Nazismus Rückhalt gegeben hätte. Das verringert aber nicht die Verantwortung der Deutschen. Die, die es mit einer demokratischen Zukunft ernst meinen, müssen klar mit der Vergangenheit brechen.

Die »Rettung« des deutschen Volkes liegt nicht in einem Versuch, die Kontinuität zu bewahren, sondern in einem entschlossenen Neubeginn. Der Sieg der alliierten Nationen war erforderlich, um den Nazismus zu zerschlagen. Der Frieden bedeutete kein Ende der Not; er hat

---

266 Auf der 4. Tagung des Länderrates des amerikanischen Besatzungsgebietes am 8. Januar 1946 erklärte Clay: »We would much prefer that our Ministers President stop that voluntarily than to have to take other measures.« Zit. nach Akten zur Vorgeschichte der Bundesrepublik Deutschland 1945-1949, Bd. 1, bearbeitet von *Walter Vogel* und *Christoph Weisz*, München/Wien 1976, S. 215.

267 Dieser und die folgenden drei Absätze wurden in *Brandt* 1966, S. 56 f., veröffentlicht.

vielerorts neues Elend ausgelöst. Das Wesentliche in diesem Zusammenhang ist gleichwohl, dass er allen Völkern die Möglichkeit gab, wieder aufzuatmen.

Deutsche Demokraten, die den Weg der ehrlichen Zusammenarbeit wählen, brauchen damit nicht auf ihre eigenen Ziele und Interessen zu verzichten. Sie müssen das Recht, gegen Missverständnisse und Verdrehungen zu protestieren, nicht aufgeben. Sie sollten aber auch wissen, dass sich unvernünftige Behauptungen von außen am besten widerlegen lassen, indem neue Verhältnisse geschaffen werden. Wenn der deutsche Antinazismus sich für den Weg der Zusammenarbeit entschieden hat, bedeutet das nicht dasselbe wie Prinzipienlosigkeit, Selbsterniedrigung, Kriechertum. Menschen, denen es damit ernst ist, ein Deutschland aufzubauen, das nach innen frei und nach außen friedlich ist, dürfen sich nicht mit einer Lakaienrolle abfinden. Sie können nicht nach der bedingungslosen Kapitulation des Regimes für eine bedingungslose Anpassung eintreten. Sie können nicht versprechen, *jedes* Papier zu unterschreiben, das ihnen vorgelegt wird. Die Grundlage ihres Willens zur Zusammenarbeit ist die Erkenntnis, dass alles übergreifende gemeinsame Interessen vorliegen.

Eine Voraussetzung ist die demokratische Gesamtlinie, die in den Erklärungen der alliierten Nationen und durch den antinazistischen Kampf selbst vorgezeichnet worden ist. Eine andere ist, dass eine Basis für praktische Zusammenarbeit vorhanden sein muss. Diese Basis bilden unabhängige Parteien und Organisationen, die die alten und neuen antinazistischen Kräfte in der deutschen Gesellschaft verkörpern. Die Unabhängigkeit muss beinhalten, dass derartige Organisationen nicht zu Schachfiguren im Großmachtspiel gemacht werden und dass sie die Möglichkeit haben, ihre Vertreter zu wählen und abzuberufen. Es gibt auch eine moralische Voraussetzung, die darin besteht, die Verantwortlichkeit zwischen den Besatzungsbehörden einerseits und den deutschen Behörden und Organisationen andererseits abzugrenzen. Die deutschen Vertreter sollen die Möglichkeit erhalten, die Bevölkerung darüber zu informieren, was sie nach ehrlicher Prüfung für wünschenswert, notwendig und möglich erachten. Sie müssen Gelegenheit haben, ihrem Volk die Wahrheit zu sagen.

Man kann einwenden, dass die im Ganzen gesehen »unbedingte« Zusammenarbeitslinie, für die man eintritt, problematisch ist, zumal man nicht weiß, ob die Allianz, die den Krieg gewann, weiterleben wird. Es ist klar, dass die deutsche Frage in eine ganz andere Situation geraten würde, falls es zum Bruch zwischen der Sowjetunion und den angelsächsischen Mächten käme. Erstens glaube ich jedoch, dass ein derartiger

Bruch trotz allem nicht erfolgen wird, weil keine der Parteien daran interessiert ist, den Zweiten Weltkrieg durch den Auftakt zum dritten abzulösen. Zweitens werde ich nicht nachlassen, darauf hinzuweisen, dass ein derartiger Bruch *auf keinen Fall* im Interesse Deutschlands liegt. Wer deutsche Außenpolitik machen will, indem er auf Gegensätze draußen spekuliert, andere Staaten gegeneinander auszuspielen und angebliche oder tatsächliche Konflikte zu verschärfen sucht, sabotiert sowohl den Weltfrieden als auch den deutschen Wiederaufbau. Man kann nicht verlangen, dass deutsche Demokraten nicht dafür arbeiten, eine nationale Einheit und bessere Lebensbedingungen zu erreichen. Worauf es jedoch ankommt, sind dauerhafte Verbesserungen, nicht »nationale« Scheinergebnisse auf dem Wege zu einem dritten Weltkrieg.

Deutsche Demokraten, die die Dinge durchdacht haben, werden sich deswegen darüber klar sein, dass ihre außenpolitische Orientierung auf der Annahme und der Hoffnung beruhen muss, die Vereinten Nationen zu einer arbeitstauglichen Organisation aufsteigen zu sehen. Sie werden dann auf die Verschiebung im internationalen Kräfteverhältnis Rücksicht nehmen müssen, die bereits stattgefunden hat oder gerade stattfindet. Die wichtigste Veränderung aus der Zeit nach dem vorletzten Kriege ist ja die, dass die Sowjetunion als eine der führenden Weltmächte dasteht. Sie ist ein Faktor von allergrößter Bedeutung nicht nur für die außenpolitische Situation Deutschlands, sondern auch für die Gestaltung seiner inneren Struktur. Die Sowjetunion hat unter dem Vandalismus der Naziheere am meisten gelitten. Sie hat im Kampfe gegen die Hitlerarmee auch die größte Leistung zu Lande vollbracht. Die Russen erlitten große Verluste, aber sie wurden gleichzeitig zur einzigen großen Militärmacht auf dem Kontinent. Ich bin mit den Geheimnissen des Kremls nicht vertraut. Aber besteht nicht Veranlassung zu hoffen, dass das, was die Sowjetführung in erster Linie wünscht, Sicherheit und der schnellstmögliche Wiederaufbau sind? Die Russen sind misstrauisch gegenüber allem, was dazu führen könnte, dass Länder in der Nähe ihrer Grenze zu Gliedern einer feindlichen Konstellation werden könnten.

Damit tritt man nicht für eine opportunistische Unterwerfung ein. Wie kann man sich aber eine deutsche Politik vorstellen, die nicht auf »Revanche« aus ist, sondern auf eine vertrauensvolle Zusammenarbeit mit der Sowjetmacht? Das ist nicht dasselbe wie eine einseitige »Ostorientierung«. Das ist aber auch unvereinbar mit einer einseitigen »Westorientierung«. Hitlerdeutschland wurde von einer Koalition der großen alliierten Mächte geschlagen. Deutschland ist von den alliierten Mächten besetzt. Aus dieser Krise kann es als geschlossener Staat nur herauskommen, wenn der Neuaufbau im Einvernehmen und in Zusammenarbeit »sowohl mit dem Osten als auch dem Westen« vor sich geht. Jede einseitige Lösung ist ein Versuch, das Gleichgewicht zugunsten einer Partei zu ändern. Jeder derartige Versuch fordert das Misstrauen der anderen Partei heraus. Er trägt dazu bei, die Zonengrenzen zu stabilisieren und Deutschland zu einem Kolonialgebiet zu machen. Im schlimmsten Fall kann er dazu führen, dass die Elblinie zur Ausgangsstellung einer neuen kriegerischen Auseinandersetzung wird, die um vieles schlimmer wäre als das, was wir gerade durchgemacht haben.[268]

Ich weiß wohl, dass man in weiten Kreisen gegenüber Versuchen, die Deutschen über die Zonengrenzen hinweg zu sammeln, äußerst skeptisch eingestellt ist. Derartige Versuche werden als neue potentielle Drohung gegen den Frieden betrachtet. Wenn sie jedoch von zuverlässigen antinazistischen Kräften mit einer richtigen außenpolitischen Orientierung unternommen werden, sind sie etwas ganz anderes, nämlich ein *entscheidender Beitrag zur Sicherung des Friedens*. Es ist keine sonderlich sichere Lösung, mitten auf dem Kontinent Großmachtkolonien zu haben. Solange dieser Zustand anhält, gibt es auch keine Grundlage für eine wirkliche europäische Politik. Es liegt jedoch im gemeinsamen Interesse der europäischen Völker, dass ihr Kontinent wieder aus etwas mehr besteht als »Einflusssphären«. So schwierig es auch im Augenblick aussehen mag, kommt man doch nicht daran vorbei, dass die Demokraten Europas und die Nazigegner Deutschlands gemeinsame Interessen haben.

Das Vertrauen fehlt. Das kann man auch nicht erzwingen. Nicht zuletzt aus diesem Grunde hat das, was in Deutschland vor sich geht, außenpolitische Bedeutung. Der deutsche Antinazismus besitzt noch starke innere Feinde. Noch ist der Nationalismus nicht überwunden. Der Kampf gegen die Herrenvolkideologie, den Rassenwahn, gegen militaristische Tradition und Revanchegelüste hat gerade erst begonnen. Dieses Gift muss aus dem deutschen »Volkskörper« heraus. Die Alliierten arbeiten daran. Jedoch sind es schließlich und endlich die Deutschen selbst, auf die es ankommt. Sie müssen den inneren Feind nicht nur im Hinblick auf ihre eigene Zukunft überwinden, sondern auch, weil es zu keiner solchen Zukunft kommt, wenn sie nicht das Vertrauen der anderen erringen.

Die Entwaffnung Deutschlands ist im Großen und Ganzen abgeschlossen. Sie wurde von den Alliierten durchgeführt. Es lag im Interesse

---

268 Dieser Absatz (mit Ausnahme des ersten Satzes) und die beiden folgenden Absätze wurden in *Brandt* 1966, S. 57 ff., veröffentlicht.

der neuen deutschen Demokratie, dass die Hitlerarmee und der preußische Militarismus zerschlagen wurden. Aufrichtige – und einigermaßen einsichtsvolle – deutsche Demokraten wissen außerdem, dass die Ergebnisse des Hitlerkrieges nicht mit Hilfe von Waffen revidiert werden können oder sollen. Andererseits steht man selbstverständlich vor dem Problem, dass ein neuer deutscher Staat Mittel braucht, um sich gegen innere Feinde zur Wehr zu setzen. Aber jedem Versuch einer geheimen Aufrüstung muss man sofort mit größter Entschlossenheit entgegentreten. Das ist eine Voraussetzung für vieles andere. Eine Zentralregierung ist ja auch nicht dasselbe wie ein zentraler Generalstab.

Etwas schwieriger wird es, wenn die Grenzprobleme ins Spiel kommen. Die Dinge liegen klar, wenn es sich um die nazistischen Annexionen handelt. Man kann jedoch nicht erwarten, dass deutsche Nazigegner eindeutig deutsche Gebiete mit einer deutschen Bevölkerung zu einer Art von internationalem Ausverkauf anbieten. Andererseits hat der Verlauf des Krieges und der Mangel an sichtbarem inneren Widerstand eine neue Verhandlungsgrundlage geschaffen. Hitler – und zu einem großen Teil bereits Kräfte vor ihm – hat eine Reaktion ausgelöst, die in Grenzverschiebungen und Volksumsiedlungen mündete. Heilige Grenzen gibt es nicht. Unglückliche territoriale Lösungen können bei der Beurteilung der Ordnung, die dem Zweiten Weltkrieg entspringt, nicht der einzige Maßstab sein. Die Wunden der Zwangsaussiedlung kann man auch heilen. Deutsche Demokraten werden die Parole der Dänen nach 1864 aufgreifen müssen: Was nach außen verloren ging, soll nach innen gewonnen werden. Die Zukunft Deutschlands wird nicht durch Revanchegelüste und außenpolitische Abenteuer gesichert, sondern durch einen entschlossenen, wirkungsvollen Wiederaufbau an den inneren Fronten – der sozialen, der wirtschaftlichen und der kulturellen Front. Es gibt aber auch Grenzen, wenn es um die Grenze geht. Einengung ist eine Sache, Zerstückelung eine andere. Wer für eine vertrauensvolle Zusammenarbeit mit allen Nachbarvölkern eintritt, und nicht zuletzt mit den Franzosen, Tschechen und Polen, ist deshalb nicht verpflichtet, gegenüber separatistischen Untergrabungsversuchen eine passive Haltung einzunehmen. So bin ich persönlich überzeugt, dass Deutschland nicht ohne das Ruhrgebiet bestehen kann.[269]

Deutschland werden große Reparationen auferlegt – groß im Verhältnis zu dem, was das Land hat, gering im Verhältnis zu dem Schaden, den es anderen zugefügt hat. Das Argument, dass deutsche Politiker keine

---

269 Dieser Absatz wurde in *Brandt* 1966, S. 59 f., veröffentlicht.

Verpflichtungen für kommende Generationen übernehmen können, ist nicht stichhaltig. Die Zerstörungen in den anderen Ländern werden auch auf lange Zeit hinaus noch spürbar sein.

Sowohl die Grenzfragen als auch die Reparationslieferungen zeigen jedoch – jede auf ihre Art –, dass man auf der Basis eines isolierten Nationalstaates nicht mehr weiterkommt. Deutschland muss in einen größeren europäischen und internationalen Zusammenhang eingeordnet werden. Nach den Erfahrungen, die man mit dem Neuropa der Nazis gemacht hat, begegnet man jedoch allen Vorschlägen zu einer Föderation mit Skepsis und Misstrauen, insbesondere, wenn derartige Vorschläge von deutscher Seite kommen. Man fürchtet, dass Deutschland mit seiner Lage und 70 Millionen Einwohnern noch einmal eine beherrschende Stellung einzunehmen versuchen wird. Die Initiative muss also von anderen Ländern kommen. Sie wird von Völkern kommen müssen, die sich darüber im Klaren sind, was erforderlich ist, und die gleichzeitig jener Gefahr vorbeugen können, von der viele fürchten, dass sie noch immer besteht.

Es ist klar, dass Deutschland schließlich versuchen wird, in die Vereinten Nationen und andere Formen organisierter internationaler Zusammenarbeit hineinzukommen. Wenn die deutschen Vertreter wieder am Verhandlungstisch sitzen – nicht nur als »Befehlsempfänger« –, sollen sie sich nicht selbst bespeien. Sie werden aber klug beraten sein, sich Bescheidenheit und Toleranz aufzuerlegen, von der es in der deutschen Außenpolitik, auch vor Hitler, nicht allzu viel gegeben hat. Sie sollen ganz einfach die Interessen des arbeitenden Deutschlands im Rahmen gemeinsamer europäischer Interessen wahrnehmen. Sie sollen den Vertretern anderer Völker sagen: Wir erwarten nicht, dass ihr uns Blankovollmachten gebt. Wir verstehen eure Skepsis. Gebt uns aber eine Chance, um euch zeigen zu können, dass wir wirklich mit dem »Deutschland« gebrochen haben, das ihr von seiner abscheulichsten Seite kennengelernt habt.

Man sollte nicht verlangen, dass der bedingungslosen Kapitulation der Nazis die würdelose Unterwerfung der Nazigegner folgt. Um Europas ebenso sehr wie um Deutschlands willen sollte man im Gegenteil den Tendenzen entgegenarbeiten, die in die Richtung einer geistigen Unterwerfung weisen. Es kommt darauf an, der europäischen Jugend, die in Deutschland heranwächst, ein neues Ideal zu geben, für das sie arbeiten kann. Deutsche Europäer und Weltbürger haben früher wenig Glück gehabt. Das ist kein Grund, ihre Arbeit nicht wiederaufzunehmen. Der Freiheitsfaden in der deutschen Geschichte muss weitergesponnen werden. Deutsche Nazigegner gingen nicht in erster Linie für eine nationale Sache in den Tod, sondern für das, was sie als internationale menschliche Ziele auffassten. Einige Deutsche können vielleicht auch einen gar nicht so geringen Beitrag zur geistigen und politischen Erneuerung unserer Zeit leisten. Vielleicht werden die Beiträge zahlreicher und gewichtiger, nachdem der Weg zur Selbstbesinnung, zu einem Neubau nicht nur auf materiellem Gebiet geebnet ist.[270]

Die Nazis versuchten, Europa zu verdeutschen. Jetzt kommt es darauf an, Deutschland zu europäisieren. Das geschieht nicht durch eine Zerstückelung und auch nicht dadurch, dass die eine deutsche Gruppe gegen die andere ausgespielt wird. Das Problem Deutschlands und Europas kann nur dadurch gelöst werden, dass man West, Ost – und das, was in der Mitte liegt – vereint. Es kann nur auf der Grundlage von Freiheit und Demokratie gelöst werden.

270 Dieser und der folgende Absatz wurden in *Brandt* 1966, S. 60 f., in einer leicht abweichenden Form veröffentlicht.

ANHANG

Abkürzungen

ABZ	Amerikanische Besatzungszone
ADGB	Allgemeiner Deutscher Gewerkschaftsbund
AdsD	Archiv der sozialen Demokratie, Bonn
ARBARK	Arbeiderbevegelsens Arkiv og Bibliotek, Oslo (Archiv und Bibliothek der norwegischen Arbeiterbewegung)
BBZ	Britische Besatzungszone
Bd.	Band
CDU	Christlich-Demokratische Union Deutschlands
ČSR	Československá Republika (Tschechoslowakische Republik)
DANA	Deutsche Allgemeine Nachrichten Agentur
DDP	Deutsche Demokratische Partei
DDR	Deutsche Demokratische Republik
DNA	Det norske Arbeiderparti (Die Norwegische Arbeiterpartei)
DNVP	Deutschnationale Volkspartei
DVP	Deutsche Volkspartei
FDGB	Freier Deutscher Gewerkschaftsbund
FDP	Freie Demokratische Partei
Gestapo	Geheime Staatspolizei
GFP	Geheime Feldpolizei
IG	Industriegewerkschaft
I.G.	Industriegemeinschaft
IMG	Internationaler Militärgerichtshof
KPD	Kommunistische Partei Deutschlands
KPdSU	Kommunistische Partei der Sowjetunion
KPF	Kommunistische Partei Frankreichs
KZ	Konzentrationslager
LDPD	Liberal-Demokratische Partei Deutschlands
MdB	Mitglied des Bundestages
MdL	Mitglied des Landtages
MdR	Mitglied des Reichstages
MdNV	Mitglied der Nationalversammlung
NATO	North Atlantic Treaty Organization (Organisation des Nordatlantikpakts)
NL	Nationalliberal

NS	Nationalsozialismus
NSDAP	Nationalsozialistische Deutsche Arbeiterpartei
NSKK	Nationalsozialistisches Kraftfahrerkorps
n. u. Z.	nach unserer Zeitrechnung
OKH	Oberkommando des Heeres
OKW	Oberkommando der Wehrmacht
ÖVP	Österreichische Volkspartei
RSHA	Reichssicherheitshauptamt
S.	Seite
SAP	Sozialistische Arbeiterpartei Deutschlands
SAPMO	Stiftung Archiv der Parteien und Massenorganisationen der DDR
SBZ	Sowjetische Besatzungszone
SD	Sicherheitsdienst
SED	Sozialistische Einheitspartei Deutschlands
SHAEF	Supreme Headquarters Allied Expeditionary Force
SMAD	Sowjetische Militäradministration in Deutschland
SPD	Sozialdemokratische Partei Deutschlands
SS	Schutzstaffel
UdSSR	Union der Sozialistischen Sowjetrepubliken
UNRRA	United Nations Relief and Rehabilitation Administration
USA	United States of America (Vereinigte Staaten von Amerika)
USPD	Unabhängige Sozialdemokratische Partei Deutschlands
v. u. Z.	vor unserer Zeitrechnung
WBA	Willy-Brandt-Archiv
ZdA	Zentralverband der Angestellten
ZK	Zentralkomitee

Quellen- und Literaturverzeichnis

1. Archivalische Quellen

Willy-Brandt-Archiv im Archiv der sozialen Demokratie der Friedrich-Ebert-Stiftung, Bonn
Politisches Exil und Nachkriegszeit 1933-1946 (A 5)

Arbeiderbevegelsens Arkiv og Bibliotek (Archiv und Bibliothek der Arbeiterbewegung), Oslo
Det norske Arbeiderpartis arkiv
Nils Langhelles arkiv

Archiv der sozialen Demokratie der Friedrich-Ebert-Stiftung, Bonn
Nachlass Kurt Schumacher

SAPMO im Bundesarchiv Berlin
NY 4416 Nachlass Hermann Schlimme

H. Aschehoug & Co (W. Nygaard) Verlagsarchiv, Oslo

Albert Bonniers Förlags Verlagsarchiv, Stockholm

2. Veröffentlichte Quellen

a) Veröffentlichungen Willy Brandts

Brandt, Willy: Hvorfor har Hitler seiret i Tyskland?, Oslo 1933.
Brandt, Willy: Quisling-prosessen, Stockholm 1945.
[*Brandt, Willy*:] Kjensgjerninger om kommunistenes politikk. Utgitt av Det norske Arbeiderparti [Oslo 1945].
Brandt, Willy: Norden i Nürnberg, Stockholm 1946.
Brandt, Willy: Nürnberg – Norge – dommen, Oslo 1946.
Brandt, Willy: Forbrytere og andre tyskere, Oslo 1946.
Brandt, Willy: Förbrytare och andra tyskar, Stockholm 1946.
Brandt, Willy: Norwegens Freiheitskampf 1940-1945, Hamburg 1948.
Brandt, Willy: Mein Weg nach Berlin. Aufgezeichnet von *Leo Lania*, München 1960.
Brandt, Willy: Draußen. Schriften während der Emigration. Hrsg. von *Günter Struve*, München 1966.
Brandt, Willy: Links und frei. Mein Weg 1930-1950, Hamburg 1982.
Brandt, Willy: Erinnerungen, Frankfurt/Zürich 1989.

Brandt, Willy: Zwei Vaterländer. Deutsch-Norweger im schwedischen Exil – Rückkehr nach Deutschland 1940-1947, bearbeitet von *Einhart Lorenz*, Bonn 2000 (Berliner Ausgabe, Band 2).

Brandt, Willy: Auf dem Weg nach vorn. Willy Brandt und die SPD 1947-1972, bearbeitet von *Daniela Münkel*, Bonn 2000 (Berliner Ausgabe, Band 4).

Brandt, Willy: Hitler ist nicht Deutschland. Jugend in Lübeck – Exil in Norwegen 1928-1940, bearbeitet von *Einhart Lorenz*, Bonn 2002 (Berliner Ausgabe, Band 1).

Brandt, Willy: Berlin bleibt frei. Politik in und für Berlin 1947-1966, bearbeitet von *Siegfried Heimann*, Bonn 2004 (Berliner Ausgabe, Band 3).

b)   Editionen, zeitgenössische Dokumente, Erinnerungen

Akten zur Vorgeschichte der Bundesrepublik Deutschland 1945-1949, Bd. 1, bearbeitet von *Walter Vogel* und *Christoph Weisz*, München/Wien 1976.

Albrecht, Willy (Hrsg.): Kurt Schumacher: Reden – Schriften – Korrespondenzen 1945-1952, Berlin-Bonn 1985.

Einheitsdrang oder Zwangsvereinigung? Die Sechziger-Konferenzen von KPD und SPD 1945 und 1946, Berlin 1990.

Dahrendorf, Gustav: Der Mensch, das Maß aller Dinge. Reden und Schriften zur deutschen Politik, 1945-1954, hrsg. und eingeleitet von *Ralf Dahrendorf*, Hamburg 1955.

Domarus, Max: Hitler. Reden und Proklamationen 1932-1945, Bd. 2, 1. Halbband, Wiesbaden 1973.

[*Frank, Hans:*] Das Diensttagebuch des deutschen Generalgouverneurs in Polen 1939-1945, Stuttgart 1975.

Gillmann, Sabine / Mommsen, Hans (Hrsg.): Politische Schriften und Briefe Carl Friedrich Goerdelers, München 2003.

[*Grotewohl, Otto:*] Wo stehen wir – wohin gehen wir. Rede des Vorsitzenden der Sozialdemokratischen Partei Deutschlands, Otto Grotewohl, am 14. September 1945 vor den Funktionären der Partei in der Neuen Welt, Berlin 1945.

Gundlach, Anton / Panzer, Albert (Hrsg.): Peter Buchholz, der Seelsorger von Plötzensee, Meitlingen 1964.

Hohlfeld, Johannes: Dokumente der deutschen Politik und Geschichte, Bd. V, Berlin 1951.

Jacobsen, Hans-Adolf: Opposition gegen Hitler und der Staatsstreich vom 20. Juli 1944. Geheime Dokumente aus dem ehemaligen Reichssicherheitshauptamt, Stuttgart 1989.

Kaiser, Jakob: Wir haben eine Brücke zu sein. Reden, Äußerungen und Aufsätze zur Deutschlandpolitik, hrsg. von *Christian Hacke*, Köln 1988.

Mosley, Leonard O.: Report from Germany, London 1945.

Nazi Conspiracy and Agression, Vol. 6, Washington 1946, konsultiert in der Internet-Fassung http://www.nizkor.org/ftp.py?imt/nca-06/nca-06-3701-ps (Stand: 8. Dezember 2006).

Der Nürnberger Lernprozeß. Von Kriegsverbrechern und Starreportern. Zusammengestellt und eingeleitet von *Steffen Radlmaier*, Frankfurt 2001.

Der Prozeß gegen die Hauptkriegsverbrecher vor dem Internationalen Militärgerichtshof, Nürnberg 14. November 1945 – 1. Oktober 1946, Nürnberg 1947-1949, 42 Bde.

[*Radbruch, Gustav:*] Gustav Radbruch Gesamtausgabe, hrsg. von *Arthur Kaufmann*, Bd. 14, Heidelberg 2002.

Samråd i kristid. Protokoll från den Nordiska arbetarrörelsens samarbetskommitté 1932-1946. Utgivna genom *Krister Wahlbäck* och *Kersti Blidberg*, Stockholm 1986.

Scholz, Arno / Oschilewski, Walther G. (Hrsg.): Turmwächter der Demokratie. Ein Lebensbild von Kurt Schumacher. Bd. 2: Reden und Schriften, Berlin 1953.

Ulbricht, Walter: Über Gewerkschaften. Aus Reden und Aufsätzen, Bd. 2, 1945-1952, Berlin (DDR) 1953.

c) Zeitgenössische Bücher und Broschüren

Friis, Jakob: Oppgjøret med Tyskland og med vestmaktene, Oslo 1945.
Hambro, Carl Joachim: How to win the peace, London 1943.
Til Tyskland for freden, utgitt av Forsvarsdepartementet, Oslo 1947.
Schwarzschild, Leopold: World in Trance, London 1943.
Undset, Sigrid: Wieder in die Zukunft, Zürich 1944.
Vansittart, Robert Gilbert: Mitt livs lærdommer, Oslo 1945.

d) Magazine, Pressedienste, Zeitungen, Zeitschriften

Aftonbladet, Stockholm
Arbeiderbladet, Oslo
Buskeruds Blad, Drammen
Christianssands Tidende, Kristiansand
Dagen, Bergen
Dagen, Stockholm
Dagens Nyheter, Stockholm
Dagningen, Lillehammer
Dagsposten, Stockholm
Dala Demokraten, Falun
Deutsche Zeitung, Köln
Døla Blad, Otta
Drammens Tidende, Drammen

Expressen, Stockholm
Farmand, Oslo
Folkviljan, Stockholm
Friheten, Oslo
Göteborgs Handelstidning, Göteborg
Hamar Stiftstidende, Hamar
Lunds Dagblad, Lund
Morgenavisen, Bergen
Morgenposten, Oslo
Nationen, Oslo
Neue Zeitung, München
Nordhalland, Kungsbakka
Nordmann Forbundet, Oslo
Norrländska Socialdemokraten, Boden
Norsk Tidend, London
Ny Dag, Stockholm
Oscarshamns Tidningen, Oscarshamn
Quick, München
Reichsruf, Hannover
Rogaland, Stavanger
Sørlandet, Kristiansand
Sozialistische Tribüne, Stockholm
Der Spiegel, Hamburg
Stockholms Tidningen, Stockholm
Sundsvalls Tidning, Sundsvall
Svensk Linje, Stockholm
Sydsvenska Dagbladet, Malmö
Tiden, Stockholm
Värmlands Folkblad, Karlstad
Västgöta Korrespondenten, Lindköping
Vestmanlands Läns Tidning, Vesterås
Vårt Land, Oslo
Weser-Kurier, Bremen

3. Darstellungen

Alstad, Bjørn (red.): Norske Meninger, Bd. 1: Norge, nordmenn og verden, Oslo 1969.
Bentsen, Geir: En tid for begeistring – nordmenn og Sovjetunionen i 1945, in: Arbeider-historie 2002. Årbok for Arbeiderbevegelsens Arkiv og Bibliotek, Oslo 2002, S. 121-137.
Borchgrevink, Nils: Den norske brigaden i Tyskland 1947-1953, Oslo 1968.

Ekman, Stig und *Klas Åmark* (eds.): Sweden's relations with Nazism, Nazi Germany and the Holocaust, Stockholm 2003.

Eriksen, Knut Einar und *Helge Ø. Pharo*: Norsk sikkerhetspolitikk som etterkrigshistorisk forskningsfelt, Bergen 1992.

Eriksen, Knut Einar und *Terje Halvorsen*: Frigjøringen, Oslo 1987 (Norge i krig, Bd. 8).

Gardill, Kerstin: Vom Regierenden Bürgermeister zum Kanzlerkandidaten. Willy Brandt in der öffentlichen Wahrnehmung von 1957 bis 1961, Berlin 2004.

Goldman, Aaron: Germans and Nazis. The Controversy over »Vansittartisme« in Britain during the Second World War, in: Journal of Contemporary History, 14 (1979), S. 155-191.

Hannemann, Matthias: Entfremdung und Annäherung. Aspekte der deutsch-norwegischen Beziehungen 1944-1955, Bonn 2001.

Hermannsen, Hans Petter: Fra krigstilstand til allianse. Norge, Vest-Tyskland og sikkerhetspolitikken 1947-1977, Oslo 1980.

Lehmann, Hans Georg: In Acht und Bann. Politische Emigration, NS-Ausbürgerung und Wiedergutmachung am Beispiel Willy Brandts, München 1976.

Levsen, Dirk und *Tore Pryser*: Zur Perzeption des deutschen Widerstands in Norwegen, in: *Gerd R. Ueberschär* (Hrsg.): Der deutsche Widerstand gegen Hitler. Wahrnehmung und Wertung in Europa und den USA, Darmstadt 2002, S. 91-100.

Lie, Haakon: Martin Tranmæl – Veiviseren, Oslo 1991.

Lindner, Rolf: Den svenska Tyskland-hjälpen 1945-1954, Stockholm 1988.

Lorenz, Einhart: »Moralische Kalorien« für deutsche Demokraten. Norwegische Ansichten über Deutschland am Beispiel der Arbeiterpartei, in: Kriegsende im Norden. Vom heißen zum kalten Krieg, hrsg. von *Robert Bohn* und *Jürgen Elwert*, Stuttgart 1995, S. 267-280.

Lorenz, Einhart: Willy Brandt im Spiegel seiner Erinnerungen und seiner Biografen, in: Exilforschung. Ein internationales Jahrbuch, Bd. 23, München 2005, S. 57-69.

Lundestad, Geir: Norske holdninger overfor Vest-Tyskland 1947-1951, hovedoppgave i historie, Universitetet i Oslo 1970.

Lundestad, Geir: Norske holdninger overfor Vest-Tyskland 1947-1951 (utdrag), in: Etterkrigshistorie II. Et alliert Norge. Emner fra norsk historie etter 1945, Oslo-Bergen-Tromsø 1971.

Mantzke, Martin: Emigration und Emigranten als Politikum in der Bundesrepublik der sechziger Jahre, in: Exil. Forschung – Erkenntnisse – Ergebnisse, Nr. 1, 1983, S. 24-30.

Marshall, Barbara: Willy Brandt. Eine politische Biographie, Bonn 1993.

Merseburger, Peter: Willy Brandt 1913-1992. Visionär und Realist, Stuttgart/München 2002.

Misgeld, Klaus: Sozialdemokratie und Außenpolitik in Schweden. Sozialistische Internationale, Europapolitik und Deutschlandfrage 1945-1955, Frankfurt/New York 1984.

Müssener, Helmut: Exil in Schweden. Politische und kulturelle Emigration nach 1933, München 1974.

Prittie, Terence: Willy Brandt. Biographie, Frankfurt 1973.

Siegerist, Joachim: Willy Brandt – das Ende einer Legende, Hamburg-Bremen 1989.

Sverdrup, Jakob: Inn i storpolitikken 1940-1949, Oslo 1996.

Tamnes, Rolf: Kamp mot russerne på tysk jord? Tysklandbrigaden og den kalde krigen 1947-1953, FHFS [Forsvarshistorisk forskningssenter] notat 2/1985, Oslo 1985.

Verbrecher und andere Deutsche. Das Skandal-Buch Willy Brandts. Kommentiert von *Joachim Siegerist*, Hamburg/Bremen 1989.

Vossen, Koen: Alias Frahm. Het emigrantenverleden van Willy Brandt als politiek thema in de Bondsrepubliek Duitsland (1945-1974), Utrecht 1996.

4. Nachschlagewerke

Benz, Wolfgang / Graml, Hermann / Weiß, Hermann (Hrsg.): Enzyklopädie des National-sozialismus, München 2001.

Dahl, Hans Fredrik et. al. (red.): Norsk krigsleksikon 1940-45, Oslo 1995.

Klee, Ernst: Das Personenlexikon zum Dritten Reich. Wer war was vor und nach 1945, Frankfurt 2003.

Kurzbiographien

Ackermann, Kurt (1891-1936), Reichsbannerführer in Berlin, 1936 zu drei Jahren Zuchthaus verurteilt, Selbstmord während der Haft

Ahlers-Hestermann, Friedrich (1883-1973), Maler, 1928-1933 Professor an der Kölner Werkschule, 1933 entlassen, 1946-1951 Direktor der Landeskunstschule Hamburg

Ahlfen, Hans von (1897-1966), Generalmajor des Heeres, im Februar 1945 Festungskommandant von Breslau

Amelunxen, Rudolf (1888-1969), 1926 Regierungspräsident in Münster, 1945 Oberpräsident von Westfalen, 1946-1947 Ministerpräsident von Nordrhein-Westfalen (Zentrum), 1949 Kandidat des Zentrums für das Amt des Bundespräsidenten

Antonescu, Ion (1882-1946), rumänischer Politiker, 1940 Regierungschef, am Angriff auf die Sowjetunion beteiligt, 1946 hingerichtet

Arminius (auch: Hermann der Cherusker) (18/16 v. u. Z.-19/21 n. u. Z), Cheruskerfürst, organisierte 9 n. u. Z. den Widerstand eines Teils der Germanenfürsten gegen die Römer

Bach-Zelewski, Erich von dem (1899-1972), SS-Obergruppenführer, General der Waffen-SS und der Polizei, 1943 Chef der »Bandenkampfverbände«, 1944 kommandierender General bei der Niederschlagung des Warschauer Aufstandes, 1949 zu zehn Jahren Arbeitslager verurteilt, 1962 wegen Ermordung politischer Gegner zu lebenslanger Haft verurteilt

Balachowsky, Alfred (1901-1983), französischer Chemiker und Entomologe, Leiter des Laboratoriums am Institut Pasteur, Professor am Muséum national d'histoire naturelle, KZ-Haft in Dora und Buchenwald, Prozesszeuge in Nürnberg

Barbarossa, Friedrich I. (1122-1190), 1155-1190 Kaiser des Heiligen Römischen Reiches Deutscher Nation

Becher, Johannes R. (1891-1958), deutscher Schriftsteller, 1933 Emigration (Schweiz, ČSR, Frankreich, Sowjetunion), 1945 Rückkehr in die SBZ, 1953-1956 Präsident der Akademie der Künste der DDR, 1954-1958 Minister für Kultur der DDR

Beck, Ludwig (1880-1944), Generaloberst, 1935-1938 Chef des Generalstabes, Selbstmord am 20. Juli 1944

Behrisch, Arno (1913-1989), deutscher Politiker (SAP, SPD), 1934-1945 Emigration (ČSR, Schweden), 1945 Rückkehr mit alliierter Hilfe, Redakteur in Hof und stellvertretender SPD-Landesvorsitzender in Bayern, 1949-1961 MdB (SPD), 1961 Übertritt zur Deutschen Friedensunion

Bell, George (1883-1958), Bischof von Chichester

Bentivegni, Franz-Eccard von (1896-1958), Generalleutnant, Amtschef der Abt. III der Auslands-Abwehr

Bernadotte, Folke, Graf von Wisborg (1895-1948), 1944 Vizepräsident und ab 1946 Präsident des schwedischen Roten Kreuzes, Organisator der Rückführung dänischer und norwegischer KZ-Häftlinge in der Endphase des Zweiten Weltkriegs

Best, Werner (1903-1989), SS-Obergruppenführer, 1940 Verwaltungschef beim Militärbefehlshaber in Frankreich, 1942-1945 Reichsbevollmächtigter in Dänemark, 1949 in Kopenhagen zum Tode verurteilt, dann begnadigt und 1951 entlassen

Binder, Gottlob (1885-1961), Tapezierer, Gewerkschaftssekretär und Kommunalpolitiker (SPD), 1945-1949 Minister für Wiederaufbau und politische Befreiung in Hessen

Bingel, Rudolf (1882-1945), Vorstandsvorsitzender der Siemens-Schuckert-Werke, Mitglied des Freundeskreises Reichsführer-SS

Birk, Julius (1885-1933), Bezirksleiter des Gesamtverbandes der Arbeitnehmer des öffentlichen Dienstes, Sektion Binnenschiffer, in Duisburg, 1933 ermordet

Bismarck, Herbert von (1884-1955), Jurist, 1930-1933 MdR (DNVP), 1933 Staatssekretär im preußischen Innenministerium

Bismarck, Otto von (1818-1895), 1862-1890 preußischer Ministerpräsident, 1871-1890 Reichskanzler

Björk, Kaj (geb. 1918), schwedischer Politiker, 1947-1955 internationaler Sekretär der schwedischen Sozialdemokratie, 1951-1956 Chefredakteur der Zeitschrift *Tiden*, 1956-1963 Chefredakteur der Zeitung *Ny Tid* in Göteborg

Bláha, František (Franz) (?-?), tschechischer Arzt, 1941-1945 KZ-Haft in Dachau, Prozesszeuge in Nürnberg

Blaskowitz, Johannes (1883-1948), Generaloberst und Oberbefehlshaber verschiedener deutscher Heeresgruppen, u. a. in Polen und den Niederlanden, 1948 Selbstmord in amerikanischer Haft

Blomberg, Werner (1878-1946), Generalfeldmarschall, 1933-1935 Reichswehrminister, 1935-1938 Reichskriegsminister

Blum, Léon (1872-1950), französischer Sozialist, 1936-1937 und 1938 Ministerpräsident der Volksfrontregierungen, 1943-1945 in deutscher KZ-Haft (Buchenwald), 1946-1947 erneut Ministerpräsident

Bockius, Fritz (1882-1945), 1924-1933 MdR (Zentrum), 1944 inhaftiert, im KZ Mauthausen ermordet

Boix, Francisco (François) (1920-1951), spanischer Bildberichterstatter, 1941-1945 KZ-Haft in Mauthausen, Prozesszeuge in Nürnberg

Bolz, Eugen (1881-1945), 1912-1933 MdR (Zentrum), 1928-1933 württembergischer Staatspräsident, 1944 von → Goerdeler als Kultusminister vorgesehen, nach dem 20. Juli verhaftet und zum Tode verurteilt

Bonhoeffer, Dietrich (1906-1945), Theologe, 1935 Direktor des Predigerseminars der Bekennenden Kirche, schloss sich 1939 dem Widerstand an und sondierte 1942 zusammen mit → Schönfeld Möglichkeiten eines Waffenstillstandes, 1943 verhaftet, 1945 hingerichtet

Bormann, Martin (1900-1945), 1928 NSDAP-Mitglied, ab 1941-1945 Leiter der Parteikanzlei, 1943-1945 persönlicher Sekretär → Hitlers, galt 1945 als verschollen, 1946 in Nürnberg in Abwesenheit zum Tode verurteilt

Bovensiepen, Otto (1905-1979), SS-Standartenführer, 1944-1945 Chef der Sicherheitspolizei und des SD in Kopenhagen, hauptverantwortlich für die Bekämpfung des dänischen Widerstandes

Brandenburg, Wilhelm (?-?), Gefängniswärter in Berlin-Plötzensee

Brauchitsch, Walther von (1881-1948), Generalfeldmarschall, 1938-1941 Oberbefehlshaber des Heeres

Breitscheid, Rudolf (1874-1944), deutscher Politiker (SPD, USPD, SPD), 1920-1933 MdR, 1918-1919 Preußischer Innenminister, 1929-1933 Vorsitzender der SPD-Reichstagsfraktion, 1933 Emigration nach Frankreich, 1941 nach Deutschland ausgeliefert, 1944 im KZ Buchenwald umgekommen

Bromme, Paul (1906-1975), sozialdemokratischer Politiker, 1933 Emigration (ČSR, Norwegen, Schweden), 1949-1953 MdB, 1954 Senator in Lübeck

Bublitz, Karl (1882-1944 oder 1945), Gewerkschafter und Kommunalpolitiker (USPD, SPD), 1921-1933 Mitglied der Berliner Stadtverordnetenversammlung, im KZ Sachsenhausen ermordet

Buch, Eva-Maria (1921-1943), Dolmetscherin, Kontakte zur Widerstandsgruppe Schulze-Boysen-Harnack, 1942 verhaftet und 1943 in Plötzensee ermordet

Buchholz, Peter (1888-1963), katholischer Gefängnisgeistlicher in der Hinrichtungsstätte Berlin-Plötzensee

Bütefisch, Heinrich (1894-1969), SS-Obersturmbannführer, Direktor der Leuna-Werke, als I.G. Farben-Direktor (Benzin) für das Werk in Auschwitz-Monowitz zuständig, 1948 im I.G. Farben-Prozess zu sechs Jahren Haft verurteilt

Buschenhagen, Erich (1895-1994), General, Stabschef beim Wehrmachtsoberbefehlshaber Norwegen bis 1942, ab 1944 in sowjetischer Kriegsgefangenschaft, 1955 entlassen

Bussche, Freiherr Axel von dem (1919-1993), Hauptmann, versuchte im November 1943 → Hitler in die Luft zu sprengen

Canaris, Wilhelm (1887-1945), Chef des Amtes Ausland/Abwehr im OKW, 1944 verhaftet und im KZ gehängt

Cappelen, Hans (1903-1979), norwegischer Jurist, KZ-Haft in Natzweiler, Dachau, Neuengamme, Groß-Rosen und Buchenwald, Prozesszeuge in Nürnberg

Chamberlain, Neville (1869-1940), britischer Politiker, 1937-1940 Premierminister, 1938 Mitunterzeichner des Münchener Abkommens

Churchill, Winston (1874-1965), britischer Politiker, 1940-1945 und 1951-1955 Premierminister, 1941 Initiator der Allianz zwischen den »Großen Drei« (USA, UdSSR, Großbritannien) im Zweiten Weltkrieg

Chwalek, Roman (1898-1974), 1930-1933 MdR (KPD), 1934-1939 Zuchthaus- und KZ-Haft, 1945 Mitglied des Gründungsausschusses des FDGB Groß-Berlin, 1949-1954 Mitglied der Volkskammer, 1950-1953 Minister für Arbeit und 1953-1954 für Eisenbahnwesen in der DDR

Ciano, Galeazzo, Graf von Cortellazzo (1903-1944), Schwiegersohn → Mussolinis, 1936-1943 italienischer Außenminister, 1943 von faschistischem Sondergericht zum Tode verurteilt

Clay, Lucius Dubignon (1897-1978), amerikanischer Offizier, 1947-1949 Militärgouverneur der amerikanischen Besatzungszone

Conert, Herbert (1886-1946), in den 1920er Jahren Stadtbaudirektor in Dresden, 1945-1946 Stadtbaurat in Dresden

Conti, Leonardo (1900-1945), SS-Obergruppenführer, Reichsärzteführer

Coppi, Hildegard (1909-1943), nach engen Kontakten mit der Widerstandsgruppe Schulze-Boysen-Harnack 1942 verhaftet und zum Tode verurteilt, 1943 hingerichtet

Cramer, Walter (1886-1944), Textilkaufmann in Leipzig, Vorstandsmitglied der Kammgarnspinnerei Stöhr, im Widerstand tätig, nach dem 20. Juli 1944 verhaftet und hingerichtet

Dahrendorf, Gustav (1901-1954), 1932-1933 MdR (SPD), 1944 zu vier Jahren Zuchthaus verurteilt, 1945-1946 Mitglied des Zentralausschusses der SPD in Berlin, im Februar 1946 als Gegner der Zwangsvereinigung von SPD und KPD Übersiedlung nach Hamburg

Daladier, Édouard (1884-1970), französischer Politiker, 1933, 1934 und 1938-1940 Ministerpräsident, 1938 Mitunterzeichner des Münchener Abkommens, 1943-1945 in Deutschland interniert

Delp, Alfred (1907-1945), Jesuitenpater, 1942 Kontakte zu → Moltke und der Widerstandsorganisation Kreisauer Kreis, 1944 verhaftet, 1945 zum Tode verurteilt und hingerichtet

Dodd, William Edward (1869-1940), 1933-1937 amerikanischer Botschafter Berlin

Döblin, Alfred (1878-1947), deutscher Schriftsteller, 1933 Emigration (Schweiz, Frankreich, USA), 1946 Rückkehr nach Deutschland

Dönitz, Karl (1891-1980), 1939 Oberbefehlshaber der U-Boote, 1943 Oberbefehlshaber der Kriegsmarine, 1945 Nachfolger → Hitlers, im Nürnberger Prozess zu 10 Jahren Haft verurteilt

Drake, Heinrich (1881-1970), 1920-1933 Landespräsident des Freistaats Lippe (SPD), 1933 MdR (SPD), 1933 und 1944 inhaftiert, 1945-1947 Landespräsident von Lippe-Detmold

Dschingis Khan (1155/1156-1227), urspr. Temudschin, mongolischer Herrscher

Dubost, Charles (1905-1991), 1944 Avocat général in Aix-en-Provence, stellvertretender französischer Hauptankläger in Nürnberg

Dupont, Victor (1909-1976), französischer Arzt, KZ-Haft in Buchenwald, Prozesszeuge in Nürnberg

Eden, Anthony (1897-1977), 1935-1938, 1940-1945, 1951-1955 britischer Außenminister, 1955-1957 Premierminister

Ehrenburg, Ilja (1891-1967), sowjetischer Schriftsteller, 1942 und 1948 Stalinpreisträger

Eichmann, Adolf (1906-1962), 1939-1945 Leiter des »Judenreferats« im RSHA, zentraler Organisator der Judendeportationen, 1946 Flucht nach Argentinien, 1960 nach Israel entführt und nach Prozess zum Tode verurteilt, 1962 hingerichtet

Eisenhower, Dwight David (1890-1969), 1944-1945 Oberbefehlshaber der Alliierten Streitkräfte in Westeuropa, 1950-1952 NATO-Oberbefehlshaber, 1953-1961 Präsident der USA

Enander, Bo (1904-1960), schwedischer Journalist, außenpolitischer Kommentator des schwedischen Rundfunks, ab 1944 außenpolitischer Redakteur der Zeitung *Expressen*

Enderle, August (1887-1959), Metallarbeiter und Journalist, ab 1933 im Exil, 1944 in Schweden Beitritt zur SPD, 1945 Rückkehr nach Deutschland und Redakteur beim *Weser-Kurier* in Bremen, ab 1947 Redakteur verschiedener DGB-Zeitschriften

Enderle, Irmgard (1895-1985), Lehrerin und Journalistin, ab 1933 im Exil, 1944 in Schweden Beitritt zur SPD, 1945 Rückkehr nach Deutschland und Mitgründerin des *Weser-Kurier* in Bremen, 1948-1949 Mitglied des Bizonen-Wirtschaftsrates, ab 1947 in der Redaktion verschiedener DGB-Zeitschriften ·

Erdmann, Lothar (1888-1939), Redakteur der ADGB-Zeitschrift *Die Arbeit,* in Sachsenhausen ermordet

Essen, Léon van der (1883-1963), belgischer Historiker, Professor an der Universität Leuven, Mitglied der belgischen Kommission zur Untersuchung von Kriegsverbrechen, Prozesszeuge in Nürnberg

Falkenhausen, Alexander von (1878-1966), General, Militärbefehlshaber in Belgien und Nordfrankreich, nach dem 20. Juli 1944 abgelöst, KZ-Haft in Dachau, 1951 in Belgien zu 12 Jahren Zwangsarbeit verurteilt, kurz darauf nach Deutschland abgeschoben

Falkenhorst, Nikolaus von (1885-1968), Generaloberst, 1942-1945 Wehrmachtsbefehlshaber in Norwegen

Fechner, Max (1892-1973), deutscher Politiker, nach 1933 wiederholt inhaftiert, 1945 Vorsitzender des Zentralausschusses der SPD, Befürworter einer Vereinigung mit der KPD, 1950-1953 Mitglied des ZK der SED, 1949-1953 Justizminister der DDR, 1953 Parteiausschluss

Flick, Friedrich (1883-1972), Gründer der Mitteldeutschen Stahlwerke, Mitglied des Freundeskreises Reichsführer-SS, Vorstandsmitglied mehrerer Großbetriebe der Montanindustrie, 1947 zu sieben Jahren Haft verurteilt, 1950 entlassen

Franco y Bahamonde, Francisco (1892-1975), spanischer General und Diktator, nach Ende des Bürgerkriegs 1939 bis 1975 Staatschef von Spanien

Frank, Hans (1900-1946), 1930-1933 MdR (NSDAP), 1933-1934 bayerischer Justizminister, 1934 Reichsminister ohne Geschäftsbereich, 1939 Generalgouverneur im besetzten Polen, in Nürnberg zum Tode verurteilt und hingerichtet

Freisler, Roland (1893-1945), nationalsozialistischer Politiker, 1934-1942 Staatssekretär im Reichsjustizministerium, 1942-1945 Präsident des Volksgerichtshofes

Freytag-Loringhoven, Wessel Freiherr von (1899-1944), Oberst, ab 1943 Amtschef der Abteilung Abwehr beim Nachrichtendienst des OKW, beschaffte den Sprengstoff für das Attentat am 20. Juli 1944

Friedrich II. (1712-1786), 1740-1786 König von Preußen

Friedrichs, Rudolf (1892-1947), sozialdemokratischer Politiker, 1927-1933 ehrenamtlicher Stadtrat, 1945 Oberbürgermeister von Dresden, 1945-1947 sächsischer Ministerpräsident

Friedrichsohn, Richard (1885-1934), Bezirkssekretär des Deutschen Landarbeiter-Verbandes

Fritsch, Werner Freiherr von (1880-1939), Generaloberst, 1934 Chef der Heeresleitung, 1935 Oberbefehlshaber des Heeres, 1938 Entlassung

Fritzsche, Hans (1900-1953), ab 1938 Leiter der Abteilung Deutsche Presse im Reichspropagandaministerium, 1942 Leiter der Rundfunkabteilung, in Nürnberg freigesprochen, 1947 zu neun Jahren Arbeitslager verurteilt, 1950 entlassen

Funk, Walther (1890-1960), 1932-1933 MdR (NSDAP), Unterstaatssekretär im Reichspropagandaministerium, Vizepräsident der Reichskulturkammer, 1938 Reichswirtschaftsminister, 1939 Reichsbankpräsident, 1946 zu lebenslanger Haft verurteilt, 1957 entlassen

Galen, Clemens August Graf von (1878-1946), Bischof von Münster und Wortführer der Katholischen Kirche in der Auseinandersetzung mit dem Nationalsozialismus, 1946 Kardinal

Gaulle, Charles de (1900-1970), General, Gründer des Londoner Komitees Freies Frankreich und Leiter des Nationalen Verteidigungskomitees, ab 1944 Chef der provisorischen Regierung der französischen Republik, 1945-1946 Ministerpräsident, 1959-1969 Staatspräsident

Geiler, Karl (1878-1953), Rechtswissenschaftler, 1945-1947 parteiloser hessischer Ministerpräsident

Geßler, Otto (1875-1955), 1920-1924 MdR (DDP), 1920-1928 Reichswirtschaftsminister, nach dem 20. Juli 1944 verhaftet, KZ Ravensbrück

Giesler, Paul (1895-1945), Architekt, NSDAP-Gauleiter und SA-Obergruppenführer, 1933 MdR, 1942 Ministerpräsident von Bayern

Giraud, Henri-Honoré (1879-1949), französischer General, 1940 deutsche Kriegsgefangenschaft, aus der er 1942 flüchtete, ab 1943 zusammen mit de → Gaulle Vorsitzender des Nationalkomitees, 1943-1944 Oberbefehlshaber der Streitkräfte, nach 1945 Abgeordneter

Goebbels, Joseph (1897-1945), 1928-1933 MdR (NSDAP), Reichspropagandaleiter der NSDAP, 1933 Reichsminister für Volksaufklärung und Propaganda, 1944 Generalbevollmächtigter für den totalen Kriegseinsatz, 1945 Selbstmord

Goerdeler, Carl (1884-1945), 1930-1937 Bürgermeister von Leipzig, danach Verbindung mit dem Widerstand und für den Fall von → Hitlers Sturz als Reichskanzler vorgesehen, nach dem Umsturzversuch vom 20. Juli 1944 verhaftet und 1945 in Plötzensee hingerichtet

Göring, Bernhard (1897-1949), deutscher Politiker (SPD) und Gewerkschaftsführer, nutzte nach 1933 seine Reisen als Zigarettenvertreter zur Tarnung seiner illegalen Arbeit, 1946 Mitbegründer der SED

Göring, Hermann (1893-1946), 1928-1933 MdR (NSDAP), 1933 Reichsminister für Luftfahrt, 1936 Beauftragter für den Vierjahresplan, 1940 Reichsmarschall, verantwortlich für die wirtschaftliche Ausbeutung besetzter Gebiete, 1946 Selbstmord vor Vollstreckung des Todesurteils

Goethe, Johann Wolfgang von (1749-1832), deutscher Dichter

Goldhammer, Bruno (1905-1971), 1933 Emigration (ČSR, Schweiz), 1945 Sekretär der KPD in München, ab 1947 in Berlin, 1948/49 Chefredakteur des Berliner Rundfunks, 1950 SED-Ausschluss, 1954 zu zehn Jahren Zuchthaus in der DDR verurteilt

Graf, Willi (1918-1943), Medizinstudent, Mitglied der Widerstandsgruppe »Weiße Rose«, 1943 zum Tode verurteilt und hingerichtet

Grotewohl, Otto (1894-1964), 1925-1933 MdR (SPD), 1945-1946 Mitglied des Zentralausschusses der SPD, 1946-1954 Vorsitzender der SED, 1949-1964 Ministerpräsident bzw. Vorsitzender des Ministerrats der DDR

Gruber, Karl (1909-1995), österreichischer Politiker (ÖVP), 1945-1954 Mitglied des Nationalrats, 1945-1953 Außenminister

Habe, Hans (1911-1977), eigentl. János Békessy, Schriftsteller und Publizist, 1940 Emigration in die USA, 1945 Rückkehr als Presseoffizier, Gründer der *Neuen Zeitung* in München

Hackmack, Hans (1900-1970), zwischen 1933 und 1945 wiederholt KZ-Haft, 1945 Chefredakteur des *Weser-Kurier* in Bremen, 1945-1948 Mitglied der Bremer Bürgerschaft (SPD)

Hagen, Lorenz (1885-1965), Metallarbeiter, ab 1933 wiederholt wegen illegaler Arbeit inhaftiert, ab 1938 Haft in Buchenwald und Dachau, 1946 Vorsitzender der Arbeitsgemeinschaft Bayerischer Gewerkschaften, 1947 Präsident des Bayerischen Gewerkschaftsbundes, 1949 Vorsitzender des Landesbezirks Bayern des DGB

Halder, Franz (1884-1972), Generaloberst, 1938 Generalstabschef des Heeres, 1942 entlassen

Hallervorden, Julius (1882-1965), Neuropathologe, Leiter der Außenabteilung der Militärärztlichen Akademie, arbeitete mit Gehirnen ermordeter und vergaster Patienten, ab 1949 Abteilungsleiter des Max-Planck-Instituts für Gehirnforschung in Gießen

Halt, Karl Ferdinand Ritter von (1891-1964), Vorstandsmitglied der Deutschen Bank, Mitglied des Internationalen Olympischen Komitees, Mitglied des Freundeskreises Reichsführer-SS, 1944 kommissarischer Reichssportführer, nach 1950 Präsident des Nationalen Olympischen Komitees

Hambro, Carl Joachim (1885-1964), konservativer norwegischer Politiker, 1919-1957 Parlamentsmitglied, 1926-1933 und 1935-1945 Parlamentspräsident, 1940 im Exil in den USA

Hamm, Eduard (1879-1944), 1920-1924 MdR (DDP), 1923-1924 Reichswirtschaftsminister, 1925-1933 Präsident des Deutschen Industrie- und Handelstages, nach dem Attentat vom 20. Juli 1944 verhaftet, Selbstmord im Gefängnis

Hammerstein-Equord, Kurt Freiherr von (1878-1943), Generaloberst, plante 1939 → Hitler zu verhaften

Hanke, Karl (1903-1945), 1932-1933 MdR (NSDAP), ab 1933 persönlicher Referent von → Goebbels, 1938 Staatssekretär im Propagandaministerium, 1941-1945 Gauleiter und Oberpräsident in Niederschlesien, 1945 in → Hitlers

Testament zum Reichsführer-SS und Chef der deutschen Polizei ernannt, 1945 auf der Flucht erschlagen

Hanneken, Hermann von (1890-1981), General, 1942-1945 Chef der Besatzungstruppen in Dänemark, im Januar 1945 wegen finanzieller Unregelmäßigkeiten entlassen, nach Verurteilung zu acht Jahren Gefängnis begnadigt, degradiert und an die Ostfront geschickt

Hansen, Georg Alexander (1904-1944), Oberst im Amt Abwehr des OKW, 1944 Nachfolger von → Canaris, nach dem 20. Juli verhaftet, zum Tode verurteilt und hingerichtet

Harnack, Ernst von (1888-1945), Jurist und Regierungspräsident in Merseburg, 1933 für kürzere Zeit inhaftiert, Kontakte zum Widerstand, im September 1944 verhaftet, 1945 zum Tode verurteilt und hingerichtet

Hase, Paul von (1885-1944), Generalleutnant, 1940-1944 Stadtkommandant von Berlin, ließ am 20. Juli 1944 das Regierungsviertel abriegeln, verhaftet und zum Tode verurteilt

Hassell, Ulrich von (1881-1944), Diplomat, wegen Opposition zu → Hitlers Außenpolitik entlassen, Anschluss an Widerstandskreise um → Beck und → Goerdeler, nach dem 20. Juli 1944 verhaftet und hingerichtet

Haubach, Theodor (1896-1945), Journalist und Politiker (SPD), 1934-1936 im KZ Esterwegen inhaftiert, 1943 Mitglied des Kreisauer Kreises, nach dem 20. Juli 1944 verhaftet und hingerichtet

Hecker, Ewald (1879-1954), Aufsichtsratsvorsitzender der Ilseder Hütte, Präsident der Industrie- und Handelskammer Hannover, Mitglied des Freundeskreises Reichsführer-SS, Wehrwirtschaftsführer

Hegenbarth, Paul (1884-1945), Tapezierer in Berlin, nach 1918 Branchenleiter im Sattler- und Tapeziererverband, Mitglied der Saefkow-Jacob-Organisation, nach deren Zerschlagung verhaftet und 1945 hingerichtet

Heine, Fritz (1904-2002), 1946-1958 besoldetes Mitglied des SPD-Parteivorstandes und Leiter des Referats »Presse und Propaganda«, 1946-1957 Sprecher der SPD

Heinrichs, Axel Erik (1890-1965), finnischer Offizier, 1941-1944 Oberkommandierender des finnischen Heeres während des Krieges gegen die Sowjetunion

Heisig, Peter Josef (geb. 1921), Oberleutnant zur See, Prozesszeuge in Nürnberg

Helfferich, Emil (1878-1972), 1927-1972 Aufsichtsratsvorsitzender der HAPAG-Lloyd, 1946 inhaftiert, aber ohne Prozess wieder freigelassen

Henkel, Ernst (1887-1944), Kreissekretär des Deutschen Landarbeiter-Verbandes für die Ost- und Westprignitz, 1933 inhaftiert, starb 1944 an den Folgen von Misshandlungen

Henlein, Konrad (1898-1945), sudetendeutscher Politiker, Führer der pronazistischen Sudetendeutschen Partei, 1938 Reichskommissar, 1939 Reichsstatthalter und Gauleiter des Sudetenlandes, 1945 Selbstmord in amerikanischer Gefangenschaft

Hermann der Cherusker, *siehe Arminius*

Hermes, Andreas (1878-1964), 1921-1923 Reichsfinanzminister, 1928-1933 MdR

(Zentrum), Mitglied des Kreisauer Kreises, nach dem 20. Juli verhaftet und zum Tode verurteilt, 1945 befreit

Heß, Rudolf (1894-1987), 1933 MdR (NSDAP), ab 1933 Stellvertreter → Hitlers als Parteiführer, Minister, 1941 Flug nach England wegen Friedenssondicrungen, in Nürnberg zu lebenslanger Haft verurteilt, 1987 Selbstmord in der Haft

Heydrich, Reinhard (1904-1942), Chef der Sicherheitspolizei und des SD, ab 1939 des RSHA, 1941 mit der »Endlösung« beauftragt, Leiter der Wannsee-Konferenz, 1942 bei einem Attentat getötet

Himmler, Heinrich (1900-1945), nationalsozialistischer Rassenideologe, 1929 Reichsführer SS, 1934 stellvertretender preußischer Gestapochef, 1936 Reichsführer SS und Chef der deutschen Polizei, 1939 Reichskommissar für die Festigung des Volkstums, 1943 Reichsinnenminister, 1945 Selbstmord

Hindenburg, Paul von (1847-1934), Generalfeldmarschall und 1925-1934 Reichspräsident

Hirth, August (1898-1945), Mediziner an der »Reichsuniversität« Straßburg, wegen Durchführung von Menschenversuchen von einem französischen Militärgericht zum Tode verurteilt, Selbstmord vor Hinrichtung

Hitler, Adolf (1889-1945), 1933 Reichskanzler, seit 1934 Führer und Reichskanzler, 1945 Selbstmord

Hoegner, Wilhelm (1887-1980), 1924-1930 und 1946-1970 MdL, 1930-1933 MdR (SPD), 1919-1933 Richter und Staatsanwalt, 1934 Emigration (Schweiz), 1938 Ausbürgerung, 1945-1946 und 1954-1957 bayerischer Ministerpräsident

Hoepner, Erich (1886-1944), Generaloberst, 1942 als Oberbefehlshaber der 4. Panzerarmee entlassen, Teilnehmer am Staatsstreichversuch vom 20. Juli 1944, zum Tode verurteilt und hingerichtet

Hoevermann, Otto (1888-1953), 1939 Regierungsdirektor in Schleswig-Holstein, 1945 parteiloser kommissarischer Oberpräsident von Schleswig-Holstein

Hoover, Herbert Clark (1874-1964), 1921-1928 Handelsminister, 1929-1933 Präsident der USA

Hoßbach, Friedrich (1894-1980), General der Infanterie, 1934-1938 Chef der Zentralabteilung des Generalstabs und Wehrmachtsadjutant → Hitlers, 1945 wegen eigenmächtigen Rückzugs aus Ostpreußen der militärischen Funktionen enthoben

Huber, Kurt (1893-1943), Professor an der Universität München, Mitglied der Widerstandsgruppe »Weiße Rose«, zum Tode verurteilt und hingerichtet

Huber, Rupert (1896-1945), Buchdrucker, Mitglied der Antinazistischen Deutschen Volksfront in Bayern, 1944 zum Tode verurteilt und 1945 hingerichtet

Hugenberg, Alfred (1865-1951), Politiker (DNVP) und Besitzer eines Medienkonzerns, 1920-1945 MdR, Wegbereiter der nationalsozialistischen Machtübernahme, 1933 Reichswirtschafts- und Reichsernährungsminister, 1945 interniert, aber nicht verurteilt

Husemann, Fritz (1873-1935), 1925-1933 MdR (SPD), 1920-1933 Vorsitzender des Bergbauindustriearbeiterverbandes, zwischen 1933 und 1935 wiederholt verhaftet, 1935 im KZ Esterwegen ermordet

Jackson, Robert Houghwout (1892-1954), amerikanischer Jurist, 1940-1941 Generalbundesanwalt der USA, Hauptanklagevertreter beim Nürnberger Prozess

Jäger, Wilhelm (1888-?), Oberarzt in den Kruppschen Arbeitslagern für ausländische Zwangsarbeiter

Janson, Olov (1906-?), schwedischer syndikalistischer Journalist und Übersetzer, Mitbegründer des Schwedisch-Norwegischen Pressebüros

Jaspers, Karl (1883-1969), deutscher Philosoph

Jendretzky, Hans (1897-1992) 1928-1932 MdL in Preußen (KPD), ab 1934 in Haft, 1945/46 Stadtrat für Arbeit in Berlin, 1946 Mitbegründer und 1. Vorsitzender des FDGB, 1953 Parteirüge, 1958-1990 Mitglied der Volkskammer

Jodl, Alfred (1890-1946), Generaloberst, Mitglied des OKW, in Nürnberg für schuldig befunden und zum Tode verurteilt

Jungk, Robert (1913-1994), Zukunftsforscher, während des Nürnberger Prozesses Berichterstatter für *Observer*, *Weltwoche* und *Der Aufbau* (New York)

Kästner, Erich (1899-1974), deutscher Schriftsteller, 1933 Verbot und Verbrennung verschiedener Arbeiten durch die Nationalsozialisten, 1937-1940 wiederholt verhaftet, 1945 Feuilletonredakteur der *Neuen Zeitung* in München

Kaisen, Wilhelm (1887-1979), Stuckateur und sozialdemokratischer Politiker, vor 1933 Redakteur, Stadtrat und Senator in Bremen, 1933-1945 mehrfach in Haft, 1945-1965 Bürgermeister und Senatspräsident in Bremen

Kaiser, Jakob (1888-1961), 1924-1933 Landesgeschäftsführer der Christlichen Gewerkschaften in Rheinland und Westfalen, 1932-1933 MdR (Zentrum), ab 1941 Verbindungen mit → Goerdeler, 1945 Mitbegründer der CDU in der SBZ, 1949-1961 MdB (CDU), 1949-1957 Bundesminister für Gesamtdeutsche Fragen

Kaltenbrunner, Ernst (1903-1946), SS-Obergruppenführer, als Nachfolger → Heydrichs Chef des RSHA, in Nürnberg für schuldig befunden und zum Tode verurteilt

Karl der Große (742-814), seit 768 fränkischer König, 800 Krönung zum Kaiser

Karmasin, Franz (1901-1970), 1935-1938 Mitglied des tschechoslowakischen Parlaments, 1939-1945 Vorsitzender der Deutschen Partei in der Slowakei, konferierte 1940 mit → Hitler über die Errichtung eines nationalsozialistischen Regimes in der Slowakei, 1943 Hauptsturmführer der Waffen-SS, 1947 in der ČSR in absentia zum Tode verurteilt

Kaselowsky, Richard (1888-1944), Treuhänder und Leiter des Familienbetriebes August Oetker, Mitglied des Freundeskreises Reichsführer-SS

Kasztner, Rezsö (Rudolf) (1906-1957), Journalist, Jurist und zionistischer Politiker, 1943 stellvertretender Vorsitzender der zionistischen Bewegung Waad Haezra veHazala in Budapest

Katzmann, Fritz (1906-1957), SS-Gruppenführer, Generalleutnant der Waffen-SS und Polizei in Danzig-Westpreußen, verantwortlich für die Ermordung der Juden in Ost-Galizien, lebte nach 1945 unentdeckt unter falschem Namen

Keil, Wilhelm (1870-1968), Drechsler, 1900-1933 MdL in Württemberg (SPD), 1910-1932 MdR, 1946-1952 Landtagspräsident

Keitel, Wilhelm (1882-1946), Generalfeldmarschall, 1935 Chef des Wehrmachtsamtes im Reichswehrministerium, 1938 Chef des OKW, in Nürnberg zum Tode verurteilt und hingerichtet

Kempner, Robert (1899-1993), Jurist, setzte sich vor 1933 für ein Verbot der NSDAP ein, 1935 Gestapohaft, 1936 Auswanderung nach Italien, ab 1939 in den USA, 1945 Abteilungsleiter der US-Anklagebehörde in Nürnberg, 1947-1949 Ankläger im Wilhelmstraßen-Prozess

Kiep, Otto Carl (1886-1944), deutscher Diplomat, Major der Reserve, nach dem 20. Juli 1944 verhaftet und hingerichtet

Klann, Erich (1896-1948), 1931-1933 Mitglied der Lübecker Bürgerschaft (KPD), 1933-1945 Zuchthaus und KZ-Haft, 1945 Direktor des Arbeitsamtes in Lübeck

Kleist-Schmenzin, Ewald-Heinrich von (geb. 1922), Infanterieoffizier, der von → Stauffenberg für die Umsturzpläne angeworben wurde, 1944 aus Mangel an Beweisen nicht angeklagt

Kluge, Hans Günther von (1882-1944), Generalfeldmarschall, nach dem 20. Juli 1944 Selbstmord

Knothe, Willy (1888-1952), 1933 und 1944 inhaftiert, 1945 Lizenzträger der *Frankfurter Rundschau*, SPD-Vorsitzender in Hessen, 1949-1952 MdB

Koch, Erich (1896-1986), 1928 NSDAP-Gauleiter, 1933 Präses der evangelischen Provinzialsynode und Oberpräsident in Ostpreußen, 1941 Reichskommissar für die Ukraine, 1949 verhaftet, 1950 an Polen ausgeliefert und dort wegen Mordes zum Tode verurteilt, jedoch wegen Krankheit nicht hingerichtet

Koch, Waldemar (1880-1963), deutscher Politiker (DDP, FDP), nach Tätigkeit in Wissenschaft und Industrieunternehmen Privatdozent an der TH Berlin, 1934 Entlassung, ab 1941-1942 erneut Lehrtätigkeit, 1945 Mitbegründer der DDP/LDPD, 1948 Parteiausschluss, Übersiedlung nach West-Berlin, dort 1949-1953 Professor, 1957 Austritt aus der FDP

Kopf, Hinrich Wilhelm (1893-1961), sozialdemokratischer Politiker, während des Krieges in der »Haupttreuhandstelle Ost« tätig, 1945 Oberpräsident, 1946 Ministerpräsident des Landes Hannover, 1947-1955 und 1959-1961 Ministerpräsident von Niedersachsen

Koßmann, Bartholomäus (1883-1952), 1912-1918 MdR (Zentrum), 1919-1920 MdNV, 1922-1924 Vorsitzender des Landesrates, seit 1924 Minister der Regierungskommission des Saargebietes, nach dem 20. Juli 1944 verhaftet, nach 1945 Mitgründer und Ehrenvorsitzender der Christlichen Volkspartei an der Saar

Kramer, Josef (1906-1945), SS-Hauptsturmführer, 1943 KZ-Kommandant in Natzweiler, 1944 Kommandant in Auschwitz, danach in Bergen-Belsen, 1945 zum Tode verurteilt und hingerichtet

Krauch, Carl (1887-1968), Vorstandsmitglied der I.G. Farben, Generalbevollmächtigter für Sonderfragen der chemischen Erzeugung beim Beauftragten für den Vierjahresplan, Wehrwirtschaftsführer, 1948 im I.G. Farben-Prozess zu sechs Jahren Haft verurteilt, 1950 Entlassung

Krupp von Bohlen und Halbach, Gustav (1870-1950), Industrieller, Leiter des Krupp-Konzerns, 1931-1933 Vorsitzender des Industrieverbandes, 1937 Wehrwirtschaftsführer, im Nürnberger Prozess wegen der Ausbeutung von Zwangsarbeitern angeklagt, Verfahren aus Gesundheitsgründen eingestellt

Külz, Wilhelm (1875-1948), deutscher Politiker, 1922-1932 MdR (DDP), 1926 Reichsinnenminister, 1931-1933 Oberbürgermeister von Dresden, 1945 Mitgründer der LDPD in der SBZ, ab Ende 1945 deren Vorsitzender

Künstler, Franz (1888-1942), 1920-1933 MdR (SPD), 1924-1933 Vorsitzender der SPD in Groß-Berlin, 1933 verhaftet, starb an Haftfolgen

Lahousen, Erwin Edler von Vivremont (1897-1955), Generalmajor, bis 1943 Amtschef der Abt. Abwehr II im Nachrichtendienst des OKW, Mitarbeiter von → Canaris

Lammers, Hans Heinrich (1879-1962), 1933-1945 Chef der Reichskanzlei, ab 1937 Reichsminister ohne Geschäftsbereich, 1949 im Wilhelmstraßen-Prozess zu 20 Jahren Haft verurteilt, 1951 begnadigt und entlassen

Lampe, Maurice (1900-1979), französischer Arbeiter, Kommunist, 1941 in Frankreich interniert, 1944 nach Mauthausen deportiert, Prozesszeuge in Nürnberg

Lange, Halvard M. (1902-1970), norwegischer Historiker und sozialdemokratischer Politiker, 1942-1945 in KZ-Haft (Sachsenhausen), 1946-1965 Außenminister

Lange, Hermann (1912-1943), katholischer Priester in Lübeck, 1943 zum Tode verurteilt und hingerichtet

Langhoff, Wolfgang (1901-1966), deutscher Schauspieler und Theaterregisseur, 1933 verhaftet, 1934 Emigration in die Schweiz, Tätigkeit am Züricher Schauspielhaus, 1946-1963 Intendant des Deutschen Theaters in Berlin

Lania, Leo (1896-1961), i. e. Lazar Herman, Journalist und Schriftsteller

Laski, Harold Joseph (1893-1950), britischer Politiker (Labour Party), Professor für Staatswissenschaft an der Universität London

Lawrence, Lord Geoffrey (1880-1971), Vorsitzender des Internationalen Militärtribunals in Nürnberg

Leber, Julius (1891-1945), sozialdemokratischer Politiker, Redakteur in Lübeck, 1924-1933 MdR (SPD), 1933-1937 KZ-Haft, von → Goerdeler als Innenminister nach dem Sturz → Hitlers vorgesehen, am 5. Juli 1944 verhaftet, zum Tode verurteilt und hingerichtet

Lehr, Robert (1883-1956), 1924-1933 Oberbürgermeister von Düsseldorf (parteilos, ab 1929 DNVP), Verbindung zu Widerstandskreisen, 1945 Mitbegründer der CDU, Oberpräsident der Nordrhein-Provinz, 1948-1949 Mitglied des Parlamentarischen Rates, 1949-1953 MdB, 1950-1953 Bundesinnenminister

Lejeune-Jung, Paul (1882-1944), 1924-1930 MdR (DNVP), nach 1933 Syndikus der Zellstoffindustrie, 1944 in einer Ministerliste → Goerdelers als

Wirtschaftsminister genannt, nach dem Umsturzversuch vom 20. Juli 1944 verhaftet und hingerichtet

Lemmer, Ernst (1898-1970), deutscher Politiker, 1922-1933 Generalsekretär der Hirsch-Dunckerschen Gewerkschaften, 1924-1933 MdR (DDP), 1945 Mitbegründer der CDU in der SBZ, 1952-1970 MdB (CDU), 1956-1965 Bundesminister (verschiedene Ressorts)

Letterhaus, Bernhard (1894-1944), Verbandssekretär der westdeutschen katholischen Arbeitervereine, 1928-1933 MdL Preußen (Zentrum), 1939 Hauptmann im Amt Abwehr, nach dem Umsturzversuch vom 20. Juli 1944 verhaftet und hingerichtet

Leuschner, Wilhelm (1890-1944), sozialdemokratischer Politiker, 1932-1933 stellvertretender Vorsitzender des ADGB, 1929-1932 hessischer Innenminister, 1933-1934 im KZ, danach Führer gewerkschaftlicher Widerstandsgruppen, Verbindungen zum Kreisauer Kreis, nach dem Umsturzversuch vom 20. Juli 1944 verhaftet und hingerichtet

Ley, Robert (1890-1945), 1930-1933 MdR (NSDAP), Führer der Deutschen Arbeitsfront, 1945 Selbstmord vor Prozessbeginn

Lie, Haakon (geb. 1905), norwegischer sozialdemokratischer Politiker, 1940-1945 im Exil in den USA, 1945-1967 Generalsekretär der Arbeiterpartei

Lindberg, Hugo (1887-1966), schwedischer Jurist, veröffentlichte 1946 seine Eindrücke vom Prozess im Buch *En dag i Nürnberg*

Lindemann, Karl (1881-nach 1966), Staatsrat, Vorstandsvorsitzender der Atlas-Werke AG und der Deutsch-Amerikanischen Petroleum-Gesellschaft, Vorsit-

zender des Norddeutschen Lloyd, Mitglied des Freundeskreises Reichsführer-SS, 1944 Präsident der Reichswirtschaftskammer

Lippe, Just (1904-1978), norwegischer kommunistischer Politiker und Journalist

Litwinow, Maxim L. (1876-1951), sowjetischer Politiker, 1930-1939 Volkskommissar für auswärtige Angelegenheiten, 1941-1943 sowjetischer Botschafter in Washington

Löbe, Paul (1875-1967), 1920-1933 MdR (SPD), Verbindungen zur Widerstandsgruppe → Goerdeler-Leuschner, nach dem Umsturzversuch vom 20. Juli 1944 verhaftet, 1949-1953 MdB

Luckner, Felix Graf von (1881-1966), deutscher Seefahrer und Schriftsteller, während des Ersten Weltkriegs Kommandant eines Hilfskreuzers, der die Seeblockade durchbrach, wandte sich in der internationalen Öffentlichkeit gegen das Naziregime

Lüdemann, Hermann (1880-1959), sozialdemokratischer Politiker, 1921-1929 MdL, 1920-1921 Preußischer Staatsminister der Finanzen, 1933-1935 »Schutzhaft«, nach dem 20. Juli 1944 erneut verhaftet, 1946-1947 Innenminister und 1947-1949 Ministerpräsident von Schleswig-Holstein

Mackensen, Hans Georg von (1883-1947), 1933 Eintritt in die NSDAP, 1937-1938 Staatssekretär des Auswärtigen Amtes, 1938-1943 Botschafter in Rom

Maier, Reinhold (1889-1971), Jurist und Politiker, 1932-1933 MdR (DDP), 1945-1952 Ministerpräsident von Württemberg-Baden (FDP)

Manstein, Erich von (1887-1973), Generalfeldmarschall, 1944 entlassen, nach 1945 zu 18 Jahren Haft verurteilt, 1953 entlassen

Marthinsen, Karl A. (1896-1945), Chef der norwegischen Staats- und Sicherheitspolizei, 1945 von der Widerstandsbewegung liquidiert

Masaryk, Tomáš Garrigue (1850-1937), ab 1914 führender Vertreter der tschechischen Unabhängigkeitsbewegung, 1918-1935 Präsident der ČSR

Masche, Helmut (1894-1944), Tischler, deutscher Gewerkschafter, 1944 in Brandenburg hingerichtet

Matsuoka, Yosuke (1880-1946), japanischer Politiker, 1940-1941 Außenminister, 1945 als Kriegsverbrecher verhaftet

Mattes, Wilhelm (1892-1952), 1921-1933 MdL Baden (DVP), 1931-1933 badischer und 1946 hessischer Finanzminister

Matuschka, Michael Graf von (1888-1944), Landrat in Oppeln, 1942 Regierungsdirektor in Kattowitz, Kontakte mit Graf von → Schulenburg und von diesem als Regierungspräsident in Schlesien vorgesehen, nach dem 20. Juli 1944 verhaftet und in Plötzensee hingerichtet

McNarney, Joseph T. (1893-1972), vom November 1945 bis März 1947 amerikanischer Militärgouverneur in Deutschland

Menthon, François de (1900-1984), Jurist, französischer Hauptankläger während des Nürnberger Prozesses, Professor an den Universitäten in Lyon und Nancy, mehrfach Minister (Justiz, Wirtschaft)

Messersmith, George S. (1883-1960), amerikanischer Botschafter in Berlin und Wien

Metzger, Max Josef (1887-1944), Priester, aktiv in der Friedensbewegung, nach 1933 wiederholt verhaftet und geheimdienstlich überwacht, 1943 zum Tode verurteilt, 1944 hingerichtet

Meyer, Emil Heinrich (1886-1945), Professor an der Wirtschaftshochschule Berlin, Mitglied der Berliner Akademie für Deutsches Recht, SS-Brigadeführer, 1935-1945 Vorstandsmitglied der Dresdner Bank, Mitglied des Freundeskreises Reichsführer-SS

Mierendorff, Carlo (1897-1943), 1922-1924 Sekretär beim Hauptvorstand des Transportarbeiterverbandes, 1926-1928 Sekretär der SPD-Reichstagsfraktion, 1930-1933 MdR (SPD), 1933-1938 in KZ-Haft, danach Widerstandsarbeit

Molotow, Wjatscheslaw Michajlowitsch (1890-1986), sowjetischer Politiker, 1930-1941 Vorsitzender des Rates der Volkskommissare, ab 1939 Außenminister, 1962 Parteiausschluss

Moltke, Helmuth James Graf von (1907-1945), deutscher Jurist, 1939-1944 Sachverständiger für Kriegs- und Völkerrecht im OKW, Gründer des Kreisauer Kreises, im Januar 1944 verhaftet und 1945 in Plötzensee hingerichtet

Monsen, Per (1913-1985), norwegischer sozialdemokratischer Journalist, 1948 Presseattaché an der norwegischen Militärmission in Berlin, 1964-1968 Direktor des Internationalen Presseinstitus in Zürich, Schwiegersohn von Halvard M. → Lange

Montgomery, Bernard Law (1887-1976), Feldmarschall und bis 1946 Oberbefehlshaber der britischen Besatzungstruppen in Deutschland, Mitglied des Alliierten Kontrolrates, 1952-1958 stellvertretender NATO-Oberbefehlshaber

Morgenthau, Henry (1891-1967), amerikanischer Politiker, Finanzminister, entwarf 1944 einen Plan zur Umwandlung Deutschlands in ein Agrarland

Mosley, Leonard Oswald (1913-1992), britischer Journalist, veröffentlichte 1945 *Report from Germany*

Müller, Eduard (1911-1943), katholischer Priester in Lübeck, 1943 zum Tode verurteilt und hingerichtet

Müller, Heinrich (1900-?), SS-Gruppenführer, 1939-1945 Chef des Amtes IV (Gestapo) im RSHA, 1945 verschollen

Müller, Oskar (1896-1970), 1925-1933 MdL Preußen (KPD), 1933-1935 und 1944 inhaftiert, 1945-1947 Hessischer Arbeitsminister, 1946-1949 MdL Hessen, 1949-1953 MdB (KPD)

Müller, Vincent (1884-1961), Generalmajor, 1933-1937 im Generalstab der Wehrmacht, 1944 Befehlshaber des 12. Armeekorps, in sowjetischer Kriegsgefangenschaft Mitgliedschaft im Nationalkomitee Freies Deutschland, 1956-1958 stellvertretender Verteidigungsminister der DDR

Mussert, Anton Adrian (1894-1946), Gründer der niederländischen faschistischen Bewegung, 1942 Führer des Kollaborationsregimes, 1945 Verhaftung und Todesurteil

Mussolini, Benito (1883-1945), italienischer Faschistenführer und Diktator, 1922-1943 Ministerpräsident (»Duce«), 1943-1945 Ministerpräsident der Repubblica Sociale Italiana

Neumann, Franz (1904-1974), 1946-1958 Landesvorsitzender der SPD in Berlin, 1947-1958 Mitglied des Parteivorstandes der SPD, 1949-1969 MdB

Neurath, Konstantin Freiherr von (1873-1956), 1932-1938 Reichsaußenminister, anschließend bis 1945 Minister ohne Geschäftsbereich, 1937 NSDAP-Mitglied, 1939-1941/1943 Reichsprotektor in Böhmen und Mähren, in Nürnberg zu 15 Jahren Haft verurteilt, 1954 entlassen

Niehoff, Hermann (1897-1980), General, im März 1945 Nachfolger von → Ahlfen als Festungskommandant von Breslau

Niemöller, Martin (1892-1984), evangelischer Geistlicher, nach 1933 Gründer des Pfarrernotbundes und Mitorganisator der Bekennenden Kirche, 1938-1945 in KZ-Haft, 1947-1964 Kirchenpräsident der Landeskirche von Hessen und Nassau, 1961-1967 im Präsidium des Weltkirchenrates

Noske, Gustav (1868-1946), 1906-1918 MdR (SPD), 1919-1920 MdNV und Reichswehrminister, 1920-1933 Oberpräsident der Provinz Hannover, nach dem 20. Juli 1944 in Haft

Oesterreich, Curt von (1880-1949), Generalleutnant, 1949 in einem russischen Lager verstorben

Ohlendorf, Otto (1907-1951), SS-Gruppenführer, 1939-1945 Leiter des SD im RSHA, 1941-1942 Chef der Einsatzgruppe D, verantwortlich für die Ermordung von ca. 90 000 russischen Zivilisten, 1948 zum Tode verurteilt und 1951 hingerichtet

Olbricht, Friedrich (1888-1944), General der Infanterie, 1938-1940 Divisionskommandeur, dann Chef des Allgemeinen Heeresamtes im OKW, führend am Umsturzversuch vom 20. Juli 1944 beteiligt, unmittelbar danach verhaftet und hingerichtet

Olscher, Alfred (1887-1946), deutscher Jurist und Ministerialdirektor, Mitglied des Freundeskreises Reichsführer-SS

Oshima, Hiroshi (1886-1975), seit 1936 japanischer Militärattaché in Berlin, 1938-1939 und 1941-1945 japanischer Botschafter in Berlin

Oster, Hans (1888-1945), Generalmajor, seit 1933 in der Abteilung Abwehr des OKW, nach dem 20. Juli 1944 verhaftet und im KZ Flossenbürg ermordet

Otten, (?-?), Gewerkschafter, Widerstand in Halle

Pancke, Günther (1899-1973), SS-Obergruppenführer, 1943-1945 General der Waffen-SS und Polizei in Dänemark, hauptverantwortlich für den deutschen Gegenterror

Papen, Franz von (1879-1969), deutscher Politiker, 1932 Reichskanzler, 1933 MdR, 1933 Vizekanzler unter → Hitler, 1934-1944 Botschafter in der Türkei, Freispruch im Nürnberger Prozess, 1947 zu acht Jahren Arbeitslager verurteilt, 1949 entlassen

Passarge, Otto (1891-1976), sozialdemokratischer Politiker, 1946-1956 Bürgermeister von Lübeck

Paulus, Friedrich (1890-1957), Generalfeldmarschall, Oberbefehlshaber der 6. Armee in Stalingrad, 1943-1953 sowjetische Kriegsgefangenschaft, Zusammenarbeit mit dem Nationalkomitee Freies Deutschland

Petersen, Rudolf Hieronymus (1878-1962), Kaufmann, bis 1933 Vorsitzender des Verbandes Deutscher Exporteure, 1945-1946 Erster Bürgermeister von Hamburg (CDU)

Petersen, Wilhelm (1889-1968), Metallarbeiter, Mitglied der Hamburger Bürgerschaft, nach 1933 mehrfach verhaftet, 1945 erst ehrenamtlicher Vorsitzender, dann Bevollmächtigter der IG Metall in Hamburg und Umgebung, 1948 einer der Vorsitzenden der IG Metall für die BBZ und ABZ

Pfaffenberger, Andreas (1901-?), Metzger, 6 Jahre in KZ-Haft in Buchenwald, Prozesszeuge in Nürnberg

Pieck, Wilhelm (1876-1960), 1919 Mitbegründer der KPD, 1928-1933 MdR, 1933 Emigration (Frankreich, UdSSR), ab 1935 Leiter der Exil-KPD, 1945 Rückkehr in die SBZ, 1945-1946 Vorsitzender der KPD in der SBZ, 1946-1954 zusammen mit → Grotewohl Vorsitzender der SED, 1949-1960 Staatspräsident der DDR

Piekenbrock, Hans (1893-1958), ab 1936 Leiter der Abt. I der Abwehr des OKW, 1944 Generalleutnant

Plievier, Theodor (1892-1955), deutscher Schriftsteller, nach 1933 Emigration in die ČSR, dann in die Sowjetunion, 1945 Rückkehr in die SBZ und Verlagsleiter in Weimar, 1947 Übersiedelung nach Wallhausen am Bodensee

Prassek, Johannes (1911-1943), katholischer Priester in Lübeck, 1943 zum Tode verurteilt und hingerichtet

Preuß, Hugo (1860-1925), deutscher Staatsrechtler und Politiker (DDP), 1919 Reichsinnenminister, entwarf die Verfassung der Weimarer Republik

Probst, Christoph (1919-1943), Medizinstudent in München, Mitglied der Widerstandsorganisation »Weiße Rose«, 1943 verhaftet und zum Tode verurteilt

Quisling, Vidkun (1887-1945), norwegischer Politiker, 1933 Gründer der faschistischen Nasjonal Samling, 1940 Staatsstreichversuch und Kollaboration mit der deutschen Besatzungsmacht, 1942-1945 »Ministerpräsident« eines Kollaborationsregimes, 1945 als Landesverräter hingerichtet

Radbruch, Gustav (1878-1949), Jurist und Rechtsphilosoph, 1920-1924 MdR (SPD), 1921-1923 Reichsjustizminister, 1919-1933 Rechtsprofessor in Kiel und Heidelberg

Raeder, Erich (1876-1960), 1928-1935 Chef der Marineleitung, 1935-1943 Oberbefehlshaber der Kriegsmarine, leitete 1940 den Überfall auf Norwegen, 1946 zu lebenslänglicher Haft verurteilt, 1955 entlassen

Rasche, Karl (1892-1951), Vorstandsmitglied der Dresdner Bank, SS-Obersturmbannführer, Mitglied des Freundeskreises Reichsführer-SS, 1949 zu 7 Jahren Haft verurteilt

Rascher, Sigmund (1909-1945), SS-Hauptsturmführer, KZ-Arzt in Dachau, wo er Menschenversuche für die Luftwaffe durchführte, 1945 verhaftet und auf Befehl → Himmlers erschossen

Reichenau, Walter (1884-1942), Generalfeldmarschall, Befehlshaber der Heeresgruppe Süd in Russland, Vertreter des »Weltanschauungskrieges« gegen »jüdische Untermenschen«, 1942 Tod nach Flugzeugabsturz

Reinecke, Hermann (1888-1973), Chef des Allgemeinen Wehrmachtsamtes im OKW und ab 1943 Chef des NS-Führungsstabes im OKW, General der Infanterie, 1948 zu lebenslanger Haft verurteilt, 1954 Entlassung

Reinhart, Friedrich (1871-1943), Direktor und Aufsichtsratsvorsitzender der Commerzbank, Präsident der Berliner Industrie- und Handelskammer, 1933 Preußischer Staatsrat, Mitglied des Freundeskreises Reichsführer-SS

Remmele, Adam (1877-1951), 1919-1928 Badischer Innenminister, 1922-1923 und 1927-1928 Staatspräsident der Republik Baden, 1928-1933 MdR (SPD), 1933-1934 und 1944 KZ-Haft

Reuter, Emile (1874-1973), 1918-1925 luxemburgischer Premierminister, 1926-1959 Präsident der Abgeordnetenkammer, Luxemburgs Ankläger beim Nürnberger Prozess

Ribbentrop, Joachim von (1893-1946), außenpolitischer Berater → Hitlers, 1936-1938 Botschafter in London, ab 1938 Reichsaußenminister, in Nürnberg zum Tode verurteilt und hingerichtet

Riedweg, Franz (1907-2005), Schweizer Arzt, Schwiegersohn → Blombergs, Leiter der »Germanischen Leitstelle« der SS, SS-Obersturmbannführer, 1947 in der Schweiz in Abwesenheit zu 16 Jahren Zuchthaus verurteilt

Ritter von Schobert, Eugen (1883-1941), Generaloberst, Kommandeur der 11. Armee

Rode, Ernst (1894-?), SS-Brigadeführer, Generalmajor der Waffen-SS, mitverantwortlich für die Zerstörung des Warschauer Ghettos und die Niederschlagung des Warschauer Aufstands von 1944

Röhnert, Hellmut (1888-1945), Generaldirektor, Vorstandsvorsitzender der Rheinmetall-Borsig und der Junkers Flugzeug- und Motorenwerke, 1939-

1942 im Aufsichtsrat der Reichswerke Hermann Göring

Rommel, Erwin (1891-1944), General, 1940 Kommandeur der 7. Panzerdivision, ab 1941 des Afrikakorps, ab 1942 der deutsch-italienischen Panzerarmee in Nordafrika, 1944 Kontakte mit dem Widerstand und zum Selbstmord gezwungen

Roosevelt, Franklin Delano (1882-1945), 1933-1945 Präsident der USA

Rosenberg, Alfred (1893-1946), 1930-1933 MdR (NSDAP), 1933 Leiter des Außenpolitischen Amtes der NSDAP, seit 1934 verantwortlich für weltanschauliche Schulung der NSDAP, 1941-1945 Reichsminister für die besetzten Ostgebiete, in Nürnberg zum Tode verurteilt und hingerichtet

Rosterg, August (1870-1945), Generaldirektor der Wintershall A.G., Mitglied des Freundeskreises Reichsführer-SS

Rudenko, Roman Andrejewitsch (1907-1981), sowjetischer Jurist, 1944-1953 Staatsanwalt der Ukraine, Hauptanklagevertreter der Sowjetunion beim Nürnberger Prozess, 1953-1981 Generalstaatsanwalt, 1956-1961 Kandidat des ZK der KPdSU, ab 1961 ZK-Mitglied

Sachsen-Coburg und Gotha, Carl Eduard Herzog von (1884-1954), Ehemann von → Herzogin Victoria Adelheid von Sachsen-Coburg und Gotha, nach 1918 in völkischen Kreisen aktiv, 1933 NSDAP-Mitglied, 1936 SA-Obergruppenführer, Präsident des Deutschen Roten Kreuzes, 1945-1946 interniert, wegen Verbrechen gegen die Menschlichkeit angeklagt, aber nur zu einer geringen Sühneleistung verurteilt

Sachsen-Coburg und Gotha, Sibylla Calma Marie Prinzessin von (1908-1972), seit 1932 mit dem Sohn des schwedischen Kronprinzen verheiratet

Sachsen-Coburg und Gotha, Victoria Adelheid Herzogin von (1885-1970), Mutter von → Prinzessin Sibylla Calma Marie von Sachsen-Coburg und Gotha, während der NS-Zeit Generalführerin im Roten Kreuz, aber kein NSDAP-Mitglied

Sanness, John (1913-1984), norwegischer Historiker und sozialdemokratischer Politiker, 1946-1950 und 1956-1960 außenpolitischer Redakteur des *Arbeiderbladet*, 1960-1983 Direktor des außenpolitischen Instituts, 1966-1983 Professor in Oslo, ab 1970 Mitglied des Nobelkomitees

Sauckel, Fritz (1894-1946), 1932 thüringischer Ministerpräsident (NSDAP), 1942 Generalbevollmächtigter für den Arbeitseinsatz, verantwortlich für die Rekrutierung von Zwangsarbeitern, in Nürnberg zum Tode verurteilt und hingerichtet

Schacht, Hjalmar (1877-1970), 1923-1930, 1933-1939 Reichsbankpräsident, 1934-1937 Reichswirtschaftsminister und Generalbevollmächtigter für die Kriegswirtschaft, 1937-1943 Reichsminister ohne Geschäftsbereich, 1946 zu acht Jahren Arbeitslager verurteilt, 1950 entlassen

Schäffer, Fritz (1888-1967), deutscher Politiker (Bayerische Volkspartei, CSU), 1920-1933 MdL, 1945 als erster bayerischer Ministerpräsident eingesetzt, 1949-1961 MdB, 1949-1957 Bundesminister der Finanzen, 1957-1961 Bundesminister der Justiz

Schellenberg, Walter (1910-1953), SS-Brigadeführer, 1941 Leiter des Amtes IV (Auslandsnachrichtendienst) im RSHA, in Nürnberg zu sechs Jahren Haft verurteilt, 1950 begnadigt

Schickedanz, Arno (1892-1945), Stabschef im Außenpolitischen Amt der NSDAP, an der Vorbereitung der Invasion Norwegens beteiligt, Generalkommissar für den Kaukasus

Schiller, Friedrich von (1759-1805), deutscher Dichter

Schilling, Claus (1871-1946), deutscher Tropenmediziner und Professor, wegen medizinischer Experimente in Dachau 1945 zum Tode verurteilt, 1946 hingerichtet

Schirach, Baldur von (1907-1974), Leiter des NS-Studentenbundes, 1931-1940 Reichsjugendführer der NSDAP, 1940-1945 Gauleiter und Reichsstatthalter in Wien, verantwortlich für die Deportation der Wiener Juden, in Nürnberg zu 20 Jahren Haft verurteilt, 1966 entlassen

Schlabrendorff, Fabian von (1907-1980), Oberleutnant, Ordonanzoffizier im Stabe der Heeresgruppe Mitte, Beteiligung am Staatsstreich vom 20. Juli 1944, danach verhaftet

Schlange-Schöningen, Hans (1886-1960), 1924-1930 MdR (DNVP), 1931-1932 Reichsminister ohne Geschäftsbereich, 1945 Mitbegründer der CDU in Ostholstein, 1949-1950 MdB

Schlebusch, Hubert (1893-1955), 1933 MdR (SPD), 1933 und 1939 inhaftiert, 1945-1946 Ministerpräsident von Braunschweig

Schlimme, Hermann (1883-1955), 1931-1933 Vorstandsmitglied des ADGB, 1937 verhaftet und zu 3 Jahren Zuchthaus verurteilt, 1945 SPD-Mitglied, ab 1946 SED, 1946-1955 Mitglied des FDGB-Bundesvorstandes und des ZK der SED

Schmitz, Hermann (1881-1960), Geheimrat, Aufsichtsratsvorsitzender der I.G. Farben, Verwaltungspräsident der I.G. Chemie, Wehrwirtschaftsführer, 1947 im I.G.-Farben-Prozess zu 4 Jahren Gefängnis verurteilt, 1950 Entlassung

Schmorell, Alexander (1917-1943), Medizinstudent in München, Mitbegründer der Widerstandsorganisation »Weiße Rose«, 1943 verhaftet und zum Tode verurteilt

Schneppenhorst, Ernst Wilhelm (1881-1945), 1912-1920 MdL, 1932-1933 MdR (SPD), nach dem 20. Juli 1944 verhaftet, in der Haft erschossen

Schnitzler, Georg von (1884-1962), deutscher Großindustrieller, SA-Hauptsturmführer, Vorsitzender des kaufmännischen Ausschusses der I.G. Farben, 1943 Vorsitzender des Chemikalienausschusses, 1948 zu fünf Jahren Haft verurteilt

Schönfeld, Hans (1900-1954), Theologe, Leiter der Forschungsabteilung des entstehenden Ökumenischen Rates der Kirchen

Scholl, Hans (1918-1943), Medizinstudent in München, Mitbegründer der Widerstandsorganisation »Weiße Rose«, 1943 verhaftet und zum Tode verurteilt

Scholl, Sophie (1921-1943), Biologiestudentin in München, Mitbegründerin der Widerstandsorganisation »Weiße Rose«, 1943 verhaftet und zum Tode verurteilt

Schreiber, Walther (1884-1958), vor 1933 Abgeordneter (DDP) und Minister in Preußen, 1945 Mitbegründer und 2. Vorsitzender der CDU in der SBZ, 1945 von der SMAD abgesetzt, 1953-1955 Regierender Bürgermeister von West-Berlin

Schröder, Kurt Freiherr von (1889-1966), deutscher Bankier, Mitinhaber des Bankhauses Stein in Köln, Präsident der Industrie- und Handelskammer Köln, SS-Brigadeführer, Aufsichtsratsvorsitzender verschiedener Unternehmen, Mitglied des Freundeskreises Reichsführer SS, 1947 vom Spruchgericht Bielefeld verurteilt

Schröter, Carl (1887-1952), 1924-1928 Mitglied des Preußischen Landtages (DVP), ab 1946 CDU-Mitglied, 1946-1950 MdL Schleswig-Holstein, 1948-1949 Mitglied des Parlamentarischen Rates, 1949-1952 MdB

Schukow, Georgij Konstantinowitsch (1896-1974), sowjetischer Marschall, 1945-1946 Oberster Chef der SMAD

Schulenburg, Fritz-Dietlof Graf von der (1902-1944), deutscher Jurist, 1937 stellvertretender Polizeipräsident von Berlin, 1939 stellvertretender Oberpräsident von Schlesien, Kontakte zum militärischen Widerstand, nach dem 20. Juli 1944 zum Tode verurteilt und hingerichtet

Schumacher, Kurt (1985-1952), 1930-1933 MdR (SPD), 1933-1944 bis auf kurze Unterbrechungen in Haft, seit Mai 1945 führend an der Reorganisation der SPD beteiligt, 1945-1946 Politischer Beauftragter der SPD für die drei westlichen Besatzungszonen, 1946-1952 Parteivorsitzender, 1949-1952 MdB

Schwarzschild, Leopold (1891-1950), deutscher Publizist, Mitherausgeber von *Das Tage-Buch*, im Exil Herausgeber von *Neues Tage-Buch*, 1940 Emigration in die USA

Schwerin von Krosigk, Johann Ludwig Graf von (1887-1977), 1932-1945 Reichsfinanzminister, 1949 zu 10 Jahren Gefängnis verurteilt, 1951 entlassen

Schwerin von Schwanefeld, Ulrich-Wilhelm Graf (1902-1944), Gutsbesitzer, Ordonanzoffizier bei Feldmarschall von → Witzleben, nach dem Umsturzversuch vom 20. Juli 1944 verhaftet und hingerichtet

Seger, Gerhard (1896-1967), 1915-1918 MdL, 1930-1933 MdR (SPD), 1933 Flucht aus der KZ-Haft in Oranienburg in die ČSR, 1934 nach Frankreich, danach in die USA, 1934 Ausbürgerung

Seidel, Hans (1880-1959), 1920-1932 MdR (SPD), 1933 und 1944 in Haft

Seldte, Franz (1882-1947), Gründer und Führer des Stahlhelm, SA-Obergruppenführer, 1933-1945 Reichsarbeitsminister

Severing, Carl (1875-1952), 1907-1912 und 1919-1933 MdR (SPD), 1928-1930 Reichsminister des Inneren, 1930-1932 preußischer Innenminister, 1933 vorübergehend in Haft, 1947-1952 MdL Nordrhein-Westfalen

Seyß-Inquart, Arthur (1892-1946), österreichischer Nationalsozialist, 1938 auf → Hitlers Druck Minister für Innere Verwaltung und Sicherheit, ab März 1938 Bundeskanzler und danach Reichsstatthalter für die »Ostmark«, 1940-1945 Reichskommissar für die besetzten Niederlande, in Nürnberg zum Tode verurteilt und hingerichtet

Shawcross, Sir Hartley (1902-2003), britischer Hauptanklagevertreter beim Nürnberger Prozess, 1945-1958 Mitglied des Unterhauses

Siedersleben, Rudolf (1894-1946), Unternehmensleiter des Stahlhandelshauses Otto Wolff, 1945 od. 1946 interniert

Siegerist, Joachim (geb. 1947), Journalist

Simon, Josef (1865-1949), deutscher Politiker (USPD, SPD), 1907-1918 MdL Bayern, 1921-1932 MdR, Vorsitzender der Schuhmachergewerkschaft und der Schuhmacherinternationale, im KZ Dachau inhaftiert

Sir Hartley, *siehe Shawcross*

Skorzeny, Otto (1908-1975), Mitglied der SS-Leibstandarte Adolf → Hitler, ab 1943 im RSHA zuständig für Agenteneinsätze, 1944-1945 Ausbildung von Mitgliedern der Untergrundorganisation Werwolf, 1944 maßgeblich an der Niederschlagung des Staatsstreichversuches vom 20. Juli beteiligt, im Dachauer Prozess freigesprochen, entzog sich weiterer Rechtsverfolgung 1948 durch Flucht nach Spanien

Skrzypczynski, Leo (1906-1971), deutscher Unternehmer, Kontakte zum Widerstand, 1943-1945 in KZ-Haft in Oranienburg, nach 1945 Leiter der deutschen Industrieverwaltung in der SBZ

Sollmann, Wilhelm (1881-1951), 1919-1933 MdR (SPD), 1933 misshandelt, Flucht nach Luxemburg, danach im Saargebiet Redakteur der *Deutschen Freiheit*, später in England und den USA, 1936 Ausbürgerung, seit 1943 amerikanischer Staatsbürger

Solumsmoen, Olaf (1896-1972), norwegischer sozialdemokratischer Journalist, 1931-1946 Leiter des Pressebüros der Arbeiterbewegung, 1956-1965 Staatssekretär

Spanner, Rudolf (1895-1960), ab 1929 Professorate in Kiel und Jena, 1940 Leiter des Anatomischen Instituts der Medizinischen Akademie Danzig, ab 1955 Professor in Köln

Speer, Albert (1905-1981), deutscher Politiker und Architekt mit gigantomanischen Plänen, 1942 Reichsminister für Bewaffnung und Munition und damit für rücksichtslose Ausbeutung von Zwangsarbeitern verantwortlich, in Nürnberg zu 20 Jahren Haft verurteilt

Sperr, Franz (1878-1945), Gesandter Bayerns beim Deutschen Reich, Kontakte mit dem Kreisauer Kreis und → Stauffenberg, nach dem 20. Juli 1944 verhaftet und zum Tode verurteilt

Spielhagen, Wolfgang (1891-1945), Ministerialrat, ab 1940 2. Bürgermeister von Breslau, im Januar 1945 von einem Volkssturmkommando hingerichtet

Stalin, Josef Wissarianowitsch (1879-1953), 1922-1953 Generalsekretär der KPdSU, 1941-1953 Vorsitzender des Rates der Volkskommissare bzw. des sowjetischen Ministerrates

Stang, Nicolay (1908-1971), norwegischer Kunsthistoriker und Publizist, 1940-1943 inhaftiert, 1945-1947 Kulturmitarbeiter des *Arbeiderbladet* (Oslo)

Stauffenberg, Claus Schenk Graf von (1907-1944), Offizier, 1944 Chef des Stabes beim Befehlshaber des Ersatzheeres in Berlin, Organisator des gescheiterten Attentats vom 20. Juli 1944, nach dem Attentatsversuch hingerichtet

Stein, August (?-?), Kommerzienrat, Führer des Bergbaubetriebes Auguste Viktoria der I.G. Farben

Steinbrinck, Otto (1888-1949), deutscher Industrieller, Fregattenkapitän, Direktor der Mitteldeutschen Stahlwerke, Mitglied des Freundeskreises Reichsführer-SS, SS-Brigadeführer, 1940-1942 Generalbeauftragter für die Stahlindustrie in den besetzten Gebieten im Westen, 1947 im Flick-Prozess zu fünf Jahren Haft verurteilt

Stellbrink, Karl Friedrich (1894-1943), Pfarrer in Lübeck, verteilte → Galens Predigten gegen die Euthanasie, 1942 nach einer Predigt verhaftet, 1943 hingerichtet

Stelling, Johannes (1877-1933), sozialdemokratischer Politiker, 1919-1920 Innenminister und 1921-1924 Ministerpräsident in Mecklenburg-Schwerin, 1919-1933 MdR, 1933 während der »Köpenicker Blutwoche« ermordet

Steltzer, Theodor (1885-1967), Landrat in Rendsburg, Mitglied des Kreisauer Kreises, während des Krieges als Oberstleutnant Chef des Transportwesens der Wehrmacht, in dieser Zeit enge Kontakte zum norwegischen Widerstand, 1945 zum Tode verurteilt, jedoch Strafaufschub, 1945 Mitbegründer der CDU, 1945-1956 Ministerpräsident von Schleswig-Holstein

Stieff, Helmuth (1901-1944), Generalmajor, Chef der Organisationsabteilung im Generalstab des Heeres, nach dem 20. Juli 1944 verhaftet und in Plötzensee hingerichtet

Stinnes, Hugo jr. (1897-1982), Industrieller

Streicher, Julius (1885-1946), 1932-1933 MdR (NSDAP), Redakteur des antisemitischen Blattes *Der Stürmer*, Gauleiter in Franken, 1946 Todesurteil wegen Verbrechens gegen die Menschlichkeit

Stresemann, Gustav (1878-1929), 1907-1929 MdR (Nationalliberale, DVP), 1923 Reichskanzler, 1923-1929 Reichsaußenminister, Friedensnobelpreis 1926

Struve, Detlef (1903-1987), Landwirt, Mitbegründer der CDU Schleswig-Holstein, 1946-1950 Landrat des Kreises Rendsburg, 1949-1972 MdB

Stülpnagel, Karl Heinrich von (1886-1944), General der Infanterie, 1940-1942 Befehlshaber im Russlandfeldzug, 1942 Militärbefehlshaber in Frankreich, 1944 hingerichtet wegen Beteiligung am Staatsstreichversuch des 20. Juli

Tantzen, Theodor (1877-1947), Landwirt, 1919-1923 Ministerpräsident von Oldenburg, 1928-1930 MdR (DDP), 1939 und nach dem 20. Juli 1944 inhaftiert, 1945 Ministerpräsident von Oldenburg, 1946-1947 MdL Niedersachsen (FDP)

Terboven, Josef (1898-1945), NSDAP-Gauleiter von Essen, 1935 Oberpräsident der Rheinprovinz, 1939 Reichsverteidigungskommissar Wehrkreis VI, 1940-1945 Reichskommissar für das besetzte Norwegen, bei Kriegsende Selbstmord

Tern, Jürgen (1909-1975), Journalist, Wirtschaftsredakteur des *Weser-Kurier* in Bremen, 1960-1970 Mitherausgeber der *Frankfurter Allgemeinen Zeitung*, Entlassung wegen seiner positiven Haltung zu Brandts Ostpolitik

Thälmann, Ernst (1886-1944), 1924-1933 MdR, seit 1925 Vorsitzender der KPD, seit 1933 inhaftiert, 1944 im KZ Buchenwald ermordet

Thierack, Otto Georg (1889-1946), 1936 Präsident des Volksgerichtshofes in Berlin, 1942 Reichsjustizminister, 1946 Selbstmord

Tießler, Walter (1903-?), 1934 Reichspropagandaleiter der NSDAP in München, 1936 Leiter des Reichsringes für nationalsozialistische Propaganda, Verbleib nach 1945 unbekannt

Tranmæl, Martin (1879-1967), norwegischer sozialdemokratischer Politiker und Journalist, 1921-1950 Redakteur des *Arbeiderbladet* (Oslo), 1906-1963 Mitglied des Parteivorstandes der Arbeiterpartei, 1940-1945 im Exil in Stockholm

Trott zu Solz, Adam von (1909-1944), Legationsrat in der Informationsabteilung des Auswärtigen Amtes, nach dem Umsturzversuch vom 20. Juli 1944 verhaftet und hingerichtet

Truman, Harry S. (1884-1972), 1944-1945 Vizepräsident, 1945-1953 Präsident der USA

Ulbricht, Walter (1893-1973), 1928-1933 MdR (KPD), ab 1933 im Exil, 1938-1945 in der Sowjetunion, 1945 maßgeblich am Aufbau der KPD und des FDGB in der SBZ beteiligt, 1946-1950 stellv. SED-Vorsitzender, 1949-1960 stellv. DDR-Ministerpräsident, 1950-1953 Generalsekretär und 1953-1971 Erster Sekretär des ZK der SED

Ulm, Fritz Otto (1900-1967), Kaufmann, 1945-1965 Mitherausgeber des *Wiesbadener Kurier*

Undset, Sigrid (1882-1949), norwegische Schriftstellerin, Literaturnobelpreis 1928, 1940-1945 im Exil in den USA

Vaillant-Couturier, Marie Claude (1912-1996), französische Widerstandskämpferin und Politikerin, 1942 verhaftet und nach Auschwitz und Ravensbrück deportiert, 1945-1958 und 1967-1973 Abgeordnete der Nationalversammlung (KPF), 1956-1958 und 1967-1968 Vizepräsidentin der Nationalversammlung

Vansittart, Sir Robert Gilbert (1881-1957), britischer Diplomat, 1938-1941 Hauptberater des britischen Außenministers, ab 1941 Mitglied des Oberhauses

Venedey, Hans (1902-1969), Jurist, 1933 Emigration, Mitglied der Gruppe »Freies Deutschland«, 1945-1946 Innenminister von Groß-Hessen (SPD), 1946 Parteiausschluss wegen Zusammenarbeit mit der KPD

Vögler, Albert (1877-1945), Industrieller, Gründer und Direktor der Vereinigten Stahlwerke, Aufsichtsratsvorsitzender der Ruhrgas AG, 1919-1924 MdR (DVP), während des Krieges zuständig für die Rüstungsproduktion im Ruhrgebiet, 1945 Selbstmord

Voigt, Fritz (1882-1945), Sozialdemokrat, Gewerkschafter, 1918-1919 Polizeipräsident von Breslau, 1933-1934 in KZ-Haft, beim Umsturzversuch 1944 als Beauftragter für Niederschlesien vorgesehen, 1944 verhaftet und 1945 hingerichtet

Vorrink, Jacobus Jan (Koos) (1891-1955), niederländischer sozialdemokratischer Politiker (Sozialdemokratische Arbeiterpartei, ab 1945 Partij van de Arbeid), 1934-1946 Parteivorsitzender, 1932-1935 Vorsitzender der Sozialistischen

Jugend-Internationale, 1944 verhaftet und ins KZ Sachsenhausen deportiert

Voss, Wilhelm (1896-?), SS-Standartenführer, Mitglied des Freundeskreises Reichsführer-SS, 1937 Mitbegründer der Hermann-Göring-Werke, später Vorstandsmitglied, nach 1945 in Ägypten tätig

Wagner, Eduard (1894-1944), 1941 Generalquartiermeister, Zusammenarbeit mit → Stauffenberg, dem er nach dem Attentatsversuch ein Flugzeug zur Verfügung stellte, Freitod vor Verhaftung

Walcher, Jacob (1887-1970), in der Emigration (Frankreich, USA) Leiter der Auslandszentrale der SAP, 1946 Rückkehr nach Deutschland (SBZ), Eintritt in die SED, 1947-1951 Chefredakteur des FDGB-Organs *Tribüne*, 1952 Parteiausschluss, 1956 Rehabilitierung

Warlimont, Walter (1894-1976), General, Stellvertreter → Jodls im OKH, Unterzeichner des »Kommissar-Befehls«, in Nürnberg zum Tode verurteilt, dann zu lebenslanger Haft begnadigt, 1957 Entlassung

Weber, Max (1864-1920), deutscher Soziologe und Nationalökonom, Professor in Freiburg und Heidelberg, 1909 Mitbegründer der Deutschen Gesellschaft für Soziologie, 1918 Mitbegründer der Deutschen Demokratischen Partei

Wehrle, Hermann Joseph (1899-1944), Kaplan, nach dem 20. Juli 1944 verhaftet und in Plötzensee hingerichtet

Weidauer, Walter (1899-1986), 1946-1961 Oberbürgermeister von Dresden

Weinert, Erich (1890-1953), deutscher Schriftsteller, 1933 Emigration (Schweiz, Frankreich, Sowjetunion), 1943-1945 Präsident des Nationalkomitees Freies Deutschland, 1946 Rückkehr in die SBZ, Vizepräsident der Zentralverwaltung für Volksbildung in der DDR

Wels, Otto (1873-1939), 1912-1933 MdR (SPD), seit 1931 Vorsitzender der SPD, Vorsitzender der Reichstagsfraktion, 1933 Emigration (ČSR und Frankreich) und Mitglied des Exilvorstandes der SPD

Weygand, Maxime (1867-1965), französischer General, Verteidigungsminister der Vichy-Regierung, Generalgouverneur in Algerien, 1942 als Geisel für General → Giraud verhaftet und bis 1945 in deutscher Gefangenschaft, 1945 wegen Kollaboration angeklagt, 1948 entlassen

Wiersich, Oswald (1882-1945), Bezirkssekretär des ADGB in Breslau, im August 1944 verhaftet, 1945 in Berlin-Plötzensee ermordet

Wigman, Mary (1886-1973), eigentlich Marie Wiegmann, deutsche Tänzerin, Choreographin und Tanzpädagogin

Wirmer, Josef (1901-1944), Jurist, Rechtsberater der Christlichen Gewerkschaften, seit 1941 Kontakte mit dem Widerstandskreis um → Goerdeler, als Reichsjustizminister vorgesehen, nach dem 20. Juli verhaftet, zum Tode verurteilt und hingerichtet

Wisliceny, Dieter (1912-1948), SS-Hauptsturmführer, Bevollmächtigter → Eichmanns für die Slowakei, Griechenland und Ungarn, wo er die Deportationen von Juden organisierte, nach dem Nürnberger Prozess an die ČSR ausgeliefert, zum Tode verurteilt und hingerichtet

Witzleben, Erwin von (1881-1944), Generalfeldmarschall, 1940 Oberbefehlshaber der Heeresgruppe D, von den Ver-

schwörern des 20. Juli als Oberbefehlshaber der Wehrmacht vorgesehen, verhaftet, zum Tode verurteilt und hingerichtet

Wolf, Friedrich (1888-1953), deutscher
Arzt und Schriftsteller, Emigration in
die UdSSR, 1941 sowjetischer Staatsbürger, Mitbegründer des Nationalkomitees Freies Deutschland, 1945
Rückkehr in die SBZ, 1949-1951 DDR-
Botschafter in Polen

Wurm, Theophil (1868-1963), evangelischer
Theologe, 1933 Landesbischof von
Württemberg, Anschluss an die Be-
kennende Kirche, trat öffentlich gegen
Euthanasie und Judenverfolgungen
ein, 1945 Vorsitzender des Rates der
Evangelischen Kirche

Yorck von Wartenburg, Peter Graf (1904-
1944), deutscher Jurist, Oberregierungs-
rat, Mitbegründer des Kreisauer Kreises, zusammen mit → Stauffenberg
Vorbereitung des Staatsstreichversuches vom 20. Juli 1944, verhaftet, zum
Tode verurteilt und hingerichtet

Zeigner, Erich (1886-1949), deutscher
Politiker (SPD), 1921 sächsischer Justizminister, 1923 Ministerpräsident
von Sachsen, 1945-1949 Oberbürgermeister von Leipzig, Mitbegründer der
SED in Sachsen, ab 1948 Professor für
Verwaltungslehre in Leipzig

Ziereis, Franz (1905-1945), SS-Standartenführer, 1939-1945 Lagerkommandant
im KZ Mauthausen

Zörgiebel, Karl (1878-1961), 1920-1924
MdR (SPD), 1926-1930 Polizeipräsident in Berlin

Personenregister

Sachregister

Bildnachweis

Zu Autor und Bearbeiter

Autor:

Willy Brandt, geb. 1913 in Lübeck, gest. 1992 in Unkel/Rhein, Nazigegner und Publizist im norwegischen und schwedischen Exil (1933–1947), Regierender Bürgermeister von Berlin (1957–1966), SPD-Vorsitzender (1964–1987), Bundeskanzler (1969–1974) und Präsident der Sozialistischen Internationale (1976–1992), Vorsitzender der Nord-Süd-Kommission (1977–1983). Träger des Friedensnobelpreises 1971.

Bearbeiter:

Einhart Lorenz, geb. 1940, em. Professor für moderne Geschichte an der Universität Oslo. Forschungs- und Publikationsschwerpunkte: Deutschsprachiges Exil, Willy Brandt, Geschichte der Juden, Antisemitismus, Rechtspopulismus, Theorie und Praxis der norwegischen und internationalen Arbeiterbewegung. Träger des deutsch-norwegischen Willy-Brandt-Preises 2003.